법인 경리 > 회계 세무

직접 혼자서 배우는 재무업무 경영지원 매뉴얼!

4대 보험 < 인사 급여

경리회계에서 인사노무까지 회사 실무서

엄청난 부피에 엄청난 내용들이 담겨져 있다.
이 책만 3~4번 읽어봐야겠다고 결심함!

| 손원준 지음 |

노동법이나 급여 관련 책을 보면 상당수가 교과서적이고 정작 실무를 처리하는데,
필요한 것은 책에서 찾기가 어렵고, 이 책은 그러한 실무자들의 가려운 구석을 제대로 긁어주는 책이라고 생각한다.
일단 이 책의 분량은 상당하다.
실무자의 책상 한편에 딱하니 비치하고 있으면 참으로 든든할 정도의 분량이다.

이 책은 회계, 세금, 급여, 퇴직연금, 연차휴가, 자금, 4대 보험까지!
모든 분야를 망라한 책이다.

K.G.B
지식만들기

이론과 실무가 만나 새로운 지식을 창조하는 곳

책을 내면서

20여 년간 경리업무도 많이 변했고, 전산화로 인해 소위 MZ세대들은 경리 관련 책이 있다는 것조차 모르는 직장인들이 많은 것이 현실이다. 실무자들이 프로그램을 사용하는데, 필요한 최소한의 기본지식도 없는 상태에서 업무를 하다 보니, 많은 실수를 하게 되고 새로운 문제가 발생하면 해결을 못 하는 일이 자주 발생한다.

본서는 실무자들의 고민을 덜어주고 업무 과정 중 왜라는 의문에 대한 답을 찾는 데 조금이나마 도움을 주고자 아래의 내용으로 경리업무 전반에 대해서 구성해 보았다.

Chapter 1
전표 발행에서 결산까지

회계업무를 할 때 필요한 기본지식에서 재무제표 작성까지 회계 및 장부와 관련된 지식을 제공한다.

Chapter 2
자금관리와 자금계획표 작성

회사에서 필요한 자금계획 수립과 자금조달을 하고, 현재 회사 자금 사정을 사장님에게 보고할 때 필요한 항목들에 대한 지식을 전달하는 장이다.

Chapter 3
급여 계산과 원천징수

가장 민감하면서도 어려운 포괄 임금, 통상임금, 시간외수당, 주휴수당, 연차수당 및 연차휴가, 병가 휴가, 출산·육아휴가와 관련된 실무를 원활하게 수행하기 위한 지식을 전달한다. 더불어 임금, 수당, 상여금과 관련된 급여 세금에 대해서도 완벽하게 정리해 준다.

Chapter 4
퇴직금 및 퇴직연금의 지급과 퇴직소득세

퇴직금의 계산 방법과 퇴직연금의 가입에서 적립, 지급까지 해결해야 하는 실무내용을 업무 흐름에 따라 서술하고 있다. 또한 퇴직소득세의 계산 방법에 대해서도 알려준다.

Chapter 5
적격증빙과 부가가치세 신고

모든 세금 문제의 시작이자 절세의 시작인 증빙의 발행과 관리 및 이를 통한 부가가치세 신고·납부까지의 업무를 정리하는 장이다. 이번 장을 통해 증빙관리의 모든 업무를 익히고, 부가가치세 신고와 매입세액공제 및 불공제에 대한 풍부한 실무사례를 접하게 된다.

Chapter 6
법인세(소득세)를 줄이는 경비처리

경비처리를 잘해야 세금을 줄일 수 있다. 하지만 잘못된 경비처리는 탈세가 되어 나중에 더 많은 세금을 내야 한다. 따라서 정확한 경비처리가 절세의 지름길이다. 이에 이번 장에서는 실제 업무에서 발생하는 각종 사례를 통해 합법적인 절세의 방향을 제시한다.

Chapter 7
4대 보험 실무

4대 보험은 해도 해도 헷갈리고 아리송하다. 이번 장에서는 평상시 발생하는 4대 보험 업무와 관련한 명확한 기준을 제시해 주는 장이다.

손원준 올림

CONTENTS

Chapter 1
전표발행에서 결산까지

》 자체 기장회사 경리업무 ·· 34
》 노무 및 4대 보험 업무 ·· 37
》 급여 업무의 주요 프로세스 ·· 39
》 인사 부서에서 수행하는 주요 업무 ·································· 41
》 계정과목은 사례별로 딱 정해져 있지 않다. ······················ 43
  ■ 계정과목은 모든 사례별로 정해져 있지 않다. ······················ 43
  ■ 전표와 세금계산서 발행일이 일치해야 하나? ······················ 44
》 일반전표와 매입매출전표의 발행과 증빙 수취·보관 방법 ······· 46
  ■ 전표와 세금계산서 발행날짜의 차이 ·································· 47
  ▷ 전표와 세금계산서 발행날짜가 달라요 ······························ 47
  ▷ 한 달간 거래한 내역을 1장에 모아 발행해도 되나요? ·········· 48
  ■ 전표와 세금계산서의 효율적인 보관 방법 ··························· 49
  ■ 홈택스 조회 가능 세금계산서 별도 보관해야 하나 ··············· 49
  ▷ 원본을 보관하지 않아도 되는 경우 ·································· 49
  ▷ 원본을 보관해야 하는 경우 ·· 50
  사례 스캔한 증빙의 세법상 인정 여부 ································· 51
  ▷ 세법상 증빙의 보관기간 ··· 52
》 입금전표와 출금전표 대체전표의 발행 방법 ····················· 53
  ■ 입금전표의 작성법 ·· 53
  ■ 출금전표의 작성법 ·· 54
  ■ 대체전표의 작성법 ·· 55

》 경리의 주요 장부 관리 ··· 57
- 매입 매출 장부 관리 ··· 57
  ▷ 매출장 및 매출처별 원장 ······································ 57
  ▷ 매입장 및 매입처별 원장 ······································ 59
- 전표 관리 ·· 60
- 통장관리 ·· 60
- 세금계산서 관리 ·· 61
  ▷ 매출 세금계산서 관리 ·· 61
  ▷ 매입 세금계산서 관리 ·· 61
  ▷ 세금계산서 관리 ··· 62
- 법인카드 관리 및 개인카드 관리 ······························· 63
- 주식 관리 ·· 63
- 주요 보조원장 ··· 64
- 일반영수증 관리 ·· 64
- 재고관리 ·· 67
- 원가관리 ·· 67
- 인사관리 업무 ··· 67
- 법인이 갖추고 있어야 할 사규나 사칙 등 업무 ············ 68

》 수입과 지출 현금관리 ·· 71
- 수입, 지출 관리의 당사자 ·· 71
- 수입·지출 관리의 유용성 ·· 72
- 경리담당자를 통한 수입, 지출 관리 ··························· 74

》 세무조사에 자주 걸리므로 항상 관리해야 할 거래 ······ 76
- 매출 누락 ·· 76
- 가공 비용 계상 ·· 77
- 인건비 허위 계상 ··· 78
- 사적 비용을 법인 비용으로 처리 ······························· 79
- 거래를 통한 부당 소득 이전 ···································· 80

차례

》 **업무추진비(접대비) 관리 요령** ·· 82
■ 업무추진비(접대비) 한도 확인 ·· 82
■ 업무추진비 지출 주의 사항 ·· 85

》 **기업회계의 결산순서** ·· 86
■ 프로그램을 활용한 결산순서 ·· 87
■ 결산 회계처리 사항 ·· 91
■ 법인결산 시 유의 사항 ·· 93
■ 회사의 재무제표 직접 작성 및 법정기한 내 제출 ············· 101

》 **결산 마감 항목의 회계처리** ·· 104
■ 손익계정 정리 ·· 104
▷ 선수수익 결산 정리 ·· 105
▷ 선급비용 결산 정리 ·· 106
▷ 미수수익 결산 정리 ·· 106
▷ 미지급비용 결산 정리 ·· 107
■ 소모품 미사용액의 정리 ·· 108
■ 유가증권 평가 ·· 109
■ 가지급금 및 가수금 정리 ·· 109
■ 부가가치세 상계 ·· 110
■ 외화자산·부채의 환산 ··· 110
■ 원가 확정 ·· 111
■ 재고자산감모손실(재고자산 실사에 의한 손실) ················ 112
■ 매출원가 계상 ·· 114
■ 장기차입금의 유동성 대체 ·· 114
■ 감가상각비 계상 ·· 115
■ 연차수당 결산분개 ··· 116
■ 대손충당금 결산분개 ··· 117
■ 퇴직급여충당부채 설정 ··· 118
■ 현금과부족 계정 정리 ··· 121

- 법인세비용 계상 ··121
- 당기순이익(손익)의 이익잉여금 대체 ························122
- 개인사업자의 인출금 결산 정리 ·······························122
- 결산 마감분개 ··123

재무제표의 상호관계 알기 ·· 127
- 재무제표의 뜻 ··127
- 재무제표의 종류 ··129
- 개별재무제표, 별도재무제표, 연결재무제표 ···········130
- 재무제표의 상호관계 ···132
- 재무제표를 조회할 수 있는 사이트 ·························134

사례 K-IFRS 재무제표를 볼 때 유의할 사항 ················135

회사의 재무상태를 알려주는 재무상태표 ················ 136
- 재무상태표의 자산 ···138
- 재무상태표의 부채 ···138
- 재무상태표의 자본 ···139
- 재무상태표의 형식 ···139
- 계정과목의 배열 방법 ··140

사례 한국채택국제회계기준상 재무상태표 구분표시 방법 ···140

회사의 경영 성과를 알려주는 손익계산서 ················ 142
- 수익 계정과목의 이해 ··142
- 비용 계정과목의 이해 ··143
- 수익과 비용의 관계 ···146
- 개인기업의 순손익 계산 ··146

사례 (포괄)손익계산서를 보면 알 수 있는 것 ················147

자본의 변동 상태를 보여주는 자본변동표 ················ 149
기업의 현금 유출입을 보여주는 현금흐름표 ············ 151
- 현금흐름표 작성의 원칙 ··152
- ▷ 현금흐름표상 현금의 범위 ···································152

▷ 현금흐름을 3가지 활동으로 구분 ·· 152
▷ 현금흐름의 변동내역 총액 표시 ·· 154
■ 직접법과 간접법의 차이 ··· 154
》 **이익잉여금처분계산서와 결손금처리계산서** ························· **156**
》 **주석과 부속명세서** ·· **159**
》 **리스(금융리스와 운용리스)와 렌트 적격증빙** ······················· **160**
■ 리스와 렌트의 성격 구분 ··· 160
■ 리스와 렌트의 적격증빙 ··· 161
▷ 금융리스 차량의 양도 및 세금계산서 발급 여부 ····················· 162
▷ 운용리스 차량의 양도 및 세금계산서 발급 여부 ····················· 162
》 **경리업무 인수인계서 작성** ·· **163**
■ 인사에 관한 사항 ·· 163
■ 조직 구성에 관한 사항 ··· 163
■ 회계장부 및 내부파일(엑셀 등) 등의 인수인계 ························ 164
■ 급여 지급 및 4대 보험 관련 사항 ··· 166
■ 자금 이체 및 관리 방법 ··· 167
■ 경영 자문 관리에 관한 사항 ··· 167

Chapter 2
자금관리와 자금 계획표 작성

》 **자금계획과 자금의 순환과정** ·· **170**
■ 자금이란? ··· 170
■ 자금관리의 의의와 목적 ··· 171
■ 자금계획의 정의 ··· 173
■ 이익계획과 자금계획의 비교 ··· 174
■ 자금의 종류와 순환과정 ··· 175

8 / 법인경리 회계세무 4대 보험 인사급여

| 사례 | 단기계획 작성 관리 절차 ···176
| 사례 | 자금 예측 절차 ···176
» **운전자금 관리** ··· **178**
■ 왜 운전자금 관리가 중요할까요? ···178
■ 운전자금 관리의 주요 요소 ···179
■ 효과적인 운전자금 관리를 위한 전략 ···179
■ 자금 운용 및 투자 ···180
■ 대금 결제 및 회계처리 ···180
■ 리스크관리 ··181
» **중소기업의 자금관리(사장님에게 보고할 재무 상황)** ············ **182**
■ 자금관리의 중요성 ···182
■ 자금조달과 자금 운용 관리 ···183
■ 사장님에게 보고할 재무 상황 ···186
■ 사장님이 보고받고자 하는 재무 상황 ·······································190
■ 시기별 보고 사항 ··193
» **자금계획 수립 방법** ·· **196**
» **자금수지 계획표의 작성 방법** ·· **198**
■ 자금수지 분석 ···198
| 사례 | 적정수준 검토 시 고려할 사항 ·····································204
■ 자금수지 계획표의 작성 방법 ··209
■ 자금조달·운용의 적부 판정 기준 ···214
» **자금조달 계획 수립** ·· **215**
■ 자금조달계획 수립의 중요성 ··215
■ 자금조달계획 수립 시 고려 사항 ··216
■ 자금 조달 계획 수립 절차 ···217
▷ 스타트업 업종 ··219
▷ 제조업 ··219
▷ 프랜차이즈 업종 ···220

| ▷ IT 업종 ·· 220
| ▷ 건설업 ·· 220
| ■ 자금 조달 계획 시 유의 사항 ·· 222
| ■ 자금조달계획 수립표 ·· 222
| ≫ 차입 및 금융기관과의 관계 ·· **224**
| ■ 차입이 기업에 미치는 영향 ·· 224
| ■ 금융기관과의 관계 구축 ·· 225
| ■ 신용 등급 관리 ·· 226

Chapter **3**

급여 계산과 원천징수

≫ 경리실무자가 해야 하는 급여 업무 ·· **228**
≫ 급여 계산을 위한 근로시간 ·· **230**
■ 법정근로시간 ·· 230
■ 소정근로시간 ·· 230
■ 통상임금 산정 기준시간(유급 근로시간) ·· 231
≫ 통상시급의 계산 방법 ·· **233**
■ 월 통상임금을 계산한다. ·· 233
■ 통상임금 산정 기준시간을 계산한다. ·· 235
■ 통상시급을 계산한다. ·· 236
▷ 시간외근로시간이 없는 경우 통상시급의 계산 ································ 236
▷ 시간외근로시간이 있는 경우 통상시급의 계산 ································ 237
≫ 최저임금의 계산 방법 ·· **238**
■ 최저임금 위반 여부 판단 ·· 238
■ 최저임금에 포함하지 않는 임금 ·· 238
■ 일반적으로 간단히 계산하는 최저임금 ·· 239

- ■ 최저임금의 계산 ···240
- 사례 수습기간 중 급여의 80% 또는 90%를 지급해도 되나? ···············241
- ■ 최저임금 주지 의무 ···241
- ≫ 월중에 입·퇴사한 임직원의 급여 계산 방법 ················ **242**
- ≫ 주휴수당의 계산 방법 ··· **246**
- ■ 주휴수당의 발생요건 ··246
- ■ 주휴수당의 계산 공식 ··247
- 사례 매주 근로시간이 다른 경우 주휴수당의 계산 방법 ···············**249**
- ≫ 시간외근로수당의 계산 방법 ·································· **250**
- ■ 초과근무수당의 계산 절차 ······································252
- ▷ 매달 고정적으로 받는 모든 금액(통상임금)을 더한다. ·············252
- ▷ 통상임금을 더한 금액을 209로 나눈다(시급 계산). ···············253
- ▷ 통상시급(연장근로 1.5배, 야간근로 2배, 휴일근로 1.5배)을 계산한다. ·····253
- ■ 휴일, 연장, 야간근로 중복 시 임금 계산 공식 ···················254
- ≫ 연차휴가와 연차수당의 정산 ·································· **256**
- ■ 1개월 개근 시 발생하는 월 단위 연차휴가(월차) ·················256
- ■ 1년 80% 이상 개근시 발생하는 연 단위 연차휴가(연차) ··········258
- ▷ 1년간 80% 미만 출근 시 연차휴가 부여 ·······················258
  - 80% 미만 출근 시 연차휴가 ·································258
  - 80% 미만 출근 후 다음 연도 80% 이상 출근 시 연차휴가 ············258
- ▷ 1년에 80% 이상 출근 시 발생하는 연차휴가 ···················259
  - 입사일 기준 연차휴가 계산 ································259
  - 회계연도 기준 연차휴가 계산 ·······························260
- ■ 퇴사자 연차휴가의 정산 ··262
- ▷ 연차휴가의 정산 기준 ···262
- ▷ 연차휴가의 퇴직 정산 ···263
- ■ 연차수당의 계산 ···263
- ▷ 월 단위 연차휴가의 연차수당 ··································264

▷ 연 단위 연차휴가의 연차수당 ···266
≫ 포괄임금을 기본급과 고정 OT로 나누는 방법 ···························· 269
≫ 급여지급 시 공제하는 금액 계산 ·· 271
≫ 급여 관련 세금 신고 흐름 ·· 273
[사례] 노동법에서 말하는 임금과 일상에서 사용하는 급여의 차이점 ············275
[사례] 원천징수영수증과 지급명세서의 차이 ···277
≫ 근로자별 근로소득 원천징수 ·· 278
≫ 일용근로자 원천징수와 신고 의무 사항 ······································ 283
[사례] 일용근로자 소액부징수 판단 ···285
[사례] 일용근로자, 아르바이트, 3.3% 사업소득 근로자 개인카드 사용액 ···········286
■ 일용근로자의 4대 보험 ···287
■ 근로내용확인신고서 제출 ··290
■ 일용근로자 세금 계산 ···297
■ 일용근로자 지급명세서 ···300
[사례] 소득자를 근로소득자로 전환할 경우 득과 실 ·······································302
≫ 상용근로자 급여 및 상여금 원천징수 ··· 303
■ 매월 급여 원천징수 방법 ···303
■ 상여금의 원천징수 ··306
▷ 상여금을 지급할 때 계산해서 지급하는 방법 ···307
▷ 연말정산 때 정산하는 회사 ··310
■ 근로소득으로 보지 않는 대가 ··310
■ 근로소득의 비과세 ··311
▷ 월 20만 원까지 비과세 되는 수당 ···313
▷ 조건에 따라 비과세 되는 수당 ··314
▷ 전액 비과세되는 수당 ··315
■ 4대 보험 적용 ···316
■ 상용근로자 당월입사 당월퇴사 4대 보험 ···321
[사례] 1일 출근 5일 근무 후 퇴사 4대 보험 ···321

- 상여금이 있는 달의 4대 보험 ···322
≫ 인정상여 세금 원천징수 ·· 323
- 인정상여의 발생원인 및 지급시기 의제 ·······························324
- 근로소득세 신고 절차 ···324
- 기타 고려 사항 ···325
- 원천징수이행상황신고서 작성 요령 ·····································325
- 지급명세서 제출 ··327
- 원천세 신고 및 납부 ··327
- 인정상여 지방소득세 ··327
- 인정상여 금액의 법인 대납 ···328
- 인정상여와 건강보험료 ···329
≫ 퇴직 후 추가로 지급하는 성과급 원천징수 ············· 330
- 성과급의 원천징수 시기 ··330
- 퇴직 후 성과급의 원천징수 시기 ··331
- 퇴직 후 성과급의 4대 보험 정정신고 ··································332
≫ 외국인 근로자 세금 원천징수 ································· 333
- 외국인 근로자의 매월 원천징수 ···333
- 외국인 근로자의 연말정산 ···334
- [사례] 외국인 사택제공이익 19% 단일세율 적용 문제 ············335
≫ 당월 입·퇴사 급여 공제 방법 ·································· 338
- 급여(지급액) 계산 ··338
- 공제액 계산 ··339
  ▷ 4대 보험료 ···339
  ▷ 근로소득세 및 지방소득세 ···340
≫ 해외 파견근로자 세금 떼는 법 ································ 341
- 거주자와 비거주자의 판단기준 ···341
- 국내 급여지급분에 대한 원천징수 ······································341
  ▷ 급여를 외화로 지급받는 경우 환율 ································342

▷ 국내 대금 지급분 중 비과세소득 ··343
▷ 국외 근로소득의 근로소득공제 ··343
■ 해외급여 지급분에 대한 원천징수 ··343
■ 해외근로소득이 있는 근로자는 종합소득세 신고 ························345
≫ 해외주재원의 4대 보험 처리 ·· **346**
≫ 주 15시간 미만 초단시간근로자 세금 떼는 법 ······················· **347**
≫ 출산휴가기간 세금 떼는 법 ·· **348**
≫ 육아휴직기간 세금 떼는 법 ·· **352**
■ 육아휴직과 세금 계산 ··352
사례 건강보험 보수총액 ···**356**
≫ 급여에서 4대 보험료 공제방법 ··· **357**
■ 국민연금과 고용보험 ··357
■ 건강보험료의 2가지 공제 방법 ··357
▷ 요율에 따라서 공제하는 방법 ··358
▷ 고지서에 따라서 공제하는 방법 ··359
■ 매월 급여가 변동되는 경우 4대 보험 신고 ·······························359
■ 급여에서 공제하는 4대 보험료 계산 방법 ·································360
■ 급여가 변동된 경우 보수월액변경신고 ··365
≫ 중도퇴사자 급여정산 ·· **368**
■ 연도 중 회사를 퇴직한 경우 중도퇴사자 연말정산 ··················368
사례 중도 퇴사자 연말정산 결과 환급세액이 발생하면? ·············**370**
■ 계속 상용근로자의 연말정산 ···370
사례 연말정산 환급세액 및 납부세액 급여대장 반영 방법 ·········**371**
≫ 퇴사 후 같은 회사에 재입사 한 경우 연말정산 ···················· **372**
≫ 복리후생비라고 무조건 비과세되지 않는다. ··························· **374**
■ 출퇴근용 회사 버스 이용 ··374
■ 사내근로복지기금으로부터 받는 장학금 ·····································375

- ■ 결혼 · 초상 등 경조사와 관련한 경조사비 ·················375
- ■ 명절, 생일, 창립기념일의 선물비용 ························376
- ■ 부서별 회식비 ··379
- ■ 회사에서 종업원에게 빌려준 금액 ···························380
- ■ 학자금, 훈련 수당, 위탁 교육비, 공로금 ··················380
- ■ 학원 수강료, 도서구입비 보조액 등 ························382
- ■ 직원의 핸드폰 사용료 부담액 ·································383
- ■ 직원의 업무상 재해 시 부담하는 병원비 ··················385
- ■ 장기근속자 여행경비 보조 금액 ······························386
- ■ 건강검진비와 체력단련비 ······································387
- ■ 워크숍 비용의 세무 처리 ······································389
- ■ 직원 개인별 복지포인트를 부여하는 경우 ·················393
- ■ 피복비 지원금 ···394
- ■ 사택의 개인적 비용의 보조금 ·································394
- ■ 골프장 이용 요금과 콘도 이용 요금 회사 대납액 ·······395

» **임금(급여)명세서 작성 방법** ····································· **398**
- ■ 임금명세서 작성 방법 ···398
- ■ 임금명세서 기재 예외 사항 ····································401

기타소득과 사업소득의 원천징수 ·································403
- ■ 기타소득과 사업소득의 구분 ··································404
- ▷ 강의에 대한 대가 ···404
- ▷ 고문료 ···404
- ▷ 특허권 등의 양도 및 대여에 따른 소득 구분 ···········405
- ▷ 문예창작 수입(원고료, 인세 등)의 소득 구분 ···········405
- ▷ 알선수수료 소득 ···406
- ■ 기타소득의 원천징수 ··406
- ▷ 기타소득의 과세최저한 ··409
- ▷ 기타소득의 과세 방법 ··409

▷ 기타소득 원천징수영수증 ···410
사례 인적용역 소득이 기타소득으로 분류되면 유리 ·················411
■ 사업소득의 원천징수 ···412
사례 인적용역 소득이 사업소득으로 분류될 경우 꼭 챙겨야 할 것 ···············414
사례 강사료는 사업소득? 기타소득? 의 구분 ·························415
사례 사업소득을 기타소득으로 소득 구분을 잘못해 신고한 경우 ···············416
사례 캐디피를 주는 경우 적격증빙 수취나 사업소득 원천징수 ···············417

» **원천징수 신고를 안 한 인건비 처리** ································ **419**
■ 신고 안 한 급여의 비용처리 ··419
■ 인건비의 증빙불비가산세 ···420
■ 인건비 미신고 시 가산세 ···421

» **개인과 개인, 개인과 법인, 법인과 법인 간 비영업대금 이자의 원천징수 423**
■ 비영업대금의 원천징수 ···423
■ 개인이 개인에게 이자 지급 시 원천징수 ····························424
■ 개인이 법인에 이자지급시 원천징수 ··································425
▷ 개인이 직접 원천징수 신고를 하는 경우 ···························426
▷ 법인에 위임계약을 한 경우 ··426
■ 법인이 법인에 이자지급 시 원천징수 ································427
▷ 원천징수 신고 방법 ···428
▷ 특수관계자 법인 간 자금대여 ··428
■ 법인이 금융기관에 이자 지급 시 원천징수 ························430
■ 대부업자에 대한 원천징수 ···430

» **원천징수이행상황신고서 작성 방법** ······························· **432**
■ 매월(반기별) 납부 사업자의 원천징수이행상황신고서 작성방법 ········432
■ 급여가 2달에 걸친 경우 귀속 월과 지급 월 작성방법 ···············445
사례 미지급급여를 일시에 지급시 원천징수이행상황 신고 ···············447

» **원천징수 세액 수정신고** ··· **449**
■ 수정신고를 해야 하는 사례 ···449

▷ 수정신고 사유 ···449
▷ 수정신고 시 유의 사항 ···450
▷ 원천징수이행상황신고서 금액과 지급명세서 금액에 차이가 발생하는 경우 451
■ 정기 신고일(지급일의 다음 달 10일) 이전에 수정하는 경우 ············453
■ 정기 신고일(지급일의 다음 달 10일) 이후에 수정하는 경우 ············453
■ 원천징수이행상황신고서 작성 ···454
» 간이지급명세서와 지급명세서 제출 ·· 457
■ 지급명세서 ···458
사례 일용근로자 지급명세서 가산세 ··459
사례 12월 말 퇴직자의 퇴직금 및 연초에 받는 성과급의 지급명세서 제출 시기 ·459
■ 간이지급명세서 ··460

Chapter 4

퇴직금 및 퇴직연금의 지급과 퇴직소득세

» 퇴직금과 퇴직연금제도의 비교 ··· 462
» 퇴직연금 도입 절차 및 운영 과정 ··· 465
■ 퇴직연금 도입 시 소급 적용하는 경우 ···467
■ 도입 전까지는 퇴직금, 도입 후부터 퇴직연금 운영 ·······················467
■ 퇴직연금제도의 전환 ··468
» 퇴직연금의 실무 처리와 퇴직연금을 받는 방법 ······················· 469
■ 퇴직연금제도에서 퇴직급여의 종류 ··470
■ 퇴직연금을 받는 절차 ···474
■ 퇴직 이전에 퇴직연금을 찾는 경우 ··475
■ 퇴직연금을 IRP로 이전하는 방법 ···477
▷ 근로자가 퇴직 전 금융회사를 선택해서 IRP에 가입한 경우 ············477
▷ 퇴직 시까지 IRP에 가입하지 않은 경우 ··478

- 퇴직연금 사업자 이전이 가능한가? ·····································479
- 퇴직연금 유형을 DB형, DC형으로 상호전환 ·····················481

» 확정급여형(DB형) 퇴직연금의 납입액과 퇴직금 계산 ············· 483
- 퇴직금의 지급 요건 ···484
- 퇴직일의 기준(마지막 근무일인지, 마지막 근무 다음 날인지) ·········484
- 퇴직금의 계산 방법 ···485
- 퇴직금의 지급 ···488

사례 퇴직자에 대해 상여금(성과급)을 비례해서 줘야 하나? ·····················489
사례 임금 및 퇴직금은 언제까지 줘야 하나? ·····································489
사례 (육아, 출산, 병가, 수습기간) 휴직 후 바로 퇴사 시 퇴직금 ·················490

» 확정기여형 퇴직연금(DC형)의 납입액 계산 ······················ 492
- 확정기여형퇴직연금 가입 기간 ··492
- 확정기여형퇴직연금 부담금의 납입 ······································492
  ▷ 부담금 수준 및 시기 ··492
  ▷ 부담금 납입 자체에 대한 지연이자 ·································493
- 휴가·휴직·휴업 기간의 부담금 산정 ····································494
  ▷ 출산전후휴가기간 ··494
  ▷ 육아휴직기간 ···494
  ▷ 개인 사유로 인한 휴직 기간 ··495
  ▷ 무단결근 등 근로자 귀책 사유로 인한 휴업기간 ·············496
- 각종 수당 지급 시 부담금의 산정 ··497
  ▷ 미사용 연차휴가 수당 ··497
  ▷ 퇴직위로금 ··499
  ▷ 호봉승급 인상분 ··500
- 퇴직 시 급여 지급 ···500

사례 퇴직연금을 적게 또는 많이 납부한 경우 ·····································501
사례 출산휴가 및 육아휴직기간 중 DC형 퇴직연금 납입 ·······················501
사례 상여금(경영성과금)의 퇴직연금 불입방법 ···································504

| 사례 | 1년 미만 근로자 퇴직연금 납입액의 귀속 ·················505
| 사례 | 임금협상으로 인상분 소급 적용 시 DC형 퇴직연금 부담금 ···········506
» 퇴직금(DB형 포함)과 DC형 퇴직연금 적립액의 계산방식 차이 ·· 507
» 연중 퇴사 시 DC형 퇴직연금 적립액 계산 ·················· 509
■ 적립 금액인 임금총액 ····································509
■ DC형 퇴직연금 부담금 산정 방법 ··························511
» 퇴직연금의 지급 절차와 첨부서류 ·························· 515
■ 퇴직금과 퇴직연금의 지급 방법 ····························515
■ 퇴직연금의 지급 절차 ····································516
▷ 근로자가 퇴직 전 금융회사를 선택하여 IRP에 가입 ············516
▷ 근로자가 퇴직 시까지 IRP에 가입하지 않은 경우 ·············516
■ 퇴직연금의 지급신청 시 첨부서류 ··························517
■ 퇴직금과 퇴직연금의 지급일 ·······························519
» 퇴직소득세의 계산 ······································· 520
■ 퇴직소득세 계산구조 ·····································520
■ 퇴직소득에 대한 원천징수 ·································525
■ 퇴직소득에 대한 지급시기의 의제 ··························526
■ 원천징수영수증 발급 및 지급명세서 제출 ····················527
■ 퇴직소득에 대한 세액 정산 특례 ···························527
■ 퇴직소득 과세표준 확정신고 ·······························528

Chapter 5

적격증빙과 부가가치세 신고

» 세금 아무것도 몰라도 증빙 관리는 필수 ···················· 530
■ 증빙은 세금 신고 때 모두 제출하는 게 아님 ·················534
■ 법인카드를 개인용도로 사용한 경우 처리 방법 ···············534

≫ 적격증빙 이 정도는 알아야 한다. ····· 536
- 적격증빙의 종류 ····· 537
- 적격증빙이 없어도 비용인정 되는 경우 ····· 539
- 증빙을 받지 않았을 때 세금 불이익 ····· 540
- 적격증빙을 보관해야 하는 기간 ····· 541
- [사례] 타법인 신용카드 사용액의 적격증빙 ····· 541

≫ 세금 절세를 위한 증빙 관리 ····· 542
- [사례] 거래처 송금 전 꼭 확인할 사항 ····· 544

≫ (전자)세금계산서 관련 가산세 사례 ····· 545
- 전자세금계산서 발급 관련 가산세 ····· 545
- 세금계산서를 공급시기에 발급하지 못하고, 지연발급한 경우 ····· 545
- 세금계산서 수취에 따른 가산세 및 매입세액공제 ····· 546
- 작성일자 등 세금계산서의 필요적 기재 사항을 잘못 기재한 경우 ····· 546
- 공급시기와 작성일자는 같아도 발급일자가 늦은 경우 ····· 547

≫ 거래처 간 자료를 맞추기 위한 수정 세금계산서 발행 ····· 548
- 가공세금계산서 ····· 548
- 사실과 다른 세금계산서 ····· 549
- 자료상 거래 ····· 551

≫ 마이너스 세금계산서 작성과 가산세 ····· 552
- 마이너스 세금계산서 미발급(지연발급) 가산세 ····· 552
- 마이너스 세금계산서를 신고누락한 경우 가산세 ····· 553
- 마이너스 세금계산서와 수정세금계산서의 차이 ····· 553
- [사례] 거래처 부도 시 마이너스 세금계산서 발행 ····· 554

≫ 판매자가 세금계산서를 발급해 주지 않는 경우 ····· 555
- 매입자발행세금계산서 제도 ····· 555
- 매입자발행세금계산서를 발급할 수 있는 사업자 ····· 555
- 매입자발행세금계산서 발급 절차 ····· 556
- 거래 사실확인 신청에 대한 금액 제한 유무 ····· 557

≫ 증빙이 없으면 비용인정을 받는 대신 증빙불비가산세를 낸다. … 558
- 증빙불비가산세를 내는 경우 ……………………………………………558
- 증빙불비가산세를 내지 않는 경우 ………………………………………559
- 증빙불비 가산세를 내는 시점 ……………………………………………561

≫ 간이과세자 및 비사업자와 거래 시 증빙 관리 ……………… 563
- 간이과세자와 거래 시 적격증빙 …………………………………………563
- 비사업자와의 거래 ………………………………………………………564
- 폐업자와의 거래 …………………………………………………………565

≫ 매입세액공제가 가능한 지출과 증빙 관리 ………………………… 566
- 매입세액공제의 시작은 증빙 관리 ………………………………………566
- 매입세액공제는 안 돼도, 비용처리는 가능하다. ………………………567
- 직원 식대는 매입세액공제 ………………………………………………568
- **사례** 개인사업자의 식대 매입세액공제 …………………………………568
- 인건비 및 복리후생비의 매입세액공제 …………………………………568
- 공과금의 매입세액공제 …………………………………………………569
- **사례** 인터넷 요금, 핸드폰 요금의 매입세액공제 ………………………569
- **사례** 임차 사무실의 납부통지서는 모두 임차인 명의로 변경 …………569
- **사례** 집이 사무실인 경우 매입세액공제 …………………………………570
- 국내외 출장에 사용한 여비교통비의 매입세액공제 ……………………570

≫ 매입세액불공제로 처리해야 할 지출 ……………………………… 571
- 매입세액불공제 항목도 경비로는 인정 …………………………………571
- 추가로 매입세액불공제 되는 항목 ………………………………………572
- 간이과세자와 거래 시 매입세액불공제 …………………………………574

≫ 임대료를 받지 못한 경우 부가가치세 과세표준과 세금계산서 발행 및 간주임대료 ……………………………………………………………… 575
- 부동산임대보증금에 대한 간주임대료 계산 ……………………………575
- 간주임대료의 세무처리 방법 ……………………………………………576
- 차량 매각 시 부가가치세 수입금액 제외 ………………………………578

≫ 부가가치세 신고·납부 방법 ·········· 581
- 부가가치세를 신고 · 납부 해야 하는 사람 ········ 581
- 언제의 실적을 신고해야 하는지? ········ 581
- [사례] 세금계산서 발급 간이과세자는 7월에 부가가치세 신고 ········ 583
- 납부하지 않은 경우 불이익은? ········ 584
- 실적이 없는데도 신고해야 하는지? ········ 585
- 부가가치세 신고는 어떻게 하는지? ········ 585
- 전자신고로 하는 경우 이점은? ········ 586
- 간이과세자의 부가가치세 신고 ········ 587
- 간이과세자 납부 의무 면제 ········ 588
- 간이과세자 예정 고지 ········ 588
- 부가가치세 신고서에 첨부해야 하는 서류? ········ 588
- [사례] 부가가치세 신고 시 실무자가 준비해야 할 서류 ········ 589
- [사례] 기장대행을 맡긴 경우 서류제출 ········ 590
- 신고기한 내에 신고하지 못한 경우 신고방법 ········ 592
- 부가가치세 납부는 어떻게 하는지? ········ 592
- 부가가치세 환급금은 언제 나오는지? ········ 593
- 납부기한 내에 납부할 수 없는 경우 ········ 593
- [사례] 세금 납부는 안 해도 신고는 반드시 해두어야 한다. ········ 594

≫ 홈택스 부가가치세 전자신고 ········ 596

≫ 부가가치세 수정신고, 경정청구, 기한후신고 ········ 614
- 부가가치세 수정신고 ········ 614
  - ▷ 수정신고 가산세 ········ 614
  - ▷ 수정신고 가산세 감면 규정 ········ 615
  - ▷ 수정신고 방법 ········ 617
- 부가가치세 경정청구 ········ 617
- 부가가치세 기한 후 신고 ········ 618
  - ▷ 기한후신고 가산세 ········ 618

▷ 기한후신고 가산세 감면 규정 ……………………………………619
▷ 기한 후 신고 방법 ……………………………………………………619
■ 조기환급의 수정신고 및 경정청구 …………………………………620
▷ 조기환급 신고분에 대한 수정신고 또는 경정청구 ………………620
▷ 조기환급 신고분 매출, 매입 누락 시 가산세 적용 ………………620

Chapter 6
법인세(소득세)를 줄이는 경비처리

≫ **세법상 비용인정의 기본원칙** ……………………………… **622**
■ 경비지출에 대한 적격성 확인 ………………………………………622
■ 업무 무관 경비 확인 …………………………………………………623
■ 수입금액 매출 누락 점검 ……………………………………………624
≫ **합법적 비용처리를 위한 26가지 필수 체크포인트** ……… **626**
■ 업무와 관련된 비용만 비용인정 ……………………………………626
■ 적격증빙은 아무리 강조해도 또 중요하다. ………………………627
■ 개인사업자는 사업용 카드를 국세청에 등록 ……………………632
■ 사업용 계좌를 이용하면 좋은 점 …………………………………632
■ 사업용 카드 개인적인 사용 자제 …………………………………635
■ 신용카드 사용액의 경비처리 ………………………………………635
■ 회사 카드로 개인적 지출 시 유의 사항 …………………………636
■ 경비인정 못 받은 법인카드의 세금 손실 …………………………637
■ 기업업무추진비는 법인카드 또는 사업용 카드 사용 ……………637
■ 인건비는 반드시 직원 본인 계좌로 지급하세요. …………………638
■ 자영업자 본인 급여와 가족 급여 …………………………………639
■ 사장님(대표이사) 건강보험료와 국민연금 …………………………641
■ 사업소득자의 중식대 …………………………………………………643

■ 개인사업자는 소득공제가 없다. ·····645
■ 부가가치세 10% 아끼다 더 큰 세금 낸다. ·····646
■ 업종별 평균 부가율 살펴보기 ·····648
■ 유류가 아닌 차량 종류에 따라 매입세액공제 ·····648
■ 음식점은 의제매입세액공제 ·····649
■ 신고할 때 영수증을 전부 제출하는 것은 아니다. ·····649
■ 휴대폰은 꼭 사업자 명의로 ·····650
■ 공동사업자의 출자와 관련된 차입금이자 ·····651
■ 대출받아 부동산 취득 시 대출이자 ·····651
■ 차량을 중고로 팔 때도 주의 ·····652
■ 원상 복구 비용 필요경비 산입 ·····652
■ 자영업자도 폐업하면 실업급여 받는다. ·····652
■ 업무용 승용차 매입세액공제와 운행기록부 작성 ·····653
■ 세무사에게 맡겨도 최종책임은 사업자 본인에게 있다. ·····654
» **개인카드 사용과 법인카드 사용의 경비 처리** ····· **657**
■ 직원 개인신용카드로 경비 처리할 때 유의 사항 ·····657
▷ 직원 개인카드를 사용했을 때 수반되는 업무 ·····657
▷ 직원 개인카드 사용 시, 연말정산에서 유의할 점 ·····659
■ 법인카드(사업자 카드) 사용을 권장하는 이유 ·····660
▷ 개인카드 사용 관리업무에 투입되는 비용 감소 ·····660
▷ 사업 지출 내용 파악 용이 ·····660
[사례] 법인카드 영수증 실물을 모아야 하나요? ·····662
[사례] 법인 체크카드의 적격증빙 관리 ·····662
[사례] 간이과세자에게 신용카드매출전표를 받은 때 매입세액공제 ·····662
» **지출하면 세법에서 손금으로 인정되는 주요 경비 사례** ····· **663**
» **사무실 임차료와 관리비의 증빙 관리와 경비 처리** ····· **668**
[사례] 사업소득 원천징수 대상인 프리랜서에게 제공하는 기숙사 임차료 ·····671
[사례] 사내 헬스장, 어린이집, 기숙사 ·····672

» 출장비, 여비교통비의 증빙 관리와 경비 처리 ·················· **673**
■ 출장일비의 경비처리 기준 ··674
■ 차량유지비와 자가운전보조금의 경비처리 관계 ·····················677
■ 해외출장비 증빙과 세무처리 ···678
■ 해외 출장 비용의 환율적용과 회계처리 ··································680
■ 외환차손익의 세무조정 ··681
■ 해외 출장 및 연수비용 경비처리 ··682
사례 출장비의 합리적인 세무회계 ···**683**
» 강사료 원천징수와 교육훈련비의 증빙 관리와 경비 처리 ·········· **686**
■ 자격증 취득비용 등 교육훈련비 경비처리 ······························686
■ 교육훈련비 비과세 요건 ··687
■ 직원 교육의 업무 관련성 입증 ···688
■ 교육훈련비의 합리적인 세무회계 ··689
■ 대표이사 대학원 등록금과 원우회비 ······································691
▷ 대표이사 대학원 등록금 ··691
▷ 대표이사 원우회비 ···691
■ 강사료의 원천징수 ···692
» 개인차량을 업무용 고정자산으로 등록하는 방법 ······················· **694**
■ 사업 개시 전 취득한 차량을 사업용으로 이용 ······················694
■ 개인차량 자산등록 방법 ··695
▷ 가사용으로 사용하던 차량을 고정자산으로 등록할 때 기초가액 ········695
▷ 승용차 가액조회 ··695
▷ 중고 자산을 취득하는 경우 내용연수 적용 ···························696
▷ 배우자 명의 차량 사업용 자산등록 ··698
▷ 부부 공동명의 차량 사업용 자산등록 ·····································700
■ 자산등록 안 한 차량의 경비처리 ··700
» 업무용 차량 매입세액공제와 비용처리를 위한 조건 ················· **702**
■ 부가가치세 매입세액공제 ···702

책의 순서 / 25

▷ 비영업용 소형승용차는 안 되고, 트럭은 된다. ·····················702
▷ 경유차는 되고, 휘발유차는 안 된다? ·····························704
▷ 매입세액공제는 안 되고, 경비 처리는 된다. ······················705
■ 업무용승용차의 비용처리와 관리 방법 ····························706
▷ 업무용 승용차 손금불산입 특례 적용 규정 ·······················706
▷ 임직원 개인 명의 차량에 대한 비용처리 ·························706
▷ 업무용 승용차 관련 비용의 범위 ·································707

» **업무용 승용차의 경비 처리를 위한 세무 관리** ············· **709**
■ 업무용의 범위 ··709
■ 업무용 승용차 불이익 미적용 대상 ·······························710
▷ 차량과 관련해서 세법상 불이익 대상이 아닌 차량 ···············710
▷ 차량과 관련해서 세법상 불이익 대상이 아닌 업종 ···············711
■ 업무용 승용차 지출 비용의 범위 ·································712
■ 운행일지를 작성 안 해도 경비로 인정되는 경우 ··················712
▷ 무조건 인정되는 차량과 업종 ····································713
▷ 임직원전용자동차보험에 가입하고 운행일지를 작성 ··············713
■ 차량 운행일지에 기록되어야 할 내용 ····························714
■ 개인 업무용 승용차 처분에 따른 과세 ···························714
▷ 개인사업자가 사업에 사용하던 차량의 매각 ······················715
▷ 개인사업자가 사업과 관련 없는 차량의 판매 ·····················716
▷ 기장 대리를 맡기는 경우 매각 차량 통보 ························717

» **직원 차량을 업무용으로 이용할 때 경비 처리** ············ **718**
■ 차량 유지비를 실비 정산하는 경우 ·······························718
■ 자가운전보조금을 지급하는 경우 ·································719
사례 회사 차량으로 사고를 낸 경우 피해액 급여에서 공제 ·········721
사례 회사 차량으로 사고 시 부가가치세만 회사가 부담하는 경우 ···722
사례 주·정차 등 주차위반 과태료는 비용인정 안 된다. ············722

» **자동차보험, 상해 보험료 경비 처리를 위한 계약조건** ········ **724**

» 감가상각을 통한 경비 처리(꼭 감가상각을 해야 하나?) ·················· 726
사례 감가상각의 마술(비용을 자산으로 반영하는 경우 재무 건전성) ············729
» 자산취득 시 감가상각 안 하고 즉시 경비 처리가 가능한 경우 ·· 730
■ 취득 단계 적용 ···731
▷ 거래 단위별로 100만 원 이하인 경우 ·····································731
▷ 금액과 상관없이 경비처리 가능한 경우 ·································732
■ 보유 단계 적용 ···734
■ 폐기 단계 적용 ···735
» 차량 자가 구매가 유리한가? 리스가 유리한가? ······················ 737
» 기업업무추진비 얼마까지 비용인정을 받을 수 있나? ·················· 740
사례 기업업무추진비 해당하는 주요 사례 ·····································741
■ 반드시 적격증빙을 갖추어야 한다. ··742
사례 개인사업자가 기업업무추진비 지출시 사용해야 하는 신용카드 ·······743
■ 기업업무추진비 한도 범위 내에서만 비용인정 ······························744
■ 기업업무추진비로 보지 않는 경우 ··745
사례 기업업무추진비 경비 처리 시 꼭 주의할 사항 ······················747
» 거래처 축의금, 조의금 등 경조사비의 증빙 관리와 경비처리 ····· 748
사례 거래처 경조사비 지출 시 유의 사항 ·····································748
사례 지인(친구나 선후배, 친인척)의 개업식 및 축의금 지출비용 10만 원은? ·········751
사례 거래처 경조사비 지출시 효율적인 증빙관리 방법 ······················751
사례 거래처 경조사비와 화환을 보낸 경우 비용처리 ······················751
» 직원 결혼축의금, 출산, 생일 경조사비의 증빙 관리와 경비 처리 · 752
사례 회사 직원의 돌잔치 경조사비로 30만 원을 지출하면? ······················754
사례 직원 장례 행사를 위해 상조회사의 상조 상품에 가입하여 부담한 대금 ···········754
사례 급여에서 공제하는 직원 경조사비의 법적 효력과 대비 방법 ················755
» 광고선전비와 기부금, 회식비의 증빙 관리와 경비 처리 ············· 756
■ 기부금 ···756

- 광고선전비 ···758
- 부서별로 진행하는 회식비 ···759
- ▷ 직원 개인카드로 결제한 회식비 ····································759
- ▷ 주의해야 하는 회식비 ···760
- **》 업무 중 직원 사고 병원비의 증빙 관리와 경비 처리 ············ 761**
- 업무와 관련 없는 병원비 지출 ··761
- 업무와 관련한 병원비 지출 ··761
- 어려운 임직원 가족 병원비를 지원해 주는 경우 ·············762
- 병원비 지급시 지출증빙 ···763
- **사례** 공상 처리 후 공단에서 받는 보상비 경비 처리는? ·······················764
- **사례** 업무와 무관한 사장의 병원비(본인 부담 병원비를 회사가 대납한 경우) ···········764
- **》 법인카드 공휴일 사용 등 부정 사용과 경비 처리 ················ 765**
- 법인카드는 사용 규정을 만들어 사용하라 ······················765
- **사례** 법인카드 사용을 제한해야 하는 업종 예시 ··························765
- **사례** 법인카드 사용을 제한해야 하는 구매 물품 예시 ······················766
- 법인카드라고 무조건 인정해 주지 않는다. ······················766
- **사례** 법인카드 사용 관련 입증자료가 필요한 경우 ························767
- 법인카드 사적 지출액은 비용처리 하면 안 된다. ············769
- 법인카드 부정 사용에 주의하라 ······································769
- ▷ 법인카드의 부정 사용유형으로 인한 해고 ····················769
- ▷ 식대, 교통비, 주유비 등에 대한 법인카드 부정 사용 ··········770
- ▷ 유흥업소 등 제한 업소에 대한 법인카드 부정 사용 ··········770
- ▷ 법인카드 상품권 부정 구매 및 카드깡 의심 등 부정 사용 ·······771
- ▷ 법인 개별카드 부정 사용 ···771
- ▷ 해외사용 ··771
- ▷ 신용카드매출전표 상호와 실제 사용한 상호 일치 ·············771
- **》 세금과 공과금의 증빙 관리와 경비 처리 ······························ 774**
- 비용인정 되는 공과금과 안 되는 공과금 ·······················775

- ■ 비용인정 되는 벌과금과 안 되는 벌과금 ·········775
- ■ 조합비 · 협회비 ·········776
- 사례 전기요금이나 전화요금, 도시가스 요금 비용처리 ·········777
- 사례 직원에게 부과된 벌과금의 대납 시 처리 방법 ·········777
- 사례 4대 보험의 가산금 및 연체료 등의 세무처리 ·········778
- 사례 회사 대출한도 초과로 대표이사 명의로 은행에서 대출받은 경우 ·········778
- 사례 손해배상금이나 위약금의 세금계산서 발행과 부가가치세 및 원천징수 ···779
- ≫ 법인세, 종합소득세 경비인정 ·········782
- ■ 비용인정 되는 세금과 안 되는 세금 ·········782
- ■ 매입세액불공제 항목의 경비인정 ·········784
- 사례 관세와 관세 환급금의 경비처리 ·········784
- ≫ 경비 세무조사 이건 꼭 걸린다. ·········785
- ≫ 각종 보상금의 경비처리 ·········788
- ■ 임금체불 진정 취하 합의금 ·········788
- ■ 부당해고에 대한 합의금 ·········788
- ■ 산재로 인한 보상금 및 사망합의금 ·········789
- ■ 보상 또는 배상금과 관련한 증빙처리 ·········789
- ≫ 비용자료가 부족한 경우 발생하는 소명요구 ·········790
- ■ 과세자료 해명 요구에 대한 조치 ·········792
- ■ 과세자료 해명 요구를 받은 경우 수정신고 ·········792

Chapter 7
4대 보험 실무

- ≫ 근로내용확인신고서 제출 ·········290
- ≫ 인정상여와 건강보험료 ·········329
- ≫ 해외주재원의 4대 보험 처리 ·········346

- » 출산휴가기간 4대 보험 ·········· 348
- » 육아휴직기간 4대 보험 ·········· 354
- » 급여에서 4대 보험료 공제 방법 ·········· 357
- » 4대 보험 적용대상자 ·········· 794
- » 소정근로시간과 4대 보험 보수총액(월액) 신고 ·········· 796
  - ■ 4대 보험 소정근로시간 ·········· 796
  - ■ 건강보험 보수월액(총액) 신고 ·········· 797
  - ▷ 보수월액 변경 신고 ·········· 797
  - ▷ 건강보험 보수총액 신고(원칙)와 면제(예외) ·········· 797
  - ▷ 고용·산재보험 보수총액 신고 ·········· 802
- » 4대 보험의 부과기준일과 고지기준일 ·········· 804
  - ■ 4대 보험의 부과기준일 ·········· 804
  - ■ 4대 보험의 고지기준일 ·········· 805
- » 4대 보험 적용 대상 판단기준인 1개월의 계산 ·········· 806
  - ■ 1개월 이상 근로 및 월 8일 이상 근로의 판단 ·········· 806
  - ■ 자격취득일과 상실일 ·········· 806
- » 당월 입사 당월 퇴사 4대 보험 ·········· 809
  - 사례 1일 출근 5일 근무 후 퇴사 4대 보험 ·········· 811
- » 4대 보험 주요 업무 요약표 ·········· 812
- » 입사 및 퇴사자 4대 보험 신고 ·········· 814
  - ■ 입사일과 퇴사일에 따른 4대 보험 업무처리 ·········· 814
  - 사례 고용보험 이중 취득 제한 ·········· 816
  - ■ 취득(입사) 신고 ·········· 816
  - ■ 상실(퇴사) 신고 ·········· 817
  - ▷ 이직일, 퇴사일(퇴직일), 자격상실일의 구분 ·········· 818
  - ▷ 퇴사자 신고서 작성과 신고 여부 확인 ·········· 818
  - ▷ 국민연금 유의 사항 ·········· 819

▷ 건강보험 유의 사항 ··819
▷ 고용보험, 산재보험 유의 사항 ··································820
》 **상용근로자의 4대 보험 적용** ································ **822**
[사례] 근로자별 4대 보험 적용 여부 판단기준 ····················827
[사례] 상용직에서 일용직으로 전환 시 4대 보험 처리 ········827
》 **일용근로자, 단시간근로자(파트타임), 알바생(아르바이트생)의 4대 보험** **828**
■ 일용근로자 ··828
■ 단시간 근로자 ···829
■ 국민연금 적용 여부 판단 ··830
■ 건강보험 적용 여부 판단 ··831
■ 고용보험 적용 여부 판단 ··831
■ 산재보험 적용 여부 판단 ··832
[사례] 1개월 미만의 기한부 근로자의 4대 보험 ··············832
[사례] 1개월 소정근로시간이 60시간 미만인 단시간 근로자 4대 보험 ··········832
■ 알바 4대 보험 가입 판단기준 ·································833
■ 근무시간 및 근무기간에 따른 4대 보험 적용 여부 ·······833
》 **만 65세 이상 4대 보험** ·· **836**
[사례] 사업자등록 전 직원 4대 보험 가입 가능 여부 ········839
》 **법인사업장에 대표자만 있거나 대표자가 무보수인 경우 4대 보험** ·· **840**
[사례] 개인 사업장 대표자가 단독 대표에서 공동대표로 변경된 경우 ···············844
[사례] 개인 사업장 대표와 법인사업장 대표이사의 4대 보험 ················844
》 **1인 개인사업자와 법인 대표이사 4대 보험** ············ **845**
》 **(비)등기임원, 사외이사 등 임원(이사, 감사)의 4대 보험** ········· **847**
》 **해외 파견근로자의 4대 보험** ································ **849**
》 **근로자+근로자, 근로자+사업자, 사업자+사업자의 4대 보험** ······· **852**
■ 근로자+근로자의 4대 보험 ·····································852
■ 근로자+사업자, 사업자+사업자의 4대 보험 ············855

≫ **대표이사면서 다른 사업장에 재직 중인 근로자 4대 보험** ········· **857**
- 법인 대표이사 ···857
  ▷ 법인 대표이사로서 급여가 발생하는 경우 ·····································857
  ▷ 법인 대표이사로서 급여가 발생하지 않는 경우 ····························858
- 개인사업자 대표 ···858
- 사례 직장을 다니면서 개인사업자 등록을 한 경우 4대 보험 ··················859

≫ **가족회사 가족(친족)의 4대 보험** ··· **860**
- 가족(친족)의 근로자성 판단 ···861
  ▷ 고용보험, 산재보험 친족의 근로자성 판단 ·································861
  ▷ 법인의 대표이사와 동거하는 친족의 근로자성 여부 ···················862
  ▷ 근로관계 확인 자료(입증자료) 예시 ··863
- 국민연금·건강보험 ··863
- 고용·산재보험 ··864

≫ **본점과 지점의 4대 보험 신고** ·· **865**
- 지점의 4대 보험 성립 신고 ···865
- 지점의 직원을 본점에서 관리 ··866
- 현장 일용근로자를 본사에서 신고 ···867

≫ **상여금이 있는 달의 4대 보험 공제 방법** ··· **869**
- 사례 일시적 또는 매달 급여가 변동하는 사업장의 4대 보험 관리 ·················870

≫ **퇴직자 발생 시 4대 보험 퇴직자 정산** ·· **871**
- 사례 4대 보험 연간 일정표 ··877

≫ **퇴사자 건강보험료 퇴직(연말)정산** ··· **878**

≫ **국민연금 소득총액신고** ·· **887**

Chapter 8

실무사례 목차 / 890

Chapter 01
전표 발행에서 결산까지

자체 기장 회사 경리업무

구 분	세부업무	주요 내용	빈도
일상 업무	매입/매출 관리	• 세금계산서 수취 및 발행 • 거래처 원장 관리 • 매입/매출 전표 처리 • 매입/매출 장부 정리 • 월말 결산 • 현금 및 통장 관리 • 법인카드 사용내역 정리 • 급여 계산 및 지급 • 채권/채무 관리	매일
	자금관리	• 입출금 내역 확인 • 예금계좌 및 통장 관리 • 현금출납부 작성	매일
	증빙관리	• 증빙서류 정리 및 보관 • 모든 거래 증빙 스캔 및 파일링 • 증빙 일련번호 부여	매일
결산 업무	월 마감 작업	• 계정 잔액 정리 • 미확인 거래 확인 • 시산표 작성	매월

구 분	세부업무	주요 내용	빈도
결산 업무	결산 준비	• 자산/부채/자본 실사 • 미수금/미지급금 정리 • 감가상각 계산	분기/연간
	재무제표 작성	• 손익계산서 작성 • 대차대조표 작성 • 현금흐름표 작성	연간
세무업무	부가가치세 신고	• 매출/매입 부가세 계산 • 부가가치세 신고서 작성 • 전자신고	분기
	종합소득세 및 법인세 신고	• 연말정산 준비 및 실시(2월) • 법인세 신고 및 납부(3월) • 종합소득세 신고 지원(5월) • 연간 결산 및 재무제표 작성 • 외부감사 대응(해당 시) • 다음 해 예산 수립(12월)	연간
	원천세 신고	• 직원 급여 원천징수(매월) • 근로소득 지급명세서 작성(연간) • 원천세 납부(매월) • 근로소득 간이지급명세서 작성(반기) • 사업소득, 기타소득 간이지급명세서 제출(매월) • 사업소득, 기타소득 지급명세서 제출(연간)	매월/연간
인사/급여 업무	급여 관리	• 급여대장 작성 • 4대 보험 신고 및 납부(매월) • 4대 보험 정산(연간) • 급여 지급내역 관리	매월

구 분	세부업무	주요 내용	빈도
기타 업무	경영 지원	• 경영진 재무 보고 • 예산 대비 실적 분석 • 원가 분석	수시
	주의 사항	• 모든 증빙은 5년간 보관 필수 • 전표 및 증빙은 시간 순서대로 정리 • 디지털 파일링 및 백업 중요	

노무 및 4대 보험 업무

구 분	주요 노무 및 4대 보험 업무
1월	• 연간 인사관리 계획 수립 • 연봉 조정 및 근로계약 갱신 • 연차휴가 사용계획 접수 • 전년도 성과평가 마무리
2월	• 연말정산 신고
3월	• 1/4분기 노사협의회 개최 • 전년도 고용·산재보험 보수총액 신고 • 건강보험/고용보험 보수총액 신고
4월	• 1/4분기 퇴직연금 납입 • 근로자의 날 행사 준비
5월	• 근로자의 날 행사 진행 • 상반기 채용 진행 (필요시)
6월	• 2/4분기 노사협의회 개최 • 하계휴가 계획 수립
7월	• 2/4분기 퇴직연금 납입 • 상반기 성과평가 실시 • 연차 사용 촉진 1차 안내

구 분	주요 노무 및 4대 보험 업무
8월	• 하계휴가 실시 • 임금 인상 검토
9월	• 3/4분기 노사협의회 개최 • 추석 상여금 지급
10월	• 3/4분기 퇴직연금 납입 • 연차 사용 촉진 2차 안내
11월	• 연말 성과평가 준비 • 차년도 인사관리 계획 수립
12월	• 4/4분기 노사협의회 개최 • 연말 성과평가 실시 • 연차휴가 정산 • 차년도 최저임금 체크
매월 공통 업무	• 4대 보험료 납부 및 변동사항 신고 (매월 10일까지) • 급여 지급 및 급여명세서 교부 • 연차휴가 관리 • 근태관리 • 노무 관련 상담 및 고충처리 • 4대 보험 자격취득 및 상실 신고 (입/퇴사 시)

급여 업무의 주요 프로세스

급여업무는 회사의 재무와 직원들의 생활에 직접적인 영향을 미치는 중요한 업무이므로, 체계적이고 정확한 관리가 필수적이다.

단 계	세부 업무
급여 계산 준비	• 근태 정보 수집 및 확인 • 급여 관련 규정 및 정책 검토 • 급여 항목 설정 (기본급, 수당, 공제 항목 등) • 세금 및 4대 보험료율 확인
급여 계산	• 기본급 계산 • 각종 수당 계산(연장근로수당, 휴일근로수당, 야간근로수당 등) • 세금 및 4대 보험 공제액 계산 • 기타 공제 항목 반영 • 급여총액 및 실지급액 산출
급여 지급	• 급여대장 작성 • 급여명세서 작성 및 발급 • 급여 이체 준비 및 실행 • 급여 지급 내역 확인 및 검증
급여 관련 신고 및 보고	• 원천세 신고 및 납부 • 4대 보험 신고 및 납부

단 계	세부 업무
	• (간이)지급명세서 제출 • 급여 관련 통계 작성 • 연말정산 준비 및 실시 • 급여 관련 자료 보관 및 관리

정확성 : 급여 계산의 오류는 직원들의 신뢰를 잃을 수 있으므로 철저한 검증이 필요하다.
시의성 : 정해진 날짜에 정확히 급여가 지급되어야 한다.
기밀성 : 개인의 급여 정보는 민감한 정보이므로 보안에 유의해야 한다.
법규 준수 : 노동법, 세법 등 관련 법규를 정확히 이해하고 준수해야 한다.
효율성 : 급여 관리 시스템을 활용하여 업무 효율을 높이는 것이 좋다.

인사 부서에서 수행하는 주요 업무

업무 영역	세부 업무
인사기획	• 인사 전략 수립 • 인력 계획 수립 • 인사 제도 설계 및 개선 • 조직 구조 설계
채용	• 채용 계획 수립 • 채용 공고 및 지원자 관리 • 면접 진행 및 평가 • 신규 입사자 온보딩
인사관리	• 인사 정보 관리 • 근태 관리 • 인사 평가 및 성과 관리 • 승진/전보 관리 • 퇴직 관리
교육/개발	• 교육 훈련 계획 수립 • 교육 프로그램 개발 및 운영 • 경력 개발 지원 • 리더십 개발 프로그램 운영
보상/복리후생	• 급여 체계 설계 및 관리

업무 영역	세부 업무
	• 성과급 제도 운영 • 복리후생 제도 설계 및 운영 • 4대 보험 관리
노무관리	• 노사 관계 관리 • 단체 협약 체결 및 이행 • 노동 법규 준수 및 대응 • 고충 처리
조직문화 관리	• 조직문화 진단 및 개선 • 직원 만족도 조사 • 내부 커뮤니케이션 활성화 • 기업 가치 및 비전 전파
인사 데이터 분석	• 인사 관련 데이터 수집 및 분석 • 인사 지표 개발 및 모니터링 • 인사 의사결정 지원을 위한 데이터 제공

위 표는 일반적인 인사부서의 업무를 나타내며, 기업의 규모, 산업, 특성에 따라 세부 업무나 중점 영역이 달라질 수 있다. 특히 최근에는 데이터 기반의 의사결정이 중요해지면서 인사 데이터 분석 업무의 비중이 늘어나고 있다. 또한 조직문화 관리와 같은 소프트한 영역의 업무도 인사부서의 중요한 역할로 부각되고 있다.

계정과목은 사례별로
딱 정해져 있지 않다

 계정과목은 모든 사례별로 정해져 있지 않다.

계정과목은 기업회계기준서에 열거되어 있는데, 각 사례별로 계정과목이 열거된 것이 아니라 개괄적인 설명만이 있다. 즉 특정 사례가 발생하면 갑이라는 계정과목을 반드시 사용하라고 법조문과 같이 고정적으로 제시해 주고 있는 것이 아니라, 거래 발생 시 해당 거래의 성격을 가장 잘 나타내는 계정과목을 실무자가 선별해서 사용하는 것이다. 결국, 경험에 따른 사례에 맞는 계정과목을 찾아내는 것이다. 또한, 특정 거래에 대해 한번 사용한 계정과목을 지속적으로 사용한 경우 전혀 다르게 사용한 계정과목이 아닌 이상 인정을 해준다. 따라서 실무자는 계정과목 선별에 두려움을 갖지 말고 본인의 판단에 한번 맡겨보는 것도 효율적인 업무처리 방법이 될 수 있다.

예를 들어 출장 시 차량을 가지고 가면서 주유비용 등 유지비용을 회사에서 준 경우 동 비용을 차량유지비로 해야 할지 여비교통비로 해야 할지 헛갈리는 경우가 생기는 데, 이 경우 동일한 거래에 대해 여비교통비로 지속적으로 처리해 왔다면 앞으로도 여비교통비 처리를 해도 문제는 없다.

그래서 새로운 회사에 취업하면 전임자의 전표 발행 내역을 파악한 후 지속성을 유지하는 것이 중요하다.

전표와 세금계산서 발행일이 일치해야 하나?

세법상으로는 원칙적으로 물품의 인도 시점에 세금계산서를 발행하도록 하고 있다. 따라서 정상적인 전표가 발행되고, 세금계산서가 발행된다면 대다수 전표의 발행일과 세금계산서 발행일이 일치하게 된다.

그러나 실무상으로는 발생주의에 따라 거래가 이루어진 후 전표가 발행되고 며칠 후에 세금계산서가 발행된다든가 세금계산서 수취인이 부가가치세 납부액을 조정하기 위해서 인위적으로 세금계산서 발행일을 조정해 달라고 요구하는 경우가 종종 있다. 따라서 이 경우 전표는 이미 발행이 되었고 세금계산서는 며칠 후 발행일자로 해서 발행되게 되는 데, 전표 발행일과 세금계산서 발행일의 차이로 인해서 실무담당자는 난처하지 않을 수 없다.

이 같은 경우 실무자는 당황하지 않아도 된다. 즉, 전표 발행일과 세금계산서 발행일이 며칠의 차이가 나는 경우는 문제가 되지 않는다. 다만, 부가가치세 과세기간을 넘어가는 경우 과세기간 차이로 인해서 부가가치세 신고 상에 약간의 문제가 될 수 있으므로 세금계산서 발행 또는 수취기준일을 정해서 부가가치세 신고기간 중 며칠 안에 모든 세금계산서의 수불이 이루어지도록 하면 된다.

예를 들어 거래처에 부가가치세 1기 확정신고를 위해서 모든 세금계산서 발행은 6월 30일까지 요청해 달라고 한다든지 모든 영업사원은 수취한 세금계산서를 6월 30일까지 경리부로 제출해 달라는 등 일정한 기준을 정해서 시행한다면 관리상 편리함을 줄 수 있다.

또한, 일정 거래에 대한 세금계산서를 해당 전표 뒷면에 붙여서 보관하거나 전표와 증빙을 따로 보관하는 경우 전표와 세금계산서 날짜에 차이가 발생하는 것은 해당 전표의 비고란 등에 차이 나는 세금계산서의 발행번호 등을 기록해 둠으로써 나중에 전표와 세금계산서를 상호 대조하는데 편리함을 주는 것도 좋은 방법이다.

참고로 국세청 홈택스 상에서 조회되는 적격증빙은 별도로 적격증빙을 출력해서 보관하지 않아도 된다. 다만 5년간만 보관해 주므로 해당 기간 이상의 자료가 필요한 경우 별도로 관리해야 한다.

거래 발생

계정과목 선별 및 금액 결정

자산, 부채, 자본, 수익, 비용 항목 중 하나로 분류

차 변	대 변
• 자산 계정과목의 증가 • 부채 계정과목의 감소 • 자본 계정과목의 감소 • 비용 계정과목의 발생	• 자산 계정과목의 감소 • 부채 계정과목의 증가 • 자본 계정과목의 증가 • 수익 계정과목의 발생

일반전표와 매입매출전표의 발행과 증빙수취·보관 방법

일반전표 입력메뉴는 부가가치세 신고와 관련 없는 모든 상거래 시 발행한다. 즉, 매입·매출 거래(세금계산서, 계산서, 수입세금계산서, 신용카드 매입·매출, 지출증빙용 현금영수증 등) 이외의 모든 거래 내역에 대해 발행한다. 부가가치세 신고서는 매입매출 전표 입력데이터를 기본으로 작성된다.

일반전표	매입매출 전표
• 부가가치세 신고와 관련 없는 모든 상거래에 대해서 발행 • 매입세액불공제 분은 일반전표 발행 • 입금전표, 출금전표, 대체전표	매입매출거래 중 부가가치세 신고와 관련된 거래(세금계산서, 계산서, 수입세금계산서, 신용카드매출전표, 현금영수증, 현금매출 등)에 대해서 발행. 따라서 부가가치세 신고 관련 거래를 일반전표 발행 시 신고 누락이 발생한다.

프로그램상 일반전표와 매입매출전표의 차이점을 살펴보면 프로그램에 직접 일반전표와 매입매출전표에 똑같은 내용을 한번 입력해 보면 쉽게 알 수 있다. 예를 들어 세금계산서를 받고

자산의 증가		부채의 증가	
상품	××× / 외상매입금		×××
부가가치세대급금	×××		

을 똑같이 입력 후 세금계산서 합계표를 띄워보면 일반전표에 입력한 내용은 세금계산서합계표에 뜨지 않고, 매입매출전표에 입력한 사항은 뜰 것이다.

결과적으로 매입매출전표에 입력한 사항만 부가가치세 신고서에 반영이 된다.

그러면 나중에 부가가치세 신고를 할 때 세금계산서합계표에 뜨지 않는 것은 부가가치세 신고서에도 반영되지 않는다. 따라서 부가가치세 신고와 관련된 세금계산서, 계산서, 부가가치세 매입세액공제를 받을 수 있는 신용카드매출전표, 현금영수증 등은 무조건 매입매출전표에 입력해야 한다. 다만, 매입매출전표도 일반전표도 모두 회계장부에는 반영된다.

편리하게 부가가치세 신고와 관련된 것을 구분하고자 매입매출전표 메뉴가 있는 것이다.

전표와 세금계산서 발행날짜의 차이

↗ 전표와 세금계산서 발행날짜가 달라요

세법상으로는 원칙적으로 물품의 인도 시점에 세금계산서를 발행하도록 하고 있다. 따라서 정상적으로 전표가 발행되고, 세금계산서가 발행된다면, 대다수는 전표의 발행일과 세금계산서 발행일이 일치한다.

그러나 언제나 실무에서는 차이가 발생하는데, 실무상으로는 발생주의에 따라 거래가 이루어진 후 전표가 발행되고, 며칠 후에 세금계산서가 발행된다든가 세금계산서 수취인이 부가가치세 납부액을 조정하기 위해서 인위적으로 세금계산서 발행일을 조정해 달라고 요구하는 경우가 종종 있다.

하지만 전표 발행날짜와 세금계산서 수취 날짜가 약간의 차이 즉, 1달 거래를 모아서 다음 달 10일 안에 발행하면 법에서도 인정하는 부분이므로 문제가 되지 않는다. 다만, 부가가치세 과세기간을 넘어가는 경우 과세기간 차이로 인하여 가산세가 발생할 수 있으므로 세금계산서 발행 또는 수취기준일을 정해서 부가가치세 신고기간 안에 모든 세금계산서의 수불이 이루어지도록 해야 한다.

특히 요즘은 대다수 전자세금계산서를 사용하므로 하나의 대표 이메일을 정해서 특정 날짜 안에 전자세금계산서를 주고받으면 편리하다.

한 달간 거래한 내역을 1장에 모아 발행해도 되나요?

상대방과 거래 건수가 많은 경우 매일매일 세금계산서를 발행하는 것이 번거로우므로, 전표는 매일매일 발행하고 세금계산서는 1일부터 말일까지의 거래내역을 집계해서 말일 자로 다음 달 10일까지 한 장에 발행해도 법적으로 문제는 없다. 즉, 전표는 건별로 발행하고, 세금계산서는 동일 거래처의 경우 월 단위로 모아서 발행해도 문제가 되지 않는다. 또한, 세금계산서를 총액에서 할인이나 반품 금액을 차감한 순액으로 발행하든, 총액에서 할인이나 반품 금액을 차감하는 형식으로 세금계산서를 발행하든 문제가 되지는 않는다.

전표와 세금계산서의 효율적인 보관방법

전표의 뒷면에 증빙을 붙여서 첨부하든, 별도로 증빙철을 만들어 증빙을 관리하든 이것은 실무담당자의 선택사항이다.

일정 거래에 대한 세금계산서를 해당 전표 뒷면에 붙여서 보관하거나, 전표와 증빙을 따로 보관하는 경우 전표와 세금계산서 날짜에 차이가 발생하는 것은 해당 전표의 비고란 등에 차이 나는 세금계산서의 발행번호 등을 기록해 둠으로써 나중에 전표와 세금계산서를 상호 대조하는데 편리함을 주는 것도 좋은 방법이다.

홈택스 조회 가능 세금계산서 별도 보관해야 하나

↗ **원본을 보관하지 않아도 되는 경우**

법인(개인사업자 포함)이 다음 중 어느 하나에 해당하는 지출증명 서류를 받은 경우는 법인세법에 따라 지출증명 서류를 보관한 것으로 보므로 증명서류 원본을 별도로 보관하지 않아도 된다.

❶ 현금영수증
❷ 신용카드매출전표
❸ 국세청장에게 전송된 전자세금계산서

❹ 국세청장에게 전송된 전자계산서

따라서 홈택스에서 조회가 가능한 전자세금계산서(계산서, 현금영수증, 신용카드매출전표)는 별도로 출력해서 보관할 필요가 없다. 다만 종이 세금계산서를 이용하는 경우나 임직원 개인카드 사용액을 증빙으로 활용하는 경우는 별도 원본의 보관이 필요하다.

그리고 처리 과정 등을 세법에서 정하는 기준에 따라 자기테이프, 디스켓 또는 그 밖의 정보 보존 장치를 활용해 작성하고, 보관한 경우 즉 종이 문서를 스캔 등으로 전자문서화한 경우가 아닌 최초 작성부터 전송·보관까지 위변조가 안 되는 전자적 방식의 전자문서는 적격 증빙으로 인정된다.

↗ 원본을 보관해야 하는 경우

장부와 증거서류의 전부 또는 일부를 전산 조직을 이용하여 작성할 수 있고, 자기테이프, 디스켓 또는 그 밖의 정보 보존 장치에 보존한 경우 인정해 준다는 세법 규정에 따라, 발급받은 증빙을 스캔하여 보관하는 경우 원본을 보관하지 않아도 무조건 증빙으로 인정해 주는 것으로 오해할 수 있으나, 이는 처음 문서의 작성도 위변조가 어려운 전자문서이고 수취·보관도 전자문서여야 한다는 조건을 충족해야 한다.

예를 들어 원본의 보관이 필요 없는 경우는 전자세금계산서 발행과 같이 컴퓨터에서 전자적 시스템에 접속해 작성하고, 이를 상대방에게도 전자적 전송 방법으로 전송한 후 전자문서 자체로 보관되는 것과 같이 모든 과정이 전자적으로 이루어지는 문서를 의미하는 것이다.

따라서 흔히 컴퓨터에서 출력해 수기로 작성하는 계약서나 인·허가 서류 등 위조·변조하기 쉬운 장부 및 증거서류 등은 반드시 원본을 보관해야 한다. 즉 증빙의 스캔본도 스캔 후 포토샵 등 프로그램을 활용해 위조·변조가 가능하므로 원본의 보관이 필수다.

결국 원본을 보관하지 않아도 되는 전자세금계산서, 전자계산서, 현금영수증, 신용카드매출전표 등을 제외하면 종이 세금계산서, 일반영수증 수취분이나 계약서 등 일부 서류만 원본을 보관하면 될 것으로 판단된다.

 ### 스캔한 증빙의 세법상 인정 여부

업무 편의를 위해 증빙을 스캔해서 컴퓨터에 보관하는 것은 회사입장에서는 문제가 없으나 아래 사항에 유의해서 증빙 관리를 해야 나중에 세무상 문제가 없다. 물론 실무상 스캔해서 컴퓨터에 보관해도 문제가 되는 경우는 극히 일부지만 관할 세무서와 분쟁이 발생할 경우는 법과 원칙에 따라 결정되므로 아래 사항은 실무상 반드시 유의해서 업무처리를 하는 것이 좋다.

1. 적격증빙을 온라인으로 받지 않고 종이로 받아서 해당 종이를 스캔한 경우의 스캔본은 적격증빙으로 인정되지 않는다.
2. 온라인 결제로 인해 온라인으로 증빙을 받은 경우는 해당 사이트에서 자료가 국세청으로 넘어가므로 해당 온라인 증빙을 출력해도 적격증빙으로 인정된다.
3. 원본을 온라인으로 받아 보관하는 경우는 적격증빙으로 인정되나, 종이 등으로 받은 후 스캔한 것은 인정되지 않는다. 즉, 애초부터 종이가 아닌 온라인 자료로 받아 pdf 파일 등으로 보관하고 있는 것은 적격증빙으로 인정되지만, 종이로 받은 후 스캔하여 pdf로 저장한 것은 인정되지 않는다.

↗ 세법상 증빙의 보관 기간

국세기본법과 법인세법 등에 따르면 사업이 관련된 장부와 증명서류는 신고기한이 지난날부터 5년간 보존하도록 하고 있다.

주의할 사항은 발행일로부터 5년간 보관이 아닌, 확정신고 기한 후 5년간 보존이다. 즉, 2025년 12월 10일 발행한 세금계산서는 2026년 1월 25일이 부가가치세 확정신고 기한이므로 해당 일자 다음날부터 5년간 보관이 필요하다.

입금전표와 출금전표 대체전표의 발행방법

 입금전표의 작성법

입금전표는 현금이 들어오는 거래를 기록하는 전표이다.

입금전표의 차변은 항상 현금이므로 입금전표 상의 계정과목에는 대변계정만 적는다.

예를 들어 책상을 제조해서 판매하는 (주)갑은 (주)을에게 책상을 부가가치세 포함 11만 원을 현금으로 판매했다.

현금	110,000 /	상품	100,000
		부가가치세예수금	10,000

입 금 전 표				담당	이사	사장
작성일자	2000년 00월 00일	작성자	홍길동	주식회사 갑		
계정과목		적 요		금 액		
상품		사무용 책상 판매		100,000		
부가가치세예수금		사무용 책상 판매 부가가치세		10,000		
		합 계		110,000		

※ 위의 입금전표는 종류를 쉽게 구별할 수 있도록 붉은색으로 인쇄되어 있다.

작성방법

① 일자란 : 판매한 연월일을 기록한다.
② 계정과목란 : 상대 계정과목을 기록한다.
③ 적요란 : 정확하게 알 수 있도록 상세한 거래의 내용을 기록한다.
④ 금액란 : 공급가액과 부가가치세를 기록한다.
⑤ 합계란 : 상기한 금액의 합계액을 기록한다.

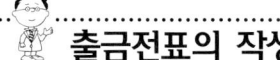
출금전표의 작성법

출금전표는 현금이 지급되는 거래를 기록하는 전표이다.

출금전표의 대변은 항상 현금이므로 출금전표 상의 계정과목에는 차변계정만 적는다.

예를 들어 책상 제작 원재료를 구입하면서 부가가치세 포함 11만 원을 현금 지급했다.

원재료	100,000	/	현금	110,000
부가가치세대급금	10,000			

출 금 전 표					담당	이사	사장
작성일자	2000년 00월 00일	작성자	홍길동	주식회사 갑			
계정과목	적 요				금 액		
원재료	사무용책상 판매 제작 원재료 구입				100,000		
부가가치세대급금	원재료 구입 부가가치세				10,000		
합 계					110,000		

※ 위의 출금전표는 종류를 쉽게 구별할 수 있도록 청색으로 인쇄되어 있다.

작성방법

① 일자란 : 매입한 연월일을 기록한다.
② 계정과목란 : 상대 계정과목을 기록한다.
③ 적요란 : 정확하게 알 수 있도록 상세한 거래의 내용을 기록한다.
④ 금액란 : 매입가액과 부가가치세를 기록한다.
⑤ 합계란 : 상기한 금액의 합계액을 기록한다.

대체전표의 작성법

대체전표는 현금의 수입과 지출 등의 변동이 없는 거래(대체거래)를 기록하는 전표이다. 대체거래는 전부 대체거래(= 전부 비현금거래)와 일부 대체거래(= 일부 현금거래)로 분류된다.

그리고 상품을 판매하고 일부는 현금으로 받고 일부는 외상으로 하는 등의 거래(일부 현금거래)를 기록하기도 한다.

예를 들어 강사를 초빙해서 2시간 강의료 40만 원 중 사업소득으로 13,200원을 원천징수 한 후 통장으로 송금해 주었다.

교육훈련비	400,000	/	보통예금	386,800
			예수금	13,200

대 체 전 표

작성일자	2000년 00월 00일	작성자	홍길동	주식회사 갑	담당	이사	사장

차 변			대 변		
계정과목	적 요	금 액	계정과목	적 요	금 액
교육훈련비	외부강사료 지급	400,000	보통예금		386,800
			예수금		13,200
합 계		400,000	합 계		400,000

작성방법

① 차변의 금액과 계정과목 란에는 거래를 분개한 내용 중 차변계정과목과 금액을 기록한다.

② 대변의 금액과 계정과목 란에는 거래를 분개한 내용 중 대변계정과목과 금액을 기록한다.

③ 적요란에는 거래 내용을 간단하게 적는다.

④ 일자란에는 거래 발생 날짜를 적는다.

⑤ 합계란에는 차변과 대변의 합계를 표시하며, 빈칸이 있는 경우는 차후의 분식을 방지하기 위하여 사선을 긋는다.

경리의 주요 장부 관리

 매입 매출 장부 관리

매출장 및 매출처별 원장

매출장은 회사의 판매 내용을 기록하는 장부이며, 매출처별 원장은 거래처별 외상관리대장이다.

매출이 발생하는 경우 세금계산서 등 증빙을 발행하고, 매출장 및 매출처별 원장에 매출내역이 기록된다.

구 분	현금매출	외상 매출
(매출)세금계산서 발행	매출장 기록	매출장 및 매출처별 원장 기록
(외상)대금 회수	일일거래내역서 기록	일일거래내역서 및 매출처별 원장 기록

8월 13일 (주)이지경리에 제품 5,800만 원(세액 별도)을 납품한 후 매출세금계산서를 발행해 주고 대금은 나중에 받기로 하다.

매 출 장

일자		유형	코드	계정과목	적요	매출처		공급가액	세액	합계
월	일					코드	매출처명			
8	13	과세	404	제품매출			(주)이지경리	58,000,000	5,800,000	63,800,000

① 일자 : 매출 세금계산서 및 계산서의 작성일자, 기타매출의 경우 매출일자

② 유형 구분

유형	내 용
과세	일반 매출 세금계산서
영세	Local 수출 시 수출품 생산업자 등이 수출업자에게 발행하는 영세율 세금계산서
면세	부가가치세 면세사업자가 발행한 계산서
영수	세금계산서를 발행하지 않는 일반 소매 매출 및 서비스 매출
현영	현금영수증에 의한 과세매출 시 입력
카과	신용카드에 의한 과세매출 시 입력

매출처 원장

매출처명 : (주)경리

일자		적 요	차변(증가)	대변(감소)	잔액
월	일				
8	13	제품매출 대금	63,800,000		63,800,000

나중에 (외상)대금을 지급받을 시 일일거래내역서 및 매출처 원장의

외상대금 감소(대변) 란에 기록한다.

↗ 매입장 및 매입처별 원장

매입장은 회사의 구매내역을 기록하는 장부이며, 매입처별 원장은 거래처별 외상관리대장이다.

매출이 발생하는 경우 세금계산서 등 증빙을 받고, 매입장 및 매입처별 원장에 매입내역이 기록된다.

(주)만들기는 제품 1,000만 원(세액 별도)을 (주)이지로부터 7월 중에 납품받은 후 7월 31일 매입 세금계산서를 받고 그 대금은 다음 달에 지급하기로 했다.

매입장

일자		유형	코드	계정과목	적요	매입처		공급가액	세액	합계
월	일					코드	매입처명			
7	31	과세	404	제품매입	매입		(주)이지	10,000,000	1,000,000	11,000,000

매입처 원장

매입처명 : (주)이지

일자		적 요	차변(증가)	대변(감소)	잔액
월	일				
7	31	매입대금		11,000,000	11,000,000

복식부기 방식으로 기장하는 업체의 경우 부채(외상매입금 등)의 증가는 대변에 부채의 감소는 차변에 기재한다.

전표 관리

전표는 회사의 경리에서 가장 기본적인 작업이 되며, 이를 통해서 장부 등 여러 가지 회계자료가 발생한다.

전표 관리는 회계의 가장 기초 단계에 있다고 보면 된다.

전표의 종류에는 출금전표와 입금전표, 대체전표를 가장 많이 사용하며, 전산화에 따라 하나의 전표만을 사용하기도 한다.

구 분	사용 시기
입금전표	현금의 입금 시 작성(통장에서 시재 인출 시)
출금전표	현금 출금 지출 시 작성
대체전표	일부 현금 입금이나 지출 시 또는 전부 비현금 거래 시 작성

 통장관리

개인사업자는 통장에 대한 경리가 보통 들어가지 않는 것이나 법인사업자의 경우에는 법인통장에 기재된 것을 경리로 옮기는 작업이 상당한 부분 주의가 필요하다. 왜냐하면, 대부분의 거래가 법인통장을 통해서 이루어지기 때문이다. 물품 대금이나 인건비 등의 통장 사용 출처를 통장 적요에 명확하게 기재해야 한다.

◎ 입출금 통장에서 현금을 인출할 경우 : 입금전표에 기재하는 것이 보통

◎ 인출한 현금으로 지출할 경우 : 출금전표에 기재하는 것이 보통
◎ 통장에 대한 전표 발행 시에는 거래처 코드를 걸어주어서 외상대 정산 시 누락되는 항목이 없도록 한다.

세금계산서 관리

매출 세금계산서 관리

아래와 같은 보조원장을 가지고 있으면 부가가치세 신고 시에 아주 유용하게 사용할 수 있다. 다만, 표준 서식은 아니므로 참고만 한다.

매출총괄표

매출 날짜	매출처 상호	사업자 등록번호	공급 가액	부가 가치세	합계	입금시기	입금종류 (계정과목)

주) 입금 종류는 현금, 어음, 보통예금을 적는다.
주) 입금 시기는 자금이 들어오는 시기를 알 수 있어서 자금계획을 세우는데, 도움이 된다.

매입 세금계산서 관리

매입총괄표

매입 날짜	매입처 상호	사업자 등록번호	공급 가액	부가 가치세	합계	출금시기	출금종류 (계정과목)

계정과목은 매입처별로 다음과 같이 세분화해서 적는다.

- ⊙ 원재료 : 제품이나 상품을 만들 때 원료로 들어가는 것을 이렇게 분류한다.
- ⊙ 소모품비 : 제품을 만들 때 1회 적으로 쓰이는 소모품은 이렇게 분류한다.
- ⊙ 지급수수료 : 수수료 성격이 있는 것은 이렇게 분류한다(예 : 세무사 사무실 기장료).
- ⊙ 통신비 : 전화요금 등은 이렇게 분류한다.
- ⊙ 지급임차료 : 사무실 임차료를 지급할 때 이렇게 분류한다.
- ⊙ 기타

출금 시기는 자금이 빠져나가는 시기를 예측할 수 있어서 자금의 지출 규모를 알 수 있다. 물론 자금이 실제로 지출되는 것을 기재할 수도 있다.

세금계산서 관리

세금계산서 발생 시 및 금액 정산 시에 각각의 전표에 발생을 시킨다.

가공세금계산서 및 위장 세금계산서가 발행되지 않도록 철저한 관리를 필요로 한다. 가공 또는 위장 거래의 징후나 실제 거래가 있을 경우는 반드시 후속 조처를 할 수 있도록 해야 한다.

거래는 4장의 증빙이 한 묶음이 되게 한다.

❶ 거래명세표(사업자등록증 사본)

❷ 계약서 및 견적서

❸ 입금표 및 계좌이체 확인서 등
❹ 세금계산서
거래의 입증을 위해서는 반드시 있어야 하므로 철저하게 준비한다.

 법인카드 관리 및 개인카드 관리

법인의 경우 기업업무추진비지출은 반드시 법인카드로 이루어져야 손비로 인정받을 수 있으므로 카드 관리가 중요하다.
또한, 법인카드의 통제가 잘 이루어지지 않으면 불필요한 사적비용이 회사 밖으로 유출되는 경우가 발생하므로 카드 관리를 명확히 통제해야 한다.

 주식 관리

법인에 있어서 주식의 변동에는 양도, 증여, 증자, 감자 등 여러 가지 형태가 있다. 이 중에서 각 변동 사항에 따라서 세금이 발행할 수 있으므로 주의가 필요하다.
⊙ 양도 : 양도소득세, 증권거래세
⊙ 증여 : 증여세
⊙ 증자 : 불균등 증자 시 증여세
⊙ 감자 : 불균등 감자 시 증여세

주요 보조원장

↗ 외상매출금 관리대장

거래처별로 외상매출금을 관리하며, 회수 수단을 적어 놓아 수단별 계정별 원장과 대조할 수 있도록 작성해 놓는다.

↗ 외상매입금 관리대장

거래처별로 외상매입금을 관리하며, 지급수단을 적어 놓아 수단별 계정별 원장과 대조할 수 있도록 작성해 놓는다.

↗ 미지급금 관리대장

기계장치 및 건물 등 고정자산 내역별로 적어서 관리한다.

 일반영수증 관리

계정과목	설명	증빙관리
급여 및 임금	임직원의 급여, 잡급	급여명세표, 급여대장, 일용근로자 급여대장, 원천징수영수증
상여금	매달, 명절, 연말 등 보너스 지급금	상여금 지급표
복리후생비	직원을 위한 식대, 약품대, 차대, 간식, 유니폼대, 부식대	신용카드매출전표, 간이영수증, 부식대 영수증, 유니폼비 영수증

계정과목	설명	증빙관리
여　비 교 통 비	출장업무 자동차 교통비, 출장 시 식대, 출장 시 사용된 기타 경비 등	신용카드매출전표, 유류비 영수증, 출장 시 영수증, 기차표 및 버스승차권
통 신 비	전화요금, 우표 대금, 송금수수료, 등기료 및 소포 우송비	통신비 지로용지, 우표대금영수증, 송금수수료영수증, 등기우편영수증
수　도 광 열 비	전기요금, 상하수도료, 난로에 사용되는 석유와 경유 가스레인지에 사용되는 가스대	전기·상하수도 지로용지, 난로용 석유와 가스대, 건물관리비 영수증
세 금 과 공　　과	자동차세, 적십자회비, 면허세, 주민세, 도로 하천 수거 사용료	각각의 세금 고지서
지　급 임 차 료	건물 및 기타 부동산을 임대 사용 시 지급하는 비용	건물 임대차계약서, 세금계산서 등
수 선 비	동산 및 기타 부동산을 수선복구 시 사용되는 비용	세금계산서, 수선비영수증
보 험 료	차량보험료, 책임보험료, 화재보험료, 산재보험료	보험료 영수증
기업업무 추 진 비	거래처 손님을 위한 화분이나 축의금, 식대, 주대, 차대, 손님에게 제공하는 비용	간이영수증(3만 원까지), 청첩장(20만 원까지), 신용카드매출전표, 세금계산서
광　　고 선 전 비	간판, 광고용 수건이나 달력 신문이나 전화번호부의 광고료	세금계산서 및 간이영수증
차　　량 유 지 비	차량에 사용되는 유류대, 수리 부품, 기금 분담금, 검사수수료, 통행료, 주차료, 세차, 타이어 교환 등에 사용되는 비용	유류대 영수증, 신용카드매출전표, 기타 차량에 대한 영수증

계정과목	설명	증빙관리
운 반 비	모든 동산 등의 운반 시 사용되는 운임	물건 운반 시 운임영수증, 세금계산서 등
지급수수료	기장 수수료, 조정 수수료, 대행 수수료 등	세금계산서, 기타수수료 영수증
도서인쇄비	복사비, 도장고무인비, 서식 인쇄비, 도서구입비, 신문구독료, 서식 구입비	계산서, 간이영수증, 구독료 등 영수증
소 모 품 비	청소용품, 화장지, 의자 및 기타소모품	간이영수증, 금전등록기 영수증
사무용품비	사무용 연필, 볼펜, 계산기, 풀, 고무판, 장부, 전표, 스템풀러, 수정액 등	세금계산서, 간이영수증, 금전등록기 영수증
협 회 비	세금과공과에 해당하지 않는 협회 등의 회비	협회비 영수증
잡 비	오물수거비, 범칙금, 유선 방송비, 방범비, 쓰레기봉투 비	지로용지, 간이영수증
감가상각비	부동산 및 동산 상각비	감가상각비 명세서
등록면허세 취 득 세	건물 또는 비품, 차량운반구, 시설장치, 기계장치 등의 등록면허세, 취득세	세금 납부 고지서

경조사비는 20만 원까지, 경비는 3만 원까지 간이영수증으로 증빙이 되나 이를 넘는 금액은 세금계산서, 계산서, 신용카드매출전표, 현금영수증(지출 증빙용) 중 하나는 받아야만 증빙으로 인정된다.

재고관리

재고관리는 각 방법에 따라서 수불부를 작성하고 월말 남은 재고와 장부상 재고를 파악해서 그 차이를 분석하면서 연말결산 시에는 재고의 잔고가 얼마나 남아 있는지 정확히 파악해서 장부에 반영해 두어야 한다.

 원가관리

각종 원가분석 방식을 통해서 제품의 원가를 파악하고, 손익분기점 분석을 통해서 손익분기점을 파악해야 하며, 원가 동인별로 그 테이블을 만들어 과도하게 지출되는 부분을 개선해 나가는 관리를 해야 한다.

 인사관리 업무

- 급여대장
- 4대 보험 관리대장(국민연금, 건강보험, 고용보험, 산재보험)
- 각종 규정의 구비

급여 부분은 연봉제를 하는 경우가 대부분이므로 퇴직금에 대한 문제가 발생할 수 있다. 따라서 반드시 퇴직금 규정을 고려해야 한다. 한편, 연차휴가를 미사용 한 때는 연차수당을 주어야 하므로 이에 대한 급여도 고려해야 한다.

◎ 일용직 급여대장 및 지급명세서

일용직에 대한 지급명세서를 매 분기 종료 후 신고해야 하므로 지출 내역을 작성해 두어야 한다.

법인이 갖추고 있어야 할 사규나 사칙 등 업무

⤴ 인사 분야

구 분	사규나 규칙
취업규칙 및 (임원)급여 지급 규정	법인의 근로자(임원)에 대한 취업규칙 및 급여 지급 규칙 등을 이사회나 주주총회에 의해서 정해놓는다.
상여금 규정	상여금에 대한 기준임금의 개념과 지급 시기 등을 정해놓는다.
퇴직금 규정	퇴직금 지급에 관한 규칙을 정해놓는다.
연봉제 운영 규정	연봉제실시의 경우 그 규칙을 정해놓는다.
교육훈련비 규정	직원이나 임원에 대한 교육비 지출에 대한 규칙을 정해놓는다.
야간 근무 규정	야간 근무에 대한 규칙을 정해놓는다.
각종 수당 규정	각종 수당에 대한 상세한 내용을 정해놓는다.
경조사비 지급 규정	경조 휴가와 경조사비 지급 근거를 마련해 둔다.
연차유급휴가 관리 규칙	

⤴ 회계 분야

복리후생비, (해외) 여비교통비, 출장비 등에 대한 규칙을 정해놓는다.

구 분	사규나 규칙
임원 퇴직금 및 상여금 지급 규정	임원에 대해서는 세법상 규제가 있으므로 급여, 상여금, 퇴직금 지급 근거를 마련해 둔다.
출장비 지급 규정	각 지역 및 거리별 지급 근거와 증빙 첨부 사항을 규정한다.
복리후생비 규정	복리후생비를 받는 자의 근로소득세 원천징수 여부는 중요한 관심 사항이다. 직장체육비, 직장연회비, 경조비, 자가운전보조금, 식비 등 복리후생비는 사회통념의 범위 내 지출에 대해서는 비용인정을 해주므로 가능한 한 사내 규정을 정하는 것이 유리하다.
성과 배분 상여금 약정	잉여금처분을 비용으로 처리한 것은 법인의 손금에 산입하지 아니하나 내국법인이 근로자(임원을 제외함)와 성과산정지표 및 그 목표, 성과의 측정 및 배분 방법 등에 대해서 사전에 서면으로 약정하고 이에 따라 그 근로자에게 지급하는 성과 배분 상여금은 예외로 손금으로 인정한다.
판매부대비용 사전약정	판매부대비용은 사전약정 후 지급하는 것이 유리하다.

↗ 기타 분야

⊙ 안전 수칙 및 기타 특수한 사업의 경우에 필요한 여러 가지 규칙을 항상 비치해 놓고, 업무 매뉴얼화 하는 것이 중요하다.

⊙ 발주 부분, 구매 부분, 생산부분, 판매 부분, 자금 부분, 품질 부분에 대해서 각각의 규칙을 정해놓고 이를 준수하도록 해야 한다.

↗ 주요 관리철

경영 일반관리	재무관리 및 회계 관리	인사관리
• 정관 • 사업자등록증 사본 • 법인등기부등본 • 법인인감증명서 • 이사회 회의록 등 • 주주명부 및 변동 내역서 • 일반 회사 조직도 • 조직 내 비상 연락도 • 주요 거래처 내용	• 모든 계약서 정본 및 사본 • 매출 세금계산서 철 • 매입 세금계산서 철 • 급여대장 철 • 4대 보험 관리 철 • 외상매출금 관리대장 • 외상매입금 관리대장 • 미지급금 관리대장 • 법인카드 관리대장 • 법인통장 철 • 일일자금일보 • 전표 철 • 재고관리대장 • 여비교통비 복명서 • 일용직 급여대장	• 근로계약서 • 상여금 지급 규정 • 퇴직금 지급 규정 • 휴가 및 상벌 규정 • 여비교통비 지급 규정 • 기타 필요한 규정 등

수입과 지출 현금관리

 수입, 지출관리의 당사자

재무제표는 세금 계산의 기준이 되고 세무서에 제출되어야 하는 서식으로 세무대리인이 작성하고 관리하게 된다.

재무제표는 그 목적상 전체적인 회사의 재무적인 상황이나 경영성과를 파악하는 데는 유용하지만 작성 기간이 길고(1년), 관련 법규 및 규정에 따라서 작성하다 보니 그 초점이 수입, 지출보다는 수익, 비용에 맞추어져 있으므로 재무관리에 직접적인 사항인 수입, 지출을 관리하는 용도로는 문제가 있게 된다.

이러한 이유로 회사의 내부관리 목적으로 여러 가지 방법이 있겠지만 중소기업 입장에서 관리가 가능한 수준에서 가장 중점적으로 고려해야 할 사항은 수입, 지출관리이며, 이 부분은 세무대리인이 직접 관리하기가 현실적으로 불가능한 부분이 많으므로 처음엔 귀찮고 어렵더라도 효율적인 회사관리를 위하여 반드시 직접 작성해야 할 내용이다.

수입·지출 관리의 유용성

↗ 수입의 관리

입금 통장관리

소규모 회사의 수입은 매출과 거의 일치하게 되므로 회사의 수입이 들어오는 계좌를 일정하게 유지하고 이 계좌에는 회사의 수입 이외에 다른 금액(가사용 예금이나 출금)이 유입되지 않게 해놓는 것이 좋다. 그래야만 현금의 유출입 발생 시 현금의 수입 및 지출 내역을 쉽게 확인할 수 있게 된다.

수입 내역서 관리

수입 중 당일 은행 입금이 안 되거나, 수취 후 즉시 지출되는 등 입금 통장을 경유하지 않고 지출되는 경우가 있고, 거래처로부터 받는 외상 대금의 입금은 실제 거래일과 전표 또는 증빙 등의 작성 수취일과 차이가 있으므로 정확한 수입관리를 위해서는 수입내역서를 따로 작성해서 관리하는 것이 좋다.

은행에 예입된 부분이든 현금으로 받아서 별도로 보관하는 부분이든 매일 매일의 수입 내역은 그 내역서를 만들어 관리하게 되는데, 이때는 수입내역서의 관리상 기술적인 면이 요구된다.

↗ 지출의 관리

◉ 우선 지출 전용 통장을 만들어야 한다.

지출전용 통장이란 것은 매일매일 일어나는 소액의 경비들을 지출하기 위한 통장으로 정기적으로 입금 통장에서 일정 금액을 이체받아서 사용해야 한다.

⊙ 지출 통장으로는 수입 통장으로부터의 이체 이외에 되도록 가사용 자금이나 기타 예금의 입금을 금지한다.
⊙ 소액의 경상적 지출이라면 영수증을 보관하고 일정 금액 이상의 지출이라면 당연히 일자와 금액을 기록해 놓아야 한다.
⊙ 가능하면 당일 들어온 현금은 바로 지출하지 말고 입금해야 하며, 지출은 지출 통장을 이용하는 것이 좋다.
  현금이 통장을 거치지 않고 바로 지출되어 나가는 시스템이 되어 버리면 나중에 현금의 관리 감독이 어려워지고 부정 발생의 원인이 될 수도 있다.
⊙ 3만 원 초과 지출의 경우 세금계산서 등 반드시 적격증빙을 첨부해 지출을 기록한다.

[지출내역서]

	일 자	항 목	금 액	증빙종류	비 고
지출내역					

↗ 관리의 유용성

이렇게 수입과 지출을 관리해 놓으면 회사의 간단한 현금의 흐름을 알 수 있고 현금의 수입처와 지출처의 확실한 관리가 되며, 차후의 대규모 현금지출 시에 과연 회사가 벌어들인 수입의 잔액으로 감당할 수 있는지와 앞으로 계획된 현금의 지출이 회사 운영에 미치는 영향을 예측해 볼 수도 있다.

경리담당자를 통한 수입, 지출관리

↗ 담당자의 업무 수준을 정한다.

경리 보조업무를 주로 하면서 출금 통장관리 정도의 업무를 담당하는 정도에서 각종 전표의 작성, 개략적인 보고 문안 작성이 가능한 수준, 더 나아가서는 내부관리의 대행이 가능한 수준까지 다양한 업무의 범위 중 어느 정도의 관리능력을 가진 직원을 선발할 것인가에 대해 먼저 결정해야 한다.

↗ 업무 수준에 맞는 직원 관리, 감독 방법의 설계

[현금 잔액 명세서]

	날 짜	금 액	비 고
전일시재			
출 금			
시재합계			
지출내역			
잔 액			

▷ 시재 : 회사에 지출용으로 보관하고 있는 현금
▷ 전일 시재 : 지난번 현금 잔액 명세서를 작성한 날(전일의 의미)의 잔액
▷ 출금 : 출금 통장에서 출금되어 인출한 금액

▷ 시재 합계 : 전일 시재와 출금액의 합 즉, 지출이 없었다면 현금으로 있어야 하는 금액
▷ 지출 내역 : 전일 이후에 현금으로 지출한 금액
▷ 잔액 : 시재 합계에서 지출된 금액을 차감한 현재 시재

출금 통장의 관리 정도가 가능한 직원

이 경우라면 출금 통장의 출금 내역과 잔액에 대한 감독 정도만 하면 된다. 감독 방법으로는 현금 잔액 명세서를 정기적으로 작성하게 하여 통장의 잔액과 대조해 보면 된다.
그리고 지출영수증의 수집과 간단한 내역을 기록하게 한다.

어느 정도 경리 능력을 갖춘 직원(전표 작성 및 재무제표의 판독이 가능한 직원)

출금 사항 중에 영수증 없이 지출되는 금액에 대한 지출결의서 작성과 각종 서식의 매뉴얼화와 문서의 위치 등을 지정해 두고 수시로 점검하면 된다.

내부 관리를 일임하는 경우

위의 관리 과정과 더불어 정기적인 감사업무가 필요하다.
감사를 시행하는 경우는 정기적, 상례적으로 하고 이러한 방침을 사전에 직원들에게 주지시켜 직원들의 감정상의 문제를 일으키지 않도록 해야 한다. 어느 상황이든 입금 통장의 관리는 직접 하는 것이 좋으며, 2인 이상의 경리 업무자를 둘 경우는 각자의 업무를 확실히 구분하여 부정의 소지를 없애는 것이 좋다.

세무조사에 자주 걸리므로 항상 관리해야 할 거래

다음은 중소기업이 자주 사용하는 탈세 유형으로 누구나 사용하는 방법이기에 걸릴 확률이 높으므로 항상 조심해야 하는 탈세방법이다. 아래 방법은 옛날에도 사용했던 전통적인 방법으로 안 걸린다는 착각 속에 습관처럼 어디에서나 사용하는 방법이다.

그러나 나만 아는 방법이 아니라 나도 알고 국세청 조사관도 아는 방법이므로 세무조사를 받으면 세금을 추징당할 확률이 가장 높은 사례이다.

그게 쌓이고 쌓이면 금액이 커져서 세금 때문에 한 방에 날아가는 회사 많이 봤다. 특히 소규모 사업의 경우 아래 사례로 인해 세무조사를 받으면 거의 대다수 큰 부담으로 다가온다.

 매출 누락

구 분	내 용
유형	회사가 실제 매출을 일부 또는 전부 누락하여 신고하지 않음으로써 세금을 적게 내는 방식이다. 전통적인 방식으로 가장 일반적이다.

구 분	내 용
사례	현금 거래를 많이 하는 업종에서 자주 발생하며, 계산서를 발행하지 않거나, 가짜 계산서를 발행해서 매출을 은닉하기도 한다. 음식점이나 소매업체가 현금으로 받은 매출을 장부에 기록하지 않고 은닉하는 경우다. 예를 들어, 하루에 50만 원의 현금 매출이 발생했지만, 그 중 30만 원만 기록하여 나머지 20만 원을 누락 일부 치과와 성형외과에서는 비보험 항목에 대해 현금 결제를 유도하고 이를 신고하지 않는 방식으로 탈세를 시도한다. 예식장은 현금 결제 고객에게 할인 혜택을 제공하고 이를 신고하지 않았으나, 우체국을 통해 전달된 축전 개수와 실제 결혼식 수의 차이로 적발되었다

 가공 비용 계상

구 분	내 용
유형	실제로 발생하지 않은 비용을 허위로 과대계상하여 이익을 줄이는 방식이다. 아직까지도 사적경비 처리와 함께 가장 많이 사용하는 방법이다. 이는 가공 세금계산서를 통해 실제 거래가 없는 매입세액을 공제하여 부가가치세를 환급받기도 한다. 허위 매입세금계산서를 이용하거나, 특수 관계인과의 거래를 통해 부당하게 세액을 공제받기도 한다.
사례	중소 제조업체가 가공된 거래 내역을 통해 원자재 구입비를 부풀리거나 허위의 인건비를 계상하여 비용을 과장함으로써 세금을 적게 납부한다.

인건비 허위 계상

구 분	내 용
유형	실제 직원이 아닌 사람을 직원으로 등록하거나, 실제 급여보다 높은 금액을 계상하여 인건비를 허위로 계상하는 방식이다.
사례	가족 구성원을 회사 직원으로 등록하고 월급을 지급한 것처럼 기록해 세금을 절감. 이 과정에서 가족이 실제로 근무하지 않음에도 불구하고 급여를 지급한 것처럼 위장한다. 실제로 근로를 제공하지 않는 가족이나 친척에게 인건비를 지급하고 비용처리하는 것은 큰 문제가 된다. 세무조사 시 가장 먼저 파악하는 것이 사업주와 그 가족, 친척의 거래 내역이다. 실제 근무 사실을 입증할 수 있는 근로계약서, 급여 이체 내역, 출퇴근 기록, 4대 보험 가입내역 등을 구비해야 한다.

자산 임의 평가

구 분	내 용
유형	자산의 가치를 고의로 낮추거나 높여 장부를 왜곡하는 방식이다.
사례	부동산을 실제 가치보다 낮게 평가하여 양도세를 줄이는 경우. 중소기업이 소유한 건물이나 토지의 가치를 고의로 낮게 신고해 양도세를 적게 납부한다.

사적 비용을 법인 비용으로 처리

구 분	내 용
유형	개인의 사적 지출을 회사의 경비로 처리하여 법인세를 절감하는 방식이다. 사업 관련 없이 개인적으로 쓴 신용카드 내역은 바로 걸린다. 특히 법인 대표나 가족들의 사적 경비는 국세청에서 눈 크게 뜨고 본다.
사례	경영자가 개인적으로 사용하는 차량 유지비나 여행 경비, 골프비용을 회사의 경비로 처리하여 회사의 비용을 증가시키는 방식이다. 예를 들어, 대표이사 가사 경비를 법인카드로 사용하는 경우가 대표적이고, 가족 여행 경비를 사업 출장비로 처리하는 경우가 있다. 특히 법인 대표 및 가족, 임직원의 업무와 무관한 사적 경비는 99% 적발된다고 볼 수 있다1. 주말이나 휴일에 개인적으로 사용한 내역, 가족 외식비 등이 여기에 해당한다.

 이중장부 작성

구 분	내 용
유형	하나의 실제 장부와 세무 신고용 장부를 따로 작성하여 신고 시 이익을 축소하는 방식이다.
사례	음식점이나 소매업에서 매출이 기록된 내부 장부와 별도로, 세무 당국에 제출하는 장부에는 일부 매출을 누락하여 신고하는 경우가 있다.

거래를 통한 부당 소득 이전

구분	내용
유형	계열사나 관계 회사 간의 거래를 통해 부당하게 이익을 이전하여 세금 부담을 줄이는 방식이다.
사례	중소기업 A가 계열사 B에 물건을 시가보다 비싸게 매입하거나, 시가보다 저렴하게 판매하여 A사의 이익을 의도적으로 축소하고 B사의 이익을 부풀리는 경우다.

 수출입 거래 조작

구분	내용
유형	수출입 거래에서 실제 금액과 다르게 신고하여 관세나 부가가치세를 회피하는 방식이다.
사례	수출업체가 해외에서 실제로 받은 금액보다 낮은 금액을 신고하여 부가세 환급을 부당하게 받는 경우다. 혹은 수입 시 실제 금액보다 낮게 신고하여 관세를 적게 납부하는 경우다.

 명의도용

구분	내용
유형	무재산자의 명의를 빌리거나 가족, 지인, 종업원을 바지사장으로 내세워 수입을 분산시키는 방식이다

구 분	내 용
사례	할인행사를 진행하는 과정에서 현금 결제를 유도하면서 매출을 누락하기 위해 배우자나 가족 명의 통장으로 입금하도록 유도하는 행위

 임대소득 누락

구 분	내 용
유형	부동산 임대업을 하면서 임대료 수입을 누락하거나, 실제보다 낮게 신고하는 방식이다
사례	친인척에게 임대할 때 임대료를 전혀 받지 않거나 낮게 책정하여 신고하는 경우가 해당한다. 실제로는 월세를 받지만, 세금을 줄이기 위해 계약서를 전세로 작성하고 월세 수입을 숨기는 경우도 있다.

1. 현금 거래 후 소득 신고 누락
현금영수증 의무 발행 업종도 많아졌고, 국세청이 현금 흐름을 다 파악한다.

2. 가짜 비용처리
있지도 않은 직원 급여를 넣거나, 친척 인건비를 과다하게 계상해 인건비 부풀리기 수법이다. 국세청이 이런 거 다 전산으로 분석하고, 수상하면 바로 세무조사 나온다.

3. 매출액 축소 신고
요즘은 카드 매출, 온라인 매출 다 잡히고, 금융 거래 추적하면 다 나온다.

5. 기타 꼼수
세금 안 내려고 폐업하고 다시 사업자등록을 하는 폐업 후 재개업 방법을 사용한다. 국세청이 사업자등록 정보를 다 관리하고, 명의 위장은 더 큰 처벌을 받는다.

업무추진비(접대비) 관리 요령

 업무추진비(접대비) 한도 확인

세법상 업무추진비(접대비)는 일정 한도 내에서만 비용으로 인정된다. 이 한도는 수입금액에 따라 결정된다. 사업자는 한도를 넘는 업무추진비(접대비)가 비용으로 처리되지 않음을 인지하고, 이를 초과하지 않도록 관리해야 한다.

❶ 일반기업과 중소기업에 따라 기본 한도(일반기업 1,200만원, 중소기업 3,600만원)가 다르게 책정된다.

❷ 사업연도의 수입금액에 따라 업무추진비(접대비) 한도가 상향될 수 있다.

한도를 초과한 업무추진비(접대비)는 손금불산입되어 세금 부담이 증가할 수 있다.

 증빙서류 확보(법인카드 의무 사용)

업무추진비(접대비)를 경비로 인정받기 위해서는 적절한 증빙서류가 필수적이다. 적격증빙은 세금계산서 또는 현금영수증, 신용카드 영수증이 있다.

1건당 3만 원 이상의 업무추진비(접대비)는 반드시 증빙자료가 있어야 경비로 인정된다.

❶ 세금계산서, 신용카드 매출전표 등 필수 : 업무추진비(접대비) 지출에 대한 정확한 증빙자료를 보관한다.

❷ 접대 내역 기록 : 실무적으로 어렵지만 접대 일자, 상대방, 목적, 지출 금액 등을 상세하게 기록해 두는 것이 안전하다.

❸ 증빙 보관 기간 준수 : 세법에서 정한 증빙 보관 기간(5년)을 준수하여 세무조사에 대비한다.

❹ 업무추진비(접대비) 지출 시 법인카드 사용 의무화 : 현금지출을 최소화하고, 투명성을 높인다.

❺ 신용카드 사용 내역 관리 : 법인카드 사용 내역을 정기적으로 확인하고, 부정 사용을 방지한다.

지출 목적 명확화

업무추진비(접대비)는 주로 사업과 관련된 거래처, 고객과의 관계를 유지하거나 발전시키기 위한 목적으로 사용해야 한다. 접대 목적이 불분명하거나 개인적 용도로 사용된 지출은 업무추진비(접대비)로 처리되지 않으니, 명확한 사용 목적을 기록하는 것이 중요하다.

사내 업무추진비(접대비) 지출 규정 수립

회사 내부적으로 업무추진비(접대비) 지출에 관한 규정을 마련하여 지출 한도, 결제 방식, 사전 승인 절차 등을 명확히 정하는 것이 좋다. 이를 통해 임직원이 업무추진비(접대비)를 효율적으로 사용할 수 있도록 관리할 수 있다.

❶ 접대 목적 명확화 : 업무 추진, 거래처 관계 유지, 신규 고객 확보 등 접대의 목적을 명확하게 규정한다.

❷ 접대 대상 범위 : 거래처, 고객, 임직원 등 접대 대상을 구체적으로 정의한다.

❸ 지출 한도 설정 : 업무추진비(접대비) 지출 한도를 설정하고, 초과 지출 시 승인 절차를 마련한다.

❹ 증빙자료 요구 : 업무추진비(접대비) 지출에 대한 증빙자료를 요구하고, 보관 기간을 정한다.

 ## 정기적인 모니터링 및 점검

업무추진비(접대비) 사용 내역을 정기적으로 모니터링하고 내부 감사를 통해 불필요한 지출이 발생하지 않도록 해야 한다. 이를 통해 세무조사 시 문제 발생을 예방할 수 있다.

업무추진비 지출 주의 사항

❶ 업무와 관련된 지출만 인정 : 업무추진비(접대비)는 반드시 업무와 직접적인 관련이 있어야 손금으로 인정된다.

❷ 반드시 법인카드 사용 : 법인은 업무추진비(접대비) 지출시 반드시 법인카드를 사용해야 인정받는다.

❸ 사적인 지출 금지 : 개인적인 용도로 사용된 금액은 업무추진비(접대비)로 인정되지 않는다.

❹ 세법 변경에 유의 : 세법은 수시로 변경될 수 있으므로, 항상 최신 법규를 확인해야 한다.

❺ 사적 경조사비 처리 : 경조사비 지급 시 20만 원까지는 청첩장 등으로 업무추진비(접대비)로 인정해 준다. 20만 원을 초과하는 경우 세금계산서 등 적격증빙을 받지 않고 청첩장만 있는 경우 전액 손금불산입될 수 있으므로 주의가 필요하다. 특히 대표이사 동창이나 친인척 사적 경조사비를 업무용 경조사비로 처리하면 안 된다.
20만 원 이하 경조사비는 청첩장, 부고장 등 객관적 증빙을 갖추면 되지만, 20만 원 초과 시 적격증빙을 갖추어야 한다.

❻ 업무추진비(접대비)를 다른 비용 계정(예 : 복리후생비, 광고선전비)으로 분류하지 않도록 주의한다.

기업회계의 결산순서

	거래 분개 후 총계정원장에 전기	
거 래	5월 30일 외상매출금 100만원이 입금되었다.	
분 개	(차변) 보통예금 1,000,000	(대변) 외상매출금 1,000,000
총계정 원장에 전기	보통예금 5/30 외상매출금 1,000,000	외상매출금 5/30 보통예금 1,000,000

시산표(일계표, 월계표) 작성	각종 보조장부 작성

재무제표 작성

결산 정리사항	결산 정리사항이 아닌 항목
❶ 재고자산(상품계정 등)의 정리 실지재고조사법에 의한 매출원가 계산 재고자산감모손실 및 평가손실 계산	❶ 계속기록법에 의한 매출원가 계산 ❷ 선급금, 선수금, 미수금, 미지급금 ❸ 은행계정조정표 작성

결산 정리 사항	결산 정리 사항이 아닌 항목
❷ 단기매매증권의 평가 ❸ 매출채권 등 대손충당금 설정(대손액 추산) ❹ 유형자산의 감가상각 및 재평가, 무형자산의 상각 ❺ 외화자산 및 부채의 평가 ❻ 충당부채의 설정(제품보증충당부채 등) ❼ 자산의 손상차손 및 손상차손환입 ❽ 법인세 추산액(미지급법인세 계상 등) ❾ 소모품 결산 정리 ❿ 임시 가계정 정리(현금과부족, 가지급금, 가수금, 미결산 등) ⓫ 제 예금의 이자수익 등 가. 요구불예금 현금합산 나. 금융상품의 초단기 · 단기 · 장기 구분 다. 사용 제한 여부 확인 라. 미수이자 계상 ⓬ 차입금 이자비용 가. 유동성장기부채 대체 여부 나. 미지급이자 계상	❹ 기중에 실제 대손액 처리(매출채권이 회수불능되어 대손충당금과 상계 등) ❺ 자산을 처분하여 처분손익 인식(설비자산처분손익 인식 등) ❻ 잉여금처분(배당금의 지급 등) ❼ 충당부채의 지급 ❽ 소모품 구입 ❾ 현금 수수의 모든 거래

 프로그램을 활용한 결산순서

▷ 현금을 제일 나중에 맞춘다. 그 외엔 상관이 없다. 합계시산표를 확인한다.

▷ 1년 동안 경비 사항(전표 입력)

- 재고자산 증가·감소 확인 ➡ 재고자산감모손실(원가성이 있으면 매출원가 포함)
- 외상 채권·채무 확인 ➡ 외상매출금, 외상매입금 회수·지급
- 어음 회수지급 확인(받을어음·지급어음)
  어음할인, 배서양도 대손금 확인(부도, 파산 등 대손상각비)
- 차입금(차입금 내역 확인) ➡ 이자비용 확인, 부채증명서와 일치
- 법인통장(보통예금·당좌예금 확인) ➡ 예치금명세서와 일치
- 유형자산(취득 감가상각 처분 등) ➡ 고정자산대장과 일치
- 예수금 : 급여(급여대장) ➡ 4대 보험과 일치
  : 부가세예수금, 부가세대급금 ➡ 부가가치세 신고한 것과 일치
- 매출 확인(부가세 신고서)
- 채무면제이익, 자산수증이익, 보험차익 확인
- 이자수익(선납 세금) 확인
- 매출원가(제조원가) 확인 ➡ 원재료 확인
- 세금과공과 확인 ➡ 제세공과금
- 영수증, 세금계산서, 계산서, 카드, 현금영수증 ➡ 경비 확인
- 증여·출자금은 거의 변동 사항 없다.

더존 프로그램의 결산은 크게 두 개의 단계를 거쳐서 이루어진다.

결산자료의 입력 ➡ 재무제표의 마감

결산자료의 입력은 자동결산과 수동결산 두 가지로 나뉜다. 즉 프로그램상에 금액만 입력하면 자동으로 결산분개를 해주는 자동결산 항목과 프로그램 사용자가 직접 결산분개를 하고 입력해야 하는 수동결산 항목이 있다. 자동결산 항목과 수동결산 항목은 각각 다음과 같

다. 순서는 수동결산 후 자동결산을 한다.

↗ 수동결산 항목

결산 정리 사항에 대한 결산 대체분개 전표를 작성, 일반전표 입력메뉴에서 입력하여 결산하는 방법이다.

수동결산 항목은 사용자가 관련된 결산분개를 수동으로 일반전표상에 직접 입력해야 한다.

⊙ 선급비용의 계상
⊙ 선수수익의 계상
⊙ 미지급비용의 계상
⊙ 미수수익의 계상
⊙ 소모품 미사용액의 정리
⊙ 외화자산부채의 환산
⊙ 유가증권 및 투자유가증권의 평가
⊙ 가지급금, 가수금의 정리
⊙ 부가세예수금과 부가세대급금의 정리

↗ 자동결산 항목

프로그램에서 결산 흐름에 맞추어 화면에 표시되는 결산정리 항목에 해당 금액만 입력하면 자동으로 분개 되어 결산이 완료되는 방법으로, 결산자료입력 메뉴에서 작업한다.

자동결산 항목은 '결산/재무제표'에서 "결산자료입력" 화면을 열어서 각 해당하는 금액을 입력하신 후 "F7" key 또는 "추가"의 툴바를 클릭하시면 '일반전표에 결산분개를 추가할까요?' 하는 메시지가 나올 때 "Y(Yes)"를 클릭하면 자동으로 일반전표에 결산 관련 분개를 추가하게 된다.

- 재고자산의 기말재고액
- 유형자산의 감가상각비
- 퇴직급여충당금 전입액과 단체급여충당금 전입액
- 매출(수취)채권에 대한 대손상각
- 무형자산의 감가상각액
- 준비금 환입액 및 전입액
- 법인세(소득세) 등

위의 순서에 따라 결산자료의 입력이 완료되면 다음은 각 재무제표를 마감하게 되는데 여기에서 마감이란 곧 각 재무제표를 조회하여 열어보고(확인) 닫아주는 것이다. 즉 사용자가 재무제표를 열어서 확인하는 순간 프로그램상에서 계산하여 처리하게 되는 것이다. 재무제표는 반드시 다음의 순서에 따라 확인해야 제대로 반영이 된다.

제조원가명세서 ➔ 손익계산서 ➔ 이익잉여금처분계산서 ➔ 재무상태표

위의 순서대로 각 재무제표를 열어서 확인하면 결산에 대한 모든 관계가 종료된다. 다만, 1년에 대한 결산이 아니고 6월까지의 결산의 경우 6월의 일반 전표에 결산자료를 입력하고 각 재무제표도 6월 말로 열어서 확인해야 한다. 그리고 모든 것을 7월로 이월해야 계속되는 거래에 문제가 없다.

결산 회계처리 사항

결산 항목	정리자료	차변		대변	
상품재고액 수정	기초 상품재고액 100원	매입	100	이월상품	100
	기말 상품재고액 200원	이월상품	200	매입	200
현금과부족 정리	현금과부족 차변 잔액 80원 원인불명	잡손실	80	현금과부족	80
	현금과부족 대변 잔액 50원 원인불명	현금과부족	50	잡이익	50
단기매매 증권평가	기말 장부가액 150원	단기매매증권 평가손실	50	단기매매증권	50
	기말 결산일 현재 100원				
	기말 장부가액 150원	단기매매증권	30	단기매매증권 평가이익	30
	기말 결산일 현재 180원				
매출채권 대손추산	기말매출채권 잔액 700원	대손상각비	20	대손충당금	20
	전기 대손충당금 잔액 50원				
	대손추산율 10%				
유형자산 감가상각	정액법 : 취득가액 1,000원	감가상각비	100	감가상각누계액	100
	내용연수 10년				
	정률법 : 취득가액 1,000원	감가상각비	50	감가상각누계액	50
	상각율(감가율) 5%				
유형자산 손상차손	2024년 1월 1일에 기계장치를 현금 100에 취득(잔존가치 없고, 내용연수 10년, 정액법).	1. 2024년 1월 1일 기계장치 100 2. 2024년 12월 31일 감가상각비 10		현금 100 감가상각누계액 10	

결산 항목	정리자료	차변	대변
	2025년 12월 31일 기계장치 손상징후 포착. 기계장치의 순공정가치는 50, 사용가치는 55로 하락 가정	3. 2025년 12월 31일 감가상각비　　　10 유형자산손상차손 25 MAX[50, 55] - (100 - 20) = 손상차손	감가상각누계액　10 손상차손누계액　25
무형자산 감가상각	특허권 500원 5년간 상각	무형자산 상각비　　　　100	특허권　　　　　100
대손충당금 설정	대손충당금 설정	대손상각비　　　100	대손충당금　　　100
	대손충당금 환입	대손충당금　　　 50	대손충당금환입 50
퇴직급여충당금 설정	퇴직금추계액 100, 전기말 남아 있는 충당금 70	퇴직급여　　　　 30	퇴직급여충당부채 　　　　　　　 30
퇴직연금	DB형으로 100 사외적립 할 경우(부담금 납부시 분개	퇴직연금운영자산 　　　　　　　100	보통예금　　　　100
	퇴직연금 DB형 결산 분개시	퇴직급여　　　　100	퇴직급여충당부채 　　　　　　　100
외화자산·부채	외화 장기차입금 장부상 환율 1,100원, 결산일 현재 환율 1,200	외화환산손실　　100	장기차입금　　　100
	외화 장기차입금 장부상 환율 1,200원, 결산일 현재 환율 1,100	장기차입금　　　100	외화환산이익　　100
가지급금과 가수금의 정리	가지급금 잔액 180원	여비교통비　　　180	가지급금　　　　180
	여비교통비 지급 누락		
	가수금 잔액 130원	가수금　　　　　130	외상매출금　　　130
	외상매출금 회수 누락		

결산 항목	정리자료	차변		대변	
인출금 정리	인출금 500원 자본금에 대체	인출금	500	자본금	500
법인세비용	법인세 추산액 110, 법인세 중간예납 납부 선납세금 50	법인세비용	110	선납세금 미지급법인세	50 60

 법인결산 시 유의 사항

법인결산 시 사전 준비 사항

대부분 기업은 전산프로그램을 활용하고 있으므로 우선 전기에서 이월된 데이터의 적정성을 확인(전기분 재무제표 금액 및 거래처별 잔액을 확인)해야 한다. 그다음 단계로 기중 거래에 대해서 입력된 데이터 중 오류 또는 누락이 있을 경우 이를 반영해야 한다. 사전에 체크할 사항은 다음과 같다.

매출·매입 금액에 대한 검토

매출을 누락하는 경우는 나중에 추가 비용의 인정 없이 부가가치세, 법인세, 소득세까지 파생되는 심각한 문제가 발생하므로 특히 12월 31일 기준으로 기간귀속에 관련된 매출 인식 여부를 확인하는 것이 법인결산 준비절차에서 가장 중요하다.

인건비에 대한 검토

원천세 신고 내용이 손익계산서 등에 반영된 금액과 일치하는지? 여부를 확인해야 하며, 관련 4대 보험(국민연금, 건강보험, 고용보험, 산재보험)도 적정하게 반영되었는지 확인해야 한다.

채권 및 채무의 확정

채권(외상매출금, 받을어음, 미수금, 선급금 등)·채무(외상매입금, 지급어음, 미지급금, 선수금 등)의 기말 잔액이 거래처 조회를 통하여 정확한지 확인되어야 한다.

유·무형자산 증감 내역 확인

유·무형자산을 취득하는 경우나 처분, 폐기하는 경우 반드시 장부에 반영 여부를 확인해야 한다.

기말 재고자산의 확정

기말 재고자산(원재료, 재공품, 제품, 상품)에 대한 확정이 되어야 한다.

부가세 신고와 관련된 계정 확인

부가가치세 신고와 관련된 계정의 회계처리을 확인하고 12월 31일 기준으로 2기 확정신고 시 납부할 세액이 있는 경우에는 부가세예수금 또는 미지급 세금 등과 일치 여부를 확인해야 한다.

결산 관련 서류 준비

법인등기부등본, 주주명부(주주 변동 시 관련 세금신고 확인-양도소득세, 증권거래세 신고), 예금 등(잔액증명서, 이자·배당소득 원천징수영수증), 보증금 등(임대차계약서 등), 대여금(금전소비대차계약서), 차입금 등(잔액증명서, 이자비용계산서, 캐피탈 관련 상환 스케쥴 등), 퇴직금추계액명세서, 보험 관련 서류(보험증권).

↗ 매출액

매출액이란 일정한 대가를 받고 상품·제품·서비스 등의 재화 또는 용역을 공급하는 일반적인 상거래에서 발생하는 판매금액을 말한다. 일반적으로 인도한 날에 매출을 인식하며 세금계산서를 발급하지만, 반드시 일치하지 않을 수 있다.

❶ 세금계산서 교부 분과 부가가치세 신고 시 합계표와 일치 여부
❷ 매출 중에 알선이나 주선 수입 등 수입금액 제외항목에 대한 체크
❸ 수입금액 귀속에 대한 체크 : 진행률에 의한 수입금액 인식 및 장기할부 매출 등에 대한 수입금액 인식
❹ 부가세 수정 신고분이 있는 경우, 매출 반영 여부
❺ 거래처의 판매장려금이나 매입 할인이 있는 경우 검토
❻ 외화 거래가 있는 경우, 외화환산가액 등 검토(기준일 : 선적일)

매출환입·매출에누리·매출할인의 경우에는 수정세금계산서를 발급한다.

↗ 재고자산과 매출원가 확정

매출원가와 기말재고 결정

결산 시 기초재고액과 당기 매입 재고액을 합산한 후 기말재고액을 차감한 금액으로 매출원가를 인식한다.

재고자산감모손실 및 재고자산평가손실

❶ 재고자산감모손실

재고자산이 보관하는 과정에서 파손, 마모, 도난 등으로 인하여 실지 재고 수량이 장부 수량보다 적은 경우 차액을 재고자산감모손실이라고 한다. 재고자산감모손실 가운데 정상적으로 발생한 감모손실은 매출원가에 가산하고, 비정상적으로 발생한 감모손실은 영업외비용으로 분류한다.

> 재고자산감모손실 = (장부상 재고수량 − 실제 재고수량) × 단위당 취득원가

❷ 재고자산평가손실

재고자산은 취득원가를 장부가액으로 하며 시가가 취득원가보다 낮은 경우 시가를 장부금액으로 한다.

> 재고자산평가손실 = (단위당 취득원가 − 단위당 시가) × 실제 재고수량

재고자산평가손실은 매출원가에 포함시키고, 평가손실 해당액은 재고자산에서 차감하는 형식으로 표시하도록 규정하고 있다.

❸ 기말재고자산 포함 여부

구분	내용
적송품	수탁자가 위탁품을 판매한 날에 수익을 인식하므로 수탁자가 위탁품을 판매하기 전까지는 위탁자의 재고자산에 포함
시송품	매입자로부터 매입의사표시를 받은 날에 인식하므로 매입자의 의사표시 전까지는 시송품으로 판매자의 재고자산에 포함
미착품	FOB 선적지 인도조건 : 매입회사의 기말재고에 포함
	FOB 목적지 인도조건 : 판매회사의 기말재고에 포함
할부판매상품	인도기준으로 매출을 인식함
담보 제공상품	주석 공시 (별도의 회계처리 없음)

↗ 기타 수익과 비용

① 경비 영수증 등 처리되지 않은 것이 있는지
② 증빙이 없는 경비의 경우 : 가산세를 부담하고 경비처리를 할 것인지? 여부 검토(가지급금이 될 수 있음)
③ 급여 계상액과 원천징수이행상황신고서와 일치 여부
④ 임원에게 지급한 상여 등이 있는 경우, 지급 규정과 일치하는지 여부 체크(임원 보수지급 규정 검토)
⑤ 차입금이 있는 경우, 차입금 관련 이자비용 체크

⑥ 고정자산이 있는 경우, 감가상각비 체크 : 시인부족액이 있는 경우 신고조정으로 손금산입 체크
⑦ 당해 확정되는 대손 관련 사항이 있는지 체크
⑧ 고정자산 처분 등 여부 체크 : 승용차 매각 시 세금계산서 교부를 해야 한다.

인건비(급여, 상여금, 퇴직급여)

판매 및 관리업무에 종사하는 모든 임직원에게 지급되는 보수나 상여 및 제 수당을 의미한다.

결산 시 원천징수이행상황신고서(1월~12월) 신고된 금액이 장부상 제대로 반영되었는지? 여부(급여, 상여금 등) 및 사업소득, 기타소득, 퇴직소득 등에 대하여 회계처리 반영 여부를 확인한다.

임원상여금 및 임원 퇴직금 지급 시에는 법인세법상 손금인정 여부를 판단해야 한다.

구분		내용
종업원(직원)		지급액 전액에 대하여 손금으로 인정한다.
임원	상여금	지급 규정이 있는 경우에만 손금으로 인정한다.
	퇴직급여	정관 또는 정관에서 위임한 규정에서 정한 범위 내에서 손금으로 인정한다. 다만, 정관에서 정하지 아니한 경우 세법에서 정하는 범위 내에서 손금으로 인정한다.

기업업무추진비

업무와 관련하여 거래처에 제공하는 식대·선물·주대 등을 말한다.

❶ 법인이 1회의 접대에 3만원(경조금의 경우는 20만원)을 초과하여 지출한 기업업무추진비로서 신용카드(직불카드 및 선불카드를 포함한다), 현금영수증(세금계산서, 계산서, 매입자발행세금계산서, 원천징수영수증을 포함한다)을 사용(수취, 발행)하지 아니한 금액은 해당 사업연도의 소득금액 계산에 있어서 이를 손금에 산입하지 않는다.

법인명의 신용카드만 인정되므로 임직원 신용카드는 손금으로 인정되지 않는다.

❷ 상품권 매입액의 경우 배부 내역 등을 구비해야 한다.

❸ 통상적인 회의비를 초과하는 금액과 유흥을 위하여 지출하는 금액은 기업업무추진비로 본다.

세금과공과금

세금이란 자동차세·인지세·면허세·재산세 등 국가나 지방자치단체에 납부하는 금액을, 공과란 상공회의소 회비·협회비 등을 말한다.

❶ 자산취득 관련 취득세는 자산으로 처리해야 한다. 실무상 비용으로 처리한 경우는 법인세 신고 시 비상각 자산(토지)은 손금불산입하고 유보로 소득처분 한다. 반면에 상각자산(기계장치, 비품 등)의 경우에는 즉시상각의제에 해당하므로 감가상각시부인 대상이다.

❷ 증자 관련 비용은 주식할인발행차금(또는 주식발행초과금과 상계)으로 처리해야 하므로 법무사 등 세금계산서를 수령하였다고 세금과공과 또는 지급수수료 등으로 처리하게 되면 세무조정 대상이 된다.

보험료

손해보험(화재보험, 자동차보험 등)에 가입하고 지출하는 비용을 말한다. 회계는 발생주의로 처리함이 원칙이다. 따라서 차기연도의 비용이 미리 지불된 경우 기간 손익을 정확하게 하려면 비용에서 **빼는** 회계처리를 해야 한다.

감가상각비

감가상각이란 유형자산 가치의 하락을 수리적으로 계산하여 비용화함으로써 유형자산이 특정 회계기간의 수익에 공헌한 만큼의 원가를 내용연수 동안 비용처리하는 것이다.

❶ 감가상각비를 모두 계산한 후 합계잔액시산표 상의 유형자산 잔액과 유형자산의 미상각감가상각비명세서(양도자산 분 제외) 상의 기말잔액이 같아야 한다.

❷ 합계잔액시산표 상의 감가상각누계액과 유형자산 감가상각비 명세서상의 당기 말 상각누계액이 일치됨을 반드시 확인해야 한다.

❸ 기중에 보유한 자산에 대한 지출이 있는 경우 자본적 지출(자산처리)과 수익적 지출(비용처리)로 구분해야 한다.

↗ 기타 검토 사항

❶ 자본금 증감에 따른 주식변동 사항 검토 : 증/감자, 주식 양수도, 주식 증여 등 법인등기부와 비교

❷ 조세특례제한법상 세액공제 감면 등 관리 검토 : 감면된 유형자산

의 매각 또는 임대 여부 확인

❸ 원천징수 검토 : 사업소득, 기타소득, 이자소득, 배당소득 지급분에 대한 원천징수 검토(차등배당 안 함)

❹ 각종 보증금 체크 : 신규 임대차 보증금과 기타 보증금 등 체크

❺ 보험 관련 체크 : 보험 회사로부터 수령한 보험금 등 계상 여부 검토(100% 비용처리 가능한 증빙)

❻ 외화자산 부채 평가 : 외화자산과 부채의 평가 및 평가 손익 계상 적정한지 체크(환율 체크)

❼ 국고보조금 체크 : 국고보조금에 대한 세무회계 처리에 대한 체크

❽ 전기오류수정손익 관련 항목 체크 : 전기오류수정에 대한 회계처리와 세무조정 등 체크

❾ 단기매매증권 및 매도가능증권 등 검토 : 분류 적정성과 평가차손익 등 계상 체크

 회사의 재무제표 직접 작성 및 법정기한 내 제출

↗ 회사의 재무제표 작성 책임

회사의 대표이사와 회계 담당 임원은 해당 회사의 재무제표를 작성할 책임이 있다(주식회사 등의 외부감사에 관한 법률 §6①). 회사는 자체적으로 결산 능력을 높여 경영진 책임하에 재무제표를 직접 작성해야 한다. 재무제표의 작성과 책임의 주체는 회사라는 점을 반드시 유념해야 한다.

따라서 회사가 감사인 및 감사인에 소속된 공인회계사에게 재무제표를 대신하여 작성하게 하거나 재무제표 작성과 관련된 회계처리에 대한 자문을 요구해서는 안 된다(동법 §6⑥).

↗ 법정기한 내 제출

주권상장법인, 금융회사, 직전 회계연도말 자산 1천억 원 이상 비상장법인은 직접 작성한 재무제표를 법정기한 내에 감사인에게 제출한 후 즉시 증권선물위원회에도 제출해야 한다(동법 §6②④). 별도(개별) 재무제표의 경우 정기총회 개최 6주 전까지 제출해야 하고, 연결재무제표의 경우 (i) K-IFRS 적용회사는 정기총회 개최 4주 전까지, (ii) K-IFRS 미적용회사는 사업연도 종료 후 90일 이내에 제출해야 한다.

감사 전 재무제표를 법정기한 내 제출하지 못한 경우 상장법인은 그 사유를 증권선물위원회에 제출해야 하고, 사업보고서 제출대상 비상장법인은 그 사유를 공시해야 한다(동법 §6③⑤).

↗ 위반 시 제재

회사가 재무제표 작성 및 제출을 위반한 경우 임원의 해임 또는 면직 권고, 6개월 이내의 직무 정지, 일정 기간 증권의 발행 제한 등의 행정조치를 받을 수 있고(동법 §29①), 위반 사실이 공시될 수 있으며(동법 §30①), 감사인 지정 대상이 된다(동법 §11①). 또한 3년 이하의 징역 또는 3천만 원 이하의 벌금에 처할 수 있다(동법 §42).

감독 당국은 매년 회사의 감사 전 재무제표 제출 의무 위반 여부에 대해 점검하고 행정조치를 하고 있다. 다수의 회사가 부주의로 인해 감사 전 재무제표를 제출하지 않거나 제출을 지연하여 감사인 지정 등의 행정조치를 받고 있다.

결산 마감 항목의 회계처리

 손익계정 정리

선급비용, 미지급비용, 미수수익, 선수수익 계상(기간별 수익·비용 안분)

구분		차변	대변	
비용	이연	선급비용	비용 계정과목	미경과액
	예상	비용 계정과목	미지급비용	
수익	이연	수익 계정과목	선수수익	미경과액
	예상	미수수익	수익 계정과목	
소모품	비용처리법	소모품	소모품비	미사용액
	자산처리법	소모품비	소모품	
선급비용(자산처리법)		비용 계정과목	선급비용	경과액
선수수익(부채처리법)		선수수익	수익 계정과목	경과액

❶ 수익의 이연(선수수익)

당기에 받은 수익 중 차기에 해당하는 것을 선수수익으로 처리한다.

❷ 비용의 이연(선급비용)

당기에 지불한 비용 중 차기에 속한 비용을 선급비용으로 처리한다.

❸ 수익의 예상(미수수익)

❹ 비용의 예상(미지급비용)

↗ 선수수익 결산 정리

이미 받은 수익 중에서 차기 이후에 해당하는 수익분까지 수입이 먼저 이루어진 경우이다. 따라서 손익계산서에는 해당 수익을 줄여주고, 재무상태표에는 이 금액만큼 선수수익이라는 부채를 기록한다(결산 시점을 기준으로 미리 받은 이자(수익의 선불조건)).

이자수익	××× / 선수수익	×××

예를 들어 10월 1일 1년분 이자 12만 원을 받은 경우

10월	11월	12월	1월	2월	3월	4월	5월	6월	7월	8월	9월
당기분(3만 원) 12만 원 × 3/12			차기(다음 연도) 분 (9만 원) 12만 원 × 9/12								

시기	거래내용	차변		대변	
당기중	10월 1일 1년분 이자 12만 원 수취	현금	120,000	이자수익	120,000
당기말	9개월분 이자 선수취	이자수익	90,000	선수수익	90,000
차기초	재수정(재대체)분개	선수수익	90,000	이자수익	90,000

↗ 선급비용 결산 정리

이미 지급한 비용 중에서 차기 이후에 해당하는 비용 분까지 지급이 먼저 이루어진 경우이다. 따라서 손익계산서에는 해당 비용을 줄여주고, 재무상태표에는 이 금액만큼 선급비용이라는 자산을 기록한다(결산 시점에 미리 지급한 이자(비용의 선불조건)).

선급비용	××× / 이자비용	×××

예를 들어 10월 1일 1년분 임차료 12만 원을 지급한 경우

10월	11월	12월	1월	2월	3월	4월	5월	6월	7월	8월	9월
당기분(3만 원)			차기(다음 연도) 분 (9만 원)								
12만 원 × 3/12			12만 원 × 9/12								

시기	거래내용	차변		대변	
당기중	10월 1일 1년분 임차료 12만 원 지급	임차료	120,000	현금	120,000
당기말	9개월분 임차료 선지급	선급비용	90,000	임차료	90,000
차기초	재수정(재대체)분개	임차료	90,000	선급비용	90,000

↗ 미수수익 결산 정리

수익이 발생하였으나 결산 시점일 현재까지 수입이 이루어지지 않은 경우이다. 따라서 손익계산서 대변에 해당 수익을 기록하고, 재무상태표에는 미수수익이라는 자산을 기록한다(결산 시점에 아직 받지 않

은 이자, 임대료 등(수익의 후불조건)).

| 미수수익 | ××× / 이자수익 | ××× |

예를 들어 1월 1일 3개월분 임대료 3만 원을 받은 경우

1월	2월	3월	4월	5월	6월	7월	8월	9월	10월	11월	12월
당기 수입 3만원			당기 미수취분 9만원								

시기	거래내용	차변		대변	
당기중	1월 1일 3개월분 임대료 3만 원을 받은 경우	현금	30,000	임대료	30,000
당기말	9개월분 임대료 <u>미수취</u>	미수수익	90,000	임대료	90,000
차기초	재수정(재대체)분개	임대료	90,000	미수수익	90,000

↗ 미지급비용 결산 정리

비용이 발생하였으나 결산 시점일 현재까지 지급이 이루어지지 않은 경우이다. 따라서 손익계산서 차변에 해당 비용을 기록하고, 재무상태표에는 미지급비용이라는 부채를 기록한다(결산 시점에 아직 지급하지 않은 이자(비용의 후불 조건)).

| 이자비용 | ××× / 미지급비용 | ××× |

예를 들어 1월 1일 3개월분 이자 3만 원을 지급한 경우

1월	2월	3월	4월	5월	6월	7월	8월	9월	10월	11월	12월
당기 지출 3만원			당기 미지급분 9만원								

시기	거래내용	차변		대변	
당기중	1월 1일 3개분 이자 3만원을 지급한 경우	이자비용	30,000	현금	30,000
당기말	9개월분 이자비용 <u>미지급</u>	이자비용	90,000	미지급비용	90,000
차기초	재수정(재대체)분개	미지급비용	90,000	이자비용	90,000

소모품 미사용액의 정리

소모품 구입 시 자산으로 처리한 경우와 비용으로 처리한 경우 둘 다 미사용 소모품에 대한 정리분개를 해야 한다.

❶ 소모품 구입 시 자산으로 처리한 경우의 분개

(구입 시)

소모품	××× / 현금	×××

(결산수정분개)

소모품비	××× / 소모품(사용액)	×××

❷ 소모품 구입 시 비용으로 처리한 경우의 분개

(구입 시)

소모품비	××× / 현금	×××

(결산수정분개)

소모품(미사용액)	×××	소모품비	×××

 유가증권 평가

회사가 타 회사 주식을 보유하고 있고 외부감사를 받는 법인만 해당한다.

보유하고 있는 주식을 시장가격으로 조정하는 작업이다.

만일 우리 회사가 A 회사 상장주식을 100주(취득가 주당 10,000원) 보유하고 있다면 주식에 대한 장부가는 1백만 원인데, 기말 시점에서 주식가격을 보았더니 주당 12,000원인 경우

매도가능금융자산	200,000	매도가능금융자산평가이익	200,000

주) 100주 × 2,000원 = 200,000원

 가지급금 및 가수금 정리

회계처리시 현금 입출 목적이 확실하지 않은 부분에 대해 가지급금이나 가수금으로 처리한 내용이 장부상에 있을 수 있다.

가지급금과 가수금은 그대로 두면 안 되고 사유를 확인하여 적절한 계정으로 대체한다.

반면 가지급금이나 가수금이 대표이사나 주주가 인출, 납입한 금액이 확실하다면 대여금이나 차입금으로 대체한다.

단기대여금	×××	가지급금	×××
가수금	×××	단기차입금	×××

부가가치세 상계

부가세 예수금과 부가세 대급금을 서로 상계시켜 준다.

보통 분기별로도 하는데, 기말에는 반드시 정리를 해줘야 한다.

금액이 당연히 다르므로 금액 큰 쪽의 계정에 잔액이 남게 된다.

❶ 부가세예수금이 많은 경우

부가세예수금	200,000	부가세대급금	100,000
		미지급세금	100,000

❷ 부가세대급금이 많은 경우

부가세예수금	100,000	부가세대급금	200,000
미수금	100,000		

주) 두 계정 잔액 중 작은 쪽의 금액을 써주면 부가세예수금이나 대급금 둘 중 한 개의 계정 잔액은 '0'이 된다.

부가세 예수금과 대급금의 차액을 미지급금이나 미수금으로 대체할 수도 있는데 실무적으로는 그냥 둔다.

부가세예수금	×××	부가세대급금	×××

외화자산·부채의 환산

기말에 화폐성 외화자산(외화현금, 외화예금, 외화채권, 외화보증금,

외화대여금, 외화매출채권)과 부채(외화채무, 외화차입금, 외화사채)를 적절한 환율로 평가하였을 때의 원화 금액과 장부상에 기록되어 있는 금액과의 사이에 발생하는 차액을 재무제표에 반영한다.

| 외화자산 · 부채 ⁽주⁾ | ××× / 외화환산이익 | ××× |

⁽주⁾ 외화외상매출금, 외화예금 등

| 외화환산손실 | ××× / 외화자산 · 부채 ⁽주⁾ | ××× |

환율	과목	외화자산 (= 받을 돈)		외화부채 (= 갚은 돈)	
		차변	대변	차변	대변
상 승		외화자산	외화환산이익	외화환산손실	외화부채
하 락		외화환산손실	외화자산	외화부채	외화환산이익

원가 확정

원가에 사용된 원재료의 금액을 원재료비와 상계 처리하여 비용 처리하면 원재료의 금액은 감소하고, 원재료비 금액은 증가하게 된다.

| 원재료비 | ××× / 원재료 | ××× |

하지만 이 원재료비 또한 원가에 포함되어야 하므로 원재료비를 다시 재공품과 상계처리한다.

| 재공품 | ××× / 원재료비 | ××× |

원가에 사용된 노무비, 경비 또한 원가에 포함되어야 하므로 재공품으로 상계처리한다.

사용된 계정과목별로 모두 추가한다.

재공품	×××	노무비(급여, 복리후생비 등)	×××
		경비	×××

지금까지 당기 총제조 비용(원재료비, 노무비, 경비)을 모두 재공품으로 상계처리한다.

이 재공품은 제품을 만들기 위해서 사용된 비용이므로 제품으로 상계처리한다.

제품	×××	재공품	×××

당기 총제조비용과 당기 완성품 제조원가를 합한 금액이 당기에 사용된 매출원가다.

매출원가를 차변에 입력하여 매출원가를 증가시키고 사용된 제품의 금액은 대변에 입력하여 감소시킨다.

재고자산감모손실(재고자산 실사에 의한 손실)

보통 상품 판매를 하는 회사들은 재고가 있고, 재고 확인을 위해 12월 31일에 재고자산 실사를 한다.

평소에 장부나 회계 시스템에 재고 입/출고를 기록하지만, 기말에는 재고조사를 통해 실제로 얼마 남았는지? 맞춰 본다.

전기에 100개의 재고가 있는 상태에서 기중에 100개의 재고를 구매했고, 1년간 아무런 재고 변동이 없다면 기말에 재고 역시 200개이다.

기중에 100개의 재고를 구매했고, 1년간 재고자산을 150개 판매했다면 기말재고는 50개(기초 100 + 당기 매입 100 - 판매 150)일 것이다. 여기서 기말재고라고 표현되는 부분이 재무상태표 작성 시 표시된다. 만일 장부상 재고가 50개였는데, 실사를 해보니 45개라면 장부기록이 잘못되었거나 5개가 없어진 것이다.

5개는 장부상 기재가 잘못되지 않았는지 확인해 보고 장부상 기재가 잘못된 것이 아니면 분실한 것으로 보아야 한다.

재고자산 원가가 개당 1만 원이라면 아래와 같이 표기한다.

| 재고자산감모손실 | 50,000 | 상품(재고자산) | 50,000 |

단, 무조건 감모손실로 잡으면 안 되고 장부와 실제 거래를 대조하여 장부 누락 여부, 오기 여부를 확인한 후 소명이 안 될 경우만 반영해야 한다.

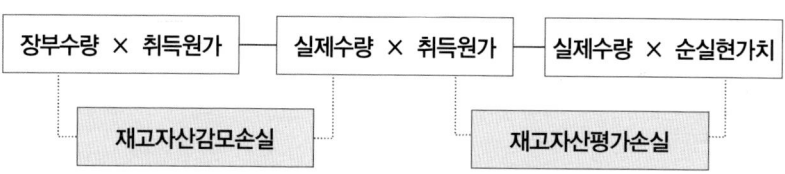

구분			결산처리
재고자산 감모손실	없는 경우		제시된 기말재고액 입력
	있는 경우	정상적	실제 재고액 입력(분개 없음)
		비정상적	실제 재고액 입력 재고자산감모손실 / 해당 재고자산(타계정대체)
재고자산평가손실			장부 재고액 입력 재고자산평가손실(매출원가) / 재고자산평가충당금

국제회계기준인 IFRS를 적용받는 법인의 경우 기말재고자산 평가를 하는 것이며, IFRS를 적용받지 않는 개인사업자 등의 일반 중소기업은 기말재고자산 평가를 하지 않는다.

재고자산 계정의 위험과 중요성을 고려하여 감사 범위를 결정하게 되나, 일반적으로 감사인의 판단으로 표본 추출한 리스트를 실사한다. 재고 수량뿐만 아니라 재고관리 방법 또한 중요하게 검토하는 대상이니 참고하기 바란다.

 매출원가 계상

상품 판매를 하는 회사의 경우 해당한다. 상품매출에 대응되는 매출원가를 계상하는 것이다.

매출원가 공식을 사용하면 된다.

매출원가 = 기초상품 재고액 + 순매입액 − 기말상품 재고액

매출원가	×××	상품	×××

 장기차입금의 유동성 대체

회사가 은행에서 차입할 때 상환해야 하는 만기가 1년 이내일 경우 단기차입금(유동부채)으로 분류하고 만기가 1년 이상인 경우 장기차입금(비유동부채)으로 분류한다.

만일 회사가 A 은행에서 3년 만기, 2억을 대출했을 경우 장기차입금

으로 기록했던 것은 만일 올해 결산 기말 기준 만기가 1년 이내로 남았으면 유동성 대체(비유동부채 → 유동부채)를 해주어야 한다.

| 장기차입금 | 200,000,000 | 유동성장기부채 | 200,000,000 |

주) 둘 다 부채이지만 장기차입금을 유동부채인 유동성장기부채로 대체

 감가상각비 계상

장부상 유/무형자산이 있는 경우 감가상각비를 계상해 주어야 한다. 회계감사를 안 받는 회사는 감가상각비를 계상하지 않아도 문제는 없다. 다만 세법상 감면을 받는 회사는 반드시 계상해야 한다.
보통 회계프로그램에 고정자산을 등록하면 월별 또는 연도별 감가상각해야 할 금액을 보여준다.

<유형자산>

만일 공기구비품 취득가가 1,000만 원이고, 이번 연도 감가상각비가 200만 원이라면 다음과 같다.

| 감가상각비 | 2,000,000 | 감가상각누계액 | 2,000,000 |

<무형자산>

만일 SW 취득가가 1,000만 원이고, 감가상각비가 200만 원이라면 다음과 같다.

| 무형자산상각비 | 2,000,000 | 소프트웨어 | 2,000,000 |

 **연차수당 결산분개**

↗ 올해 연차 사용 여부 확인/정리(회계)

다음으로 작년(2024년)에 설정한 올해분(2025년) 연차를 정리해야 한다.

작년(24년 말) 2024년 12월 31일 분개 다음과 같이 했다면

급여	500,000 / 미지급비용	500,000

➡ 2024년 연차수당 분 인식

이 상태에서 2025에 연차 사용분과 미사용분(연차수당 지급분)을 구분한다.

위 연차수당 분이 50만 원이고 80%의 연차를 사용했을 경우

<2025년 12월 31일 2025년 연차 사용분>

미지급비용	400,000 / 급여	400,000

➡ 2025년 연차수당 사용분 비용/부채 차감

<2025년 12월 31일 2025년 연차 미사용분>

분개 없음

<2026년 1월 31일 연차수당 지급시>

미지급비용	100,000 / 보통예금	100,000

➡ 2025년 연차 미사용분 수당 지급

이러면 2024년 말에 연차 관련 비용, 부채는 다 정리가 된다.

↗ 내년 연차를 인식(회계)

우선 결산 시 내년에 지급되는 연차를 금액으로 계산하여 비용 및 부채로 인식해야 한다.

이때 금액은 직원들이 내년에 연차를 한 번도 가지 않은 것으로 가정하고 계산한다.

개인별 통상임금을 계산한다. 계산된 개인별 통상임금에 개인별 연차 개수를 곱하면 연차수당이 산출된다.

전체 직원 합계액으로 분개한다. 만일 내년에 전체 직원이 사용가능한 연차가 160개, 통상임금이 1만 원이면 160일 × 1만 원 = 160만 원이 회사에서 인식할 부채가 된다.

<2025년 12월 31일>

| 급여 | 1,600,000 | 미지급비용 | 1,600,000 |

➡ 2026년 연차수당 분 인식

대손충당금 결산분개

대손예상액 > 대손충당금 잔액

정리자료	차변		대변	
기말매출채권 잔액 700원	대손상각비	20	대손충당금	20
전기 대손충당금 잔액 50원				
대손추산율 10%				

대손예상액 < 대손충당금 잔액(대손상각 화면에 (-)로 표시되는 경우)
➡ 환입시키는 분개를 일반전표 입력(12/31)

| 대손충당금 | ××× | 대손충당금환입 | ××× |

퇴직급여충당부채 설정

매년 말에 퇴직급여충당부채를 설정하려면 그 금액을 측정할 수 있어야 한다. 측정은 퇴직급여추계액으로 설정하는데, 이는 해당 사업연도 종료일 현재 재직하는 임원 또는 사용인 전원이 퇴직할 경우 퇴직금으로 지급돼야 할 금액을 추정해 계산한 금액이다. 연말에 모든 종업원이 동시에 퇴직할 일은 거의 발생하지 않겠지만, 일단 기업회계기준에서는 퇴직급여추계액 전액을 퇴직급여충당부채로 설정하도록 하고 있다.

구 분	퇴직급여충당부채
퇴직금 추정액 > 현재 설정된 퇴직급여충당부채	퇴직급여충당부채를 추가로 계상
퇴직금 추정액 < 현재 설정된 퇴직급여충당부채	퇴직급여충당부채를 환입

❶ 퇴직급여충당부채 설정 : 당기에 적립할 퇴직금을 입력한다.

[일반전표 입력]

| 퇴직급여 | ××× | 퇴직급여충당부채 | ××× |

또는 환입시

| 퇴직급여충당부채 | ××× | 퇴직급여 | ××× |

❷ 퇴직연금 적립

당기에 은행이나 보험에 적립할 금액을 입력한다.

[일반전표 입력]

| 퇴직연금운용자산(DB형) | ××× / 보통예금 | ××× |
| 퇴직급여(DC형) | ××× / 보통예금 | ××× |

퇴직금을 산출하기 위해 연간 임금총액(DC형)과 평균임금(DB형)의 개념을 사용하고 있다.

그 취지는 동일하나 산출 기준(기간·임금 포함 범위)은 다르므로 퇴직금 계산 시 유의해야 한다.

↗ 퇴직금과 DB형 퇴직연금은 평균임금

평균임금은 산정 사유가 발생한 날 이전 3개월 동안에 근로자에게 지급된 임금의 총액을 그 기간의 일수로 나눈 금액을 말하며, 법정 퇴직금은 30일분 이상의 평균임금 × 계속근로연수로 계산한다. 이 경우 일시적·돌발적 사유로 인하여 지급됨으로써 그 지급사유의 발생이 불확정적인 임금은 평균임금 계산 시 제외한다.

↗ DC형은 임금 총액

연간 임금총액은 사용자가 근로의 대가로 근로자에게 지급하는 일체의 금품 중 명칭 불문, 근로의 대가, 사용자가 근로자에게 지급조건을 충족하는 경우를 말한다.

포함되는 항목	제외되는 항목
• 기본급, 직무·직책수당 등 정기적·일률적으로 지급하는 고정급 임금 • 시간외근무수당, 연차유급휴가근로수당 등 실제 근로 여부에 따라 지급금액이 변동되는 수당 • 생산장려수당, 위험수당 등 근무성적과 관계없이 매월 일정 금액을 일률적으로 지급하는 수당 • 그 외 근로의 대가로 취업규칙 등에 사용자에게 지급의무가 있는 임금 항목	• 인센티브, 경영성과급 등 기업이윤에 따라 일시적·불확정적으로 지급되는 성과급 • 결혼축의금, 조의금 등 복리후생적으로 보조하거나 혜택으로 부여하는 금품 • 출장비, 업무추진비 등 실비변상으로 지급되는 금품 • 임시로 지급된 임금·수당과 통화 외의 것으로 지급된 임금

↗ 퇴직연금의 결산분개

구 분	DC형		DB형		비고
지급시 회계 처리	퇴직급여 보통예금	100 100	퇴직연금운용자산 보통예금	100 100	DC형은 지급액이 모두 비용처리가 되고, DB형은 퇴직연금운용자산으로 처리한다.
퇴사시 회계 처리	회계처리	없음.	퇴직급여충당부채 퇴직연금운용자산	100 100	DC형은 불입하면 퇴직금 지급의무를 다한 것이고, DB형은 근로기준법상의 퇴직금을 지급해야 한다.
결산시 회계 처리	퇴직급여 미지급비용	100 100	퇴직급여 퇴직급여충당부채	100 100	DC형의 경우 퇴직금추계액에 대해서 미납액을 미지급비용으로 회계처리하며, DB형은 퇴직금추계액이 퇴직급여충당부채로 계상되어야 한다.

현금과부족 계정 정리

장부상 현금과 실제 현금 보유 잔액이 다를 경우 정리를 해줘야 한다.
혹시 발생하고 이유도 모르는 경우는 잡손실로 처리하고 보유 현금과 맞춰준다.

정리자료	차변		대변	
현금과부족 차변 잔액 80원 원인불명	잡손실	80	현금과부족	80
현금과부족 대변 잔액 50원 원인불명	현금과부족	50	잡이익	50

 법인세비용 계상

외감법인의 경우 발생 기준에 따라 법인세를 당기에 반영해 줘야 한다. 만일 2024년 결산을 한다고 하면 법인세비용은 2025년 3월 말에 확정·납부하게 되나 2024년 실적으로 인한 법인세이므로 해당 연도에 표시해 주어야 한다. 단, 법인세는 세무조정 등 복잡한 절차를 거쳐야 하므로 외부감사 법인이 아닌 곳에서는 납부 기준으로 법인세를 반영해도 된다.

<외감법인 : 2024년 12월 31일 발생 시점>

법인세비용	×××	미지급법인세	×××

<비외감법인 : 2025년 3월 31일 납부 시점>

| 법인세비용 | ××× | 보통예금 | ××× |

당기순이익(손익)의 이익잉여금 대체

회계의 구조상 당기순이익(당해연도 1년 동안 발생한 순이익)이 발생한 만큼 회사가 보유하고 있는 회계상 잉여금이 늘어나게 된다. 따라서 순이익이 발생한 만큼 이익잉여금(회사의 순이익 합계)으로 대체(개인기업의 경우 자본금에 대체)하고, 이익잉여금을 미처분이익잉여금으로 대체하는 분개가 결산분개로써 장부에 들어가게 된다.
회계프로그램에서 결산분개를 누르면 자동으로 마감을 해준다.
당기순이익(손익) → 이익잉여금 → 미처분이익잉여금으로 대체

개인사업자의 인출금 결산 정리

개인기업의 기업주가 회사 매장 내의 상품이나 현금 등을 개인용도로 사용하는 경우, 그 사용 금액만큼 자본금이 감소한다. 이러한 개인적 사용이 빈번할 경우 매번 자본금을 감소시켜 차변에 기록하면 그만큼 자본금계정이 복잡해진다는 단점이 있다.
그러므로 자본금에 대한 평가계정인 '인출금' 계정을 설정하여 기록했다가 결산 시 일괄하여 자본금계정에서 차감 대체한다.

정리자료	차변		대변	
기업주가 현금을 개인적으로 사용시	인출금	80	현금	80
기업의 상품을 개인적으로 사용하는 경우	인출금	50	매입(원가)	50
기말 결산시 인출금 정리	자본금	130	인출금	130

결산 마감분개

마감분개 순서
↓
수익계정의 마감
↓
비용계정의 마감
↓
집합손익 계정의 마감
↓
이익이나 손실을 이익잉여금으로 대체

회계의 5요소 중 자산, 부채, 자본은 기업의 경제적 자원과 그 자원의 재무 조달을 보여주는 요소이다. 이들 요소는 한 회계기간에 끝나는 회계 요소가 아니다.

예를 들어, A 기업의 20X1년 12월 31일(회계기간 20X1년 1월 1일부터 20X1년 12월 31일까지), 즉 기말의 자산이 100,000원이고 부채가 30,000원, 자본이 70,000원이라고 하자. 한 회계기간이 종료되고 20X2년 1월 1일이 도래했을 때 A 기업의 자산은 0원인가? 부채는 0원인가? 자본은 0원인가? 회사를 폐업하지 않는 이상 자산, 부채, 자본은 남아 있다.

20X2년 1월 1일 A 기업의 자산은 100,000원, 부채는 30,000원이며, 이 기업의 자본은 70,000원이다.

반면 수익과 비용은 기업의 일정 기간 즉 1년간의 경영 성과(1년 동안 벌어드린 돈)를 보여 주는 것이다. 한 회계기간인 1년 동안 수익이 100,000원이고 비용이 50,000원이라고 하면 1년간 이익은 50,000원으로, 해당 회계기간에 50,000원의 이익이 증가해서 50,000원의 총자산이 증가한 것이다. 이는 재무상태표의 이익잉여금에 합산되어 나타난다.

그리고 다음 연도에는 새로운 수익과 비용을 계산하기 위해 다음 회계기간이 시작되었을 때 수익 0원 비용 0원으로 만들고 시작한다. 이를 마감분개라고 한다. 즉 새로운 회계기간에 수익과 비용은 0원으로 시작해서 그 회계기간 동안의 경영성과를 보여 준다.

	구 분	
20×1년	재무상태표	자산 100,000원 = 부채 30,000원 + 자본 70,000원
	손익계산서	수익 100,000원 - 비용 50,000원 = 이익 50,000원
20×2년	재무상태표	자산 150,000원 = 부채 30,000원 + 자본 70,000원 + 20×1년 이익 50,000
	손익계산서	수익 ?원 - 비용 ?원 = 이익 ?원 결산 마감분개 후 수익 0원, 비용 0원으로 시작

수익계정과 비용계정의 마감이란 수익계정과 비용계정을 모두 제거하여 0원으로 만드는 것이다.

예를 들어, 용역수익이 10만 원이고 급여가 3만 원이라고 가정하면 기중에 분개에서는 다음과 같이 기록한다.

현금	100,000 / 용역매출	100,000

| 급여 | 30,000 | 현금 | 30,000 |

현금계정은 자산 항목이므로 마감을 하지 않는다. 용역수익은 수익계정이므로 대변에 기록되어 있는데, 마감 즉 용역수익을 0원으로 만들기 위해 대변에 있는 용역수익을 차변으로 제거한다.

| 용역매출 | 100,000 | ? | ? |

위와 같이 분개하면 대변에 나타나는 분개가 없으므로 복식부기의 원리에 맞지 않는다. 따라서 임시로 집합손익이라는 계정과목을 대변에 기록한다.

| 용역매출 | 100,000 | 집합손익 | 100,000 |

수익계정과 마찬가지로 급여라는 비용 계정과목도 마감 즉 0원으로 제거한다. 이를 위해서 차변에 기록되어 있는 급여계정을 대변으로 제거한다.

| ? | ? | 급여 | 30,000 |

위와 같이 분개하면 역시 차변에 계정과목이 기록되지 않는다. 따라서 차변에 임시로 집합손익이라는 계정과목을 기록한다.

| 집합손익 | 30,000 | 급여 | 30,000 |

위의 분개를 다시 정리하면

현금	100,000	용역매출	100,000
급여	30,000	현금	30,000
용역매출	100,000	집합손익	100,000
집합손익	30,000	급여	30,000

이제 용역수익은 0원이고 급여도 0원이다.

그러나 집합손익계정의 대변 합계 10만 원 차변 합계 3만 원으로 대변에 잔액이 7만 원이 남는다. 집합손익계정도 임시계정이므로 대변에 남아 있는 집합손익 7만 원을 차변으로 제거한다.

집합손익	70,000 / ?	?

대변에는 어떤 회계 요소가 기록될까?

용역수익 10만 원이 발생하고, 급여가 3만 원이 지급되어 이 기업의 경영성과 7만 원은 기업이 벌어들인 돈, 즉 자본 항목 중 이익잉여금이다. 그러므로 다음과 같이 분개한다.

집합손익	70,000 / 자본(이익잉여금)	70,000

손익계산서 계정과목은 위와 같은 복잡한 절차를 거치게 되지만, 재무상태표 계정과목은 총계정원장 상의 잔액을 그대로 옮겨 적기만 하면 되므로, 손익계산서의 계정들처럼 별도의 다른 계정과목에 숫자를 모으는 절차가 필요 없다.

따라서 총계정원장 상에서 잔액을 "차기이월"로 기재하여 차변과 대변을 일치시켜 올해를 마감하고, 내년에 사용할 깨끗한 새 장부에 계정과목별 이름을 견출지에 만들어 붙인 다음 맨 위 줄에 동 잔액을 "전기이월"란에 기재해 놓으면 다음 연도에 새로운 장부가 된다. 그런데 결산 마감분개는 실무적으로는 필요가 없다.

회계 프로그램에서는 결산 마감이라는 메뉴 버튼을 몇 번 클릭하면 자동으로 마감분개가 이루어지기 때문이다. 그러나 그 원리는 알아둘 필요가 있다.

재무제표의 상호관계 알기

 재무제표의 뜻

재무제표는 기업이 일정한 영업 기간에 발생한 경영성과와 재무상태를 명확히 하기 위해서 일반적으로 인정된 회계원칙에 따라 기록, 계산, 정리하고, 그 결과로 얻은 회계정보를 기업의 이해관계자에게 제공하기 위하여 일정한 양식으로 작성하는 보고서를 말한다.

재무제표의 목적은 기업의 회계정보이용자에게 경제적 의사결정에 유용한 기업의 재무상태, 경영성과, 재무상태 변동, 현금흐름에 관한 정보를 제공하는 데 있다.

재무제표의 형식은 회계정보이용자에게 과거와 현재의 재무상태 및 경영성과를 파악할 수 있도록 당해 연도분과 직전 연도분을 비교하는 형식으로 작성하도록 규정하고 있다.

재무제표의 양식은 보고식을 원칙으로 하지만 재무상태표는 계정식으로 할 수도 있다.

아래에서 보는 바와 같이 중소기업회계기준과 한국채택국제회계기준의 재무제표 구성항목의 명칭은 약간의 차이가 있다.

보고식

재무상태표
제1기 2023.1.1.~2023.12.31.
제2기 2024.1.1.~2024.12.31

(단위 : 백만원)

자산	제 61 기 1분기말	제 60 기말
유동자산	2,406,136	1,831,399
현금및현금성자산	440,233	210,756
금융기관예치금	1,350,000	1,550,000
미수금및기타채권	614,690	69,826
기타유동자산	1,213	817
비유동자산	7,855,548	7,877,300
기타금융자산	175,764	189,309
장기미수금및기타채권	1,605	505
종속기업투자	758,789	758,789
관계기업투자	6,034,875	6,034,875
기타비유동자산	2,105	2,775
유형자산	40,882	41,321
투자부동산	823,680	828,833
무형자산	16,854	19,888
사용권자산	994	1,005
자산총계	10,261,684	9,708,699
부채		
유동부채	601,625	179,868
미지급금및기타채무	550,793	139,698
당기법인세부채	36,361	33,721
기타유동부채	13,891	5,833
유동성리스부채	580	616
비유동부채	135,495	118,574
파생상품부채	38,982	38,982
장기미지급금및기타채무	8,462	8,357
순확정급여부채	1,884	260
이연법인세부채	81,782	66,510
기타비유동부채	3,964	4,069
리스부채	421	396
부채총계	737,120	298,442
자본		
자본금	801,613	801,613
자본잉여금	2,413,576	2,413,576
기타자본항목	(1,569,515)	(1,569,515)
기타포괄손익누계액	27,997	23,965
이익잉여금	7,850,893	7,740,618
자본총계	9,524,564	9,410,257
자본과부채총계	10,261,684	9,708,699

계정식

재무상태표
제1기 2023.1.1.~2023.12.31.
제2기 2024.1.1.~2024.12.31

계정과목	금액	계정과목	금액
유동자산	9417	유동부채	346-
당좌자산	9350	매입채무	234
현금 및 현금성 자산	1160	미지급금	990
단기금융상품	7000	예수금	306
만기보유증권	0	예수금	38
매출채권	3613	미지급법인세	477
(대손충당금)	(19)	선수수익	12
미수금	1127	예수보증금	1400
(대손충당금)	(602)	비유동부채	1881
미수수익	222	퇴직연금운용부채	715
선급비용	24	(퇴직연금운용자산)	(524)
이연법인세자산	77	임대보증금	1536
재고자산	66	이연법인세부채	354
상품	3	부채총계	5342
원재료	55		
저장품	7	자본금	6318
		보통주자본금	6318
비유동자산	6868		
투자자산	3	이익잉여금	4625
장기금융상품	3	이익준비금	2666
유형자산	6859	미처분이익잉여분	1939
토지	1	당기순이익	1933
건물	20		
(감가상각누계액)	(15)	자본계	10943
구축물	255		
(감가상각누계액)	(255)		
기계장치	1664		
(감가상각누계액)	(1593)		
국고보조금	(13)		
차량운반구	517		
(감가상각누계액)	(436)		
기타유형자산	2406		
(감가상각누계액)	(2213)		
무형자산	5		
기타무형자산	5		
기타비유동자산	0.6		
보증금	0.6		
자산총계	16286	부채와자본총계	16286

재무상태표(국제회계기준)

최소한의 내용 - 재무상태표

자 산	부 채
유형자산	충당부채
투자부동산	금융부채
무형자산	매입채무 및 기타채무
금융자산	당기 법인세와 관련된 부채
지분법에 따라 회계처리하는 투자자산	이연법인세부채
생물자산	매각예정으로 분류된 처분자산집단에 포함된 부채
재고자산	자 본
매출채권 및 기타채권	지배기업의 소유주에게 귀속되는 자본금
현금및현금성자산	자본에 표시된 소수주주지분
당기 법인세와 관련된 자산	
이연법인세자산	
매각예정으로 분류된 비유동자산	

손익계산서(국제회계기준)

최소한의 내용 - 포괄손익계산서

단일 포괄손익계산서	두 개의 보고서(별개의 손익계산서+포괄손익계산서)
(+) 수익	별개의 손익계산서
(-) 원가	
(±) 지분법손익	
(±) 법인세비용	
세후 중단영업손익	좌동 (수익~당기순손익)
당기순이익 { 소수주주지분 / 지배기업의 소유주지분	
(±) 성격별로 구성되는 각 기타포괄손익	**포괄손익계산서**
총포괄손익 { 소수주주지분 / 지배기업의 소유주지분	당기순익 { 소수주주지분 / 지배기업의 소유주지분
	(±) 성격별로 구성되는 각 기타포괄손익
	총포괄손익 { 소수주주지분 / 지배기업의 소유주지분

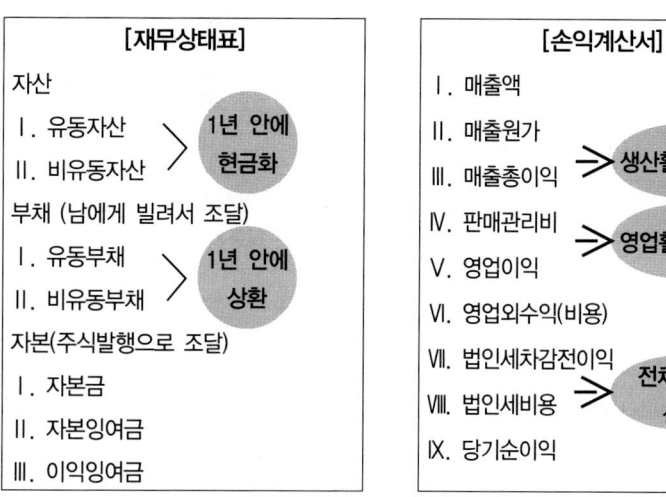

재무제표의 종류

현행 기업회계기준서의 재무제표는 개별재무제표를 주재무제표로 하고 있지만, 한국채택국제회계기준은 연결재무제표를 주재무제표로 규정하고 있다.

구 분	종 류
중소기업회계기준	대차대조표, 손익계산서, 자본변동표 또는 이익잉여금처분계산서(또는 결손금처리계산서)
일반기업회계기준	재무상태표, 손익계산서, 현금흐름표, 자본변동표, 주석
한국 채택 국제회계기준	재무상태표, (포괄)손익계산서, 자본변동표, 현금흐름표, 주석, 그 밖의 보고서와 설명 자료 ※ 외감법도 이와 같음

구 분	종 류
상 법	대차대조표, 손익계산서, 자본변동표 또는 이익잉여금처분계산서(또는 결손금처리계산서)
법인세법	재무상태표, (포괄)손익계산서, 이익잉여금처분계산서(또는 결손금처리계산서), 현금흐름표, 세무조정계산서

주) 재무상태표 = 대차대조표

재무상태표
기업의 **일정 시점**의 자산, 부채, 자본의 재무상태를 나타내는 결산 보고서

손익계산서
기업의 **일정 기간 동안**의 수익, 비용의 경영성과를 나타내는 결산 보고서

재무제표

자본변동표
기업의 **일정 기간 동안**의 자본의 크기와 그 변동에 관한 포괄적인 정보를 제공하는 결산 보고서

현금흐름표
기업의 **일정 기간 동안**의 현금흐름(유입과 유출)을 나타내는 결산 보고서

주석
재무제표상의 해당 과목 또는 금액에 대하여 그 쪽수의 밑(난외)이나 별지에 동일한 기호나 번호를 사용하여 그 내용을 보충 설명하는 것

개별재무제표, 별도재무제표, 연결재무제표

종속회사가 없는 기업들은 개별재무제표만 작성하면 되고, 종속회사가 있는 기업들은 연결재무제표와 별도 재무제표 두 가지 종류의 재

무제표를 작성하면 된다.

연결재무제표를 작성함으로써 종속회사 또는 관계회사와 관련된 이익의 영향까지 알 수 있으니, 종속회사 또는 관계회사로 인한 이익을 전부 배제하고 모회사만의 실적을 나타내는 재무제표가 필요하다는 것이 한국채택국제회계기준의 기본 입장이다. 이것이 별도 재무제표다.

↗ 연결재무제표

종속기업을 보유하는 지배기업은 연결재무제표를 작성하며, 연결재무제표란 지배기업과 그 종속기업의 자산, 부채, 자본, 수익, 비용, 현금흐름을 하나의 경제적 실체로 표시하는 연결 실체의 재무제표이다.

↗ 별도재무제표

종속기업을 보유하는 지배기업은 본인의 재무제표인 별도재무제표를 작성한다. 별도 재무제표를 작성할 때, 종속기업, 공동기업, 관계기업에 대한 투자자산은 ① 원가법 ② 공정가치법(K-IFRS 제1109호 금융상품) ③ 지분법(제1028호 관계기업과 공동기업에 대한 투자) 중 하나의 방법으로 처리한다.

↗ 개별재무제표

종속기업을 보유하지 않는 회사는 본인의 재무제표인 개별재무제표를 작성한다. 하나의 회사만 운영하는 대다수 회사가 일반적으로 작성하는 재무제표이다.

구 분	해 설
연결재무제표	지배회사와 종속회사를 하나의 회사로 간주해서 작성한 재무제표를 말한다. 즉 종속회사를 지배회사의 하나의 사업부 또는 지점으로 보고 이들 둘 이상의 회사의 재무제표를 합산해서 한 회사의 재무제표로 작성한 것이다. 종속회사가 있는 지배회사의 경우 연결재무제표와 지배회사 자체의 개별재무제표도 작성해야 한다.
별도재무제표	지배회사가 종속회사나 관계회사가 벌어들인 이익(지분법 이익)을 반영하지 않은 방식을 말한다. 지배회사가 작성하는 개별재무제표로써 지배회사가 종속회사나 관계회사의 지분을 표시할 때 지분법이 아닌 원가법이나 공정가치로 평가하는 방법을 의미한다.
개별재무제표	종속기업을 보유하지 않는 기업이 작성하는 재무제표로, 기업의 자체 재무상태를 나타낸다. 연결재무제표와는 달리, 종속기업의 재무 상태를 포함하지 않는다.

재무제표의 상호관계

[영업활동]
구매. 생산. 판매

[재무활동]
부채 및 자기자본조달

[투자활동]
생산 설비투자 등

⇒

[재무제표]
① 재무상태표
② 손익계산서
③ 이익잉여금처분계산서
④ 현금흐름표 등

[재무제표의 상호관계]

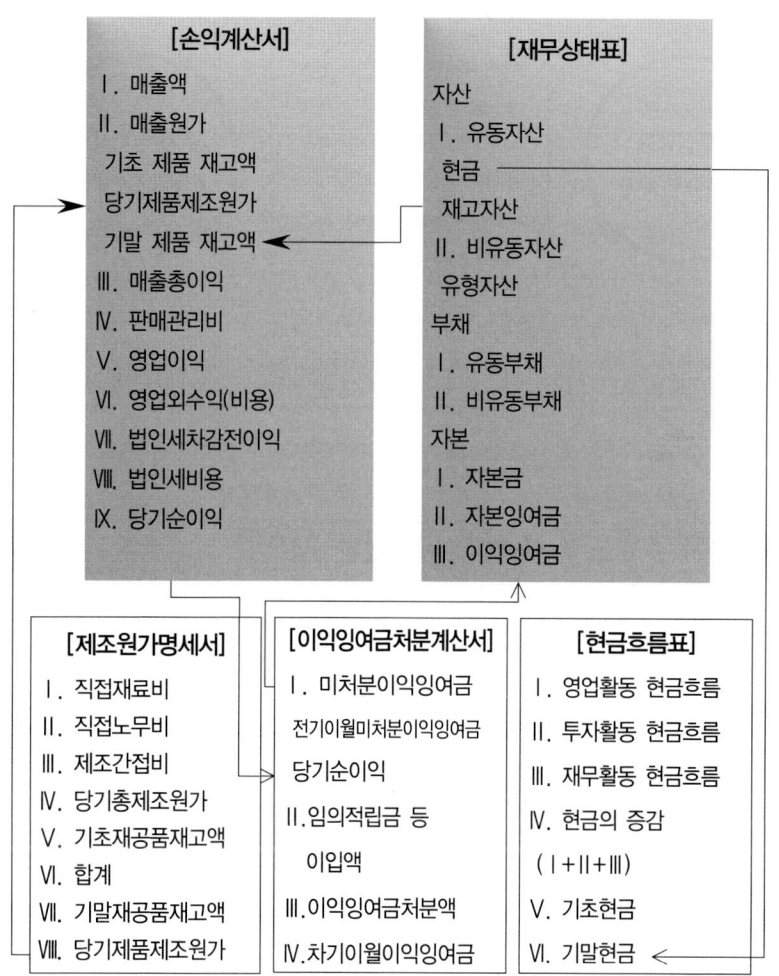

[재무제표의 상호 연관성]

 재무제표를 조회할 수 있는 사이트

구 분	볼 수 있는 정보
전자공시시스템 다트(dart.fss.or.kr)	• 운영기관 : 금융감독원 • 조회 가능 기업 : 상장법인(비상장법인 중 외부감사 법인 포함)
중소기업 현황정보 시스템(sminfo.mss.go.kr)	• 주관기관 : 중소기업청 • 운영기관 : 한국기업데이터 • 조회 가능 기업 : 대한민국 중소기업
공공기관경영정보공개시스템, 알리오(ALIO) (www.alio.go.kr)	• 운영기관 : 기획재정부 • 운영목적 : 공공기관의 경영투명성 및 국민감시기능을 강화하기 위함 • 조회 가능 기관 : 기획재정부장관이 매년 지정하는 공공기관

 K-IFRS 재무제표를 볼 때 유의할 사항

K-IFRS에 따른 재무상태표와 (포괄) 손익계산서는 일단 그 형식이 매우 단순하므로 재무제표 본문만 의존하기보다는 주석 공시 내용을 반드시 이용할 필요가 있다.

기업들이 주석으로 공시하는 내용을 얼마나 상세하게 제시하는지가 관건이지만, K-IFRS를 적용한 기업들은 대체로 충실하게 주석 사항을 공시한다. 따라서 회계정보이용자의 유용성이 제한되지 않는다.

(포괄) 손익계산서는 당기순손익 이외에 기타포괄손익의 당기 변동액이 포함되며, 기타포괄손익의 잔액은 재무상태표의 자본에 표시된다. 이렇게 작성하는 (포괄) 손익계산서의 형식이 처음에는 생소할 수 있으나, 논리적으로 볼 때 타당하다고 판단된다. 왜냐하면 통상적인 수익과 비용이 당기순손익으로 집계되는데, 당기순손익의 누적 잔액은 재무상태표의 이익잉여금으로 표시된다. 마찬가지로 기업의 순자산에 변동(단, 자본거래로 인한 변동은 제외)을 가져왔지만, 당기순손익을 구성하지 못하는 금액도 그 잔액만 재무상태표에 표시할 것이 아니라 당기 변동액을 (포괄) 손익계산서를 통해서 제공해 주는 것이 바람직할 것이다. 또한 차제에 기업의 성과를 당기순손익이 아니라 총 포괄손익까지 확대하는 것으로 그 개념을 전환하는 것도 고려해 볼 만하다.

K-IFRS에서는 (포괄) 손익계산서의 영업손익 구분표시가 의무 사항은 아니지만, K-IFRS의 적용 기업들은 영업손익을 구분표시하고 있다.

그러나 영업손익을 구성하는 항목들은 기업마다 상이할 수 있다. 종전 기업회계기준에 따라 손익계산서를 작성할 때 영업외수익·비용으로 구분되던 항목 중 일부가 K-IFRS를 적용할 경우 기업의 재량에 따라 영업손익에 포함될 수 있으며, K-IFRS 적용 기업의 영업손익도 그 구성 내용이 기업마다 다소 다름을 알 수 있다. 따라서 회계정보이용자는 기업들이 영업손익을 단순히 비교하기보다는 영업손익을 구성하는 개별 항목에 대해서도 주의 깊게 살펴볼 필요가 있다.

회사의 재무상태를 알려주는 재무상태표

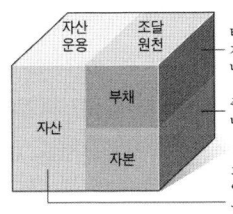

재무상태표는 <u>회계연도 말 현재</u> 기업의 재무상태를 총괄적으로 표시하는 보고서이다. 재무상태표는 자본이 어떻게 모아졌고(= 조달 원천), 그 자금이 어떻게 사용되었는가(= 자산 운용)를 대조하여 표시함으로써 기업의 재무상태를 명확히 하는 기능을 한다.

재무상태표의 형식에는 계정식과 보고식이 있으며, 기업회계기준에서는 두 형식을 모두 허용하고 있으나 일반적으로 자산·부채·자본을 동시에 파악할 수 있는 계정식을 주로 사용하고 있다.

계정식 재무상태표는 '자산=부채+자본'의 재무상태표 등식에 따라 차변에 자산 항목을, 대변에 부채 및 자본 항목을 표시하여 대·차 합계가 일치하도록 기재하는 형식이다.

재무상태표

자 산	부채, 자본
재산의 형태(자금의 운영 측면)	자금의 원천(자금의 조달 측면)

그러나 보고식 재무상태표는 대·차변을 구분하지 않고, 먼저 자산 항목을 기재하고, 이어서 부채(= 타인자본) 및 자본(= 자기자본) 항목을 순차적으로 기재하는 형식이다.

이때에도 자산 합계와 부채 및 자본 합계는 일치해야 한다.

재무상태표를 작성할 때는 작성 연월일과 회사의 명칭을 기재해야 하며, 금액은 원, 천 원 또는 백만 원 등의 금액 단위를 우측상단에 기재하고, 전년도와 비교하는 형식으로 보고한다.

재무상태표

2025년 12월 31일 (일정 시점을 의미한다.) ㈜지식만들기

자산		부채	
유동자산		**유동부채**	
현금(돈)	250,000	외상매입금	400,000
예금(돈)	200,000	차입금	300,000
상품(판매 물건 : 재고자산)	500,000	**비유동부채**	
비유동자산		장기차입금	800,000
투자부동산(투자자산)	500,000	**자본**	
건물(보유물건 : 유형자산)	500,000	자본금	450,000
특허권(권리 : 무형자산)	200,000	잉여금	200,000
합계	2,150,000	합계	2,150,000

대차평균의 원리에 의해 차대변은 항상 금액의 합이 일치해야 한다.

재무상태표의 자산

기업이 경영활동을 수행하기 위해서는 현금·상품·건물·비품 등의 재화가 필요하다. 또한, 상품을 외상으로 매출한 경우는 그 대금을 청구할 수 있는 권리(외상매출금)와 현금을 다른 사람에게 빌려주었으면 그것을 되돌려받을 청구권(대여금) 등의 채권이 발생한다.

이같이 기업이 경영활동을 수행하기 위하여 소유하고 있는 재화와 다른 사람으로부터 받을 채권을 회계에서는 자산(assets)이라고 하며, 자산은 흔히 우리 집 재산을 생각하면 된다. 재산은 크게 은행에 넣어둔 예금과 같이 1년 안에 현금화가 가능한 유동자산과 현금화하는데, 1년 이상 걸리는 비유동자산으로 나눌 수 있다.

재무상태표의 부채

기업이 상품을 외상으로 매입한 경우 그 대금을 지급할 채무(외상매입금)와 은행으로부터 자금을 빌린 경우 이를 상환해야 하는 채무(차입금)가 발생한다.

이와 같은 각종 채무를 회계에서는 부채(liabilities)라고 한다. 즉 가계에서의 카드론이나 단기간 신용대출, 부동산 담보 대출 등을 의미한다고 보면 된다. 회사도 1년 안에 갚아야 하는 부채를 유동부채, 1년 이후에 갚아도 되는 부채를 비유동부채로 분류한다.

재무상태표의 자본

자본(capital)은 기업의 출자자(개인기업은 사장, 주식회사는 주주)가 출자한 금액과 영업활동을 통하여 증가한 부분(= 잉여금)을 포함한다. 회계에서는 기업 소유의 자산총액에서 채권자에게 갚을 부채총액을 차감한 순자산을 자본이라고 한다.

기업은 계속하여 경영활동을 수행한다. 기업의 경영활동에 의하여 자산·부채·자본은 증감·변화한다.

그 결과, 기말자본이 기초자본보다 많으면 그 차액은 순이익(또는 당기순이익)이 되며, 반대로 기말자본이 기초자본보다 적으면 그 차액은 순손실(또는 당기 순손실)이 된다.

그리고 손익계산서상 순이익은 재무상태표의 잉여금에 합산되고, 이는 주주에 대한 배당금의 재원이 된다.

오랜 기간 잉여금에 대해서 배당을 하지 않다가 한꺼번에 배당하면 누진세 체계인 소득세 하에서는 일시에 많은 세금을 납부할 수 있다.

 재무상태표의 형식

중소기업회계기준에서는 재무상태표의 형식을 제시하고, 그 항목을 상세하게 예를 들어 보여 주고 있으나 K-IFRS 상으로는 재무상태표의 형식을 제시하지 않고 포함될 최소한의 항목만을 대분류 수준에서 언급하고 있다.

중소기업회계기준	차이	국제회계기준
재무상태표의 형식을 제시하고 그 항목을 상세하게 예를 들어 보여 줌		재무상태표의 형식을 제시하지 않고 포함될 최소한의 항목만을 대분류 수준에서 언급

 ## 계정과목의 배열 방법

계정과목을 재무상태표에 배열하는 기준으로 중소기업회계기준은 유동성/비유동성 구분법과 유동성 순서에 따른 표시 방법의 두 가지 방법을 함께 고려해서 재무제표를 표시하도록 하고 있으나 K-IFRS에서는 유동성/비유동성 구분법과 유동성 순서에 따른 표시 방법을 각각 구분해서 두 가지의 다른 재무상태표 작성 방법에 따라 작성하도록 하고 있다.

중소기업회계기준	차이	국제회계기준
유동성/비유동성 구분법과 유동성 순서에 따른 표시 방법의 두 가지 방법을 함께 고려해서 작성		유동성/비유동성 구분법과 유동성 순서에 따른 표시 방법을 각각 구분해서 두 가지의 다른 방법으로 작성

 ## 한국채택국제회계기준상 재무상태표 구분표시 방법

1. 원칙

유동성/비유동성 구분법 : 영업 주기 내에 재화와 용역을 제공하는 경우 유동성/비유동성 구분법은 유동자산과 비유동자산, 유동부채와 비유동부채로 구분하여 표시하는 것인데 이러한 유동 항목과 비유동 항목으로 구분해서 표시하는 경우라면 굳이 유동자산/유동부채를 비유동자산/비유동부채보다 앞에 표시하지 않아도 된다. 실제로 IFRS 재무상태표를 보면 일부 기업들은 비유동자산을 유동자산보다 앞에 표시하고 있다. 이 경우 이연법인세자산(부채)은 비유동자산(부채)으로 분류한다.

2. 예외

❶ 유동성배열법 : 유동성/비유동성 구분법보다 신뢰성 있고 더욱 목적 적합한 정보를 제공하는 경우 : 금융업

유동성배열법은 재무상태표의 계정과목 배열을 유동성이 높은 것부터 차례로 열거하는 방법을 말한다. 따라서 유동 항목으로부터 비유동 항목으로 환금성이 빠른 것부터 먼저 재무상태표에 기록한다.

❷ 혼합표시 방법의 허용 : 혼합표시가 신뢰성 있고, 더욱 목적 적합한 정보를 제공하는 경우 유동성/비유동성 구분법과 유동성배열법을 혼합해서 사용할 수 있다. 즉, 자산·부채 일부는 유동성/비유동성 구분법으로 나머지는 유동성 순서에 따른 표시방법으로 표시하는 것이 허용된다. : 기업이 다양한 업종을 영위하는 경우에 필요하다.

일반기업회계기준

유동성/비유동성 구분법 및 유동성배열법(K-IFRS : 유동성/비유동성 구분법과 유동성배열법 중 선택)

회사의 경영성과를 알려주는 손익계산서

손익계산서는 기업의 경영성과를 명백히 밝히기 위하여 일정한 회계기간에 발생한 모든 수익과 이에 대응하는 모든 비용을 기록하여 당기 순손익을 표시하는 보고서이다.

손익계산서의 형식은 계정식과 보고식이 있으나, 우리나라의 기업 회계기준에서는 보고식으로 작성하도록 규정하고 있다.

한국채택국제회계기준은 손익계산서를 매출총손익, 법인세 비용 차감전 순이익, 당기순손익 등으로 단계별로 구분하여 표시하도록 규정하고 있다.

 수익 계정과목의 이해

수익(revenue)은 정상적인 영업활동으로 기업의 자본을 증가시키는 원인이 되는 수입액을 말한다. 수익은 받았거나 받을 대가의 공정가치로 측정한다.

수익에는 상품 또는 제품을 판매한 매출액, 창고업·운송업에서 용역을 제공하고 받는 수입액, 이자수익, 임대료, 배당금수익, 수수료 수익, 잡이익 등이 있다.

구 분	거래내용	계정과목
재화 판매거래	외부에서 구입한 상품 혹은 자기 제조한 제품과 같은 재화를 판매하는 거래	상품매출, 제품매출 등 일반적 매출
용역 제공거래	주로 계약에 따라 합의된 과업인 용역을 제공하는 거래	용역매출, 서비스매출 등
자산 사용거래	기업들이 보유하고 있는 자산을 타인에게 사용하게 하고, 그 대가로 이자, 배당금, 로열티 등 자산 사용 대가를 받는 것	로열티 매출, 임대료수익, 이자수익 등

 비용 계정과목의 이해

비용(expense)은 일정기간동안 수익을 얻기 위하여 사용 또는 소비한 자산이나 서비스의 원가인 경제적 가치로, 자본의 감소 원인이 된다. 비용은 그 비용이 기여한 수익과 동일한 기간에 인식한다. 비용에는 매출원가, 급여, 임차료, 광고선전비, 여비교통비, 통신비, 이자비용, 잡비 등이 있다.

◉ 직접대응 : 매출원가, 판매 수당 등
◉ 기간별 대응 : 광고선전비 등
◉ 합리적이고 체계적인 배분 : 감가상각비 등

구 분	계정과목
○○비가 붙는 계정과목	복리후생비, 광고선전비, 수도광열비, 수선비, 차량유지비 등과 같이 끝에 비(용)가 붙는 계정과목

구 분	계정과목
(지급)○○료가 붙는 계정과목	지급임차료, 지급수수료와 같이 지급○○료가 붙거나 ○○료와 같이 끝에 료가 붙는다.
○○손실이 붙는 계정과목	유형자산처분손실과 같이 끝에 손실이 붙는 계정과목

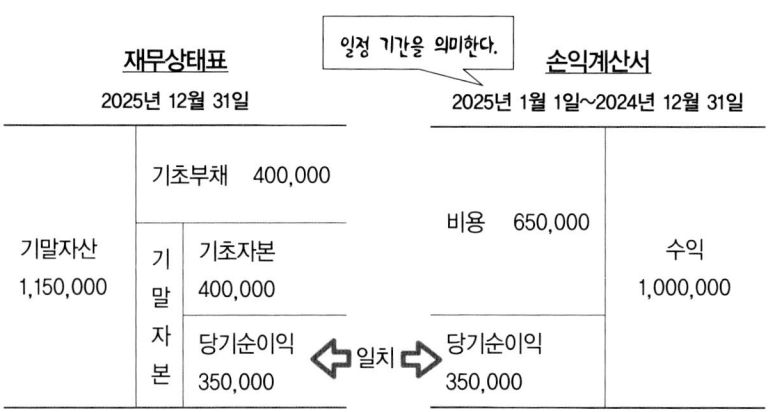

기업의 기말자본에서 기초자본을 차감하면 순손익의 총액은 알 수 있으나 순손익의 발생 원인을 항목별로 명확히 알 수 없다. 따라서, 자본 증가의 원인이 되는 수익과 자본 감소의 원인이 되는 비용을 항목별로 비교하고, 이를 통해서 순이익(또는 순손실)을 산출하면 그 발생 원인을 명확하게 알 수 있다.

총비용 + 당기순이익 = 총수익

총비용 = 총수익 − 당기순이익

(포괄)손익계산서

2××2년 1월 1일~2××2년 12월 31일

단위 : 원

		항목	금액	합계
판매활동	구매 및 생산활동	1. 매출액	10,000	
		2. 매출원가	3,000	
		3. 매출총이익		7,000
	판매활동	4. 판매비와관리비	2,400	
		5. 영업이익		4,600
재무활동		6. 영업외수익(기타수익·금융수익)	800	
		7. 영업외비용(기타비용·금융비용)	700	
		8. 법인세비용차감전계속사업이익		4,700
		9. 계속사업이익법인세비용	1,000	
		10. 계속사업이익		3,700
영업성적		11. 중단사업이익(세후순액)	200	
		12. 당기순이익		3,900

매출총손익은 매출액에서 매출원가를 차감한다.

영업손익은 매출총손익에서 판매비와관리비를 차감해서 산출한다. 영업이익은 매출총이익에서 판매비와관리비를 차감한 금액이 (+)인 금액을 말하며, (-)인 경우는 영업손실이다.

법인세비용차감전순손익은 기업의 경상거래, 즉 영업 거래와 영업외 거래에 의해 발생한 손익으로 영업손익에 영업외수익(기타수익·금융수익)을 가산하고 영업외비용(기타비용·금융비용)을 차감해서 산출한다.

계속사업손익은 기업의 계속적인 사업 활동과 그와 관련된 부수적인 활동에서 발생하는 손익으로서 중단사업손익에 해당하지 않는 모든 손익을 말한다.

중단사업손익은 중단사업으로부터 발생한 영업손익과 영업외손익으로서 사업중단직접비용과 중단사업자산손상차손을 포함한다.

당기순이익은 기업이 일정 기간 경영활동을 해서 얻은 최종 이익으로, 수익에서 비용을 차감한 순이익을 말한다.

수익과 비용의 관계

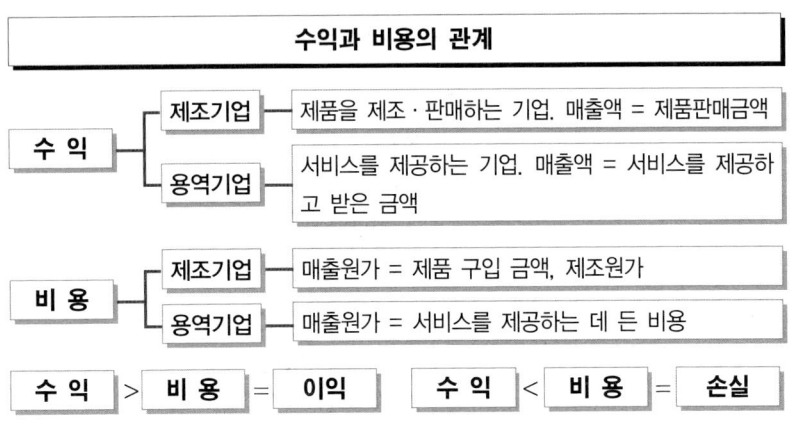

 ## 개인기업의 순손익 계산

당기의 손익을 계산하는 방법에는 재산법과 손익법이 있다. 재산법은 재무상태표를 이용하여 당기순이익(또는 당기순손실)을 계산하는 방법이다. 손익법은 손익계산서를 이용하여 당기순이익(또는 당기순손실)을 계산하는 방법이다.

↗ 재산법

재산법은 일정 회계기간의 기초자본과 기말자본을 비교하여 당기순손익을 계산하는 방법이다.

↗ 손익법

손익법은 일정 회계기간의 총수익과 총비용을 비교하여 당기순손익을 계산하는 방법이다.

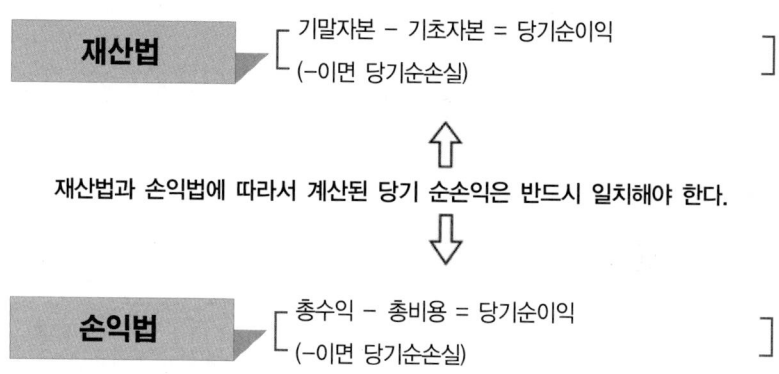

☆ (포괄)손익계산서를 보면 알 수 있는 것

기업이 흑자인가 적자인가를 따질 때는 이익 중에서 일반적으로 당기순이익을 보게 된다.
그러나 당기순이익에는 정상적인 영업활동과 관계없이 유형자산을 팔아 생긴 영업외이익이 포함되어 있으므로 영업이익을 눈여겨보는 게 좋다. 또한 매출액이 늘어나며, 영업이익뿐만 아니라 당기순이익까지의 모든 이익이 흑자인지를 보고 기업이 정상적으로 경영활동을 해나가는지를 평가해야 한다.
이때 이익의 추이를 보는 것도 중요하다. 이익이 발생하더라도 흑자 규모가 줄어들고 있다면 어딘가에 문제가 있기 때문이다.
❶ 매출총이익 = 매출액 - 매출원가로 계산되고, 매출원가는 기초재고 + 당기매입 - 기말재고로 계산되어 진다.

따라서 기말재고가 많을수록 매출원가는 증가하게 되고 그 결과 매출총이익 즉 이익이 많아지게 된다. 결과적으로 기말재고의 조절로 이익의 조작도 가능하다는 이야기가 된다. 그러므로 재무제표를 볼 때 재고자산이 전기에 비해 증가했는지 감소했는지 주의해서 살펴봐야 한다.

재고자산이 전기에 비해 대폭 증가했다면 뭔가 이상이 있다는 점에 유의해야 한다. 재고자산을 부풀리면 그만큼 이익이 늘어나므로 분식의 수단으로 사용할 수 있기 때문이다.

❷ 손익계산서에 기재된 영업과 영업외의 구분은 기업 고유의 사업과 관련된 손익은 영업손익으로, 관련이 없는 사업과 관련된 손익은 영업외손익으로 처리한다.

따라서 영업손실이 발생할 경우는 기업 고유의 영업에 문제가 있는 것으로 도산의 위험이 있으므로 이에 주의해야 한다.

❸ 당기순이익 항목만 보고, 이익이 발생하였다고 해서 경영 능력이 우수하다고 판단하는 오류를 범할 수 있다는 점에 유의해야 한다.

❹ 2 기간의 손익계산서를 비교해 전기보다 매출액 증가액, 매출원가, 판매비와관리비 증감액 등을 분석·검토해 봄으로써 그 원인을 찾아 적절히 대응해야 한다.

❺ 손익계산서에 기재된 모든 사항은 실제 현금의 입·출금에 따라 기재되어 있는 것은 아니며, 발생한 거래 중 이번 회계연도에 기업이 손익으로 기재해야 할 사항만을 기재하고 있다. 즉, 발생주의에 따라 손익계산서가 작성되는 것이다.

따라서 손익계산서를 볼 때는 손익이 반드시 현금에 따른 손익이 아니라는 점에 유의해야 한다.

❻ 당기순이익을 그 기업의 발행 보통주식수로 나누어 계산한 "주당순이익(EPS)"은 투자를 결정할 때 많이 사용되는 지표가 된다.

예를 들어 흑자를 내는 기업의 발행 보통주식수가 상대적으로 많다면 실제 주주에게 돌아가는 이익은 적기 때문이다.

자본의 변동 상태를 보여주는 자본변동표

자본변동표

회사명 제3기 20×2년 1월 1일부터 20×2년 12월 31일까지 (단위 : 원)

구분	자본금	자 본 잉여금	자 본 조 정	기타포괄손익누계액	이 익 잉여금	합계
전기(보고금액)	×××	×××	×××	×××	×××	×××
회계정책변경누적효과					(×××)	(×××)
전기오류수정					(×××)	(×××)
수정 후 이익잉여금					×××	×××
연차수당					(×××)	(×××)
기타이익잉여금처분액				×××	(×××)	(×××)
처분전이익잉여금					×××	×××
중간배당					(×××)	(×××)
유상증자(감자)	×××	×××				×××
당기순이익(손실)					×××	×××
자기주식취득			(×××)			(×××)
매도가능증권평가이익				(×××)		(×××)
20××.××.××	×××	×××	×××	×××	×××	×××

자본변동표를 통해 자본의 변동내역을 알 수 있다.

자본변동표는 일정 시점 현재 일정기간동안의 자본의 변동 상태를 상세히 제공하는 재무 보고서다. 즉, 자본변동표에는 자본금, 자본잉여금, 이익잉여금, 자본조정 및 기타포괄손익누계액의 기초잔액, 변동사항, 기말잔액이 일목요연하게 나타나 있다.

자본변동표에는 소유주에 의한 투자내역과 소유주에 대한 배분 내역이 모두 표시된다.

자본 증가가 주식발행으로 이루어진 것인지 아니면 영업활동으로 인한 것인지를 알 수 있게 해준다. 또한, 자본변동표에는 이익잉여금의 변동내역을 보고함으로써 배당가능이익이 얼마인가를 알수 있게 해주며, 배당금 등으로 인한 사외유출이 얼마인가도 알 수 있게 해준다.

❶ 자본에 대한 포괄적인 정보
자본의 규모와 변동 내용에 대한 포괄적인 정보를 일목요연하게 한 눈에 파악할 수 있다.

❷ 재무제표 간 연계성 강화
재무제표 간 연계성이 강화되어 재무제표의 이해가능성이 높아진다. 즉, 재무상태표상 자본의 기초잔액과 기말잔액이 자본변동표의 기초 및 기말잔액과 연결되고, 자본의 변동 내용은 포괄손익계산서, 현금흐름표와도 연결되므로 정보이용자들이 더욱 명확하게 재무제표 간의 관계를 파악할 수 있게 된다.

❸ 미실현손익 변동 내용까지 파악 가능
매도가능증권평가손익이나 해외사업환산손익 등과 같은 미실현손익은 손익계산서에는 표시되지 않지만, 자본변동표에서는 이러한 미실현손익의 변동 내용을 나타냄으로써 손익계산서보다 더 포괄적인 경영성과에 대한 정보를 직접 또는 간접적으로 제공한다.

기업의 현금 유출입을 보여주는 현금흐름표

현금흐름표는 기업의 현금유출 및 현금유입의 내역에 대한 정보를 제공하는 재무제표이다.

현금흐름의 변동을 현금주의에 따라 보고하는 명세서이다.

> 🙂 기업의 현금 창출 능력을 평가한다.
>
> 🙂 유동성과 재무적 유연성을 파악한다.
>
> 🙂 현금 흐름의 원천과 사용처를 보여준다.

❶ 손익계산서상의 이익과 현금흐름표상의 현금흐름 정보를 동시에 이용하면 기업의 미래현금흐름 창출 능력을 예측하고 평가하는 데 유용하다.

❷ 기업이 일상적인 영업활동과 관련해서 현금지출을 하고도 채무를 변제할 수 있는 능력, 주주에게 적정한 배당을 할 수 있는 배당지급 능력, 외부자금의 조달 필요성을 평가하는데, 필요한 정보 등을 제공한다.

❸ 당기순이익과 현금유입 및 유출 간에 차이가 나는 원인에 대한 정보를 제공해 주므로 순이익의 질을 평가하는 데 유용하다.

| 투자 의사 결정 지원 | 투자자들은 현금흐름표를 통해 기업의 미래 성장 가능성을 예측하고 투자 여부를 결정한다. |

기업의 생존력 평가	현금은 기업의 생명줄과 같다. 현금흐름표를 통해 기업이 얼마나 안정적으로 현금을 확보하고 있는지, 부채를 상환할 능력이 있는지 등을 파악할 수 있다.
경영진의 의사결정 지원	경영진은 현금흐름표를 분석하여 투자, 자금조달, 비용 절감 등 다양한 경영 의사 결정에 활용할 수 있다.

현금흐름표 작성의 원칙

↗ 현금흐름표상 현금의 범위

현금흐름표상 현금은 재무상태표상의 현금 및 현금성 자산이다.

↗ 현금흐름을 3가지 활동으로 구분

[현금흐름표]
I. 영업활동으로 인한 현금 흐름
II. 투자활동으로 인한 현금 흐름
    투자활동 현금 유입액
    투자활동 현금 유출액
III. 재무 활동으로 인한 현금 흐름
    재무 활동 현금 유입액
    재무 활동 현금 유출액
IV. 현금의 증가(I+II+III)
V. 기초의 현금
VI. 기말의 현금(IV+V)

영업활동, 투자활동, 재무활동으로 구분해서 표시한다.

영업활동 현금흐름

주요 수익 창출 활동과 관련된 현금 흐름을 나타낸다.

기업의 경영에 필요한 현금을 외부로부터 조달하지 않고 매출 등 기업의 자체적인 영업활동으로부터 얼마나 창출했는지에 대한 정보를 제공한다. 영업활동 현금흐름은 크게 현금유입과 현금유출로 구분된다.

❶ 주된 사업 활동을 통해 발생하는 현금의 유입과 유출을 나타낸다.
❷ 매출액, 매출원가, 판매비와관리비 등이 포함된다.
❸ 영업활동 현금흐름이 양수(+)라면, 기업이 주된 사업을 통해 현금을 창출하고 있다는 의미다.
영업활동 현금흐름이 지속적으로 양수를 유지하는 것이 이상적이다.

투자활동 현금흐름

장기 자산의 취득과 처분 관련 현금 흐름을 나타낸다.
미래 영업현금흐름을 창출할 자원(유·무형자산)의 확보와 처분에 관련된 현금흐름에 대한 정보를 제공한다.
투자활동 현금흐름은 기업의 미래 성장 가능성을 나타내는 중요한 지표다.

❶ 유형자산(토지, 건물, 기계설비 등)이나 무형자산(특허권, 상표권 등)의 취득, 처분, 투자 등을 통해 발생하는 현금의 유입과 유출을 나타낸다.
❷ 투자활동 현금흐름이 음수(-)라면, 기업이 사업 확장을 위해 자산을 취득하는 데, 많은 현금을 사용하고 있다는 의미다.

재무활동 현금흐름

자본과 부채의 규모 및 구성 변경과 관련된 현금 흐름을 나타낸다.

회사의 주주, 채권자 등이 회사의 미래현금흐름을 예측하는 데 유용한 정보로서, 영업활동 및 투자활동의 결과 창출된 잉여 현금 흐름이 재무활동에 어떻게 배분되었는지를 나타내준다.

재무활동현금흐름은 기업의 부채 상환 능력과 재무 안정성을 평가하는 데 활용된다.

❶ 자본금 증가, 차입금 상환, 배당금 지급 등과 같이 기업의 자금조달 및 상환과 관련된 현금의 유입과 유출을 나타낸다.

❷ 재무활동 현금흐름이 양수(+)라면, 기업이 새로운 자금을 조달하고 있다는 의미이고, 음수(-)라면 기업이 부채를 상환하거나 배당금을 지급하는 데 현금을 사용하고 있다는 의미다.

↗ 현금흐름의 변동내역 총액 표시

현금흐름 변동은 총액으로 표시하는 것을 원칙으로 하며, 기초의 현금에 3가지 활동별 순현금흐름을 가산해서 기말의 현금을 산출하는 형식으로 나타낸다.

직접법과 간접법의 차이

우리나라 기업의 대부분이 직접법에 의한 현금흐름표를 공시할 경우 간접법까지도 공시해야 하는 부담으로 인해 간접법으로만 공시한다. 3가지 활동 중 영업활동 현금흐름에서만 직접법과 간접법의 차이가 있다.

영업활동 현금흐름 변동내역에 대해서 간접법은 당기순이익 정보에서 조정만 할 뿐 그 원천을 알 수 없다.

직접법에서는 그것이 매출과 관련된 것인지 매입과 관련된 것인지 등 현금유출입의 원천을 알 수 있다. 즉, 영업활동 현금흐름에 대한 정보를 직접법이 간접법보다 더욱 유용한 정보를 제공한다.

이익잉여금처분계산서와 결손금처리계산서

이익잉여금처분계산서

[이익잉여금처분계산서]
I. 미처분 이익 잉여금
 1. 전기 이월 미처분 이익 잉여금
 2. 당기순이익
II. 이익잉여금 처분액
 1. 이익준비금
 2. 사업확장적립금
 3. 배당금
  가. 현금배당
III. 차기 이월 미처분 이익 잉여금

국제회계기준에는 이익잉여금처분계산서(혹은 결손금처리계산서)가 존재하지 않지만 우리나라는 상법에서 이익잉여금처분계산서를 주된 재무제표의 하나로 규정하고 있고 정기총회에서 그에 대한 승인을 받아야 하는 점을 고려해서 K-IFRS에서는 재무상태표의 이익잉여금(또는 결손금)에 대한 보충 정보로써 이익잉여금처분계산서를 주석으로 공시하도록 요구하고 있다.

그러나 이익잉여금처분계산서의 주석공시만을 언급하고 있을 뿐 이익잉여금처분계산서의 작성방법 등에 대해서는 K-IFRS 제1001호에서 별다른 규정을 두고 있지 않다.

이익잉여금처분계산서의 작성 절차는 전기이월 미처분이익잉여금에 임의적립금 등의 이입액을 가산하여 처분할 이익잉여금을 계산한다. 잉여금처분 시 미처분이익잉여금에서 잉여금처분 내역을 차감하고 남은 잔액은 차기로 이월한다.

이익잉여금처분계산서

20×3년 1월 1일 ~ 20×3년 12월 31일

회사명   처분예정일 :

미처분이익잉여금		×××
전기이월미처분이익잉여금	×××	
당기순이익	×××	
임의적립금 등의 이입액		×××
사업확장적립금	×××	
합 계		×××
이익잉여금 처분액		(×××)
이익준비금	(×××)	
현금배당	(×××)	
주식배당	(×××)	
감채기금적립액	(×××)	
차기이월미처분이익잉여금		×××

참고로 한국채택국제회계기준에서는 재무제표의 범위에 이익잉여금처분계산서를 포함하지 않고 있다. 그러나 상법상으로는 아직 규정하고 있으므로 상법의 개정 전에는 작성·보고를 해야 한다.

이익잉여금처분계산서에 표시되는 처분내용은 결산일에 회계처리를 하는 것이 아니라 다음 해 주주총회에서 이익잉여금의 처분이 확정되는 시점에 회계처리 한다.

결손금처리계산서

결손금처리계산서는 미처리결손금의 처리 내용을 표시하는 재무제표다.

[결손금처리계산서]
Ⅰ. 미처리결손금
 1. 전기이월미처리결손금
 2. 당기순손실
Ⅱ. 결손금처리액
 1. 배당평균적립금 이입액
 2. 사업확장적립금 이입액
 3. 이익준비금 이입액
 4. 자본잉여금 이입액
Ⅲ. 차기이월미처리결손금

결손금처리계산서는 처리 확정일에 전기이월미처리결손금(전기이월미처분이익잉여금)에 당기순손실을 가산(차감)하여 당기말 미처리결손금을 처리한다. 미처리결손금에서 결손금 처리액을 차감하고 남은 잔액은 차기로 이월한다.

결손금의 보전은 ① 미처분이익잉여금, ② 임의적립금 이입액, ③ 기타 법정 적립금 이입액, ④ 이익준비금 이입액, ⑤ 자본잉여금 이입액의 순으로 한다.

주석과 부속명세서

주석은 재무제표이면서 다른 재무제표에 부속되어 표시되는 조금 특이한 성격을 가진다. 재무상태표 등 일반적 재무제표는 모두 숫자로 구성되어 있어서 숫자가 의미하는 상세 내용을 알 수 없다. 그래서 주석에 중요한 회계정책이나 재무제표를 이해하는 데 필요한 정보를 기술하도록 하고 있으며, 이런 경향은 국제회계기준(IFRS)을 도입하면서 더 강화되어 재무제표 본문은 간략해지는 반면, 이를 보충 설명하는 주석의 양은 많이 늘어났다. 회사의 상세한 재무정보를 알기 위해서는 반드시 주석을 꼼꼼히 살펴보는 것이 필요하다.

주석의 표시순서	주석의 주요 내용
❶ 한국채택국제회계기준을 준수하였다는 사실 ❷ 적용한 유의적인 회계정책의 요약 ❸ 재무상태표, 포괄손익계산서, 별개의 손익계산서, 자본변동표 및 현금흐름표에 표시된 항목에 대한 보충 정보를 재무제표의 배열 및 각 재무제표에 표시된 개별 항목의 순서에 따라 표시한다. ❹ 다음을 포함한 기타 공시 가. 우발부채와 재무제표에서 인식하지 아니한 계약상 약정 사항 나. 비재무적 공시 항목, 예를 들어 기업의 재무위험 관리 목적과 정책	❶ 재무제표를 작성하는 데 사용한 측정 기준 ❷ 재무제표를 이해하는 데 중요한 회계정책의 요약 ❸ 재무제표이용자가 기업이 공시할 것이라고 기대하는 사업내용과 정책 ❹ 경영진의 판단으로 재무제표에 중요한 영향을 미치는 사항

리스(금융리스와 운용리스)와 렌트 적격증빙

 리스와 렌트의 성격 구분

리스와 렌트는 차량을 빌리는 개념이기는 하나, 리스는 단순히 빌린다기보다는 일종의 금융상품이라고 할 수 있다. 리스사가 금융회사이기 때문이다.

따라서 리스는 금융상품이며, 면세상품이라고 할 수 있다. 총금액 일부를 내고, 나머지 금액은 계약기간 동안 매달 내게 된다.

비용으로는 월 이용에 따른 리스료 외에 보험료를 별도로 내야 한다. 운전자가 직접 따로 보험에 가입할 수도 있으며, 계약에 따라 월 리스료에 보험료를 포함시켜 이용료를 내는 경우도 있다.

번호판은 일반 번호판을 사용한다.

그리고 대출로 볼 수 있으므로 다른 대출을 받을 시 부채가 있는 것으로 확인될 여지가 있다. 반면 렌트의 경우, 차량의 소유주는 렌터카 회사이다. 리스와는 달리 실제 매장이나 사무실을 임대하여 쓰듯이 차량을 임대하는 개념으로 생각하면 된다.

차량 렌트 비용에는 월 렌털료에 자동차와 관련된 세금, 보험료가 모두 포함되어 있다. 리스와는 달리 별도로 보험료를 부담하는 경우는 없다. 은행 쪽에서는 대출로 인지되지 않는다.

하지만 허, 하, 호로 시작하는 렌트카 전용 번호판을 사용해야 한다.

리스와 렌트의 적격증빙

앞서 설명한 바와 같이 리스는 금융상품이다. 따라서 리스사는 면세사업자이다.

그래서 세금계산서가 아닌 계산서를 적격증빙으로 수취할 수 있다. 면세상품이며 계산서가 발행되므로 부가가치세를 부담하지 않는다. 따라서 향후 부가가치세 신고 시, 부가가치세 매입세액공제는 불가능하다.

리스사가 차량 취득 시 부가가치세 환급을 받지 않기 때문에 이용자에게 매도 시 부가가치세를 내지 않는다(계산서).

반면 렌트카는 월 임대료에 따른 세금계산서가 발급된다. 다시 말해, 부가가치세를 부담하는 형태이므로 향후 부가가치세 신고 시, 매입세액공제가 가능하다. 단, 경차나, 화물차 혹은 9인승 이상의 승합차만 매입세액공제가 가능하다.

렌트의 경우는 렌트 회사는 차량 취득 시 부가가치세 환급을 받기 때문에 이용자 인수 시 부가가치세를 납부한다(세금계산서).

물론 사업용으로 사용하는 때는 리스와 렌트 모두 월 이용료와 월 임대료 각각에 대해 모두 비용처리를 할 수 있다.

↗ 금융리스 차량의 양도 및 세금계산서 발급 여부

금융리스는 계약 만기 시 반납이 아닌, 인수 혹은 재리스만 가능하다. 그 이유는 이용자가 고른 차량을 리스회사 명의로 구입한 후 계약이 끝날 때까지 요금을 납부하는 방식이기 때문이다. 마치 할부와 비슷하다.

금융리스의 경우 리스 이용자가 새로운 리스 이용자에게 당해 리스자산을 넘겨주는 것은 자산의 양도로서 부가가치세가 과세되며, 리스 이용자는 새로운 리스 이용자에게 세금계산서를 발급해야 한다. 즉, 사업자가 금융리스 자산을 사용하다가 리스계약을 해지하는 경우는 해지 시점에서 세금계산서를 발행해야 한다. 리스자산을 리스회사에 반환한다면 리스회사에, 리스자산을 다른 리스 이용자에게 승계한다면 새로운 리스 이용자에게 세금계산서를 발행해야 한다.

↗ 운용리스 차량의 양도 및 세금계산서 발급 여부

운용리스는 장기 렌트와 매우 유사하다. 리스사가 특정 차량을 구매한 뒤 이용자로부터 임대료를 받지만, 계약 만기가 도래하면 금융리스와 다르게 반납할 수 있다.

사업자가 운용리스로 차량을 사용하던 중 새로운 리스 이용자에게 당해 리스자산을 넘겨주는 것은 재화의 공급에 해당하지 아니하여 세금계산서 발급 대상에 해당하지 않는다. 이 경우 리스 사업자로부터 영수증을 받아두면 될 것이다. 단, 새로운 리스 이용자에게 대가를 받고 임차인의 지위를 양도하는 경우 그 대가에 대하여는 부가가치세가 과세되어 세금계산서 발급대상에 해당한다.

경리업무 인수인계서 작성

인수인계서

회사명 : 주식회사 ○○○
대표이사 : ○○○
주소 : ○○○시 ○○○구 ○○○동 ○○○번지
전화번호 : 02-○○○-○○○○
이메일 : O@abc.com

 인사에 관한 사항

사장 등 임원의 업무 스타일과 개인적으로 알고 있는 임직원에 대한 신상에 관한 사항 및 인사관리 규정 등 사규를 숙지한다.

 조직 구성에 관한 사항

현업부서(영업부서, 구매부서, 공사현장부서 등)와 회계 부서와의 업무 흐름이 어떠한 서류와 결재 체계를 통해 이루어지는지 파악한다. 이것이 파악되는 순간 회사가 한눈에 들어올 것이다.

특히, 결재 체계를 잘 파악해두면 회사 내에서 누가 '실세'인지 등 조직 내 역학 구도를 알 수 있어 '사랑받고 기쁨 주는' 경리직원이 될 수 있을 것이다.

경영지원팀 : 팀장 ○○○, 팀원 ○○○, 경리 담당자 ○○○

회계장부 및 내부파일(엑셀 등) 등의 인수인계

① 주요 매입처와 매출처의 현황과 특성 파악
② 부가가치세 신고서 철과 근로소득세신고서 철
③ 세금계산서 철
④ 전표철 등 각종 회계 관련 서류
⑤ 내부적으로 사용하고 있는 엑셀 파일 목록과 사용 용도 파악
⑥ 수금 장부 등
⑦ 업무인수인계확인서 작성

↗ 경리업무의 범위 및 역할

① 회계 시스템 운영 및 관리
② 매출 및 매입 내역 관리
③ 세금계산서 발행 및 관리
④ 급여 지급 및 4대 보험 관련 업무
⑤ 자금 이체 및 관리
⑥ 자산 및 부채 관리
⑦ 재무 보고서 작성 및 분석

↗ 회계 시스템 및 계정과목 설명

① 회계 시스템 : 더존
② 계정과목 : 현금, 외상매출금, 외상매입금, 재고자산, 비유동자산 등

↗ 전표 작성 및 처리 방법

① 전표 종류 : 매입매출전표, 일반전표(입금전표, 출금전표, 대체전표)
② 전표 작성 규칙 : 거래일자, 계정과목, 금액, 적요 등
③ 전표 처리 방법 : 전표 입력 후 승인 요청, 승인 완료 후 회계처리

↗ 증빙 관리 방법

① 증빙 종류 : 적격증빙(세금계산서, 계산서, 신용카드매출전표, 현금영수증), 영수증, 계약서, 견적서, 청구서 등
② 증빙 보관 기간 : 5년, 3년
③ 증빙 관리 방법 : 전자문서보관소 또는 파일링시스템을 이용하여 관리

↗ 세금계산서 발행 및 관리 방법

① 발급 방법 : 국세청 홈택스 또는 전자세금계산서 발급대행업체를 이용하여 발행
② 관리 방법 : 전자세금계산서 발행 대장을 작성하여 관리

↗ 자산 및 부채 관리 방법

① 자산 목록 : 건물, 차량, 기계장치 등
② 부채 목록 : 단기차입금, 장기차입금 등
③ 관리 방법 : 자산 명세서, 부채명세서를 작성하여 관리

↗ 재무 보고서 작성 및 분석 방법

① 재무 보고서 종류 : 손익계산서, 재무상태표, 현금흐름표
② 작성 방법 : 회계 시스템을 이용하여 작성
③ 분석 방법 : 수익률, 성장률, 유동성 등을 중심으로 분석

↗ 기타 유의 사항 및 참고 자료

① 회계감사 일정 : 매년 4월 말부터 5월 초
② 세무조사 대비책 : 정기적인 세무조사 대비 교육 참여
③ 주요 법령 및 규정 : 법인세법, 부가가치세법, 소득세법 등

급여 지급 및 4대 보험 관련 사항

임원상여금 지급 규정이나 퇴직금 규정, 호봉표 등을 숙지하고 있어야 추후 급여 계산이나 퇴직금 계산을 정확히 할 수 있을 것이다.

① 급여 지급 주기 : 매월 말일
② 급여 계산 방법 : 기본급 + 수당 + 상여금
③ 4대 보험 가입 여부 : 국민연금, 건강보험, 고용보험, 산재보험
④ 4대 보험 납부 방법 : 자동이체 또는 직접 납부

자금 이체 및 관리 방법

① 은행계좌별 자동이체 명세서 작성 : 통장 잔고 부족으로 자동이체가 안 되어 가산세 등을 무는 일이 없도록 한다.
② 매월 계속 반복적으로 지출되는 비용 파악 : 급여내역(특히 대표이사의 급여 부문은 특별히 신경 써야 할 것임), 임차료, 전기요금, 통신 요금, 신문구독료 등
③ 구매부서 등 거액의 지출이 수반되는 분야와 관련해서 자금의 최종 집행이 어떻게 이루어지는지 파악한다.
④ 주거래은행과 계좌 파악
계좌번호 : 신한은행 ○○○-○○○-○○○○
이체 주기 : 매일 오전 ○○시
이체 대상 : 직원 급여, 협력사 대금, 대출 이자 등

 경영자문 관리에 관한 사항

변호사(회사의 각종 법률 자문), 공인회계사(세무 및 회계에 관한 경영자문), 변리사 (특허 등 자문) 등의 경영자문을 받는 경우, 변호사와 변리사는 총무팀에서 접촉하고, 공인회계사는 경리팀에서 접촉하게 되므로, 경리팀 직원은 회계사무실과 긴밀한 관계를 유지해야 할 것이다. 특히, 회계사무실에 기장대행을 맡기고 있는 회사인 경우는 회계사무실의 담당 직원과 식사라도 같이 하며, 앞으로의 업무 진행 방향에 대해서 서로 이해를 구하여 협조하도록 하면 좋은 결과를 맺

을 수 있을 것이다.

↗ 기장 세무사 사무소

세무사 사무소명 : ○○○
세무사 : ○○○
주소 : ○○○시 ○○○구 ○○○동 ○○○번지
전화번호 : 02-○○○-○○○○

↗ 자문 변호사 사무소

변호사 사무소명 : ○○○
변호사 : ○○○
주소 : ○○○시 ○○○구 ○○○동 ○○○번지
전화번호 : 02-○○○-○○○○

↗ 자문 노무사 사무소

노무사 사무소명 : ○○○
노무사 : ○○○
주소 : ○○○시 ○○○구 ○○○동 ○○○번지
전화번호 : 02-○○○-○○○○

위 내용은 ○○○○년 ○○월 ○○일부로 ○○○이 퇴사함에 따라 ○○○에게 인수인계하는 내용입니다. 이에 대한 책임은 ○○○에게 있으며, 만약 위 내용에 누락되거나 잘못된 내용이 있을 경우 즉시 경영지원팀에 보고하여야 합니다.

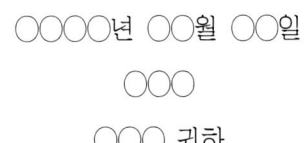

○○○○년 ○○월 ○○일
○○○
○○○ 귀하

Chapter **02**

자금관리와 자금계획표 작성

자금계획과 자금의 순환과정

 자금이란?

자금이란 하나의 통일된 개념으로 사용되지 않고 다음 전부를 포함하는 광의를 개념으로 사용되기도 하고, 이중 한가지의 개념으로 사용되기도 한다.

❶ 현금 : 현금 + 요구불예금

❷ 현금과 유가증권 : 현금 + 요구불예금 + 시장성 유가증권

❸ (순)운전자금 : 유동자산 - 유동부채

❹ 당좌자산 : 현금 + 예금 + 유가증권 + 매출채권

❺ 총운전자본 : 유동자산

❻ 총재무자원 : 기업의 재무 및 투자활동에 영향을 미치는 모든 거래

기준의 설정

❶ : 협의의 자금 정의, ❶ 또는 ❷ : 실무적 자금의 정의(추세 : ❶ → ❷)

❸ : 1회전 소요자금의 정의, 경영학적, 회계학적 자금의 정의

❻ : 광의의 자금 정의

↗ 자금의 흐름

자금흐름이란 자금이 유출되고 유입되면서 자금 풀의 양적 변화를 일으키는 일련의 흐름을 말한다. 전형적인 제조업의 경우 자금의 흐름은 일반적으로 부채나 자기자본 형태로 조달된 자본과 경상적인 영업활동을 통해 만들어진 자금이 원재료의 매입, 고정자산의 구입, 임금 및 제조경비의 지급, 판매비나 관리비의 지급 등으로 유출되며, 유출된 자금을 활용해서 만들어진 완제품을 판매해서 생긴 자금이 유입되는 과정을 반복함으로써 자금 풀을 중심으로 한 자금유입 및 유출을 활성화하고, 확대하는 과정을 통해서 기업은 성장해 나가는 것이다.

자금관리의 의의와 목적

↗ 자금관리의 의의

자금관리란 자금을 중심으로 기업활동을 계획, 집행, 조정, 통제함으로써 기업의 목표(또는 재무관리의 목표)인 기업가치의 극대화를 꾀하고자 하는 활동을 말한다.
- ⊙ 기업 내의 자금계획과 통제
- ⊙ 자금조달과 자금운용을 위한 분석
- ⊙ 투자와 비용의 분석

↗ 자금관리의 목표

자금관리의 목표는 기업의 수익성과 유동성을 균형 있게 조화시켜 기업가치의 극대화를 추구하는 것이다.

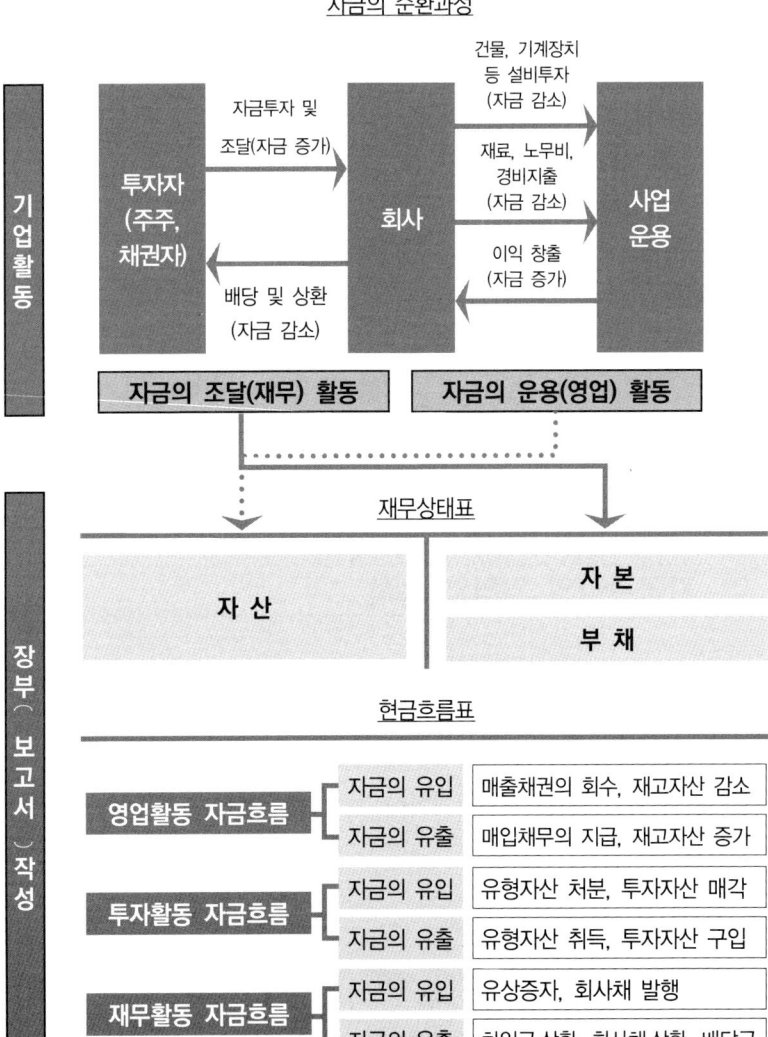

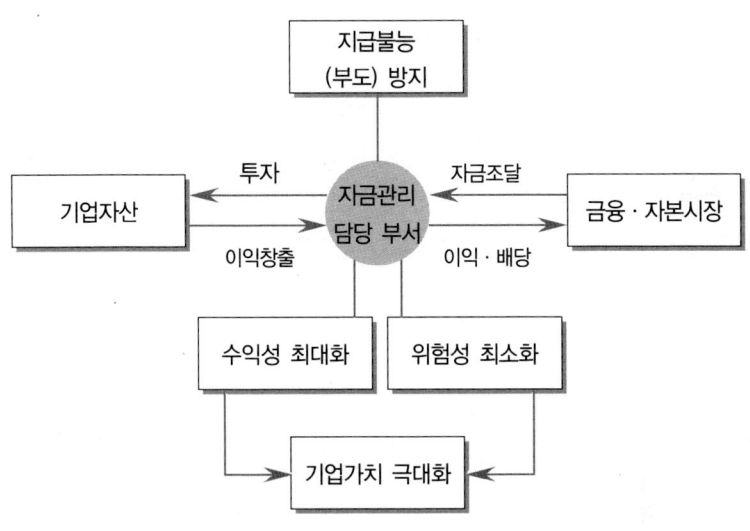

자금계획의 정의

기업의 재무계획이란 기업의 재무 목표라고 할 수 있는 수익성과 유동성을 합리적으로 관리하기 위해서 수립되는 계획으로 이익계획과 자금계획으로 구성되며, 이중 자금계획은 얼마의 돈이 들어오고 얼마의 돈이 지출되는지 그 결과 얼마나 돈이 남거나 부족할 것인지를 계획하고, 부족하면 어떻게 조달하고 남으면 어떻게 활용할 것인가에 대한 대책 수립이다.

자금계획은 재무 유동성과 안정성을 합리적으로 유지하기 위해서 작성되는 것으로 일명 재무구조 계획이라고 부르며, 고정자산을 결정짓는 설비투자 계획과 유동자산에 대한 운전자금계획, 유동자산 중 당좌자산 운용에 대한 현금수지계획으로 구성된다.

❝ **재무계획의 체계** ❞

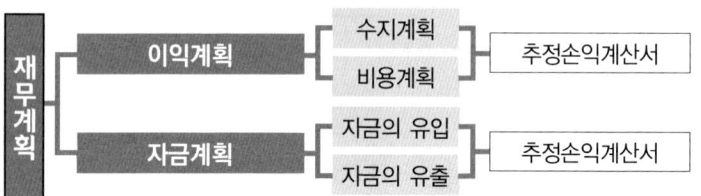

❝ **재무상태표의 자금구성** ❞

재무상태표

총운전자본 순운전자본	유동자산	유동부채	타인 자본	단기자본
		비유동부채		
설비자금	비유동 자금	자 본 금	자기 자본	장기자본
		잉 여 금		

이익계획과 자금계획의 비교

이익계획과 자금계획은 수레의 양 바퀴와 같은 관계로서 이익계획은 목표이익을 달성할 수 있도록 계획·통제하는 것이고, 자금계획은 자금부족으로 지급불능이 발생하지 않도록 자금흐름을 계획하고 통제하는 것이다. 따라서 자금계획은 안전 제일주의여야 한다.

	목적	대상기간과 목표	실패의 영향	활용수단	목표수준
이익 계획	채산의 개선	일정기간(사업연도)의 총매출액이 총비용을 웃돌도록 한다.	배당이 줄어드는 정도	이익도표 손익분기점 공식	목표를 현실보다 높게 잡아서 자극을 준다.

	목적	대상기간과 목표	실패의 영향	활용수단	목표수준
자금 계획	지급능력 의 강화	일정시점(지급일)의 총수입이 총지출을 웃돌도록 한다.	부도가 나서 회사가 파산	자금수지표 자금운용표	목표를 현실보다 낮게 잡아서 안전하게 한다.

자금의 종류와 순환과정

자금 ─┬─ 현　　금 : 보통예금 · 당좌예금
　　　├─ 설비자금 : 고정자산에 투자한 자금
　　　└─ 운전자본 : 유동자산이나 유동부채로 바뀐 자금

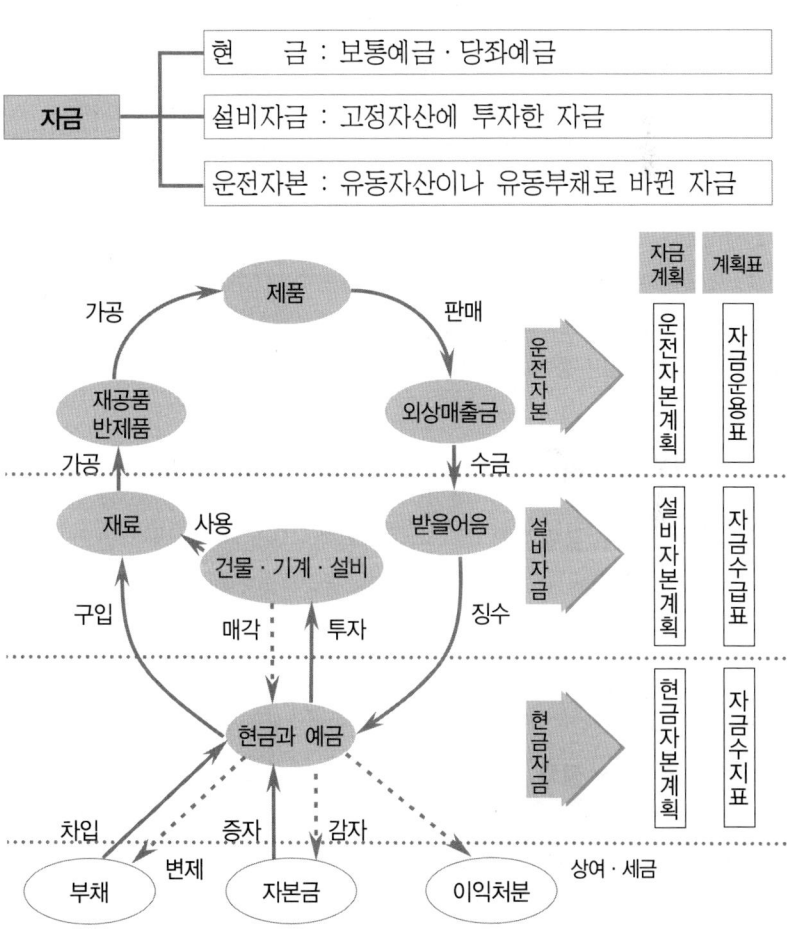

↗ 단기자금계획

대개 2~3개월 미만의 기간에 대한 자금흐름을 일/주/월 단위로 자금의 수입과 지출 예정을 체계적으로 정리한 자금수지표 또는 자금일정표의 성향을 가진다.

✦ 단기계획 작성 관리 절차

- ⊙ 과거의 입출금 실적과 동향을 분석한다.
- ⊙ 판매, 구매, 예금, 대출, 경비지출 등 자금의 수입, 지출과 관련된 데이터를 수집하고 이를 기록해서 자금수지표(또는 자금일정표)를 작성한다.
- ⊙ 자금의 수입 또는 지출 예정에 대해 수납 또는 지급여부를 건별/거래처별로 확인한다.
- ⊙ 기간별(주별/월별/특정 기간별) 자금흐름을 사전에 파악해서 자금부족이 예상될 경우 대책을 마련하고 자금 잉여의 경우에도 여유자금의 기간과 폭을 예상해서 고수익 상품 운용 등 의사결정에 활용한다.

↗ 장기자금계획

장기자금계획은 경영계획 및 사업계획에 따라 분기/반기/연간 또는 그 이상의 기간을 단위로 미래의 자금흐름을 추정하는 자금예측의 성향을 지닌다.

✦ 자금 예측 절차

- ⊙ 담당자(실무자)는 경영환경 및 회사 전체와 각 부서의 사업 현황을 고려하고 과거의 자금 데이터와 미래 3개월 정도의 단기자금 데이터를 체계적으로 수집·정리한다.

- ⊙ 추정 기간을 대상으로 주요 자금수지 항목별로 데이터를 직접 예측한다(통상 월별로 추정하고 추정기간은 1년 전후가 적정함).
- ⊙ 수지 항목별 추정이 끝나면 미래 기간별로 전체 자금흐름의 적정성을 검증한다.
- ⊙ 기간별 자금흐름을 토대로 자금부족 기간과 자금 잉여기간을 구분해서 추가적인 자금조달 및 운용대책을 마련하고 필요한 경우 재무구조 조정을 포함한 재무계획을 마련한다.

운전자금 관리

일상적인 운영을 위한 단기자금 필요시 은행 대출이나 기타 금융상품을 통해 자금을 조달한다.

운전자금은 기업이 일상적인 영업활동을 유지하고, 매출채권 회수 및 비용 지급 등을 위해 필요한 자금을 의미한다. 마치 자동차의 엔진과 같은 역할을 하며, 기업의 생존과 성장에 필수적인 요소다.

왜 운전자금 관리가 중요할까요?

❶ 유동성 확보 : 운전자금이 부족하면 매출채권 회수 지연, 비용 지급 연체 등으로 인해 유동성 위기에 직면할 수 있다.

❷ 사업 기회 확대 : 충분한 운전자금을 확보하면 새로운 사업 기회를 포착하고, 시장 변화에 빠르게 대응할 수 있다.

❸ 신뢰도 향상 : 꾸준한 자금 유지력은 거래처, 투자자 등 외부 이해관계자에게 신뢰를 주어 기업 이미지를 높인다.

❹ 비용 절감 : 효율적인 운전자금 관리를 통해 불필요한 비용지출을 줄이고, 수익성을 향상시킬 수 있다.

운전자금 관리의 주요 요소

구 분	내 용
매출채권 관리	❶ 회수 기간 단축 : 신속한 매출채권 회수를 통해 현금유입을 늘린다. ❷ 신용 관리 : 거래처 신용도를 평가하여 신용 위험을 최소화한다.
재고관리	❶ 적정 재고 유지 : 과도한 재고는 자금 낭비를 초래하므로, 적정 재고 수준을 유지한다. ❷ 재고자산회전율 향상 : 재고자산회전율을 높여 자금 회전율을 개선한다.
매입채무 관리	❶ 지급 기간 연장 : 매입채무 지급 기간을 연장하여 현금유출을 늦춘다. ❷ 조기 할인 활용 : 조기 지급 할인을 활용하여 비용을 절감한다.
현금예측	❶ 정확한 예측 : 미래 현금유입과 유출을 정확하게 예측하여 자금계획을 수립한다. ❷ 유동성 확보 : 예상치 못한 상황에 대비하여 충분한 유동성을 확보한다.

 효과적인 운전자금 관리를 위한 전략

❶ 운전자본 분석 : 재무제표를 분석하여 운전자본의 구성 요소를 파악하고, 개선점을 찾는다.

❷ 현금흐름표 작성 : 현금유입과 유출을 명확히 파악하여 현금 흐름을 관리한다.

❸ ERP 시스템 도입 : ERP 시스템을 도입하여 재무 데이터를 통합

관리하고, 의사결정에 활용한다.

❹ 외주 활용 : 비핵심 업무를 외주에 맡겨 운전자본 부담을 줄인다.

❺ 금융상품 활용 : 필요한 경우 할인어음, 약속어음 등 다양한 금융상품을 활용하여 유동성을 확보한다.

자금 운용 및 투자

❶ 투자자산 운용 : 유가증권, 부동산 등 다양한 투자자산을 운용하여 수익을 창출한다.

❷ 포트폴리오 관리 : 다양한 투자자산으로 구성된 포트폴리오를 관리하여 투자 위험을 분산하고 수익을 극대화한다.

❸ 단기자산 운용 : 유동성을 확보하기 위해서, 필요 없는 자금을 투자하거나 예금 등으로 운용한다.

❹ 투자전략 : 기업의 장기적 성장을 위한 자산 투자 계획을 수립하고 실행한다.

대금 결제 및 회계처리

❶ 지출통제 : 결제 일정 및 금액을 모니터링하여 적시에 지불하고, 불필요한 지출을 최소화한다.

❷ 회계보고 : 자금의 유입과 유출을 회계처리하고 재무 보고서를 작성한다.

리스크관리

❶ 환율 리스크관리 : 해외 거래 시 환율 변동에 따른 손실을 최소화하기 위한 헤지 전략

❷ 금리 리스크 관리 : 금리 변동에 따라 차입비용이 증가하지 않도록 금리 관리

❸ 외환 거래 관리 : 외환 거래를 통해 외환 위험을 관리하고, 필요한 외화를 확보한다.

중소기업의 자금관리
(사장님에게 보고할 재무 상황)

중소기업의 자금관리는 기업의 생존과 성장을 위한 핵심 요소다. 효과적인 자금관리를 통해 기업은 현금 흐름을 안정적으로 유지하고, 투자 기회를 활용하며, 리스크를 최소화할 수 있다.

중소기업의 자금관리는 기업의 지속 가능성과 직접적으로 연결되기 때문에, 주기적인 모니터링과 개선이 필수적이다.

자금관리의 중요성

구 분	중요성
성장을 위한 동력	충분한 자금이 확보되어야 연구개발, 마케팅, 시설투자 등 성장을 위한 활동을 지속할 수 있다.
위기 대응 능력 강화	예상치 못한 경기 변동이나 자연재해 등의 위기에 대비하여 안정적인 운영을 유지할 수 있다.
신뢰도 향상	건전한 재무 상태는 협력사, 금융기관 등 외부 파트너들에게 신뢰를 주어 사업 기회를 확대할 수 있다.

자금조달과 자금 운용 관리

구 분	자금조달과 운용
자금조달	다양한 자금조달 채널을 활용하여 필요한 자금을 확보해야 한다. • 은행 대출 : 시중은행, 정책금융기관 등을 통해서 대출받을 수 있다. • 정부지원자금 : 정부 기관에서 제공하는 다양한 정책 자금을 활용할 수 있다. • 벤처투자 : 혁신적인 기술을 보유한 기업은 벤처캐피탈 등으로부터 투자를 유치할 수 있다.
자금운용	확보한 자금을 효율적으로 운용하여 최대한의 수익을 창출해야 한다. • 예산 관리 : 세입과 세출을 정확하게 예측하고 관리하여 불필요한 지출을 줄여야 한다. • 현금 흐름 관리 : 현금유입과 유출을 정기적으로 확인하여 유동성 위기를 사전에 방지해야 한다. • 투자 의사 결정 : 투자 프로젝트의 수익성을 면밀히 분석하고, 신중하게 투자 결정을 내려야 한다.
자금회수	미수금 관리를 철저히 하여 자금회수를 촉진하고, 재고자산을 효율적으로 관리하여 자금을 회수해야 한다.

아래 전략들을 통해 자금을 효율적으로 관리하고, 안정적인 경영을 유지할 수 있다.

↗ 현금 흐름 관리

⊙ 매출, 비용, 투자활동 등을 고려하여 미래의 현금 흐름을 예측한다. 이를 통해 자금 부족 상황을 사전에 인지하고 대처할 수 있다.

- 주기적으로 현금 흐름을 분석하여 수입과 지출의 균형을 맞추고, 불필요한 지출을 줄인다.

↗ 비용 통제

- 고정비(임대료, 인건비 등)와 변동비(재료비, 유틸리티 등)를 구분하여 관리하고, 필요시 변동비를 조정하여 경영 상황에 맞게 비용을 절감한다.
- 에너지 사용을 최적화하여 관련 비용을 절감한다.
- 비핵심 업무는 아웃소싱하여 고정비를 줄일 수 있다.
- 예산을 수립하고, 실제 발생한 비용과 비교하여 예산 집행 상황을 점검해야 한다.

↗ 재무분석 및 보고

모든 거래를 정확하게 기록하고, 손익계산서, 재무상태표, 현금흐름표 등의 재무제표를 주기적으로 작성하고 분석한다. 이를 통해 회사의 재무 상태를 정확하게 파악할 수 있다.

유동비율, 부채비율, 자기자본이익률(ROE) 등 재무 비율을 분석하여 재무 상태를 평가하고 개선 방안을 마련한다.

↗ 채권 관리

매출채권 관리는 중소기업의 핵심 자금관리다. 고객으로부터의 미수금을 적극적으로 관리하여 자금 흐름을 원활히 한다. 신용 판매 조건을 정리하고, 연체 채권에 대해 신속한 대응을 한다.
연체 거래처에 대한 명확한 회수 정책을 마련하고, 필요시 법적 조치를 취해 회수율을 높인다.

↗ 재고관리

과도한 재고는 현금 유동성을 낮추고 창고비용 등 고정비의 증가를 유발한다. 따라서 필요한 만큼의 재고만을 유지한다. 이를 위해 재고 회전율을 분석하고, 적정 수준의 재고를 관리한다.
재고관리시스템을 도입해 실시간 재고 상태를 파악하고, 주문 및 보관 비용을 절감한다.

↗ 자금조달 전략

필요시 은행 대출, 투자 유치, 정부지원금 등 다양한 자금조달 방법을 활용하여 자금 유동성을 확보한다.
대출 조건을 비교하여 가장 유리한 조건으로 자금을 조달하고, 상환 계획을 수립하여 이자 비용을 최소화한다.

↗ 리스크관리

환율 변동, 금리 상승, 경기침체 등 다양한 외부 리스크를 분석하고, 대응 방안을 마련한다.
기업활동 중 발생할 수 있는 예기치 못한 사고나 손실에 대비하여 적절한 보험에 가입한다.

↗ 효율적인 투자 관리

투자계획을 수립할 때, 자금의 우선순위를 정해 회사의 성장에 가장 큰 영향을 미칠 수 있는 부분에 집중한다.

투자 결정 시 투자 대비 수익(Return on Investment, ROI)을 분석하여 효율적인 자금 투자가 이루어지도록 한다.

↗ IT 시스템 활용

자금관리, 재고관리, 인사관리 등 기업의 주요 경영자원을 통합 관리할 수 있는 ERP 시스템을 도입해 업무 효율성을 높인다.

자금 흐름을 실시간으로 추적하고 분석할 수 있는 자금관리 소프트웨어를 사용하여 자금 상황을 쉽게 파악하고 관리한다.

↗ 세무 관리

중소기업이 활용할 수 있는 다양한 절세전략을 파악하고, 이를 통해 세금 부담을 줄인다. 예를 들어, 세액공제 및 감면 혜택을 받을 수 있는 투자나 비용처리를 적극 활용한다.

회계사나 세무사와 긴밀하게 협력하여 세무 문제를 사전에 해결하고, 불필요한 세금 부담을 피할 수 있도록 한다.

사장님에게 보고할 재무 상황

사장님에게 재무 상황을 보고할 때는 명확하고 간결하게 현재 회사의 재무 상태를 전달하는 것이 중요하다. 주요 항목을 체계적으로 정리하여 보고하면, 경영진이 신속하게 의사결정을 내릴 수 있다. 아래는 재무 상황을 보고할 때 포함해야 할 주요 항목들이다.

↗ 요약 보고

- 재무 상태 요약 : 현재 재무 상황의 전반적인 요약을 포함한다. 중요한 변화나 이슈를 간략하게 설명한다.
주요 핵심 재무지표(매출, 순이익, 현금흐름 등)를 요약하여 한눈에 볼 수 있게 보고한다.

↗ 손익계산서 분석

- 매출 : 해당 기간의 총매출액과 전년 동기대비 증감률을 보고한다. 주요 매출원에 대한 분석도 포함한다.
- 영업이익 : 영업이익(EBIT)과 영업이익률을 보고하고, 주요 비용 항목의 증감 내역을 설명한다.
- 순이익 : 세후 순이익과 순이익률을 보고한다. 이익이 감소했을 경우, 그 원인을 분석한다.

↗ 재무상태표 분석

- 자산 현황 : 총자산과 주요 자산 항목(현금 및 현금성 자산, 재고, 매출채권 등)을 보고한다.
- 부채 현황 : 총부채와 주요 부채 항목(차입금, 매입채무 등)을 보

고하고, 부채비율을 제시한다.
- ⊙ 자본 현황 : 자본총계와 자본금 변동 내역을 보고한다.

↗ 현금흐름표 분석

- ⊙ 영업활동 현금흐름 : 영업활동으로 인한 현금유입과 유출을 보고한다. 현금흐름이 악화된 경우 원인을 설명한다.
- ⊙ 투자활동 현금흐름 : 투자활동(설비투자, 부동산 매입 등)으로 인한 현금 유출입을 보고한다.
- ⊙ 재무활동 현금흐름 : 자금조달(대출, 자본확충 등)과 상환 관련 현금 흐름을 보고한다. 전체적인 현금 유동성 상태를 설명한다.

↗ 주요 재무비율

- ⊙ 유동비율 : 유동자산 대비 유동부채 비율을 제시하여 단기 채무 상환 능력을 평가한다.
- ⊙ 부채비율 : 부채 대비 자본 비율을 보고하여 재무 건전성을 평가한다.
- ⊙ 영업이익률 : 매출 대비 영업이익의 비율을 보고하여 수익성을 설명한다.
- ⊙ 순이익률 : 매출 대비 순이익 비율을 보고한다.

↗ 재무 리스크 및 대응 방안

- ⊙ 재무 리스크 : 현재 또는 예상되는 재무 리스크(예 : 자금부족, 높

은 부채, 환율변동 등)를 보고한다. 이러한 리스크에 대응하기 위한 구체적인 전략과 조치 계획을 제시한다.

↗ 미래 전망 및 계획

- ⓥ 향후 매출 및 이익 전망 : 시장 상황과 현재 추세를 반영한 향후 매출 및 이익 전망을 보고한다.
- ⓥ 예산 대비 실적 : 연간 예산 대비 현재 실적을 비교하여 보고하고, 예상되는 격차에 관해 설명한다.
- ⓥ 투자계획 : 향후 주요 투자계획 및 예상되는 자금 소요를 보고한다.

↗ 특이 사항 및 추가 정보

- ⓥ 특이 사항 : 특별히 주목해야 할 사항이나 예상치 못한 이벤트(예 : 주요 계약 체결, 법적 이슈 등)를 보고한다.
- ⓥ 추가 요청 사항 : 경영진의 결정이 있어야 하는 사항이나, 추가로 검토해야 할 항목을 제시한다.

↗ 결론 및 제안

- ⓥ 결론 : 현재 재무 상태에 대한 결론을 간략히 제시한다.
- ⓥ 제안 : 사장님에게 향후 대응 방안이나 전략적 결정을 제안한다.

사장님이 보고받고자 하는 재무 상황

↗ 매출 및 수익

구 분	재무 상황
매출실적	총매출액, 목표 대비 달성률, 전년 동기 대비 성장률
주요 제품 또는 서비스별 매출 비중	어떤 제품 또는 서비스가 회사 매출에 가장 크게 기여하는지?
고객별 매출 비중	주요 고객별 매출 비중 및 변동 추이

↗ 비용 및 지출

구 분	재무 상황
고정비와 변동비	임대료, 급여, 마케팅 비용 등 주요 비용 항목과 그 변동 추이
원가 관리	원가 절감 노력과 성과, 주요 원가 항목의 변동 분석
비용 비율	매출 대비 각 비용 항목의 비율, 예산 대비 초과 지출 여부

↗ 이익 및 손실

구 분	재무 상황
영업이익	영업활동을 통해 발생한 이익, 영업이익률
순이익	세전 이익, 법인세 후 순이익
손익분기점	현재 매출 수준에서 손익분기점 도달 여부

↗ 현금 흐름

구 분	재무 상황
영업활동 현금흐름	영업에서 발생한 현금의 유입과 유출, 순영업 현금흐름
투자활동 현금흐름	자산 투자, 설비투자, 기타 투자활동에서 발생한 현금 흐름
재무활동 현금흐름	자금조달, 부채 상환, 배당지급 등 재무활동 관련 현금 흐름
현금 보유 상황	현재 현금 잔고와 향후 자금 흐름 예측

↗ 부채 및 자본

구 분	재무 상황
부채 수준	단기 및 장기부채 총액, 부채비율, 만기 구조
자본 구조	자본금, 이익잉여금, 자본잠식 여부.
신용 상태	회사의 신용 등급, 부채 상환 능력, 차입금 조달 여력

↗ 재무비율 분석

구 분	재무 상황
유동성 비율	유동비율, 당좌비율 등으로 회사의 단기 채무 상환 능력 평가
레버리지 비율	부채비율, 자기자본비율 등으로 회사의 재무구조 안정성 평가
수익성 비율	매출총이익률, 영업이익률, 순이익률 등으로 회사의 수익성 평가

↗ 자산관리

구 분	재무 상황
유동자산	현금, 매출채권, 재고자산 등의 관리 상황
고정자산	건물, 기계, 설비 등의 자산 상태 및 감가상각비
자산의 수익성	자산 수익률(ROA), 자기자본 수익률(ROE)

↗ 예산 대비 실적

구 분	재무 상황
예산 집행 현황	각 부서별, 프로젝트별 예산 집행 상황과 실제 실적 비교
예산 초과/절감 항목	예산을 초과한 항목 및 절감된 항목의 분석

↗ 미래 전망 및 계획

구 분	재무 상황
현금 흐름 예측	향후 3개월, 6개월, 1년간의 현금 흐름 예측
매출 및 비용 예측	향후 매출 예상치, 예상 비용, 예상 이익
투자계획	향후 투자계획 및 그에 따른 재무적 영향

↗ 리스크관리

구 분	재무 상황
재무리스크	환율 변동, 이자율 변동, 대출 만기 등 주요 재무 리스크와 대응 방안
신용리스크	주요 거래처의 신용 상태와 대금 회수 가능성

시기별 보고 사항

▨ 현재 재무 상태

구 분	재무 상태
매출액	전체 매출액, 제품/서비스별 매출액, 고객별 매출액 등을 통해 회사의 매출 성장세를 파악하고, 주력 제품/서비스와 주요 고객을 확인한다.
영업이익	매출액에서 매출원가와 판매비 및 관리비를 제외한 순수익으로, 회사의 실질적인 수익성을 나타낸다.
순이익	영업이익에서 법인세비용 등을 제외한 순수익으로, 주주들에게 돌아가는 이익이다. 현금흐름 : 영업활동, 투자활동, 재무활동별 현금흐름을 분석하여 회사의 현금 유동성을 파악하고, 투자 및 자금 조달 계획 수립에 활용한다.
부채비율	부채총액을 자본총액으로 나눈 비율로, 회사의 재무 안정성을 나타낸다. 부채비율이 높을수록 재무 위험이 높아질 수 있다.
유동비율	유동자산을 유동부채로 나눈 비율로, 단기 채무 상환 능력을 나타낸다. 유동비율이 낮을수록 단기 채무 상환에 어려움을 겪을 수 있다.

▨ 미래 전망

구 분	미래 전망
예상 매출액	다음 분기 또는 회계연도의 예상 매출액을 제시하여 향후 성장 가능성을 예측한다.

구 분	미래 전망
	비용 예측 : 인건비, 재료비, 마케팅 비용 등 각종 비용의 증감을 예측하여 수익성 변화를 예측한다.
투자 계획	신규사업 진출, 시설투자 등 향후 투자계획을 제시하고, 투자 효과를 분석한다.
리스크 요인	경쟁 심화, 원자재 가격 상승, 환율 변동 등 회사에 영향을 미칠 수 있는 다양한 리스크 요인을 분석하고, 대응 방안을 제시한다.

↗ 비교 분석

구 분	비교 분석
전년 동기 대비	전년 동기와 비교하여 매출액, 영업이익, 순이익 등의 변화를 분석하여 성장률을 파악한다.
경쟁사 대비	주요 경쟁사와 비교하여 회사의 경쟁력을 분석하고, 개선점을 도출한다.
업종 평균 대비	동종 업종 평균과 비교하여 회사의 성과를 평가한다.

↗ 의사결정 지원

구 분	의사결정 지원
투자결정	신규 사업진출 여부, 시설투자 규모 등 중요한 투자 결정을 위한 근거 자료를 제공한다.
비용절감	비용 항목별 분석을 통해 불필요한 비용을 절감하고, 수익성을 개선할 수 있는 방안을 제시한다.

구 분	의사결정 지원
자금조달	자금 부족 시 자금조달 방안을 모색하고, 최적의 자금조달 방식을 제안한다.
위기관리	예상되는 위험 요인에 대한 대응 방안을 마련하고, 위기 상황 발생 시 신속하게 대처할 수 있도록 지원한다.

자금계획 수립 방법

자금계획수립이란 말의 의미처럼 자금조달에 대한 계획, 자금수요에 대한 예측 등은 시간이 지나고 시대가 지날수록 더욱더 중요한 의미로 다가오는 게 현실이다.

자금계획은 기업에 따라서 다르겠지만 보통 월 단위와 1년 단위로 작성하는 기업이 대부분이다. 보통 1년이 넘지 않게 소요되는 자금에 대한 차입금을 단기차입금, 1년이 넘게 계획되어 운용되어지는 자금을 장기차입금이라고 한다.

하지만, 최근에는 대기업뿐만 아니라 중소기업에서도 주단위, 월단위, 분기 단위로 더욱 세분화해서 자금계획을 수립하고 있는 추세이다. 중요한 것은 현금수입과 지출계획이 실현가능해야 한다는 것과 보수적으로 작성해야 한다는 것이다.

자금계획은 회사의 내막을 정확하게 꿰뚫고 있는 사람이 있다면 단독으로 작성할 수도 있겠지만, 규모가 어느 수준 이상이 되면 기업의 자금계획을 경리부서나 자금부서 단독으로 입안할 수 없다.

자금계획은 영업부서의 영업계획, 생산부서의 생산계획, 구매부서의 구매계획, 기획부서 또는 경영진의 1년 단위 투자계획과 관련부서의 각종 기안 서류와 해당 부서의 자금사용계획서를 제출받아 종합적으로 분석해서 조정·검토해야 한다.

각 부서별, 자금수요 및 사업계획을 요약하면 다음과 같다.

구 분	점검 사항
영업계획	• 받을어음의 수입(현금) 예상 금액 • 영업수당, 판매장려금 등의 예상 금액 • 예상 판매계획
구매계획	• 원재료 구입 관련 계획 • 현금 구매예산 및 전년도 집행 금액 • 구매예산 및 전년도 집행 금액
생산계획	• 생산계획은 판매계획과 구매계획 및 투자계획 등과 연계해서 작성해야 한다. • 그 외 생산 부서 인건비, 제조 관련 직·간접적인 원/부자재 구입 예상금액
투자계획	• 투자와 관련된 자금의 조달 사항이 자금계획에 반영되어야 한다.

이러한 여러 부서의 분기별, 연간 계획을 조합해서 구체적인 소요자금의 규모를 파악한 연후에 해당하는 자금조달을 어떻게 할 것인가 하는 자금조달계획을 수립하는 게 일반적인 Flow이다.

자금수지계획표의 작성 방법

 자금수지 분석

자금수지 분석은 일반기업의 경우 투자/조달/상환/자금과 부족 등 자금흐름 분석을 위해서 이용되고, 금융기관의 경우 원리금 상환능력 평가를 위해 활용된다.

자금의 조달	재무상태표상 순운전자금 + 영업활동으로 창출되는 수익 + 외부조달자금
자금의 운영	설비투자자금 + 운영자금 + 외부조달 자금상환 + 기타 자본적 지출

자금과부족

⊙ 재무상태표상 순운전자본

= 순유동자산 − 순유동부채

= (유동자산 − 준비유동자산) − (유동부채 − 준비유동부채)

⊙ 운영자금 = 연간매출액 − 1회전 기간/365

⊙ 1회전 기간

= 매출채권 + 재고자산 − 매입채무 회전기간 + 선급금 − 선수금

ⓞ 외부조달자금
= 은행차입, 리스, 주주 차입, 관계회사 차입, 유상증자, 회사채 발행

↗ 운영자금

운영자금은 운전자금 또는 운전자본으로도 불리는 데 개념에 있어서 여러 가지 견해가 있으므로 개념 정립이 필요하다.
- ⓞ 우선 재무상태표의 유동자산과 운전자금을 동일시하는 개념이 있는데 이를 총운전자금이라고 한다.
- ⓞ 유동자산에서 유동부채를 차감한 잔액을 운전자금으로 보는 견해를 순운전자본이라고 한다.
- ⓞ 운전자금을 회전 자본, 순환 자본이라고도 부르며, 국내에서는 운영자금으로 통칭된다.

한편 기업의 자금흐름을 분석하는 입장에서는 상기와 같은 개념보다는 기업이 생산활동을 위해서 평균적으로 얼마의 자금이 매출채권과 실물자산에 투자되며, 이를 완화하기 위해서 외상 채무는 평균적으로 얼마나 있는가를 파악하는 것이 중요하다고 할 수 있다. 자금수지표에 있어서는 기업이 정상적인 영업활동을 수행하는 데 필요한 시설자금을 제외한 자금부담액을 말하는 것이다.

금융기관에서 1회전 운영자금을 산정할 때는 상거래와 직접적으로 관련이 있는 자금 부분만을 그 대상으로 하고 있는바, 운영자금이란 다음에서 보는 바와 같이 여러 의미로 파악될 수 있으나 상거래와 직접 관련성이 있는 매출채권, 재고자산, 매입채무만을 그 대상으로 한다.

↗ 1회전 운영자금

- 1회전 운영자금 = 연간매출액/365일 × 1회전 기간
- 1회전 기간 = 재고자산 회전기간 + 매출채권 회전기간 − 매입채무 회전기간

이 방식은 매출액 기준으로 산출된 1회전 기간과 매출액이 상응되어 이론적인 일관성을 갖추고 있으며, 포괄손익계산서에 의거 작성되는 자금수지표의 구조와도 부합되는 것으로 기업의 종합자금수지를 파악하기 위한 목적으로 작성되는 자금수지표에 계상될 운영자금산출을 위해서 타당한 방식이다.

매출액에서 비자금 지출 비용이 차감되지 않는 것은 자금수지표 상에 동 비용이 자금의 원천으로 계상되기 때문에 이중 계산되지 않도록 제외한 것이다.

따라서 이 방식은 기업의 자금 사정을 종합적으로 검토한다는 입장에서 운영자금 산출방식이므로 기업의 1회전 운영자금만을 별도로 파악하고자 할 때는 비현금지출비용을 차감해서 산출한다.

1회전 기간은 기업활동 면에서 보면 원재료 구매기간, 제조기간, 판매기간, 판매대금 회수기간으로 구성되며, 재무상태표의 항목과 관련시켜 보면 재고자산의 회전기간, 매출채권 회전기간, 매입채무 회전기간으로 파악할 수 있다.

↗ 영업실적이 있는 경우

회전기간 산출방식에는 매출액에 의한 방법과 소비액 또는 발생액에

의한 방법이 있으나 실무에서는 일반적으로 매출액에 의한 방법이 주로 이용되고 있다.

$$\frac{(매출채권\ 평균잔액 + 재고자산\ 평균잔액) - 매입채무\ 평균잔액}{연간매출액} \times 365일$$

- 매출채권 = 외상매출금 + 받을어음(융통어음) + 선급금
- 재고자산 = 원재료 + 재공품 + 제품 + 기타 재고자산
- 매입채무 = 외상매입금 + 지급어음(융통어음 제외) + 선수금
- 연간매출액은 최근 1년간의 매출액을 말하며, 분자의 각 항목은 동 기간의 평균잔액을 말한다.

위 방법에 의한 1회전 기간은 영업실적이 없는 경우의 방법에 의해서 구해진 기간과 비교해서 적정 여부를 검토해야 한다.

↗ 영업실적이 없는 경우

기업이 과거 영업실적이 없거나 자료불비, 기장부실 등의 사유로 상기 방법에 의한 산출이 곤란한 경우에는 한국은행의 기업경영분석 또는 산업은행의 재무분석 등 참고 자료의 동종업계 경영지표에 의해서 산출한다.

$$\left(\frac{1}{매출채권회전율} + \frac{1}{재고자산회전율} - \frac{1}{매입채무회전율}\right) \times 365일$$

🔼 주요 계정의 월 평균잔액 산출

평균잔액의 산출은 일반적으로 월별 잔액시산표에 의해서 해당 계정의 연간 평균잔액을 구하는 것인데 이를 평균하는 방법을 생각할 수 있으나 이와 같은 방법은 실제에 있어서 많은 수고와 시간이 소요될 뿐만 아니라 일반적으로 큰 의미를 찾아보기 어려운 것이므로, 실무에 있어서는 보통 다음과 같은 방법이 채용되고 있다.

- 매월 말의 잔액을 평균하는 방법

$$\frac{(1월말\ 잔액 + 2월말\ 잔액 + \cdots\cdots\cdots + 12월말\ 잔액)}{12}$$

- 기초와 기말의 잔액을 평균하는 방법

$$\frac{(기초\ 잔액 + 기말\ 잔액)}{12}$$

- 부득이한 경우에 기말 잔액으로 대응하는 방법

위의 세 가지 방법 중 매월 말의 잔액을 평균하는 방법으로 기중 평균액을 구해서 산출된 회전기간 또는 회전율이 그 의미가 가장 크다고 할 수 있으며, 세 번째 방법에 따랐을 때는 그 의미가 상당히 제약된다고 할 수 있다.

🔼 관련 계정 검토

관련 계정을 검토함에 있어서는 기업회계기준에 의한 회계적 수정은 물론 검토의 목적이 운영자금을 파악하고자 하는 것이므로 각 계정금액의 적정수준 여부를 신중히 검토해야 한다.

원재료

- 원재료 이외에도 회사의 운영자금에 영향을 주는 미착 원재료, 선급금, 저장품 등 유사 과목은 모두 포함시켜야 한다.
- 동 계정 내용에 회전 사용과 관계없는 시설 자재류가 포함되어 있거나 과거에 구매한 물품으로 생산방식의 변경 또는 제품개량 등으로 인해서 앞으로 생산에 투입해서 사용할 계획이 없는 것이 있을 때는 이를 제외한다.
- 원재료 수입 시의 신용장 개설보증금 등은 포함시킨다.

재공품

- 재공품 평가방법에 의해서 조사(계속성, 적정성)해야 하나, 재공품 평가 방법을 사용해서 조사한다는 것은 현실적으로 어렵다.
- 월별 원가계산을 실시하고 있지 않은 경우는 입수가능한 자료에 의거 산출한다.
- 조업 상황조사에 의거 재공품의 적정수준 여부를 검토한다.

제품

- 유사성이 있는 과목을 포함시킨다(반제품, 상품, 적송품, 보관품 등).
- 제품 중 진부화된 것, 불량품, 판매 가망이 없는 장기재고분은 제외한다.
- 기타 사항은 재공품과 동일한 방법으로 검토한다.

매출채권

- ⊙ 외상매출금과 미수금의 혼용사용 여부를 검토한다.
- ⊙ 일시적인 거액의 외상채권 증가분과 장기성 불량채권은 제외한다.
- ⊙ 선급금은 매입처와의 일반상거래에 의해 발생된 것인지? 여부를 조사한다.

매입채무

- ⊙ 외상매입금과 미지급금의 혼동사용 여부를 검토한다.
- ⊙ 융통어음은 제외한다.
- ⊙ 장기성 매입채무는 원인을 조사해서 채무이행 가능성이 없는 것은 제외한다.
- ⊙ 선급금의 일반상거래와의 관련 여부도 조사한다.

★ 적정수준 검토 시 고려할 사항

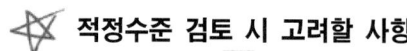

- 안전수준(안전재고)
- 매출액과 상관관계
- 거래조건
- 할인어음 상환
- 제품 믹스
- 계절적 요인
- 경쟁력과의 상관관계
- 무역금융의 조건(1회전 기간)
- 영업외적 특수상황
- 제품 라이프사이클

↗ 운영자금 관련 유의 사항

- ⊙ 일반적으로 매출활동과 관련된 계정에는 매출채권이 있으나 기업별, 업종별로 선수금, 미수금 등도 매출활동과 관련되어 있으므로

이들 계정의 내용을 검토해야 하며, 매출채권 중 사실상 회수불능 상태인 불량채권이나 일시 거액 증가분은 정상적인 영업활동에 의한 것이 아니므로 제외해야 한다.

ⓒ 매출채권 중 받을어음의 경우 재무상태표일 현재 만기 미도래 한 융통어음이나 할인어음의 잔액은 받을어음에 포함시켜 산출해야 한다.

ⓒ 매입채무의 경우 외상매입금·지급어음 외에 선급금·미지급금 등도 매입활동과 관련되어 있을 수 있으므로 내용검토가 필요하며, 장기성 매입채무의 경우 채무이행가능성을 검토해서 조정해야 한다.

ⓒ 원재료 계정의 경우 원재료 외에 미착 원재료·저장품·선급 원재료 구입대금 등도 포함해야 하며, 내용분석을 통해 정상적인 영업활동과 관계없는 시설 자재류, 과거에 구입한 물품으로 생산방식의 변경이나 제품개량으로 향후 생상활동에 투입될 수 없는 것 등이 포함되어 있을 경우 이를 제외시켜야 한다. 해외로부터 원재료를 수입한 경우 L/C 개설보증금도 포함시킨다.

ⓒ 원재료 등의 연불수입에 따른 Usance에는 신용공여자에 따라 Shipper's Usance와 Banker's Usance, 내국수입 Usance로 구분되는데, 이중 Shipper's Usance는 해외 외상매입금으로 매입채무인데, 반해서 Banker's Usance 및 내국 수입 Usance는 일종의 금융으로서 해외 단기차입금 성격이므로 회전기간 계산 시에는 Shipper's Usance만을 포함해야 한다.

ⓒ 부실채권, 부실 재고

◎ 제품계정의 경우 제품과 유사한 상품·반제품·적송품·보관품 등을 포함하고 제품 중 진부화된 것, 불량품, 판매불가능한 장기재고품은 제외해야 한다.

◎ 평균잔액을 산출하는 방법에는 월별 합계잔액시산표를 통해 해당 계정의 연간 월평균 잔액을 구하는 방법과 기초와 기말 잔액을 평균하는 방법, 기말잔액을 사용하는 방법 등이 있으나 연간 월평균잔액을 구하는 방법 외에는 연중 자금변동 상황을 반영하지 못하는 단점이 있다.

◎ 회전기간은 호황기에 단기화하고 불황기에 장기화하므로 경기호황이나 불황이 확실하게 예상되는 경우 감안한다. 또한 신제품 개발이나 공장신설로 영업구조가 변동된 경우 기존 제품·시설에 의한 회전기간과 변경 후의 회전기간이 차이를 보일 수 있으므로 신제품과 동업종의 회전기간을 검토한 후 적용해야 한다.

◎ 업종에 따라 선수금의 수입, 매입채무의 장기 결제가 거래 관행인 경우 매입채무나 선수금의 규모가 커서 1회전 기간이 부(-)를 나타내기도 하는데 이 경우 거래 관행을 검토한 후 계속성이 확인되면 부의 회전기간을 적용해서 운영자금을 산출하고 자금의 조달 원천으로 반영할 수 있다.

↗ 추가 운영자금

일반적으로 매출이 증가하면 운전자본의 크기도 증가한다. 즉, 매출이 증가하면 매출채권도 증가하게 되고 적정량의 재고자산을 유지하기 위해서는 운전자금이 필요하게 되는데 이것이 추가 운전자금이다.

운전자금은 추정매출액 ÷ 365일 × 추정 1회전 기간으로 산출되며, 자금수지표의 운영자금은 직전 연도의 재무상태표상 기말매출채권, 재고자산 및 매입채무 잔액에서 각각의 추정 매출채권, 재고자산, 매입채무 액을 차감해 순증액만을 표시한다. 이 경우 회전기간이 달라지는 경우를 예상할 때는 매년 이를 달리 산출해서 반영해야 한다. 또한, 회전기간을 전 연도 계정과목별 평잔으로 할 경우 운영자금 순증액을 산출시 직전연도 말의 각 계정과목별 잔액으로 차감하면 순증액이 과대 또는 과소계상 될 우려가 있는바, 이를 상호 일치시켜 차감해서 산출해야 한다.

↗ 재무상태표상 가용자금

기업이 기존사업 부문에서 신규사업 부문으로 전용가능한 여유자금이 얼마나 될까? 이러한 성격의 여유자금을 어디에서 어떻게 산출할 수 있을까?

이에 대한 대답은 기업의 재무상태표를 이용한 재무구조 분석을 통해서 얻을 수 있다. 즉, 재무상태표는 결산 시점에서 기업의 재무상태를 나타내주는 재무제표이므로 이것을 분석의 기초로 하면서 기업의 회계처리 관행과 경제적 실질 측면을 고려해서 산출할 수 있다.

단기적(1회계 기간)으로 보면 기업의 재무상태표가 유동계정과 비유동계정의 기본개념에 맞게 정확히 작성되었다면 유동자산에서 유동부채를 차감한 순운전자본에서 기존사업에 투입된 운영자금을 차감한 금액이 신규사업에 전용가능한 결산 시점에서의 여유자금이라고 할 수 있다.

그러나 기업의 회계처리 관행이나 경제적 실질 측면에서 보면 유동계정에 대한 조정이 필요한 것이 사실이다. 즉, 회계처리상 유동 항목으로 계상되어 있으나 실질적으로는 비유동 항목이나 다름없는 항목들이 있기 때문이다.

예를 들어서 유동자산으로 은행예금이 계상되어 있으나 계정분석을 해보면 그중에서 당좌거래에 대한 담보성 예금이 포함되어 있는 경우가 허다하며, 관계회사 대여금이 계상되어 있으나 실질적으로는 단기적으로 회수 불가능한 경우가 많다. 또한, 단기차입금의 경우도 실질적으로는 만기에 회전 사용을 함으로써 장기차입금처럼 차기 이후에도 계속 사용하는 것이 금융 관행이다.

따라서 유동자산이나 유동부채 중에서 이러한 준고정성 부분을 조정한 순유동자산이나 순유동부채를 비교해서 여유자금을 산출해야 한다.

> 재무상태표상 순운전자금 =
> 순유동자산(유동자산 − 준고정자산) − 순유동부채(유동부채 − 준고정부채)

결국 재무상태표상 가용자금은 조정된 유동자산에서 조정된 유동부채를 차감한 재무상태표상 순운전자금을 산출하고 운영자금 항목을 다시 공제하고도 가용할 수 있는 자금이 과연 있는지를 검토하는 것이다.

한편, 대부분 기업에서는 가용자금만으로는 투자할 여력이 있는 기업은 별로 없을 것이므로 영업활동에서 창출가능한 자금과 외부 자금조달 능력을 추가로 검토해서 기업의 자금조달 능력과 재무적 융통성을 체크해야 한다.

자금수지 계획표의 작성 방법

운전자본은 기업의 일상적인 사업 활동에서 운용되는 자금을 말한다. 운전자본은 유동부채로 조달되며, 유동자산으로 운용된다.

순운전자본 = 유동자산 − 유동부채 = 비유동부채 + 자본 − 비유동자산

자금수지 계획표의 흐름

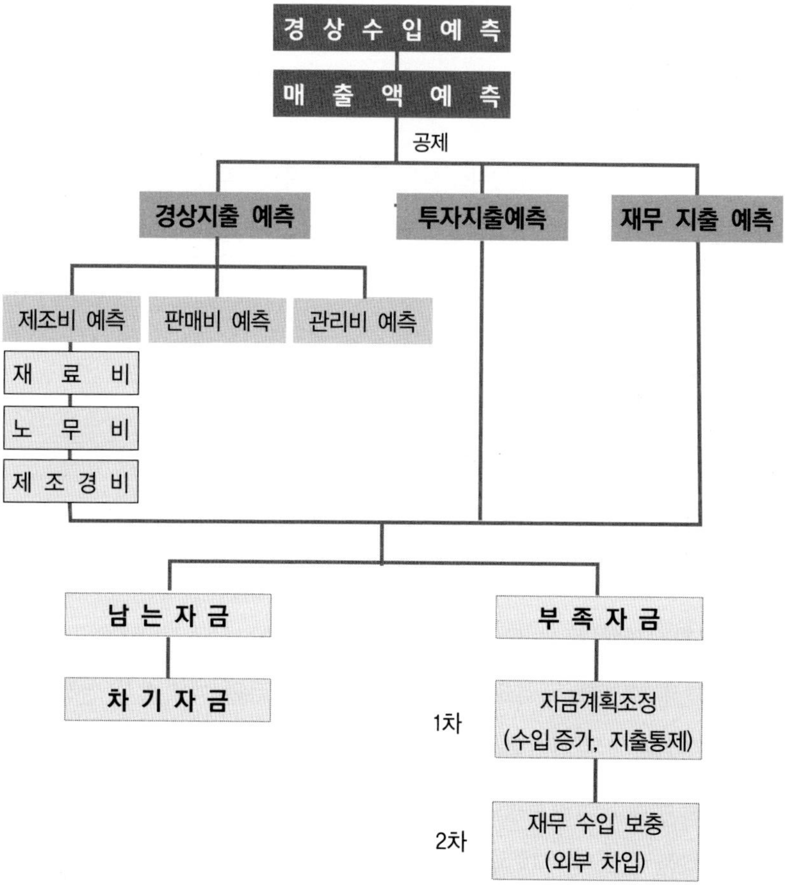

```
           경상수입예측
           매출액예측
                │ 공제
    ┌───────────┼───────────┐
경상지출 예측   투자지출예측   재무 지출 예측
    │
┌───┼───┬───────┐
제조비 예측  판매비 예측  관리비 예측
│
재 료 비
노 무 비
제 조 경 비
```

남는 자금 / 부족 자금
차 기 자 금

1차: 자금계획조정 (수입 증가, 지출통제)
2차: 재무 수입 보충 (외부 차입)

↗ 자금수지 계획표의 종류

자금수지 계획표의 종류를 살펴보면 다음과 같다.

구 분	내 용
일일자금수지계획표	당일 오전이나 전일 오후에 작성되며, 현금과부족 방지를 위해서 작성된다.
주자금수지계획표	현금유출입 항목을 기준으로 주 단위로 한 달간 이동방식으로 작성되며, 현금수지에 대한 예측이다.
월자금수지계획표	현금유출입을 기준으로 월 단위로 3개월 이동방식으로 작성한다.
반기자금수지계획표	반기 단위로 통상 예산과 연계시켜 작성한다.
연자금수지계획표	연 단위로 통상 예산과 연계시켜 작성한다.

↗ 작성 방법

⊙ 순운전자본의 감소 요인 분석

비유동자산 투자액 : 설비투자계획 및 신규사업계획서 견적

비유동부채 감소액 : 장기차입금 상환 스케줄에서 견적

잉여금감소액 : 배당계획에서 견적

⊙ 순운전자본의 증가 요인 분석

비유동부채 증가액 : 사채발행계획이나 장기 차입 계획에서 견적

자본금증가액 : 증자계획에서 견적

잉여금증가액 : 이익계획에서 견적

비유동자산 감소액 : 매각 및 처분계획에서 견적

◎ 순운전자본의 증감원인 분석 : 유동자산의 증감, 유동부채의 증감

구분	전기		당기												
	계획	실적	1	2	3	4	5	6	7	8	9	10	11	12	계
이월가용시재															
이월불가용시재															
국 내 판 매															
수 출															
수 입 이 자															
기 타															
경 상 수 입 액															
원 부 재 료 비															
인 건 비															
일 반 경 비															
제 조 경 비															
지 급 이 자															
부 가 가 치 세															
기 타															
경 상 지 출 계															
경 상 수 지 차 이															
설 비 투 자															
주 식 투 자															

구분	전기		당기												
	계획	실적	1	2	3	4	5	6	7	8	9	10	11	12	계
기 타 투 자															
투 자 계															
법 인 세															
배 당 금															
임 차 보 증 금															
불 가 용 시 재															
기 타															
기 타 지 출 계															
수 지 차 이															
증 자															
차 입															
차 입 상 환															
채 무 조 정 계															
단 자 차 입															
생 보 차 입															
기 타															
재 무 대 책 계															
이 월 가 용 시 재															
이월불가용시재															

작성방법

- 이월시재 : 차월 한도 중 미사용 잔액 + 당좌예금 + 현금 + 타수 판매 입금
- 기초 불가용 시재 : 당좌예금을 제외한 모든 예·적금 납입잔액 + 유가증권 장부가액
- 국내 판매 : 물대 입금 + 매출 부가세 + 개별소비세(매출채권과 상계한 대체 입금은 판매 입금에 반영)
- 관세 중 원부재료 분은 경상지출 관세란에, 시설재분은 시설투자에 포함하고 관세 환급 분은 관세란에서 차감한다.
- 경상수지 차이 = 경상수입 - 경상지출
- 시설투자는 시설투자 계획과 반드시 일치시켜야 한다. 금융리스 자금에 의한 시설투자는 시설투자에 포함하고 운용리스는 경상지출 중 경비에 반영한다.
- 법인세 : 법인세 납부액 + 중간예납액 + 원천징수 납부액 ± 가산세, 환급액(자금 기준)
- 불가용시제(예·적금 납입) : 예·적금 납입액 + 산금채, 국·공채 등 매입액
- 불가용시제(예·적금 해약) : 예·적금 해약액 + 산금채, 국·공채 등 만기도
- 수지 차이 : 이월가용 시재 + 경상수지 차 - 시설투자 - 기타 매출
- 재무조정에서 차입·상환은 서로 상계하지 말고 각각의 총액을 표시한다.

자금조달·운용의 적부 판정 기준

자금의 조달 · 운용이 적절(양호)할 때	• 증자나 비유동부채로 유동자산을 구입하든지 유동부채를 상환할 때 • 비유동자산을 처분해서 유동자산을 구입하든지 유동부채를 상환할 때 • 잉여금의 유보로 유동자산을 구입하든지 유동부채를 상환할 때
자금의 조달 · 운용이 부적절할 때	• 유동자산을 처분해서 비유동자산을 구입하든지 자본금 또는 비유동부채를 상환할 때 • 유동부채를 조달해서 비유동자산을 구입하든지 자본금 또는 비유동부채를 상환할 때 • 유동자산을 처분하거나 유동부채를 조달함과 함께 잉여금을 없앨 때 • 유동자산의 처분이나 유동부채의 조달로써 결손금을 보충할 때
자금의 조달 · 운용이 보통일 때	• 위의 경우 이외일 때

자금조달 계획 수립

자금조달계획은 기업의 성장과 지속 가능성을 위한 필수적인 과정이다. 단순히 돈을 빌리거나 투자를 받는 것을 넘어, 기업의 미래를 설계하고, 필요한 자금을 적절한 시기에 확보하기 위한 전략적인 계획이라고 할 수 있다.

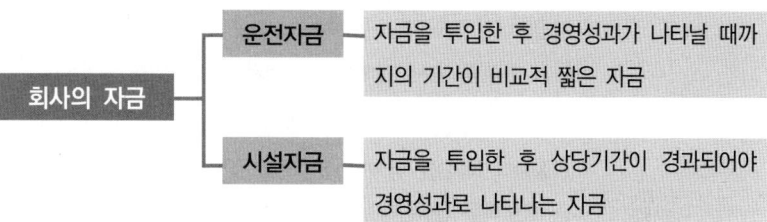

자금조달계획 수립의 중요성

구분	내용
성장 기회 포착	새로운 사업진출, 시설 확장 등 성장 기회를 포착하고 실행하기 위해, 필요한 자금을 확보한다.
위기 대응	경기 변동, 경쟁 심화 등 예상치 못한 위기에 대비하여 안전망을 구축한다.

구 분	내 용
주주 가치 증대	안정적인 자금조달을 통해 주주들에게 높은 수익을 제공하고, 기업 가치를 상승시킨다.
사업 확장	신규 시장 진출, M&A 등을 통해 사업을 확장하고 기업 규모를 키운다.

 자금조달계획 수립 시 고려 사항

구 분	내 용
사업 단계	초기 스타트업, 성장기 기업, 성숙기 기업 등 사업 단계에 따라 적합한 자금조달 방식이 다르다. 자금이 왜 필요한지 구체화하고, 필요 시점을 파악한다. 예를 들어, 신제품 출시, 설비투자, 운영자금 등이 있을 수 있다.
자금 규모	사업의 구체적인 비용을 분석해 얼마만큼의 자금이 필요한지 산정한다. 예산을 명확히 설정하고 수익과 비용을 고려해 자금 필요액을 계산한다. 필요한 자금 규모에 따라 선택할 수 있는 자금조달 방식이 달라진다.
투자자의 요구	투자자는 높은 수익률과 함께 기업의 성장 가능성을 중요하게 생각하기 때문에, 투자자의 요구를 충족시킬 수 있는 계획을 수립해야 한다.
기업의 재무 상태	기업의 재무 상태가 자금조달 조건에 영향을 미친다.
산업 특성	산업별 특성에 맞는 자금조달 방식을 선택해야 한다.

자금 조달 계획 수립 절차

↗ 자금 필요성 분석

구 분	내 용
사업계획 및 목표 설정	구체적인 사업계획을 수립하고, 목표 달성에 필요한 자금 규모를 산정한다.
자금 사용처 명확화	자금을 어디에 사용할 것인지 구체적으로 명시하고, 각 항목별 예산을 편성한다.
재무 예측	자금조달 후 예상되는 현금흐름, 손익계산서, 재무상태표 등을 작성하여 재무적 영향을 분석한다.

↗ 자금조달 방안 모색

- 자기자본 : 개인 자산이나 기업 내 유보금을 활용해 자금을 충당할 수 있다. 자본금이나 이익잉여금을 통해 자금을 마련하는 방법이다.
- 타인자본 : 외부에서 자금을 유치하는 방식이다. 여기에는 대출, 채권 발행, 투자 유치 등이 포함된다.
- 정부 지원 : 정부의 지원금, 보조금 및 저금리 대출 프로그램을 활용할 수 있다. 산업별 지원 프로그램이 존재하며, 이를 통해 낮은 비용으로 자금을 조달할 수 있다.

구 분		내 용
내부 자금		자체 자금, 유보이익 등을 활용한다.
외부 자금	은행 대출	시설자금, 운전자금 등 다양한 목적으로 활용할 수 있지만, 담보 제공 및 이자 부담이 발생한다.
		성공 사례 : 대기업 계열사의 경우 은행 신용도가 높아 유리한 조건으로 대출받을 수 있다.
	사채 발행	기업이 직접 채권을 발행하여 자금을 조달하는 방식으로, 대규모 자금조달에 적합하다.
		성공 사례 : 자동차 부품 제조업체들의 사채발행을 통한 시설투자
	벤처캐피탈 투자	초기 단계 스타트업이 주로 활용하는 방식으로, 높은 성장 가능성을 인정받아 투자를 유치한다.
		성공 사례 : 쿠팡, 우아한형제들, 우버, 에어비앤비 등
	엔젤 투자	개인 투자자가 유망한 스타트업에 직접 투자하는 방식이다.
		성공 사례 : 카카오, 네이버 등
	크라우드 펀딩	다수의 개인 투자자로부터 소액 투자를 유치하여 초기 시장 반응을 테스트하고, 팬덤을 형성한다.
		성공 사례 : 와디즈를 통한 다양한 스타트업 제품 펀딩, 숙박 공유 플랫폼 에어비앤비의 초기 자금조달
	정부지원자금	중소기업진흥공단, 기술보증기금 등 정부 기관에서 제공하는 다양한 지원 프로그램을 활용한다.
		성공 사례 : 스마트팩토리 구축을 위한 정부 지원 자금 활용
	프랜차이즈 가맹	본사가 브랜드와 노하우를 제공하고, 가맹점주가 자금을 투자하여 사업을 운영하는 방식이다.
		성공 사례 : 스타벅스, 치킨 프랜차이즈 등

구 분	내 용
프로젝트 파이낸싱	부동산 개발 사업에 필요한 자금을 금융기관으로부터 차입하는 방식이다.
	성공 사례 : 대규모 아파트 단지 개발사업
신탁	부동산을 신탁회사에 위탁하고, 신탁회사가 발행하는 수익증권을 판매하여 자금을 조달한다.
	성공 사례 : 리츠(REITs)를 통한 부동산 투자
부동산 펀드	다수의 투자자로부터 자금을 모아 부동산에 투자하는 방식이다.
	성공 사례 : 부동산 개발 펀드, 임대형 부동산 펀드

스타트업 업종

자금조달 방식 : 벤처캐피털(VC) 및 엔젤투자

사례 : 한국의 스타트업 배달의민족(우아한형제들)은 창업 초기 벤처캐피털의 투자를 받아 빠르게 성장했다. 초기 단계에서는 엔젤투자를 받고, 이후 벤처캐피털을 통해 대규모 자금을 유치하면서 배달 시장을 선도하게 되었고, 최종적으로 독일 딜리버리 히어로에 매각되었다.

제조업

자금조달 방식 : 정부지원금 및 대출 프로그램

사례 : 중소 제조업체인 A사는 정부의 중소기업 지원 프로그램을 통해 낮은 금리의 자금을 확보했다. 이를 통해 자동화 설비를 도입하여

생산성을 높였고, 국내외 시장에서 경쟁력을 강화할 수 있었다.

프랜차이즈 업종

자금조달 방식 : 프랜차이즈 가맹금 및 금융권 대출

사례 : 커피 프랜차이즈 B사는 가맹점 모집을 통해 초기 자본을 확보했다. 여기에 금융권 대출을 추가로 이용하여 매장을 확장했고, 이후 지속적인 수익을 창출하며 안정적인 자금 운용이 가능해졌다.

IT 업종

자금조달 방식 : 크라우드펀딩 및 글로벌 투자

사례 : IT 기반 하드웨어 스타트업 C사는 크라우드펀딩 플랫폼(예 : Kickstarter)을 통해 초기자금을 조달하고, 해외 투자자로부터 추가적인 자금을 유치했다. 이를 통해 글로벌 시장에서 제품을 성공적으로 출시하고 성장할 수 있었다.

건설업

자금조달 방식 : 프로젝트 파이낸싱(Project Financing)

사례 : 대규모 건설 프로젝트를 수행하는 D사는 프로젝트 파이낸싱을 통해 자금을 조달했다. 프로젝트 파이낸싱은 프로젝트의 미래 수익을 담보로 자금을 조달하는 방식으로, 초기 건설비용을 충당하고, 이후 수익이 발생하면 대출을 상환하는 구조다.

↗ 자금 조달 계획 수립

구 분	내 용
자금조달 규모	필요한 자금 규모를 정확히 산정한다.
자금조달 시기	자금이 필요한 시기를 정하고, 각 시기에 맞는 자금조달 방안을 마련한다.
조달 조건	이자율, 상환기간, 담보 제공 등 자금조달 조건을 비교 분석하여 최적의 조건을 선택한다.
리스크관리	각 자금조달 방식의 장단점과 리스크를 비교 분석하고, 리스크관리 방안을 마련한다. • 금융비용 분석 : 대출이나 외부자금의 조달로 인해 발생하는 이자비용을 분석하고, 이를 사업수익과 비교해 부담 가능한지 판단한다. • 자금상환 계획 수립 : 자금을 조달한 후 이를 상환할 구체적인 계획을 세운다. 매출 발생 시점과 현금흐름을 고려해 상환 가능성을 평가한다.

↗ 계획 실행 및 관리

구 분	내 용
자금조달 실행	계획된 대로 자금을 조달한다.
자금 사용 관리	조달된 자금을 계획된 목적에 맞게 사용하고, 사용 내역을 정확하게 기록한다.
정기적인 점검	자금조달계획의 실행 상황을 정기적으로 점검하고, 필요한 경우 계획을 수정한다.

자금 조달 계획 시 유의 사항

구 분	내 용
재무 건전성 확보	과도한 부채는 기업의 재무 건전성을 악화시킬 수 있으므로, 적정 부채비율을 유지해야 한다.
유동성 확보	단기 부채 상환 능력을 확보하여 유동성 위기를 방지해야 한다.
투자자와의 관계 관리	투자자와의 신뢰를 구축하고, 투자자의 요구를 충족시켜야 한다.
외부 환경 변화에 대한 대응	경제 상황, 금리 변동 등 외부 환경 변화에 유연하게 대응할 수 있는 계획을 수립해야 한다.

 ## 자금조달계획 수립 표

구 분	내 용	세부 설명
자금 수요 분석	필요 자금 총액	총 필요한 자금 금액(예 : 1억 원)
	고정 비용	설비 구입, 기계 장비, 인테리어 등(예 : 5천만 원)
	운용비용	인건비, 마케팅 비용, 재료비 등(예 : 3천만 원)
	예상 현금 흐름	월별 예상 수입과 지출, 자금 부족 시기 예측(예 : 2개월 후 1천만 원 부족)
자금조달 방법	자기자본	창업자 자본, 내부 자금(예 : 3천만 원)
	외부 자본	외부 차입금(예 : 7천만 원)
	자금조달 방법	벤처캐피탈, 은행 대출, 크라우드 펀딩 등(예 : 은행 대출 5천만 원, 펀딩 2천만 원)

구 분	내 용	세부 설명
자금조달 비용 분석	금융 비용	대출 이자율, 수수료 등(예 : 연 4% 이자율)
	상환계획	월별 상환액, 상환기간(예 : 월 200만 원, 2년 상환)
리스크 관리	금리 변동 위험	금리 상승 대비 대책(예 : 고정 금리 대출 선택)
	상환 불이행 위험	상환 유예 옵션, 유동성 확보 방안(예 : 추가 자금 확보 계획)
자금 사용 계획	고정 자산 투자	기계 및 설비 구매 시기 및 금액(예 : 3개월 후 2천만 원 기계구입)
	운용 자금투자	월별 운영비 지출 계획(예 : 매월 300만 원 마케팅 비용)
재무 모델 수립	수익성 분석	예상 매출과 비용, 순이익(예 : 연 매출 2억 원, 순이익 5천만 원)
	시나리오 분석	다양한 상황 가정(예 : 매출이 20% 감소하는 경우, 자금 부족 2천만 원 예상)

차입 및 금융기관과의 관계

기업이 필요 자금을 조달하기 위한 대출, 투자 유치, 채권 발행 등을 담당 은행, 증권사 등 금융기관과 협력하여 유리한 조건으로 자금을 조달한다.

차입은 기업이 성장하는 데 필요한 자금을 외부에서 조달하는 중요한 방법이다. 하지만 무분별한 차입은 기업의 재무 건전성을 악화시키고, 금융기관과의 관계에 부정적인 영향을 미칠 수 있다. 따라서 차입과 금융기관과의 관계를 잘 이해하고 관리하는 것이 중요하다.

차입이 기업에 미치는 영향

장 점	단 점
❶ 빠른 자금 확보 : 투자 유치에 비해 상대적으로 빠르게 자금을 확보할 수 있다. ❷ 자산 활용도 증대 : 차입금으로 자산을 확장하여 매출 증대를 이끌 수 있다. ❸ 유연성 : 필요에 따라 자금을 조달하고 상환할 수 있어 유연성이 높다.	❶ 이자 부담 증가 : 차입금에 따른 이자비용은 기업의 고정비용을 늘린다. 특히 이자율이 상승할 경우, 기업의 수익성을 악화시킬 수 있으며, 장기적으로는 부채 부담이 경영에 큰 리스크가 될 수 있다. ❷ 재무 부담 증가 : 과도한 차입은 부

장 점	단 점
❹ 세금 절감 효과 : 차입금의 이자는 법인세 계산 시 비용으로 처리되어, 법인세 부담을 줄일 수 있다. 이로 인해서 기업은 세금 절감 효과를 누릴 수 있다.	채비율을 높여 재무 건전성을 악화시키고, 신용 등급 하락으로 이어질 수 있다. 이는 투자자나 주주들의 신뢰를 떨어뜨릴 수 있으며, 기업의 미래 자금 조달 능력에도 부정적인 영향을 미칠 수 있다. ❸ 경영 자율성 제한 : 금융기관의 규제를 받아 경영 자율성이 제한될 수 있다. ❹ 채무 상환 리스크 : 차입금을 상환해야 하는 기한이 도래했을 때, 상환 능력이 부족하면 채무불이행(디폴트) 위험이 발생한다. 이는 신용 등급 하락과 추가 자금조달의 어려움을 초래할 수 있다.

금융기관과의 관계 구축

구 분	내 용
신뢰 관계 형성	정기적인 보고, 투명한 재무 정보 공개 등을 통해 금융기관과의 신뢰 관계를 구축해야 한다.
담보 제공	부동산, 설비 등 담보를 제공하여 신용도를 높이고, 유리한 조건으로 차입을 할 수 있다.
신용 관리	신용등급을 유지하고, 연체 없이 대출금을 상환하여 신용도를 높여야 한다.
금융상품 비교 분석	다양한 금융상품을 비교 분석하여 기업에 가장 적합한 상품을 선택해야 한다.

신용 등급 관리

구 분	내 용
신용 등급 하락	연체, 부도 등으로 인해 신용 등급이 하락하면 차후 자금조달이 어려워진다.
금융 지원 중단	금융기관이 더 이상 자금을 지원하지 않아 기업 운영에 어려움을 겪을 수 있다.
M&A 어려움	신용도가 낮은 기업은 M&A를 통해 성장하기 어렵다.
기업 이미지 악화	금융 문제가 발생하면 기업 이미지가 악화되어 고객, 투자자 등 이해관계자들의 신뢰를 잃을 수 있다.

Chapter **03**

급여 계산과 원천징수

경리실무자가 해야 하는 급여업무

구분	업무처리
급여자료 접수 및 정리	• 매연도 보수표 접수 및 전산 입력 • 기본공제 자료 정리 • 인사명령서 정리 : 신규임용, 승진, 승급, 퇴직, 휴직, 병가, 연구 등의 인사명령서 발령일, 직책 변경 확인 및 계산 • 부양가족수당, 학비보조수당 신청서 등 공제자료 접수 및 정리 • 국민연금, 건강보험, 고용보험 부담금 확인 • 친목 단체 회원의 신규가입자, 탈퇴자 확인 • 주차료, 개인 전화, 모사 전송료 등 전산 입력 : 급여 변동자료정리 • 급여통장계좌 정리 : 급여 변동자료 입력, 수정, 확인 • 개인 변동자료, 공제 내역 자료 등의 급여 변동자료를 확인한다.
급여대장 수정, 확인	• 급여대장을 출력하여 급여대장의 개인별 내역 인사명령 및 공제자료, 변동자료 등과 대조·확인하고 과목별 합계액 계산 • 개인별 지급액, 근로소득세, 지방소득세의 이상 유무 확인 : 급여대장 및 급여명세서 출력 • 급여대장을 대조·확인하여 급여 기초자료와 이상이 없으면 급여대장을 출력, 급여 지급 관련 문서와 함께 결재한다. • 개인별 급여명세서를 프로그램에 조회 및 출력이 가능하도록 한다.
근로소득세 원천징수	매월 근로소득, 기타소득, 사업소득, 퇴직소득 별로 세액을 계산, 원천징수의무자가 이를 징수하여 익월 10일까지 금융기관에 납부한다.

구분	업무처리
	• 기본공제 대상자인 본인, 배우자, 부양가족 수를 확인 · 정리한다. • 비과세 급여를 제외한 모든 과세 급여소득이 합산되어 과세될 수 있도록 급여자료 정리 • 매월 급여 지급 시에 징수할 근로소득세를 공제한다. • 급여지급액 외에 지출 중 퇴직금, 외래 강사의 기타소득, 일용근로자의 노임지급액과 과세소득 자료를 발췌한다. • 중도 퇴직자의 근로소득 공제신고서 및 각종 소득공제자료를 취합 · 정리한다. • 과세자료가 정리되면 개인별 복리후생비로 처리했지만, 근로소득으로 과세해야 하는 소득을 합산한다. • 연말정산 자료를 받아서 연말정산 준비를 한다.
4대 보험 공제	• 급여에서 4대 보험을 공제한다. • 4대 보험 취득 · 상실 · 변동 내역을 신고 및 관리한다. • 중도 퇴사자에 대한 퇴직 정산을 한다. • 고용보험 및 건강보험 등 연말정산을 한다.
세무 자료작성	• 원천징수이행상황신고서 작성 • 지방소득세 특별징수계산서 작성 • 소득자별 근로소득원천징수부 작성 • 원천징수영수증(지급명세서) 작성 • 간이지급명세서 작성
급여 은행 입금	• 급여를 이체한다.

급여 계산을 위한 근로시간

 법정근로시간

법정근로시간은 법으로 정해진 근로시간으로 휴게시간을 제외하고 1일 8시간, 1주 40시간이 원칙이다. 연소자(15세 이상 18세 이하)의 법정기준근로시간은 1일 7시간, 1주일에 35시간을 초과하지 못한다 (1주 40시간 = 주 35시간 + 연장근로 5시간 : 연장근로 한도는 1일 1시간, 1주 5시간 이내이다).

법정근로시간 규정은 5인 이상 사업장에만 적용되며, 5인 미만 사업장은 적용이 되지 않는다.

1주 40시간(법정근로시간) + 1주 12시간(연장근로시간) = 1주 최대 52시간

 소정근로시간

소정근로시간이란 법정근로시간의 범위 안에서 근로자와 사용자 간에 정한 시간을 말한다. 즉, 일반근로자는 1일 8시간, 1주 40시간 범

위 이내에서 정해진 시간이며, 연소자의 경우에는 1일 7시간, 1주 35시간 범위 이내에서 정해진 시간을 말한다.

1주 소정근로시간은 월요일부터 기산하며, 1월 소정근로시간은 매월 초일부터 기산한다. 예를 들어 화요일 입사한 직원의 첫 주휴일은 1주 개근이 아니므로 무급으로 부여한다.

소정근로시간은 일반적으로 약정으로 정하게 되며, 이는 근로계약서나 연봉계약서 등에 명시해야 한다.

1일 근로시간이 불규칙한 경우 1주 또는 월 소정근로시간수를 계산한 후 이를 평균한 시간 수를 소정근로시간으로 하며(근기 68207-865, 1994.05.27), 소정근로시간은 법정근로시간을 초과하지 못한다.

통상임금 산정 기준시간(유급 근로시간)

유급 근로시간은 월급을 계산할 때 월급책정에 들어간 시간을 말한다. 따라서 월급은 유급 근로시간만큼 줘야 하고 결근 등으로 월급에서 급여를 차감할 때도 유급 근로시간 분만 차감한다. 따라서 토요일이 무급의 경우 애초 급여계산 시 토요일 근무분을 월급에 포함해 지급하기로 계약을 안 했으므로, 급여 차감을 할 때도 처음부터 포함 안 된 토요일 급여를 차감하면 안 된다. 만일 차감을 한다면 토요일 급여를 주지도 않았으면서 뺏어가는 결과가 된다.

중도 입사자와 중도 퇴사자의 월급을 일할계산할 때 유급 근로시간으로 계산하면 최저임금 문제가 발생하지 않는 장점이 있다.

구 분	근로시간 계산
법정 근로시간	법에서 정한 근로시간으로 근로자가 근로를 제공하는 최장 시간이다. • 1일 : 8시간 • 1주(7일) : 40시간(월~일) • 1월(일반적) : 209시간
소정 근로시간	노사합의에 따라 노사 간에 근로계약, 취업규칙, 단체협약 등으로 근로하기로 정한 시간을 말한다. 소정근로시간은 법정근로시간을 초과하지 못한다. • 9시 출근 오후 6시 퇴근으로 근로계약을 한 경우(점심시간 1시간) 소정근로시간은 8시간 • 9시 출근 오후 7시 퇴근으로 근로계약을 한 경우(점심시간 1시간) 소정근로시간은 8시간, 1시간은 연장근로시간 • 9시 출근 오후 4시 퇴근으로 근로계약을 한 경우(점심시간 1시간) 소정근로시간은 6시간 • 월~금 9시 출근 오후 6시 퇴근, 토요일 4시간 출근으로 근로계약을 한 경우 소정근로시간은 주 40시간, 토요일 4시간은 연장근로시간
통상임금 산정 기준시간(= 유급 근로시간)	• 월급을 계산할 때 월급책정에 들어간 시간을 말한다. • 최저임금의 계산 기준이 되는 근로시간을 말한다. • 중도 입사자와 중도 퇴사자의 월급을 일할계산할 때 유급 근로시간으로 계산하면 최저임금 문제가 발생하지 않는 장점이 있다. • 통상시급 계산 시 기준이 되는 근로시간이다. 일 8시간, 주 5일 근무제의 경우 유급근로시간 = (주40시간 + 주휴일 8시간) × 4.345주 = 209시간 1. 주 5일 근무에 1일 4시간 유급휴일 • 1주 = [(8시간 × 5일) + (8시간 + 4시간)] = 52시간 • 1월 = [52시간 × (365일 ÷ 12월 ÷ 7일)] = 226시간 2. 주 5일 근무에 1일 (토요일) 무급 휴무(일반적) • 1주 = [(8시간 × 5일) + 8시간] = 48시간 • 1월 = [48시간 × (365일 ÷ 12월 ÷ 7일)] = 209시간

통상시급의 계산 방법

 월 통상임금을 계산한다.

✔ 기본급, 직책수당, 직무수당 등 매달 고정적으로 명세서에 찍히면 포함

✔ 식대나 교통비 등은 실비변상적인 금액(영수증 첨부하는 등)이면 제외하고, 전 직원 공통(예 : 식대 20만)으로 지급되면 포함

✔ 상여금 등 기타 논란이 되는 항목은 회사 규정이나 근로계약서를 확인해야 한다.

임금명목	임금의 특징	통상임금의 해당 여부
기술수당	기술이나 자격보유자에게 지급되는 수당(자격수당, 면허수당 등)	통상임금 ○
근속수당	근속기간에 따라 지급여부나 지급액이 달라지는 임금	통상임금 ○
가족수당	부양가족 수에 따라 달라지는 가족수당	통상임금 × (근로와 무관한 조건)
	부양가족 수와 관계없이 모든 근로자에게 지급되는 임금	통상임금 ○ (명목만 가족수당, 일률성 인정)

임금명목	임금의 특징	통상임금의 해당 여부
성과급	근무실적을 평가해서 지급여부나 지급액이 결정되는 임금	통상임금 × (조건에 좌우됨)
	근무 실적과 무관하게 지급되는 최소 지급분	그 최소의 한도만큼만 통상임금 ○ (그만큼은 일률적, 소정근로의 대가)
소정근무일을 초과해서 근무하는 경우 지급하는 수당		불포함(종전과 동일)
상여금	정기적인 지급이 확정되어 있는 상여금(정기상여금)	통상임금 ○
	재직자에 한해서 지급하는 조건부 상여	포함(종전과 차이)
	정해진 일정 근무일을 근무해야 지급하는 상여	포함(종전과 차이)
	기업실적에 따라 일시적, 부정기적, 사용자 재량에 따른 상여금(경영성과분배금, 격려금, 인센티브)	통상임금 × (사전 미확정, 소정근로의 대가 ×)
특정 시점 재직 시에만 지급되는 금품	특정 시점에 재직 중인 근로자에게만 지급받는 금품(명절 귀향비나 휴가비의 경우 그러한 경우가 많음)	통상임금 ○
	특정 시점이 되기 전 퇴직 시에는 근무일수에 비례해서 지급되는 금품	통상임금 ○

통상임금 산정 기준시간을 계산한다.

소정근로시간은 노사합의에 의해 노사 간에 근로계약, 취업규칙, 단체협약 등으로 근로하기로 정한 시간을 말한다.

소정근로시간은 법정근로시간을 초과하지 못한다.

그리고 통상임금 산정 기준시간은 통상급여 계산의 기준이 되는 시간을 말한다. 주 5일 근무에 1일 무급 휴일(토요일 무급, 일요일 유급)일 때 통상임금 산정 기준시간은 다음과 같다.

1주 = [(8시간 × 5일) + 8시간] = 48시간

1월 = [(48시간 ÷ 7일) × (365일 ÷ 12월)] = 209시간

또는 주 48시간 × 4.345주

구 분		토요일 유급 시간 수	통상임금 산정 기준시간
휴무	유급	4	226((40 + 8 + 4) × 4.345주)
		8	243((40 + 8 + 8) × 4.345주)
	무급	-	209((40 + 8 + 0) × 4.345주)
휴일	유급	4	226((40 + 8 + 4) × 4.345주)
		8	243((40 + 8 + 8) × 4.345주)
	무급	-	209((40 + 8 + 0) × 4.345주)

소정근로시간에 유급처리되는 시간을 포함한 시간을 통상임금 산정 기준시간이라고 한다.

임금을 주급 또는 월급으로 정한 경우에는 통상임금에 포함되는 임금 항목의 총금액에서 통상임금 산정 기준시간 수를 나누면 시간급 통상임금이 된다. 즉, '통상임금 산정 기준시간 수'는 통상임금(시급)을 산정하기 위한 기준시간이다.

① 토요일 무급 처리 : (주 40시간 + 주휴시간 8시간) × 4.345주 = 209시간
② 토요일이 일반적인 무급이 아니라 유급인 경우
[4시간 유급] (주 40시간 + 주휴시간 8시간 + 토요일 4시간) × 월평균 주 수 4.345주 = 226시간
[8시간 유급] (주 40시간 + 주휴시간 8시간 + 토요일 8시간) × 월평균 주 수 4.345주 = 243시간
예를 들어 월급 250만 원을 받는 경우
[토요일 무급] 2,500,000원 ÷ 209시간 = 통상시급 11,962원
[토요일 유급] 2,500,000원 ÷ 243시간 = 통상시급 10,288원

 통상시급을 계산한다.

↗ 시간외근로시간이 없는 경우 통상시급의 계산

통상시급 = 통상임금 ÷ 209(통상임금 산정 기준시간 수)

✔ 209는 하루 8시간 근무하는 사람의 한 달 평균 근로시간을 의미한다.

(하루 8시간 × 5일 + 주휴일 8시간) × 4.345주 = 약 209시간

✔ 4.345주는 4주인 달도 있고 5주인 달도 있어 1년 평균한 것임

4.345주 = 365일 ÷ 12(12개월) ÷ 7(1주일)

따라서 월 통상임금이 209만 원인 경우 통상시급 = 209만 원 ÷ 209시간 = 1만 원이 된다.

↗ 시간외근로시간이 있는 경우 통상시급의 계산

일 8시간, 주 40시간 근무에 주 고정 연장근로시간 12시간을 근무하면서 월 통상임금 400만 원을 받는 경우

✔ 소정근로시간 = 40시간

✔ 통상임금 산정 기준시간 = (40시간 + 8시간) × 4.345주 = 209시간

✔ 고정 연장근로시간 = 12시간 × 1.5배 × 4.345주 = 78.21시간

✔ 총 통상임금 산정 기준시간 = 287.21시간

✔ 통상시급 = 400만 원 ÷ 287.21시간 = 약 13,930원

최저임금의 계산 방법

 최저임금 위반 여부 판단

월 급여 항목 중 통상임금에 포함되는 금액만 합산한 후, 이를 월 유급 시간(= 통상임금 산정 기준시간 수)으로 나눠 시간당 임금을 계산한 결과를 법정 최저시급과 비교하면 된다.

◎ 최저임금 위반 여부는 시급으로 판단한다.

◎ 매월 지급되는 기본급 성격의 임금만 최저임금에 포함한다.

사용자는 최저임금의 적용을 받는 근로자에 대해서 최저임금액 이상의 임금을 지급해야 하며, 최저임금액에 미달하는 임금을 정한 근로계약은 그 부분만 이를 무효로 하고, 무효로 된 부분은 최저임금액과 동일한 임금을 지급하기로 정한 것으로 본다.

 최저임금에 포함하지 않는 임금

매월 지급되지 않는 임금은 최저임금 계산할 때 포함하지 않는다.

기본급 성격이 없는 초과근무수당, 숙직수당, 연차수당 등도 최저임금에 포함되지 않는다.

구분	성격	예시
포함	» 소정근로에 대한 임금 » 매달 지급하는 임금	기본급, 식비·교통비·숙박비 등 복리후생비, 매달 지급되는 근속수당, 정근수당, 상여금
불포함	» 소정근로 외 근로에 대한 임금	연장·야간·휴일근로수당, 연차 미사용수당,

 일반적으로 간단히 계산하는 최저임금

⊙ 최저시급(2025년 기준) : 10,030원
⊙ 최저시급 기준 최저월급(1일 8시간, 주 40시간 기준) :
10,030원 × 209시간 = 2,096,270원

기본급으로만 이루어져 단순 계산하면 위와 같지만, 최저임금을 임금 구성항목으로 세세히 계산하면 아래와 같이 계산해야 정확한 최저임금 위반 여부가 결정된다.

구분	내용
최저임금액	① 시간급(모든 산업) : 10,030원 ② 월 환산액(209시간, 주당 유급주휴 8시간 포함) 기준으로 주 소정근로 40시간을 근무할 경우 : 2,096,270원(10,030원 × 209시간)
최저임금 적용 기간	2025년 1월 1일 ~ 2025년 12월 31일(1년간)

2024년도 최저임금으로 계약직 근로를 체결한 경우 2025년에도 2024년 최저임금을 지급하면 되는 것이 아니라 2025년 1월 이후에는 반드시 2025년 최저임금으로 지급해야 하며, 그렇지 않은 경우 최저임금법 위반에 해당한다.

최저임금의 계산

주당 소정근로시간이 40시간인 근로자가 1주 40시간(주 5일, 1일 8시간)을 근로하고 급여명세서는 다음과 같다.

해설

급여항목		최저임금에 포함되는 임금액	
급여	200만 원	200만 원	2,000,000원
정기상여금	30만 원	정기적으로 지급되는 상여금 또는 그 밖의 명칭이라도 이에 준하는 임금. 예를 들어 정기상여금으로 월 30만 원을 지급하는 경우 30만 원도 기본급에 합산해 최저임금 위반 여부를 판단한다고 보면 된다.	300,000원
현금성 복리후생비	20만 원	근로자의 생활 보조 또는 복리후생적 임금으로서 통화 또는 현물 예를 들어 월식대로 20만 원을 지급하는 경우 20만 원도 기본급에 합산해 최저임금 위반 여부를 판단한다고 보면 된다.	200,000원
합 계			2,500,000원

월 기준시간

[(주당 소정근로시간 40시간 + 유급 주휴 8시간) ÷ 7 × 365] ÷ 12월 ≒ 209시간

다른 계산 방법 : 48시간 × 4.345주 ≒ 209시간

시간당 임금 = 2,500,000원 ÷ 209시간 ≒ 11,962원(최저임금 초과)

시간당 임금 11,962원은 2025년도 최저임금 10,030원보다 많으므로 최저임금법 위반이 아니다.

주당 소정근로시간이 40시간인 근로자의 월 환산 최저임금
= 10,030원 × 209시간 = 2,096,270원

 수습기간 중 급여의 80% 또는 90%를 지급해도 되나?

수습기간 중 급여의 80% 또는 90%를 지급하는 것 자체는 법 위반이 아니다. 다만, 최저임금법에 따라 해당 금액이 최저임금의 90% 미만이 되면 법 위반에 해당한다. 즉 90%는 최저임금의 90%이지 반드시 월급의 90%를 의미하는 것은 아니라는 점이다. 결과적으로 수습 기간 중 지급하는 급여가 최저임금의 90% 이상이면 그 퍼센트는 상관이 없다는 것이다.

 최저임금 주지 의무

사용자는 매년 12월 31일까지 다음연도 최저임금액과 최저임금에 포함하지 않는 임금 등에 대해서 노동자에게 알려야 한다.
이를 위반한 경우 과태료 100만 원을 부과한다.
반드시 정해진 공고문을 게시할 필요는 없다. 최저임금이 명기된 어떤 양식이라도 괜찮다.
사업장 자체적으로 작성하여 게시해도 무방하다. 다만 최저임금위원회에서 제작한 최저임금 공고문 게시를 추천한다.

월중에 입·퇴사한 임직원의 급여 계산 방법

근로기준법에서는 급여 일할계산 방법에 관해 규정하고 있지 않으므로 실무에서는 최저임금법을 어기지 않는 범위 내에서 회사마다 다음의 3가지 방법 중 1가지 방법을 사용한다. ❶과 ❷는 일수에 토요일 포함, ❸은 토요일 제외(단, 토요일이 유급인 경우 포함)

아래 방법은 중도 입·퇴사뿐만 아니라 임금을 일할계산할 때 모두 적용된다고 보면 된다.

❶ 급여 ÷ 30일 × 근무일수

❷ 급여 ÷ 역에 따른 일수(그달의 달력 날짜인 28~31일) × 근무일수

❸ 급여 ÷ 209시간 × 실제 유급 근무일수 × 8시간(최저임금법을 지키기 위해 가장 권장)

일	월	화	수	목	금	토
	1	2	3	4	5	6
7	8	9	10	11	12	13
14	15	16	17	18	19	20
21	22	23	24	25	26	27
28	29	30	31			

1. 월급이 3,000,000원이고, 15일 입사한 경우
2. 월급이 3,000,000원이고, 12일 퇴사한 경우

해설

[월급이 3,000,000원이고, 15일 입사한 경우]

1. 급여 ÷ 30일 × 근무일 수로 계산하는 방법 : 큰 금액[❶, ❷]

❶ 최저임금(시급 2025년 기준 10,030원)

일급 = 10,030원 × 8시간 × 15일 = 1,203,600원

15일 = (15일~19일 + 21~26일 + 28~31일)

❷ 급여 ÷ 30일 × 근무일 수로 계산하는 경우

일급 = 3,000,000원 ÷ 30일 × 17 = 1,700,000원

2. 급여 ÷ 역에 따라(그달의 달력 날짜인 28~31일) × 근무일 수로 계산하는 방법 : 큰 금액[❶, ❷]

❶ 최저임금(시급 2025년 기준 10,030원)

일급 = 10,030원 × 8시간 × 15일 = 1,203,600원

❷ 급여 ÷ 31일 × 근무일 수로 계산하는 경우

일급 = 3,000,000원 ÷ 31일 × 17일 = 1,645,161원

3. 급여 ÷ 209시간 × 실제 유급 근무일 수 × 8시간으로 계산하는 방법 : 큰 금액 [❶, ❷]

❶ 최저임금(시급 2025년 기준 10,030원)

일급 = 10,030원 × 8시간 × 15일 = 1,203,600원

❷ 급여 ÷ 209시간 × 실제 유급 근무일 수 × 8시간으로 계산하는 경우

일급 = 3,000,000원 ÷ 209시간 × 15일(15일~31일(17일) − 15일~31일 기간 중 토요일 2일) × 8시간 = 1,722,488원

209시간 = (주 40시간 + 8시간(주휴시간) × 4.345주

실제 유급 근무 일수 = 달력상 실제로 근무한 날 중 월~금요일 + 일요일(일반적으로 달력상 토요일 제외한 날)

[월급이 3,000,000원이고, 12일 퇴사한 경우]

1. 급여 ÷ 30일 × 근무일 수로 계산하는 방법 : 큰 금액[❶, ❷]

❶ 최저임금(시급 2025년 기준 10,030원)

일급 = 10,030원 × 8시간 × 11일 = 882,640원

11일 = (1일~5일 + 7~12일)

❷ 급여 ÷ 30일 × 근무일 수로 계산하는 경우

일급 = 3,000,000원 ÷ 30일 × 12일 = 1,200,000원

2. 급여 ÷ 역에 따라(그달의 달력 날짜인 28~31일) × 근무일 수로 계산하는 방법 : 큰 금액[❶, ❷]

❶ 최저임금(시급 2025년 기준 10,030원)

일급 = 10,030원 × 8시간 × 11일 = 882,640원

11일 = (1일~5일 + 7~12일)

❷ 급여 ÷ 31일 × 근무일 수로 계산하는 경우

일급 = 3,000,000원 ÷ 31일 × 12일 = 1,161,290원

3. 급여 ÷ 209시간 × 실제 유급 근무일 수 × 8시간으로 계산하는 방법 : 큰 금액 [❶, ❷]

❶ 최저임금(시급 2025년 기준 10,030원)

일급 = 10,030원 × 8시간 × 11일 = 882,640원

11일 = (1일~5일 + 7~12일)

❷ 급여 ÷ 209시간 × 실제 유급 근무일 수 × 8시간으로 계산하는 경우

일급 = 3,000,000원 ÷ 209시간 × 11일(1일~12일(12일) - 1일~12일 기간 중 토요일 1일) × 8시간 = 1,263,157원

209시간 = (주 40시간 + 8시간(주휴시간) × 4.345주

실제 유급 근무 일수 = 달력상 실제로 근무한 날 중 월~금요일 + 일요일(일반적으로 달력상 토요일 제외한 날)

위의 계산 결과를 보면 급여 ÷ 209시간 × 실제 유급 근무일수 × 8시간으로 계산하는 방법이 최저임금법을 위반하지 않고 일급을 계산하는 방법이므로 이 방법을 가장 추천하는 바이다.

물론 ❶ 급여 ÷ 30일 × 근무일 수 방법과 ❷ 급여 ÷ 역에 따라(그달의 달력 날짜인 28~31일) × 근무일 수 방법이 편리해 이 방법을 선호하는 경우 급여가 최저임금이거나 최저임금에 가까운 경우 최저임금법을 위반할 가능성이 크다는 점에 유의해야 한다."

주휴수당의 계산 방법

 주휴수당의 발생요건

주휴수당을 받기 위해서는 2가지 요건이 기본으로 충족되어야 한다.

⊙ 소정근로시간이 주 15시간 이상이어야 한다. 물론 5인 미만 사업장도 적용된다.

⊙ 소정근로일을 결근하지 말아야 한다.

주중 법정휴일(빨간 날), 연차휴가일 등을 제외하고 근로하기로 약속한 요일(소정근로일)에 결근이 없어야 한다(지각, 조퇴, 외출은 결근으로 보지 않음).

1주일 전체를 연차휴가로 사용하는 경우 회사의 별도 규정이 없는 한 해당주의 주휴수당을 지급하지 않아도 위법은 아니다.

예를 들어 월~금 전체를 연차휴가로 사용한 때 해당 주 주휴수당은 발생하지 않으므로 주휴수당을 차감해도 위법은 아니다. 반면 월요일 출근 후 화~금요일 연차휴가를 사용한 때 주휴수당은 지급해야 한다. 그리고 종전에는 다음 주에 근무가 예정되어있는 경우만 주휴일이 발생했으나 동 규정은 삭제되었다.

주휴수당의 계산 공식

주휴수당은 일하는 요일 수에 상관없이 1주일간 일하기로 계약한 근로시간 ÷ 5의 시간 분을 지급하면 된다.

주휴수당의 계산 공식

1주일 소정근로시간 [주1] ÷ 5일 [주2] × 시급

또는 1주일 소정근로시간 × 20% × 시급

주1 : 1주일(월~금(5일 근로) 또는 월~토(6일 근로))간 노사가 근로하기로
　　　계약한 시간(최대 1일 8시간, 주 40시간을 한도)

주2 : 소정근로일이 주 6일인 경우도 5일로 나눔(최대 1일 8시간, 주 40시간을 한도)

- 예를 들어 시급 1만 원에 월~금 주 40시간을 일하는 직원의 경우
주휴수당 = 40시간 ÷ 5(20%) × 1만 원 = 8만 원
- 예를 들어 시급 1만 원에 월~금 주 45시간을 일하는 직원의 경우
주휴수당 = 40시간(주 40시간 한도) ÷ 5(20%) × 1만 원 = 8만 원
- 예를 들어 시급 1만 원에 주 15시간을 일하는 아르바이트의 경우
주휴수당 = 15시간 ÷ 5(20%) × 1만 원 = 3만 원
- 예를 들어 시급 1만 원에 월~토 주 6일 40시간을 일하는 직원의 경우
주휴수당 = 40시간 ÷ 5(20%) × 1만 원 = 8만 원
- 예를 들어 시급 1만 원에 월~토 주 6일 45시간을 일하는 직원의 경우
주휴수당 = 40시간(주 40시간 한도) ÷ 5(20%) × 1만 원 = 8만 원
- 예를 들어 시급 1만 원에 월~토 6일 35시간을 일하는 아르바이트의 경우
주휴수당 = 35시간 ÷ 5(20%) × 1만 원 = 7만 원
- 예를 들어 시급 1만 원에 월~금 10시간 주 5일 50시간을 일하는 직원의 경우
주휴수당 = 40시간(1일 8시간 또는 주 40시간 한도) ÷ 5(20%) × 1만 원 = 8만 원

사례1	사례2
월 : 4시간 화 : 4시간 수 : 4시간 목 : 4시간 금 : 4시간 합계 : 20시간 주휴수당 = 합계(20시간) × 20%(또는 ÷ 5) = 4시간	월 : 4시간 화 : 6시간 수 : 4시간 목 : 6시간 금 : 4시간 합계 : 24시간 주휴수당 = 합계(24시간) × 20%(또는 ÷ 5) = 4.8시간
사례3	사례4
월 : 10시간(8시간 한도) 화 : 8시간 수 : 8시간 목 : 8시간 금 : 8시간 합계 : 40시간 주휴수당 = 합계(40시간) × 20%(또는 ÷ 5) = 8시간	월 : 0시간 화 : 4시간 수 : 4시간 목 : 4시간 금 : 4시간 합계 : 16시간 주휴수당 = 합계(16시간) × 20%(또는 ÷ 5) = 3.2시간
사례5	사례6
월 : 0시간 화 : 4시간 수 : 0시간 목 : 4시간 금 : 4시간 합계 : 12시간 주휴수당 = 주 15시간 미만으로 주휴수당 미발생	월 : 4시간 화 : 4시간 수 : 4시간 목 : 4시간 금 : 4시간 토 : 4시간 합계 : 24시간 주휴수당 = 합계(24시간) × 20%(또는 ÷ 5) = 4.8시간

매주 근로시간이 다른 경우 주휴수당의 계산 방법

1. 원칙적인 방법

주 5일 근무	주6일 근무 (주 40시간을 안 넘는 경우)
단시간 근로자의 경우 4주간의 총근로시간을 해당 기간 통상근로자의 근로일수(통상근로자가 1일 8시간 주 5일 근무시 20일)로 나누어 1일 소정근로시간을 산정하고 이 1일 소정근로시간을 기준으로 1주 주휴수당을 준다. 예를 들어 4주간 총근로시간이 80시간인 경우 80시간 ÷ 4주 = 20시간 주휴시간 = 20일 ÷ 5일 = 4시간(4주간 16시간) 주휴수당 = 4시간 × 시급	예를 들어 주 6일 4주간 총근로시간이 80시간인 경우 80시간 ÷ 4주 = 20시간 주휴시간 = 20일 ÷ 5일 = 4시간(4주간 16시간) 주휴수당 = 4시간 × 시급 주5일, 주 6일 모두 같은 결과인 이유는 주휴수당은 1일, 2일, 3일, 4일, 5일 근무든 6일 근무든 1주간 근로시간의 합(40시간 한도)을 무조건 5일로 나누는 것이기 때문이다.

2. 생각해 볼 방법

1주 20시간, 2주 10시간, 3주 20시간, 4주 30시간 근무한 아르바이트지만, 급여를 월급 형태로 주는 경우

1주 주휴시간 = 20시간 ÷ 5일 = 4시간, 2주 주휴시간 = 10시간 ÷ 5일 = 2시간
3주 주휴시간 = 20시간 ÷ 5일 = 4시간, 4주 주휴시간 = 30시간 ÷ 5일 = 6시간
합 16시간, 월평균 주휴시간 = 16시간 ÷ 4주 = 4시간
4주간 주휴시간은 16시간으로 앞의 결과와 같으므로 각주마다 총근로시간 ÷ 5일을 해도 4주의 주휴시간은 동일하다.

시간외근로수당의 계산 방법

구분	내 용
연장, 야간, 휴일근로 수당 지급	• 5인 이상 사업장은 근무하기로 한 시간보다 초과근무 한 경우 연장, 야간, 휴일근로수당을 지급해야 한다. • 단, 5인 미만 사업장은 50%의 가산수당을 지급하지 않고 100%의 원래 시급만 지급한다. • 초과근로수당(연장, 야간, 휴일근로)은 분 단위까지 연장근로수당을 지급해야 한다. 예를 들어 1시간 30분 연장근로 시 1시간 30분에 대한 초과근로수당 지급 • 통상 근로자 : 법정근로시간(1일 8시간, 1주 40시간)을 초과하는 경우 연장근로로 근로시간 대는 상관이 없다. • 따라서 오후 출근 후 퇴근 시간이 지났다고 연장근로수당이 발생하지 않고, 1일 8시간 초과 근무시간부터 연장근로수당이 발생한다. • 또한 월요일 연차 사용 후 토요일 8시간 근무를 한 경우 화~토 주 40시간으로 연장근로수당이 발생하지 않는다. • 주5일 근무제의 경우 무급휴일로 정한 날(보통 토요일이 됨) 근로하면 연장근로수당이 발생한다. 단, 월~금(연차휴가 등) 쉬어서 주 40시간을 채우지 않은 경우 할증수당(50%)은 미발생하나, 토요일 무급휴일의 경우 주 40시간을 초과하는 8시간 근무 분에 대한 임금은 월급에 포함된 것이 아니므로 지급해야 한다. • 단시간근로자 : 당사자 간 합의한 소정근로시간보다 길게 하는 경우 8시간을 초과하지 않아도 연장근로수당이 발생한다.

구 분	내 용
	• 단시간 근로(아르바이트, 파트타임, 시간제 근로)를 한 자의 경우 근로하기로 약속한 시간을 초과해서 근무한 경우 연장근로수당을 지급해야 한다. 즉 1일 4시간 일하기로 했는데 실제로 8시간을 근로한 경우 1일 8시간을 넘지 않았다고 추가 근무 4시간분에 대한 연장근로 수당이 발생하지 않는 것이 아니라 약속한 4시간을 초과한 근무는 모두 연장근로에 해당한다. 예를 들어 8시간 근무 100% + 4시간 근무 가산 50%의 가산임금(또는 4시간 근무 100% + 4시간 근무 가산 150%)을 지급해야 한다. • 알바는 근로계약상에 빨간 날 근무하기로 되어있는 경우 해당일은 휴일이 아니라 평일로 휴일근로수당을 지급하지 않아도 된다. • 알바는 월 화 수 근무하기로 했는데, 금요일 바쁘다고 나와서 일해 달라고 하는 경우 금요일은 휴일로 휴일근로수당을 지급해야 한다.
법정 연장근로 한도	• 1주 12시간을 초과할 수 없다(휴일 포함) • 임신 중인 근로자는 절대 불가능하다. • 18세 미만의 연소자는 1일 최대 1시간, 1주 최대 5시간(합의 필요) • 산후 1년 이하는 1일 2시간 1주 최대 6시간 1년 최대 150시간까지 가능하다.
연장근로	• 통상 근로자 : 법정근로시간(1일 8시간, 1주 40시간)을 초과하는 근로(시급의 1.5배) • 오후 출근 후 퇴근 시간이 지났다고 연장근로수당이 발생하지 않고, 1일 8시간 초과 근무시간부터 연장근로수당이 발생한다. • 월요일 연차 사용 후 토요일 8시간 근무를 한 경우 화~토 주 40시간으로 연장근로수당이 발생하지 않는다. • 단시간근로자 : 당사자 간 합의한 소정근로시간보다 길게 근로하는 경우 발생 ➡ 5인 미만 : 연장근로시간 × 시간당 통상임금 × 1 ➡ 5인 이상 : 연장근로시간 × 시간당 통상임금 × 1.5

구분	내 용
야간근로	• 오후 10시부터 익일 오전 6시까지 하는 미중복 근로(시급의 1.5배) • 오후 10시부터 익일 오전 6시까지 하는 근로 시 연장근로 및 휴일근로와 중복해서 발생(시급의 1.5배가 아니라 2배(연장근로 1.5배 + 야간근로 0.5배)임)
휴일근로	• 법정휴일(대체휴일)이나 약정휴일에 하는 근로(시급의 1.5배) ➡ 5인 미만 : 휴일근로시간 × 시간당 통상임금 × 1 ➡ 5인 이상 : 휴일근로시간 × 시간당 통상임금 × 1.5 8시간 초과분 : (휴일근로시간 − 8시간) × 시간당 통상임금 × 2
초과근로 수당 중복 여부	위의 연장, 휴일, 야간근로수당은 중복으로 적용됨 ➡ 연장근로수당 및 휴일근로수당과 야간근로수당은 중복 적용이 된다. 즉, 야간근로수당은 무조건 중복으로 적용됨 ➡ 5인 미만 : 실제 근로시간에 대한 임금만 지급 ➡ 5인 이상 : 중복근로시간 × 시간당 통상임금 × (1 + 0.5(연장 또는 휴일) + 0.5(야간))
보상휴가제	근로자대표와의 문서로 합의한 경우 연장, 야간, 휴일 근로에 대해 임금을 지급하는 대신 할증된 시간(1.5배)만큼 휴가를 부여하는 제도이다.
연장, 야간, 휴일근로 수당 지급	• 5인 이상 사업장은 근무하기로 한 시간보다 초과근무 한 경우 연장, 야간, 휴일근로수당을 지급해야 한다. • 1일 8시간 또는 주 40시간을 초과하는 경우가 아닌 근로하기로 계약한 시간을 초과하는 경우 연장근로수당을 줘야 한다.

초과근무수당의 계산 절차

✔ **매달 고정적으로 받는 모든 금액(통상임금)을 더한다.**

- 기본급, 직책수당, 직무수당 등 매달 고정적으로 명세서에 찍히면 포함
- 식대나 교통비 등은 실비변상적인 금액(영수증 첨부하는 등)이면 제외하고, 전 직원공통(예 : 식대 20만)으로 지급되면 포함
- 상여금 등 기타 논란이 되는 항목은 회사 규정이나 근로계약서를 확인해야 함

✔ **통상임금을 더한 금액을 209로 나눈다(시급 계산).**

- 209는 하루 8시간 근무하는 사람의 한 달 평균 근로시간을 의미한다.
  (하루 8시간 × 5일 = 주 40시간) + 주휴일 8시간 = 주 48시간 × 4.345주
  = 약 209시간
- 4.345주는 4주인 달도 있고 5주인 달도 있어 1년 평균한 것임
  1년 365일을 12개월로 나누고 이것을 다시 1주 7일로 나눈 수치이다.
  (365일 ÷ 12) ÷ 7 = 4.345
- 주휴수당은 월급제의 경우 포함된 것으로 계산하므로 별도로 청구할 수 있는 것은 아니다.

✔ **통상시급(연장근로 1.5배, 야간근로 2배, 휴일근로 1.5배)을 계산한다.**

- 연장근로수당 계산 방법
  하루 8시간 이상 근로 시 1.5배
  원래 임금 100% + 연장근로수당 50% = 총 150%
- 야간근로수당 계산 방법(연장근로 시)
  밤 10시부터 다음날 오전 6시까지 근무 시 2배(연장근로와 중복되는 경우)
  원래 임금 100% + 연장근로수당 50% + 야간근로수당 50% = 총 200%
  [예외] 야간근로가 연장근로에 해당하지 않는 경우(야간 조 근무)는 원래 임금 100% + 야간근로수당 50% = 150% 지급

- 휴일근로수당 계산 방법

    일요일(주휴일) 근무 시 통상시급의 1.5배

    원래 임금 100% + 휴일근로수당 50% = 총 150%

    8시간을 초과하는 경우 8시간까지는 150%, 8시간 초과분은 통상시급의 200%

 휴일, 연장, 야간근로 중복 시 임금 계산 공식

휴일근로수당과 연장근로수당을 계산할 때 해당 근로시간이 야간근로시간에 해당하는 경우는 연장근로수당 + 야간근로수당 또는 휴일근로수당 + 야간근로수당을 지급해야 한다.

반면, 해당 근로시간이 야간근로시간에 해당하더라도 1일 8시간을 초과하지 않는 경우는 야간근로수당만 지급하면 된다.

① 9시 출근 오후 6시 퇴근인 회사

시간	법정수당	수당 계산 방법
09:00~18:00	정상 근무	시급 × 8시간 × 1
18:00~22:00	연장근로수당	시급 × 4시간 × 1.5
22:00~06:00	연장근로수당 + 야간근로수당	시급 × 8시간 × (1.5 + 0.5)
06:00~09:00	연장근로수당	시급 × 3시간 × 1.5

② 8시 출근 오후 5시 퇴근인 회사

시간	법정수당	수당 계산 방법
08:00~17:00	정상 근무	시급 × 8시간 × 1
17:00~22:00	연장근로수당	시급 × 5시간 × 1.5
22:00~06:00	연장근로수당 + 야간근로수당	시급 × 8시간 × (1.5 + 0.5)
06:00~08:00	연장근로수당	시급 × 2시간 × 1.5

③ 오후 8시 출근 다음 날 오전 8시 퇴근인 회사

해설

시간	법정수당	수당 계산 방법
20:00~22:00	정상 근무 2시간	시급 × 2시간 × 1
22:00~06:00	정상 근무 6시간 + 연장근로수당(2시간) + 야간근로수당(8시간)	(시급 × 6시간 × 1) + (시급 × 2시간 × 1.5) + (시급 × 8시간 × 0.5) 또는 (시급 × 8시간 × 1) + (시급 × 2시간 × 0.5) + (시급 × 8시간 × 0.5)
06:00~08:00	연장근로수당	시급 × 2시간 × 1.5

④ 오후 2시 출근 다음 날 오전 4시 퇴근인 회사

해설

시간	법정수당	수당 계산 방법
14:00~22:00	정상 근무	시급 × 8시간 × 1
22:00~04:00	연장근로수당(6시간) + 야간근로수당(6시간)	(시급 × 6시간 × 1.5) + (시급 × 6시간 × 0.5)

연차휴가와 연차수당의 정산

입사일이 2025년 1월 2일인 근로자를 기준으로 설명한다.

첫째, 연차휴가는 상시근로자수 5인 이상인 사업장에 적용된다. 정규직, 일용직, 단시간근로자 등 근무 형태와는 상관없다.

둘째, 연차휴가는 법적으로 입사일 기준이다. 즉 입사일 기준이 원칙이고, 회계연도 기준은 실무 편의를 위한 예외적 방법이다. 따라서 최소 법 원칙인 입사일 기준 연차휴가일수는 줘야 한다.

셋째, 연차휴가는 2가지로 구분된다.

① 입사일로부터 1년 간만 1개월 단위로 1개월 개근시 발생하는 월 단위 연차휴가(총 11일) ➜ 회계연도 기준이라도 동일하게 계산

② 입사일로부터 (1년 + 1일) + (2년 + 1일)... 등 1년 단위로 1년에 80% 이상 출근 시 발생하는 연차휴가

 1개월 개근 시 발생하는 월 단위 연차휴가(월차)

① 1개월 개근 시 발생하는 월 단위 연차휴가는 1개월 + 1일 근무 시 받을 수 있으며(총 11일 한도이다.), 입사 후 1년간만 발생한다.

② 1달간 개근한 후 입사일과 같은 날까지 근무해야 한다.

③ 모든 월 단위 연차(총 11일)는 입사일로부터 1년 안에 모두 사용해야 한다. 1월 2일 입사자의 경우 다음 연도 1월 1일까지 모두 사용해야 한다.

1월 2일 입사자 : 1월 2일~2월 1일까지 1달간 개근 여부를 판단한 후 개근했다면 연차휴가가 주어진다(1달 + 1일 근무).

해설

개근여부 판단기간	연차휴가 발생일	발생한 연차를 받을 수 있는 조건	사용기한	비 고
01월 2일~02월 1일	02월 2일(1일)	02월 2일까지 근무	모든 월 단위 연차(총 11일)는 입사일로부터 1년 안에 모두 사용해야 한다. 1월 2일 입사자의 경우 다음 연도 1월 1일까지 모두 사용해야 한다. 1. 연차휴가 사용촉진을 안 한 경우 : 연차수당 발생 2. 연차휴가 사용촉진을 한 경우 : 연차수당 미발생	발생한 연차휴가를 실질적으로 부여받으려면 발생한 날까지 근무해야 한다. 발생일까지 근무를 안 하면 해당 연차휴가를 부여받지 못한다.
02월 2일~03월 1일	03월 2일(1일)	03월 2일까지 근무		
03월 2일~04월 1일	04월 2일(1일)	04월 2일까지 근무		
04월 2일~05월 1일	05월 2일(1일)	05월 2일까지 근무		
05월 2일~06월 1일	06월 2일(1일)	06월 2일까지 근무		
06월 2일~07월 1일	07월 2일(1일)	07월 2일까지 근무		
07월 2일~08월 1일	08월 2일(1일)	08월 2일까지 근무		
08월 2일~09월 1일	09월 2일(1일)	09월 2일까지 근무		
09월 2일~10월 1일	10월 2일(1일)	10월 2일까지 근무		
10월 2일~11월 1일	11월 2일(1일)	11월 2일까지 근무		
11월 2일~12월 1일	12월 2일(1일)	12월 2일까지 근무		
합 계	총11일	1달 + 1일까지 근무조건		
다음연도 1월 2일	연 단위 연차 15일	1월 2일까지 근무 1년 + 1일까지 근무조건	발생일로부터 1년 안에 사용한다.	

1년 80% 이상 개근시 발생하는 연 단위 연차휴가(연차)

↗ 1년간 80% 미만 출근 시 연차휴가 부여

80% 미만 출근 시 연차휴가

80% 미만 출근 시 연 단위 연차휴가는 앞서 설명한 1개월 개근 시 발생하는 월 단위 연차휴가와 같은 방식으로 발생한다.

1년간 80% 미만 출근하였지만, 1월~6월, 12월은 개근한 경우

해설

7개월 개근이므로 1월 + 1일 근무하면 7일의 연 단위 연차휴가를 부여한다.

80% 미만 출근 후 다음 연도 80% 이상 출근 시 연차휴가

80%로 미만 출근을 하다 다음 연도 80% 이상 출근하였을 때는 80% 미만 출근한 연도도 연차휴가 계산 연도에 포함해서 계산한다.

2023년 1월 2일 입사해 2025년 7월까지 개근 후 병가 등으로 결근이 많아 1년간 출근율이 80% 미만인 경우

해설

2023	2024	2025		2026
1월 2일	1월 2일	1월 2일	7월 병가	1월 2일
입사	80% 이상 개근 연차 15일 발생	1개월 개근 시마다 1일씩 연차 발생(15일 중 6일)		80% 이상 개근 연차 16일 발생

구분	연차발생일	연차휴가	산정 식
2023년 1월 2일~2024년 1월 1일	2024년 1월 2일	26일	11일(2024년 1월 1일까지 사용) + 15일(2024년 사용)
2024년 1월 2일~2025년 1월 1일	2025년 1월 2일	15일	2025년 사용
2025년 1월 2일~2026년 1월 1일	1월 개근 시 1일	6일	2026년 사용
2026년 1월 2일~2027년 1월 1일	2027년 1월 2일	16일	2027년 사용

[주] 1년 미만(월차 개념)의 연차휴가는 2024년 1월 2일에 사용 촉진이 없던 경우 11일 + 15일 = 26일. 연차휴가 사용 촉진을 한 경우는 0일 + 15일 = 15일이 발생한다.

↗ 1년에 80% 이상 출근 시 발생하는 연차휴가

연차휴가의 계산은 법적으로 입사일 기준이 원칙이다. 다만, 예외로 직원에게 불이익을 주지 않는 범위 내에서 업무 편의를 위해 회계연도 기준을 인정해 주고 있다.

입사일 기준 연차휴가 계산

① 1년에 80% 이상 출근 시 발생하는 연 단위 연차휴가는 1년 + 1일 근무 시 받을 수 있으며(총 25일 한도이다.).

② 1년 후 입사일과 같은 날까지 개근한 후 같은 날까지 근무해야 한다.

③ 기본 15일에 2년 단위로 1일씩 증가한다(계산 공식 = 15일 + (근속연수 - 1년) ÷ 2로 계산 후 나머지를 버리면 된다.).

1월 2일 입사자 : 1월 2일~다음 해 1월 1일까지 1년간 개근여부를 판단한 후 개근했다면 1월 2일까지 근무를 한 경우(퇴사일은 1월 3일) 연차휴가가 주어진다.

해설

개근 여부 판단 기간	연차휴가 발생일	발생한 연차를 받을 수 있는 조건	사용기한	비 고
24년 1월 2일~25년 1월 1일	25년 1월 2일(15일)	25년 1월 2일 근무	26년 1월 1일	발생한 연차휴가를 실질적으로 부여받으려면 발생한 날까지 근무해야 한다.
25년 1월 2일~26년 1월 1일	26년 1월 2일(15일)	26년 1월 2일 근무	27년 1월 1일	
26년 1월 2일~27년 1월 1일	27년 1월 2일(16일)	27년 1월 2일 근무	28년 1월 1일	
27년 1월 2일~28년 1월 1일	28년 1월 2일(16일)	28년 1월 2일 근무	29년 1월 1일	
28년 1월 2일~29년 1월 1일	28년 1월 2일(17일)	29년 1월 2일 근무	30년 1월 1일	
29년 1월 2일~30년 1월 1일	30년 1월 2일(17일)	30년 1월 2일 근무	31년 1월 1일	
30년 1월 2일~31년 1월 1일	31년 1월 2일(18일)	31년 1월 2일 근무	32년 1월 1일	
31년 1월 2일~32년 1월 1일	32년 1월 2일(18일)	32년 1월 2일 근무	33년 1월 1일	발생일까지 근무를 안 하면 해당 연차휴가를 부여받지 못한다.
32년 1월 2일~33년 1월 1일	33년 1월 2일(19일)	33년 1월 2일 근무	34년 1월 1일	
33년 10월 2일~34년 1월 1일	34년 1월 2일(19일)	34년 1월 2일 근무	35년 1월 1일	
34년 11월 2일~35년 1월 1일	35년 1월 2일(20일)	35년 1월 2일 근무	36년 1월 1일	
~	~	1년 + 1일까지 근무조건		
총한도	25일			

회계연도 기준 연차휴가 계산

① 회계연도 기준을 적용해도 1년 미만 월 단위 연차휴가는 입사일 기준과 같다.

② 1년 이상 연 단위 연차휴가는 입사 연도에는 근로일수에 비례해 비례 연차휴가를 부여한다. 12월 결산법인이 아닌 경우 법인의 회계연도 시작일에서 종료일까지의 기간으로 비례계산 한다.

7월 5일 입사자로서 1년간 80% 이상 개근한 경우 연차휴가를 계산해보면 다음과 같다.

해설

개근 여부 판단기준	월 단위 연차	연 단위 연차	주요 해설
2025년 07월 05일			
2025년 08월 05일	1일		월 단위 연차의 개근 여부는 입사일로부터 1달을 기준으로 판단하고, 실제 연차휴가의 부여는 1달 + 1일 즉 입사일과 같은 날까지 근무를 해야 발생한 연차휴가를 실제로 부여받을 수 있다. 회계연도 기준에서 입사 연도 연 단위 연차는 근무일수에 비례해서 연차를 부여한다.
2025년 09월 05일	1일		
2025년 10월 05일	1일		
2025년 11월 05일	1일		
2025년 12월 05일	1일		
2025년 12월 31일		비례연차 = 15일 × 180일 ÷ 365일 약 7.4일 발생	
2026년 01월 05일	1일		
2026년 02월 05일	1일		
2026년 03월 05일	1일		
2026년 04월 05일	1일		
2026년 05월 05일	1일		
2026년 06월 05일	1일		
2026년 12월 31일		15일	연 단위 연차의 80% 개근 여부는 회계연도를 기준으로 판단하고, 실제 연차휴가의 부여는 회계연도 + 1일 즉 회계연도 종료일 다음 날까지 근무해야 발생한 연차휴가를 실제로 부여받을 수 있다. 총한도는 25일이다.
2027년 12월 31일		15일	
2028년 12월 31일		16일	
2029년 12월 31일		16일	
2030년 12월 31일		17일	
2031년 12월 31일		17일	
2032년 12월 31일		18일	
2033년 12월 31일		18일	

퇴사자 연차휴가의 정산

↗ 연차휴가의 정산기준

퇴사 시 연차휴가(❶ + ❷)는

❶ 월 단위 연차휴가의 경우 미사용 월 단위 연차휴가를 계산한다.

❷ 연 단위 연차휴가의 경우 입사일 기준이 원칙이므로 최소 입사일 기준으로 연차휴가를 계산한 후 다음의 표와 같이 처리한다.

회사 규정상 특별한 규정이 없는 경우 Max(입사일 기준, 회계연도 기준) 적용

구 분	연차휴가의 정산
입사일 기준보다 회계연도 기준으로 더 많은 휴가를 부여한 경우	입사일 기준보다 회계연도 기준으로 더 많은 휴가를 부여했으므로 연차휴가는 발생하지 않는다. 이 경우 사용자가 취업규칙 등에 연차휴가에 대한 재산정 규정 또는 재정산 후 삭감할 수 있다는 취지의 규정을 두고 있지 않다면, 근로기준법 제3조에 따라 근로자에게 유리한 연차휴가를 부여해 주어야 한다. 따라서 더 부여한 연차휴가를 삭감할 수도, 그에 대한 임금을 차감할 수도 없다. 물론 퇴사 시 무조건 입사일 기준으로 한다는 규정이 있는 경우에는 급여에서 차감할 수 있다.
입사일 기준보다 회계연도 기준으로 더 적게 휴가를 부여한 경우	원칙은 입사일 기준이므로 회계연도 기준의 연차가 입사일 기준 연차보다 적게 부여된 경우 차이에 대해서는 추가로 부여하거나 연차수당으로 지급해야 한다.

🔼 연차휴가의 퇴직 정산

구 분	발생	정산분
2017년 5월 29일 입사자까지	❶ 1년간 : 1월 개근시 월 단위 연차 총 11일 ❷ 1년이 되는 날 : 1년 개근 시 연 단위 연차 15일 ❸ 2년이 되는 날 : 15일 ❹ 3년이 되는 날 : 16일 계산식 = 15일 + (근속연수 - 1년) ÷ 2로 계산 후 나머지를 버리면 된다.	정산 연차 일수 = [15일 + (❸ + ❹ + ... - 연 단위 연차휴가사용촉진)] - 사용한 일수
2017년 5월 30일 입사자부터	❶ 1년간 : 1월 개근시 월 단위 연차 총 11일 ❷ 1년이 되는 날 : 1년 개근 시 연 단위 연차 15일	정산 연차 일수 = [26일 + (❸ + ❹ + ... - 연 단위 연차휴가사용촉진)] - 사용한 일수
2020년 3월 1일 입사자부터	❸ 2년이 되는 날 : 15일 ❹ 3년이 되는 날 : 16일 계산식 = 15일 + (근속연수 - 1년) ÷ 2로 계산 후 나머지를 버리면 된다.	정산 연차 일수 = [(26일 - 월 단위 연차휴가사용촉진) + (❸ + ❹ + .. - 연 단위 연차휴가사용촉진)] - 사용한 일수

연차수당의 계산

연차휴가를 미사용한 것에 대한 대가로 지급되는 연차수당은 원칙상 연차휴가 사용청구권이 소멸된 날의 다음 날에 그 청구권이 발생한다. 다만, 근로자와의 근로계약서, 회사의 취업규칙, 노조와 체결된 단체협약에서 연차수당을 연차휴가 사용청구권이 소멸된 날 이후 첫 임금지급 일에 지급하는 것으로 규정하였다면 그것 자체가 근로기준법 위반이라고 할 수는 없을 것이다. 하지만, 근로계약서, 취업규칙, 단체협약에서 연차수당을 연차휴가 사용청구권이 소멸된 날 이후 첫 임금지급일이 경과한 날에 지급하도록 정하고 있다면 그 규정은 법률상 효력이 인정되지 않으므로 근로기준법 위반에 해당한다.

예를 들어 2024년 6월 5일 입사자인 경우라면, 2024년 6월 5일~2025년 6월 4일 기간까지의 근무한 부분에 대해서는 2025년 6월 5일~2026년 6월 4일까지 연차휴가를 사용할 수 있고, 계속근로가 예정되어 있는 경우 원칙적으로 2026년 6월 5일 연차수당을 지급해야 한다.

회사가 근로계약서, 취업규칙, 단체협약 등에서 정한 바에 따라 연차휴가 사용청구권이 소멸된 날 이후 도래하는 최초의 정기급여지급일(급여일이 6월 10일 경우 6월 10일)에 지급하더라도 임금체불에 따른 형사처벌의 책임을 묻기는 어렵지만, 회사가 연차휴가 사용청구권이 소멸된 날 이후 도래하는 최초의 정기 급여 지급일(6월 10일) 이후에 연차수당을 지급한다면 임금체불에 따른 형사처벌의 책임을 면하기는 어렵다.

↗ 월 단위 연차휴가의 연차수당

사용자는 계속하여 근로한 기간이 1년 미만인 근로자에게 1개월 개근 시 1일의 유급휴가를 주어야 한다(근로기준법 제60조 제2항). 즉, 1개월 개근하면 1일의 연차휴가가 발생하게 된다.

1개월 개근하여 발생한 연차휴가의 사용기간은 입사일로부터 1년간 사용할 수 있다.

예를 들어 2024년 5월 1일 입사해서 1개월간(5월 1일~5월 31일) 개근하면 2024년 6월 1일에 1일의 연차휴가가 발생하며, 총 11일의 휴가가 발생한다. 이는 입사일로부터 1년간 사용 가능(4월 30일)하고, 연차휴가의 사용 촉진을 안 한 경우는 2025년 5월 1일(6월 급여)에 연차미사용 수당으로 지급하게 된다.

2025년 5월 1일(6월 급여)에 지급하는 연차미사용 수당의 계산기초가 되는 임금의 기준은 최종 휴가 청구권이 있는 달(4월)의 임금지급 일이 속한 5월 급여의 통상임금으로 미사용 수당을 계산해서 지급한다.

❶ 입사 1년 차에 발생하는 11일의 연차휴가는 연차휴가의 사용촉진 시 1년 안에 무조건 사용해야 한다(수당이 발생하지 않음).

❷ 결국 입사 2년 차에는 연차휴가 15일만 사용할 수 있다.

❸ 종전에는 월 단위 연차휴가 11일과 연 단위 연차휴가 15일을 합한 26일을 몰아서 사용할 수 있었으나, 법 개정으로 11일은 입사일로부터 1년 안에 15일은 입사일로부터 1년 이상인 시점에 각각 사용해야 한다. 실무자는 1년 미만 근로자 및 전년도 출근율이 80% 미만인 자에 대한 연차휴가 사용촉진 업무가 하나 더 늘었다.

구 분	월 단위 연차의 연차수당 발생
원 칙	1. 2020년 3월 30일까지 발생한 연차 연차휴가사용촉진의 대상이 아니므로 미사용 연차휴가에 대해 연차수당을 지급해야 한다.

구 분	내 용
	2. 2020년 3월 31일부터 발생하는 연차 ❶ 사용자가 연차휴가의 사용촉진을 한 경우 : 연차휴가수당 지급 의무 면제 ❷ 사용자가 연차휴가의 사용촉진을 안 한 경우 : 연차휴가수당 지급
예 외	1년 미만 분(월 단위 연차)에 대해 발생한 연차를 사용하지 못하고 퇴직하는 경우는 퇴직 당시 발생한 연차에 대한 수당은 지급해야 한다.

↗ 연 단위 연차휴가의 연차수당

연차수당은 미사용한 연차휴가에 대해 지급하는 수당으로 연차수당의 계산은 연차휴가청구권이 소멸한 달의 통상임금 수준이 되며, 그 지급일은 휴가청구권이 소멸된 직후에 바로 지급해야 함이 마땅하나, 취업규칙이나 근로계약에 근거해서 연차유급휴가 청구권이 소멸된 날 이후 첫 임금지급일에 지급해도 된다.

예를 들어 2024년 1월 1일~2024년 12월 31일까지 개근하여 2025년 1월 1일~2025년 12월 31일까지 사용할 수 있는 15개의 연차휴가가 발생하였으나 이를 사용하지 않았다면 2025년 12월 31일자로 연차휴가청구권은 소멸되고, 휴가청구권이 소멸되는 다음날(2026년 1월 1일)에 연차유급휴가 근로수당이 발생하게 된다.

연차수당계산의 기준이 되는 임금은 연차휴가청구권이 최종적으로 소멸하는 월의 통상임금을 기준으로 한다.

구 분	연차수당의 지급
원 칙	연차휴가청구권이 있는 마지막 달의 통상임금으로 지급해야 한다. 연차유급휴가 청구권이 소멸한 날의 다음 날에 연차유급휴가 미사용 수당을 지급하여야 함(임금근로시간정책팀-3295, 2007.11.5.).
예 외 (선지급)	1. 조건 ❶ 월급에 포함해서 매달 지급한다는 근로계약의 체결 ❷ 선지급을 이유로 연차휴가 사용을 제한해서는 안 된다. 단, 사용분에 대해서는 급여에서 차감할 수 있다. 2. 주의할 점 월급에 포함해서 매달 지급하는 금액이 연차휴가청구권이 있는 마지막 달 기준 통상임금. 즉 원칙에 의한 통상임금보다 적어서는 안 된다. 따라서 급여가 하락한 경우는 문제가 없으나 급여가 상승한 경우는 그 상승분에 대해 연차수당을 추가 지급해야 한다. 매년 최저임금이 상승하므로 급여는 상승할 가능성이 크다.

연차수당 = 통상시급[연차휴가청구권이 소멸한 달의 통상임금 ÷ 월 통상임금 산정 기준시간(= 유급 근로시간)^{주}(일반적으로 209시간)] × 1일 유급 근로시간(일반적으로 8시간) × 미사용 연차일수

여기서 통상임금은 기본금, 각종 수당(가족수당, 직무수당 등), 상여금의 합계를 말한다.

주 월 통상임금 산정 기준시간 예시(소수점 올림)

❶ 주당 소정근로시간이 40시간이며(하루 8시간 근무), 유급 처리되는 시간이 없는 경우 : 209시간 = [(40 + 8(주휴)) ÷ 7] × [365 ÷ 12]

❷ 주당 소정근로시간이 40시간이며, 주당 4시간이 유급 처리되는 경우 : 226시간 = [(40 + 8(주휴) + 4(유급)) ÷ 7] × [365 ÷ 12]

❸ 주당 소정근로시간이 40시간이며, 주당 8시간이 유급 처리되는 경우 : 243시간 = [(40 + 8(주휴) + 8(유급)) ÷ 7] × [365 ÷ 12]

❹ 주당 소정근로시간이 35시간(하루 7시간 근무), 유급 처리되는 시간이 없는 경우 : 183시간 = [(35 + 7(주휴)) ÷ 7] × [365 ÷ 12]

퇴직 발생으로 인해 누적된 연차수당을 한 번에 정산하는 경우
예를 들어 2026년 1월 1일 퇴직기준으로 2025년, 2024년, 2023년의 미사용 연차휴가에 대한 수당을 정산하는 경우 2025년 12월 31일의 통상임금을 기준으로 3년 치를 정산하는 것이 아니라 2025년 12월 31일 통상임금 + 2024년 12월 31일 통상임금 + 2023년 12월 31일 통상임금을 기준으로 연차수당을 계산해서 지급한다.

월 통상임금 209만 원이 김 갑동씨가 15개의 연차 중 10개만 사용해 5개의 연차수당 지급의무가 발생한 경우

해설

209만 원 ÷ 209시간 = 10,000원(시간당 통상임금)
10,000원 × 8시간 = 80,000원(일일 통상임금)
80,000원 × 5일(15일 - 10일) = 400,000원이 연차수당이다.

포괄임금을 기본급과 고정 OT로 나누는 방법

포괄임금제는 야간, 연장, 휴일근로를 별도로 계산하지 않고 일정 시간과 금액을 고정 초과근로수당으로 지급하는 형태로 기본급 + 고정 OT로 구성이 되지만 실제로 이를 구분해서 인식하지 않는다. 즉 이 것저것 따지지 않고 한 달 얼마로 포괄해서 임금을 책정한다.

그러다 보니 급여를 책정할 때나 추가 초과근무수당이 발생해 계산해야 하는 경우 실무자들이 기본급과 고정 OT 부분을 나누는 데 상당히 힘들어하고 있다. 또한 임금명세서 작성 시에는 기본급과 고정 OT를 구분해서 따로 표기해야 하고, 고정 OT 산출근거도 같이 작성해 줘야 하다 보니 더욱 힘들어진 것이 현실이다.

월급 400만원(기본급, 고정OT, 직책수당 : 20만원, 식비 20만원)이고 여기에는 월 고정 연장근로시간 12시간분의 임금이 포함되어 있다고 가정하면(일 8시간, 주 40시간 사업장)

해설

- 소정근로시간 = 40시간
- 통상임금 산정 기준시간 = (40시간 + 8시간) × 4.345주 = 209시간
- 고정OT 유급 근로시간 = 12시간 × 1.5배 = 18시간(포괄임금제에서 1.5배가 아닌

1배로 해야 한다는 해석도 있지만, 실무상으로는 1.5배를 일반적으로 한다.)
- 총 통상임금 산정 기준시간 = 227시간
- 통상시급 = (400만 원 - 통상임금 제외 항목) ÷ 227시간 = 약 17,620원
- 고정 OT = 17,620원 × 12시간 × 1.5배 = 317,160원
- 기본급 = 400만 원 - 고정OT(317,160원) - 직책수당(20만 원) - 식비(20만 원)
  = 3,282,840원

참고로 고정 OT 먼저 배분을 한 후 기본급을 마지막에 배분한다. 고정 OT의 경우 근로기준법상 가산임금을 지급해야 하므로 이를 먼저 맞춘 후, 마지막에 산출된 기본급은 최저임금보다 많으면 문제가 되지 않는다.
임금명세서의 고정 OT란의 산출 근거로 17,620원 × 12시간 × 1.5배 = 317,160원을 작성하면 되고, 추가로 6시간의 연장근로가 발생하는 경우 추가 연장근로란에 17,620원 × 6시간 × 1.5배 = 158,580원을 기록하면 된다.
기본적으로 고정 OT는 통상임금에 해당하지 않는다. 그러나 실제 연장근로와 상관없이 지급하고 있다면 통상임금으로 인정된다.

급여지급 시 공제하는 금액 계산

노동법상 급여(일반적인 급여)의 계산은 비과세 급여를 고려하지 않은 상태의 급여를 말한다(최저임금, 통상임금, 평균임금, 각종 수당 및 상여금에는 비과세 개념이 전혀 반영되지 않아야 한다.).

법적으로 급여에서 공제하는 금액 = 근로소득세 + 지방소득세 + 국민연금 + 고용보험 + 건강보험

▶ 근로소득세 = 간이세액표에 따라 공제 ⇨ 기준임금 = 총급여 - 비과세소득

▶ 지방소득세 = 근로소득세의 10% ⇨ 기준임금 = 근로소득세

▶ 국민연금 = 기준임금의 4.5% ⇨ 기준임금 = 총급여 - 비과세소득

▶ 고용보험 = 기준임금의 0.9% ⇨ 기준임금 = 총급여 - 비과세소득

▶ 건강보험 = 기준임금의 3.545% ⇨ 기준임금 = 총급여 - 비과세소득

▶ 장기요양보험료 = (급여 - 비과세 급여) × 3.545% × 신장기요양보험료율(0.9182%)/건강보험 요율(7.09%)을 사용자와 근로자가 각각 납부

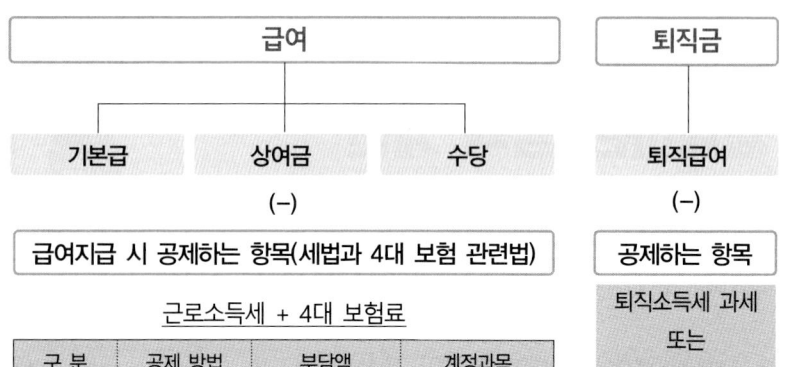

구 분		공제 방법	부담액	계정과목
근로소득세		간이세액표	근로자 전액 부담	근로소득세예수금
지방소득세		근로소득세의 10%	근로자 전액 부담	지방소득세예수금
국민연금	근로자	9%	1/2(4.5%)	국민연금예수금
	사업주		1/2(4.5%)	세금과공과
고용보험	근로자	고용보험 요율	0.9%	고용보험예수금
	사업주		규모에 따라 차이	복리후생비
건강보험	근로자	7.09%	1/2(3.545%)	건강보험예수금
	사업주		1/2(3.545%)	복리후생비
장기요양보험료		건강보험료와 별도로 (급여 − 비과세급여) × 3.545% × 신장기요양보험료율(0.9182%)/건강보험 요율(7.09%)을 사용자와 근로자가 각각 납부		건강보험예수금 복리후생비
산재보험	근로자	없음	없음	없음
	사업주	산재보험 요율	사업주 전액 부담	보험료

(-) 경조금 (상조회비 등), 가불금액

(=)

직원에게 실제 지급하는 금액

[주] 4대 보험료는 요율로 공제하는 방법과 공단에서 고지하는 금액으로 공제하는 방법이 있지만 대다수 실무자는 공단에서 고지하는 금액으로 공제하는 방법을 사용한다.

[주] 4대 보험료는 1일 현재 해당 사업장에서 근로를 제공하고 있느냐 여부에 따라 대상자 여부가 결정되고, 15일 기준 내역으로 고지된다. 즉 부과 판단기준일은 1일이고 고지 여부 판단기준일은 15일이다.

급여 관련 세금 신고 흐름

- 매달 10일 : 원천세 신고 및 납부 ▶ 원천징수이행상황신고서 제출
- 매달 말일 : 사업소득, 인적용역 기타소득, 일용근로자 간이지급명세서 제출
  근로내용확인신고서를 근로복지공단에 제출할 때, 사업자등록번호와 국세청 일용소득신고에 체크, 내용을 기재해 제출하면 일용근로자 지급명세서는 국세청에 별도로 제출하지 않아도 된다.
- 3월 10일 : 근로소득세 연말정산 신고·납부, 사업소득, 퇴직소득의 지급명세서 제출
- 5월 31일 : 연말정산 중 공제받지 못한 금액이 있는 근로소득자, 근로소득 이외 사업소득, 부동산임대소득, 연금소득 등 종합과세합산 대상 소득이 있는 경우 신고 및 납부
- 간이지급명세서 제출 : 3월 10일 지급명세서 제출분과 별도
  사업소득, 인적용역 기타소득 : 매달 제출 단 사업소득, 인적용역 기타소득은 매달 간이지급명세서 제출 시 지급명세서 제출 생략
  간이지급명세서 제출 대상 기타소득은 강연료, 전문 직종 용역 등 고용관계 없이 일시적으로 인적용역을 제공하고 받는 대가임. 상금·부상, 자산 등의 양도·대여·사용의 대가 등 다른 기타소득은 현행과 같이 연 1회 지급명세서 제출
  근로소득 : 1월 31일, 7월 31일, 2026년부터 매달 제출
- ※ 근로소득은 매달 일정액을 공제한 후 연말정산을 통해 1년간의 총급여 세금을 정산하는 구조로 1년간 납부해야 하는 총 세금은 정해져 있다.
- ※ 일용근로자는 연말정산 없이 매달 내는 세금으로 근로소득에 대한 납세의무가 끝나며, 일용근로소득만 있는 경우 종합소득세 신고 및 납부를 안 해도 된다.
- ※ 실질적 근로자이지만 회사에서 프리랜서로 신고하는 경우 매달 근로소득세 납부 및 연말정산은 안 하나, 종합소득세 신고 및 납부는 해야 한다. 프리랜서의 경우 필요경비가 거의 없어 대다수 경비율에 의해 종합소득세를 신고 및 납부하게 되는데, 원천징수 시 경비율 선택을 잘해두어야 나중에 종합소득세 신고 시 절세할 수 있다.

※ 고용보험, 산업재해보험은 일용직 근로자를 고용할 때마다 자격취득 및 상실 신고를 하기 어렵다. 그래서 고용보험법에서 한 달에 한 번 근로복지공단에 근로내용확인 신고를 하면 고용, 산재보험의 취득 및 상실, 이직 신고까지 모두 한 것으로 본다.

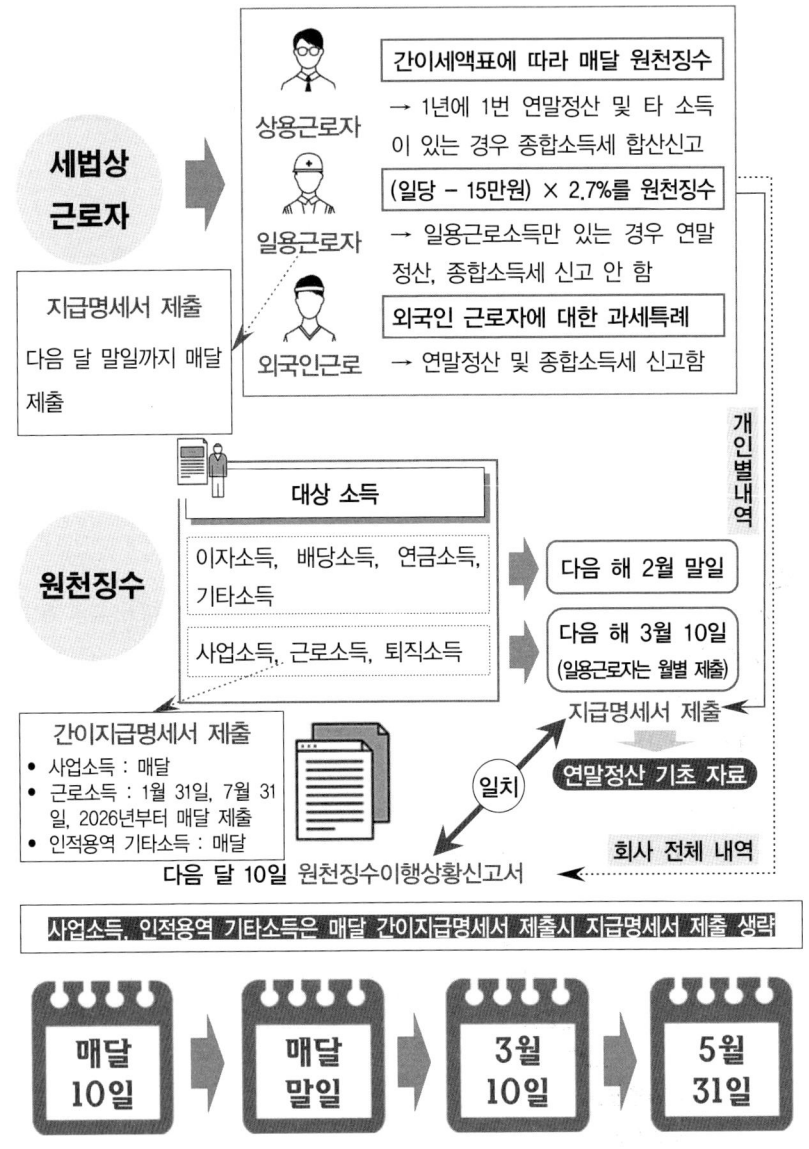

> 사업소득과 인적용역에 대한 간이지급명세서를 매달 제출하는 경우 1년에 한 번 제출하는 지급명세서의 제출을 면제해 주는 것이지, 지급명세서 제출 제도 자체가 개정된 것이 아니다. 또한 일용근로자 지급명세서 제출을 근로내용확인 신고로 대신할 수 있지, 일용근로자 지급명세서 제출 자체가 개정된 것이 아니다.

 노동법에서 말하는 임금과 일상에서 사용하는 급여의 차이점

보통 월급을 급여라고 부르기도 하고 임금이라고 하기도 한다. 별다른 구분 없이도 뜻이 통하기 때문에 실무에서는 거의 같은 의미로 사용한다.

노동법에서는 임금이라는 용어를 쓰고 그 의미는 근로자가 노동의 대가로 사용자에게 받는 보수, 급료, 봉급, 수당, 상여금 등으로 현물급여도 포함된다. 반면 급여는 법적인 용어가 아니므로 각종 노동관계법에서는 사용하지 않는다.

결론은 급여와 임금, 그것이 근로 제공의 대가로서 지급되는 것을 의미한다면, 실무적으로는 아무런 차이가 없다고 하겠다.

회계 부서에서는 급여는 사무직에 대한 월급을 말하고 임금은 생산직에 대한 월급을 칭하는 것으로 구분하기도 한다.

1. 노무상 임금과 세무상 급여의 차이

1-1. 실무상 임금

앞서 설명한 바와 같이 법률상 노동의 대가로 받는 보수는 임금이라는 용어를 사용한다. 따라서 노동법에서는 실무상 받는 급여를 임금이라는 명칭으로 설명하고 있다. 즉 실무상 월급에 대한 노동법을 적용할 때는 월급 = 임금이 된다.

1-2. 실무상 급여

노동법에서는 임금이라는 용어를 사용하지만, 회계나 세법에서는 급여라는 용어를 사용한다. 즉 월급 = 급여가 된다.

따라서 결국 월급 = 임금 = 급여가 된다.

그리고 노무상 임금은 세법에서는 2가지 즉 과세 급여와 비과세급여로 나눈다.
노무상 임금 = 세법상 과세 급여 + 세법상 비과세급여가 된다.

1-3. 결론
사업주가 근로자에게 노동의 대가로 지급하는 월급에 대해 통상임금, 평균임금, 퇴직금, 수당 등 노동법 규정을 적용할 때는 노동법 규정에 따라 적용하면 되고, 같은 월급에 대해 회계나 세법 규정을 적용할 때는 노동법 규정과 상관없이 세법 규정을 적용하면 된다. 즉 노동법과 세법을 짬뽕해서 적용하지 말고 업무 내용에 따라 같은 월급이라도 노동법과 세법을 각각 적용해야 한다.
예를 들어 월급 100만 원에 식대 20만 원이 포함되어 있는 경우 노동법상 임금은 100만 원이다. 반면, 세법에서는 급여는 100만 원으로 노동법상 임금과 동일하지만, 식대 20만 원은 비과세급여로 정하고 있으므로 세법상 과세대상 급여는 80만 원이 되는 것이다.

2. 임금 = 월급은 세전 금액을 말한다.
일반적으로 말하는 임금은 세전 급여를 말한다. 즉 회사에서 지급하는 세금을 공제하기 전 월급(= 임금, 급여)을 받아 세금을 공제한 후 세후 급여를 근로자에게 실제로 지급한다.
따라서 최저임금, 통상임금, 평균임금 등 근로의 대가로 받는 임금은 세전 급여를 의미한다.

3. 신고 안 한 인건비의 경비처리
임직원에게 지급하는 급여 및 일용근로자에게 지급하는 급여 등 근로소득과 인적용역에 대한 대가로 사업소득자, 기타소득자에게 지급하는 대가는 소득세법 규정에 의하여 소득세를 원천징수한 후 지급해야 한다.
이 같은 원천징수 소득은 세금계산서 등의 적격증빙을 수취해야 하는 대상이 아니다. 실무상 인건비 지출 증빙은 원천징수영수증 발급과 지급명세서(= 원천징수영수증)의 제출로 이루어지므로, 원천징수를 적법하게 진행하고 원천세 신고와 지급명세서 제출을 기한에 맞춰 진행하는 것으로 적격증빙의 수취를 대신할 수 있다. 즉, 종합소득세 또는 법인세 신고 시 인건비를 비용처리 하기 위해선 반드시 원천징수한 원천세를 매월 신고해야 하고 지급명세서를 국세청에 제출해야 한다.

만일 인건비를 신고하지 않았을 경우 법인세와 종합소득세의 부담이 더욱 커진다.

인건비가 전체 지출에서 차지하는 비율이 높을 뿐 아니라 주위에서 인건비 신고 때문에 갈등하는 상황을 많이 본다.

세법에서는 아르바이트라는 용어를 사용하지 않는다. 편의점 아르바이트, 커피숍 아르바이트 등 아르바이트에 종사하는 사람에게 지급하는 비용은 일용직으로 분류해 신고한다. 현장 인부들처럼 매일 일당으로 수령하지 않고 시간에 따라 월 단위로 급여를 지급하지만, 비정규직 직원의 급여는 모두 일용직으로 신고한다. 따라서 아르바이트, 건설직 일용근로자는 누구에게 언제, 얼마가 지출됐는지 매월 세무서와 근로복지공단에 신고해야 정당한 경비로 인정된다.

부가가치세 신고 시 거래 증빙으로 세금계산서나 신용카드 매출전표로 확인되는 것과 같이 인건비도 세무서에 신고해야 비용으로 처리할 수 있다. 따라서 지출한 인건비를 비용으로 처리해 세금을 절세하고 싶다면 매달 인건비 신고를 꼼꼼히 챙겨야 한다.

원천징수영수증과 지급명세서의 차이

원천징수 대상이 되는 소득이 발생하면 동일 소득에 대해서 원천징수영수증 3장이 발행된다.

❶ 소득을 받는 사람에게 주는 원천징수영수증
❷ 소득을 지급하는 사람이 보관하는 원천징수영수증
❸ 국세청에 제출해야 하는 원천징수영수증

이중 ❶과 ❷는 세금계산서와 같은 의미로 소득을 주고받는 사람끼리 이를 증명하기 위해 주고받는 영수증이다. 반면 국세청에 제출해야 하는 원천징수영수증을 다른 이름으로 지급명세서라고 부른다. 이직 후 연말정산을 받을 때 제출하는 종전 근무지 원천징수영수증과 종합소득세 신고 시 공제하는 기납부세액은 ❶의 의미이고, 매년 1번 국세청에 제출하는 지급명세서(= 원천징수영수증)는 ❸의 의미다.

근로자별 근로소득 원천징수

구 분		원천징수 방법
일용근로자		• 원천징수액 = (일당 − 15만 원) × 2.7% × 근로일수 • 일당 187,000원 미만은 원천징수액 없음
상 용 근로자	매월 급여	• 간이세액표를 통해 원천징수 • 전체 공제대상가족 수(본인 포함)만으로 공제 인원을 계산해 조건표를 적용한 후 조건표 금액에서 전체 공제대상가족 중 8세 이상 20세 이하 자녀 수에 따라 아래의 금액을 차감한 후 원천징수한다. ❶ 월급여와 전체 공제대상가족 수(본인 포함)에 해당하는 조건표상 금액을 구한다. 실제 공제대상가족의 수 = 본인 + 배우자 + 세법상 부양가족공제 대상 ❷ 전체 공제대상 가족 중 8세 이상 20세 이하 자녀가 있는 경우 인원수에 따라 ❶에서 산정된 금액에서 차감한다. 다만, 공제한 금액이 음수인 경우의 세액은 0원으로 한다. 가. 8세 이상 20세 이하 자녀가 1명인 경우 : 12,500원 나. 8세 이상 20세 이하 자녀가 2명인 경우 : 29,160원 다. 8세 이상 20세 이하 자녀가 3명 이상인 경우 : 29,160원 + 2명 초과 자녀 1명당 25,000원

구 분	원천징수 방법
	[사례] 월 급여 3,500,000(비과세 및 자녀 학자금 지원금액 제외)원 부양가족의 수 : 본인 포함 4명(8세 이상 20세 이하 자녀 2명 포함) 1. 공제대상가족의 수 : 4명(49,340원)(8세 이상 20세 이하 자녀 2명 미반영 후 적용) 2. 원천징수 세액 = 49,340원 - 29,160원(8세 이상 20세 이하 자녀 2명) = 20,180원 | 월급여(천원) [비과세 및 학자금 제외] || 공제대상가족의 수			
---	---	---	---	---	---
이상	미만	1	2	3	4
3,500	3,520	127,220	102,220	62,460	49,340 | • 지방소득세는 간이세액표 금액의 10%
상여금	• 지급대상기간이 있는 상여 지급 시 원천징수 세액 = (❶ × ❷) - ❸ ❶ = [(상여 등의 금액 + 지급대상기간의 상여 등외의 급여의 합계액) ÷ 지급대상기간의 월수]에 대한 간이세액표상의 해당 세액 ❷ = 지급대상기간의 월수 ❸ = 지급대상기간의 상여 등외의 급여에 대해 원천징수하여 납부한 세액 • 예를 들어 3개월에 한 번씩(3, 6, 9, 12월)에 상여금을 지급하는 경우 3월을 기준으로 설명한다. 상여금이 있는 달의 원천징수 세액 = ❶ 1월과 2월은 평상시 급여로 간이세액표에 따라 원천징수

구 분		원천징수 방법
상용 근로자		❷ 3월 평균급여에 해당하는 간이세액 = (1월 + 2월 + 3월 급여 + 3월 상여금) ÷ 3에 해당하는 간이세액표 금액 ❸ (❷의 간이세액표 소득세 × 3개월) - (1월 + 2월에 납부한 간이세액표 소득세)
	연말정산	• 1년간 급여 세금을 정산하는 절차 • 2월 말까지 연말정산을 완료한 후 3월 10일 연말정산(1월~12월까지의 급여를 정산 - 매달 간이세액표에 의한 공제액(❹) = 납부 또는 환급) 신고·납부
	신고서류	• 원천징수이행상황신고서(매달)
	지급명세서	• 3월 10일까지 지급명세서 제출 • 간이지급명세서는 1월, 7월 말일 2번 제출 • 지급명세서와 간이지급명세서 별도 제출
외국인 근로자		• 매월 원천징수 할 세액 = 지급액 × 19% 또는 간이세액표에 의해 징수 • 지급액 × 19% 적용 시 비과세 급여 차감하지 않고, 받는 급여총액의 19% • 외국인 근로자에 대한 과세특례를 적용받으려는 근로를 제공한 날이 속하는 달의 다음 달 10일까지 외국인 단일세율 적용신청서를 원천징수의무자를 거쳐 원천징수 관할 세무서장에게 제출
국외 근로자		• 해외 파견근로자의 경우 현행 소득세법은 내국법인의 국외 사업장에 파견된 임원 또는 직원이 생계를 같이하는 가족이나 재산 상태로 보아 파견기간 종료 후 재입국할 것으로 인정되는 때에는 파견기간이나 외국의 국적 또는 영주권의 취득과는 관계없이 세법상 국내 거주자로 본다.

구 분	원천징수 방법
	• 해외지사 등에 파견된 임직원에게 지급하는 급여에 대해서 국내에서 지급하는 금액의 경우 국내 원천근로소득에 해당하는 것이므로, 매월 간이세액표에 의하여 원천징수를 해야 하며, 연말정산 및 지급명세서도 동일하게 처리한다. • 국내 및 국외에서 발생한 모든 소득에 대하여 과세하되, 외국에서 납부한 세액은 납부할 총세액에서 외국에서 납부한 세액(= 외국납부세액)은 공제한다. • 국외 등에서 근로 제공(원칙), 국외 항행 항공기에서 근로 제공 : 월 100만 원 이내 비과세 • 원양어업 선박 또는 국외 등 항행 선박에서 근로 제공, 국외 등 건설 현장에서 근로(설계 및 감리업무 포함) 제공 : 월 500만 원 이내 비과세 • 출장, 연수 등을 목적으로 출국한 기간동안의 급여 상당액은 국외근로소득으로 보지 않으므로 비과세 규정을 적용하지 않는다. • 국외 건설현장의 영업업무, 인사·노무 업무, 자재 관리업무, 재무·회계업무 담당 직원의 급여에 대해서도 비과세가 적용된다. 다만, 국외 등의 건설 현장 등을 위한 영업업무, 인사·노무 업무, 자재 관리업무, 재무·회계업무, 기타 공통 사무업무 등에 종사하고 받는 보수는 월 100만 원 이내의 금액을 비과세하는 것으로 월 500만 원 이내의 금액을 비과세하는 것은 아니다. • 국외 근로를 제공하고 받는 보수란 해외에 주재(연락사무소 포함)하면서 근로를 제공하고 받는 급여를 말하는 것이므로 해외 수출품에 대한 현지 설치, 시운전 등을 위하여 해외에 파견된 동안 급여 상당액은 국외 근로소득으로 보지 않는다.

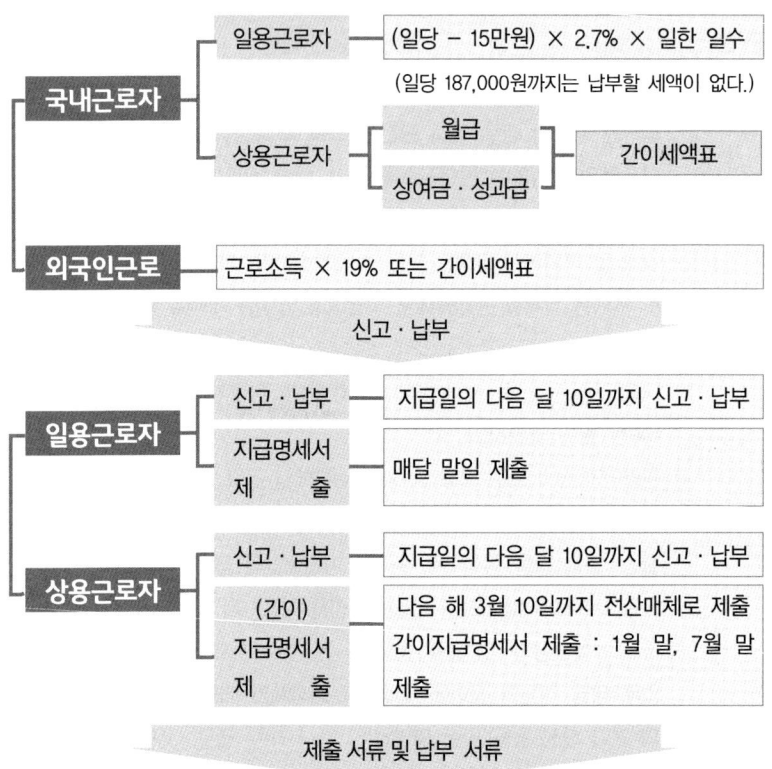

일용근로자 원천징수와 신고 의무사항

구 분	해 설
일용근로자 신고 의무사항	• 일용근로자 4대 보험 가입 및 근로내용확인신고서 제출 근무 다음 달 15일까지 제출한다. 근로내용확인신고서를 제출함으로써 고용보험 및 산재보험 가입이 함께 진행된다. 타 업체에서 근무한 날짜와 같은 날짜에 우리 회사에서 근무하였다고 신고가 되는 경우, 근무 내용이 사실인지 소명 요구를 받을 수 있다. • 원천세 신고/납부 : 급여를 지급한 달의 익월 10일까지 신고납부를 한다. • 지급명세서 제출 : 다음 달 말일 제출한다(매달 말일 제출). 근로내용확인신고서 제출시 제출 생략 가능
근로내용확인신고서 제출	산재보험, 고용보험은 매달 15일 일용근로자 근로내용확인신고서를 제출해야 한다. ❶ 매월별로 각각 신고(여러 달을 한 장에 신고할 수 없음)해야 한다. ❷ 일용근로자 고용정보 신고 대상이 10인 이상의 경우는 전자신고를 해야 한다. ❸ 1개월간 소정근로시간이 60시간 미만인 근로자에 대해서는 산재보험 고용정보신고(근로내용확인신고서를 제출한 경우 일용근로자는 산재보험 고용정보신고를 한 것으로 봄)를

구 분		해 설
		하지 않을 수 있다. 따라서 이 경우 근로내용확인신고서를 제출하지 않은 경우는 다음연도 3월 15일 보수총액신고서의 "그 밖의 근로자 보수총액"란에 기재하며, 근로내용확인신고서를 제출한 경우는 보수총액신고서의 "일용근로자의 보수총액"란에 기재한다.
원천징수 세액계산		(일당 − 15만 원) × 2.7% × 근로일수 [주] 지방소득세는 10%이다. [주] 납부액이 1,000원 미만의 경우는 납부하지 않는다. 일당을 매일 지급하면서 일당이 187,000원 이상의 경우 납부할 세액이 있고, 이하인 경우는 없다. [주] 식비나 교통비는 현물로 제공되는 경우 비과세가 되지만, 현물이 아닌 일급여(일당)에 포함되어 지급되는 식비의 경우라면 일당에 포함되어 과세된다.
신고 및 납부	원천징수이행상황신고서 작성	❶ 납부세액이 있는 경우 원천징수이행상황신고서 일용근로자란에 작성해서 제출하고 납부세액은 금융기관에 납부 ❷ 납부세액이 없는 경우 원천징수이행상황신고서 일용근로자 〉 총급여액란만 작성해서 제출
	지급명세서 제출	지급명세서 제출 : 지급일의 다음 달 말일 매월 15일까지 「근로내용확인신고서」를 제출하는 경우 지급명세서의 제출을 생략할 수 있다.
증빙 관리	법정증빙	원천징수영수증(지급명세서), 원천징수이행상황신고서
	내부증빙	일용근로자 임금(노임)대장, 주민등록등본(또는 주민등록증 사본), 계좌이체 내역 등
지급명세서 가산세		미제출·불분명 제출 등은 0.25%, 지연제출은 0.125% 가산세가 부과된다.

구 분	해 설
	미제출은 법정기한까지 제출하지 않은 경우를 말하며, 불분명 제출은 지급자 또는 소득자의 주소·성명·납세번호·고유번호(주민등록번호)·사업자등록번호, 소득의 종류·지급액 등을 적지 않았거나 잘못 적어 지급 사실을 확인할 수 없는 경우다. 지연제출은 제출기한이 경과된 후 1개월 이내 제출한 경우를 말한다.

일용근로자 소액부징수 판단

일용근로자는 납부 세금이 건당 1,000원 미만이면 세금을 내지 않는다. 여기서 건당은 1일 단위로 지급하던 주 또는 월 단위로 지급하든 1건으로 본다. 따라서 모아서 주면 건당 1,000원이 넘을 가능성이 크다.
계산식은 약식으로 (일당 - 15만원) × 2.7%이다.

1. 일당 150,000원 이하는 소득세가 발생하지 않는다.
15만원 - 15만원 = 0이므로 소득세 미발생

2. 일당 150,000원 이하는 소득세가 발생하지 않고, 일당이 아닌 한 달에 몰아서 받을 경우에도 소득세가 발생하지 않는다.
하루 단위로 주든 몰아서 주든 15만 원 - 15만 원 = 0이므로 0원에 1일을 곱하나 30일을 곱하나 어차피 0원이다.

3. 일당 150,000원 이상 187,000원 이하까지는 매일 지급하는 경우 소득세가 발생하지 않는다.
(187,000원 - 15만 원) × 2.7% = 999원
건당 1,000원 미만으로 납부할 세엑이 없다.

4. 150,000원 이상 187,000원 이하 금액을 일당이 아닌 한 달에 몰아서 받을 경우, 150,000원 이하 일당과 달리 소득세가 누적해서 계산되어 소득세가 발생한다.

(187,000원 - 15만 원) × 2.7% = 999원

999원 × 30일 = 29,970원

건당 1,000원을 넘으므로 29,970원을 납부해야 한다.

 일용근로자, 아르바이트, 3.3% 사업소득 근로자 개인카드 사용액

일용직 근로자가 회사경비를 개인카드로 결제한 경우는 일용근로자의 개인신용카드 매출전표를 증빙으로 받아두고, 해당 경비는 비용처리한다. 다만, 일용근로자 일당 + 경비를 합산해 일용근로자 일당으로 처리하는 때는 해당 일용근로자의 임금이 올라가 세금을 더 납부하는 불이익이 있을 수 있다.

참고로 개인카드 사용액에 대한 노무 제공자별 처리방법을 살펴보면 다음과 같다.

구 분	해 설
상용근로자	개인카드 매출전표를 증빙으로 첨부하고, 지출금액을 법인통장에서 개인통장으로 계좌이체 후 비용처리한다.
아르바이트 (일용근로자)	개인카드 매출전표를 증빙으로 첨부하고, 지출금액을 법인통장에서 개인통장으로 계좌이체 후 비용처리한다. 경비처리 하지 않고 일당 + 경비를 합산해 원천징수영수증으로 비용처리하는 경우 회사는 경비처리에 문제가 없으나 해당 일용근로자는 일당이 187,000원을 넘는 경우 세금에 있어 손해를 볼 수 있다.
3.3% 사업소득처리 근로자	실질적으로는 회사에 채용된 근로자이나 형식적으로는 프리랜서로 개인카드로 결제하는 경우 급여 + 경비가 용역대가에 해당하며, 합산한 금액을 기준으로 3.3% 원천징수 후 원천징수영수증을 증빙으로 처리한다(복리후생비를 업무추진비 처리하기도 함).

일용근로자의 4대 보험

↗ 국민연금

구 분	가입 제외대상
일용직 근로자	① 건설업 : 1개월 이상 8일 미만 근로 ② 건설업 외 업종 : 1개월 이상 8일 미만 또는 1개월 이상 근로시간이 60시간 미만인 사람 1. 1개월 미만 계약이라도 1개월 이상 계속근로 내역이 있는 경우 가입 대상이다. 2. 1개월 미만은 원칙은 가입 대상이 아니나, 1개월간 근로일수가 8일 이상이거나 근로시간이 60시간 이상이면 최초 근로일부터 사업장 가입자로 취득된다. 3. 최초 1개월 동안에 8일 이상과 60시간 이상의 기준을 모두 충족하지 않았다면, 입사한 달의 다음 달(2달에 걸쳐 근무) 초일부터 말일까지의 기간 동안 근로일수가 8일 이상이거나 근로시간이 60시간 이상인지 판단해, 두 경우 중 하나를 충족할 때는 해당 월의 1일부터 사업장 가입자로 가입된다. 4. 1개월 동안의 소득이 월 220만 원 이상인 근로자는 근무일수 및 시간과 관계없이 가입 의무가 있다.
단시간 근로자	1개월 소정근로시간 60시간 미만. 단 1개월 동안의 소득이 월 220만 원 이상인 근로자는 근무일수 및 시간과 관계없이 가입 의무가 있다.

1개월 미만의 기한부 근로자는 국민연금 가입대상이 아니다.
단 3개월 이상 근로를 제공한 사람은 근로자의 동의가 있을 경우 가입대상이다. 즉 근로자의 동의가 요건이다.
1개월 소정근로시간 60시간 미만 근로자는 근로자의 동의가 없으면 몇 달을 연속으로 일해도 가입대상이 아니다.

국민연금공단에서 세무서에 신고한 일용직 지급명세서를 보고 국민연금을 소급 적용해 가입시키려고 할 때 1개월 소정근로시간 60시간 미만 근로자에 해당하면 근로자의 동의 없이는 가입할 수 없으므로 이 논리를 펼 수가 있다.

그리고 이론상 건설업 현장 일용직에 60시간 미만 단시간 근로자가 있다면 국민연금 가입 대상에서 제외되지만, 현실적으로 건설업 현장 일용직의 경우 60시간 미만을 단시간근로자로 보지 않는다. 이는 근로계약서 작성 문제도 있고 근로계약서상에 날짜를 특정하기도 건설공정상 쉽지 않기 때문이다.

↗ 건강보험

1개월 이상 근무하면서 8일 이상 일하는 일용근로자는 건강보험 가입대상이다.

따라서 1개월 미만 근로나 1개월 이상 근로해도 8일 미만 근로 시에는 가입대상이 아니다.

그리고 1개월 소정근로시간 60시간 미만 단시간 근로자도 건강보험 가입 제외 대상이다. 또한 건강보험은 3개월 이상 근로 시 가입조건이 없다. 즉 월간 60시간 미만 단시간근로자가 되면 3개월 이상 일하더라도 건강보험 가입대상이 아니다.

구 분	가입 제외 대상
1개월 미만 고용된 근로	• 고용 및 산재보험의 가입 대상 • 국민연금과 건강보험 가입 제외 대상

구 분	가입 제외 대상
	• 최초 근로일을 기준으로 1개월 미만의 기간만 근로하는 경우 그동안의 근로일수나 근로시간에 상관없이 국민연금과 건강보험이 적용되지 않는다.
1개월 이상 고용된 근로	• 사회보험법상의 일용근로자가 아니고 상용근로자이다. • 근로계약서상 1개월 이상의 근로기간이 명시돼 있는 경우는 원칙은 고용 및 산재보험 및 국민연금과 건강보험 가입 대상이다. • 근로시간과 상관없이 고용기간이 1개월 이상인 경우 가입대상이다. • 1개월 미만은 원칙은 가입대상이 아니나, 1개월간 월 8일 이상 근로를 제공하는 경우 직장가입자로 적용된다. • 사업장에서 일한 지 1개월이 되는 날까지 근로일이 8일 이상이면 최초 근로일부터 적용되고, 전월에 8일 미만 당월에 8일 이상 근로한 경우는 해당 월의 1일부터 적용된다.

1개월 미만인지 이상인지의 판단 방법
1. 근로계약서상 1개월 이상의 근로기간이 명시돼 있는 경우에는 실제 계속근로기간과 상관없이 최초 근로일을 기준으로 국민연금과 건강보험에 가입해야 한다.
2. 만약 근로계약서상 근로기간이 1개월 미만이거나 근로계약서가 없는 경우라면 1개월간 근로일수(8일) 또는 근로시간(60시간)을 기준으로 판단된다.

↗ 고용보험

구 분	가입 제외 대상
일용직 근로자	하루 일해도 고용보험 가입 대상이 된다.
단시간 근로자	1개월 소정근로시간이 60시간 미만인 경우 가입 제외 대상이다. 단, 3개월 이상 일하는 경우 고용보험 가입 대상이다. 즉, 60시간 미만 근로자가 3개월 이상만 일하면 무조건 고용보험 가입대상이다. 반대로 3개월 미만 일하면 고용보험 가입 대상이 아니다.

↗ 산재보험

구 분	가입 제외대상
일용직 근로자	하루 일해도 산재보험 가입 대상이 된다.
단시간 근로자	무조건 가입 대상(하루 1시간 일해도 가입 대상이다.)

근로내용확인신고서 제출

일용직의 고용보험과 산재보험을 신고하는 서식으로, 고용보험·산재보험 근로내용확인신고서라고 부른다. 줄여서 근로내용확인신고서, 근로내역으로도 불리기도 한다.

여기서 일용근로자란 근로계약 기간이 1일 단위로 이루어지는 근로자를 말하며, 세법상 일용근로자랑 그 범위가 다르다.

↗ 근로내용확인신고서 신고 기간

일용근로소득에 대해 급여를 지급한 달의 다음 달 15일까지 제출해야 한다. 또한, 월별로 각각 신고해야 한다. 즉, 여러 달을 한 장에 신고할 수 없다.

예를 들어 2025년 1월 근무 시 근로내용확인신고서는 2월 15일에 신고하면 된다.

건설업과 벌목업의 사업장은 자진신고 사업장이므로 고용보험만 체크하고 이외의 업종은 고용, 산재보험에 체크한 후 신고해야 한다.

↗ 근로내용확인신고서 제출 방법

일용직 신고 시 2가지 항목을 신고해야 하는데, 일용직 근로내용확인신고서를 제출하는 경우 일용근로소득 지급명세서의 제출을 생략할 수 있다. 단, 일용직 근로내용확인신고 예외 대상으로 일용직 근로내용확인신고서를 제출하지 않은 경우 일용근로소득 지급명세서를 제출해야 한다.

① 일용근로소득 지급명세서
② 일용직 근로내용확인신고서

일용근로자 수가 10명 이상일 경우 무조건 전자신고를 해야 한다.

일용근로내용 확인 신고 예외 대상은 만 65세 이상 이후 고용된 근로자, 월 60시간 미만 단시간 근로자, 외국인 일용직 근로자이다.

↗ 외국인 일용근로자 근로내용확인신고서

당연적용 대상인 외국인 근로자 중 일용근로자는 국내 근로자와 같이 근로내용확인신고서에 따라 신고할 수 있다.

고용보험 임의가입 대상인 외국인 일용근로자는 근로내용확인신고서 제출기한까지 외국인 고용 가입신청서를 근로내용확인신고서와 함께 제출해야 한다.

이 경우 그 가입의 사유가 발생한 날에 피보험자격을 취득한 것으로 본다.

[ ]고용보험 [ ]산재보험 근로내용 확인신고서 (년 월분)
[ ]고용보험 단기예술인 노무제공내용 확인신고서 (년 월분)

※ 제2쪽의 유의사항 및 작성방법을 읽고 작성하시기 바라며, [ ]에는 해당되는 곳에 "√" 표시를 합니다. (제1쪽)

세금신고용 추가작성

↗ 근로내용확인신고서 작성 방법

[작성 방법]

☑ 건설업 · 벌목업 사업장 : 고용보험만 체크, 건설업 · 벌목업 이외 업종 : 고용보험 · 산재보험 동시 체크

☑ "직위"는 고용관리 책임자가 해당 사업장에서 부여받은 직위(예시 : 부장, 팀장, 과장, 사원 등)를 작성하고, "근무지"는 고용관리 책임자가 근무하는 사업장 중 해당하는 칸에 체크하며, "직무내용"은 고용관리 책임자의 임무 외에 겸직하고 있는 직무내용에 해당하는 다음의 코드 번호를 적습니다(직무내용이 여러 개인 경우 모두 적을 수 있습니다).

01. 인사 · 노무   02. 회계 · 세무 · 경리   03. 경영 · 관리
04. 홍보 · 영업   05. 기술 · 기능   06. 그 밖의 직무

(건설업의 경우) 고용관리 책임자 성명, 주민등록번호 입력
1) 건설업의 경우 공사별로 고용관리 책임자 지정 · 신고 의무
2) 고용관리책임자 : 해당 사업장 고용보험에 가입된 상용 직원으로 지정(사업주 제외)
3) 위반 시 100만 원 이하 과태료
일용직 근로자별 주민등록번호, 성명, 국적, (외국인인 경우) 체류자격 입력

☑ "하수급인 관리번호"는 원수급인이 제출한 고용보험 하수급인명세서에 따라 근로복지공단으로부터 부여받은 관리번호를 말합니다.

신고 주체	신고 방법
원칙 : 원수급인	원수급인은 하도급 소속 근로자를 포함하여 현장 전체 일용근로자에 대한 신고 의무가 있습니다.
예외 : 하수급인	하수급인 사업주 승인 또는 하수급인명세를 받은 경우는 하수급인은 본인 소속 일용근로자에 대해 근로내용확인신고를 할 수 있습니다.

신고 대상 : 1일 단위로 근로계약을 체결한 근로자 또는 근로계약 기간이 1개월 미만인 근로자(참고 : 1월간 소정근로시간이 60시간 미만인 단시간 근로자는 신고제외 대상이지만 일용근로자는 신고 대상)

외국인 일용근로자의 경우

1. 당연적용 대상 외국인 근로자 : 국내 근로자와 동일하게 신고
2. 임의가입 대상 외국인 근로자 : 고용보험 가입 희망시에는 근로내용확인신고서 제출기한까지 외국인고용보험가입신청서 함께 제출

- ☑ "직종 부호"는 별지[한국고용직업분류(KECO, 2018) 중 소분류(136개) 직종 현황]를 참고하여 적습니다. : 건설종사자, 706
- ☑ 근로자 근로일수 입력 : 근무시간, 공수 관계없이 출근일 입력
- ☑ 일용직 근로자의 일 평균 근로시간 입력
- ☑ 보수지급 기초 일수는 피보험기간 중 "보수지급의 기초가 된 일수"를 말하며, "보수지급의 기초가 된 일수"에는 현실적으로 근로하지 않은 날이 포함될 수 있고(무급휴일, 무급휴무일 또는 결근일 등) 보수지급일 수에서 제외하는 경우는 그 일수가 됩니다.

  보수란 「고용보험법」에 따른 보수를 말합니다
- ☑ "보수총액"은 근로소득에서 비과세 근로소득을 뺀 금액을 말하며, 해당 월에 발생된 금액을 적습니다.
- ☑ "임금 총액"은 「근로기준법」에 따른 임금으로써, 해당 월에 발생된 금액을 적습니다.

---

1. 건설업·벌목업 근로자 : 임금 총액(과세소득 + 비과세 소득)만 기재
2. 건설업·벌목업 이외 근로자 : 보수총액(과세소득), 임금 총액(과세소득 + 비과세소득) 함께 기재

일용근로자 근로내용확인신고(근로복지공단)로 일용근로소득지급명세서(국세청) 제출을 갈음하고자 할 경우는 건설업·벌목업 일용근로자도 '보수총액' 기재

보수총액은 보험료 산정기준, 임금 총액은 실업급여 등 보험급여 산정기준의 역할을 합니다.

☑ 이직 사유 코드(반드시 기재)

2023년 6월 신고부터(신고일 기준) 이직 사유는 필수 입력사항이다. 특별한 사정이 없으면 회사의 사정에 의한 이직으로 사유를 선택하면 된다. 일 단위 혹은 아주 짧은 근로계약 기간을 가지는 일용근로자들인 만큼 대부분은 계약기간 만료에 해당합니다. 단, '기타 개인 사정에 의한 이직'을 선택하는 경우 구직급여 수급 자격이 제한될 수 있으니 참고합니다.

1. 회사의 사정에 의한 이직(폐업, 공사중단, 공사 종료, 계약기간 만료 등)
2. 부득이한 개인 사정에 의한 이직(질병·부상, 출산 등)
3. 기타 개인 사정에 의한 이직(전직, 자영업을 위한 이직 등)

☑ "보험료 부과 구분"에는 다음에 해당하는 경우는 그 부호를 적습니다(※ 해당자만 적습니다).

부호	부과 범위				대상 종사자
	산재보험		고용보험		
	산재보험	임금채권부담금	실업급여	고용안정직업능력개발	
51	O	O	x	x	09. 고용보험 미가입 외국인 근로자 11. 항운노조원(임금채권부담금 부과대상)
52	O	x	x	x	03. 현장 실습생(산업재해보상보험법 제123조 제1항에 따른 현장 실습생) 13. 항운노조원(임금채권부담금 소송승소)
54	O	x	O	O	22. 자활근로종사자(국민기초생활보장법 제14조의2에 따른 급여의 특례에 해당하는 자, 차상위계층, 주거·의료·교육급여 수급자)
55	x	x	O	O	05. 국가기관에서 근무하는 청원경찰

부호	부과 범위				대상 종사자
	산재보험		고용보험		
	산재보험	임금채권부담금	실업급여	고용안정직업능력개발	
55	x	x	O	O	06. 선원법 및 어선원 및 어선 재해보상보험법 적용자 07. 해외파견자(산업재해보상보험법의 적용을 받지 않는 자)
56	x	x	O	x	16. 노조 전임자(노동조합 등 금품 지급)
58	O	x	x	O	21. 자활 근로종사자(생계급여 수급자)

국세청 일용근로소득 신고란은 근로내용확인신고를 통해 국세청 일용직 지급명세서 신고를 갈음하고자 할 경우(세무 업무상 별도로 지급명세서 신고를 하는 경우 기재 불필요) 입력합니다. 즉 아래란은 근로내용확인신고를 통해 국세청 일용직 지급명세서 신고를 갈음하고자 할 경우에만 작성합니다.

☑ "지급월"은 일용근로자에게 급여를 지급한 월(12월 말일까지 미지급한 금액은 12월)을 적습니다.

☑ "총지급액(과세소득)"은 일용근로자에게 지급한 급여액(비과세소득 제외)의 월별 합계금액을 적습니다.

☑ "비과세소득"은 생산직 일용근로자에게 지급한 야간근로수당 등이 이에 해당됩니다.

☑ "소득세"는 [(1일 임금 - 비과세소득) - 근로소득공제(소득세법 제47조에 따른 금액)] × 원천징수 세율(6%) - 근로소득세액공제(산출세액의 55%)를 적용하여 계산합니다. 다만, 소득세액이 소액부징수(1천원 미만인 경우)에 해당하는 경우는 "0"으로 적습니다.

☑ 원천징수액란의 "지방소득세"는 소득세의 10%를 적습니다.

☑ **일용근로소득신고 관련**

가. 제1쪽의 "사업자등록번호란"에는 소득세법에 따른 원천징수의무자의 "사업자등록번호"를 적는다.

나. 사업주가 "사업자등록번호란" 및 "국세청 일용근로소득신고란"을 포함하여 근로내용확인신고서를 작성·제출한 경우 일용근로소득 지급명세서를 별도로 국세청에 제출할 필요가 없다. 이 경우 "사업자등록번호란" 및 "국세청 일용근로 소득신고란"을 미기재하거나 잘못 기재한 경우 국세청에 일용근로소득 지급명세서를 미제출·부실 제출한 것으로 보아 가산세가 부과될 수 있다.

다. 일용근로소득 신고대상자에 대하여 근로내용확인신고서에 국세청 일용근로 소득신고란을 작성하지 않은 경우는 해당 일용근로자에 대한 일용근로소득 지급명세서를 별도로 국세청에 제출해야 한다.

↗ 근로내용확인신고서 오류수정

일용직의 근로일수, 보수총액, 임금 총액, 사업장 관리번호, 일 평균 근로시간, 체류자격, 이직 사유 코드 등 근로내용확인신고서를 잘못 제출할 수 있다. 잘못 제출된 신고서를 바탕으로 피보험자 이직확인서가 제출될 수도 있다.

이럴 때 근로내용확인신고서를 정정 또는 취소하는 서식이 바로 '일용근로내용 정정·취소 신청서'이다.

일용근로자 세금 계산

일용근로소득은 근로를 제공한 날 또는 시간에 따라 근로 대가를 계산하거나, 근로를 제공한 날 또는 시간의 근로 성과에 따라 급여를 계산하여 받는 소득으로 다음에 해당하는 소득이다.

❶ 건설공사 종사자. 근로계약에 따라 일정한 고용주에게 3월(또는 1년) 이상 계속하여 고용되어 있지 않고, 근로 단체를 통하여 여러 고용주의 사용인으로 취업하는 경우 이를 일용근로자로 본다. 다만 다음의 경우에는 상용근로자로 본다.

가. 동일한 고용주에게 계속하여 1년 이상 고용된 자

나. 아래의 업무에 종사하기 위하여 통상 동일한 고용주에게 계속하여 고용되는 자

㉮ 작업준비를 하고 노무자를 직접 지휘·감독하는 업무

㉯ 작업현장에서 필요한 기술적인 업무, 사무·타자·취사·경비 등의 업무

㉰ 건설기계의 운전 또는 정비업무

❷ 하역(항만) 작업 종사자(항만근로자 포함). 근로계약에 따라 일정한 고용주에게 3월 이상 계속하여 고용되어 있지 아니하고, 근로 단체를 통하여 여러 고용주의 사용인으로 취업하는 경우는 이를 일용근로자로 본다. 다만, 다음의 경우에는 상용근로자로 본다.

가. 통상 근로를 제공한 날에 근로 대가를 받지 아니하고 정기적으로 근로 대가를 받는 자

나. 다음 업무에 종사하기 위하여 통상 동일한 고용주에게 계속하여 고용되는 자

㉮ 하역 작업준비를 하고 노무자를 직접 지휘·감독하는 업무

㉯ 주된 기계의 운전 또는 정비업무

❶ 또는 ❷ 외의 업무에 종사하는 자로서 근로계약에 따라 동일한 고용주에게 3월 이상 계속하여 고용되어 있지 아니한 자

예를 들어 3월, 4월, 6월, 격월로 3개월 이상 근무했을 경우 3월, 4월 근무 후 근로계약이 종료된 상태에서 6월에 다시 재고용된 것이라면, 연달아 3개월 이상 고용된 것이 아니므로 일용근로자에 해당하지 않는다. 반면, 3월에 5일, 4월에 10일, 5월에 10일씩 매일 연속해서 3개월을 근무하지 않고 필요에 따라 부정기적으로 시급 또는 일급을 지급하는 계약을 체결하여 근무한 경우는 중간에 일용관계가 중단되지 않고 계속되어 오고, 최초 근무일을 기준으로 민법상 역에 의하여 계산한 기간이 3개월 이상이라면 상용근로자로 보아야 한다.

구 분	공제방법	공제 기준급여	부담액
근로소득세	(일 급여액 − 15만원) × 2.7% × 근무일수	총급여 − 비과세소득	근로자 전액 부담
지방소득세	근로소득세의 10%	근로소득	근로자 전액 부담
소액부징수	건당 1,000원 미만은 납부할 세액이 없으므로, 일당 187,000원 [(187,000원 − 15만원) × 2.7% = 999원]까지는 납부할 세액이 없다.		

[일용근로자의 원천징수액]

원천징수세액 간편 계산 = (총지급액 − 15만원) × 2.7%
- 총지급액 = 일용근로소득 − 비과세소득 ㈜
- 근로소득금액 = 총지급액 − 근로소득공제(일 15만원)
- 산출세액 = 근로소득금액(과세표준) × 원천징수 세율(6%)
- 원천징수 세액 = 산출세액 − 근로소득 세액공제(산출세액의 55%)

㈜ 생산 및 그 관련직에 종사하는 경우 야간근로수당은 비과세

일용근로자를 고용해서 7일 동안 일급 20만 원을 지급하고, 비과세소득이 없는 경우 원천징수세액을 계산하는 방법은 다음과 같다.

해설

Ⅰ. 총지급액은 1,400,000원(200,000원 × 7일 = 1,400,000원)이다.
Ⅱ. 소득세(9,450원)는 다음과 같이 산정한다.
(1) 근로소득금액 : 200,000원 - 150,000원 = 50,000원
　　일용근로자는 1일 15만 원을 근로소득공제를 하며, 다른 공제 사항은 없다.
(2) 산출세액 : 50,000원 × 6% = 3,000원(원천징수 세율 6%를 적용한다)
(3) 세액공제 : 3,000원 × 55% = 1,650원(산출세액의 55%를 적용한다)
(4) 소득세 : 3,000원 - 1,650원 = 1,350원
※ 약식 계산 : (200,000원 - 150,000원) × 2.7% = 1,350원
(5) 원천징수 할 소득세는 소득세의 7일 합계액 9,450원(1,350원 × 7일 = 9,450원)이다.
Ⅲ. 지방소득세는 940원(135원 × 7일)이다(소득세의 10%를 적용한다).

일용근로자 지급명세서

일용근로자에게 근로소득을 지급하는 자는 일용근로소득 지급명세서를 일용근로소득 지급일이 속하는 달의 다음 달 말일까지 제출한다. 단, 12월 31일까지 해당 귀속 연도분의 일용근로소득을 지급하지 않은 때에는 12월 말일을 지급일로 보아 다음 해 1월 말일까지 제출한다.

한편, 휴업, 폐업 또는 해산한 경우에는 휴업일, 폐업일 또는 해산일이 속하는 달의 다음 달 말일까지 제출한다.

기한 내에 제출하지 아니하였거나, 제출된 지급명세서가 불분명하거나 기재된 지급금액이 사실과 다른 경우 제출하지 아니한 지급금액 또는 불분명한 지급금액의 0.25%을 결정세액에 가산하여 징수한다.

가산세 적용 대상에 해당하는 지급명세서가 불분명한 경우는 다음과 같다.

ⓛ 제출된 지급명세서에 지급자 또는 소득자의 주소·성명·납세번호나 사업자등록번호·소득의 종류·소득의 귀속연도 또는 지급액을 기재하지 아니하였거나 잘못 기재하여 지급 사실을 확인할 수 없는 경우

ⓛ 제출된 지급명세서 및 이자·배당소득 지급명세서에 유가증권 표준코드를 적지 아니하였거나 잘못 적어 유가증권의 발행자를 확인할 수 없는 경우

ⓛ 제출된 지급명세서에 이연퇴직소득세를 적지 아니하였거나 잘못 적은 경우

[참고] 간이지급명세서 가산세

구 분	내 용	가산세
미제출	제출기한까지 제출하지 아니한 경우	미제출 금액의 0.25%
지급 사실 불분명 등	• 지급자 또는 소득자의 주소·성명·납세번호(주민등록번호로 갈음하는 경우는 주민등록번호), 사업자등록번호, 소득의 종류, 소득의 귀속 연도 또는 지급액을 적지 않았거나 잘못 적어 지급 사실을 확인할 수 없는 경우 • 지급금액이 사실과 다른 경우	불분명(허위) 제출 금액의 0.25%
지연제출	제출기한 경과 후 제출한 경우	제출기간 경과 후 1개월 이내 제출 시 0.125%

⭐ 사업소득자를 근로소득자로 전환할 경우 득과 실

1. 4대 보험 회사부담분을 납부한다.

근로소득자는 4대 보험 의무가입 대상자이기 때문에 회사에서 직원을 고용했을 때는 반드시 4대 보험 취득 신고를 진행해야 한다. 4대 보험은 국민연금, 건강보험, 고용보험, 산재보험을 말하는데요, 각각의 보험료에는 '근로자 부담분'과 '회사부담분'이 있다. 근로자 개인의 4대 보험료지만, 근로자를 고용한 회사에서도 '회사부담분'이라는 명목으로 보험료 일부를 부담해야 한다. 특히 산재보험료는 100% 회사부담이다.

2. 고용 창출에 대한 지원금 및 통합고용세액공제

근로소득자를 고용하고 일정 요건을 충족하는 회사는 고용창출장려금 등 고용창출에 대한 정부지원금을 신청하고 수급할 수 있다. 또한 법인세나 종합소득세 신고 시 통합고용세액공제 혜택을 받을 수 있다.

통합고용세액공제는 직전 연도 대비 해당 연도 상시근로자 수가 증가한 경우 증가 인원당 일정 금액을 납부할 소득세에서 공제해주는 제도이다. 이 제도는 청년 정규직을 고용했을 때 더 큰 혜택을 누릴 수 있다.

또한 고용보험법상 채용에 따른 각종 지원금을 받을 수 있으니 이도 해당 요건을 참고한다.

상용근로자 급여 및 상여금 원천징수

 매월 급여 원천징수 방법

매월 급여에 대한 원천징수는 간이세액표를 통해서 한다.

구 분	공제 방법	공제 기준급여	비고
근로소득세	간이세액표	총급여 - 비과세소득	근로자 전액 부담
지방소득세	근로소득세의 10%	근로소득세	근로자 전액 부담

원천징수의무자는 매월 급여 지급 시 원천징수 할 근로소득세를 근로소득 간이세액표(홈택스(www.hometax.go.kr) > 세금신고 > 원천세 신고 > 근로소득 간이세액표를 클릭하면 자동계산이 가능하며, 간이세액표도 무료로 다운받을 수 있다.

그리고 계산된 원천징수 세액 중 매달 80%, 100%, 120% 중 근로자가 선택해서 납부를 하면 된다. 다만, 업무 편의를 위해 대다수 100%를 적용해 원천징수한다.

❶ 홈택스(www.hometax.go.kr) > 국세납부 > 원천세 신고에 접속한다.

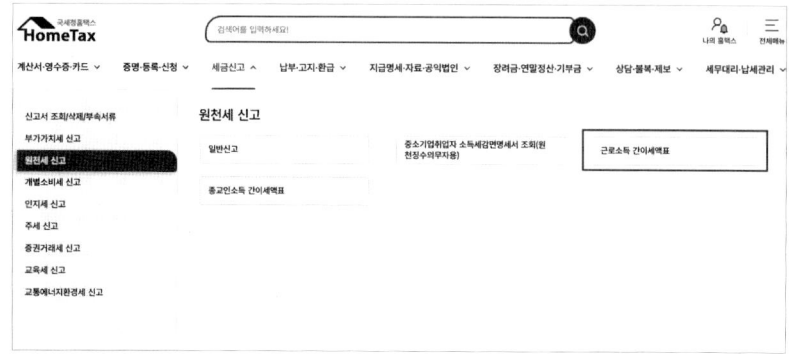

❷ 근로소득 간이세액표

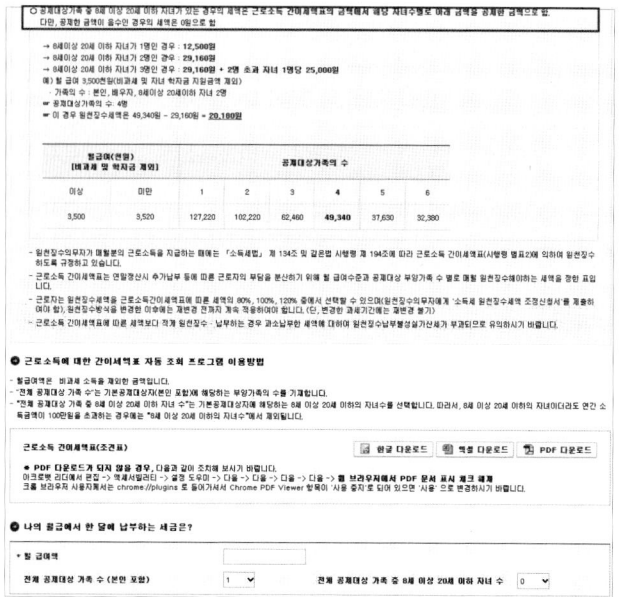

✔ 월급여액을 계산한다.

> 월급여액 = 매월 받는 총급여액 − 비과세급여 − 학자금

✔ **전체 공제대상가족 수를 계산한다.**

공제대상가족 수는 다음 인원의 합을 말한다.

> 공제대상가족의 수 = 실제 공제대상가족의 수

아래 표에서 실제 공제대상가족 수에 본인도 포함이 되므로 간이세액표 적용 시 실제 공제대상가족 수는 최소 1인이 된다는 점에 유의해야 한다.

```
실제 공제대상가족 수 =
    본인
+ 배우자
+ 8세 이상 20세 이하의 자녀(장애인은 연령제한 없음)
+ 만 60세 이상(남녀 모두 동일)인 부모님
+ 만 8세 이상 20세 이하 동거입양자(직계비속 또는 입양자와 그 배우자가 모두
    장애인에 해당하는 때는 그 배우자를 포함)
+ 만 8세 이상 20세 이하 또는 만 60세 이상 형제자매
+ 국민기초생활보장법 제2조 제2호의 수급자
+ 당해 연도 6개월 이상 위탁양육 한 위탁아동
```

✔ **전체 공제대상가족 수 중 8세 이상 20세 이하 자녀수를 계산한다.**

공제대상가족 중 8세 이상 20세 이하 자녀가 있는 경우의 세액은 근

로소득 간이세액표의 금액에서 해당 자녀수별로 아래 금액을 공제한 금액으로 한다. 다만, 공제한 금액이 음수인 경우의 세액은 0원으로 한다.

❶ 8세 이상 20세 이하 자녀가 1명인 경우 : 12,500원
❷ 8세 이상 20세 이하 자녀가 2명인 경우 : 29,160원
❸ 8세 이상 20세 이하 자녀가 3명인 경우 : 29,160원 + 2명 초과 자녀 1명당 25,000원

월 급여 3,500천원(비과세 및 자녀 학자금 지원금액 제외)
가족의 수 : 본인, 배우자, 8세 이상 20세 이하 자녀 2명
공제대상가족의 수: 4명

이 경우 원천징수 세액은 49,340원 − 29,160원 = 20,180원

월급여(천원) [비과세 및 학자금 제외]		공제대상가족의 수					
이상	미만	1	2	3	4	5	6
3,500	3,520	127,220	102,220	62,460	49,340	37,630	32,380

상여금의 원천징수

상여금도 원칙은 세금을 떼야 한다. 물론 안 걸리겠지? 생각하고 불법적으로 세금을 안 떼는 회사도 있다. 이는 오너의 판단이다.

상여금은 정기적인 임금 외에 추가로 발생하는 현금성 임금을 말한

다. 명절 상여금을 비롯해 성과에 따른 인센티브, 휴가 지원비 등이 포함된다. 결국, 상여금은 근로자에게 급여 외의 소득을 추가로 준 것을 의미하며, 이는 세법에서 비과세 급여로 규정하고 있지 않으므로 당연히 그에 따른 세금을 내야 한다.

비단 추석 상여금뿐만 아니라 직책수당, 연차수당, 출산보육수당, 연구보조비 또는 연구활동비, 사업자가 법령에 따른 직원부담분 대납액, 잉여금처분에 따른 상여, 인정상여, 성과상여금, 정근수당, 시간외근무수당, 명절휴가비, 특별보너스, 학자금, 연가보상비 등은 모두 세금 부과 대상이다. 명절처럼 특별한 날에 지급하는 현금이나 선물, 상품권 역시 마찬가지로 직원의 복리후생 차원에서 제공하는 것이더라도 현행 소득세법상 근로소득에 포함해야 한다. 즉 회사에서 복리후생비로 처리한다고 무조건 근로소득세를 안 내는 것이 아니라 소득세법에서 비과세로 규정한 것이 아니면 아무리 복리후생비로 처리해도 과세되는 급여가 된다.

↗ 상여금을 지급할 때 계산해서 지급하는 방법

구 분	계산방법
방법1	(1) 지급대상기간이 있는 상여 지급 시 원천징수세액 = (❶ × ❷) - ❸ ❶ = [(상여 등의 금액 + 지급대상기간의 상여 등외의 급여의 합계액) ÷ 지급대상기간의 월수]에 대한 간이세액표상의 해당 세액 ❷ = 지급대상기간의 월수 ❸ = 지급대상기간의 상여 등외의 급여에 대해 원천징수하여 납부한 세액

구 분	계산방법
	(2) 지급대상기간이 없는 상여 지급 시 원천징수세액 그 상여 등을 받는 연도의 1월 1일부터 그 상여 등의 지급일이 속하는 달까지를 지급대상 기간으로 하여 (1)의 방법으로 계산한다. ㈜ 그 연도에 2회 이상의 상여 등을 받는 경우 직전에 상여 등을 지급받는 날이 속하는 달의 다음 달부터 그 후에 상여 등을 지급받는 날이 속하는 달까지로 한다.
방법2	상여 등의 금액과 그 지급대상 기간이 사전에 정해진 경우에는 매월분의 급여에 상여 등의 금액을 그 지급대상 기간으로 나눈 금액을 합한 금액에 대해 간이세액표에 의한 매월분의 세액을 징수한다. ㈜ 금액과 지급대상 기간이 사전에 정해진 상여 등을 지급대상 기간의 중간에 지급하는 경우를 포함한다. 지급대상 기간이 없는 상여 지급의 경우 방법1의 (2)에 의한 방법으로 원천징수

[지급대상기간의 계산]

9월에 지급대상 기간이 없는 상여 및 지급대상 기간(7~9월)이 있는 상여를 지급하는 경우 지급대상 기간계산
- 지급대상 기간이 없는 상여의 지급대상 기간 : 9개월
- 지급대상 기간이 있는 상여의 지급대상 기간 : 3개월
- 9월 상여 전체의 지급대상 기간의 월수 : (9 + 3) ÷ 2 = 6

예를 들어 3개월에 한 번씩(3, 6, 9, 12월)에 상여금을 지급하는 경우 3월을 기준으로 설명한다.

❶ 1월과 2월은 평상시 급여로 간이세액표에 따라 원천징수

❷ 3월 평균 급여에 해당하는 간이세액 = (1월 + 2월 + 3월 급여 + 3월 상여금) ÷ 3에 해당하는 간이세액표 금액

❸ (❷의 간이세액표 소득세 × 3개월) − (1월 + 2월에 납부한 간이세액표 소득세)

상여금이 있는 달의 원천징수 세액

1. 지급대상기간 선택	
지급대상기간	4개월
2. 지급대상기간의 총급여	
월급여 합계액	20,000,000원
상여금	5,000,000원
3. 기 원천징수 된 세액	
소득세	1,006,410원
지방소득세	100,640원(소득세의 10%)
4. 공제대상 부양가족	
부양가족 수(본인 포함)	1인
근로자 신청률	100%

해설

(단위 : 천원)

월급여액(천원) [비과세 및 학자금 제외]		공제대상가족의 수				
		1	2	3	4	5
5,000	5,020	335,470	306,710	237,850	219,100	200,350
5,020	5,040	338,270	309,500	240,430	221,680	202,930
6,240	6,260	560,340	512,840	427,400	408,650	389,900
6,260	6,280	564,870	517,350	430,040	411,290	392,540

1. 월평균 급여액		6,250,000원	2,500만 원 ÷ 4
2. 간이세액표상 원천징수세액	소득세	560,340원	간이세액표
	지방소득세	56,030원	소득세 × 10%
3. 원천징수할 세액	소득세	2,241,360원	560,340원 × 4
	지방소득세	224,130원	소득세 × 10%
4. 기납부한 세액	소득세	1,006,410원	335,470원 × 3
	지방소득세	100,640원	소득세 × 10%
5. 차감 원천징수세액	소득세	1,234,950원	2,241,360원 − 1,006,410원
	지방소득세	123,490원	소득세 × 10%

↗ 연말정산 때 정산하는 회사

복리후생비 중 근로소득세가 과세되는 급여는 앞서 설명한 방식으로 기존급여에 가산해서 원천징수를 하는 것이 원칙이나 실무자에 따라서는 그 금액이 많지 않으므로 연말정산 시 합산해 계산 후 납부를 하는 실무자도 있다. 그해 1월~12월에 해당하는 급여는 모두 연말정산시까지는 꼭 정산해야 한다.

참고로 복리후생비를 요렇게 돌려서 처리하면 세금을 안 내거나 덜 낼 수 있다고 생각하는 실무자나 사장님도 많은데, 그건 가능한 일이 아니다.

근로소득으로 보지 않는 대가

아래의 경우는 근로소득으로 보지 않는다. 즉 원천적으로 근로자의 소득으로 보지 않으므로 근로소득세를 내지 않아도 된다.
⊙ 연 70만 원 이하의 단체순수보장성보험료(또는 단체환급보장성 보험료)
⊙ 사내근로복지기금으로부터 받는 용도 사업 범위 내의 금품
⊙ 퇴직급여 지급을 위한 사용자 적립금
⊙ 사업자가 종업원에게 지급한 경조금 중 사회통념상 타당하다고 인정되는 금액
⊙ 중소기업 종업원의 주거 안정을 지원하기 위해 회사로부터 주택의 구입·임차 자금을 저리 또는 무상으로 제공받음으로서 얻는 이익

근로소득의 비과세

급여총액에는 포함되지만, 세법에서 비과세로 규정함으로 인해 근로소득세를 내지 않아도 되는 소득이 있다. 이를 비과세 급여라고 하는데, 다음의 소득을 말한다.

⊙ 회사 규정에 따른 실비변상 정도의 여비 및 일·숙직비

일직은 정상 근무일 외 토요일이나 일요일에 근무하는 것이며, 숙직은 근무 종료 후 그다음 날 근무시간 전까지 근무하는 것이다. 일직과 숙직의 수당은 실제 근무 외에 일하는 것을 보전하기 위한 것으로서 실비변상적 성질의 급여는 비과세 된다.

회사 업무상 야근, 당직 등 밤에 업무를 할 경우, 정상적인 회사라면 최소한의 식대는 제공해야 할 것이다. 따라서 일직이나 숙직을 할 때, 이러한 실비변상 금액은 근로소득에 해당하지 않는다.

실비변상 정도의 금액에 해당하는지? 여부의 판단은 회사의 사규 등에 의하여 그 지급기준이 정해져 있고 사회통념상 인정되는 범위 내에서 비과세되는 급여로 보는 것이며, 숙직료 등을 월 단위로 모아서 지급한다고 할지라도 1일 숙직료 등을 기준으로 판단한다(법인 46013-3228, 1996.11.19.).

◎ 월 20만 원 이내의 현금 식대 또는 현물 식비는 전액, 둘을 같이 지급하는 경우(비과세 20만 원을 처리하면서 점심 식비는 법인카드로 결제하는 경우) 현물 식비는 비과세, 현금 식대 20만 원은 과세
◎ 국민건강보험, 고용보험, 국민연금 등 회사가 부담하는 4대 보험 금액
◎ 자가운전보조금(본인 차량을 회사업무에 이용하고 여비 대신 받는 경우로서 월 20만 원 한도로 하며, 회사에서 여비를 별도로 지급받으면서 자가운전보조금을 받는 경우는 20만 원은 과세대상 임)
◎ 자녀보육수당(6세 이하의 자녀보육과 관련하여 받는 급여로서 월 20만 원 이내의 금액)
◎ 육아휴직수당(고용보험공단에서 지급하는 육아휴직급여, 출산전후휴가급여, 공무원의 육아휴직수당, 배우자 출산휴가 급여, 사립학교(교)직원이 사립학교 정관 등에 의해 지급받는 육아휴직수당 등)
◎ 근로자 본인의 학자금 지원액(자녀학자금 지원액은 과세 대상임)
◎ 비출자 임원과 사용인이 사택을 제공받음으로써 얻은 이익(출자한 대표이사는 제외)
◎ 대학생이 근로의 대가로 지급받는 근로장학금
◎ 연구활동비(교원 및 연구 종사자가 받는 월 20만 원 이내)

- ⓞ 정액 급여가 210만 원 이하이고 직전 과세기간의 총급여액이 3,000만 원 이하인 생산직 근로자가 근로기준법에 따른 연장근로·야간근로 또는 휴일근로를 하여 통상임금에 더하여 받는 급여 또는 선원법에 의하여 받는 생산수당 중 연 240만원 이내의 금액(광산근로자 및 일용근로자는 급여총액)
- ⓞ 국외근로소득(국외에서 근로를 제공하고 받는 보수 중 월 100만원(외항선·원양어선 선원 및 해외 건설근로자 500만원 한도 등)
- ⓞ 벽지수당 또는 기자의 취재수당 중 월 20만 원 이내 금액
- ⓞ 이주수당(국가균형발전법에 따라 수도권 외의 지역으로 이전하는 공무원 등이 받는 이주수당 중 월 20만 원 이내)

↗ 월 20만원까지 비과세 되는 수당

다음의 항목들은 월 20만 원까지 비과세 근로소득에 포함되며, 월 20만원 초과액은 과세대상 근로소득에 포함되어 세금을 납부해야 한다.

구 분	내 용
자가운전 보조금	• 본인 소유 차량이어야 함 • 여비(출장비)를 받았다면 비과세소득 인정 안 됨
벽지, 승선수당	• 승선 수당 : 선원법 규정에 의한 선원 대상 • 함정 근무수당 : 경찰 및 소방공무원 대상 • 항공 수당 : 경찰 및 소방공무원 대상 • 화재진화수당 : 소방공무원 대상 • 벽지수당 : 벽지(외진 곳)에 근무하는 자를 대상

구 분	내 용
취재수당	• 방송, 뉴스, 신문 등의 언론기업에 종사하는 기자 대상 • 취재수당이 급여에 포함될 경우, 월 20만원을 취재수당으로 봄
연구보조비	• 교사, 연구원(국책연구기관, 중소, 벤처기업) 대상 • 방과 후 수업은 연구보조비 아님, 교과지도비는 연구보조비 포함
지방이전 기관 종사자 이주수당	• 수도권정비계획법 제2조 제1호에 따른 수도권 외의 지역으로 이전하는 공공기관(국가균형발전특별법 제2조 제10호)의 소속 공무원이나 직원에게 한시적으로 지급하는 이전지원금
식대	• 식대(돈)도 받고, 식사도 제공받았을 경우는 식사는 비과세, 식대(돈)는 과세
출산수당	• 근로자 또는 그 배우자의 출산과 관련하여 자녀의 출생일 이후 2년 이내에 사용자로부터 지급받은 금액 전액 비과세 : 사용자별로 최대 2회 지급횟수 적용. 특수관계자 제외
보육수당	• 만 6세 이하 자녀(자녀 수와 상관없이 월 20만 원까지 비과세) • 과세기간 개시일 기준 그해 말까지 적용 • 부부 각각 적용

↗ 조건에 따라 비과세 되는 수당

다음은 일정한 요건을 충족해야만 비과세 혜택을 누릴 수 있다.

구 분	내 용
국외근로수당	• 일반 : 월 100만원 한도 • 외항선원, 국외 건설(감리자 포함) : 월 500만원 한도
직무발명보상금	• 재직 중인 직원, 연 700만원 한도

구 분	내 용
생산직 근로자의 연장, 야간, 휴일수당	• 생산직 근로자 : 월급여 210만 원(연 3,000만 원) 이하인 자 (일용직 포함) 중 아래 하나에 해당하는 자 ❶ 공장, 광산근로자 ❷ 어업 근로자로서, 선장을 제외한 자(항해사, 기관사, 통신사, 의사 등은 포함) ❸ 운전원 및 관련 종사자 ❹ 배달, 수하물 운반종사자(집배원, 신문배달원 등) ❺ 미용·숙박·조리·음식·판매 등 서비스 관련 종사자 외 텔레마케팅, 대여 판매업, 여가 관련 서비스 • 생산직 근로자 중 광산/일용직의 수당 : 전액 비과세 • 이외 : 연 240만 원 한도

↗ 전액 비과세되는 수당

출산수당은 근로자 본인 또는 배우자의 출산과 관련하여 출생일 이후 2년 이내에 공통 지급규정에 따라 사용자로부터 지급(2회 이내)받는 급여 전액을 비과세한다.

2024년 수당 지급 시에는 2021년 1월 1일 이후 출생자에 대한 지급분도 포함한다. 다만, 기업 출산지원금을 조세회피에 활용하는 것을 막기 위해 사업주 또는 지배주주의 친족에게 지급하는 경우는 비과세 대상에서 제외한다.

❶ 2025년 1월 1일 이후 지급하는 출산지원금 : 자녀 출생일 이후 2년 이내 지급하는 분에 대해서 비과세 적용

❷ 2024년 1월 1일~2024년 12월 31일 지급한 출산지원금 : 개정 전 출산지원금을 지급한 기업에 대해서도 개정 규정을 적용하기 위해 자녀의 출생일이 2021년 1월 1일 이후인 경우 비과세 적용

4대 보험 적용

같은 사업장에서 1개월 이상 근로하게 되면 4대 보험 적용에 있어 일용근로자가 아니고 상용근로자가 되기 때문에 국민연금과 건강보험에 가입해야 한다.

① 근로계약서상 1개월 이상의 근로기간이 명시돼 있는 경우에는 실제 계속근로기간과 상관없이 최초 근로일을 기준으로 국민연금과 건강보험에 가입해야 한다.

② 만약 근로계약서상 근로기간이 1개월 미만이거나 근로계약서가 없는 경우라면 1개월간 근로일수 또는 근로시간을 기준으로 판단한다.

구 분	적용되는 경우
국민연금	1개월간 근로일수가 8일 이상이거나 1개월 근로시간이 60시간 이상이면 적용된다(국민연금법 시행령 제2조). 따라서 1개월 이상 근로하면서 근로일수가 8일 미만이라 하더라도 1개월간 근로시간이 60시간 이상인 때는 사업장 가입자로 적용된다.
건강보험	근로시간과 상관없이 고용기간이 1개월 동안 월 8일 이상 근로를 제공하는 경우 직장가입자로 적용된다.

국민연금

최초 근로일을 기준으로 1개월 미만의 기간만 근로하는 경우는 그동안의 근로일수나 근로시간에 상관없이 국민연금과 건강보험이 적용되지 않는다. 예를 들면 7월 10일부터 8월 9일까지만 근로하고 이후 근로내역이 없는 경우다.

그러나 1개월 이상 계속근로 내역이 있는 경우, 최초 1개월의 기간 근로일수가 8일 이상이거나 근로시간이 60시간 이상이면 최초 근로일부터 사업장가입자로 취득된다. 만약 최초 1개월의 기간(7월 10일 입사자의 경우 7월 10일~8월 9일까지)에 8일 이상 또는 60시간 이상의 기준을 충족하지 않았다면, 입사한 달의 다음 달 초일부터 말일까지의 기간(8월 1일~8월 30일) 동안 근로일수가 8일 이상이거나 근로시간이 60시간 이상인지 판단해, 두 가지 중 하나를 충족하는 경우 해당 월의 1일부터 사업장가입자로 가입된다.

다음의 경우는 적용이 제외된다.
- 만 60세 이상인 사람
- 타 공적연금 가입자
- 노령연금수급권을 취득한 자 중 60세 미만의 특수직종 근로자
- 조기노령연금 수급권을 취득하고 그 지급이 정지되지 아니한 자
- 퇴직연금 등 수급권자
- 국민기초생활보장법에 의한 수급자
- 1개월 미만 근로자(실제 1개월 이상 계속 사용되는 경우는 제외)
- 1개월 이상 근로하면서 월 8일 미만 일용근로자

ⓒ 1개월 이상 근로하면서 근로시간이 월 60시간 미만인 단시간 근로자

1일 입사자를 제외한 당월 입사 당월 퇴사자는 가입 대상이 아니다.

↗ 건강보험

건강보험은 근로시간과 상관없이 고용기간이 1개월 이상, 월 8일 이상 근로를 제공하는 경우 직장가입자로 적용된다. 따라서 같은 사업장에서 일한 지 1개월이 되는 날(7월 10일 입사자의 경우 7월 10일~8월 9일까지)까지 근로일이 8일 이상이면 최초 근로일부터 적용되고, 전월에 8일 미만 당월(8월 1일~8월 30일)에 8일 이상 근로한 경우는 해당 월의 1일부터 적용된다.

구 분	의미	예시	자격 취득일
1개월 이상 근로	최초 근로(고용)일부터 1개월이 되는 날까지 근로하거나, 그날 이후까지 근로한 경우		
월 8일 이상 근로	최초 근로(고용)일부터 1개월이 되는 날까지 8일 이상 근로한 경우	예를 들어 7월 10일~8월 9일까지 8일 이상 근로한 경우	최초 근로일
	다음 달 초일부터 말일까지 근로일수가 8일 이상인 경우	예를 들어 8월 1일~8월 30일까지 8일 이상 근로한 경우	전월 근로일(8일 미만)이 있고 해당 월 초일부터 말일까지 8일 이상 근로한 경우 : 해당 월 초일

[주] 월 초일부터 말일까지 8일 이상 근로해서 해당 월 초일에 건강보험 및 국민연금을

취득한 후 다음 달 초일부터 말일까지 근로일수가 8일 미만인 경우 해당 최종월 초일(1일)이 상실일이 된다. 반면 계속 8일 이상으로 최종근무일이 속하는 달까지 8일 이상 근무한 경우 상실일은 최종 근로일의 다음 날이 된다.

다음의 경우는 적용이 제외된다.
⊚ 1개월 미만 일용근로자(1개월 이상 계속 사용되는 경우는 제외)
⊚ 1개월 이상 근로하면서 월 8일 미만인 일용근로자
⊚ 1개월 이상 근로하면서 근로시간이 월 60시간 미만인 단시간 근로자
⊚ 의료급여법에 따라 의료급여를 받는 자
⊚ 독립유공자예우에 관한 법률 및 국가유공자 등 예우 및 지원에 관한 법률에 의하여 의료보호를 받는 자
⊚ 하사(단기복무자에 한함)·병 및 무관후보생
⊚ 선거에 의하여 취임하는 공무원으로서 매월 보수 또는 이에 준하는 급료를 받지 아니하는 자
⊚ 비상근 근로자
⊚ 소재지가 일정하지 아니한 사업장의 근로자 및 사용자
⊚ 근로자가 없거나 비상근 근로자 또는 1월간의 소정근로시간이 60시간 미만인 단시간 근로자만을 고용하는 사업장의 사업주

매년 전년도 분에 대해서 정산 방법에 따라 보험료를 산정, 정산한다.

↗ 고용보험과 산재보험

1개월 이상 상용근로자는 고용보험과 산재보험은 무조건 가입대상이다.

고용보험은 월간 소정근로시간이 60시간 미만인 근로자(1주가 15시간 미만인 자 포함)는 제외된다. 다만, 3개월 이상 계속하여 근로를 제공하는 자와 1개월 미만 동안 고용되는 일용근로자는 적용 대상이다.

고용보험은 다음의 경우는 적용이 제외된다.

- 65세 이상인 자(65세 이전부터 계속고용자는 적용. 단, 고용안정·직업능력 개발 사업은 적용)
- 1개월 미만자로서 월간 근로시간이 60시간 미만인 근로자. 단, 월 60시간 미만 근로자라도 3개월 이상 근로제공 시에는 적용가능하다.
- 1개월 미만자로서 주간 근로시간이 15시간 미만인 근로자(단시간 근로자) 다만, 근로를 제공하는 자 중 3개월 이상 계속하여 근로를 제공하는 자는 적용 대상이다.
- 공무원(별정직, 계약직 공무원은 2008년 9월 22일부터 임의가입 가능). 다만, 임용된 날부터 3개월 이내에 고용센터로 신청(3개월 이내 신청하지 않을 시 가입 불가)
- 사립학교교직원연금법 적용자
- 별정우체국 직원
- 외국인 근로자. 다만, 아래의 경우는 당연적용
  거주(F-2), 영주(F-5) 자격의 경우는 당연적용하며, 주재(D-7)·기업투자(D-8) 및 무역경영(D-9)의 경우는 상호주의에 따라 적용

반면, 산재보험은 전액 사업자가 보험료를 부담하는 보험으로써 근로자 가입 신고는 별도로 필요하지 않다. 1일을 근무하더라도 적용 대상이 된다.

상용근로자 당월입사 당월퇴사 4대 보험

당월 입사 당월 퇴사를 하는 경우라면 4대 보험과 관련해서는 고용보험 0.9%만 공제된다(건강보험료와 국민연금은 미공제, 산재보험료는 사업주만 부담).

공제되지 않는다고 해서, 애초에 취득 신고를 안 해도 된다는 뜻은 아니다. 즉 연금, 건강, 고용, 산재를 모두 취득 신고를 하긴 해야 한다. 다만 공제액 계산할 때 고용보험료만 공제하면 된다. 따라서 실무자들은 업무 편의를 위해 일용근로자로 다음 달 15일 신고하는 경우가 많다(일용직 근로자가 아님(모집 때 상용근로자)에도 단순히 해당 근로자가 짧은 기간 내에 그만두었다고 해서 상용근로자로 고용된 자를 4대 보험의 적용 자체를 하지 않는다는 것은 위법이다.)

건강보험이나 국민연금, 고용보험은 해당 월의 1일 취득이 아니면 보험료는 납부하지 않는다.

즉 입사일이 해당 월 1일의 경우 해당 월 4대 보험료가 모두 부과되고, 2일~31일의 경우 다음 달 1일부터 부과된다. 단 고용보험은 당월입사, 당월퇴사 시에는 입사 월에 부과된다.

 1일 출근 5일 근무 후 퇴사 4대 보험

근로계약 시 정규직 상용근로자로 계약한 후 5일 정도 다니던 직원이 갑자기 퇴사하는 경우 원칙은 상용근로자로 취득 신고와 상실 신고를 해야 한다.

그리고 1일 입사할 때는 건강보험, 국민연금, 고용보험도 가입대상으로 근로계약상 정상 월급을 기준으로 공제한다. 고용보험은 실제 지급된 금액을 기준으로 공제한다. 참고로 5일 근무하고 퇴사했는데 4대 보험 전체를 다 차감하고 지급받았다고 억울해하는 근로자도 있는데, 이는 1일을 입사일로 신고해서 발생하는 문제이다.

상여금이 있는 달의 4대 보험

상여 등으로 일시적으로 급여가 인상된 경우, 급여에 과세 수당을 합산하여 지급한다.

과세 수당에 합산되기에 요율로 공제하는 사업장은 인상 금액만큼의 4대 보험 및 소득세가 추가로 공제된다. 다만 고지서에 따라 공제하는 사업장은 인상분에 대해서 변경 신고를 안 했을 때는 우선은 고지 금액으로 계속 공제 및 납부 후 퇴직이나 연말정산 시 정산하는 방법도 하나의 방법이다.

인정상여 세금 원천징수

법인의 사업연도 중 매출누락, 가공경비 등의 실제 귀속자가 확인되지 않으면 대표자에 대한 상여처분이 되며, 이는 자진신고 또는 세무조사 결과에 의한 소득처분에 의해 발생한다.

법인세법에 의하여 상여의 소득처분(인정상여)을 하는 경우는 해당 법인에게 그 귀속자의 소득에 대한 원천징수 의무가 발생한다.

일반적으로 급여, 상여를 지급하는 시점에 소득세 등을 원천징수하고 세후 금액을 귀속자에게 지급하게 되는데, 인정상여가 발생하였을 때는 원천징수가 이루어지지 않았기 때문에 사후적으로 원천징수를 하고 그에 따라 원천세 신고를 하게 된다.

상여 처분받은 대표자 등은 근로소득세를 부담하는바, 당해 법인의 원천징수 등 세무 절차는 다음과 같다.

① 해당 금액을 포함하여 연말정산 수정
② 해당 금액에 대한 소득세 및 지방소득세 원천징수
③ 원천징수이행상황신고서 및 지급명세서 재작성 제출

인정상여의 발생원인 및 지급시기 의제

구 분	세무처리
자진신고	정기분 또는 수정신고 시 신고일자에 지급한 것으로 의제한다.
세무조사	세무서장이 통보하는 소득금액변동통지서를 받은 날 지급한 것으로 의제한다.

근로소득세 신고 절차

인정상여 금액과 해당 과세연도에 발생한 근로소득을 합산하여 연말정산을 다시 한 후 원천징수이행상황신고서 및 지급명세서를 재작성해서 신고 및 제출한다.

법인세 신고에 따라 인정상여가 발생한 경우 인정상여에 대한 지급시기는 법인세 신고일이 되고, 법인세 신고일의 다음 달 10일(4월 10일)까지 연말정산을 재정산하여 신고·납부 해야 한다.

수정신고가 아니므로 가산세는 없다.

구 분	세무처리
근로소득만 있는 경우	해당 연도 근로소득에 대한 연말정산을 지급시기의제일 다음 달 10일까지 재 연말정산 한 후 4월 10일 신고
다른 종합소득이 있는 경우	지급시기의제일 다음 달 10일까지 재 연말정산 후 다음다음 달 말일까지 해당 연도 종합소득세 신고를 다시 한다.

기타 고려 사항

인정상여의 귀속시기는 지급시기가 아닌 해당 사유가 발생한 날(근로를 제공한 날)이 속하는 사업연도로 한다.

인정상여 분을 추가하여 재 연말정산, 재 종합소득세 신고는 수정신고가 아닌 추가 자진신고로 보므로, 신고 및 납부불성실가산세를 부과하지 않는다.

인정상여 분도 당연히 근로소득공제, 근로소득세액공제가 적용된다.

인정상여로 발생하는 원천징수 세액은 반기별 납부 대상에서 제외된다. 즉, 반기별 납부자의 인정상여에 대한 징수 세액의 납부시기도 매월 납부자와 동일하게 반기별 납부를 배제하고 징수일이 속하는 달의 다음 달 10일(4월 10일)까지 납부한다. 따라서 반기별 납부자가 인정상여에 대한 소득세 등을 다가오는 반기별 납부기한인 7월 10일에 납부하는 경우는 원천징수지연납부가산세를 부담해야 한다.

 원천징수이행상황신고서 작성 요령

인정상여에 대한 연말정산 신고시 3월 10일까지 이미 제출한 원천징수이행상황신고서를 수정하는 것이 아니고, 별도의 서식으로 작성하여 제출해야 한다(4월 10일 정기분 원천징수이행상황신고서와 별도로 작성 후 제출). 즉, 인정상여가 발생한 경우 당초 신고서를 수정신고 하지 않고, 소득처분에 따른 금액과 추가 정산 세액만을 기재한 신고서를 별도로 작성하여 지급연월의 다음 달 10일까지 제출해야 한다.

■ 소득세법 시행규칙 [별지 제21호서식]   (10쪽 중 제1쪽)

① 신고 구분					[ ]원천징수이행상황신고서 [ ]원천징수세액환급신청서		② 귀속연월	2025년 2월
매월	반기	수정	연말	소득 처분	환급 신청		③ 지급연월	2025년 3월

원천징수 의무자	법인명(상호)		대표자(성명)		일괄납부 여부	여, 부
					사업자단위과세 여부	여, 부
	사업자(주민) 등록번호		사업장 소재지		전화번호	
					전자우편주소	@

❶ 원천징수 명세 및 납부세액   (단위 : 원)

소득자 소득구분			코드	원천징수명세					⑨ 당월 조정 환급세 액	납부세액	
				소득지급 (과세 미달, 일부 비과세 포함)		징수세액				⑩ 소득세 등 (가산세 포함)	⑪ 농어촌 특별세
				④ 인원	⑤ 총지급액	⑥ 소득세 등	⑦ 농어촌 특별세	⑧ 가산 세			
개 인 (거 주 자 · 비거 주 자)	근 로 소 득	간이세액	A01								
		중도퇴사	A02								
		일용근로	A03								
		연 말 정 산	합계	A04	1	50,000,000	10,000,000				
			분납신청	A05								
			납부금액	A06			10,000,000					
		가감계	A10	1	50,000,000	10,000,000				10,000,000	
수정신고(세액)			A90								
총 합 계			A99								

[인정상여 발생 시 원천징수이행상황신고서 작성 방법]

① 신고구분 : 소득처분 선택

② 귀속연월 : 당초 연말정산 시 귀속연월. 2024년 귀속 연말정산의 경우 2025년 2월에 하므로 2025년 2월로 기재한다.

③ 지급연월 : 소득처분이 있는 때가 속하는 연월. 소득금액변동통지서를 수령한 달

④ A04란

가. 인원 : 소득처분 인원

나. 총지급액 : 소득처분 금액

다. 소득세 등 : 연말정산 수정분 추가 납부세액

⑤ A90 수정신고 세액에 기재하지 않는 것에 주의한다.

지급명세서 제출

신고 연도 4월 10일까지 매월 납부자 및 반기납부자 모두 상여처분된 금액이 반영된 지급명세서를 제출한다. 즉, 재작성된 지급명세서(원천징수영수증)를 원천징수이행상황신고서와 함께 제출해야 한다.

 원천세 신고 및 납부

신고연도 4월 10일까지 매월 납부자 및 반기납부자 모두 차감징수세액의 차이 금액을 납부한다(매월 납부자, 반기별 납부자).

 인정상여 지방소득세

지방소득세 신고·납부 시에 인정상여를 포함해야 한다. 인정상여의 납세의무 성립 시기는 소득금액변동통지서를 받은 날 또는 수정신고일이다.

> 인정상여에 대한 지방소득세 납세의무 성립 시기 신설(지방세기본법 제34조 제2항)
> 인정상여란 기업의 불분명한 손금 처리를 임직원의 상여로 간주하는 것으로 지방소득세 신고납부 대상이다. 인정상여는 주로 법인세 신고·조사 과정에서 파악되므로 실제 지급시기 이후에나 확인이 가능하다. 그런데 종전 규정에는 지방소득

세의 납세의무 성립시기를 급여를 지급하는 때로만 규정하고 있어 법인세 신고·조사 시에 확인되는 인정상여는 신고·납부 기한을 지난 것으로 보아 가산세 대상이 되는 불합리한 점이 있었다. 이러한 점을 개선하기 위하여 인정상여에 대한 지방소득세의 납세의무 성립 시기를 국세와 동일하게 소득금액변동통지서를 받은 날 또는 수정신고일로 개정하였다.

인정상여 금액의 법인 대납

사외유출된 금액의 귀속이 불분명하여 대표자 상여로 지급받은 것도 없는데, 지급받은 것으로 보고 소득세를 납부해야 하므로 대표자는 억울할 수 있다.

그래서 실무적으로 대표자 상여처분된 근로소득세 원천징수 부분을 법인이 대납하는 경우가 있다.

법인이 대표자 상여로 처분된 소득세 등을 대납하고 이를 손비로 계상하거나 대표자와의 특수관계가 소멸될 때까지 회수하지 아니함에 따라 익금에 산입한 금액은 기타사외유출로 처분하고 이 대납액은 인정이자 대상 가지급금에 포함하지 않는다.

하지만, 주의할 점은 귀속이 불분명하여 대표자 상여로 처분한 금액에 대한 소득세 등 대납인 경우에만, 위와 같이 처리하는 것이지 실질적으로 대표자에게 지급된 금액에 대한 근로소득세 등을 법인이 대납한 경우는 대표자에게 회수하지 않으면 대표자에게 상여 처분을 한다.

구 분	귀속자가 불분명하여 대표자 상여로 처분된 금액	대표자에게 귀속되었음이 분명한 경우
대납시 손비처리한 경우	손금불산입하고 기타사외유출로 처분한다.	손금불산입하고 상여 처분한다.
대납시 대여금처리 하고 특수관계 소멸시 손비처리 한 경우	소득세 대납액을 업무무관가지급금으로 보지 아니함 → 지급이자 손금불산입 및 인정이자 계산하지 않음	소득세 대납액을 업무무관가지급금으로 봄 → 지급이자 손금불산입 및 인정이자 계산함
	특수관계 소멸로 손비처리시 손금불산입하고 기타사외유출로 처분한다.	특수관계 소멸로 손비처리시 손금불산입하고 상여처분한다.

특수관계 소멸 후 원천세대납액의 대손처리(법인, 서면 인터넷 방문 상담 2팀 -659, 20 06.04.24.)
법인이 소득금액의 경정으로 해당 사업연도에 재직하던 대표자에게 상여처분된 금액에 대하여 해당 세액을 원천징수의무자로서 법인이 대납하였으나 대표자의 무재산 등으로 법정 대손 사유에 해당하는 경우는 이를 손금에 산입할 수 있음

인정상여와 건강보험료

인정상여로 추가된 소득은 건강보험료 보수에 포함되지 않는다. 건강보험 실무편람에 보면 법인 대표자 인정상여는 제외한다고 하고 있다. 다만 판례 취지상 귀속 불분명으로 대표이사에게 처분된 금액만 제외인 것으로 판단된다.

퇴직 후 추가로 지급하는 성과급 원천징수

 성과급의 원천징수 시기

해당 성과급이 영업실적, 인사고과에 따른 계량적, 비계량적 요소를 평가하여 그 결과에 따라 차등 지급하는 성과상여금에 해당하는 경우라면, 해당 성과상여금은 직원들의 개인별 지급액이 확정되는 연도가 된다. 즉 성과급은 결국 언제 결정했느냐가 성과급 귀속시기가 좌우된다.

구 분	세무처리
손금산입	법인 임직원의 성과급, 상여금의 지급 유무와 지급 방식을 결정한 날이 속하는 사업연도가 귀속시기
원천징수	개인별 영업실적, 인사평가 및 고과평가 등에 따라 개인별 성과급을 차등하여 지급하는 경우 개인별 지급액이 확정되는 연도가 귀속시기

예를 들어 2024년 성과급을 2025년 1월 2일에 최종적으로 결정했다면, 2025년으로 성과급 귀속시기를 결정하는 것이 맞다. 반대로 전년

도인 2024년 경영성과 및 개인별 성과평가를 12월 31일까지 모두 마무리 및 통지했다고 하면, 실제 성과급 및 인센티브 지급 시기가 2025년으로 결정되더라도 해당 성과급 귀속시기는 2024년으로 손금 및 원천징수 처리를 마무리해야 한다.

퇴직 후 성과급의 원천징수 시기

퇴직 후 받는 해당 성과급은 근로소득에 포함된다.

퇴직 후 지급되는 성과급은 근로소득에 해당하며, 귀속시기는 직원들의 개인별 지급액이 확정되는 연도가 된다. 따라서 근로자가 퇴직한 후에 2024년도의 업무성과 등의 계량적, 비계량적 요소를 평가하여 2024년에 확정했다면, 해당 성과급은 2024년도 귀속으로 봐야 한다. 그리고 해당 성과급을 지급하는 때에 2024년 중도 퇴사자 근로소득 연말정산 분과 합산하여 재정산한 소득세를 원천징수한다.

이 경우 성과급에 대하여 근로소득 연말정산을 다시 하여 추가 납부할 세액만 납부하면 된다. 중도 퇴사 시 근로소득 연말정산을 받은 자는 이후 성과급 지급 시 원천징수이행상황신고서의 간이세액(A01) 란에 기재하지 않고, 중도퇴사(A02)란에 근로소득 재 연말정산에 따른 추가 지급액과 추가 납부세액만 기재하면 된다.

퇴직 후 성과급의 4대 보험 정정신고

퇴직 후 성과급 지급시 4대 보험 공제는 근로의 대가로 지급되는 성과급에만 공제된다. 불확정적이고 일시적인 성과급은 공제되지 않는다. 퇴사일 기준으로 정정신고를 해야 하며, 근로소득에 포함되어 다음 해 소득신고 시 공제된다. 단체협약이나 취업규칙 등에 지급조건이 명확히 정해져 있는 경우에는 성과급이 임금에 해당하는 것으로 해석될 수 있다.

퇴사 후 14일 경과 후에 성과급 지급시 4대 보험도 공제해야 하지만 지급 시점으로 취득하는 것은 맞지 않고, 퇴사일 기준으로 정정신고를 해야 할 것이다.

자세한 사항은 공단에 문의해 보세요

외국인 근로자 세금 원천징수

 외국인 근로자의 매월 원천징수

외국인 근로자(외국인인 임원 또는 사용인을 말하며 일용근로자는 제외함)가 받는 근로소득으로서 국내에서 최초로 근로를 제공한 날부터 20년 이내에 끝나는 과세기간까지 받는 근로소득에 대한 소득세는 종합소득세율을 적용하는 대신 해당 근로소득에 19%를 곱한 금액을 그 세액으로 할 수 있다. 즉, 외국인 근로자의 근로소득에 대해서는 국내 근로자와 동일하게 간이세액표에 따라 원천징수 하는 방법과 단일세율 19%를 적용해서 원천징수 하는 방법 중 선택해서 적용할 수 있다.

① 외국인 근로자는 단일세율(19%) 적용 방식
② 내국인 근로자의 연말정산(간이세액표 원천징수) 방법 중 선택이 가능하다.

단일세율 적용을 신청한 외국인 근로자의 경우 소득세와 관련된 비과세 공제, 감면, 소득 및 세액공제에 관한 규정이 적용되지 않으므로, 사용자가 부담하는 국민건강보험료와 고용보험료도 과세표준에 포함된다.

그리고 해당 근로소득은 종합소득세 과세표준의 계산에 합산하지 않는다.

과세특례 적용기한은 국내에서 최초로 근로를 제공한 날로부터 20년 이내 끝나는 과세기간이며, 외국인 근로자는 해당 과세연도 종료일 현재 대한민국의 국적을 가지지 않은 사람만 해당한다. 대한민국 국적을 가진 재외국민은 외국인 근로자 과세특례 적용 대상을 받을 수 없다.

외국인 근로자에 대한 과세특례를 적용받으려는 외국인 근로자는 근로소득 세액의 연말정산 또는 종합소득 과세표준확정신고를 하는 때에 근로소득자 소득·세액공제신고서에 기획재정부령으로 정하는 외국인 근로자 단일세율적용신청서(조세특례제한법 시행규칙 별지 제8호 서식)를 첨부하여 원천징수 의무자·납세조합 또는 납세지 관할 세무서장에게 제출한다.

외국인 근로자의 연말정산

우리나라 거주자인 외국인은 원칙적으로 1년 동안의 모든 국내외 근로소득에 대하여 합산하여 연말정산을 해야 한다. 다만, 해당 과세기간 종료일로부터 과거 10년 동안 국내에 주소나 거소를 둔 기간의 합계가 5년 이하인 외국인 거주자는 국내에서 지급되거나, 국외에서 지급되었으나 국내로 송금된 국외근로소득에 대해서만 합산해서 연말정산을 한다.
❶ 국내에서 제공하는 근로의 대가로서 받는 급여
❷ 거주자 또는 내국법인이 운영하는 외국 항행 선박, 원양어업선박 및 항공기의 승무원이 받는 급여
❸ 내국법인의 임원 자격으로서 받는 급여
❹ 법인세법에 따라 상여로 처분된 금액

비거주자의 국내 원천근로소득에 대한 소득세의 과세표준과 세액계산에 관하여는 거주자에 대한 소득세의 과세표준과 세액계산에 관한 규정을 준용한다. 다만 인적공제 중 비거주자 본인 외의 자에 대한 공제와 특별소득공제, 자녀 세액공제 및 특별세액공제는 적용되지 않는다.

 외국인 사택제공이익 19% 단일세율 적용 문제

단일세율 과세특례를 적용받는 외국인 근로자의 사택 제공이익은 근로소득에서 제외한다.

Q. 외국인이 우리나라에 잠깐 들어와서 저희 기관에 강연을 하고 자문을 했는데요. 자문료와 강연료를 지급할 때, 외국인도 기타소득세를 원천징수 할 수 있나요?
A. 비거주자는 소득세법상 국내원천소득에 대해서만 납세의무가 있고, 인적용역에 대한 소득은 용역을 제공한 국가에 소득의 원천이 있는 것으로 판단하고 있습니다.
비거주자가 국내에서 수행한 강연용역은 기타소득이 아닌 인적용역 소득에 해당되고, 한국과 비거주자의 거주지 국가 간 체결된 조세조약이 있는 경우에는 해당 조세조약의 인적용역 규정에 따라 최종적인 과세 여부를 추가로 판단해야 합니다.
조세조약은 인터넷 국세법령정보시스템에서 확인할 수 있으며, 조세조약 내용만으로 확

인이 어렵다면, 비거주자의 거주지국과 체류 일수 등을 확인해서 문의하면 정확한 답변을 받을 수 있습니다.

Q. 비자를 받고 체류자격을 얻은 외국인 대표님이 급여를 받아갈 때에는 단일세율을 적용해야 하나요? 간이세액표대로 적용해도 될까요?
A. 단일세율 적용은 의무사항이 아니라 선택사항입니다. 근로소득간이세액표대로 원천징수하고, 해당 외국인 대표가 세법에 따른 과세특례 요건을 충족해 신청한 경우는 단일세율을 적용하면 될 것으로 판단됩니다.

Q. 고용증대세액공제 대상인 상시근로자에 외국인 근로자도 포함되나요?
A. 고용증대세액공제를 적용하는 상시근로자는 근로기준법에 따라 근로계약을 체결한 내국인 근로자에 해당합니다. 하지만, 대한민국 국적을 보유하지 않은 외국인 근로자도 소득세법에 따른 거주자에 해당하면 상시근로자에 포함됩니다. 소득세법에 따라 국내에 183일 이상 주소나 거소를 둔 개인은 거주자로 봅니다.

Q. 미국 국적이면서 한국에 거주하고 있는 직원인데, 2010년 9월에 입사해서 2018년 12월 말까지는 단일세율을 적용하고, 지금까지는 과세표준세율을 적용하고 있습니다. 외국인 단일세율에 대한 법이 개정됐다고 하는데, 이 근로자는 올해부터 다시 단일세율을 적용할 수 있나요?
A. 개정된 세법에 따라 외국인 근로자에 대한 과세특례제도(19% 단일세율 적용)는 과세기간 종료일 현재 대한민국 국적을 갖지 않은 외국인이 2023년 12월 말 이전에 국내에서 최초로 근로를 제공하기 시작한 경우, 최초 근로제공일부터 20년 이내의 근로소득에 대해 적용하는 것입니다.
다만, 이 규정은 2023년 1월 1일 이후부터 시행되기 때문에 질문의 외국인 근로자는 2023년부터 다시 단일세율 특례를 적용받을 수 있을 것입니다.

Q. 총급여 3,000만원 미만인 외국인 근로자의 연장근로수당은 비과세라고 하던데요. 연도 중에 이직한 경우는 어떻게 적용되나요?

A. 직전 과세기간의 근로소득을 합산한 총급여가 기준이기 때문에 해당연도의 급여액을 합산해서 3,000만 원 이하인지를 판단해야 할 것으로 판단됩니다.

Q. 외국인 단일세율을 적용받는 직원은 과세금액의 19%를 소득세로 원천징수하는 것으로 알고 있습니다. 그런데 외국인이면서 중소기업 청년 소득세 감면 대상(90%)이 되는 경우는 어떻게 적용하는 것일까요? 단일세율과 감면을 중복 적용해도 되는지요?
A. 조세특례제한법에 따라 외국인 근로자가 단일세율을 적용받은 근로소득은 소득세 관련 비과세나 공제, 감면 및 세액공제에 관한 규정을 적용하지 않습니다. 또 소득세법에 따른 종합소득세 과세표준에 합산하지 않습니다. 따라서 단일세율을 적용받은 근로소득에 대해서는 중소기업 취업자 소득세감면 등의 공제와 감면을 적용받을 수 없는 것으로 판단됩니다.

Q. 수원에 있는 건설사업자인데요. 앙골라에 있는 현지 회사와 건설용역계약을 하고, 앙골라 현지 노동자를 고용한 후 급여를 지급했습니다. 외국에서 외국인 일용근로자를 고용해 급여를 지급하는 경우에도 원천징수를 해야 하나요?
A. 국외 건설 현장에서 현지인 등 외국인 근로자를 고용해 급여를 국내에서 지급할 때, 그 인적용역이 전적으로 국외에서 제공된 경우라면, 비거주자의 국외원천소득이 해당되어 국내에는 과세되지 않는 것입니다. 원천징수 의무도 없기 때문에 경비처리를 위해 관련 증빙(계약서, 인보이스, 송금명세서 등)만 보관하면 되며, 영수증수취명세서에서 비거주자와의 거래란에 건수와 금액을 적은 후 종합소득세 신고 시에 제출하면 되겠습니다.

Q. 외국 법인이며 대표자도 외국인입니다. 외국인 이름으로 공인인증서를 발급받아 세금계산서 발행이 가능한가요?
A. 세금계산서는 국내사업장 간의 거래로 국내에 법인이 있는 경우에만 발급이 가능합니다. 외국 법인도 국내에 사무소가 있는 경우에는 세금계산서 발급이 가능합니다. 국내 사업자가 있는 경우에는 해당 사업자등록번호로 발급받은 인증서나 보안카드를 이용해 전자세금계산서 발급이 가능합니다. 다만, 외국인 인증서로 발급은 불가합니다.

당월 입·퇴사 급여 공제 방법

 급여(지급액) 계산

구 분	급여
기본급 및 기본수당	일반적으로 일할 계산(내부규정에 따라 다름) 근로기준법에서는 급여 일할계산 방법에 대해 규정하고 있지 않으므로 실무에서는 최저임금법을 어기지 않는 범위 내에서 회사마다 다음의 3가지 방법 중 1가지 방법을 사용한다. ❶과 ❷는 일수에 토요일 포함, ❸은 토요일 제외(단, 토요일이 유급인 경우 포함) ❶ 급여 ÷ 30일 × 근무일 수 ❷ 급여 ÷ 역에 따른 일수(그달의 달력 날짜인 28~31일) × 근무일수 ❸ 급여 ÷ 209시간 × 실제 유급 근무일 수 × 8시간
시간외수당	통상임금 기준으로 계산 5인 이상(5인까지) 사업장은 통상시급의 1.5배 5인 미만(4인까지) 사업장은 통상시급의 1배
연차수당	1개월을 채우지 못했으므로 미발생

공제액 계산

4대 보험료

1일 입사자(공제)를 제외하고는 다음과 같이 처리한다.

구 분	급여에서 공제 여부
국민연금	당월입사 당월퇴사 시 부과되지 않음 : 급여에서 미공제
건강보험	당월입사 당월퇴사 시 부과되지 않음 : 급여에서 미공제
고용보험	(받은 급여 − 비과세 급여) × 보험료율 : 공제 필요

공제되지 않는다고 해서, 애초에 취득신고를 안 해도 된다는 뜻은 아니다. 국민연금, 건강보험, 고용보험, 산재보험 모두 취득신고 및 상실신고를 해야 한다. 다만 공제액을 계산할 때 고용보험료만 공제하면 된다.

1일 입사자와 1일 이후 입사자는 다음과 같은 차이가 있다.

구 분	급여에서 공제 여부
1일 입사자	• 국민연금, 건강보험료 및 고용보험료 공제
2일~말일	• 고용보험료만 공제 • 국민연금은 취득 월 납부 희망이 가능하나 당월에 취득신고 + 상실 신고를 함께하는 경우 국민연금에 취득신고서상 취득 월 납부 희망 부분과 상실신고서상 초일 취득·당월 상실자 납부 여부 부분에 둘 다 체크를 안 하고 신고하는 게 유리하다.

◎ 상실신고서상 건강보험 부분 중 해당연도 보수총액란에 입력하여 정산되게 신고
◎ 고용·산재도 퇴사시 해당연도 분 보수총액 입력 시 정산되는 걸로 바뀌었지만, 어차피 산재는 회사만 부담하는 것이라 의미가 없고, 고용보험은 급여 지급 시 실지급액에 대해 정확히 고용보험료율을 곱해 원천징수 했으면 문제가 없으므로, 회사랑 직원 간 정산할 금액이 없다.

근로소득세 및 지방소득세

근로소득세는 간이세액표에 따라 급여에서 공제하면 된다.

신고 편의를 위해 며칠 근무하지 않은 직원은 일용근로자로 신고하는 경우도 있다.

참고로 공제대상이 본인만 있는 경우는 1,060,000원, 공제대상이 2인인 경우는 1,340,000원, 3인인 경우는 1,720,000원, 4인인 경우는 1,890,000원까지 납부할 세액이 없다.

물론 당월입사 당월퇴사의 경우 중토퇴사자 연말정산을 해도 일반적으로 납부할 세액이 발생하지 않으므로 근로소득공제와 본인에 대한 기본공제와 표준공제, 근로소득세액공제만 적용해서 연말정산을 하면 된다.

해외 파견근로자 세금 떼는 법

거주자와 비거주자의 판단 기준

해외파견 근로자의 경우 현행 소득세법은 내국법인의 국외 사업장에 파견된 임원 또는 직원이 생계를 같이하는 가족이나 재산상태로 보아 파견기간 종료 후 재입국할 것으로 인정되는 때에는 파견기간이나 외국의 국적 또는 영주권의 취득과는 관계없이 세법상 국내 거주자로 본다고 규정하고 있다. 여기서 거주자란 국적과 관계없이 국내에 주소를 두거나 1 과세기간에 183일 이상의 거소(居所)를 둔 개인을 말하며, 비거주자란 거주자에 해당하지 않는 자를 말한다.

거주자의 경우 국내 및 국외에서 발생한 모든 소득에 대하여 과세하되, 외국에서 납부한 세액은 세금으로 납부할 총세액에서 공제받을 수 있다.

국내 급여지급분에 대한 원천징수

해외 지사 등에 파견된 임직원에게 지급하는 급여에 대해서 국내에서 지급하는 금액의 경우 국내 원천근로소득에 해당하는 것이므로, 매월 간이세액표에 의하여 원천징수를 해야 하며, 연말정산 및 지급명세서도 동일하게 처리한다.

파견 직원이 파견 후에도 내국법인에서 행하던 업무를 지속적으로 수행할 예정이면, 파견 직원에 대한 급여를 손금 처리하는 것 또한 큰 무리가 없다(서면 2팁-1251, 2005.08.01.). 다만, 해외 파견직원의 수행 업무 중 내국법인에서 수행하는 업무와 해외 현지 법인에서 수행하는 업무를 겸임하는 경우 인건비를 안분해서 손금산입하도록 예규에서 밝히고 있으므로(법인 46012-1532, 1996.05.28.) 파견 직원과의 계약관계에 있어 한국에서 지급하는 대금의 경우 내국법인 업무의 근로에서 발생하는 소득임을 명시하는 것이 더욱 명확히 관계를 규정할 수 있을 것으로 판단된다.

↗ 급여를 외화로 지급받는 경우 환율

급여를 외화로 지급받는 경우 당해 급여를 지급받는 날 현재 외국환거래법에 의한 기준환율 또는 재정환율에 의하여 환산한 금액을 근로소득으로 한다.

이 경우 급여를 정기급여지급일 이후에 지급받은 때에는 정기 급여일 현재 외국환거래법에 의한 기준환율 또는 재정환율에 의해 환산한 금액을 당해 근로소득으로 본다.

🗗 국내 대금 지급분 중 비과세소득

국외 근로자에 대한 비과세 급여를 열거하고 있으며, 일반적인 파견근무의 경우 국외에서 근로를 제공하는 근로자에 해당하므로 월 100만 원(건설노무 500만 원, 건설 현장 지원 100만 원)까지 비과세 요건에 해당한다. 이에 따라 해외 파견자에게 급여를 지급하면서 원천징수를 할 경우 매월 급여총액에서 100만 원을 비과세로 공제한 후 간이세액표에 의하여 원천징수를 한다.

추가로 고려해 볼 사항은 해외 파견자에게 제공하는 급여 중 실비변상적 급여에 해당하는 경우(체제비, 실비변상적 성질의 여비)일 경우 근로소득세법상 비과세 급여에 속할 수 있다. 이에 대해 근로자가 업무수행을 위하여 출장함으로 인하여 실지 드는 비용으로 지급받는 금액은 비과세 급여에 해당하는 것이나, 실지 소요된 비용과 관계없이 여비출장비 등의 명목으로 일정 금액을 정기적으로 지급받는 금액은 근로소득에 해당한다(소득 46011-3478, 1997.12.30.).

🗗 국외 근로소득의 근로소득공제

국외 근로소득에 대해서도 국내 근로소득과 동일하게 근로소득공제를 적용한다.

해외급여 지급분에 대한 원천징수

해외 파견자에게 현지법인이 세금을 부과하여 납부할 경우 해당 부분은 외국납부세액에 해당하므로 추후 종합소득세 산출세액 계산 시 외국납부세액으로 보아 공제가 가능하다.

외국납부세액 공제는 거주자의 국외원천소득에 대해 외국 정부가 소득을 과세표준으로 해서 조세조약 및 자국 세법에 따라 적법하게 확정하여 납부한 경우 국외원천소득에 대한 이중과세를 조정하기 위해 세액공제를 적용한다. 단, 국외원천소득이 외국 정부에 신고·납부한 세액임을 외국 정부가 발행한 납세증명서로 입증해야 한다.

필요 서류를 살펴보면 다음과 같다.

⊙ 외국 정부가 발행한 납세사실증명원

⊙ 외국 정부에 신고 된 원천징수영수증

⊙ 납세영수증

⊙ 용역계약서 및 송금 증빙

해외 현지법인의 장부상 회계처리 된 내역만을 가지고 회사에서 임의로 작성한 서류와 이체 내역만으로는 외국납부세액 납부 사실이 입증될 수 없다.

관할 세무서장이 추가로 서류를 요청할 수도 있다.

예를 들면 근로자가 A국내 법인에서 임원으로 근무하던 중에 A의 미국 자회사인 B국외 법인으로 파견, B국외 법인에서는 미국 법에 따라 원천징수 후 근로자에게 급여를 지급하고 있고, A국내 법인에서도 급여를 지급하고 있는 경우

국외원천소득에 대한 이중과세를 조정하기 위해 위에 나열된 서류들을 종합소득세 신고 시 제출하면 국외에서 원천징수 당한 세액은 외국납부 세액공제를 받을 수 있다.

해외 근로소득이 있는 근로자는 종합소득세 신고

국내 근로소득과 해외 근로소득이 있는 경우, 5월에 소득세 신고를 해야 한다. 즉, 해외 근로소득은 국내 근로소득처럼 2월에 연말정산을 할 수 없다. 따라서 연말정산이 끝난 국내 근로소득에 국외 근로소득을 합친 금액을 작년에 총 벌어들인 근로소득으로 봐서 5월에 다시 종합소득세 신고를 해야 하는데, 이때 필요한 자료는 다음과 같다.

⊙ 연말정산 한 원천징수영수증
⊙ 주민등록등본(부양가족 중에서 소득이 있는 사람 별도로 구분), 가족관계증명서(비동거 부양가족), 장애인등록증
⊙ 해외 근로소득 원천징수영수증(총급여, 총납부세액이 나와야 한다)
⊙ 해당연도 월별 급여지급일에 지급된 외화 급여 + 해당연도 월별 급여지급일에 납부한 외화 원천세
⊙ 연말정산 했을 때 제출했던 연말정산 간소화 자료 및 소득공제를 못 받은 증빙서류

외화로 지급받은 급여의 경우 원화 환산은 외화로 지급받은 날 기준 환율로 환산한 금액을 근로소득으로 본다.

해외에서 납부한 원천세는 국내처럼 기납부 세액공제를 받을 수 없고 외국납부세액공제를 받아야 하는데, 외국납부세액공제 계산을 위해서 월별로 납부한 외화 원천세와 지급일이 파악되어야 정확한 계산을 할 수가 있다.

보통 국외 근로소득이 아주 작지 않으면, 신고서 작성 시 세액환급이 많이 일어난다.

해외주재원의 4대 보험 처리

구 분	건강보험	국민연금	고용보험	산재보험
국내급여 지급 시	근무처 변경신고 및 보험료 감면신청 • 피부양자 전원 이주 시 전액 감면 • 피부양자 국내 체류 시 50% 감면 • 국내 일시 귀국 시 재발급 가능 및 보험료 납부	국내에서 소득 발생 시 국내사업장에 가입 및 보험료 납부	고용관계 유지 및 보험료 납부	해외파견자 산재보험 별도 신청 가입
현지에서 100% 급여지급		사회보험협정에 따라 별도 처리	고용보험 자격 유지 및 보험료 납부예외 가능	
비고	급여지급 주체와 관계없이 국내에 피부양자가 있을 경우 보험료 반액을 납부함 (현지 지급 시 원천징수 문제)	• 중국 : 보험료 면제 협정 • 일본 : 보험료 면제 협정 • 미국 : 보험료 면제, 가입기간 합산(현지 지급 시 원천징수 문제)	고용보험 관계 유지	급여 지급 주체와 관계없이 파견자에 대한 산재보험료는 별도 납부
보험료 산정기준	국내에서 소득 지급 시에는 국내 소득신고 금액으로 산정한다. 현지 지급 시에는 별도 신고	현지에서 지급 시에도 사업장 가입자격 유지를 위해서 보험료를 국내에 납부해야 한다.	해외 파견자 고용보험 신청 시 보험료 납부 예외	해외 파견자 산재보험 별도 신청 시 급여액 신고

주 15시간 미만 초단시간근로자 세금 떼는 법

1주 15시간 미만 초단시간 근로자는 국민연금, 건강보험, 고용보험 가입대상이 아니나 만 3개월 이상 근속 시 최초 입사일 기준으로 고용보험은 취득이 된다.

또한 초단시간 근로자를 상용근로자로 신고하면 고용·산재만 가입해도 된다.

급여 106만 원(비과세 차감 후 금액)인 공제대상자가 1인 즉 본인만 있는 경우는 근로소득세 공제액이 없으며, 공제 대상자가 2인의 경우 134만 원, 3인 172만 원의 경우 근로소득세 공제액이 없다.

따라서 급여 106만 원, 주 15시간 미만 근로자는 상용근로자로 신고하지 않는 이상 급여에서 공제하는 금액은 없다.

참고로 실업급여 혜택을 위해 주 15시간 미만 근로자에 대해 회사가 고용보험료를 부담해 줄지는 의문이다.

출산휴가기간 세금 떼는 법

고용보험법에 따라 지급받는 출산휴가/육아휴직 급여는 비과세 항목(지급명세미제출)에 해당하므로 연말정산시 총급여에 포함되지 않으며, 근로소득세 계산 시에도 포함하지 않는다.

따라서 급여 450만 원을 받는 근로자가 고용보험법에 따라 210만원을 출산휴가급여로 지원받는 경우 (450만원 – 210만원)을 기준으로 간이세액표에 따라 원천징수 납부한다.

 4대 보험

시 작	복 직
• 4대 보험 납부예외신청(건강보험은 제외) • 출산휴가확인서 접수(고용보험)	• 건강보험 : 휴직자 등 직장가입자 보험료 납입고지 해지신청서 제출 • 국민연금보험 : 연금보험료 납부재개신고서 제출 • 고용·산재보험 : 별도의 신고 없음

국민연금	건강보험	고용보험	산재보험
납부예외 인정	납부유예	납부예외 인정	납부예외 인정

납부예외는 안 내도 되는 것이고, 납부유예는 일정기간 후 납부해야 하는 것이다.

 건강보험

건강보험료는 납부예외는 안 된다. 다만, 납부유예는 가능하다.
출산전후휴가 기간동안 건강보험료는 계속 납부해야 한다. 휴가 직전 납입하였던 월별 보험료 그대로 납입하게 된다.
출산전후휴가 기간은 연말(퇴직)정산 근무월수에 포함하므로 "휴직자 등 직장가입자 보험료 납입고지유예신청"을 할 필요가 없으나, 만약 "휴직자 등 직장가입자 보험료 납입고지 유예신청"을 하면 '89 그 밖의 사유' 대상이므로 경감은 적용되지 않으며, 연말(퇴직)정산 시 근무월 수에서 제외되어 보험료 부담이 많게 됨에 주의해야 한다.

 고용보험

고용보험은 지원금 이외의 보수를 지급받을 시 소득세법에 따른 근로소득이 있는 경우 해당 금액에 대하여 부과한다.
참고로 산재보험은 지원금 이외의 보수를 받더라도 휴직기간동안은 보험료를 미 부과한다.
대기업의 경우 출산휴가 90일 중 회사 측에서 임금을 받는 최초의

60일분에 대해서는 근로자가 고용보험료를 납부해야 한다. 그리고 나머지 30일에 대해서만 고용지원센터에서 출산휴가급여를 받으므로 고용보험료를 납부하지 않아도 된다.

우선지원대상기업에 해당하는 경우는 출산휴가기간 90일 전부 고용지원센터에서 출산휴가급여를 받으므로 출산휴가 기간 90일 전부 고용보험료를 납부하지 않는다. 다만, 출산휴가급여 상한액을 초과한 임금을 회사가 지급하는 경우는 초과분에 대한 고용보험료를 납부해야 한다.

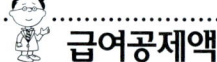

급여공제액

통상임금이 210만 원을 넘는 경우 회사 지급분이 발생하므로 건강보험료(건강보험은 납부유예 및 예외 대상이 아님) 및 고용보험료를 차감한 후 지급한다. 물론 넘지 않는 경우는 해당 기간이 지나고 받는 급여에서 건강보험료를 차감한다.

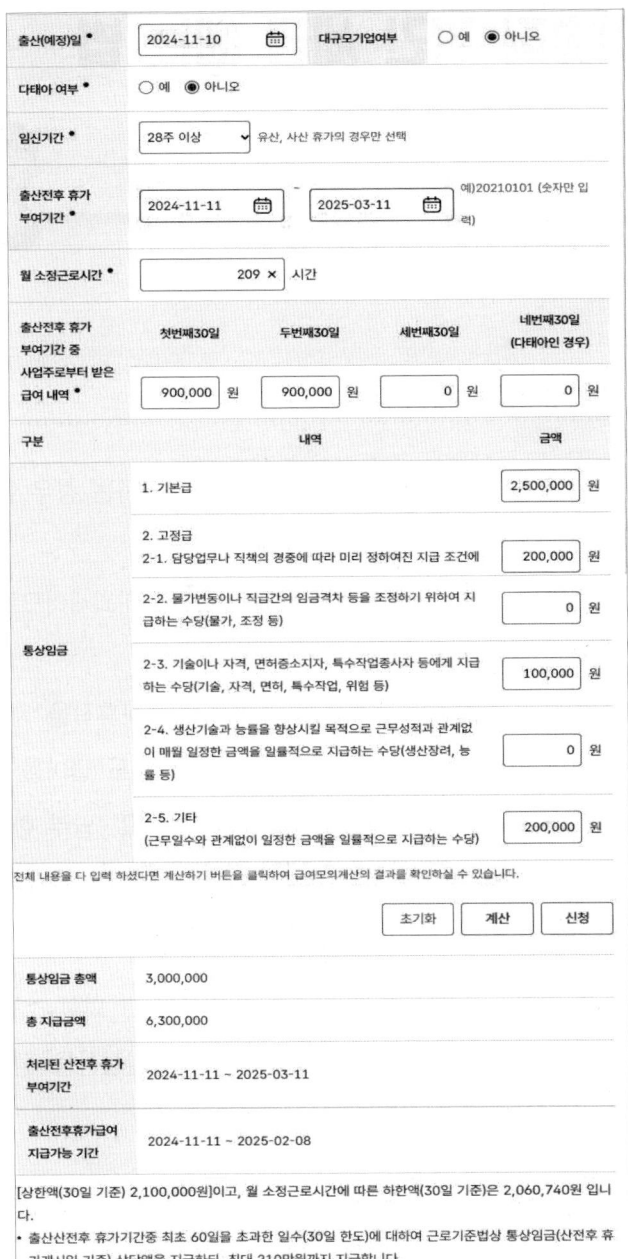

육아휴직 기간 세금 떼는 법

 육아휴직과 세금 계산

육아휴직 기간 중 회사에서 임금(통상임금)을 지급하는 경우 임금 지급 월에 근로소득세를 공제하여 납부해야 한다.

육아휴직 기간에 고용보험에서 받은 급여는 모두 비과세이므로 소득세를 납부하지 않는다.

하지만 1월부터 12월까지 정확하게 떨어지게 육아휴직을 사용하는 근로자는 거의 없으므로 보통 회사에서 몇 개월 정도 급여를 수령한다. 이같이 회사에서 받는 급여는 근로소득세를 신고·납부 한다.

↗ 총수령액 500만 원 미만(비과세 제외)

회사에서 지급받은 금액이 총 500만 원 미만이고 그 외의 소득은 다 고용보험에서 지급받은 비과세 휴직급여라면 연말정산을 당사자가 할 필요는 없다.

예를 한번 들어보겠습니다.

1월 출산휴가급여(회사 지급)

2월 출산휴가급여(회사 지급)

3월 출산휴가급여(고용보험 지급)

4월~12월 육아휴직급여(고용보험 지급)

위의 경우 세금을 공제한 후 회사로부터 지급받은 총금액이 500만 원 미만인 경우 3~12월은 고용보험에서 수령한 금액이므로 비과세로 연말정산 대상이 아니다.

이렇게 총금액이 500만 원 미만일 경우 남편이 배우자의 인적공제를 받을 수 있다. 소득이 500만 원 미만인 경우 배우자 인적공제 대상에 해당하기 때문이다.

따라서 남편 연말정산의 인적공제에 본인을 배우자공제로 넣고 제출하면 된다.

당사자도 연말정산을 한다. 회사에 재직 중이고 소득이 발생하긴 했기 때문에 연말정산을 해야 한다. 다만 복잡할 것 없이 기본공제에 본인만 입력한 후 제출하면 된다.

이런 배우자 인적공제는 소득요건만 맞추면 반대의 경우도 가능하다. 이를테면 나중에 복직 후 남편이 육아휴직을 쓸 때도 적용할 수 있다.

↗ 총수령액 500만 원 이상(비과세 제외)

1월 정상 급여(회사 지급)

2월 정상 급여(회사 지급)

3월 출산휴가급여(회사 지급)

4월 출산휴가급여(회사 지급)

5월 출산휴가급여(고용보험 지급)

6월~12월 육아휴직급여(고용보험 지급)

비과세가 적용되지 않는 1~4월 총급여가 500만 원을 초과하는 경우 배우자공제를 받을 수 없다.

이때는 기존에 연말정산을 했을 때처럼 똑같이 진행하면 된다.

국민연금

국민연금 보험료는 원칙적으로 휴직 기간에 내지 않아도 된다. 근로자가 육아휴직에 들어가면 회사가 직접 납부예외를 신청한다.

육아휴직 복직 후, 복직일 다음 월부터 납부 재개가 된다. 단, 1일에 복직하는 경우 해당 월부터 납부 재개가 가능하다.

건강보험

건강보험료도 휴직 기간에 회사의 건강보험 담당자를 통해 '휴직자 등 직장가입자 보험료 납입고지 유예(해지)'를 신청하면 납부를 유예할 수 있다.

육아 휴직일이 시작되는 월의 다음 월부터 복직일이 속하는 월까지 납부예외가 된다.

육아휴직 기간에도 의료기관을 이용하면서 보험급여 혜택을 받기 때문에 복직한 이후에는 휴직 기간에 내지 않았던 건강보험료를 반드시 내야 한다. 다만, 육아휴직 복직 후 기존 월 급여가 얼마이든, 보수월액 하한금액으로 보험료를 낸다.

쉽게 말해, 월급여가 200만 원이든, 300만 원이든, 400만 원이든… 건강보험공단에서 매년 정해주는 보수월액 하한금액으로 보험료를 납부하면 된다.

국민건강보험법에 따라 보수월액(1년 보수총액을 근무 개월 수로 나눈 것) 보험료 하한금액을 적용해 여기에 해당하는 금액만 내면 된다.

국민연금	건강보험	고용보험	산재보험
납부예외 인정	납부유예	납부예외 인정	납부예외 인정

고용, 산재보험

고용, 산재보험은 근로자 등 휴직 신청을 통해 육아휴직 근로자의 보험료를 유예할 수 있다.

고용보험은 급여의 0.9%를 공제하나, 육아휴직 동안은 급여가 없으므로 공제금액이 없다.

산재보험은 사업주만 납부하므로 해당 사항이 없다.

구 분	업무처리
4대 보험 재개 신고	근로자가 육아휴직을 마치고 복직했을 경우는 아래와 같이 4대 보험을 신고해야 한다. • 국민연금 : 납부재개신고 • 건강보험 : 납입고지유예 해지 신청

구 분	업무처리
육아휴직 연장 시	• 고용, 산재 : 종료일이 변경되지 않았다면 신청이 필요 없음 육아휴직 기간이 연장되는 등 종료일이 변경될 경우 국민연금과 건강보험은 해지 예정일만 다시 작성하여 변경 신고를 하면 되지만 고용, 산재보험은 정보 변경신고서를 신고해야 한다.
육아휴직 중 퇴사	육아휴직 중 본인의 사유로 퇴사하는 경우는 아래와 같이 처리한다. • 건강보험 : 유예해지신고 후 상실 신고 • 국민연금 : 상실 신고 • 고용, 산재 : 상실 신고

 건강보험 보수총액

국민연금과 고용보험의 보수총액은 근로자가 받는 근로소득 − 비과세소득이지만 건강보험의 보수총액은 근로자가 받는 근로소득 − 비과세소득 + ❶ + ❷ − ❸ − ❹이다.

❶ 우리사주조합, 주식매수선택권 등 소득세법이 아닌 조세특례제한법에서 지정하고 있는 비과세 항목은 보수에 포함

❷ 소득세법상 국외 근로소득에 대한 비과세 항목은 보수에 포함

❸ 법인세 신고 시 발생하는 대표자 인정상여는 보수에서 제외

❹ 임원 퇴직금 한도 초과액은 보수에서 제외

급여에서 4대 보험료 공제 방법

 국민연금과 고용보험

국민연금은 어차피 낸 금액대로 그대로 돌려받는 구조이므로 급여 변동이 있어도 별도로 신고하지 않고 공단에서 고지하는 금액대로 납부해도 큰 문제가 없다.

그리고 고용보험도 대다수 회사가 급여에 요율을 곱해 공제하므로 급여가 변동되어도 나중에 퇴직 정산이나 연말정산을 거치더라도 폭탄까지는 발생하지 않는다.

 건강보험료의 2가지 공제 방법

건강보험의 경우 당장 업무상 편의를 위해 상당수 회사는 정산 시 요율에 따라 공제하는 방법보다는 고지된 금액에 따라 공제하는 방법을 선택한다.

결국 급여가 인상된 경우 요율에 따라 정산을 하면 요율에 따른 금액과 매월 고지 납부한 금액과 상당한 차이를 보이게 된다. 따라서 고지된 금액에 따라 건강보험료를 공제하는 사업장은 정산 시 폭탄을 방지하기 위해 보수월액변경 신고에 관한 고민을 한다. 그래야 매월 고지되는 금액이 요율에 따른 정산금액과 근접하기 때문이다.

국민건강보험 업무를 처리하면서 근로자의 급여에서 국민건강보험료를 요율로 공제하는 방법과 고지서대로 공제하는 방법을 사용하는 회사로 나뉜다. 법적으로 어느 방법을 사용하라고 강제하고 있지 않으므로 두 가지 방법 모두 가능하다.

↗ 요율에 따라서 공제하는 방법

국민건강보험 요율에 따라서 공제하는 방법은 월별로 근로자의 임금에 따라서 보험료를 산정하여 공제하기 때문에 근로자의 임금이 변동될 때마다 정확히 보험료를 공제할 수 있다.

또한 매월 보험료를 정확히 공제하기 때문에 다음 연도에 전년도 보수총액에 근거하여 연말정산을 할 경우 이른바 4월의 폭탄이라고 부르는 추가보험료를 근로자에게 공제할 필요가 없다.

그리고 보험료율대로 공제하기 때문에 보험료를 신속하고 정확하게 산정 가능하다는 장점과 별도로 보수월액변경신고를 하지 않아도 된다. 또한 매달 급여가 변동되어 고민하는 실무자는 요율대로 공제하면 되므로 업무 고민을 덜어준다.

반면에 보험료 고지서와 맞지 않아 이를 사업장의 예수금으로 처리해서 관리해야 한다는 점과 월 중도에 입사한 근로자가 퇴사할 경우 별도로 퇴직 정산을 해야 하는데, 이를 계산하는 것이 복잡할 수 있다는 단점이 있다.

↗ 고지서에 따라서 공제하는 방법

고지서대로 보험료를 공제하는 방법은 고지서대로 보험료를 공제하기 때문에 퇴직정산을 할 때도 고지서에 나오는 대로 반영하고 정산하면 되므로 관리자 입장에서 편리할 수 있다.

반면에 월 급여의 변동이 큰 사업장에서는 근로자의 퇴직 정산이나 연말정산을 할 때 정산액이 클 가능성이 크다. 정산액이 클 경우 근로자가 불만을 가질 수 있으며, 매월 고지서를 확인하여 보험료에 반영해야 하므로 업무처리가 늦어질 수 있다.

국민건강보험 취득과 상실 신고를 신속하게 하지 않을 경우 퇴직 정산 등이 제대로 되지 않을 가능성이 큰 단점이 있다.

위와 같은 단점 때문에 고지서대로 보험료를 공제하는 사업장은 건강보험 폭탄을 사전에 막기 위해서는 매월 보수월액변경신고를 하여 고지서대로 부과되는 보험료를 실제 급여와 비슷하게 맞춰야 한다.

그러나 매월 보수월액변경신고를 하는 방법은 번거롭고 특히 근로자 인원이 많은 사업장에서는 매월 보수월액 변경 신고를 하는 것이 행정적으로 부담스러울 수 있다.

대다수 사업장은 예수금 관리가 필요 없는 등 당장 편리함으로 인해 고지서대로 공제 후 납부하는 경우가 많다.

매월 급여가 변동되는 경우 4대 보험 신고

급여가 인상되어 지속적으로 인상된 급여를 지급하는 경우, 급여가 변경되면 공단에 보수월액변경 신고를 진행할 수 있다(의무사항은 아니다.)

보수월액변경 신고를 진행할 경우, 새로운 급여에 맞는 4대 보험료가 매달 보험료로 고지되므로 변동된 급여로 고지되면 고지된 금액으로 공제하면 되고, 요율에 따라 공제하는 사업장은 변경 신고를 안 했어도 새로운 급여에 맞는 4대 보험료를 공제해 둔 후 고지된 금액을 납부하면 된다.

보수월액변경 신고는 안 해도 큰 손해가 없지만, 고지서에 따라 공제하는 사업장은 급여가 급격히 변화해 나중에 정산 시 폭탄으로 다가올 것 같으면 욕을 안 먹기 위해 하는 것이 좋다.

그리고 고지서에 따라 공제하는 사업장 중 간혹 매달 급여가 변동되어 고민하는 실무자가 있는데, 이 경우는 매달 보수월액변경 신고를 할 수 없으므로 최초 신고에 따라 고지되는 금액으로 계속 납부 후 나중에 퇴직이나 연말정산으로 정산하는 방법이 업무 편리성을 키우는 방법이다.

급여에서 공제하는 4대 보험료 계산 방법

↗ 국민연금

국민연금은 기준소득월액의 4.5%가 근로자부담이 된다.

전년도 소득을 기준으로 산정이 되기 때문에 현재 받는 급여 기준이 아니라는 점에 유의해야 한다. 단, 신규입사의 경우에는 입사한 해에 신고한 기준소득월액을 기준으로 부과가 된다.

전년도 기본급 외에 상여나 추가 수당이 있는 경우 해당 소득들이 반영되어 매년 7월에 전년도 총소득을 기반으로 한 기준소득월액이 재 산정이 되어, 당해 7월부터 다음 해 6월까지 재산정된 기준소득월액으로 국민연금이 부과된다.

기준소득월액에는 최저 39만 원에서 최고 617만 원을 범위로 정하고 있다. 따라서 신고한 소득금액이 39만 원보다 적은 경우는 39만 원으로, 신고한 소득금액이 617만 원보다 높은 경우에는 617만 원으로 보험료가 부과된다.

- 월 국민연금(10원 미만 단수 버림) =
  기준소득월액 [월급여(총급여 − 비과세소득)] × 국민연금료율
- 기준소득월액 = 연간 총보수액(총급여 − 비과세소득) ÷ 근무월수
- 보험료율 : 9%(사용자 4.5%, 종업원 4.5%)(10원 미만 단수 버림)

기준소득월액 범위	국민연금료율	월 국민연금 산정
39만 원 미만 (2025년 7월부터 40만 원)	4.5%	= 39만 원 × 4.5%
39만 원 ~ 617만 원	4.5%	= 기준소득월액 × 4.5%
617만 원 초과 (2025년 7월부터 637만 원)	4.5%	= 617만 원 × 4.5%

사례 기준소득월액은 최저 39만 원에서 최고 금액은 617만 원까지의 범위로 결정하게 된다. 따라서 신고한 소득월액이 39만 원보다 적으면 39만 원을 기준소득월액으로 하고, 617만 원보다 많으면 617만 원을 기준소득월액으로 한다.

↗ 건강보험

건강보험료의 경우 기준소득월액의 3.545%가 부과되고, 장기요양보험료의 경우 건강보험료의 12.95%가 근로자 부담이 된다.

건강보험료의 경우 당해 연도의 보수를 기준으로 보험료를 부과하는 것이 원칙이나, 당해 연도의 소득이 확정되지 않았으므로 전년도 소득을 기준으로 보험료를 우선 부과된다.

당해 연도가 종료되어 당해 연도 소득이 확정된 후에 매년 4월에 정산이 되는 구조이다. 연말정산 때 한해 총소득(1월 1일~12월 31일분)이 확정되면, 확정된 소득을 기준으로 보험료를 다시 산정하여 이미 부과된 보험료와의 차액을 4월에 추가납부 및 반환하게 된다.

- 보수월액(월평균보수 = 월급여) = 연간 총보수액(총급여 - 비과세 급여) ÷ 근무월수
- 보험료율 : 7.09%(사용자 3.545%, 종업원 3.545%)
- 건강보험료 근로자 부담액 = 건강보험료(❶) + 노인장기요양보험료(❷)
- ❶ 건강보험료 = (총급여 - 비과세 급여) × 3.545%(10원 미만 단수 버림)

[2025년 기준]

상한액	하한액
4,504,170 원(근로자부담분)	9,890원(근로자부담분)

❷ 노인장기요양보험료 = 건강보험료 × 12.95%(10원 미만 단수 버림)

사례 보수월액이 1,000,000원일 때, 계산방법

건강보험료 : 1,000,000원(보수월액) x 7.09%(건강보험료율) = 가입자 부담금 35,450원, 사업주 부담금 35,450원

장기요양보험료 : 70,900원(건강보험료) x 12.95%(장기요양보험료율) = 가입자 부담금 4,590원, 사업자 부담금 4,590원

직장가입자가 2 이상 적용사업장에서 보수를 받는 경우는 각 사업장에서 받는 보수를 기준으로 각각 보수월액을 결정한다.

보수월액에 따라 산정한 직장가입자의 보험료액을 직장가입자 및 사업주 등이 각각 1/2씩 부담하는 경우 그 금액에 10원 미만의 단수가 있으므로 이를 절사한다.

↗ 고용보험

고용보험료의 경우 기준소득월액의 0.9%가 근로자부담이 된다.

고용보험료 역시 당해 연도의 보수를 기준으로 보험료를 부과하는 것이 원칙이지만, 당해 연도의 소득이 확정되지 않았으므로 전년도 소득을 기준으로 보험료를 우선 부과한다.

당해 연도가 종료되어 당해 연도 소득이 확정되면, 매년 4월에 정산이 되어 4월분 보험료에 반영되어 고지된다.

고용보험료 = 월급여(총급여 − 비과세소득) × 보험료율		근로자	사업주
실업급여(2022년 6월까지는 0.8%)		0.9%	0.9%
고용안정, 직업능력 개발사업	150인 미만 기업		0.25%
	150인 이상(우선지원대상기업)		0.45%
	150인 이상~1,000인 미만 기업		0.65%
	1,000인 이상 기업, 국가·지방자치단체		0.85%

↗ 4대 보험 자동 계산

4대사회보험료 모의계산

구분	보험료 총액	근로자 부담금	사업주 부담금
국민연금	원	원	원
건강보험	원	원	원
건강보험(장기요양)	원	원	원
고용보험	원	원	원
합계	원	원	원

※ 산재보험료는 별도로 확인하시기 바랍니다.

<https://www.4insure.or.kr/pbiz/ntcn/inscSmlCalcView.do>

↗ 4대 보험 공제 시 비과세소득

소득세법 제12조(비과세 소득)에 따라 국민연금·건강보험·고용보험·산재보험에서 보험료를 산정할 때 적용하는 주요 비과세 항목은 다음과 같다.

근로소득 비과세소득 항목	한 도	보험료 부과여부		
		국민연금	건강보험	고용·산재
식사대	월 20만원	X	X	X
출산·보육수당 (6세이하 자녀)	월 20만원	X	X	X
고용보험법에 의한 산전후휴가급여·육아휴직급여	전액	X	X	X
생산직근로자의 야간근로수당 등	연 240만원	X	X	X
국외근로소득(북한 포함)	월 100만원	X	O	X
국외근로소득(건설업)	월 500만원	X	O	X
국외근로소득(선원)	월 500만원	O	O	X
자기차량 운전보조금	월 20만원	X	X	X
일숙직비·여비	실비한도	X	X	X

국외 근로소득 : 소득세법상 월 500만 원까지 비과세되더라도 건강보험에서는 건강보험법 시행령 제33조에 의거 하여 전액 보수에 포함. 국민연금은 국민연금법 시행령 제3조 제1항 제2호 개정(시행일 '20.1.1.)에 따라 포함

자기 차량 운전보조금 : 종업원 소유 차량을 종업원이 직접 운전하여 사용자의 업무수행에 이용하고 실제 여비를 받는 대신에 그 소요경비를 해당 사업체의 규칙 등에 의하여 정해진 지급기준에 따라 받는 금액(해당 사원에만 지급하는 경우)

 급여가 변동된 경우 보수월액변경신고

↗ **국민연금**

국민연금의 경우 중도에 소득월액이 변경된 경우 변경 신고대상이 아니다(매년 7월 전년도 소득을 기준으로 정기결정된 기준소득월액

기준으로 부과). 단, 적용 중인 기준소득월액이 실제 소득과 20% 이상 차이가 나서 변경 신청하고자 하는 경우 (특례)소득월액 변경 신고를 할 수 있으며, 아래의 서류를 국민연금 관할 지사에 제출한다.

구 분	업무처리
제출 서류	기준소득월액 변경신청서(해당 근로자 동의 필요), 급여명세서 혹은 급여대장(변경된 소득확인용) 등 소득변동 입증자료
적용 기간	신고일이 속하는 달의 다음 달부터 다음 연도 6월분 보험료까지

(특례)소득월액변경신청을 한 경우 사후정산 대상이므로 연 1회 혹은 퇴사(휴직)하여 상실(납부예외) 신고할 때 소득이 변경된 기간의 소득을 입증할 서류(근로소득원천징수부 등)를 함께 지사에 제출해야 한다.

(참고사항) 올해 신규 취득하였고, 두루누리 보험료 지원 대상인 근로자가 중도에 소득월액이 변경되어 보험료 지원 기준 보수를 초과하여 받게 되는 경우 보험료지원금이 환수될 수 있으므로 관련 내용은 국민연금 관할 지사 혹은 고객센터로 문의한다.

↗ 건강보험

직장가입자의 건강보험료는 보수월액이 변경되었을 때 상시 변경 신고를 할 수 있다. 라는 말이 의미하듯이 해도 되고 안 해도 된다는 것이다. 즉 변경 신고를 당장 하지 않고 나중에 퇴직정산이나 연말정산 시 정산을 해도 된다.

구 분	신고기한
해당 보수가 14일 이전에 변경된 경우	해당 월의 15일까지
해당 보수가 15일 이후에 변경된 경우	해당 월의 다음 달 15일까지

2016년 1월 1일부터 상시 100인 이상 사업장은 보수변경 시 매월 15일까지 보수변경 신청(당월 정산, 당월 부과)을 의무화했으나 안 해도 제재가 없다 보니 안 하는 회사가 많다(건강보험법 시행령 제36조 제2항).

↗ 고용·산재보험

보수가 인상 또는 인하되었을 경우 사업주는 월평균 보수변경 신고를 할 수 있으며 월 평균보수변경신고서에 기재한 보수변경 월부터 변경된 월평균 보수에 따라 매월 보험료가 부과된다. 다만, 월평균 보수가 변경되었음에도 신고하지 않은 경우, 소득변동으로 인한 보험료 차액분은 다음연도 3월 15일 보수총액 신고 또는 퇴직시점에 퇴직정산으로 정산이 가능하다.

중도퇴사자 급여정산

연말정산이란 원천징수의무자가 근로자의 해당 과세기간 근로소득금액에 관해 종부담해야 할 소득세액을 확정하는 절차로 해당 과세기간의 근로소득금액에서 근로자가 제출한 "소득·세액 공제신고서" 내용을 반영하여 최종 납부세액을 결정한다.

각종 공제사항을 반영한 최종 납부세액이 결정되면 원천징수의무자(회사)는 매월 원천징수한 세액의 합계액과 비교하여 원천징수 합계액이 더 많은 경우에는 초과액을 환급(급여에 가산)하고, 부족한 경우에는 추가로 징수(급여에서 차감)한다.

이러한 연말정산은 연도 중에 퇴사하는 임직원을 위한 중도퇴사자 연말정산과 계속 상용근로자에 대한 연말정산으로 나누어 볼 수 있다.

연도 중 회사를 퇴직한 경우 중도퇴사자 연말정산

근로자가 중도에 퇴직하는 경우 퇴직하는 달의 근로소득을 지급하는 때에 연말정산을 한다. 이를 중도퇴사자 연말정산이라고 하는데, 중도퇴사자는 퇴직 시점에 세금을 정산하여, 퇴직할 때 회사에서 환급 받거나 납부하게 된다.

따라서, 중도 퇴직하는 근로자의 경우 퇴직하는 달의 급여를 받기 전 회사에 근로소득자의 소득·세액공제신고서와 증빙서류를 제출해야 하며, 한 근무지의 근로소득만 있다면 상기 연말정산으로 소득세 납세의무가 종결된다. 다만, 실무상 중도 퇴사자는 자료를 전부 제출할 수 없어 이때는 정산을 위한 자료제출 없이 근로자로서의 기본적인 사항만 반영하여 연말정산을 진행한다.

공제받지 못한 내역은 추후 이직한 회사에서 재직자로 연말정산시 반영하거나, 다음 해 5월 종합소득세 신고시 공제받을 수 있다.

구 분		내 용
재취업을 한 경우	현 근무지에서	근로소득자 「소득·세액공제 신고서」를 작성하여 제출한다.
	종전 근무지에서	종전 근무지에 요청하여 「근로소득원천징수영수증」을 추가로 제출, 현 근무지의 근로소득과 합산해야 한다.
취업하지 않은 경우		• 국세청 홈택스를 통하여 직접 종합소득세 기간(5월)에 신고해야 한다. • 전근무지의 근로소득원천징수영수증과 연말정산간소화서비스 자료를 토대로 종합소득세를 신고한다.

연말정산을 완료된 후 근로소득 원천징수영수증의 하단 76. 차감징수세액의 금액이 +이면 납부세액 발생, -이면 환급세액이 발생한 것이다.

⭐ 중도 퇴사자 연말정산 결과 환급세액이 발생하면?

중도 퇴직자의 연말정산은 퇴직 월의 급여를 지급하는 때에 하는 것이고, 이 때 환급세액이 발생했을 경우 급여와 함께 지급하게 된다.

퇴사정산 결과 발생한 근로소득세 환급 세액을 원천징수 의무자(전 직장)가 지급하지 아니할 경우, 세법에서는 별도로 강제 수단을 정한 바 없어 결국 체불임금으로 전직장으로부터 받아야 한다.

원천징수 의무자(전 직장)는 마지막 급여를 지급할 때 퇴직 정산 결과가 반영된 금액을 퇴사하는 근로자에게 환급 또는 징수해야 한다. 즉 전직장에서 환급받고 퇴사를 해야 하며, 전직장 환급분을 현직장에서 환급받는 것은 안 된다.

계속 상용근로자의 연말정산

연말정산은 1년간의 총 근로소득에 대한 납부세액을 확정하는 것으로 근로자가 한 해 동안 납부한 근로소득세를 정산하는 절차다.

연말정산의 신고 의무자는 회사(원천징수 의무자)다. 근로자에게 필요한 서류를 받아 회사나 회사에서 의뢰한 세무 대리인이 업무를 처리한다.

연말정산 결과 급여가 같은 경우에도 누군가는 돌려받고 누군가는 더 납부한다. 부양가족이 있거나, 기부금을 많이 냈거나, 교육비로 지출하는 비용이 많은 경우 등 해당하는 사항이 있다면 납부해야 하는 세금을 공제 또는 감면받을 수 있다.

예를 들어, 혼자 사는 갑과 부모님과 자녀를 부양하는 을이 있을 때 을에게 세액공제 혜택을 주어 세금을 적게 낼 수 있도록 한다. 이같이 급여는 같아도 여러 여건에 따라 공제받는 금액의 차이로 인해 누구는 돌려받지만, 누구는 더 내는 사태가 발생한다.

그런데 이런 사항들을 매월 급여에 반영할 수 없으니 급여지급 시에는 회사가 일정 비율로 세금을 미리 공제하여 국가에 납부하고, 1년에 1번 연말정산이라는 절차를 통해 정산한다.

근무 기간분만 공제	근무기간과 상관없이 공제
보험료, 의료비, 교육비, 주택자금 및 신용카드 사용액 등은 근무기간에 해당하는 비용만 공제된다.	연금보험료공제, 개인연금저축공제, 연금저축계좌 세액공제, 투자조합출자등 공제, 소기업/소상공인 공제부금 소득공제, 기부금 공제, 월세액 공제는 근무기간과 관계없이 총액에 대한 공제가 가능하다.

직장에서 받는 근로소득과 별도로 추가 다른 소득이 있는 경우, 다음 해 5월 종합소득세 신고 시 근로소득과 다른 소득을 합산한 후 직접 소득공제를 추가하여 세금을 납부 또는 환급받을 수 있다.

근무지가 2곳 이상인 경우, 주된 근무지를 결정하여 그 외의 종근무지의 근로소득 원천징수영수증을 제출하여 주된 근무지의 원천징수 의무자가 합산하여 연말정산을 해야 한다.

★ 연말정산 환급세액 및 납부세액 급여대장 반영 방법

2월 귀속 급여에서 근로자별 연말정산 환급 세액 및 납부세액이 정산되어 반영된다. 다만, 회사별 연말정산 업무 일정에 따라 3월 귀속 급여대장에 반영될 수 있으며, 납부세액이 발생한 근로자의 경우 분납 신청에 따라 반영 월이 달라질 수 있으니 정확한 반영 월 및 반영 방법은 담당 세무 대리인에게 확인해야 한다.

퇴사 후 같은 회사에 재입사 한 경우 연말정산

퇴사 후 같은 회사에 재입사한 경우의 연말정산 절차는 다음과 같다.

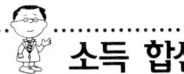 소득 합산

퇴사 전과 재입사 후의 모든 근로소득을 합산하여 연말정산을 진행한다.
해당 연도의 1월 1일부터 12월 31일까지의 전체 근로소득이 대상이다.

서류 준비

퇴사 시 받은 소득자별 근로소득원천징수부와 근로소득원천징수영수증을 준비한다.
이 서류들은 회사 내부적으로 이미 보유하고 있을 가능성이 높다.

공제 신청

퇴직 전후의 모든 기간에 대한 공제 항목(의료비, 교육비, 보험료 등)을 연말정산에 포함하여 신청할 수 있다. 단, 퇴사와 재입사 사이의 실업기간동안 발생한 지출은 대부분 공제 대상이 되지 않는다.

 원천징수영수증의 작성

중도퇴사 후 동일한 회사에 동일한 직원이 다시 입사하면 같은 직원이라도 중도 퇴사 근로소득을 종(전)근무지로 반영하고 재입사 후 근로소득은 현 근무지로 처리해야 한다.

즉 연말정산 때는 중도퇴사 이전의 근로소득과 재입사 후 근로소득을 합산하여 연말정산 해야 하지만 재입사 전 중도 퇴사 연말정산 소득은 종(전)근무지로 반영하고 재입사 후 근로소득은 현 근무지에 반영해 연말정산을 한다.

물론 더존 등 프로그램을 사용할 때도 재입사 시 종전 사원 코드를 사용하지 않고 새로운 사원 코드를 부여한 후 사용한다.

예를 들어 3월 31일에 퇴사하였다가 10월에 같은 회사에 재입사하였다면

종전 근무지 근무기간은 2025년 1월 1일~2025년 3월 31일이다.

복리후생비라고 무조건 비과세되지 않는다.

복리후생비는 임직원의 복지와 후생을 위해 지출되는 경비를 말하는데, 대부분 복리후생비는 기업이 직원에게 생산성 향상 또는 동기부여를 위해 지출하는 성격이 강하다. 따라서 당연히 경비로 인정된다. 식대, 경조사비, 체육행사, 회식비, 피복비 등이 주류를 이루는데 증빙만 구비 한다면, 한도 없이 전액 경비로 인정된다.

다만, 주의해야 할 것은 복리후생비의 경우 업무와 관련 없는 가사경비로 오해를 받을 수도 있으므로 집행 금액이 거액의 경우 지출결의서나 품의서 등을 구비 해놓으면 그런 오해는 풀 수 있을 것이다.

또한, 계정과목 상 복리후생비로 처리하면 모두 비과세되는 것으로 착각하는 실무자도 많은데, 복리후생비가 비과세 되기 위해서는 세법에서 규정한 비과세 급여에 해당해야만 비과세 된다. 즉, 명칭만 복리후생비라고 모두 비과세되는 것은 아니며, 세법에서 규정하고 있는 복리후생적, 실비변상적 성질의 지출에 대해서만 비과세 급여로 처리한다.

 출퇴근용 회사 버스 이용

종업원이 출·퇴근을 위해서 차량을 제공받는 경우 운임에 상당하는 금액은 근로소득세를 납부하지 않는다. 다만 차량 제공 대신 출·퇴근보조금을 받는 금액은 근로소득에 해당한다.

 사내근로복지기금으로부터 받는 장학금

사내근로복지기금의 정관에 규정된 목적사업에 따라 종업원이 지급받는 금액은 근로소득이 아니나, 정관에서 정하고 있지 않은 금액의 지원이나 고용노동부에서 규정한 금액을 초과해서 지급되는 금액은 근로소득에 해당한다. 단, 회사가 근로자에게 직접 지급할 자금을 사내근로복지기금 또는 노동조합에 지급한 후 사내근로복지기금 또는 노동조합에서 학자금을 지급하는 경우는 과세대상 근로소득으로 본다.

 결혼·초상 등 경조사와 관련한 경조사비

경조사비 지급 규정, 경조사 내용, 법인의 지급능력, 종업원의 직위, 연봉 등을 종합적으로 고려해서 사회통념상 타당한 범위 내의 금액은 근로소득으로 보지 않는다. 이를 초과하는 금액은 급여로 처리 후 근로소득세를 납부한다.

거래처에 대한 경조사비는 그 금액의 기준을 20만 원으로 하도록 하고 있다. 따라서 위의 사회통념상 타당한 금액의 기준이 모호하고, 그 해석이 자의적으로 흐를 가능성이 크므로 가장 안전한 기준은 20만 원이나 약 50만 원 정도까지는 무방하리라 본다.

그리고 대표이사가 개인적으로 내야 할 돈을 회사가 대신 내주는 경우 이는 대표이사의 급여로 처리한다. 이렇게 안 하는 경우 대표이사 가지급금이 된다.

구 분	세무상 처리
출산축의금	자녀 출산에 따른 축의금은 원칙적으로 근로소득에 해당한다. 다만, 육아 보조비 지급 규정이 없는 회사에서 출산축의금을 받는 경우 20만 원 이내의 금액은 비과세하고 초과하는 금액은 근로소득으로 과세한다.
생일축하금과 명절선물	종업원이 받는 생일축하금과 설날 등 특정한 날에 받는 선물은 근로소득이 과세된다.

명절, 생일, 창립기념일의 선물비용

임직원에게 창립기념일, 명절, 생일 기타 이와 유사할 때 지급하는 선물용품은 원칙적으로 급여에 해당하므로 근로소득으로 과세하는 경우는 적격증빙을 받을 필요가 없으나 실무자들이 근로소득으로 과세하지 않고 복리후생비로 처리를 해버리는 경우가 많다.

그러나 복리후생비로 회계처리 시에는 적격증빙을 받아야 하며, 선물을 지급하는 때에 부가가치세가 과세된다(1인당 연간 10만 원 이하는 제외). 이 경우 부가가치세 과세표준은 시가이며, 세금계산서는 작성·발행되지 않는다.

구 분	세무상 처리
소득세법상 과세대상소득 (근로소득) 여부 판단	자사 생산 제품의 제공 시 수령자에게는 근로소득에 해당한다. 근로소득세를 원천징수 시 근로소득 대상 금액은 원가가 아닌 판매가액 즉 시가가 된다.
법인세법상 비용인정 여부 판단	사회통념상 타당한 범위 내의 금액은 비용인정 된다.
부가가치세법상 부가가치세 과세 대상 여부 판단	금전이나 상품권 등으로 지급하는 경우는 과세대상이 아니나, 현물로 지급하는 경우 개인적 공급으로서 부가가치세 과세대상이다.

[명절, 생일, 창립기념일의 선물비용 부가가치세, 원천징수 처리]

설날·추석 등 명절이나 창립기념일에 직원들에게 선물을 지급하기 위해 재화를 구입한 경우 이에 대한 매입세액은 당연히 매출세액에서 공제받을 수 있다.

하지만 매입세액을 공제받은 재화를 직원들의 개인적인 사용을 위하여 선물로 지급하는 경우는 세금계산서 발행 의무는 없지만, 해당 재화의 시가(시가에는 부가가치세 매출세액 상당액을 포함)를 과세표준으로 하여 과세-기타 매출로 부가가치세를 신고·납부해야 한다.

반면, 선물 구입에 따른 매입세액을 공제받지 않으면 재화의 공급으로 보지 않아 부가가치세를 납부하지 않아도 되는 것이므로 그 매입세액을 불공제하고 기타(정규 영수증 외) 매출분에 기재하여 신고하지 않는 방법을 실무상 적용한다.

> **종업원 명절선물을 구입하여 무상으로 증정하는 경우 매입세액공제 여부**
> 사업자가 자기의 과세사업과 관련하여 복지후생적인 목적으로 종업원 명절선물을 구입하는 경우 회사가 부담한 금액에 상당하는 매입세액은 당해 사업자의 매출세액에서 공제할 수 있는 것이며, 당해 매입세액이 공제된 재화를 종업원의 개인적인 사용을 위하여 무상으로 공급하는 경우는 부가가치세가 과세되는 것임(부가, 부가가치세과-1399, 2009.09.29.).

그러나 아래 부가가치세법 시행령 제13조의 2를 보면 1명당 연간 10만 원 이하의 재화를 주는 경우 재화의 공급으로 보지 않는다는 규정이 있다.

결국 명절·창립기념일 등 경조사 관련 재화는 매입세액을 공제받게 되면 매출세액을 납부하거나, 매입세액을 불공제해야 하는 것이 원칙이나 1인당 연 10만 원 이하의 재화인 경우는 매입세액공제를 받을 수 있고 이를 매출세액으로 신고하지 않아도 된다.

> **부가가치세법 시행령 제19조의 2[실비변상적이거나 복리후생적인 목적으로 제공해 재화의 공급으로 보지 않는 경우]**
> 1. 사업을 위해 착용하는 작업복, 작업모 및 작업화를 제공하는 경우
> 2. 직장 연예 및 직장 문화와 관련된 재화를 제공하는 경우
> 3. 경조사(설날·추석, 창립기념일 및 생일 등을 포함한다)와 관련된 재화로서 사용인 1명당 연간 10만 원 이하의 재화를 제공하는 경우

앞서 설명한 내용은 부가가치세와 관련된 내용으로 원천징수는 부가가치세와 별도로 해당 임직원의 급여로 봐 근로소득세를 신고·납부

해야 한다. 즉 1인당 연 10만 원 이하의 선물비용은 부가가치세 과세를 안 하겠다는 것이지 근로소득세를 비과세 처리하겠다는 것은 아니다.

구 분	부가가치세 신고
1인당 연 10만원 이하	해당 재화 구입 시 매입세액공제, 매출세액 미신고
1인당 연 10만원 초과	해당 재화 구입 시 매입세액공제, 매출세액 신고 또는 해당 재화 구입 시 매입세액불공제, 매출세액 미신고

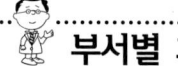
부서별 회식비

부서별 회식비를 지급하는 경우 당해 회식비의 사용 금액은 적격증빙을 받아서 보관해야 하며, 만약, 지급받은 회식비로 회식하지 않고 종업원 개개인이 금전으로 나누어 가졌을 경우는 해당 종업원에 대한 근로소득으로 보아 근로소득세를 원천징수 납부한다.

구 분	세무상 처리
회식비로 회식을 한 경우	적격증빙을 받아서 비용 처리한다.
회식비를 받아서 회식을 안 하고 나누어 가진 경우	적격증빙을 받을 필요는 없으나 각 직원의 급여로 보아 근로소득세를 원천징수·납부 해야 비용인정이 가능하다.

회사에서 종업원에게 빌려준 금액

종업원 주택자금 대출의 경우 업무무관가지급금으로 보아 지급이자 손금불산입 및 가지급금 인정이자를 계산하는 것이며, 인정이자를 계산하면서, 그 이자율은 가중평균이자율 또는 당좌대출이자율 중 선택한 이자율로 이자를 계산한다. 무주택 사용인에게 국민주택규모 이하의 주택의 구입 또는 임차에 들어가는 자금을 대여한 경우 그 대여금액에 대해서도 예외 없이 가중평균이자율 또는 당좌대출이자율을 적용해서 인정이자를 계산하는 것이다.

회사의 직원에게 주택자금 대여 시 금전소비대차계약을 체결하고 대여하면 되며, 사내 직원은 법인과 특수관계자이므로 가중평균이자율 또는 당좌대출이자율 중 선택한 방법을 적용한다. 무이자로 대여 시 해당 인정이자율만큼 해당 직원의 근로소득에 합산한다. 다만, 중소기업이 근로자(임원·지배주주 등 제외)에게 대여한 주택구입 및 전세자금은 법인세를 과세하는 업무무관가지급금에서 제외된다.

 ## 학자금, 훈련 수당, 위탁 교육비, 공로금

⊙ 장학금이나 학자금은 근로소득에 포함된다.

소득세법 시행령 제11조(학자금의 범위) : 비과세 학자금
비과세 학자금이란 「초·중등교육법」 및 「고등교육법」에 따른 학교(외국에 있는

이와 유사한 교육기관을 포함한다)와 「국민 평생 직업능력 개발법」에 따른 직업능력개발훈련시설의 입학금·수업료·수강료, 그 밖의 공납금 중 다음 각호의 요건을 갖춘 학자금(해당 과세기간에 납입할 금액을 한도로 한다)을 말한다.
1. 당해 근로자가 종사하는 사업체의 업무와 관련 있는 교육·훈련을 위하여 받는 것일 것
2. 당해 근로자가 종사하는 사업체의 규칙 등에 의하여 정하여진 지급기준에 따라 받는 것일 것
3. 교육·훈련기간이 6월 이상인 경우 교육·훈련 후 당해 교육기간을 초과하여 근무하지 아니하는 때에는 지급받은 금액을 반납할 것을 조건으로 하여 받는 것일 것

- 직업훈련기본법 상의 사내직업훈련에 있어서 훈련수당 등의 명목으로 지급하는 현금이나 현물급여는 근로소득이다. 소요되는 교제비나 사무용품 등의 훈련 경비는 근로소득에 합산하지 않는다.
- 종업원의 위탁 교육비 지급액은 근로소득으로 보지 않는다.
- 학교 교직원 자녀에 대해 학비를 면제하는 경우, 면제액은 근로소득으로 본다.
- 상조회를 통해 지급받는 장학금은 근로소득이다.
- 사내복지기금법에 의해서 설치된 사내복지기금에서 지급받는 장학금은 근로소득이 아니다.
- 사내교육 강사가 근로자가 정상근무 시간 외에 사내교육을 하고, 회사로부터 지급받는 대가는 근로소득이다.
- 종업원에게 지급하는 공로금·위로금·개업축하금 및 이와 유사한 성질의 금액은 근로소득에 해당한다.
- 종업원의 특별한 공로(경진, 경영, 경로대회, 전람회 등)에 대해서 지급하는 대가는 기타소득에 해당한다.

학원 수강료, 도서구입비 보조액 등

교육훈련비에는 교육장 임차료, 사내·외 강사료, 연수비, 교육용 책자 구입비, 세미나 참가비, 학원 수강료 등이 포함된다.

구 분		세무상 처리
회사가 업무와 관련해 강사 등을 초빙하거나 외부 학원을 이용해서 직접 대가를 지급하는 경우		회사 : 계산서나 신용카드매출전표, 현금영수증 중 하나를 적격증빙으로 받아서 비용처리 개인 : 근로소득세 부담이 없음
직원들의 외국어 사설학원 수강료를 지원하는 경우		내부규정에 따라 업무를 위해 외국어 능력이 부족한 사원에게 일정 금액 내에서 실비 증빙을 첨부하여 사설 어학원 수강료를 지원하는 경우 이는 근로의 대가로 지급하는 급여의 성격이라기보다는 회사가 업무에 필요한 필요경비 성격이 강하며 정기적, 관례적인 지급이 아닌 실비정산의 개념이므로 근로소득으로 과세하지 않고 통상적인 교육훈련비로 처리할 수 있다. 근로소득으로 보지 않는다. 하지만 업무와 관련 없는 학원수강료 지원액은 근로소득으로 과세한다.
개인이 학원을 다니는 경우	업무 관련이 있는 학원비로써 내부규정에 의한 지급	회사 : 계산서나 신용카드매출전표, 현금영수증 중 하나를 적격증빙으로 받아서 비용처리 개인 : 근로소득세 부담이 없음
	업무와 관련이 없는 학원비	회사 : 계산서나 신용카드매출전표, 현금영수증 중 하나를 적격증빙으로 받지 않아도 됨(근로소득세 원천징수 후 복리후생비 또는 교육훈련비가 아닌 해당 직원 급여로써 비용처리) 개인 : 해당 직원이 근로소득세를 부담해야 한다.

직원의 핸드폰 사용료 부담액

핸드폰 사용료는 다음의 3가지 요건을 충족해야 비과세 처리된다.

❶ 회사의 사규 등에 의해서 지급기준이 정해져 있고,

❷ 일반적으로 영업직원에 한해 지급하며(전 직원에게 지급하는 조건인 경우 내근직원은 업무용 사용을 입증해야 한다.)

❸ 업무용에 한해 비용인정 된다(개인용도와 업무용을 최대한 구분해 두어야 한다.).

핸드폰은 일상생활에 없어서는 안 되는 필수품으로 자리 잡은 것은 물론 업무상 고객의 마케팅 수단으로도 중요한 역할을 담당하고 있다. 이러다 보니 회사에서 업무와 관련해서 사용하는 핸드폰 사용요금을 지원하고 비용으로 처리하기도 하는데 종업원에게 지급하는 핸드폰 사용료에 대한 세무상 올바른 처리방법을 살펴보면 다음과 같다.

↗ 회사 명의의 핸드폰을 사용하는 경우

핸드폰을 회사 명의로 구입한 후 종업원으로 하여금 업무에 사용하게 하고 그 사용료를 회사에서 부담하는 경우 단말기 구입비용은 자산(집기비품) 등으로 처리하고, 종업원이 사용한 사용료, 스마트폰의 애플리케이션, 기타 데이터이용료 등에 대해서 회사가 부담하는 경우 업무수행 상 통상 필요하다고 인정되는 부분은 회사의 비용(통신비)으로 계상하며, 업무 외 사용한 부분은 직원에 대한 급여로 처리한다.

통상적으로 통화료나 정보이용료 등은 통신비에 각 요금이 부과되나 유료로 거래되는 애플리케이션을 다운받는 경우에는 신용카드 등으로 결제하므로 별도의 증빙(신용카드매출전표 등)을 첨부해야 한다.

↗ 종업원 명의의 핸드폰을 사용하는 경우

종업원 소유의 핸드폰을 업무에 사용하게 하고 그 사용료를 회사가 부담하는 경우 업무와 관련해서 사용하였다는 객관적인 증빙을 갖추어야 비용처리가 가능한 것으로 사규 등에 통신비 지원에 관한 규정 등이 있고 영업직으로 통상 업무상 필요한 경우에는 비용처리 할 수 있다. 다만, 일반 내근직에 지원하는 지원금 또는 모든 직원에게 일괄적으로 지급하는 통신비 지원금은 업무 연관성을 입증하기가 매우 곤란하므로 해당 직원의 근로소득에 포함해서 처리해야 하며, 근로소득에 포함 시 회계처리도 급여 등으로 처리한다.

↗ 개인회사 사장의 핸드폰 사용요금

업무와 관련한 개인회사 사장의 핸드폰 사용료도 비용으로 인정받을 수 있다.

그러나 일반적으로 업무용과 개인용을 혼용해서 사용하는 경우가 많고, 국세청에서 업무 관련성을 입증하라고 하면 업무 연관성을 입증하기가 매우 곤란하므로 동 사장 핸드폰 사용료의 비용처리 여부는 자의적인 판단에 맡길 수밖에 없는 것이 현실이라고 생각하면 된다.

↗ 핸드폰 사용료 지원금에 대한 매입세액공제

사업자가 자기의 사업과 관련해서 사용되었거나 사용될 재화 또는 용역의 공급에 대한 매입세액은 불공제되는 매입세액을 제외하고는 매출세액에서 공제할 수 있다. 따라서 직원이 업무와 관련해서 사용한 핸드폰 사용료를 법인이 대신 납부하는 경우 당연히 매입세액공제도 가능하다. 다만, 매입세액공제를 받으려면 세금계산서, 신용카드매출전표, 현금영수증 등을 반드시 받아야 하는데, 통신 사용료에 대한 지로영수증으로 부가가치세법의 규정에 따라 국세청장에게 신고한 계산서임이 표시된 지로영수증은 적격증빙으로 인정되며, 또한 전기통신사업법에 의한 전기통신사업자가 전기통신역무를 제공하는 경우는 영수증 발급대상 사업자에 해당하는 것으로 법인이 사업자등록증을 제시하고 세금계산서를 요구하면 세금계산서를 발급받을 수 있다.

직원의 업무상 재해 시 부담하는 병원비

직원이 업무상 재해를 입어(공상) 의료기관에서 진료 등을 받고 비용을 회사가 부담하는 경우 복리후생비로 처리 가능하며, 근로자의 근로소득으로 처리하더라도 소득세법상 비과세소득에 해당하므로 별도의 근로소득세 부담액은 없다. 반면, 공상발생 시 우선 직원 개인비용으로 지급 후 회사에 비용 청구 시에도 동일하게 적용된다.

구 분	세무상 처리
업무상 직원 본인 병원비	비과세
업무무관 직원 본인 병원비	근로소득세 신고·납부

구 분		세무상 처리
직원 가족 병원비		근로소득세 신고 · 납부
병원의 임직원 가족 병원비 경감액		근로소득세 신고 · 납부
건강검진비	임직원 차별	임원과 직원과의 차이 금액은 과세될 수 있다.
	임직원 무차별	비과세
사내복지기금 지원 의료비		비과세

장기근속자 여행경비 보조 금액

장기근속자 포상제도로 근로자가 지급받는 해외 여행권이나 황금열쇠 등 순금은 과세대상 근로소득에 해당한다. 다만 정년퇴직하는 근로자에게 퇴직의 사유로 지급하는 경우는 퇴직소득에 해당한다.

종업원에게 보조해 주는 국내 여행경비는 당해 법인의 업무수행 상 통상 필요하다고 인정되는 부분의 금액만 필요경비로 인정하며, 초과하는 부분이나 회사업무 수행과 관련이 없는 여행경비는 당해 해당 종업원의 급여로 본다.

관광목적으로 하는 국내 여행은 회사의 업무 수행상 필요한 여행으로 보지 않으므로 회사가 보조해 준 여행경비는 종업원의 급여로 처리한다. 또한, 해외 출장 시 가족을 동반할 필요가 없는 경우나 동반하여 회사에서 경비를 부담한 경우 해당 직원의 급여로 처리한다.

건강검진비와 체력단련비

세법상 복리후생비는 직장체육비, 직장연예비, 우리사주조합의 운영비, 국민건강보험법에 의하여 사용자로서 부담하는 건강보험료 기타 부담금, 「영유아보육법」에 의하여 설치된 직장보육시설의 운영비, 「고용보험법」에 의하여 사용자로서 부담하는 보험료, 기타 종업원에게 사회통념상 타당하다고 인정되는 범위 안에서 지급하는 경조사비 등을 의미하는 것으로 문화비나 건강 증진비의 형태로 본인에게 직접 귀속되는 것은 계정과목상 복리후생비로 처리해도 세법에서는 개인의 인건비로 규정하고 있으므로 문화비나 체력단련비 지급시 근로소득세를 원천징수 해야 한다.

↗ 건강 검진비 회사부담액

산업안전보건법에 따라 사업주(회사)는 정기적으로 근로자의 건강검진을 시행해야 한다.

사무직은 2년에 1회 이상, 비사무직은 1년에 1회 이상 건강검진을 해야 하며, 건강검진을 받지 않으면 과태료가 부과될 수 있다.

산업안전보건법에 따라 시행되는 정기적인 건강검진비를 회사가 부담할 경우 회사는 복리후생비로 비용처리가 가능하며, 근로자는 근로소득에 해당하지 않는다.

그러나 의무 검사 항목을 초과하여 일부 임직원에게만 추가로 지원한 건강검진비나 검진내용 및 비용의 차액 등 건전한 사회통념을 넘어설 경우 회사는 복리후생비 처리가 가능하나 해당 임직원은 근로소득으로 보아 근로소득세를 납부해야 한다.

건전한 사회통념은 사실판단할 사항으로 그 기준이 명확하지 않아, 실무상 의무 검사 항목을 초과한 비용은 임직원의 과세급여로 보아 원천징수하고 있다.

구 분	산업안전보건법에 따른 정기 건강검진	의무 검사항목을 초과한 비용
회계처리	복리후생비로 장부 처리 후 비용인정	복리후생비 또는 급여로 장부 처리 후 비용인정
세무회계	근로소득세에 해당 안 함	해당 근로자의 급여로 보아 근로소득세 원천징수 후 납부

↗ 체력 단련비 회사부담액

직원의 체력단련을 목적으로 체육시설을 이용하는 등 개인적인 여가 목적이 아닌 회사에서의 업무능력을 향상하기 위한 '체력단련으로 인정될 수 있는 수준의 것이라면 업무와 관련이 있는 사회 통념상의 비용으로 판단해 비용으로는 인정된다. 다만, 체력단련비 등 개인적 비용을 보조하는 금액은 근로소득(급여)에 해당해 근로소득세를 원천징수한다.

이에 대한 관련 국세청 예규를 살펴보면 다음과 같다.

1. 회사가 부담한 직원들의 체육시설 등록비용의 비용 처리

사회 통념상 타당한 범위 내에서 해당 회사가 부담하는 직원들의 체육시설 등록비용은 필요경비에 산입한다.

체력단련비가 특정 직원을 대상으로 한 비용이 아닌 모든 임직원을 위한 비용인 경우에만 필요경비에 산입할 수 있다.

2. 체력 단련 비용과 근로소득

직원에게 복리후생 목적으로 체력단련비 명목으로 직접 지급하는 금품의 가액은 근로소득에 해당한다.

3. 체력 단련 비용과 부가가치세

아래의 3가지 요건을 모두 충족하는 경우는 매입세액공제가 가능한 것으로 해석한다.

- ⑦ 휘트니스클럽이 계약상 원인에 의하여 회사에게 용역을 공급하는 것일 것
  (직원에게 용역을 공급하고 회사가 대납하는 것에 불과한 경우에는 매입세액공제 대상에 해당하지 않음)
- ⑦ 해당 이용료가 사회 통념상 인정가능한 범위의 복리후생비에 해당할 것
- ⑦ 세금계산서 또는 신용카드매출전표를 수취할 것

 워크숍 비용의 세무 처리

↗ 워크숍 비용의 업무관련성 판단 기준

"일반적으로 야유회(워크숍 포함) 또는 운동회와 같이 근로자가 근로계약에 의하여 통상 종사할 의무가 있는 업무로 규정되어 있지 아니한 회사 외의 행사나 모임에 참가하던 중 재해를 당한 경우, 이를 업무상 재해로 인정하려면, 우선 그 행사나

모임의 주최자, 목적, 내용, 참가인원과 그 강제성 여부, 운영방법, 비용부담 등의 사정들에 비추어, 사회통념상 그 행사나 모임의 전반적인 과정이 사용자의 지배나 관리를 받는 상태에 있어야 할 것"이라는 전제하에 "망인이 참가한 이 사건 야유회는 소외 회사의 직원들 중 기숙사에서 숙식하는 사람들만이 자기들의 친목을 도모하고자 스스로 비용을 갹출하여 마련한 행사로서, 그 참가 자격도 원칙적으로 기숙사 숙식 직원으로 한정되어 있을 뿐더러 그 참가가 강제된 바 없고 위 망인도 자의로 이에 참가한 점, 소외 회사가 그 경비를 제공한다든가 인솔자를 보내어 참가자들을 통제한 바 없는 점에 비추어 보면, 소외 회사소유의 통근버스가 참가자들을 위한 교통수단으로 제공되었다는 사정만으로는 위 야유회의 전반적인 과정이 소외 회사의 지배나 관리를 받는 상태에 있었다고 보기 어렵고, 따라서 위 망인이 야유회에 참가한 것을 사용자의 지배를 받으면서 업무를 수행한 것이라거나 그 업무수행의 일환 또는 연장이라고 볼 수 없으므로, 결국 위 망인의 사망은 그 업무수행성을 인정할 수 없어 업무상 재해에 해당하지 아니한다"고 판단한 원심에 대해 위법이 없다고 판결하였습니다(대법원 1992. 10. 9. 선고 92누11107 판결). 따라서 질의 사안의 경우에도 업무상 재해에 해당하지 않아 산재보상 보험급여를 받기 어려울 것으로 사료됩니다.

위의 판례에서 보는 바와 같이 업무용으로 인정받기 위해서는 행사나 모임의 주최자, 목적, 내용, 참가인원과 그 강제성 여부, 운영 방법, 비용 부담 등의 사정들에 비추어, 사회통념상 그 행사나 모임의 전반적인 과정이 사용자의 지배나 관리를 받는 상태에 있는 경우는 업무용으로 볼 수 있으나 친목을 도모하고자 스스로 비용을 갹출하여 마련한 행사로서, 그 참가 자격도 원칙적으로 일정 직원으로 한정되어 있을뿐더러 그 참가가 강제된 바 없고 자의로 이에 참가한 점, 소외 회사가 그 경비를 제공한다든가 인솔자를 보내어 참가자들을 통제한 바 없는 경우는 업무 무관에 해당한다.

↗ 회사업무에 직원 차량을 사용하는 경우

사업자는 법인 차로 등록한 차량에 대해서는 유지비와 운행 경비(주유비, 주차료 등)를 비용으로 인정받아 소득세나 법인세를 줄일 수 있다. 법인 차로 등록한 차량은 별도의 차량운행기록부를 써야 하는 등 비용인정 요건이 까다롭다.

법인 차가 아닌 직원 차를 이용하는 경우에도 경비처리가 가능하다. 실질과세 원칙이기 때문에 사업용으로 사용했다는 증빙만 잘 처리하면 된다. 다만 직원이 결제하더라도 개인카드로 하지 않고 사업용 카드나 법인카드를 이용하고, 카드 영수증 등은 출장지와 출장 사유 등을 기록해서 추후 사업용으로 소명이 가능하도록 해놓는 것이 필요하다.

직원 차를 쓰고 직원이 개인카드로 지출한 경우는 신용카드매출전표를 제출하도록 하고 해당 비용을 해당 직원의 계좌로 송금하는 방식을 사용한다.

↗ 단체 포상금을 지급하는 경우

회사에서 직원들의 사기를 북돋우려고 워크숍에서 직원들에게 포상하는 경우 현금을 주거나 상품권을 나눠 줄 수도 있다. 이 경우 상금도 원칙적으로는 개인의 소득(상여금)으로 보고 소득세를 원천징수해야 한다.

워크숍에서 조별로 대항전을 치르고 각 조에 포상금을 지급하는 경우는 개인을 특정해서 지급한 것이 아니어서 회사입장에서 소득세를 원천징수하기 어렵다. 이럴 때 복리후생비로 처리하는 경우가 적지 않은데, 각 조별로 해당 금액을 회식비 등으로 이용하고 해당 증빙을 제출하는 경우는 문제가 없으나 개별로 나누어 갖는 경우 각 개인의 근로소득으로 봐 국세청에서 나중에 따지게 되면 문제가 될 수 있다. 특히 실비 보전이거나 복리후생 목적의 제품 증정은 복리후생비 처리가 가능하고, 현금도 사용처(회식비 등)에 대한 증빙(영수증)이 있으면 복리후생비 처리가 가능하다.

⑦ 개별 격려금을 주는 경우

직원 개개인에게 지급되는 격려금은 상여금 소득으로 당연히 소득세를 원천징수 한다. 지급된 격려금 등 상여금은 해당 월의 월급여 소득세를 계산할 때 포함해서 원천징수 하게 된다.

상품권을 개별 지급하는 경우 상품권도 상여로 보고 해당 금액만큼 소득세를 원천징수 하는 것이 맞다.

> 법인 46012-2491, 2000.12.29.
> 귀 질의의 경우 질의 내용이 다소 불분명하여 정확히 회신할 수 없으나, 법인이 사용인의 복리후생을 위한 비용을 종업원 개인별로 현금으로 지출하는 경우 법인세법 제116조 규정에 의한 지출증빙서류의 수취 및 보관의무가 없는 것이나,
> 이 경우 현금으로 지출된 금액은 이를 당해 종업원에 대한 근로소득으로 보아 원천징수를 해야 하는 것임.

⑦ 과세 여부의 판단 기준

근로자가 회사로부터 특정한 날에 지급받는 선물, 상품권 등 금품은

과세되는 근로소득에 해당하는 것으로 금전 외의 현물로 지급하는 경우에도 시가상당액을 지급하는 때, 근로소득에 포함하여 소득세를 원천징수 하는 것이 원칙이다. 즉 회사 행사에서 특정인에게 지급하는 것은 근로소득으로 과세된다.

회사가 사용인의 실비변상, 복리후생 목적으로 야유회 등 행사를 개최하고 지출하는 비용으로서, 사회통념상 타당하다고 인정되는 범위 내 금액은 복리후생비로 근로소득으로 보지 않는다고 판단한 사례도 있다(개별 사안으로 판단할 사항이지 무조건 보지 않는 것은 아님). 즉 회사의 복리후생 규정에 의하여 임직원 모두에게 복지 차원에서 야유회 행사의 부대비용으로 상품권, 기타 선물 등을 주는 경우는 복리후생비로 처리할 수 있는 것이나 특정인에게 지급하는 것은 근로소득으로 과세되는 것이다.

직원 개인별 복지포인트를 부여하는 경우

선택적 복지제도란 종업에게 주어진 예산 범위 내에서 복지 점수를 부여한 후 자율적으로 자신에게 적합한 복지혜택을 선택할 수 있는 제도로서 종업원에게 개인별로 포인트를 부여해 이를 사용하게 하는 경우 해당 포인트 사용액은 일반 복리후생비와 동일하게 비과세소득으로 세법상 규정한 것을 제외하고는 근로소득으로 과세된다.

피복비 지원금

직장에서만 착용하는 피복의 경우는 전액 복리후생비로 경비처리 가능하며, 근로자도 비과세 근로소득으로 본다.

그러나 임직원들에게 지급한 피복이 회사의 로고나 마크 등이 없고 일상복으로 입기에 불편함이 없는 경우는 과세대상 근로소득으로 원천징수 한다.

 ## 사택의 개인적 비용의 보조금

◉ 주택 유지에 사용된 금액을 지급받는 경우 모두 근로소득에 포함된다.

◉ 종업원이 자기명의(종업원의 명의로 임대차계약을 체결하는 경우 비과세 되는 사택으로 보지 않는다.)로 임차하고, 비용을 회사에서 보전받는 경우 보전되는 비용은 모두 근로소득에 해당한다. 즉, 사택을 직접 제공받지 않고, 사택임차에 소요되는 현금을 지급받는 경우 지급받는 현금은 근로소득에 해당한다.

◉ 지방 발령자가 지방의 근무지에서 하숙하는 경우에 고용주로부터 "타지역 근무수당", "원격지 근무수당" 등의 명칭으로 지급받는 금전은 근로소득에 해당한다.

◉ 종업원 사택이 재개발됨에 따라 회사가 수령한 이주비를 동 사택에 거주하던 종업원에게 대여해 동 종업원이 주택의 구입 또는

임차 자금으로 사용 시, 이는 인정이자 계산 대상이며, 근로소득에 해당한다.

ⓞ 해외근무자가 주택수당을 받으면서, 임대차계약의 명의만 회사로 한 경우에는 비과세되는 사택에 해당하지 않으므로, 근로소득세를 납부해야 한다.

ⓞ 국내 자회사가 해외 모회사로부터 파견되어 국내에서 근무하고 있는 외국인 근로자의 거주를 위해서 호텔숙박비를 부담한 경우, 당해 호텔숙박비는 근로소득에 포함되며, 실비변상적 급여(비과세 소득)에 해당하지 않는다.

ⓞ 사택의 임차료는 회사 비용처리가 가능하나, 개인이 부담해야 할 전기료, 가스료, 수도료 등 관리비는 근로소득에 해당한다. 즉, 종업원이 자기의 주된 생활근거지가 아닌 지역에 소재하는 공장 등에 근무하게 되어, 사택 또는 합숙소를 제공받음으로써 얻은 이익은 근로소득에서 제외되나, 당해 근로소득자의 생활과 관련된 사적비용(냉·난방비, 전기·수도·가스·전화요금 등)으로 지출되는 금액은 근로소득에 해당한다.

골프장 이용 요금과 콘도 이용 요금 회사 대납액

회원권을 대표이사가 개인적으로 사용하는 경우는 국세청은 이를 업무무관자산으로 보아 회원권 취득·관리 시 발생하는 비용을 손금불산입한다. 또한 동 비용은 회사가 임원 또는 대표이사에게 이득을 준 것으로 보아 임원 또는 대표이사의 상여로 처분되어 근로소득세 신고 대상에 포함된다.

그러나 대표이사가 접대목적으로 골프 회원권을 사용했다면 관련 비용은 기업업무추진비로 분류하여 기업업무추진비 한도 규정이 적용되어 한도 내 금액은 비용으로, 한도 초과액은 손금불산입된다.

골프장에서 접대하는 경우는 기업업무추진비 처리가 가능하기 때문에 많은 법인에서 요즘 접대를 골프로 많이 하고 있다.

여기서 주의할 점은 단순 임직원들의 지출은 복리후생비로 인정을 해주지 않기 때문에 골프장에서 사용한 법인카드는 기업업무추진비로 처리하는 것이 좋다.

기업업무추진비 외에 경비는 대표자나 직원카드를 사용하는 것이 좋다. 골프회원권이나 콘도회원권 비용은 거래처 접대를 위한 취득의 경우는 기업업무추진비, 직원의 복리후생 목적인 경우는 복리후생비 처리한다.

↗ 골프 이용 요금

임직원의 골프비 지원을 복리후생비로 결정한다고 하더라도 이런 부분이 통상적인 기업의 복리후생비로 인정되기에는 어려울 것이다. 과다한 복지후생적인 측면은 둘째로 치더라도 다수의 기업에서 골프장 비용을 복리후생으로 인식하기 어렵다.

따라서 해당 금액은 계정과목 상 복리후생비로 처리하더라도 동 골프비용은 각 직원의 상여로 봐 근로소득세를 원천징수 신고·납부하는 것이 타당하다.

↗ 콘도 이용 요금

회사에서 직원복지 차원에서 근로자에게 지급하는 콘도 이용 비용은 근로소득세를 과세한다. 즉 근로소득세 납부 없이 복리후생비로 처리 가능한 비용은 콘도회원권 유지 관련 비용이며, 회사에서 임직원에게 제공하는 것은 해당 권리를 사용할 수 있는 편익을 제공하는 것이지 임직원이 이용에 따라 발생하는 이용료 및 이용하기 위해서 이동 중 발생하는 비용까지 복리후생비 처리 및 비과세되는 것은 아니다.

결론은 골프 이용이나 콘도 이용 시 회사는 해당 이용권의 사용권만을 제공하는 것으로 이용에 따라 발생하는 숙박비 등 개인이 부담해야 할 비용을 회사가 대납하는 경우는 해당 임직원의 급여로 봐 근로소득세를 원천징수 해야 한다.

임금(급여)명세서 작성 방법

 임금명세서 작성 방법

임금명세서 양식은 단순 참고용으로 각 사용자 양식에 따라 자유롭게 수정해서 사용하면 된다. 다만 다음의 임금명세서 기재 사항은 반드시 기록되어야 한다.

[작성 방법]

① (근로자 특정) 지급받는 근로자를 특정할 수 있도록, 성명, 생년월일, 사원번호 등 근로자를 특정할 수 있는 정보를 기재한다.

② (임금 총액 및 항목별 금액) 임금 총액, 기본급, 각종 수당, 상여금, 성과급 등 임금의 항목별 금액을 정기와 비정기로 구분해서 기재한다.

③ (항목별 계산 방법) 임금의 각 항목별 금액이 정확하게 계산됐는지를 알 수 있도록 임금의 각 항목별 계산방법 등 임금 총액을 계산하는데, 필요한 사항을 기재한다.

정액으로 지급되는 항목은 계산 방법을 적지 않아도 된다. 예를 들어 매월 고정 10만원씩 지급되는 식대는 계산방법을 기재할 필요가 없

[작성례]

임 금 명 세 서

기간 0000-00-00~0000-00-00

지급일 : 0000-00-00

성명		생년월일(사번)	
부서		직급	

세부내역

지 급			공 제	
임금 항목		지급금액	공제 항목	공제 금액
매월 지급	기본급	3,200,000	근로소득세	115,530
	연장근로수당	396,984	국민연금	177,570
	휴일근로수당	99,246	고용보험	31,570
	가족수당	150,000	건강보험	135,350
	식대	100,000	장기요양보험	15,590
			노동조합비	15,000
격월 또는 부정기 지급				
지급액 계		3,946,230	공제액 계	490,610
			실수령액	3,455,620

연장근로시간수	야간근로시간수	휴일근로시간수	통상시급(원)	가족수
16	0	4	16,541	배우자 1명, 자녀 1명

계산 방법

구분	산출식 또는 산출방법
연장근로수당	16시간 × 통상시급 × 1.5
야간근로수당	0시간 × 통상시급 × 0.5
휴일근로수당	4시간 × 통상시급 × 1.5
가족수당	배우자 : 100,000원, 자녀 : 1명당 50,000원

※ 가족수당은 취업규칙 등에 지급 요건이 규정되어 있는 경우 계산방법을 기재하지 않더라도 무방

다. 하지만 근로일수에 따라 매일 8,000원씩 지급되는 식대라면 근로일수 × 8,000원과 같이 계산 방법을 기재해야 한다.

④ (연장근로시간수, 야간근로시간수, 휴일근로시간수) 연장 및 야간, 휴일근로한 시간을 기재한다. 연장근로시간수 등을 기재할 때 할증률은 고려하지 않는다.

4인 이하 사업장 즉 5인 미만 사업장은 연장, 야간, 휴일근로시간에 대한 할증률을 적용되지 않으므로 이를 생략하고 적어도 된다.

즉, 10시간의 연장근로를 한 경우 10시간을 기재하는 것이지 할증률을 고려하여 15시간을 기재하는 것이 아니다.

실제 연장근로를 하지 않았어도 수당을 그대로 가져갈 수 있는 고정 연장근로수당(OT)이 있는 사업장(포괄임금 사업장)은 실제 연장근로시간과 상관없이 금액에 대한 연장근로시간 수로 계산 방법을 적으면 된다.

예를 들어 1주일에 10시간의 고정 연장근로수당(OT)이 포함된 포괄임금제를 운영하는 경우 연장근로수당의 표기 방법은 10시간 × 4.345 × 시간당 통상임금 × 1.5로 표기한다.

그리고 포괄임금제의 경우 고정 초과근무와 추가 초과근무를 나누어 기재하는 방식이 유용하다.

⑤ (임금공제) 근로소득세, 4대 보험료, 노조회비 등을 공제할 경우 그 내역을 알 수 있도록 공제 항목별 금액과 총액을 기재한다.

⑥ (임금지급일) 「근로기준법」 제43조 제2항에 의거 매월 1회 이상 일정한 날에 임금을 지급해야 하므로 실제 임금지급일을 기재한다.

⑦ (통상시급) 통상임금 ÷ 유급 근로시간(소정근로시간 + 주휴시간)

[예시] 일 8시간, 주 40시간 근무시
40시간 × 120% × 4.345주 = 209시간

[예시] 일 7시간, 주 35시간 근무시
35시간 × 120% × 4.345주 = 183시간

[예시] 일 4시간, 주 20시간 근무시
20시간 × 120% × 4.345주 = 105시간

[예시] 월, 수, 금 각 6시간, 주 18시간 근무시
18시간 × 120% × 4.345주 = 94시간

[예시] 토, 일 각 8시간, 주 16시간 근무시
16시간 × 120% × 4.345주 = 84시간

⑧ (가족 수) 가족수당의 경우 가족수에 따라 지급금액이 달라진다면 계산방법에 가족 수 및 각각의 금액 등을 기재하는 것이 바람직하다.

[예시] ① 부양가족 1인당 2만원, ② 배우자 4만 원, 직계존비속 2만 원 등 다만, 취업규칙이나 근로계약서에 특정 임금 항목에 대한 지급 요건이 규정되어 있는 경우에는 임금명세서에 이를 기재하지 않더라도 무방하다.

임금명세서 기재 예외 사항

임금명세서는 모든 근로자에게 교부해야 하나 계속 근로기간이 30일 미만인 일용근로자에 대해서는 생년월일, 사원번호 등 근로자를 특정할 수 있는 정보를 기재하지 않을 수 있으며, 상시 근로자 4인 이하 사업장의 근로자와 감시·단속적 근로자, 관리·감독 업무 또는 기밀을 취급하는 업무를 수행하는 근로자는 연장, 야간, 휴일근로에 대한 할증임금이 적용되지 않으므로, 연장·야간·휴일 근로시간 수를 기재하지 않아도 된다.

① 30일 미만인 일용근로자 : 생년월일, 사원번호 등 근로자를 특정할 수 있는 정보의 기재를 제외
② 상시 4인 이하 사업장의 근로자 또는 근로시간 적용 제외자 : 연장·야간·휴일 근로시간 수 기재를 제외

즉 30일 미만 일용근로자의 경우에는 "생년월일, 사원 번호 등 근로자를 특정할 수 있는 정보"를 기재하지 않을 수 있고, 근로시간 규정이 적용되지 않는 상시 4인 이하(5인 미만) 사업장의 근로자 또는 「근로기준법」 제63조에 따른 근로자에 대해서는 "연장·야간·휴일 근로시간 수"를 기재하지 않을 수 있다. 단, 총근로시간 수는 적어야 한다.

연장·야간·휴일 근로시간에 가산수당이 붙지 않아서 총근로시간만 알아도 임금 체불 여부를 가릴 수 있기 때문이다.

기타소득과 사업소득의 원천징수

인적용역을 제공하는 경우 어떤 형태로 일을 하는가에 따라서 근로소득과 사업소득 또는 기타소득으로 구분될 수 있다. 같은 일을 하더라도 이같이 3종류의 소득으로 분류할 수 있다.

구 분		내 용
고용관계가 있는 경우 근로소득		고용관계에 의해 특정 회사에 취업해서 일하는 경우
고용관계가 없는 경우	기타소득	독립된 자격으로 일시적·우발적이면 용역을 제공하는 경우 [예] 일시·우발적 원고료, 강의료
	사업소득	독립된 자격으로 계속적·반복적으로 용역을 제공하는 경우 [예] 프리랜서 원고료, 강의료
	계속적·반복적인지 여부는 사업자등록을 했는지와 관계없이 일의 규모나 횟수 등의 실질 내용에 따라 판단된다.	

인적용역을 제공하는 사람 중에서 계속적·반복적인 활동을 통해 수입을 발생시켜서 기타소득자가 아닌 사업소득자로 분류되는 경우의

예로는 저술가, 연예인, 강사, 보험설계사, 외판원, 배달원, 골프장 캐디 등이 있다.

기타소득과 사업소득의 구분

↗ 강의에 대한 대가

구 분	소득 종류
학교에 강사로 고용되어 지급받은 급여	근로소득
일시적으로 강의를 하고 지급받은 강사료	기타소득
독립된 자격으로 계속적·반복적으로 강의를 하고 받는 강사료	사업소득
학교와 학원이 계약을 체결하고 당해 학원에 고용된 강사로 하여금 강의를 하고 그 대가로 학원이 지급받는 금액	당해 학원의 사업소득

↗ 고문료

구 분	소득 종류
거주자가 근로계약에 의한 고용관계에 의하여 비상임 자문역으로 경영자문용역을 제공하고 받는 소득(고용관계 여부는 근로계약 내용 등을 종합적으로 판단)	근로소득
전문직 또는 컨설팅 등을 전문적으로 하는 사업자가 독립적인 지위에서 사업상 또는 부수적인 용역인 경영자문용역을 계속적 또는 일시적으로 제공하고 얻는 소득	사업소득
근로소득 및 사업소득 외의 소득으로서 고용관계 없이 일시적으로 경영자문용역을 제공하고 얻는 소득	기타소득

↗ 특허권 등의 양도 및 대여에 따른 소득 구분

광업권 등 무체재산권의 양도나 대여로 인해서 발생하는 소득이 사업적 목적을 갖고 계속적·반복적으로 발생하느냐 아니면 일시적·우발적으로 발생하느냐에 따라 사업소득 또는 기타소득으로 구분된다.

구 분		소득 종류
특허권	당사자 간의 계약에 따라 일정기간 동안 계속적·반복적으로 사용하도록 하고 받는 대가	사업소득
	일시적으로 특허권을 대여하고 받는 대가	기타소득
영업권	개인사업자가 그 사업을 양도하는 경우 영업권(점포임차권 포함)의 양도로 발생하는 소득	기타소득
	개인사업자가 사업용 고정자산과 함께 양도하고 받는 소득	양도소득

↗ 문예창작수입(원고료, 인세 등)의 소득 구분

구 분	소득 종류
• 일시적인 창작활동의 대가 즉, 문필을 전문으로 하지 않는 사람이 신문·잡지 등에 일시적으로 기고하고 받는 고료 • 신인 발굴을 위한 문예 창작 현상 모집에 응하고 지급받는 상금 등 • 사원이 업무와 관계없이 독립된 자격으로 사내에서 발행하는 사보 등에 원고를 게재하고 받는 대가	기타소득

구 분	소득종류
• 독립된 자격으로 계속적이고 직업적으로 창작활동을 하고 얻는 소득 즉, 교수 등이 책을 저술하고 받는 고료 또는 인세, 문필을 전문으로 하는 사람이 전문분야에 대한 기고를 하고 받는 고료 • 미술·음악 등 예술을 전문으로 하는 사람이 창작활동을 하고 받는 금액, 정기간행물 등에 창작물(만화, 삽화 등 포함)을 연재하고 받는 금액, 신문·잡지 등에 계속적으로 기고하고 받는 금액 • 전문가를 대상으로 하는 문예 창작 모집에 응하고 받는 상금 등	사업소득

↗ 알선수수료 소득

구 분	소득종류
• 알선행위가 고용관계 없이 독립된 자격으로 계속적·반복적으로 행해지는 경우의 알선수수료 • 부동산 중개 알선행위가 사업활동으로 볼 수 있을 정도의 계속성과 반복성이 있는 경우의 매매알선 수수료 • 부동산중개업자(법인 포함)가 금융기관과 업무협약을 체결하고 그 계약내용에 따라 금융기관과 개인고객 사이에 대출알선 후 금융기관으로부터 받는 알선수수료	사업소득
• 알선행위가 고용관계 없이 일시적으로 행해지는 경우의 알선수수료 • 일시적으로 부동산을 중개하고 지급받는 매매알선 수수료	기타소득

기타소득의 원천징수

원천징수의무자가 기타소득을 지급할 때는 그 기타소득금액에 원천징수 세율을 적용하여 계산한 소득세를 원천징수 한다. 다만, 다음

금액은 원천징수 대상에 해당하지 않는다.
❶ 계약의 위약·해약으로 인하여 받는 위약금·배상금 중 계약금이 위약금·배상금으로 대체되는 경우 그 금액
❷ 뇌물, 알선수재 및 배임수재에 의하여 받는 금품
원천징수 제외대상 기타소득은 종합소득과세표준 신고를 해야 한다.

기타소득세 = 기타소득금액(총수입금액 - 필요경비) × 20%[8.8%(60% 필요경비)]

구 분	필요경비
승마투표권·승자투표권 등의 구매자에게 지급하는 환급금	그 구매자가 구입한 적중된 투표권의 단위투표금액
슬롯머신 등을 이용하는 행위에 참가하고 받는 당첨 금품 등	그 당첨 금품 등의 당첨 당시에 슬롯머신 등에 투입한 금액
다음의 어느 하나에 해당하는 경우 거주자가 받은 금액의 80%에 상당하는 금액. 다만, 실제 소요된 경비가 80%를 초과하면 초과금액도 필요경비에 산입한다.	❶ 공익법인의 설립·운영에 관한 법률의 적용을 받는 공익법인이 주무관청의 승인을 받아 시상하는 상금 및 부상과 다수가 순위 경쟁하는 대회에서 입상자가 받는 상금 및 부상 ❷ 계약의 위약 또는 해약으로 인하여 받는 위약금과 배상금 중 주택입주 지체상금
다음의 어느 하나에 해당하는 경우 거주자가 받은 금액의 60%에 상당하는 금액, 다만, 실제 소요된 경비가 60%를 초과하면 초과금액도 필요경비에 산입한다.	❶ 광업권·어업권·산업재산권·산업정보, 산업상 비밀, 상표권·영업권(점포임차권 포함), 이와 유사한 자산이나 권리를 양도하거나 대여하고 그 대가로 받는 금품

구 분	필요경비
	❷ 통신판매중개업자를 통해 물품 또는 장소를 대여하고 연간 수입금액 500만 원 이하의 사용료로 받는 금품(연 500만원 초과시 : 전액 사업소득으로 과세)
❸ 공익사업과 관련된 지역권 · 지상권(지하 또는 공중에 설정된 권리 포함)을 설정하거나 대여하고 받는 금품
❹ 문예 · 학술 · 미술 · 음악 또는 사진에 속하는 창작품 등에 대한 원작자로서 받는 원고료, 인세 등의 소득
• 정기간행물에 게재하는 삽화 및 만화와 우리나라의 고전 등을 외국어로 번역하거나 국역하는 것 포함
• 원고료, 저작권 사용료인 인세, 미술 · 음악 또는 사진에 속하는 창작품에 대하여 받는 대가
❺ 인적용역을 일시적으로 제공하고 지급받는 대가
• 고용관계 없이 다수인에게 강연하고 강연료 등 대가를 받는 용역
• 라디오 · 텔레비전방송 등을 통하여 해설 · 계몽 · 연기의 심사 등을 하고 보수 등의 대가를 받는 용역
• 변호사 · 공인회계사 · 세무사 · 건축사 · 측량사 · 변리사, 그 밖의 전문적 지식이나 특별한 기능을 가진 자가 그 지식 등을 활용하여 보수 등 대가를 받고 제공하는 용역
• 그 밖에 고용관계 없이 수당 또는 이와 유사한 성질의 대가를 받고 제공하는 용역
❻ 기타소득으로 보는 서화 · 골동품의 양도로 발생하는 소득의 경우
거주자가 받은 금액의 80%(90% ▮)에 상당하는 금액과 실제 소요된 경비 중 큰 금액을 필요경비로 함
주 서화 · 골동품의 양도가액이 1억 원 이하이거나 보유기간이 10년 이상인 경우

구 분	필요경비
종교 관련 종사자의 필요경비	실제 경비가 초과하는 경우 초과 금액 포함

↗ 기타소득의 과세최저한

기타소득금액(연금계좌 세액공제를 받은 금액 등을 연금외 수령한 소득 제외)이 매 건마다 5만 원 이하(지급액 기준 125,000원)의 경우 기타소득세를 납부하지 않는다.

> 강연료 등 일시적인 인적용역의 제공 대가로 125,000원을 지급하였다.
> 기타소득금액과 원천징수 세액은 얼마인가?

해설

기타소득금액 : 50,000원
50,000원 = 125,000원(기타소득 지급액) - 75,000원(필요경비 60%)
원천징수 세액 : 0원(∵ 건별 기타소득금액이 5만 원 이하로 과세최저한에 해당함)
기타소득이 125,000원을 초과하는 경우 "기타소득 지급액 × 8.8%"를 원천징수(지방소득세 포함)

↗ 기타소득의 과세 방법

> 원천징수 된 경우 : 무조건 분리과세, 선택적 분리과세, 무조건 종합과세
> 원천징수 되지 아니한 경우 : 종합소득과세표준에 합산

구 분	과세방법
무조건 분리과세 (완납적 원천징수)	다음의 기타소득은 원천징수에 의해 납세의무 종결 ➡ 서화·골동품의 양도로 발생하는 기타소득 ➡ 복권 및 복권기금법 제2조에 규정된 복권의 당첨금 ➡ 승마투표권, 승자 투표권, 체육진흥투표권 등의 구매자가 받는 환급금 ➡ 슬롯머신 등을 이용하는 행위에 참가하여 받는 당첨금품 등 ➡ 연금외 수령한 기타소득
선택적 분리과세	➡ 무조건 분리과세·종합과세 대상을 제외한 기타소득금액의 합계액이 300만 원 이하이면서 원천징수 한 경우 종합소득 과세표준에 합산할 것인지 분리과세로 납세의무를 종결할 것인지 선택 가능 ➡ 계약의 위약 또는 해약으로 인하여 받는 위약금·배상금으로 계약금이 위약금·배상금으로 대체되는 경우 ➡ 종업원 등 또는 대학 교직원이 근로와 관계없거나 퇴직 후 지급 받는 직무발명보상금
무조건 종합과세	다음의 기타소득은 원천징수 대상이 아니므로 종합소득 과세표준을 계산할 때 합산 ➡ 뇌물, 알선수재 및 배임수재에 의하여 받는 금품

구 분	필요 경비율	과세최저한 (원천징수 안함)	기타 소득세	분리과세 한 도
2018년 4월 이전	80%	250,000원	4.4%	1,500만원
2018년 4월~12월	70%	166,666원	6.6%	1,000만원
2019년 이후	60%	125,000원	8.8%	750만원

⬈ 기타소득 원천징수영수증

원천징수의무자는 기타소득을 지급할 때 그 소득금액과 기타 필요한 사항을 적은 원천징수영수증을 소득을 받는 사람에게 발급한다. 이 경우 해당 소득을 지급받는 자의 실지명의를 확인한다.

다음에 해당하는 경우 100만 원(필요경비를 공제하기 전의 금액) 이하를 지급하는 경우는 지급받는 자가 원천징수영수증의 교부를 요구하는 경우를 제외하고는 교부하지 않는다.

- ⊙ 원고료(소득세법 제21조 제1항 제15호 가목)
- ⊙ 고용 관계없이 다수 인에게 강연하고 강연료 등의 대가를 받는 용역(소득세법 제21조 제1항 제19호 가목)
- ⊙ 라디오·텔레비전방송 등을 통하여 해설·계몽 또는 연기의 심사 등을 하고 보수 또는 이와 유사한 성질의 대가를 받는 용역(소득세법 제21조 제1항 제19호 나목)

 인적용역 소득이 기타소득으로 분류되면 유리

강연료나 해설료, 원고료 등 인적용역을 제공하고 받는 소득이라고 하더라도 기타소득으로 분류되는 경우는 본인이 증빙서류를 통해 입증하지 않더라도 세법에서 소득으로 받는 금액의 60%를 필요경비로 인정해 준다.

따라서 같은 강의료 소득이라고 하더라도 기타소득으로 분류되면 소득세 신고를 할 때 강의료 수입 중 60%는 비용으로 빼고 나머지 40%만 소득금액으로 종합소득에 합산하면 되기 때문에, 사업소득으로 분류되는 것보다 기타소득으로 분류되는 것이 일반적으로 소득자에게 유리하다. 또한 기타소득은 사업소득과 달리 소득금액 기준으로 연간 300만 원에 미달하는 경우는 본인의 선택에 따라 종합소득에 합산하지 않고 원천징수된 것으로 납세의무가 종결될 수도 있다.

그리고 사업소득과 달리 기타소득의 경우에는 사업자가 아니므로 특별히 별도의 장부를 비치하거나 기록할 의무도 없다.

사업소득의 원천징수

법령에서 정한 원천징수 대상 사업소득을 지급하는 경우 이를 지급하는 자는 소득세를 원천징수 한다.

◉ 의료보건용역(수의사의 용역 포함)

◉ 저술가·작곡가 등이 직업상 제공하는 인적용역

개인이 물적 시설[계속적·반복적으로 사업에만 이용되는 건축물 등 사업 설비(임차한 것 포함)] 없이 근로자를 고용하지 아니하고 독립된 자격으로 용역을 공급하고 대가를 받는 다음의 인적용역

◉ 저술·서화·도안·조각·작곡·음악·무용·만화·삽화·만담·배우·성우·가수 또는 이와 유사한 용역

◉ 연예에 관한 감독·각색·연출·촬영·녹음·장치·조명 또는 이와 유사한 용역

◉ 건축감독·학술 용역 또는 이와 유사한 용역

◉ 음악·재단·무용(사교 무용 포함)·요리·바둑의 교수 또는 이와 유사한 용역

◉ 직업운동가·역사·기수·운동 지도가(심판 포함) 또는 이와 유사한 용역

◉ 접대부·댄서 또는 이와 유사한 용역

◉ 보험 가입자의 모집, 저축의 장려 또는 집금(集金) 등을 하고, 실적에 따라 보험 회사 또는 금융기관으로부터 모집수당·장려수당·집금수당 또는 이와 유사한 성질의 대가를 받는 용역

- ⓥ 서적·음반 등의 외판원이 판매실적에 따라 대가를 받는 용역
- ⓥ 저작자가 저작권에 의하여 사용료를 받는 용역
- ⓥ 교정·번역·고증·속기·필경(筆耕)·타자·음반취입 또는 이와 유사한 용역
- ⓥ 고용 관계없는 사람이 다수 인에게 강연하고 강연료·강사료 등의 대가를 받는 용역
- ⓥ 라디오·텔레비전 방송 등을 통하여 해설·계몽 또는 연기를 하거나 심사하고 사례금 또는 이와 유사한 성질의 대가를 받는 용역
- ⓥ 작명·관상·점술 또는 이와 유사한 용역
- ⓥ 개인이 일의 성과에 따라 수당이나 이와 유사한 성질의 대가를 받는 용역
- ⓥ 개인, 법인 또는 법인격 없는 사단·재단, 그 밖의 단체가 독립된 자격으로 용역을 공급하고 대가를 받는 다음의 인적용역
  - 형사소송법 및 군사법원법 등에 따른 국선변호인의 국선변호와 기획재정부령으로 정하는 법률구조(法律救助)
  - 새로운 학술 또는 기술 개발을 위하여 수행하는 연구용역
  - 직업소개소가 제공하는 용역 및 상담소 등을 경영하는 자가 공급하는 용역으로서 기획재정부령으로 정하는 용역
  - 장애인복지법 제40조에 따른 장애인 보조견 훈련 용역
  - 외국 공공기관 또는 국제금융기구로부터 받은 차관자금으로 국가 또는 지방자치단체가 시행하는 국내 사업을 위하여 공급하는 용역

🔼 사업소득의 원천징수 방법

> 사업소득세 = 사업소득 금액 × 3%(지방소득세 포함 3.3%)

원천징수의무자는 원천징수 한 소득세를 그 징수일이 속하는 달의 다음 달 10일까지 원천징수 관할 세무서·한국은행 또는 체신관서에 납부한다.

반기별 원천징수의무자는 원천징수 한 소득세를 그 징수일이 속하는 반기의 마지막 달의 다음 달 10일까지 납부한다.

🔼 사업소득 원천징수영수증

원천징수의무자는 사업소득에 대한 수입금액을 지급하는 때에 그 수입금액 등을 기재한 원천징수영수증을 사업소득자에게 발급한다.

사업소득에 대해 연말정산을 하는 경우 연말정산 일이 속하는 달의 다음 달 말일까지 사업소득 연말정산 분에 대한 원천징수영수증을 발급한다.

✦ 인적용역 소득이 사업소득으로 분류될 경우 꼭 챙겨야 할 것

인적용역 소득이 사업소득에 해당하면 소득자가 그 소득에 대응하는 실제 필요경비에 대한 증빙서류를 구비하고 장부를 기록해야 한다. 즉 동일한 인적용역 소득이 사업소득으로 분류될 경우, 소득자는 기록한 장부 등 증빙자료를 통해서 비용을 직접 입증해야 한다.

만일 장부를 기록하지 않았을 때는 정부에서 정하는 추계방식으로 소득금액을 계산하는데, 이런 경우를 대비해서 정부는 업종별로 기준경비율(장부가 없는 자영업자의 소득금액을 추정하는 기준)을 정해 놓고 있다. 그런데 정부에서 정하고 있는 기준경비율은 실제로 투입되는 원가나 비용을 모두 반영해 주는 것은 아니기 때문에, 소득세를 조금이라도 적게 내려면 사업소득자는 관련 증빙을 챙기고 장부를 기록해서 그 내용을 입증할 수 있어야 한다.

강사료는 사업소득? 기타소득? 의 구분

실무적으로는 회사에서는 강사가 일시적인지 반복적인지 알기가 어렵기 때문에 고민하는 경우가 많다.

1~2개월 단기간에 인적용역을 제공했더라도 사업성을 띠고 반복적으로 제공하는 경우는 소득자의 의사에 따라 사업소득으로 구분하고, 1~2번 우연한 기회에 영리목적 없이 제공하는 인적용역은 기타소득으로 구분한다.

실무적으로는 강사를 기준으로 강사의 직업, 강의 기간, 강의 횟수, 강의 내용 등에 비추어 사업 활동으로 볼 수 있을 정도로 계속적 반복적으로 강사 활동을 할 경우 사업소득, 그렇지 않을 경우 기타소득으로 분류한다.

강사의 직업적 특성상 강의 활동이 계속 반복성이 있다고 보기는 힘들므로 기타소득으로 분류하는 것이다.

단, 강사가 교육기관이나 기업체 등의 요청에 의하여 강의용역을 간헐적으로 제공하였더라도 상당기간 동안 상당한 횟수에 걸쳐 강의 서비스를 제공하는 경우(유튜브나 강의 사이트 등에서 특정 내용을 지속적으로 업로드하는 경우 포함) 또는 특정 학원이나 기업체에서 강의 계약에 의하여 일정기간 동안 지속적으로 강의를 제공하고 모집인원에 따라 다시 추가 강좌가 만들어지는 등 계속적, 반복적으로 강의 서비스가 제공되는 경우라면 일시적인 강의용역이라고 간주 될 특정한 상황이 있는 것을 제외하고는 사업소득으로 판단한다.

계속 반복적인 판단은 특정 주제 건별로 판단하는 것이 하니라 해당 강사의 지속적인 강의 활동으로 판단한다.

실무적으로 이를 명확히 구분하기가 힘들므로 실무자의 자의적인 판단이 들어갈 수밖에 없다.

사업소득과 기타소득의 구분이 모호하여 원천징수의무자가 기타소득으로 원천징수 했더라도 해당 소득이 사업소득인 경우, 소득자는 종합소득세 확정신고 시 기타소득을 사업소득으로 신고해야 사후 점검에서 불이익을 받지 않는다.

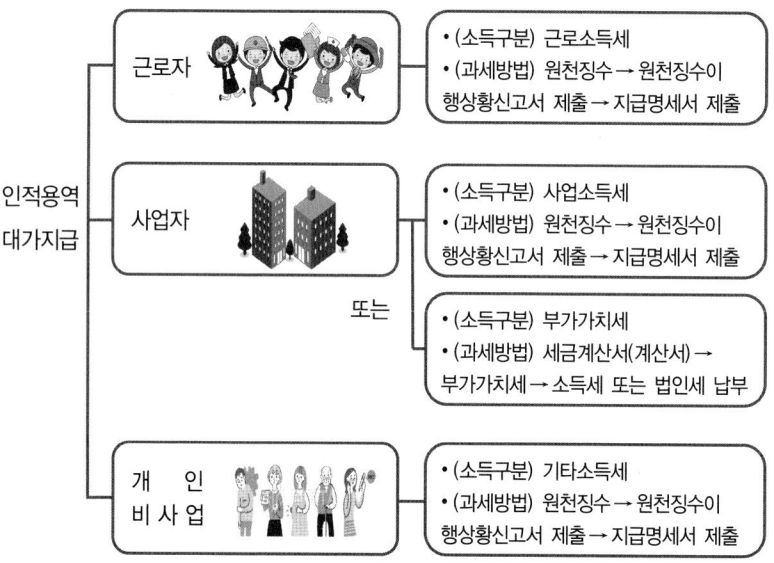

사업소득을 기타소득으로 소득 구분을 잘못해 신고한 경우

사업소득을 기타소득으로 신고하는 경우 소득 구분의 오류에 해당한다. 이에 대하여 수정신고를 하고 관련 세액은 환급 또는 충당이 가능하다.

그리고 적게 낸 금액에 대해서는 원천징수 관련 가산세가 적용된다.

사업소득을 기타소득으로 원천징수 시 소득자에게 원천징수 한 금액과 실제 정리하여 납부해야 할 금액의 차액에 대해서는 관련 소득자에게 정리하여 알려주어야 착오가 없다. 아니면 소득자는 다음 연도 5월에 기타소득으로 신고하고 기납부세액도 달라지는 문제가 있다. 즉, 소득 구분을 잘못 적용하여 원천세 수정신고를 하는 경우 수정신고함에 따라 미달납부세액이 발생한다면 그 미달하는 납부세액에 대하여 '원천징수지연납부가산세'가 적용된다.

또한 지급명세서를 수정하여 제출해야 하며 제출된 지급명세서에 기재된 지급 금액이 사실과 다른 경우 사실과 다른 분의 지급 금액에 대해 '지급명세서불성실가산세'가 적용된다.

캐디피를 주는 경우 적격증빙 수취나 사업소득 원천징수

캐디에게 주는 캐디피를 손님이 카드로 긁고 가면 골프장은 중간에서 돈 전달하는 심부름만 했지만, 캐디피에 해당하는 돈의 10%를 부가세로 내거나 캐디에게 전달되는 돈 중에 10%가 줄어든다.

그래서 손님이 현금으로 주게끔 한다. 만약 골프를 회삿돈으로 쳤을 경우는 골프장 이용료는 회사 비용으로 처리가 되지만 캐디피는 현금으로 줬을 때 영수증을 받을 수도 없고 비용처리가 안 되는 문제가 있다.

원칙적으로 캐디는 개인사업자이기 때문에 캐디피도 캐디라는 개인사업자의 사업소득이며, 캐디피를 주는 손님이 그 캐디의 사업소득을 원천징수 해야 한다.

쉽게 말하면 캐디피를 주면서 세금을 떼고 줘야 한다.

그리고 세금을 떼고 준 사람이 나중에 캐디의 주민등록번호 등을 물어서 원천징수 신고납부를 해야 한다.

이런 번거로움이 있어서 현금을 주고 마는 것이지만 전체적으로 보면 불필요한 지하경제의 하나이다.

캐디피에 대하여 적격증빙을 수취하지 못한 경우 전액 손금불산입한다. 다만, 사업소득으로 징수하는 경우는 법인의 손금에 산입할 수 있다(실무상으로는 증빙도 못 받고 원천징수 안 하는 경우가 대다수).

캐디는 골프장에 직접 고용되어 근로소득세를 납부하거나 개인사업자 또는 파견(용역)업체 직원 중 한 가지를 선택해 소득을 신고해야 한다. 소득이 자연스럽게 노출되면서 소득세와 4대 보험료를 내야 한다.

캐디피 카드 결제 전용 앱도 있으므로 이를 이용하는 것도 한 방법이다.

1. 캐디가 골프장 소속인 경우

캐디피는 보통 현금으로 지급한다. 캐디의 경우 골프장 소속인 경우가 있고 개인사업자 자격으로 활동하는 경우가 있는데, 골프장 소속인 경우 골프장 측에서 현금영수증을 발급하는 경우가 있다. 이러한 경우는 증빙불비가산세 대상도 아니고, 기업업무추진비 증빙불비 직부인 대상에도 해당하지 않는다. 지급한 금액을 기업업무추진비에 포함하여 한도 시부인 계산만 하면 된다.

즉, 골프장에서의 청구서상 금액에 캐디피를 포함한 전체 금액에 대하여 일괄 청구할 경우는 이용자가 전체 금액에 대하여 신용카드나 현금 결제 시에 신용카드매출전표 및 현금영수증을 발행하고 전표상에 봉사료 등의 캐디피를 구분 기재하여 골프장의 제세 신고 시 제외한다. 캐디피를 해당 소득 귀속자에게 지급할 시에 사업소득으로 3%(주민세 별도) 원천징수 하여 신고·납부 하면 된다.

그러나 접대성 골프를 치면서 3만 원 초과 금액에 대해 적격증빙을 받지 못한 경우 증빙불비가산세는 적용받지 않지만, 해당 비용은 경비로 인정받지 못해 손금불산입된다.

구 분	과세방법
현금영수증(신용카드매출전표) 수취	증빙불비가산세를 납부하지 않으며, 업무추진비 한도 계산에 포함해 한도액 범위 내에서 비용인정
현금영수증(신용카드매출전표) 미수취	3만원 초과 시에는 증빙불비가산세는 납부하지 않지만, 바로 비용불인정

2. 캐디가 개인 자격인 경우

캐디가 개인 자격인 경우도 있다. 이러한 경우 현금영수증을 발급하지 못한다. 원칙적으로는 사업자가 제공하는 독립적 인적용역에 대해 3%(지방소득세 포함 3.3%)를 원천징수 해야 하고, 원천징수를 한 경우 적격증빙을 수취하지 않아도 된다. 그런데 일반적으로 캐디피를 주면서 원천징수를 안 하므로 경비로 인정받지 못할 가능성이 크다.

원천징수 신고를 안 한 인건비 처리

 신고 안 한 급여의 비용처리

원천세 신고를 하지 않으면 종합소득세 또는 법인세 신고 시 해당 인건비를 필요경비로 처리할 수 없는 문제가 발생한다. 다만, 상대방에 대한 급여 신고가 없더라도 인건비 등 사실관계가 확인되면 필요경비로 인정받을 수 있으나, 해당 인건비를 받은 사람에게 소득자료가 파생되어 한꺼번에 세금을 내야 하는 사태가 발생할 수 있다.

결국은 원천징수 세액을 차감하고, 각 급여를 받은 사람의 인적 사항으로 원천세 내역이 신고되어야 필요경비로 인정받을 수 있다.

급여 신고를 안 한 경우 추후 비용인정을 받기 위해서는 급여를 지급한 달에 대해 원천세를 수정신고하고, (간이)지급명세서를 제출하여 해당 급여 내용을 입증해야 비용으로 인정받을 수 있다.

실무상으로는 사업주가 원천징수 세액 및 4대 보험료를 대납하는 것이 일반적이다. 따라서 수정신고로 인한 세금효과와 대납으로 인한 효과를 비교해 결정한다.

인건비의 증빙불비가산세

임직원에게 지급하는 급여, 일용근로자에게 지급하는 급여, 인적용역에 대한 대가로 지급하는 사업소득 및 기타소득은 소득세법 규정에 따라서 소득세를 원천징수 한 후 신고·납부해야 하는 대상이지, 세금계산서 등의 적격증빙을 수취해야 하는 대상이 아니다. 따라서 증빙불비가산세는 발생하지 않는다.

실무상 인건비 지출 증빙은 원천징수영수증과 (간이)지급명세서의 제출로 충분하며, 원천징수를 적법하게 진행한 후 원천세 신고와 (간이)지급명세서 제출을 기한에 맞춰서 하는 것으로 적격증빙의 수취를 대신한다.

원천징수 대상 중 신고를 안 한 인건비를 비용으로 인정받기 위해서는 다른 일반비용과 같이 증빙불비가산세를 낸다고 해서 경비처리를 할 수 있는 것이 아니며, 해당 월의 원천징수 내역을 수정신고 해야 인정받을 수 있다. 즉 원천징수 대상 소득은 일반비용과 같이 법정 적격증빙을 미수취한 후 지출 사실이 확인되는 경우 증빙불비가산세를 부담하면 경비인정을 받을 수 있는 것이 아니라 원천징수 수정신고를 해야만 비용인정을 받을 수 있다(소득, 소득 46011-565, 1999.12.31.).

> 법인이 인적용역을 제공받고 그 대가를 지급하면서 소득세를 원천징수하고 지급명세서를 관할 세무서장에게 제출한 경우는 추후 당해 거래가 세금계산서 교부대상 거래로 확인되는 경우도 증빙불비가산세를 적용하지 않는다(소득, 서일 46011-11566, 2002.11.22.).

영수증수취명세서는 재화 또는 용역을 공급받고 적격증빙 외의 증빙을 수취하는 경우 제출하는 것으로 급여 등 인건비 지출은 재화 또는 용역을 공급받는 것에 해당하지 않으므로 영수증수취명세서 제출 대상에 해당하지 않는다.

따라서 원천징수 대상 인건비에 대해서는 증빙불비가산세와 영수증수취명세서미제출가산세 적용 대상에 해당하지 않는다.

 인건비 미신고 시 가산세

급여를 지급하고 원천징수 신고를 하지 않은 경우는 원천징수지연납부가산세와 (간이)지급명세서 미제출 가산세가 적용된다.

구 분	가산세
납부지연 가산세	1과 2를 합한 금액 (한도액 : 미납부 금액의 10%) 1. 미납부 금액의 3% 2. 미납기간 1일 1만분의 2.2(미납부 금액 × 미납 일수 × 2.2/10,000)
지급명세서 미제출에 대한 가산세	지급명세서를 그 지급일이 속하는 연도의 다음 연도 2월 말일(이자소득, 배당소득, 기타소득) 또는 3월 10일(근로소득, 퇴직소득, 원천징수 대상 사업소득)까지 관할 세무서에 제출하지 아니한 경우 및 불분명한 경우 지급 금액의 1%를 가산세로 부담해야 한다. 단, 제출기한 경과 후 3개월 이내에 제출하는 경우 지급 금액의 0.5%로 한다.
원천세 지방소득세 가산세	1과 2를 합한 금액(한도액 : 미납부 금액의 10%) 1. 미납부 금액의 3% 2. 미납기간 1일 1만분의 2.2(미납부 금액 × 미납일수 × 2.2/10,000)

구 분	가산세
간이지급명세서 미제출 및 지연제출가산세	1. 간이지급명세서 미제출 등에 대한 가산세 간이지급명세서를 제출하지 아니한 분의 지급 금액의 1만분의 25 2. 간이지급명세서 지연제출 가산세 제출 기한이 지난 후 1개월 이내에 제출하는 경우 지급금액의 10만분의 125 [주] 지급명세서 또는 간이지급명세서에 대한 가산세는 각각 적용한다.

구 분	금액	계산식
미 납부세액	2,000,000원	
납부기한	2025년 3월 10일	
납부(예정)일	2025년 3월 21일	
미납일수	11일	초일불산입, 말일 산입
과소납부에 따른 가산세(❶)	60,000원	미납세액 × 3%
지연일자에 따른 가산세(❷)	4,840원	미납세액 × 미납일수 × 0.022%
총가산세(❸)	64,840원	❶ + ❷
가산세 한도액(❹)	200,000원	미납세액 × 10%
납부할 가산세	64,840원	❸과 ❹ 중 적은 금액

개인과 개인, 개인과 법인, 법인과 법인 간 비영업대금 이자의 원천징수

 비영업대금의 원천징수

비영업대금의 이익이란 금전의 대여를 주 영업으로 하지 않는 자가 금전소비대차 계약에 따라 받는 이자를 말한다.

금융기관과 대부업체를 제외한 일반법인의 수입이자는 대부분 비영업대금의 이익에 해당하며, 원천징수 세율은 25%(지방소득세 2.5%)이다.

원천징수 의무는 이자를 지급하는 자에게 부여되어 있으며, 미신고시 가산세 부과의 대상이 된다. 이자를 지급하는 자가 개인이라 하더라도 개인이 원천징수 의무를 지는 것으로 되어 있으며, 외국인인 경우에만 대여한 국내 법인에게 원천징수 의무가 있다. 다만, 실무적으로는 개인이 법인에 비해 원천징수 사무에 대한 지식이나 절차에 무지한 경우가 많아서 개인이 법인에게 원천징수 사무에 대한 업무를 위임 또는 대리계약을 통해 법인이 담당하는 경우가 많다.

개인이 개인에게 이자 지급 시 원천징수

개인 간 자금대여의 경우에도 원천징수 의무가 발생하여 이자를 지급하는 자가 비영업 대금 이익의 25%와 지방소득세(지방소득세 포함 27.5%)를 원천징수 후 국세청에 신고 및 납부해야 하며, 특수관계인의 경우는 현행 인정이자율인 4.6%를 적용해야 하고, 인정이자율을 기준으로 일정 부분 이상의 차액분에 대해서는 증여의제 등의 이슈가 발생할 수 있다. 현재 이자소득이 연간 2천만 원이 넘는 경우는 다음 해 5월 개인 종합소득세 신고 시 합산하여 신고해야 한다.

개인인 경우는 소득세법, 법인인 경우는 법인세법의 적용을 받기 때문에 각각에 대한 특수관계인의 정의를 살펴보아야 한다. 또한 상증법상 추가적인 특수관계인 규정도 존재한다.

소득세법상 특수관계인은 국세기본법에 정의되어 있는데, 본인을 기준으로 판단해야 한다.

우선 친인척으로 친가 쪽으로 6촌, 처가 쪽으로 4촌 이내가 해당한다. 그리고, 배우자(사실혼 포함), 출양자 및 그 배우자 양가의 직계비속이 해당한다.

개인과 개인 간 자금대여에 대한 약정이 있는 경우라면 해당 비영업 대금의 이자에 대한 수입시기와 원천징수 시기는 약정에 의한 이자 지급일이 되는 것이며, 이자 지급일의 약정이 없거나 약정에 의한 이자 지급일 전에 이자를 지급받는 경우는 그 이자 지급일이 원천징수 시기가 되는 것이다.

따라서 비영업대금의 이자를 지급하는 자가 약정에 의한 지급일 또는 이지 지급일에 비영업대금의 이익에 대한 소득세율 25%(지방소득세 2.5%)를 적용하여 원천징수 한 후 주소지 관할 세무서에 다음 달 10일까지 신고·납부해야 한다.

이자소득 지급명세서는 약정일(지급일)이 속한 날이 속한 연도의 다음 연도 2월 말까지 제출해야 한다.

원천징수이행상황신고서 작성 시 원천징수의무자 항목에는 비영업대금의 이자를 지급하는 자를 기재하는 것이다.

개인이 법인에 이자지급시 원천징수

법인에게 이자소득인 비영업대금의 이익을 지급하는 자는 그 법인에 대한 소득세(27.5% 지방소득세 포함)를 원천징수하고 다음 달 10일까지 원천징수이행상황신고 및 납부를 해야 한다.

개인(일반 개인, 직원, 대표이사 등)이 법인으로부터 자금(비영업대금)을 차입하고 자금 차입과 관련하여 약정에 따른 이자를 지급할 때 이자소득에 대한 법인세 원천징수 의무가 있는 것으로 개인이 이자를 지급할 때 이자소득세(27.5%)를 원천징수하고 신고·납부해야 한다. 만일 이와는 별도로 이자를 지급받는 법인이 이자를 지급하는 개인으로부터 원천징수의무를 위임받은 경우 이자를 지급받는 법인은 원천징수의무자인 이자 지급자를 대리하여 그 위임의 범위에서 이자를 지급하는 자의 행위로 보아 원천징수를 할 수 있다.

소득세법 제133조와 동법시행령 제193조에 따른 규정은 계좌별로 1

년간 발생한 이자소득 금액이 1백만 원 이하인 경우, 소득자에게 원천징수영수증의 교부의무만을 면제하고 있으며, 원천징수 신고의무와 지급명세서 제출 의무 자체를 면제하는 것은 아니다.

비영업대금 이익의 수입시기는 약정에 의한 날이며, 약정이 없는 경우나 약정일 전에 이자를 지급받는 경우는 그 이자지급일이다. 그러므로 약정에 따라서 이자를 나누어 지급하기로 하였다면 그 약정에 따라서 지급한 날을 각각 수입시기로 하여 원천징수 하면 된다.

↗ 개인이 직접 원천징수 신고를 하는 경우

위임하지 않고 개인이 신고하는 경우 원천징수이행상황신고서 "원천징수의무자"란에 개인의 인적 사항을 기재하고 "법인 내·외국 법인 원천 " [A80]란에 기재하여 신고하고, 지급명세서를 2월 말까지 제출하면 된다. 만약, 법인이 위임받아 원천징수이행상황신고를 대리하는 경우 개인은 별도로 신고하지 않아도 된다.

내국 법인에게 이자를 지급하는 자는 비사업자인 개인이라도 원천징수의무가 있으며, 원천징수이행상황신고서와 지급명세서를 제출하지 않은 경우는 가산세를 부담해야 한다. 개인이 원천징수의무를 이행하는 경우 원천징수 세액의 납세지는 개인의 주소지 관할 세무서이며, 홈택스 서비스를 이용하여 전자신고를 할 수도 있다.

↗ 법인에 위임계약을 한 경우

원천징수 위임 대리계약을 한 경우 이자소득에 대한 원천징수의무자는 자금대여자인 법인이 할 수 있다. 이 경우 원천징수이행상황신고서의 원천징수 의무자란에는 법인의 인적 사항을 기재 후 이자소득을 기재하는 곳에 기재하고(법인의 원천징수이행상황신고서에 포함), 이자소득에 대한 지급명세서 작성 시에도 징수의무자란에는 법인의 인적 사항을 기재하고 소득자란에도 법인의 인적 사항을 기재하는 것(법인의 지급명세서와 별도로 기재하여 제출)이다.

원천징수 한 세액의 납세지는 법인의 본점 또는 주사무소의 관할 세무서로 한다. 원천징수 의무를 위임받아 신고하는 경우 다른 방법이 있는 것이 아니라 기존에 하던 방식대로 신고하면 된다. 다만, 원천징수의무자가 원천징수를 하지 아니한 경우로서 납세의무자가 그 법인 세액을 이미 납부한 경우는 원천징수 의무자에게 원천징수 의무를 불이행하였으므로 이에 대한 원천징수 지연납부 가산세 및 지급명세서 미제출 가산세는 적용된다.

법인이 법인에 이자지급 시 원천징수

이자소득에 대한 이자소득세 신고는 일반적으로 수령일이 속하는 월의 다음 월의 10일까지 원천징수이행상황신고서를 국세청에 제출함으로써 이루어진다.

금융업을 영위하지 않는 A 법인과 B 법인이 상호 간에 금전소비대차계약을 체결하여 B 법인이 매달 25일 1개월분의 이자를 A 법인에게 지급한다고 가정하면, 이자를 지급하는 B 법인이 비영업대금 이익의 25%(지방소득세 2.5%)를 원천징수(외국 법인의 경우 국내 법인이 대행) 한다.

↗ 원천징수 신고 방법

예를 들어 B 법인이 A 법인에게 10월 25일 지급해야 할 이자가 1,000원이라면, 이자소득세 250원과 이에 따른 지방소득세 25원(이자소득세의 10%)을 차감한 725원(1,000원 - 250원 - 25원)을 A 법인에게 지급(이자소득 원천징수영수증도 첨부하여 A 법인에게 제출)하고, 11월 10일까지 국세청에 원천징수이행상황신고서를 작성하여 제출한 후 이자소득 원천징수 세액 250원을 납부한다. 또한 국세 납부 후 관할 지방자치단체에 25원을 지방소득세로 납부해야 한다.

비영업대금 이익의 경우 지방소득세까지 고려하면, 27.5%의 세금을 납부해야 하는 것이다. 또한 다음 해 2월 말까지 이자소득에 대한 지급명세서를 제출해야 한다.

↗ 특수관계자 법인 간 자금대여

A 법인과 B 법인이 특수관계인이며, 무이자로 대여하는 계약을 체결하였다고 가정하면, 상호 간에 이자소득이 발생하지 않더라도 법인세 신고 시 세무조정이 필요한데, 인정이자율을 적용한 이자를 산정하여 A 법인에 익금산입하여 그 이자 금액만큼 수익으로 반영한 후 법인세를 부담하도록 하고 있다. 현행 인정이자율은 4.6%가 적용된다.

[특수관계자의 범위]

1. 경제적 관점에서의 회사에서는 내가 직원이라면 회사의 임원과 대표이사 등 경영진이 포함되고, 내가 대표이사 포함 임원 등 경영진이라면 사용인, 즉 직원이 특수관계인이 되는데, 직원의 친인척도 특수관계인에 포함된다. 다만 직원 간에는 특수관계인이 성립되지 않는다. 퇴직 임원의 경우 퇴직 후 5년까지는 특수관계인이며, 사외이사의 경우에는 퇴직 후 특수관계인에서 제외된다.
2. 지분 관계가 있는 경우 출자자와 출자자가 영향력을 행사하는 법인이 해당한다. 일반적으로 본인과 특수관계인의 지분을 합하여 30% 이상을 보유하거나, 실질적 지배력을 행사하는 경우 특수관계인으로 해석된다.
3. 법인세법상 특수관계인에는 1% 미만의 소액주주를 제외한 주주와 그 친족이 포함되므로 주의가 필요하며, 상증법상 특수관계인의 친인척 범위에는 장인과 장모도 포함된다.
4. 특수관계인 간 거래가 논쟁거리가 되는 것은 부당행위계산부인 행위에 해당하는 경우 증여세 및 가산세가 적용되기 때문인데, 부당행위계산부인이란 특수관계인과의 거래를 통하여 세금을 부당하게 감소시키는 행위들을 말한다.
법인세법 시행령 제88조 제1항에서는 법인 간 부당행위계산의 유형에 관해 규정하고 있는데, 시가 또는 특수관계인과의 거래가 아닌 정상적인 거래의 경우보다 자산의 고가매입, 무수익자산의 매입, 자산의 무상 또는 저가 양도, 금전 그 밖의 자산 또는 용역의 무상 또는 저율 대부 또는 제공, 자본거래로 인한 이익분여 등을 통해 법인세를 부당하게 감소시켰다고 판단되는 경우 시가 또는 정상적인 거래에 의한 세금을 부과하여 조세회피를 막는다는 것이다.
5. 법인세법에서는 시가와 거래 가액의 차액이 3억 원 이상이거나 시가의 100분의 5에 상당하는 금액 이상의 경우 부당행위계산부인을 적용하며, 이익의 당사자가 개인인 경우는 상증법상의 기준인 시가와 거래 가액의 차액이 3억 원 이상 또는 시가의 30% 이상의 기준을 적용하여 증여의제로 보아 과세한다.
6. 소득세법시행령 167조에서는 양도소득과 관련하여 특수관계인으로부터 시가보다 높은 가격으로 자산을 매입하거나 특수관계인에게 시가보다 낮은 가격으로 자산을 양도한 때, 그 밖에 특수관계인과의 거래로 해당 연도의 양도가액 또는 필요경비의 계산 시 조세의 부담을 부당하게 감소시킨 것으로 인정되는 때에는 시가와 거래 가액의 차

액이 3억 원 이상이거나 시가의 100분의 5에 상당하는 금액 이상의 경우 양도소득세 계산 시 매매가액을 시가로 의제하여 양도소득세를 계산하도록 하고 있다.

7. 2004년부터 포괄증여라는 개념이 생기면서 개인 간 거래 시 특수관계인이 아닌 경우에도 시가와 거래 가액과의 차액이 시가의 30% 이상인 경우로 판단하고, 시가와 거래 가액 간의 차액이 3억 원을 초과하는 금액에 대하여 증여의제로 판단하여 증여세를 부과한다.

법인이 금융기관에 이자 지급 시 원천징수

법인 간 자금대여 거래에 있어서 자금을 대여한 법인이 금융기관이나 대부업 등 합법적인 융자(여신) 업무가 가능한 법인인 경우는 원천징수 의무가 없으며, 금융기관이나 대부업에 대한 대여(회사채, 예금 등)인 경우는 14%(지방소득세 1.4%)의 이자소득세가 발생하고, 금전거래 법인 상호 간에 해당 금융기관이나 대부업이 없는 경우에는 비영업대금 이익으로 간주되어 25%의 이자소득 세율이 적용되는 것이 일반적이라고 해석하면 될 것 같다. 일반법인이나 개인이 은행에 예금하는 경우, 은행이 자금을 차입하는 경우이므로, 이자를 지급하는 법인이 은행이고 은행이 원천징수 의무자이다. 이때 14%, 지방소득세를 포함하여 15.4%의 이자소득세를 원천징수 한 금액을 이자로 지급해 주는 것이다.

대부업자에 대한 원천징수

대부업자로 등록한 법인에게 지급하는 대여금에 대한 이자소득은 원천징수 대상 소득에 해당하지 않는다. 즉, 법인세법 시행령 제111조 제2항 제1호 규정에 의하여 동법시행령 제61조 제2항 제32호가 정하는 대부업의 등록 및 금융이용자 보호에 관한 법률에 의하여 대부업자로 등록한 법인에게 지급하는 대여금에 대한 이자소득은 원천징수 대상 소득에 해당하지 않는다.

대외적으로 대부업을 표방하여 사업적으로 대부업을 영위하는 개인사업자에게 금전을 대여하고 지급받는 이자는 원천징수 대상이 아니다. 즉 법인이 대부업을 영위하는 법인 또는 개인사업자로부터 금전을 차입하고 이자를 지급하는 경우는 이자소득세를 원천징수하여 신고·납부할 의무가 없다.

[참고 예규] 서면 1팀-906, 2005.7.22.
법인세법 시행령 제111조 제2항 제1호 규정에 의하여 동법 시행령 제61조 제2항 제32호가 정하는 『대부업의 등록 및 금융이용자 보호에 관한 법률에 의하여 대부업자로 등록한 법인』에게 지급하는 대여금에 대한 이자소득은 원천징수 대상 소득에 해당하지 않는 것임
P2P 대출에 대한 투자자가 대부업에 등록되지 않은 경우, 금전소비대차계약에 따라 발생한 비영업대금의 이익은 소득세법의 이자소득에 해당하며, 내국법인에게 이자를 지급하는 경우 법인세법 제73조에 따라 25%의 세율을 적용하여 원천징수 해야 하는 것이며, 법인세법시행령 제111조 1항 각호에 따른 금융회사 등에 해당하지 않는 법인에게 이자소득을 지급하는 자는 그 지급하는 금액에 법인세법 제73조에 따른 14%(비영업대금의 이익의 경우 25%)의 세율을 적용하여 계산한 금액을 법인세로 원천징수 해야 하는 것임.

원천징수이행상황신고서 작성 방법

매월 납부 사업자의 원천징수이행상황신고서 작성방법

소득을 지급한 내역이 있는 경우에는 소득세가 없더라도 인원수 및 총지급 금액만 입력하고 소득세 등 징수 세액 항목은 입력하지 않고 신고해야 한다.

신고 구분

- ⊙ 매월분 신고서는 "매월"에, 반기별 신고서는 "반기"에, 수정신고서는 "수정"에, 인정상여 등 소득처분에 따른 신고 시에는 "소득처분"에 "○" 표시를 한다.
- ⊙ 지점법인·국가기관 및 개인은 "소득처분"에 "○" 표시할 수 없다.
- ⊙ 매월분 신고서에 계속근무자의 연말정산 분이 포함된 경우는 "매월" 및 "연말" 란 두 곳에 모두 "○" 표시한다.
- ⊙ 원천징수세액을 환급신청하는 경우 "환급신청" 란에 "○" 표시하고, 「㉑ 환급신청액」 기재 및 원천징수세액환급신청서 부표를 작성한다.

① 신고구분					☐ 원천징수이행상황신고서		② 귀속연월	2025년 7월
(매월)	반기	수정	연말	소득처분	환급신청	☐ 원천징수세액환급신청서	③ 지급연월	2025년 7월

원천징수 의무자	법인명(상호)	○○○	대표자(성명)	△△△	일괄납부 여부	여 (부)
					사업자단위과세 여부	여 (부)
	사업자(주민)등록번호	xxx-xx-xxxxx	사업장 소재지	○○○○○	전화번호	xxx-xxx-xx
					전자우편주소	00@00.00

❶ 원천징수 명세 및 납부세액 (단위: 원)

소득자 소득 구분				코드	원천징수명세					납부 세액		
					소득지급 (과세 미달, 일부 비과세 포함)		징수세액			⑨ 당월 조정 환급세액	⑩ 소득세 등 (가산세 포함)	⑪ 농어촌 특별세
					④ 인원	⑤ 총지급액	⑥ 소득세등	⑦ 농어촌특별세	⑧ 가산세			
개인 (거주자·비거주자)	근로소득	간이세액		A01	5	20,000,000	900,000					
		중도퇴사		A02								
		일용근로		A03	2	2,000,000	0					
		연말정산	합계	A04								
			분납신청	A05								
			납부금액	A06								
		가감계		A10	7	22,000,000	900,000				900,000	
	퇴직소득	연금계좌		A21								
		그 외		A22	1	25,000,000	500,000					
		가감계		A20	1	25,000,000	500,000				500,000	
	사업소득	매월징수		A25								
		연말정산		A26								
		가감계		A30								
	기타소득	연금계좌		A41								
		종교인소득	매월징수	A43								
			연말정산	A44								
		그 외		A42	2	1,000,000	200,000					
		가감계		A40	2	1,000,000	200,000				200,000	
	연금소득	연금계좌		A48								
		공적연금(매월)		A45								
		연말정산		A46								
		가감계		A47								
	이자소득			A50								
	배당소득			A60								
	저축 등 해지 추징세액 등			A69								
	비거주자 양도소득			A70								
법인	내·외국법인원천			A80								
수정신고(세액)				A90								
총합계				A99	10	48,000,000	1,600,000				1,600,000	

❷ 환급세액 조정 (단위: 원)

전월 미환급 세액의 계산			당월 발생 환급세액				⑱조정대상 환급세액 (⑭+⑮+⑯+⑰)	⑲ 당월조정 환급세액계	⑳ 차월이월 환급세액 (⑱-⑲)	㉑ 환급 신청액
⑫ 전월미환급 세액	⑬ 기환급 신청세액	⑭ 차감잔액 (⑫-⑬)	⑮ 일반환급	⑯ 신탁재산 (금융회사 등)	⑰ 그밖의 환급세액					
					금융회사 등	합병 등				

↗ 귀속연월, 지급연월

◎ 귀속연월은 소득 발생 연월을 기재하고, 지급연월은 원천징수 대상 소득 지급한 월을 기재한다.

◎ 귀속연월이 다른 소득을 같은 월에 함께 지급하여 소득세 등을 원천징수하는 경우는 원천징수이행상황신고서를 귀속연월별로 각각 별지로 작성하여 제출한다.

◎ 사업자 단위로 등록한 경우 법인의 본점 또는 주사무소에서는 사업자단위과세 사업자로 전환되는 월 이후 지급하거나 연말정산하는 소득분에 대해 작성 제출한다.

◎ 반기납 포기를 하는 경우 반기납 개시 월부터 포기 월까지의 내역을 한 장에 작성해야 한다. 즉, 포기 월이 5월에 해당하는 경우 1월 귀속, 5월 지급으로 하여 반기 신고서를 작성하면 된다.

◎ 귀속연월, 지급연월을 잘못 기재하여 신고서를 전송한 경우 삭제요청서를 제출하여 신고내역을 삭제하고 정확하게 기재하여 다시 신고한다.

〈삭제요청서 제출 방법〉

[신고/납부] → [세금 신고 삭제요청] → [삭제요청서 작성하기]를 클릭 → 원천세 신고 내역 선택 후 작성

↗ 총지급액

총지급액은 세전(세금 떼기 전) 금액을 입력한다.

일반적으로 자가운전보조금 20만 원은 원천세 신고 시 비과세 항목

으로 총지급액에서 제외하고 신고하지만, 비과세 항목이라 할지라도 원천세 신고 시 총지급액에 반영해야 하는 비과세 항목은 다음과 같다.

〈제출 비과세와 미제출 비과세〉

비과세의 종류에는 제출 비과세와 미제출 비과세가 있다. 실무편의상 사용하는 단어인데 이를 잘 구분해야 하는 이유는 원천징수이행상황신고서를 작성할 때와 지급명세서를 작성할 때 영향을 미쳐, 원천징수이행상황신고서 상의 '총지급액' 합계와 지급명세서상의 '총급여액'의 합계의 차이가 발생하는 이유가 되기 때문이다.

⊙ 제출 비과세 : 지급명세서에 기재하여 제출해야 하는 비과세
⊙ 미제출 비과세 : 지급명세서에 기재 안 하면서 미제출하는 비과세

즉 지급명세서 작성 여부의 구분에 따른 비과세소득을 의미한다.

근로소득 원천징수영수증(지급명세서)의 Ⅱ. 비과세 및 감면 소득 명세란은 비과세소득을 기재하는 칸으로 여기에 기재하는 비과세소득을 제출 비과세라고 한다.

자주 쓰이는 항목으로는 식대, 야간근로수당, 보육수당, 육아수당, 연구보조비 등이 있다.

미제출 비과세는 원천징수영수증 항목에 따로 나오지 않으며 금액 또한 포함되지 않는다. 대표적으로 자가운전보조금이 있다.

원천징수이행상황신고서 총지급액란에는 원칙적으로 비과세 등을 포함한 총지급액을 기재해야 하는데, 비과세 중에서 일부 제외하는 것이 있다.

미제출비과세는 원천징수이행상황신고서상의 '총지급액'란에서도 제외하여 기재해야 한다.

제출 비과세의 경우는 원천징수이행상황신고서에 집계가 되는 비과세 항목으로써 원천징수이행상황신고서에 총지급액란에 합산해 같이 신고해야 하며, 미제출 비과세는 원천징수이행상황신고서에 총지급액란에 포함되지 않아 신고할 의무가 없는 비과세 항목이다.

그러므로 원천징수이행상황신고서 총지급란에 식대는 포함되지만 자가운전보조금은 집계가 되지 않는다. 즉, 원천세 신고 시, 총지급액을 기재하는 경우 제출 비과세는 포함하되, 미제출 비과세는 제외해야 한다.

구 분	제출 비과세	미제출 비과세
원천징수이행상황신고서	총지급액에 포함	총지급액에서 제외
지급명세서	Ⅱ. 비과세 및 감면 소득 명세란에 기재 총급여액에서 제외	Ⅱ. 비과세 및 감면 소득 명세란에 미 기재 총급여액에서 제외

제출비과세의 경우 원천징수이행상황신고서 총지급액에는 포함되지만, 총급여액에는 제외되므로 차이가 발생한다.

① 원천징수이행상황신고서의 총 지급액 = 과세 + 제출 비과세
② 근로소득 지급명세서의 총급여액 : 근로소득 - 비과세소득(구분 기재 : Ⅱ. 비과세 및 감면 소득 명세란에 제출 비과세는 기재, 미제출 비과세는 미기재)
근로소득 지급명세서의 총급여액은 근무처별 소득 명세에 기재하는 과세 급여를 말한다.

예를 들어 월급 280만 원에 비과세 식대 보조금 20만 원(제출 비과세)을 지급하는 경우 원천징수이행상황신고서 총지급액란에는 300만 원(총지급액), 지급명세서 총급여란에는 280만 원(총급여 = 300만 원 - 20만 원)을 기재한다. 반면 급여 280만 원에 자가운전보조금 20만 원(미제출 비과세)을 지급하는 경우 원천징수이행상황신고서 총지급액 및 지급명세서의 총급여액란 모두 280만 원을 기재한다.

[원천징수이행상황신고서와 지급명세서 작성 예시]

구 분	금 액	비 고
기본급	2,600,000원	
식대 보조금	200,000원	제출 비과세
자가운전보조금	200,000원	미제출 비과세

① 신고 구분					[ ]원천징수이행상황신고서 [ ]원천징수세액환급신청서				② 귀속연월		
매월	반기	수정	연말	소득처분 환급신청					③ 지급연월		

❶ 원천징수 명세 및 납부세액 (단위: 원)

소득자 소득구분			코드	원천징수명세					납부세액		
				소득지급 (과세미달, 일부 비과세 포함)		징수세액			⑨ 당월조정 환급세액	⑩ 소득세 등 (가산세 포함)	⑪ 농어촌 특별세
				④ 인원	⑤ 총지급액	⑥ 소득세 등	⑦ 농어촌 특별세	⑧ 가산세			
개인(거주자·비거주자)	근로소득	연말정산	간이세액	A01	1	2,800,000						
			중도퇴사	A02								
			일용근로	A03								
			합계	A04								
			분납신청	A05								
			납부금액	A06								
			가감계	A10	1	2,800,000						
수정신고(세액)				A90								
총 합 계				A99								

구 분			주(현)	종(전)	종(전)	⑯-1 납세조합	합계
I 근무처별소득명세	⑨ 근 무 처 명						
	⑩ 사업자등록번호						
	⑪ 근무기간						
	⑫ 감면기간						
	⑬ 급 여		2,600,000				
	⑭ 상 여						
	⑮ 인 정 상 여						
	⑮-1 주식매수선택권 행사이익						
	⑮-2 우리사주조합인출금						
	⑮-3 임원 퇴직소득금액 한도초과액						
	⑮-4 직무발명보상금						
	⑯ 계						
II 비과세 및 감면소득명세	⑱ 국외근로	M0X					
	⑱-1 야간근로수당	O0X					
	⑱-2 출산·보육수당	Q0X					
	⑱-4 연구보조비	H0X					
	⑱-5						
	⑱-6						
	~			비과세 식대 20만 원은 구분 기재			
	⑱-40 비과세 식대	P01	200,000	자가운전보조금 20만 원은 미기재			
	⑲ 수련보조수당	Y22					
	⑳ 비과세소득 계		200,000				
	⑳-1 감면소득 계						
	㉑ 총급여(⑯, 외국인 단일세율 적용 시 연간 근로소득)		2,600,000	㊽ 종합소득 과세표준			
	㉒ 근로소득공제			㊾ 산출세액			

제출 비과세	미제출 비과세
대통령령으로 정하는 학자금	대통령령으로 정하는 복무 중인 병(兵)이 받는 급여
대통령령으로 정하는 실비변상적(實費辨償的) 성질의 급여	실비변상적 급여 중 자가운전보조금 등 별도로 정하는 급여
외국정부(외국의 지방자치단체와 연방국가인 외국의 지방정부를 포함한다. 이하 같다) 또는 대통령령으로 정하는 국제기관에서 근무하는 사람으로서 대통령령으로 정하는 사람이 받는 급여. 다만, 그 외국 정부가 그 나라에서 근무하는 우리나라 공무원의 급여에 대하여 소득세를 과세하지 아니하는 경우만 해당한다.	법률에 따라 동원된 사람이 그 동원 직장에서 받는 급여
작전 임무를 수행하기 위하여 외국에 주둔 중인 군인·군무원이 받는 급여	「산업재해보상보험법」에 따라 수급권자가 받는 요양급여, 휴업급여, 장해급여, 간병급여, 유족급여, 유족특별급여, 장해특별급여, 장의비 또는 근로의 제공으로 인한 부상·질병·사망과 관련하여 근로자나 그 유족이 받는 배상·보상 또는 위자(慰藉)의 성질이 있는 급여
국외 또는 「남북교류협력에 관한 법률」에 따른 북한지역에서 근로를 제공하고 받는 대통령령으로 정하는 급여	「근로기준법」 또는 「선원법」에 따라 근로자·선원 및 그 유족이 받는 요양보상금, 휴업보상금, 상병보상금(傷病補償金), 일시보상금, 장해보상금, 유족보상금, 행방불명 보상금, 소지품 유실보상금, 장의비 및 장제비

제출 비과세	미제출 비과세
생산직 및 그 관련직에 종사하는 근로자로서 급여 수준 및 직종 등을 고려하여 대통령으로 정하는 근로자가 대통령으로 정하는 연장근로·야간근로 또는 휴일근로를 하여 받는 급여	「고용보험법」에 따라 받는 실업급여, 육아휴직 급여, 육아기 근로시간 단축 급여, 출산전후휴가 급여 등, 「제대군인 지원에 관한 법률」에 따라 받는 전직지원금, 「국가공무원법」·「지방공무원법」에 따른 공무원 또는 「사립학교교직원연금법」·「별정우체국법」을 적용받는 사람이 관련 법령에 따라 받는 육아휴직수당
근로자 또는 그 배우자의 출산수당(전액)이나 6세 이하(해당 과세기간 개시일을 기준으로 판단한다) 자녀의 보육과 관련하여 사용자로부터 받는 수당으로서 월 20만 원 이내의 금액	「국민연금법」에 따라 받는 반환일시금(사망으로 받는 것만 해당한다) 및 사망일시금
월 20만원 이내의 식대(현물 식대는 미제출 비과세)	「공무원연금법」, 「공무원 재해보상법」, 「군인연금법」, 「군인재해보상법」, 「사립학교교직원 연금법」 또는 「별정우체국법」에 따라 받는 공무상요양비·요양급여·장해일시금·비공무상 장해일시금·비직무상 장해일시금·장애보상금·사망조위금·사망보상금·유족일시금·퇴직유족일시금·유족연금일시금·퇴직유족연금일시금·퇴역유족연금일시금·순직유족연금일시금·유족연금부가금·퇴직유족연금부가금·퇴역유족연금부가금·유족연금특별부가금·퇴직유족연금특별부가금·퇴역유족연금특별부가금·순직유족보상금·직무상유족보상금·위험직무순직유족보상금

제출 비과세	미제출 비과세
	ㆍ재해부조금ㆍ재난부조금 또는 신체ㆍ정신상의 장해ㆍ질병으로 인한 휴직기간에 받는 급여
	「국가유공자 등 예우 및 지원에 관한 법률」 또는 「보훈보상대상자 지원에 관한 법률」에 따라 받는 보훈급여금ㆍ학습보조비
	「전직대통령 예우에 관한 법률」에 따라 받는 연금
	종군한 군인ㆍ군무원이 전사(전상으로 인한 사망을 포함한다.)를 한 경우 그 전사한 날이 속하는 과세기간의 급여
	「국민건강보험법」, 「고용보험법」 또는 「노인장기요양보험법」에 따라 국가, 지방자치단체 또는 사용자가 부담하는 보험료
	「국군포로의 송환 및 대우 등에 관한 법률」에 따른 국군포로가 받는 보수 및 퇴직일시금
	「교육기본법」 제28조 제1항에 따라 받는 장학금 중 대학생이 근로를 대가로 지급받는 장학금(「고등교육법」 제2조 제1호부터 제4호까지의 규정에 따른 대학에 재학하는 대학생에 한정한다)
	「발명진흥법」 제2조 제2호에 따른 직무발명으로 받는 다음의 보상금(직무발명보상금)으로서 대통령령으로 정하는 금액

↗ 퇴사자

〈8월 퇴사한 직원에게 8월 급여를 지급한 경우 신고 방법〉

퇴사자뿐만 아니라 계속 근무 중인 직원이 있으면 포함하여 신고해야 한다.

1. (A01) : 퇴사자 및 계속근무 중인 직원의 8월 지급 내역을 포함하여 작성한다.

2. (A02) : 중도 퇴사한 직원의 정산내역을 입력한다.

① 중도 퇴사자의 연말정산 후 근로소득 지급명세서를 작성한다.

② 원천세 신고서의 중도퇴사(A02) 항목의 (5) 총지급 금액에는 1월에서 8월까지 총 지급한 급여액을 입력한다.

③ (6) 소득세 등 항목에는 근로소득 지급명세서의 차감징수세액 금액을 입력한다.

3. (A22) : 1년 이상 근무하여 퇴직금이 발생하였고, 8월에 퇴사하고 8월에 퇴직금을 지급하는 경우라면, 퇴직소득의 그 외(A22) 항목에 퇴직금 관련 내역을 작성한다.

만약, 8월에 퇴사하였으나 9월에 퇴직금을 지급하는 경우 9월 지급분 신고 시 원천세 신고서에 퇴직소득을 반영하여 신고한다.

◎ 퇴직금 발생 직원의 퇴직연금이 DC형인 경우는 회사에서 퇴직소득을 신고하지 않는다.

◎ 사업장에서 퇴직금을 직접 지급하는 경우와 퇴직연금 DB형으로 지급하는 경우 사업장에서 퇴직소득을 신고하며 이때 퇴직소득 항목의 그 외(A22)란에 반영하여 신고한다.

◌ 중도 퇴사자가 발생했더라도 퇴직금이 발생하지 않은 경우라면 퇴직소득 항목은 작성하지 않는다.
◌ 퇴직연금 DB형의 경우 인원수(퇴직금 받은 인원), 총지급 금액(퇴직금)을 입력하고 소득세는 과세이연되었기에 0원으로 작성하여 신고한다. ➜ 사례는 523, 524 페이지 참고

↗ 환급액 작성과 환급신청

전월에 이월시킨 환급세액이 존재할 경우, [환급세액 조정]의 (12) 전월 미환급세액란에 전월 신고서의 (20) 차월이월 환급세액(이월시킨 세액) 금액을 입력한다.

① 기본정보 입력화면에서 환급신청에 체크 후 소득 종류를 임의로 근로소득으로 체크하고 저장 후 다음으로 이동한다.

② 해당 지급분 지급한 내역이 없으므로 [원천징수내역 및 납부세액]에는 작성하지 않음

③ [환급세액 조정]의 (12) 전월미환급세액에 금액을 입력하고 (21) 환급신청액도 입력한다.

④ [원천징수세액 환급신청서 부표] 화면이 나올 때까지 [저장후 다음이동] 클릭하여 이동한다.

⑤ 환급신청내역을 입력한 후 [전월미환급세액 조정명세서 작성]

⑥ [기납부세액 명세서 작성] 각각 클릭하여 작성

⑦ 환급계좌 정보 입력 후 신고서 제출하면 된다.

◌ 차월이월 환급세액 반영 방법은 해당 소득 가감계 항목(A10, A20, A30 등)의 (9) 당월조정환급세액 칸에 조정할 세액을 양수

(+)로 입력하면 납부세액 (10) 소득세 등에 금액이 차감되어 보여 진다. 예를 들어 연말정산 근로소득세 △100만 원이고, 기타 소득세 10만 원인 경우(

원천징수 명세 및 납부세액									(단위 : 원)
소득자 소득구분		코드	원천징수명세					납부세액	
			소득지급		징수세액			⑨ 당월조정 환급세액	⑩ 소득세 등 (가산세 포함)	⑪ 농어촌 특별세
			④ 인원	⑤ 총지급액	⑥ 소득세 등	⑦ 농어촌 특별세	⑧ 가산세			
개인(거주자·비거주자)	근로소득	간이세액	A01	10	12,000,000	450,000				
		중도퇴사	A02							
		일용근로	A03							
		연말정산 합계	A04	10	144,000,000	△1,450,000				
		분납신청	A05							
		납부금액	A06			△1,450,000				
		가감계	A10	20	156,000,000	△1,000,000				
	기타소득	연금계좌	A41							
		종교인 매월징수	A43							
		종교인 연말정산	A44							
		그 외	A42	1	500,000	100,000				
		가감계	A40	1	500,000	100,000		100,000		
총합계		A99	21	156,500,000	100,000			100,000		

❷ 환급세액 조정 (단위 : 원)

전월 미환급 세액의 계산			당월 발생 환급세액					⑱ 조정대상 환급세액 (⑭+⑮+⑯+⑰)	⑲ 당월조정 환급세액계	⑳ 차월이월 환급세액 (⑱-⑲)	㉑ 환급 신청액
⑫ 전월 미환급세액	⑬ 기환급 신청세액	차감잔액 (⑫-⑬)	⑮ 일반 환급	신탁재산 (금융회사 등)	⑰ 그밖의 환급세액						
					금융회사 등	합병 등					
			1,000,000					1,000,000	100,000	900,000	

⊙ 환급신청서부표 작성 시 [결정세액 − 기납부세액 = 차감세액] 계산식으로 진행되는데 원 단위 차이로 인한 차감세액의 불일치로 환급신청액이 다른 경우 입력한 인원 기준으로 인당 오차 ± 9원까지 차감 세액을 수정하여 신고할 수 있다.

⊙ 수정신고 시에는 환급신청을 할 수 없다. 당월 정기 신고 시 환급신청 체크하고 [수정신고 세액] 선택하여 수정신고 세액(A90)란에 환급금액 마이너스로 입력한 후 환급 부표를 작성한다.

▣ 반기별 신고·납부자의 신고서 작성방법

가. 인원

ⓘ 간이세액(A01) : 반기(6개월)의 마지막 달의 인원을 적는다.

ⓘ 중도퇴사(A02) : 반기(6개월) 중 중도 퇴사자의 총인원을 적는다.

ⓘ 일용근로(A03) : 월별 순 인원의 6개월 합계 인원을 적는다.

ⓘ 사업(A25) · 기타소득(A40) : 지급명세서 제출 대상 인원(순인원)을 적는다.

ⓘ 퇴직(A20) · 이자(A50) · 배당(A60) · 법인원천(A80) : 지급명세서 제출대상 인원을 적는다.

나. 지급액 : 신고 · 납부 대상 6개월 합계액을 적는다.

다. 귀속월, 지급월, 제출일은 다음과 같이 적는다.

ⓘ 1월 신고 · 납부 : 귀속월 201X년 7월, 지급월 201X년 12월, 제출일 201X년 1월

ⓘ 7월 신고 · 납부 : 귀속월 201X년 1월, 지급월 201X년 6월, 제출일 201X년 7월

라. 반기납 포기를 하는 경우 반기납 개시 월부터 포기 월까지의 신고서를 한 장으로 작성한다.

[예시] 2025년 4월 반기납 포기 : 귀속연월에는 반기납 개시월(2025년 1월)을, 지급연월에는 반기납 포기 월(2025년 4월)을 적는다.

급여가 2달에 걸친 경우 귀속 월과 지급 월 작성방법

원천징이행상황신고서의 제출 및 납부는 귀속 월별, 지급 월별로 구분하여 그 지급 월의 다음 달 10일까지 제출해야 한다.

또한 귀속연월이 다른 소득을 같은 월에 함께 지급하여 소득세 등을 원천징수 하는 경우는 원천징수이행상황신고서를 귀속연월별로 각각 별지로 작성하여 제출하도록 하고 있다.

따라서 예를 들면, 11월 26~12월 25일 급여가 12월 25일에 지급되는 경우 11월분 급여는 11월 귀속으로 지급연월은 12월이 되며 12월분 급여는 귀속연월이 12월로서 지급연월 또한 12월이 되도록 각각 작성한 후 신고·납부해야 한다.

인건비 귀속시기(비용 인식 시점, 손금귀속 시기)

구 분	귀속시기
급여	일반급여의 손금 귀속 사업연도는 근로를 제공한 날이 속하는 사업연도이다. 따라서 시간급·일급에 의하여 급여를 지급하는 경우는 근로를 제공하는 날에 따라 인건비를 손금에 산입할 수 있으며, 근무한 월 단위나 반월 단위로 하여 지급하기로 한 경우에는 그 지급하기로 한 날이 속하는 사업연도에 손금산입하게 된다.
상여금과 성과급	상여금과 성과급은 지급의무가 확정된 날이 속하는 사업연도의 손금으로 한다.
퇴직급여	퇴직급여의 손금 귀속 사업연도는 현실적인 퇴직일이 속하는 사업연도의 손금에 산입한다.

원천세징수 시기

원천징수는 손금 귀속시기가 아닌 지급 시기를 기준으로 원천징수 후 그다음 달 10일까지 신고납부한다.

🔼 실무상 회계처리

매월 1일부터 말일까지의 급여를 다음 달 10일 지급한 경우 손금 귀속시기와 원천세징수 시점이 다르므로 연말정산 작업 등에 소득금액이 오류 없이 반영되도록 하기 위해서는 평달에는 아래의 매월 말 회계처리 기준에 따라 회계처리 하되 다만 12월 말분은 연말 회계처리 기준에 따라 회계처리 하는 것이 실무상으로 편리하다.

1. 매월 말 회계처리(세무 : 근로 제공일이 손익 귀속시기)

급여(손금)	×××	현금	×××
		원천세예수금	×××

2. 연말 회계처리

급여(손금)	×××	미지급비용	×××
		원천세예수금	×××

✦ 미지급급여를 일시에 지급시 원천징수이행상황 신고

미지급급여를 지급하는 경우로, 각각의 귀속월별로 구분하여 원천세 신고를 해야 한다. 10~11월 귀속 급여 미지급분을 12월에 지급하는 경우 아래와 같이 각각 귀속월별로 구분하여 원천세 신고를 한다.

10월분과 11월분의 근로소득에 대해서 12월에 지급한 것으로 봐 1월 원천징수이행상황 신고서 제출(각각 별도 작성) 납부 이행

10월 귀속/12월 지급/1월 신고, 11월 귀속/12월 지급/1월 신고

① 신고구분					☑ 원천징수이행상황신고서 ☐ 원천징수세액환급신청서			② 귀속연월	25년 10월
매월	반기	수정	연말	소득 환급 처분 신청				③ 지급연월	25년 12월

❶ 원천징수 명세 및 납부세액 (단위 : 원)

소득자 소득구분			코드	원천징수명세					⑨ 당월 조정 환급세액	납부 세액	
				소득지급		징수세액				⑩소득세 등 (가산세 포함)	⑪농어촌 특별세
				④인원	⑤총지급액	⑥소득세 등	⑦농어촌 특별세	⑧가산세			
근로 소득	간 이 세 액		A01	10	15,000,000	500,000					

① 신고구분					☑ 원천징수이행상황신고서 ☐ 원천징수세액환급신청서			② 귀속연월	25년 11월
매월	반기	수정	연말	소득 환급 처분 신청				③ 지급연월	25년 12월

❶ 원천징수 명세 및 납부세액 (단위 : 원)

소득자 소득구분			코드	원천징수명세					⑨ 당월 조정 환급세액	납부 세액	
				소득지급		징수세액				⑩소득세 등 (가산세 포함)	⑪농어촌 특별세
				④인원	⑤총지급액	⑥소득세 등	⑦농어촌 특별세	⑧가산세			
근로 소득	간 이 세 액		A01	10	15,000,000	500,000					

그리고 12월분 급여를 다음 해 2월 말일까지 지급하지 않은 경우는 지급의제규정에 따라 2월 말일에 지급한 것으로 봐 3월 10일 신고 및 납부를 한다.

① 신고구분					☑ 원천징수이행상황신고서 ☐ 원천징수세액환급신청서			② 귀속연월	25년 12월
매월	반기	수정	연말	소득 환급 처분 신청				③ 지급연월	26년 02월

❶ 원천징수 명세 및 납부세액 (단위 : 원)

소득자 소득구분			코드	원천징수명세					⑨ 당월 조정 환급세액	납부 세액	
				소득지급		징수세액				⑩소득세 등 (가산세 포함)	⑪농어촌 특별세
				④인원	⑤총지급액	⑥소득세 등	⑦농어촌 특별세	⑧가산세			
근로 소득	간 이 세 액		A01	10	15,000,000	500,000					

원천징수 세액 수정신고

 수정신고를 해야 하는 사례

↗ 수정신고 사유

원천징수이행상황신고서의 수정신고는 정확한 세금 납부와 관리를 위해 중요한 절차다. 오류를 발견하면 즉시 수정신고를 통해 정정해야 하며, 이를 통해 불필요한 세무조사나 추가적인 불이익을 방지할 수 있다.

원천징수이행상황신고서의 수정신고는 주로 처음 신고한 내용에 오류가 있을 때 이루어진다.

구 분	내 용
지급액 누락	실수로 일부 직원의 급여를 신고에서 누락한 경우 예를 들어 직원 3명에게 300만 원의 근로소득을 지급했으나, 실수로 3명에게 200만 원을 지급한 것으로 신고한 경우를 말한다.
세액 계산 오류	원천징수 세액을 잘못 계산하여 신고한 경우 예를 들어 원천징수 세액이 100만 원인데, 10만 원으로 신고한 경우를 말한다.

구 분	내 용
인원수 오류	신고 대상 인원을 잘못 기재한 경우 예를 들어 직원 3명에게 300만원의 근로소득을 지급했으나, 실수로 한 명에게 100만 원을 지급한 부분만 원천세 신고를 한 경우를 말한다.
귀속연월 오류	귀속연월과 지급연월을 잘못 기재하여 신고한 경우 예를 들어 10월 귀속인데, 11월 귀속으로 신고한 경우를 말한다. 귀속연월과 지급연월은 수정할 수 없다. 잘못 제출된 신고서는 삭제요청서를 제출하여 신고내역을 삭제해야 하며, 제출해야 하는 귀속연월, 지급연월의 신고서는 다시 신고한다. 〈삭제요청서 제출 방법〉 [국세납부] → [지급명세·자료·공익법인] → [과세자료 조회/삭제] → [과세자료 삭제요청] → [삭제요청서 작성하기]를 클릭 → 원천세 신고 내역 선택 후 작성 삭제요청서 제출은 원천세 신고서 마감 후 2일 이내까지 가능하다. 8월 귀속/8월 지급, 8월 귀속/9월 지급 내역이 각각 있을 경우 신고서를 각각 제출해야 하나요? 네, 맞습니다. ① 8월 귀속/8월 지급 → 9/10일까지 ② 8월 귀속/9월 지급 → 10/10일까지 소득 지급일이 속하는 달의 다음 달 10일까지 각각 신고서를 제출해야 한다.
소득 구분 오류	근로소득을 사업소득으로 잘못 신고한 경우 예를 들어 3.3% 근로자를 사업소득으로 신고해야 하는데, 근로소득으로 신고한 경우를 말한다.

↗ 수정신고 시 유의 사항

1. 별도 작성 : 수정신고서는 반드시 별지로 작성하여 제출해야 한다.

2. 귀속연월 일치 : 수정신고 시 귀속연월과 지급연월은 반드시 당초 신고서와 동일하게 기재해야 한다.

3. 색상 구분 : 수정 전의 모든 숫자는 상단에 빨간색으로, 수정 후 모든 숫자는 하단에 검정색으로 기재한다.

4. 원천징수이행상황신고서 작성방법

수정신고로 발생한 납부 또는 환급할 세액은 수정신고서의 [A90]란은 적지 않으며, 그 세액은 수정신고 하는 월에 제출하는 당월분 신고서의 수정신고 [A90]란에 옮겨 적어 납부·환급세액을 조정해야 한다.

5. 가산세 : 수정신고 시 가산세를 계산하여 납부할 수 있다.

↗ 원천징수이행상황신고서 금액과 지급명세서 금액에 차이가 발생하는 경우

매월(반기별) 회사가 제출한 원천징수이행상황신고서 상 월별(반기별) 인원·총지급액의 연간 합계액을 다음 해 초 제출된 지급명세서상 인원·지급총액과 비교하고 차이가 발견되는 경우 소명요구, 수정신고가 안내될 수 있다.

불일치 발생 사유 및 해결 방안은 다음과 같다.

❶ 같은 회사(퇴직금 승계 관계회사 포함) 내에서 전출·입
❷ 회사의 합병 및 분할
❸ 본점 일괄 납부로 변경
❹ 개인기업의 법인전환

❺ 개인 면세사업자가 과세사업자로 전환

[해결 방안] 소멸된 회사 분의 근로소득을 '현 근무지'의 사업자번호로 지급명세서에 기재하기 때문이므로 지급명세서 제출시 소멸된 회사 분의 근로소득 및 사업자번호를 '전 근무지' 란에 구분하여 기재

❻ 원천징수이행상황신고서 미제출·과소 제출

[해결 방안] 원천세 기한후 신고 및 수정신고

❼ 지급명세서 미제출·과소제출

[해결 방안] 지급명세서 추가 제출

❽ 지급명세서 제출 면제대상 소득

[해결 방안] 지급명세서 면제대상 소득을 미리 파악하여 추후 불일치 사유 해명 요구에 대비

2월 귀속/2월 지급에서 발생한 환급세액을 1월 귀속/2월 지급 신고 시 상계

[질문]
저희 회사는 귀속월과 지급월이 다르게 원천세 신고를 합니다.
연말정산 신고 시 1월 귀속/2월 지급, 2월 귀속/2월 지급으로 2개의 신고서를 작성하는데,
2월 귀속/2월 지급 연말정산 신고 후 발생한 환급세액을 1월 귀속/2월 지급 신고서의 전월미환급세액에 반영하여 상계 처리해도 되나요?

[답변]
2월 귀속/2월 지급으로 신고한 신고서의 (20) 차월이월 환급세액을 3월 지급분 신고서가 아닌 1월 귀속/2월 지급 신고서의 (12) 전월미환급세액에 반영하여 신고해도 전자신고 시 별도 오류 없이 제출은 가능합니다만, 추후 문제가 발생하지 않는지 관할 세무서 담당 조사관에게 확인 후 진행하여 주시기 바랍니다.

정기 신고일(지급일의 다음 달 10일) **이전에 수정하는 경우**

원천세는 인건비 등을 지급한 달의 다음 달 10일까지 신고한다.
만약 아직 정기 신고일이 안 지났다면, 정기신고를 다시 하면 된다.
예를 들어, 11월에 인건비를 지급한 경우 원천세 정기신고 기한은 12월 10일이다.
만약 내가 12월 1일에 원천세 신고를 했는데 잘못했다면 12월 10일이 지나기 전까지는 정기 신고를 다시 하면 된다.
12월 10일까지 신고한 것 중에 마지막에 신고한 정기신고로 덮어쓰기가 된다.

원천세 잘못 신고하면서 납부까지 해버렸다면?

정기신고를 다시 하면서, 추가 납부할 금액만 추가로 납부하면 된다.

원천세 잘못 신고하면서 세금을 과도하게 납부해 버렸다면?

정기신고를 다시 하고, 사업장 관할 세무서에 연락해서 원천세를 실수로 과다하게 납부했으니 환급해달라고 하면 된다.

 정기 신고일(지급일의 다음 달 10일) **이후에 수정하는 경우**

정기 신고일(지급일의 다음 달 10일)이 지난 후 수정하는 경우는 원천징수이행상황신고서 수정신고를 해야 한다.
❶ 귀속연월, 지급연월을 당초 원천세 신고서랑 동일하게 작성한다.

❷ 원천세 신고서를 정상적으로 신고했다면 나왔을 내용으로 입력하고 + 가산세를 입력한다.

> **홈택스 원천세 수정신고**
> ① 기본정보 입력 〉 수정하는 신고서의 귀속, 지급연월을 입력 후 징수의무자 사업자(주민)등록번호 확인 시 마감된 신고서가 불러오기 된다(세무대리인이 수임 사업장 수정신고 시에는 자료 조회되지 않으므로 직접 입력).
> ② 소득 종류 선택 시 수정신고(세액)는 수정신고 시 체크하지 않는다(다음 정기신고할 때 수정신고 결과를 반영하는 항목).
> ③ 당초 신고한 내용이 반영되면, 수정 사항이 없는 항목은 당초 신고 내용 그대로 두고, 수정 사항이 있는 부분만 수정하여 신고서를 제출한다(제출하기 전 미리보기를 클릭하여 각 항목에 2줄로 작성된 수정신고서 내용을 확인).
> * 수정신고의 납부서 출력 및 조회 납부는 지원되지 않으므로 [국세납부]-[자진납부]에서 직접 입력 후 출력, 납부한다.

원천징수이행상황신고서 작성

국세청에 이미 제출했던 신고서 내용에 수정 사항이 있을 때 [신고마감 후 다음 날]부터 수정 신고할 수 있다.

⊙ 조회되는 이전 신고서 내용이 수정신고 하고자 하는 자료가 맞는지 반드시 확인하고 작성하며, 세무대리인이 수임 사업장 수정신고는 자료 조회되지 않으므로 직접 입력하여 신고한다.

⊙ 수정신고의 납부서 출력 및 조회 납부는 지원되지 않으므로 [국세납부]-[자진납부]에서 직접입력 후 출력, 납부한다.

ⓒ 수정신고 시에는 환급 신청을 할 수 없다. 당월 정기 신고 시 환급 신청 체크하고 [수정신고세액] 선택하여 수정신고세액(A90)란에 환급금액 마이너스로 입력한 후 환급 부표를 작성한다.

6월에 5월분 근로소득 300만 원(소득세 10만 원)을 신고 누락한 사실을 확인하고 7월 10일 수정신고 납부를 했다.

(개요) 2025.6월 A기관의 근로자 홍길동의 5월분 근로소득 3,000,000원(소득세 100,000원)을 신고누락한 사실을 확인하여 2025.7.10. 원천세 수정신고 및 납부
(6월 신고) 2025.6월분 A기관의 급여 지급 10명 지급액 30,000,000원(소득세 1,000,000원)
(5월 신고) 2025.5월분 A기관의 급여 지급 9명 지급액 27,000,000원(소득세 900,000원)

해설

1. 수정신고(5월분)

① 신고구분					☑ 원천징수이행상황신고서 ☐ 원천징수세액환급신청서	②귀속연월	2025년 5월
매월	반기	수정	연말	소득처분 환급신청		③지급연월	2025년 5월

❶ 원천징수 명세 및 납부세액(단위 : 원)

소득자 소득구분			코드	원천징수명세				⑨ 당월 조정 환급세액	납부세액	
				소득지급		징수세액			⑩	⑪
				④ 인원	⑤총지급액	⑥소득세 등	⑦농어촌 특별세	⑧ 가산세		소득세 등 (가산세 포함)	농어촌 특별세
근로소득	간이세액		A01	9 10	27,000,000 30,000,000	900,000 1,000,000					
	중도퇴사		A02								
	가감계		A10	9 10	27,000,000 30,000,000	900,000 1,000,000				900,000 1,000,000	
총합계			A99	9 10	27,000,000 30,000,000	900,000 1,000,000				900,000 1,000,000	

2. 정상 신고(6월분)

① 신고구분						☑ 원천징수이행상황신고서 ☐ 원천징수세액환급신청서		②귀속연월	2025년 6월
매월	반기	수정	연말	소득 처분	환급 신청			③지급연월	2025년 6월

❶ 원천징수 명세 및 납부세액(단위 : 원)

소득자 소득구분			코드	원천징수명세					납부 세액	
				소득지급		징수세액			⑨ 당월 조정 환급세액	⑩ 소득세 등 (가산세 포함)	⑪ 농어촌 특별세
				④인원	⑤총지급액	⑥소득세 등	⑦농어촌 특별세	⑧ 가산 세			
근로소득		간 이 세 액	A01	10	30,000,000	1,000,000					
		중 도 퇴 사	A02								
		일 용 근 로	A03								
	연말 정산	합 계	A04								
		분 납 신 청	A05								
		납 부 금 액	A06								
가 감 계			A10	10	30,000,000	1,000,000				1,000,000	
수 정 신 고 (세 액)			A90			100,000				100,000	
총 합 계			A99	10	30,000,000	1,100,000				1,100,000	

간이지급명세서와
지급명세서 제출

근로소득간이지급명세서와 근로소득지급명세서는 별개의 서식으로서, 작성 방법에도 차이가 있는 것이므로 금액에 차이가 발생할 수 있으며, 각 서식의 작성 방법을 지켜야 한다.

간이지급명세서와 지급명세서는 명칭만 비슷할 뿐, 적용되는 법 규정이 다른 것으로, 서식도 다르고, 기재하는 내용도 다르며, 목적도 다르다.

간이지급명세서는 근로장려금 및 자녀장려금 등 정부지원금 지급을 위해 소득액 파악을 목적으로 하는 것으로, 단순히 매월의 과세대상 소득금액이 얼마인지만을 신고한다.

2019년도부터는 근로장려금을 1년에 2회 수령하게 되면서 상반기의 개인별 소득을 파악해야 하는 상황이 되었고 기존에 1년에 1회만 지급하면 되었던 간이지급명세서를 매달(또는 2번) 제출하도록 했다.

반면 지급명세서는 원천징수이행상황신고서에는 어떠한 종류의 소득을 총 몇 명에게 얼마를 지급했고, 그 과정에서 원천징수한 세금의 총액만을 기록하고 있으므로 그 소득의 귀속자가 누구인지는 알 수 없다. 즉, 원천징수이행상황신고서를 통해서 총액에 대한 정보는 알 수 있지만, 그 세부내역은 알 수 없다. 따라서 총소득에 대한 각각의 귀속자가 누구이고 원천징수한 세금이 얼마라는 상세 내용을 별도로 신고해 줘야 하는데 그 서식이 바로 지급명세서이다.

두 명세서의 급여 차이는 지급명세서의 총급여액은 해당 과세기간에 근로 제공 대가로 받은 연간 근로소득(인정상여 포함)에서 비과세소득을 차감한 금액을 말하는 반면, 간이지급명세서의 급여 등(급여에서 비과세 급여와 인정상여 금액을 제외한 금액)란에는 소득세법 제20조 제2항에 따른 "총급여액"에서 같은 조 제1항 제3호의 「법인세법」에 따라 상여로 처분된 금액(인정상여)을 제외한 금액을 적고, 인정상여란에는 같은 조 제1항 제3호의 「법인세법」에 따라 상여로 처분된 금액(지급명세서와 같이 급여에 적지 않고 인정상여 금액 총액을 인정상여란에 별도로 적는다.)을 적는다.

총급여액은 소득세법 제12조의 비과세소득은 제외하고 있으므로, 간이지급명세서에 기재하는 급여에 비과세소득은 제외되는 것이다.

 지급명세서

구 분	지급 시기	제출기한
일용근로소득	1월~12월	다음 달 말일
이자 · 배당 · 연금 · 기타소득	1월~12월	다음 연도 2월 말일
근로 · 퇴직 · 사업 · 종교인소득 · 봉사료	1월~12월	다음 연도 3월 10일
이용 경로	홈택스 홈페이지 → 신청/제출	

☆ 일용근로자 지급명세서 가산세

일용근로소득 지급명세서의 경우 미제출 시 0.25%, 1개월 이내 지연제출 시 0.125%로 가산세 부담이 있다.

미제출은 법정기한까지 제출하지 않은 경우를 말하며, 불분명 제출은 지급자 또는 소득자의 주소·성명·납세번호·고유번호(주민등록번호)·사업자등록번호, 소득의 종류·지급액 등을 적지 않았거나 잘못 적어 지급 사실을 확인할 수 없는 경우를 말한다. 지연제출은 제출 기한이 경과된 후 1개월 이내 제출한 경우를 말한다.

☆ 12월 말 퇴직자의 퇴직금 및 연초에 받는 성과급의 지급명세서 제출 시기

1. 12월 말에 퇴직한 직원의 퇴직금 지급명세서 제출 시기

일반적으로 퇴직소득에 대한 지급명세서는 퇴직소득을 지급한 날이 속하는 다음연도의 3월 10일까지 제출하면 된다.

하지만 12월 말에 퇴직하여 퇴직금을 다음연도에 지급하는 경우는 지급명세를 언제 제출해야 하는지 애매한데, 이에 대해 소득세법 제164조는 "제147조를 적용받는 소득에 대해서는 해당 소득에 대한 과세기간 종료일을 말한다."고 규정하고 있다.

따라서 퇴직소득을 12월 31일까지 지급하지 못하여 다음연도에 지급하는 등 퇴직소득 지급의제 규정이 적용되는 경우는 실제 지급일이 아닌 해당 퇴직소득의 과세기간 종료일이 속하는 다음연도의 3월 10일까지 지급명세서를 제출하는 것이다.

예를 들어 2024년 12월 31일자로 퇴직한 종업원의 퇴직금을 2025년 1월 20일에 지급하였더라도 실제 지급일인 2025년의 소득으로 반영하여 이에 대한 지급명세서를 2026년 3월 10일까지 제출하는 것이 아니라, 해당 퇴직금은 실제 퇴직일이 속하는 사업연도의 소득으로 귀속되며 해당 과세연도 종료일인 2024년 12월 31일의 다음 연도인 2025년 3월 10일까지 제출한다.

2. 연초에 지급받는 성과급에 대한 지급명세서 제출 시기

잉여금처분에 따른 성과 배분 상여가 아닌 일반적인 성과급은 그 지급의무가 확정된 사업연도의 손금으로 반영하는바, 각 개인별로 지급액이 확정되는 연도에 귀속시키면 된다. 따라서 2024년 사업연도가 종료되기 전에, 즉 2024년 12월 31일 이전에 사내의 성과급 지급규정에 의한 구체적 성과가 산정되어 각 개인별로 지급해야 할 금액이 확정되었다면, 성과급의 실제 지급은 2025년 1월에 이루어지더라도 2024년 귀속소득으로 반영하는 것이며 지급명세서도 2025년 3월 10일까지 제출한다.

하지만 임직원에 대한 정량적 평가 이외에 정성적 평가도 반영하여 각 개인별 지급금액이 최종 확정되는 시점이 2025년 1월이라면 2025년 귀속소득으로 반영하고 지급명세서도 2026년 3월 10일까지 제출한다.

간이지급명세서

간이지급명세서는 기존의 지급명세서 등과는 별도로 제출한다. 따라서, 기존 지급명세서는 종전과 동일하게 제출한다.

구 분	지급 시기	제출기한
사업소득, 인적용역 기타소득	01월~12월	다음 달 말일
근로소득	01월~06월	7월 말일
	07월~12월	다음 연도 1월 말일

[주] 사업소득, 인적용역 기타소득에 대한 간이지급명세서를 매달 제출한 경우 지급명세서의 제출을 면제한다.

2024년 12월분 근로소득을 2025년에 1월에 지급한 경우에는 2024년 12월에 지급한 것으로 보아 작성해야 한다. 예를 들어, 사업자가 근로자에게 2024년 12월분 근로소득 200만원을 2025년 1월에 지급한 경우, 2024년 하반기 지급분 간이지급명세서(근로소득)의 지급월 12월에 200만 원을 기재해 2025년 1월 말일까지 제출하면 된다.

Chapter 04

퇴직금 및 퇴직연금의 지급과 퇴직소득세

퇴직금과 퇴직연금제도의 비교

근로자퇴직급여보장법은 기존 퇴직금제도를 그대로 유지하던지, 아니면 퇴직연금 제도 중 하나를 선택하든지, 3가지 종류 중 하나 이상을 병렬로 선택하면 된다.

사용자는 퇴직하는 근로자에게 급여를 지급하기 위하여 퇴직급여제도 중 하나 이상의 제도를 설정해야 한다(법 제4조 제1항). 다만, 세제 혜택과 다양한 급여제도의 설정, 근로자의 수급권 보장 등 여러 측면에서 장점이 많으므로 퇴직연금제도를 설정하는 것이 유리하다.

구분	퇴직금 제도	퇴직연금제도	
		DB	DC
퇴직 시 수령 총액	퇴직금 = 1일 평균임금 × 30일 × (총근무일수 / 365) → 퇴직금 추계액(DC형은 추계액 없음)		매년 지급된 퇴직급여의 합(연 임금 총액의 1/12 이상) ± 운용 손익
적립 방법/ 수급권 보장	사내 적립/불안정	부분 사외 적립 / 부분 보장	전액 사외 적립 / 완전 보장
적립금 운용 주체	회사(운전자금 등 활용 가능)	회사(외부 금융회사 상품 운용)	근로자(외부 금융회사 상품 운용)

구분	퇴직금 제도	퇴직연금제도	
		DB	DC
급여 수령 형태	일시금	일시금 또는 연금	
세제 혜택	사내 적립분 일부 손비 인정(퇴직급여 추계액의 0%)	퇴직급여추계액 한도 내 사외적립 100% 손비 인정	회사 퇴직급여 전액 손비 인정
납입액	퇴직급여추계액 : 전 직원 일시 퇴직 가정 시 필요한 퇴직금 총액(퇴직금 계산과 동일), 평균임금과 통상임금 중 큰 금액		임금총액 ÷ 12
중도 인출	제한조건 충족 시 중간 정산 가능 (주택 구입, 전세금·보증금 부담, 6개월 이상 요양, 개인파산, 임금피크제 시행 등)	불가 단, 제한조건 (주택 구입, 6개월 이상 요양, 개인파산 등) 충족 시 수급권 담보대출 가능	제한조건 충족 시 중도 인출 가능 제한조건 충족 시 수급권 담보대출도 가능 (주택 구입, 6개월 이상 요양, 개인파산 등)

유 형	내 용
퇴직금	• 계속근로기간 1년에 대하여 30일분 이상의 평균임금을 퇴직금으로 퇴직하는 근로자에게 사내 보유 현금으로 지급 • 근로자 퇴직 시 회사가 퇴직금을 일시금으로 지급
확정급여형 퇴직연금 (DB)	• 근로자가 받을 퇴직급여(퇴직금과 동일, 근속기간 1년에 대해 30일분 평균임금)가 확정되어 있는 제도 • 사용자는 매년 부담금을 금융기관에 사외 적립하여 운용하며, 퇴직 시 근로자는 사전에 확정된 급여 수준만큼의 연금 또는 일시금으로 수령이 가능함.

유형	내용
	• 급여 수준은 근로자의 퇴직일을 기준으로 산정한 일시금이 계속 근로기간 1년에 대하여 30일분의 평균임금에 상당하는 금액 이상(1일 평균임금 × 30일 × (총근무일수 / 365)) • 퇴직연금의 지급은 근로자가 지정한 IRP 계정으로 이전
확정기여형 퇴직연금 (DC)	• 사용자는 근로자의 연간 임금 총액의 1/12 이상에 해당하는 부담금을 현금으로 근로자의 DC 계정에 납입(근로자 추가 납입 가능) • 사용자는 금융기관에 개설한 근로자 개별계좌에 부담금을 불입하고, 근로자는 자기 책임하에 적립금을 운영하여 퇴직 시 연금 또는 일시금으로 수령(급여 수준은 운용 성과에 따라 변동)이 가능함. • 퇴직연금의 지급은 근로자가 지정한 IRP 계정으로 이전
개인형 퇴직연금 (IRP)	• 근로자가 납입한 일시금이나 사용자 또는 근로자가 납입한 부담금을 적립·운용하기 위하여 설정한 퇴직연금 제도로서 급여의 수준이나 부담금의 수준이 확정되지 아니한 제도 • 퇴직연금 가입 근로자 이직 시 퇴직급여를 가입자의 IRP 계좌로 이전하고, 연금 수령 시점까지 적립된 퇴직급여를 과세이연 혜택을 받으며 운영하다 일시금 또는 연금 수령이 가능함 • 연금 수령 시점까지 적립금을 직접 가입자 책임하에 운영하다가 연금 또는 일시금으로 수령하게 됨

퇴직연금 도입 절차 및 운영 과정

순서		업무처리
01	퇴직연금 실시 여부 결정	• 사용자와 근로자대표가 합의를 통해 퇴직연금제도 실시 여부 및 제도 형태를 결정한다. • 사업장별로 적합한 제도 선택 : 확정급여형(DB), 확정기여형(DC)
02	퇴직연금 규약 작성	• 퇴직연금 규약에는 사용자의 적립부담금 및 근로자의 퇴직급여에 관한 주요 내용 등이 포함된다. • 규약의 내용에 대해서 근로자 대표의 동의를 얻어 고용노동부에 신고한다.
03	퇴직연금사업자 선정	• 퇴직연금사업자란 재무 건전성 등 퇴직연금을 취급할 수 있는 자격요건을 갖추어 금융위원회로부터 사업 승인을 받은 금융기관을 말한다.
04	퇴직연금사업자와 계약	• 퇴직연금제도와 관련된 업무는 운용관리와 자산관리로 나누어진다. • 운용관리 업무 : 운용 방법제시, 연금 설계, 운용 결과의 기록/보관/통지 • 자산관리 업무 : 계좌설정, 적립금 수령, 급여지급, 운용지시이행

순서		업무처리
05	적립 부담금 납부	• 확정급여형은 매년 사용자(기업)가 연금계리로 산출된 부담금을 적립해야 한다. • 확정기여형은 매년 임금총액의 1/12 이상을 근로자별로 적립한다.
06	적립금의 운용지시	• 확정급여형은 사용자(기업)가, 확정기여형은 근로자가 운용 상품을 선택하여 지시한다. • 운용 상품 안내 : 은행의 예/적금, 국채증권, 상장주식(DB에 한함), 수익증권(채권형, 채권혼합형, 주식형) 등
07	퇴직급여 지급	• 퇴직금 지급 사유 발생 시 연금 또는 일시금으로 지급한다.
08	운용현황 통지 및 교육	• 사용자는 매년 1회 이상 적립 금액 및 운용 수익률을 가입자에게 통지하고, 사용자는 퇴직연금 제도 운용 현황 등에 대하여 매년 1회 이상 가입자에게 교육을 실시한다(퇴직연금 사업자에게 위탁가능).

퇴직연금 도입 시 종전 퇴직금에 대해서는 다음의 2가지 방법이 가능하다.

❶ 확정급여형(DB)퇴직연금, 확정기여형(DC)퇴직연금 전환 시 소급 적용 가능 : 종전 사내 퇴직금에 대해서도 소급해서 퇴직연금에 납입

❷ 도입 전까지는 퇴직금 제도 유지, 도입 후부터 퇴직연금 운용 가능 : 퇴직 시 퇴직연금은 퇴직연금 운용 사업주가 지급하고, 도입 전 퇴직금은 회사에서 지급

퇴직연금 도입 시 소급 적용하는 경우

퇴직금과 퇴직연금은 적립방식이 달라 직접적으로 통산할 수 없다. 다만, 퇴직연금(확정급여형, 확정기여형)제도 도입 시 퇴직연금의 가입기간을 퇴직금 제도가 적용되던 기간 전체로 소급 적용하여 통산이 가능하다.

퇴직연금에 가입하면서 과거 퇴직금 제도에 관해 소급형 연금으로 전환(직원별로 과거 일정 시점 또는 입사일까지)했을 수도 있고, 가입일 이후만 퇴직연금으로 전환했을 수도 있다.

소급했는지 가입일 이후에 가입했는지는 고용노동부에 신고한 퇴직연금규약 또는 퇴직연금규약 신고서에 표시되어 있다. 가입일 이전의 퇴직금 제도도 연금으로 전환한 사업장(직원별 입사일부터 전환)이라면 직원 퇴사일로부터 14일 이내에 퇴직연금 사업자에게 미납한 퇴직연금 분담금을 납부하면 퇴직연금사업자가 직원에게 퇴직연금을 지급할 것이다.

도입 전까지는 퇴직금, 도입 후부터 퇴직연금 운영

퇴직연금 가입 이전 퇴직금에 대해 소급하지 않고 가입일로부터 퇴직연금에 가입된 경우라면, 퇴직연금 가입 전 시점까지는 과거 퇴직금제도에 의한 퇴직금을 직원에게 직접 지급하고, 퇴직연금 가입일 이후는 퇴직연금 사업자에게 분담금을 납입하면 된다.

이 경우 주의해야 할 점은 과거 퇴직금제도에 의한 퇴직금 계산 시 평균임금은 퇴직연금 도입 시의 평균임금이 아닌 직원의 실제 퇴직일 전 90일분의 평균임금으로 계산해야 한다는 점이다.

퇴직연금제도의 전환

확정기여형(DC) 퇴직연금 → 확정급여형(DB) 퇴직연금으로 전환은 불가능하다. 즉 운용 방식과 제도상 성격이 달라 통산할 수 없다.

확정급여형(DB) 퇴직연금 → 확정기여형(DC) 퇴직연금으로 전환할 수 있다. 즉 계약이전을 통해 변경된 확정기여형(DC) 퇴직연금제도에 적립금을 합산하는 것은 가능하다.

그리고 확정급여형(DB) 퇴직연금과 확정기여형(DC) 퇴직연금을 혼합해서 가입할 수 있다.

퇴직연금의 실무 처리와
퇴직연금을 받는 방법

[퇴직급여 수령과 연금계좌 이전 절차 도표]

퇴직급여를 연금으로 받으려면 IRP 혹은 연금저축을 활용해야 한다. 자금 운용 제한이나 퇴직급여 인출 방식에 차이가 있으므로 자세히 살펴보고, 본인의 성향이나 향후 자금계획에 좀 더 적합한 상품을 선택하면 된다. 또한, IRP와 연금저축은 연금 수령 요건을 갖춘 이후라면 불이익 없이 서로 계좌 이전이 가능하다.

퇴직급여는 퇴직연금 가입 여부와 퇴직금 종류에 따라 각기 다른 방법으로 수령할 수 있다.

우선 퇴직연금 가입자의 경우 퇴직 시 법정 퇴직금 전액이 IRP로 이전되는 것이 원칙이다. 다만 55세 이상의 경우 본인의 선택에 따라서 현금으로 받는 것도 가능하다. 현금으로 받으면 퇴직소득세를 원천징수하고 남은 금액을 수령하게 된다. 이렇게 퇴직급여를 현금으로 한 번에 받았더라도 나중에 다시 연금으로 받고 싶어진다면 퇴직급여 수령 후 60일 이내에 개인형 퇴직연금(IRP)에 재입금할 수 있다. 이때 냈던 퇴직소득세는 환급받는다. 이 과정에서 받은 퇴직급여 중 일부만 입금할 수도 있는데, 그럴 경우 퇴직소득세도 해당 비율만큼만 돌려받는다.

퇴직연금에 가입하지 않은 근로자는 퇴직급여를 IRP·연금저축으로 받거나 혹은 퇴직소득세를 원천징수 한 뒤 현금으로 수령하게 된다. 이때도 근로자가 연금으로 받고 싶다면 퇴직급여 수령 후 60일 이내에 해당 금액을 다시 IRP나 연금저축에 납입하고 냈던 퇴직소득세를 환급받으면 된다. 명예퇴직금의 경우 퇴직연금 가입 여부나 나이와 상관없이 현금으로 수령할 수 있다.

명예퇴직금 역시 법정 퇴직금과 마찬가지로 연금으로도 받을 수 있으며, 연금 계좌로 이전 절차나 퇴직소득세 환급 방법 등은 법정 퇴직금과 동일하다.

 퇴직연금제도에서 퇴직급여의 종류

퇴직급여는 근로자의 '퇴직시'에 지급하는 것이 원칙이다.
퇴직 시 받는 퇴직급여의 형태는

❶ 그 간의 퇴직연금에서 쌓인 적립금을 한 번에 목돈으로 받는 일시금과

❷ 쌓인 퇴직금을 5년, 10년, 15년, 평생 등 기간과 금액을 나누어 받는 연금 중 선택할 수 있다.

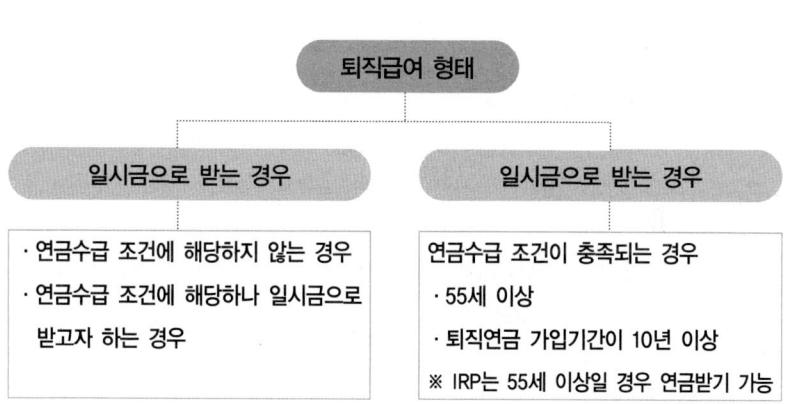

퇴직연금제도에서 연금을 받으려면 근로자가 퇴직금을 받을 때 연령이 55세 이상이면 퇴직금을 연금으로 받을 수 있다.

만일 이와 같은 요건이 충족되지 않은 경우라도 다음과 같이 연금을 받을 수 있다.

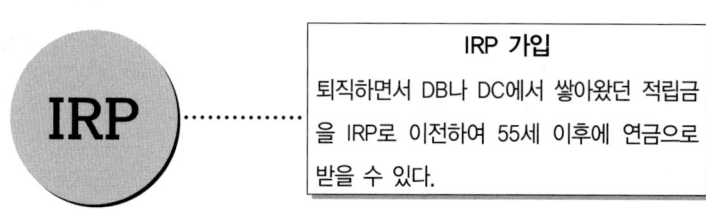

↗ 확정급여형(DB)

회사가 퇴직급여 재원을 외부 금융회사에 적립해서 운용하고, 근로자 퇴직 시 정해진 금액(퇴직 직전 3개월 평균급여 × 근속연수)을 지급한다. DB형의 퇴직급여 금액은 기존의 퇴직금과 같고, 운용 결과에 따라 회사의 적립 부담이 변동된다. → 운용 손익이 회사에 귀속

> 김부장의 퇴직 직전 3개월 평균급여가 500만원, 근속연수가 20년인 경우
> → (김부장) 1억 원(= 500만 원 × 20년)을 퇴직급여로 지급받고 연금 또는 일시금으로 수령
> → (회사) 퇴직급여 예상액을 미리 적립해 운용한 뒤 이 중에서 1억 원을 지급하므로, 적립액과 운용 손익 합산액이 1억 원을 초과할 때는 그 초과분은 회사가 갖고 미달하면 회사가 추가로 비용을 부담한다.

근무 마지막 연도의 임금을 기준으로 퇴직급여가 지급되므로 임금 상승률이 높고 장기근속이 가능한 기업의 근로자에게 유리하다.

↗ 확정기여형(DC)

회사는 매년 연간 임금총액의 일정 비율(1/12 이상)을 적립하고, 근로자가 적립금을 운용하며, 운용 성과가 퇴직급여에 직접 반영된다.
→ 운용 손익이 근로자에 귀속

> DC형에 가입한 김부장의 경우
> → (김부장) 매년 본인의 퇴직연금 계좌에 입금되는 금액(예 : 한 달 치 월급)을 금

> 융회사에 직접 지시해서 펀드, 예금 등으로 운용하고 그 누적 금액(회사 적립 분 + 운용 손익)을 퇴직 후 일시금 또는 연금으로 수령
> → (회사) 매년 김부장의 퇴직연금 계좌에 일정액(예 : 한 달 치 월급)을 적립

회사가 근로자 퇴직급여 계좌에 매년 일정액을 납입하고 근로자가 직접 운용하므로 파산위험 및 임금체불 위험이 있는 회사에 근무하는 근로자나 임금상승률이 낮거나 임금피크제에 진입한 근로자 등에게 유리하다.

↗ 개인형 퇴직연금(IRP)

퇴직한 근로자가 퇴직 시 수령한 퇴직급여를 운용하거나 재직 중인 근로자가 DB/DC 이외에 자신의 비용 부담으로 추가로 적립해서 운용하다가 연금 또는 일시금으로 받을 수 있는 계좌이다.

퇴직연금제도에 가입한 근로자는 퇴직할 때 본인이 설정한 IRP 계좌로 급여를 수령해야 한다. 단, 55세 이후에 퇴직하여 급여를 받는 경우, 급여를 담보로 대출받은 금액을 상환하는 경우, 퇴직급여액이 150만 원 이하의 경우 등은 제외된다.

퇴직근로자
- 퇴직연금제도(DC, DB)
- 퇴직금제도 : 퇴직급여 또는 중간정산금 수령자(자율)

IRP

추가부담금 납부 희망자
- 퇴직연금제도를 운영 중인 기업의 근로자
- 퇴직금제도에서 일시금을 수령해서 IRP에 납입한 가입자

☆ 기업형 IRP : 상시근로자수 10인 미만인 기업이 개별근로자의 동의를 받거나 근로자의 요구에 따라 IRP를 설정하는 경우 해당 근로자에 대해 퇴직급여 제도를 설정한 것으로 간주한다.

퇴직연금제도 유형별 비교

구분		DB형	DC형	개인형 퇴직연금제도(IRP)	
				기업형 IRP	개인형 IRP
급여 수령 형태		연금 또는 일시금			
수급 요건	연금	55세 이상/퇴직 IRP 이전 후 수령		55세 이상	
	일시금	연금 수급 요건 미충족 시 또는 일시금 수급을 원할 경우			
급여 수준		퇴직 직전 3개월 평균임금 X 근속연수	매년 지급된 퇴직급여의 합 (연 임금총액의 1/12 이상) ± 운용손익	퇴직급여이전 금액 ± 운용손익	
적립금 운용 주체		기업	근로자	근로자	근로자
추가 입금 여부		불가능	가능	가능	가능

퇴직연금을 받는 절차

퇴직연금제도에서 55세 이상의 근로자가 퇴직할 때 근로자는 퇴직금을 회사가 아닌 퇴직연금 사업자로부터 받는다.

근로자가 회사에 퇴직 신청을 하면 회사는 퇴직연금 사업자에게 퇴직금을 지급할 것을 지시한다.

퇴직연금 사업자는 근로자의 DB 또는 DC 제도에서 운용 중인 투자 상품을 매각하고, 그 금액을 퇴직급여로 지급한다.

❶ 퇴직 신청(퇴사 처리를 빨리해 줘야 퇴직금이 빨리 지급됨)

❷ IRP 계좌가 만들어져 있으면 거기로, 없으면 만들어야 한다.
단, 근로자의 사망으로 퇴직연금을 지급하는 경우 해당 근로자가 IRP 계좌가 없는 경우 보통 일반계좌로 입금할 수 있다.

❸ 퇴직금 지급 지시(근로자 퇴직급여 청구서 제출)

❹ 퇴직자의 DC 계좌 내 투자상품 매도

❺ 퇴직금 입금
DB형 : 해당 금융기관의 급여 지급신청서
DC형 : 퇴직 전 급여 내역, 퇴직 사실 입증자료
IRP형 : IRP 통장, 신분증

퇴직 이전에 퇴직연금을 찾는 경우

퇴직 이전에 퇴직연금을 찾는 경우는 DC형과 IRP만 가능하다.
퇴직연금제도에서 긴급자금을 확보해야 하는 경우 중도인출이나 담보대출을 활용할 수 있다.
중도인출, 담보대출은 법에서 대통령령으로 정한 아래와 같은 사유로만 가능하다.

❶ 무주택자인 가입자가 본인 명으로 주택을 구입하는 경우

❷ 무주택자인 가입자가 주거 목적의 전세금 또는 임차보증금을 부담하는 경우

❸ 가입자, 가입자의 배우자, 가입자 또는 가입자의 배우자와 생계를

같이하는 부양가족이 질병 또는 부상으로 6개월 이상 요양을 하는 경우
❹ 담보를 제공하는 날, 중도인출을 신청한 날로부터 역산하여 5년 이내에 근로자가 파산선고를 받거나 개인회생절차 개시 결정을 받은 경우
❺ 그밖에 천재지변 등으로 피해를 보는 등 고용노동부 장관이 정하여 고시하는 사유와 요건에 해당하는 경우
퇴직금의 중간정산 사유에는 여기에 임금피크제실시 후 임금 감소 및 근로시간 단축에 따른 퇴직금 감소가 추가된다.

↗ 중도인출

근로자가 퇴직하지 않았는데 미리 자신의 계좌에서 적립금을 인출하는 것을 중도인출이라고 부른다.
중도인출은 법에서 정한 사유에 의해서만 가능하다. DB(확정급여형) 제도에서는 중도 인출이 불가능하다.

↗ 담보대출

담보대출의 사유도 중도 인출과 동일하며, 적립금의 50%까지만 담보로 할 수 있다.
현재 담보대출은 법령 근거는 있으나 세부 규정이 마련되어 있지 않아 시행되지 않는다.

퇴직연금을 IRP로 이전하는 방법

근로자가 퇴직 전 금융회사를 선택해서 IRP에 가입한 경우

1. IRP 가입

근로자가 원하는 금융회사에 IRP 계좌를 신설한다. (계약서 및 가입 서류 작성) IRP 퇴직연금 사업자는 가입자에게 가입확인서를 제공한다.

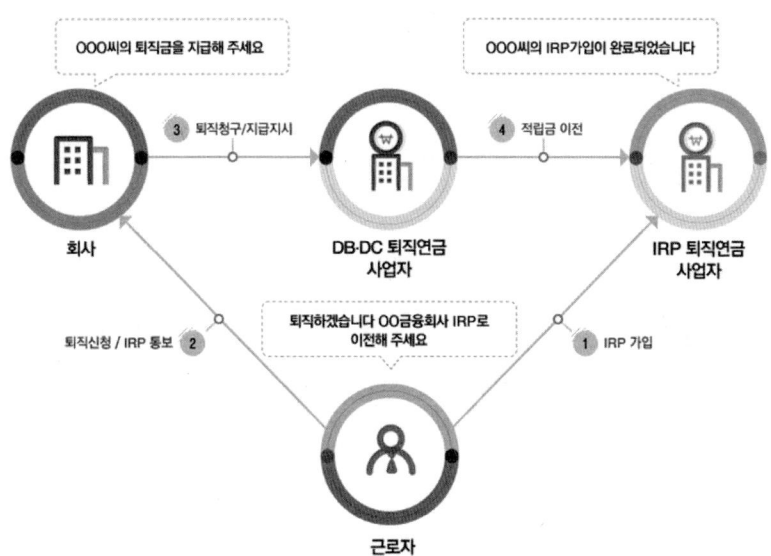

2. 퇴직 신청 / IRP 통보

근로자가 회사에 퇴직 신청을 한다. 퇴직신청서 작성 시 가입한 IRP (계약 번호)를 기재한다.

3. 퇴직 청구 / 지급 지시

회사는 퇴직을 확인하고 근로자가 가입된 퇴직연금 사업자에 퇴직금 청구를 한다.

4. 적립금 이전

퇴직연금 사업자는 근로자가 개설한 IRP 계좌로 퇴직금을 이전한다. (이때, DC 가입자의 경우 투자하던 상품 그대로 이전할 수도 있다. 단, DC 퇴직연금 사업자와 IRP 사업자가 동일한 경우에 한한다.)

↗ 퇴직 시까지 IRP에 가입하지 않은 경우

1. 퇴직 신청

근로자가 회사에 퇴직 신청을 한다.

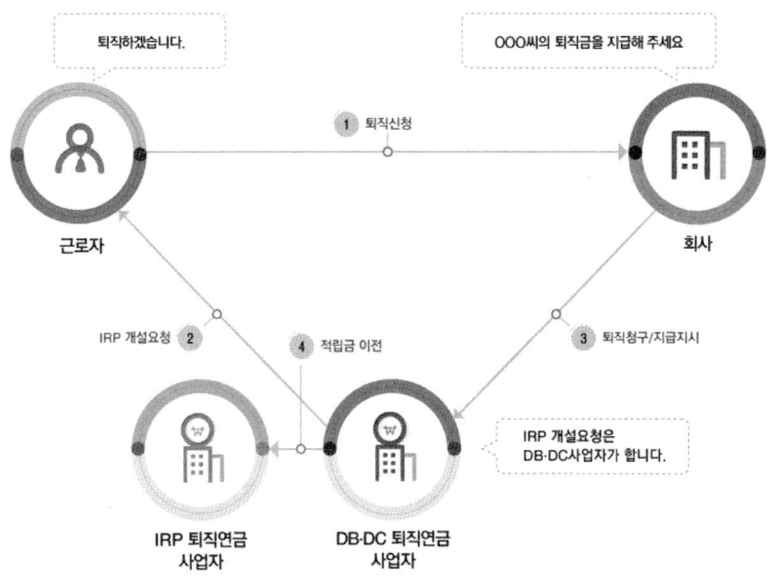

2. IRP 개설 요청

근로자가 퇴직 청구서에 IRP 계좌를 정하지 않았으면 규약에 미리 정한 해당 퇴직연금 사업자의 IRP 계좌로 이전되므로, 해당 사업자가 근로자에게 IRP 개설을 요청한다.

3. 퇴직 청구 / 지급 지시

회사는 퇴직을 확인하고 퇴직금 청구를 한다.

4. 적립금 이전

퇴직연금 사업자가 근로자의 IRP 계좌로 퇴직금을 이전한다.
IRP 퇴직연금 사업자는 가입자에게 가입확인서를 제공한다.

퇴직연금 사업자 이전이 가능한가?

계약이전은 퇴직연금 사업자 변경, 즉 A 금융기관에서 B 금융기관으로 바꾸는 것, 혹은 추가로 선정하는 것을 말한다.

회사의 모든 근로자를 대상으로 사업자를 변경할 수도 있고, 일부의 근로자만 다른 사업자로 옮기는 것도 가능하다.

계약이전은 제도의 중단이나 폐지와는 달리 금융기관은 바뀌지만, 원칙적으로 제도의 내용, 가입자의 정보 등이 그대로 A 금융기관에서 B 금융기관으로 이관되어 제도가 운영·유지된다는 점이 특징이다.

자세한 서류 등 방법을 이전하고자 하는 금융기관에 문의하면 된다.

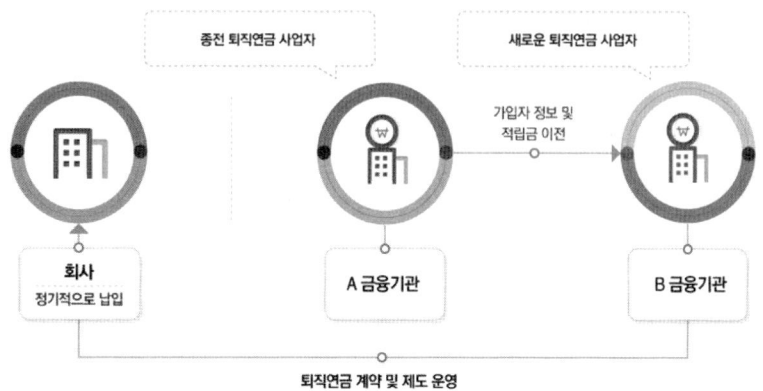

퇴직연금 거래를 은행, 증권, 보험사 또는 은행 간 등 금융기관을 변경해서 거래하고자 할 때는 주의를 기울여야 할 내용이 많다.

우선, 계좌를 옮길 때 원금손실 등 손해가 발생하지는 않는지 확인해야 한다. 향후 거래 시 적용하는 수수료, 비용, 수익률 등이 차이가 발생할 수 있으므로 확인이 필요하다. 단순 이관에 따른 손해는 발생하지 않는다.

다음은 서류 이관 절차가 직접 방문해서 처리해야 하므로 번거로울 수 있다. 연금저축은 새로 거래할 금융기관에만 나가면 되는데 퇴직연금은 양쪽 다 나가야 하는 번거로움이 있다.

마지막으로 기업과 금융기관과의 기존 거래가 많이 연결되어 있을 수 있으므로 관련 거래에 의한 기업이나 개인에게 불편 상황이 발생할 수 있으므로 면밀하게 확인한 후 거래 이관을 할 필요가 있다.

퇴직연금 유형을 DB형, DC형으로 상호전환

회사가 DB, DC 제도를 모두 도입하고 노사 간 합의가 된 경우라면, 원칙적으로 DB, DC 제도 간 전환이 가능하다.

DB형으로 운용하던 퇴직연금의 수익률이 매우 저조하여 불만족스럽거나 금융기관의 서비스에 불만이 있는 경우 제도 유형을 바꾸거나 거래 금융기관을 바꿔 이용할 수 있다.

보통 중소기업에 근무하는 근로자나 업무 특성상 자주 직장을 옮기게 되는 근로자는 DB형보다 DC형에 가입하여 임금인상률보다 투자수익률을 높여 퇴직연금 수령액을 증가시키는 것이 유리하다.

퇴직연금의 거래 유형만 바꾸는 절차는 비교적 단순하다.

그렇지만 근로자는 먼저 재직하는 회사의 급여 담당자나 관리자와 상의하여 DB형에서 DC형으로 변경해 달라고 요청해야 한다.

기업이 단체계약으로 금융기관과 퇴직연금 계좌를 개설했기 때문에 계약을 변경하는 절차가 필요하다.

이후 근로자 개인이 금융기관과 DC형 퇴직연금 납부 계약을 체결하고, 매월 회사가 납부한 퇴직연금을 자신의 책임하에 투자상품을 선정하여 투자 비율 등을 지정해서 운용·관리한다.

DB 제도에서 DC 제도로의 전환이 보편적인데, 임금피크제나 정년이 가까워져 임금 상승률이 낮아지는 근로자들이 DC 전환을 많이 선택한다. 전환 시점의 DB 퇴직급여 총액을 산정하여 DC 계좌에 한꺼번에 넣어 운용하는 형태이다.

그러나 DC 제도에서 DB 제도로의 전환은 현실적으로 어렵다. DB는 근속연수 1년에 대해 지급해야 할 퇴직급여가 정해져 있지만, DC는 운용 성과에 따라 적립금 수준이 변동하기 때문에 DC 적립금을 DB로 이전하는 게 불가능하다. 이에 따라 DC에서 DB로 전환하기 위해서는 전환 전 기간에 대해서는 DC를 유지하고 전환 이후의 근무기간에 대해서만 DB를 적용하는 방식으로 운영하게 되는데, 이는 근로자와 회사입장에서 실익이 없어 실제 운영되는 사례가 많지 않다.

확정급여형(DB형) 퇴직연금의 납입액과 퇴직금 계산

확정급여형 퇴직연금(DB형)의 납입액은 일반적인 퇴직금의 계산방식과 같다고 보면 된다. 즉, 30일분의 평균임금 × 계속근로연수의 금액을 납입한다고 보면 된다.

퇴직금 적용 제외 대상

- 계속 근로연수가 1년 미만인 경우
- 4주간 평균 1주의 근로시간이 15시간 미만인 근로자
- 동거의 친족만을 사용하는 사업 및 가사사용인

퇴직금 지급 한도

❶과 ❷중 큰 금액
❶ 근로자퇴직급여보장법(근로기준법)상 금액
❷ 회사 사규상 지급액

법정 퇴직금의 계산

퇴직금(법정 퇴직금) = 1일 평균임금 × 30일 × (총근무일수 / 365)

퇴직금의 지급기한

- 지급 사유 발생일로부터 14일 이내 지급 원칙
- 당사자 간 합의로 기일 연장 가능

㈜ 상시 4인 이하의 근로자를 사용하는 사업은 2010년 12월 1일부터 적용

퇴직금의 지급 요건

퇴직금은 1년 이상 계속 근로한 근로자가 퇴직하는 경우 지급한다. 퇴직급여제도는 동거의 친족만을 사용하는 사업 및 가사사용인을 제외한 근로자를 사용하는 모든 사업 또는 사업장에 적용된다. 다만, 상시 4인 이하의 근로자를 사용하는 사업은 2010년 12월 1일부터 적용된다. 즉, 2010년 12월 1일 입사한 것으로 봐 1년이 지난 시점인 2011년 12월 1일 이후에 퇴사해야 퇴직금을 받을 수 있다.

퇴직일의 기준(마지막 근무일인지, 마지막 근무 다음 날인지)

퇴직금 계산을 위한 퇴직일은 공휴일과 평일의 구분 없이 근로의 제공이 완전히 이루어져 근로계약이 종료된 다음 날이며, 퇴직일은 계속근로연수에 포함하지 않는다.

예를 들어 8월 16일(토요일)에 근로 제공을 최종적으로 마무리하고 8월 17일(일)부터 근로 제공이 이루어지지 않았다면(비록, 8월 17일이 주휴일이라고 하더라도) 퇴직일은 8월 17일(일)이 되고, 퇴직일부

터는 근로계약이 해지된 것이므로, 비록 해당 일이 주휴일이라고 하더라도 주휴수당 등이 발생하지 않는다.

퇴직일은 마지막 근무일의 다음 날을 의미한다.

 퇴직금의 계산 방법

사용자는 계속근로기간 1년에 대해서 30일분 이상의 평균임금을 퇴직금으로 퇴직하는 근로자에게 지급해야 한다.

> 퇴직금(법정퇴직금) = 1일 평균임금 × 30일 × (총근무일수 / 365)
> 고용노동부 홈페이지에서 자동으로 계산할 수 있다.

퇴직금 산정 관련 규정은 강행규정이므로 기업의 퇴직금 지급규정이 있는 경우에는 퇴직금 지급규정을 따르나 그렇지 않을 경우는 근로기준법을 따른다. 다만, 퇴직금 지급규정이 근로자퇴직급여보장법상 퇴직금보다 적을 경우는 근로자퇴직급여보장법에 따라 계산한 퇴직금을 퇴직금으로 지급해야 한다.

위의 계산 방식에 따라 계산을 하지 않고 실무상 업무 편의를 위해서 1년간 총임금에서 1/12 즉 1달분의 임금을 평균임금으로 계산해서 퇴직금을 지급하는 경우가 있는데 이같이 계산한 금액이 위의 계산방식에 의한 금액보다 많은 경우는 문제가 없으나 적은 경우는 근로자퇴직급여보장법에서 규정한 퇴직금보다 적게 되므로 체불임금 문제가 발생할 수 있다.

퇴직금에 대해서는 1년 미만 근속근로자의 경우에는 지급하지 않아도 되지만 1년을 초과하는 경우는 근속일 수에 비례해서 퇴직금을 지급해야 한다.

↗ 계속근로기간

계속근로기간의 기산일은 입사일, 근로계약 체결일 등 출근 의무가 있는 날이며, 마감일은 근로관계의 자동 소멸, 임의퇴직, 합의퇴직, 정년퇴직, 정리해고, 징계해고 등 근로계약이 끝나는 날이다.

↗ 평균임금

평균임금의 산정 방법

평균임금은 이를 산정해야 할 사유가 발생한 날 이전 3개월 동안에 그 근로자에게 지급된 임금의 총액을 그 기간의 총일수로 나누어 계산한다.

> 평균임금 = 평균임금의 산정 사유 발생일 이전 3개월간의 총임금 ÷ 사유 발생일 이전 3개월간의 총일수

평균임금의 최저한도

산출된 평균임금이 통상임금보다 적으면 그 통상임금을 평균임금으로 한다.

평균임금에 포함되는 것	평균임금에 포함되지 않는 것
• 기본급 • 연차유급휴가 수당 • 연장, 야간, 휴일근로수당 • 특수작업수당, 위험작업수당, 기술수당 • 임원, 직책수당 • 일·숙직수당 • 장려, 정근, 개근, 생산독려수당 • 단체협약 또는 취업규칙에서 근로조건의 하나로서 전 근로자에게 일률적으로 지급하도록 명시되어 있거나 관례적으로 지급되는 다음의 것 • 상여금 • 통근비(정기승차권) • 사택 수당 • 급식대(주식대 보조금, 잔업 식사대, 조근 식사대) • 월동비, 연료 수당 • 지역수당(냉, 한, 벽지수당) • 교육수당(정기적 일률적으로 전 근로자에게 지급되는 경우) • 별거수당 • 물가수당, 조정 수당 • 가족수당이 독신자를 포함해서 전 근로자에게 일률적으로 지급되는 경우 • "봉사료"를 사용자가 일괄 집중관리하여 배분하는 경우 그 배분 금액 • 법령, 단체협약 또는 취업규칙의 규정에 의해서 지급되는 현물급여(예 : 급식 등)	• 결혼축하금 • 조의금 • 재해위문금 • 휴업보상금 • 실비변상적인 것(예 : 기구손실금, 그 보수비, 음료대, 작업용품대, 작업상 피복 제공이나 대여 또는 보수비, 출장여비 등) • 근로자로부터 대금을 징수하는 현물급여 • 작업상 필수적으로 지급되는 현물급여(예 : 작업복, 작업모, 작업화 등) • 퇴직금(단체협약, 취업규칙 등에 규정함을 불문) • 복지후생시설로서의 현물급여(예 : 주택설비, 조명, 용수, 의료 등의 제공, 급식, 영양식품의 지급 등) • 임시 또는 돌발적인 사유에 따라 지급되거나 지급조건은 사전에 규정되었더라도 그 사유 발생일이 불확정적, 무기한 또는 희소하게 나타나는 것(예 : 결혼수당, 사상병 수당)

평균임금의 산정에서 제외되는 기간과 임금

평균임금 산정기간 중에 다음의 어느 하나에 해당하는 기간이 있는 경우에는 그 기간과 그 기간 중에 지급된 임금은 평균임금 산정기준이 되는 기간과 임금의 총액에서 각각 뺀다.

- 수습 사용 중인 기간
- 사용자의 귀책 사유로 휴업한 기간
- 출산휴가기간 및 육아휴직기간
- 업무상 부상 또는 질병으로 요양하기 위해서 휴업한 기간
- 쟁의행위기간
- 「병역법」,「향토예비군 설치법」 또는 「민방위기본법」에 따른 의무를 이행하기 위해서 휴직하거나 근로하지 못한 기간 다만, 그 기간 중 임금을 지급받은 경우에는 평균임금 산정기준이 되는 기간과 임금의 총액에서 각각 빼지 않는다.
- 업무 외 부상이나 질병, 그 밖의 사유로 사용자의 승인을 받아 휴업한 기간

퇴직금의 지급

사용자는 근로자가 퇴직한 경우는 그 지급 사유가 발생한 날부터 14일 이내에 근로자의 IRP 계좌로 퇴직금을 지급해야 한다. 다만, 특별한 사정이 있는 경우에는 당사자 간의 합의에 의해서 지급기일을 연장할 수 있다.

퇴직자에 대해 상여금(성과급)을 비례해서 줘야 하나?

상여금에 대해서는 근로기준법에 별도로 정한 바가 없으므로, 상여금을 지급받을 수 있는지? 에 대해서는 당해 회사의 단체협약, 취업규칙, 관행 등을 종합적으로 검토하여 판단해야 한다.

단체협약으로 상여금의 지급조건, 지급률, 지급시기를 정하여 매년 일정시기에 일정률의 상여금을 지급하고 있다면 이는 근로의 대상으로 지급되는 임금이라 할 것이므로 당해 근로자에게도 근무한 만큼의 상여금을 지급해야 한다.

그러나 성과급은 회사에 특별한 규정이 없는 한 재직자에게만 준다. 성과급이 지급되기 전에 회사를 떠나면 못 받는다는 얘기다.

이유는 근로기준법상 성과급을 임금으로 보지 않기 때문이다. 임금이라면 당연히 회사에 지급 의무가 있다.

그러나 성과급은 경영 성과를 고려해 지급 여부가 결정된다. 경영 판단에 의해 지급하는 금품, 노동력 제공에 따른 대가의 개념이 아니라는 뜻이다. 따라서 경영성과급 지급일 이전에 퇴사한 직원에 대해서는 사측에 지급 의무가 없다.

법원의 판례는 명칭과 관계없이 기업이윤에 따라 일시적 또는 변동적으로 지급된 것은 임금이 아니다. 라고 판시하고 있다. 다만, 해당 성과급도 지급조건, 지급율, 지급 시기를 정하여 매년 일정 시기에 일정률의 성과급을 지급하고 있다면 이는 임금으로 봐 성과급 지급 시기 이전에 퇴직한 근로자에 대해서도 그 지급을 배제하는 규정을 따로 두지 아니한 경우라면 당해 근로자에게도 근무한 만큼의 성과급을 지급해야 한다.

 임금 및 퇴직금은 언제까지 줘야 하나?

사용자는 근로자가 퇴직한 경우는 퇴직급여보장법 제9조의 규정에 따라 그 지급사유가 발생한 때로부터 14일 이내에 임금 및 퇴직금을 지급해야 하며, 특별한 사정이 있는 경우에는 당사자 간의 합의에 따라 기일을 연장할 수 있다.

이와 같은 임금채권(퇴직금 포함)은 같은 법 제10조의 규정에 따라 3년간 행사하지 아니하는 때에는 소멸하며, 퇴직금은 퇴직한 날의 다음 날부터 임금은 정기 지급일의 다음 날부터 기산 한다.

(육아, 출산, 병가, 수습기간) 휴직 후 바로 퇴사 시 퇴직금

퇴직금 산정을 위한 평균임금의 계산 시, 사용자의 승인을 받아 휴직한 기간과 그 기간 중에 지급된 임금을 빼고 계산해야 한다.

휴직하거나 휴업 등으로 임금이 감소한 상황이라면 평균임금 산정에 있어 불리해지므로 근로기준법 시행령 제2조에서는 평균임금 산정 대상기간에서 제외되는 기간을 명시하고 있다. 이 기간 중에는 업무외 부상 또는 질병, 그 밖의 사유로 인하여 사용자의 승인을 얻어 휴직한 기간은 평균임금 산정대상기간에서 제외된다.

아울러 회사가 4대 보험 신고를 다르게 했더라도 통장내역이나 급여명세서 등에 실제 받은 임금의 근거가 있다면 그것을 기준으로 계산하면 된다.

예를 들어 퇴직 전 3개월의 일수가 91일이었고, 휴업한 기간이 한 달(30일)이었다면 휴업기간을 제외한 나머지 61일 동안 받은 임금을 61일로 나눈 것이 1일 평균임금이 된다.

> 매월 300만 원을 받는 근로자가 7월 1일에 퇴직하였다면, 본래 다음과 같이 평균임금을 계산한다(편의상 상여금과 연차수당의 포함은 제외함).

해설

4월 1일~4월 30일(30일) : 3,000,000원
5월 1일~5월 31일(31일) : 3,000,000원
6월 1일~6월 30일(30일) : 3,000,000원
1일 평균임금 = 9,000,000원/91일 = 98,901원

만약, 해당 근로자가 업무상재해로 3월 21일부터 4월 30일까지 요양하고 이 기간 중 회사로부터 500,000원을 임의적인 위로금으로 받다가 5월 1일 이후 정상 근무하여 7월 1일에 퇴직하였다면 다음과 같이 5월 1일부터 6월 30일까지 61일간 지급 받은 임금 총액을 61일로 나누어 평균임금을 산출한다.

해설

5월 1일~5월 31일(31일) : 3,000,000원
6월 1일~6월 30일(30일) : 3,000,000원
1일 평균임금 = 6,000,000원 / 61일 = 98,360원

위 예시에서 보더라도 휴업한 기간동안 아무리 임금을 낮게 받았다고 하더라도 평상시의 평균임금과 큰 차이는 없다.

휴직기간동안 국민연금, 고용/산재보험은 납부예외로 처리되어 해당 기간동안 보험료가 부과되지 않으나 건강보험은 납부예외가 아닌 납부유예로 처리되며 휴직기간이 종료됐을 때 한꺼번에 보험료가 부과된다.

[퇴직금 자동 계산 : 고용노동부]

확정기여형 퇴직연금(DC형)의 납입액 계산

 확정기여형퇴직연금 가입 기간

가입기간은 제도 설정 이후 해당 사업에서 근로를 제공하는 기간으로 한다.

제도 설정 이전에 입사한 자는 퇴직연금제도가 설정된 날부터, 제도 설정 이후에 가입한 자는 근로를 시작한 날부터 가입 기간에 포함한다.

제도 설정 이전에 입사하여 근로를 제공한 기간(과거 근로기간)도 가입 기간에 포함할 수 있으며, 이 경우 퇴직연금 규약에 반드시 이를 명시해야 한다. 즉, 가입 전 퇴직금을 추가로 불입할 수 있다.

 확정기여형퇴직연금 부담금의 납입

↗ 부담금 수준 및 시기

매년 1회 이상 퇴직연금 규약에 정하는 바에 따라 월납 · 분기납 · 반기납 · 연납 등 정기적으로 근로자의 퇴직연금 계정에 근로자의 연간 임금총액의 12분의 1 이상에 해당하는 부담금을 내야 한다. 여기서 연간 임금총액이란 해당 사업연도 중에 근로자에게 지급한 임금의 총액을 의미하므로, 근로의 대가로 지급되는 금품은 임금 총액에 포함된다.

$$총부담금 = \frac{(각\ 연도별\ 계약\ 연봉 + 연차휴가수당 + 기타\ 지급\ 상여금,\ 수당)}{12}$$

↗ 부담금 납입 자체에 대한 지연이자

사용자가 부담금을 납입하기로 정한 일자(규약에서 납입기일을 연장할 수 있도록 정한 경우는 그 연장된 기일)까지 내지 않았을 때는 그다음 날부터 부담금을 낸 날까지 지연 일수에 대해서 지연이자를 내야 한다.

구 분	이자율
❶ 사용자가 부담금을 납입하기로 정한 날(규약에서 납입기일을 연장할 수 있도록 정한 경우는 그 연장된 기일) 다음 날부터 퇴직 후 14일(당사자 간 협의로 날짜를 연장한 경우 그 연장된 날짜)까지	연 10%
❷ 위 기간 다음 날부터 부담금을 납입하는 날까지	연 20%

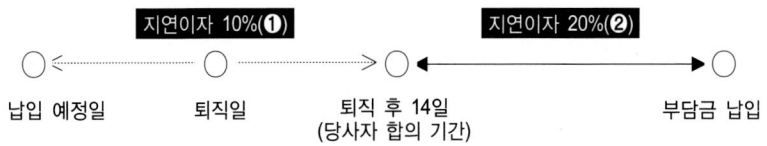

휴가·휴직·휴업 기간의 부담금 산정

↗ 출산전후휴가기간

근로자가 출산전후휴가를 사용하는 경우 해당 기간과 그 기간 중에 지급된 임금을 제외하고 부담금을 산정하면 되며, 출산전후휴가기간은 월 단위로 환산하게 된다.

> 5월 1일부터 8월 20일까지 출산전후휴가를 사용하고(3.65개월) 출산전후휴가기간을 제외한 기간동안 2,400만 원의 임금을 받은 근로자의 경우 부담금?

해설

$$부담금 = \frac{출산전후휴직기간\ 중\ 지급된\ 급여를\ 제외한\ 해당연도의\ 임금총액}{12 - 출산전후휴직기간}$$

$$= \frac{24{,}000{,}000원}{12개월 - 3.65개월} = 2{,}874{,}250원$$

↗ 육아휴직기간

1년 중 일부를 육아휴직으로 사용한 경우

근로자가 육아휴직을 사용하는 때도 출산전후휴가기간과 마찬가지로 부담금 산정 시 육아휴직 중 지급받은 급여와 육아휴직 기간을 각각 임금총액과 산정기간에서 제외하여 부담금을 산정한다.

> 3월 1일부터 12월 31일까지 육아휴직을 사용하고 육아휴직을 제외한 기간동안 600만 원의 임금을 받았다면 부담금은?

해설

$$부담금 = \frac{육아휴직\ 기간\ 중\ 지급된\ 급여를\ 제외한\ 해당연도의\ 임금\ 총액}{12 - 육아휴직\ 기간}$$

$$= \frac{6,000,000원}{12개월 - 10개월} = 3,000,000원$$

1년 전체를 육아휴직으로 사용한 경우

부담금 산정기간 전체가 모두 육아휴직 기간에 포함되어 1년간 임금이 지급되지 않았다면, 전년도 임금총액의 1/12에 해당하는 부담금을 해당 연도의 부담금으로 납입한다.

해설

2025년 1월 1일부터 12월 31일까지 육아휴직을 사용하는 경우 육아휴직 기간에 대하여는 2024년도 임금 총액의 1/12에 해당하는 금액을 일시에 내거나 이를 매월 분할납입 해야 한다.

↗ 개인 사유로 인한 휴직 기간

업무 외 상병으로 인한 휴직, 개인적 사정으로 인한 휴직, 학업을 위한 휴직 등과 같이 근로자가 개인 사유로 휴직을 신청하고 회사가 이를 허용하여 근로자가 휴직하는 때도 육아휴직 기간과 같이 휴직 기간동안의 임금 및 휴직기간을 제외하여 부담금을 산정하면 된다.

> 회사의 동의하에 개인 사유로 1월 1일부터 6월 30일까지 휴직하고 휴직기간을 제외한 기간 중 1,200만 원을 지급받은 근로자의 경우 다음과 같이 부담금을 계산한다.

|해설|

$$부담금 = \frac{\text{개인 사유로 인한 휴직 기간 중 지급된 급여를 제외한 해당연도의 임금 총액}}{12 - \text{개인 사유로 인한 휴직 기간}}$$

$$= \frac{12,000,000원}{12개월 - 6개월} = 2,000,000원$$

고용노동부는 퇴직연금 규약에서 개인적 사유에 따라 회사의 승인을 얻어 휴업한 약정 휴직기간의 임금 및 휴직 기간을 부담금 산정에 포함하기로 정한 경우에는 약정 휴직 기간의 임금 및 휴직기간을 부담금 산정에 산입할 수 있다고 판단하고 있다. 즉 퇴직연금 규약에서 약정 휴직기간을 부담금 산정에 포함하기로 정한 회사의 근로자가 회사의 승인하에 2개월간 개인 사유로 무급 휴직을 하였다면, 해당 근로자가 10개월 동안 지급받은 임금을 10개월이 아닌 12개월로 나누어 부담금을 산정할 수 있다는 것이다.

그런데 고용노동부의 이러한 견해는 부담금을 지나치게 낮출 수 있을 뿐만 아니라 법원의 판단과는 차이를 보인다는 점에서, 육아휴직과 마찬가지로 개인 사유로 인한 휴직 기간도 부담금 산정에서 제외하는 것이 바람직할 것으로 판단된다.

↗ 무단결근 등 근로자 귀책 사유로 인한 휴업기간

무단결근 등과 같이 회사의 허가가 없고 근로자의 귀책 사유가 명백한 기간에 대해서는 해당 기간을 무급으로 처리하더라도 해당 기간을 제외하지 않고 연간 임금총액을 12로 나누어 부담금으로 산정할 수 있다.

|해설|

근로자가 1개월 전체를 무단결근 한 경우 회사는 11개월 동안 지급한 임금을 12개월로 나누어 부담금을 산정할 수 있다.

↗ 기타

이밖에 수습기간, 업무상 부상·질병으로 인한 휴업기간, 사업주의 귀책 사유로 인한 휴업기간, 적법한 쟁의 행위기간, 병역법 등의 의무이행기간에 대해서는 육아휴직기간과 마찬가지로 해당 기간 중 지급된 임금과 해당 기간을 각각 제외하고 부담금을 산정하면 된다.

휴가·휴직·휴업 기간의 부담금 납부

근로자가 출산휴가, 육아휴직, 청원휴직 등을 사용하더라도 근로관계는 계속되는 것이므로 근로자가 퇴사하지 않는 한 해당 기간에 대해서도 부담금을 납부해야 하며, 이를 납부하지 않았을 경우 근로자퇴직급여보장법 위반으로 판단될 수 있다.

각종 수당 지급 시 부담금의 산정

↗ 미사용 연차휴가 수당

회사는 휴직기간과 관계없이 미사용 연차휴가 수당의 1/12에 해당하는 금액을 부담금 산정에 포함해야 하는데, 예를 들어 2025년도에 1년간 개근한 근로자가 총 3,600만 원의 임금을 지급받고 10일의 연차휴가를 미사용한 경우 부담금은 다음과 같이 계산된다.

$$부담금 = \frac{36,000,000원}{12개월} + \frac{1,148,325원}{12개월}$$

$$= 3,000,000원 + 95,693원 = 3,095,693원$$

※ 10일분의 미사용 연차휴가 수당 : 1,148,325원(= 3,000,000원 ÷ 209시간 × 8시간 × 10일)

또한 DC형 퇴직연금제도의 경우 퇴직금제도와 달리 근로자가 퇴사하여 부담금을 납입하게 되는 때는 근로자의 퇴직으로 비로소 그 지급 사유가 발생한 미사용 연차휴가 수당을 부담금 산정에 산입한다. 즉, 퇴직하는 해 연초에 받은 미사용 연차휴가 수당뿐만 아니라 퇴직으로 인해 비로소 지급의무가 발생한 미사용 연차휴가수당 역시 부담금 산정 시 포함시킨다.

결론적으로 계속 근로자의 경우 납입하는 연차수당은 연초에 받은 미사용 연차휴가 수당만 포함하지만, 퇴직으로 인해 부담금을 납부하는 경우는 연초에 받은 미사용 연차휴가 수당 + 퇴직으로 인해 비로소 지급의무가 발생한 미사용 연차휴가 수당을 납입해야 한다.

↗ 퇴직위로금

권고사직, 명예퇴직 등으로 퇴직하면서 퇴직위로금을 지급하는 경우가 있을 수 있는데, 여기서 퇴직위로금은 회사가 은혜적·일시적으로 지급하는 금품일 뿐 근로의 대가인 임금에는 해당하지 않기 때문에 부담금 산정에는 포함되지 않는다.

퇴직위로금의 경우 권고사직에 따른 보상적 일시 금품으로 볼 수 있어 임금성이 인정되기 어려울 것이다. 따라서 이를 퇴직금 산정 시 퇴직 전 3개월의 임금총액에 반영할 의무는 없다고 판단된다(사건번호 : 대법 2006다12527). 즉 퇴직금 계산을 위한 평균임금에는 포함되지 않는다.

해당 금품이 소득세법에 따른 퇴직소득에 속한다면, 사용자는 이를 근로자의 IRP 계좌로 별도 이전하는 방식을 통해 지급할 수 있을 것이다.

그러나, "퇴직위로금"은 근로자퇴직급여보장법으로 정하고 있는 퇴직급여제도(퇴직금제도, DB·DC형 퇴직연금제도)에서 지급하는 법정 퇴직급여와 명확히 구분되며, 또한, 근로자퇴직급여보장법 제13조에 따라 DB형 퇴직연금제도는 가입자, 가입기간, 급여 수준 등에 관한 사항을 규약으로 작성하고 그에 따라 퇴직연금제도를 운영하도록 정하고 있으므로, 근로자퇴직급여보장법 및 퇴직연금규약에 정해진 바가 없는 "퇴직위로금"을 사용자가 임의로 일시적으로 납입한 후, 법정 퇴직급여와 합산하여 근로자의 IRP 계좌로 지급하는 것은 허용되지 않는다.

결론적으로 IRP 계좌로 별도 이전은 가능하나 법정 퇴직급여와 합산하여 근로자의 IRP 계좌로 지급하는 것은 허용되지 않는다(고용노동부 질의회시).

↗ 호봉승급 인상분

부담금 산정기간 중에 호봉승급으로 임금이 인상되는 경우 이를 부담금 산정에 산입하면 되지만, 임금을 지급하지 않는 육아휴직 기간 중 호봉승급으로 임금이 인상되는 경우는 호봉승급 인상분을 부담금 산정에 산입해야 하는지가 문제될 수 있다.

예를 들어 매월 임금의 1/12을 부담금으로 납부하는 회사에서 근로자가 2025년 1월 1일부터 12월 31일까지 육아휴직을 사용하여 실제로 지급된 임금이 없으나, 2025년 1월 1일 호봉승급으로 임금이 인상된 경우, 회사는 최소한 2024년도 부담금으로 산정·납입 하면 되며, 노사 합의에 따라 2025년도 호봉 인상을 기준으로 납입하는 것도 가능하다.

퇴직 시 급여 지급

직전 정기 부담금 납입일 이후 퇴직일까지의 부담금(미납한 부담금과 미납 부담금에 대한 지연이자가 있는 경우 이를 합산한 금액)을 퇴직일로부터 14일 이내에 납입해야 한다.

계속근로기간이 1년 미만인 근로자에 대한 적립금은 사용자에게 귀속될 수 있다.

퇴직연금을 적게 또는 많이 납부한 경우

확정급여형(DB형) 퇴직연금은 회사가 퇴직연금 계좌에 불입한 금액과 관계없이 근로자가 실제로 퇴직할 때 받게 되는 금액은 법정 퇴직금과 같은 금액이 되며, 퇴직연금 불입액의 잔액이 부족하면 차액을 회사에서 추가지급하고, 퇴직연금 잔액이 법정 퇴직금을 초과할 경우 그 초과 금액은 다시 회사에 귀속된다.

이에 반해 확정기여형(DC형) 퇴직연금은 근로자가 지급받는 연간 임금총액의 1/12 이상을 회사는 매년 1회 이상의 기일을 정하여 퇴직연금 계좌로 납입하고, 이렇게 납입된 금액을 퇴직연금 상품을 운용하는 금융기관에서 운영하여, 수익이 날 때 그 수익금, 손실이 날 때 그 손실에 대한 부담 모두 근로자에게 귀속되고, 회사는 퇴직연금 계좌에 납입한 연간 임금총액의 1/12 이상을 제때 납입하는 것으로 퇴직금 지급 의무는 다한다. 만일 가입되어 있던 퇴직연금 상품이 DB형이라면, 법정 퇴직금과의 차액을 회사에 추가로 청구하여 받을 수 있겠지만, DC형 퇴직연금 상품이라면 법정 퇴직금을 초과하든 미달하든, 회사에 추가로 퇴직금을 청구할 수는 없다. 다만, DC형이라 해도 회사가 납입해야 할 퇴직연금액보다 적게 납입한 경우, 납입되지 않은 차액에 대해서는 회사를 상대로 청구할 수 있으며, 회사는 납입기한이 지난 만큼, 퇴직연금 상품의 약관에서 정한 내용에 따라 가산금을 합산하여 납입해야 한다.

 ### 출산휴가 및 육아휴직기간 중 DC형 퇴직연금 납입

법정 퇴직금은 계속근속연수가 1년 이상인 근로자가 퇴직할 때 마지막 3개월 동안 지급받은 임금총액으로 평균임금을 산정하여 전체 근무기간에 대해 퇴직금을 계산한다. 이때, 출산휴가기간과 육아휴직기간은 법에 의하여 퇴직금의 기준이 되는 평균임금 산정기간(마지막 3개월)에서 제외되지만(출산휴가 기간이나 육아휴직 기간은 급여가 작거나, 없으므로 이 시기를 기준으로 평균임금을 산정하지 않도록 함), 퇴직금 산정의 대상기간인 계속 근속연수에는 포함된다.

법정 퇴직금제도를 대신하는 것으로서 퇴직연금제도가 있는데, 이 중 확정급여형(DB

형)은 실제 퇴직 시 법정 퇴직금에 금액을 맞추게 되므로 퇴직연금 가입 기간 중 사용자가 퇴직연금을 제대로 불입하였는지? 여부가 크게 문제가 되지 않는다.

그러나, 근로자에게 지급되는 연간 임금총액의 1/12 이상을 퇴직 분담금으로 불입해야 하는 확정기여형(DC형) 퇴직연금의 경우, 출산휴가 기간과 육아휴직 기간에 지급되는 급여가 평소보다 낮거나 없으므로 납입 방식을 월납 방식으로 하면서도 출산휴가 기간 및 육아휴직 기간에 대해서는 종종 DC형 퇴직연금 계좌에 분담금을 납입하지 않는 경우가 있으며, 이는 실제 근로자가 퇴직할 때 법정 퇴직금과 큰 차이를 유발하게 되어 문제가 되곤 한다.

이와 관련하여 최근 질의가 있어 답변과 함께 아래에 소개한다.

> 현재 퇴직연금 가입자인데요. 총급여의 1/12이 매달 적립되고 있습니다.
> 출산휴가 90일 동안 60일까지는 기본급에서 210만 원을 제외한 금액만 사업장에서 받았고, 210만 원은 고용보험에서 받았습니다.
> 마지막 30일은 사업장에서는 받지 않고 고용보험에서만 210만 원을 받았는데요.
> 이럴 경우는 퇴직금 적립이 어떻게 되는 건지 궁금합니다.
> 실제로 제가 퇴직연금 가입된 은행에 알아보니 출산휴가 기간에는 퇴직금 적립이 안됐더라고요.
> 육아휴직은 회사에서 받는 돈이 없으므로 적립이 안 되는 게 이해가 되지만, 출산휴가는 퇴직금 적립해야 하는 거로 알고 있는데 답변 부탁드립니다.

해설

근로기준법상 출산휴가 기간 및 남녀고용평등 및 일·가정 양립지원에 관한 법률에 따라 실시되는 육아휴직 기간은 법정퇴직금 산정에 있어 대상 기간인 계속근속연수에 포함되어야 합니다.

퇴직연금은 법정 퇴직금에 갈음하는 제도이며, 출산휴가 및 육아휴직 실시로 인해 근로자에게 불이익한 조치를 취할 수 없고, 퇴직연금 중 DB형 퇴직연금의 경우에는 출산휴가 기간이나 육아휴직 기간과 관계없이 실제로 퇴직하는 시점에서 평균임금을 산정하여 법정 퇴직금 이상의 금액을 지급해야 하는데, 연간 지급하는 임금총액의 1/12 이상을 불입해야 하는 DC형 퇴직연금에 가입하였다 해서 법정 퇴직금이나 DB형 퇴직연금 가입자보다 출산휴가, 육아휴직 등으로 불이익을 받아서는 안 되므로, 출산휴가 기간 및 육아휴직 기간에 대해서도 퇴직연금은 불입되어야 합니다.

이때 불입하는 금액 기준을 어디에 둘 것인지와 관련하여, 법정 퇴직금의 기준이 되는 평균임금 산정 시, 출산휴가 기간 및 육아휴직 기간은 실제로 지급되는 임금이 평소와 달라지므로, 계속 근무연수에는 산입하되 평균임금 산정의 기준이 되는 마지막 3개월에서는 제외하도록 근로기준법 시행령에서 정하고 있으므로, 이러한 점에 비추어 볼 때, 연간 임금총액의 1/12 이상을 불입하는 DC형 퇴직연금의 경우, 1년 중 출산휴가 기간 및 육아휴직 기간을 제외한 나머지 기간동안 지급된 연간 임금총액을 같은 기간으로 나눈 금액을 퇴직연금 불입액으로 납입해야 합니다.

이와 관련하여 고용노동부에서도,

"근로자퇴직급여보장법 제13조 제1호에 따라 확정기여형 퇴직연금제도를 가입한 사용자는 연간 1회 이상 가입자의 연간 임금총액의 12분의 1을 부담금으로 납부하여야 함. 그러나 근로자가 당해 연도에 휴업을 실시하여 연간 임금 총액이 낮아질 경우는 휴업의 사유에 따라 달리 적용되어야 하는바, 수습사용 기간, 업무상 부상, 질병으로 휴업한 기간, 출산휴가 기간, 육아휴직 기간, 사업주의 귀책 사유로 인한 휴업 기간, 적법한 쟁의행위 기간, 병역법 등의 의무이행 기간 및 업무외 부상, 질병 기타의 사유로 인하여 사용자의 승인을 얻어 휴업한 기간에 대해서는 해당 기간의 임금을 제외한 연간 임금총액을 해당 기간을 제외한 기간으로 나눈 금액을 부담금으로 납부하여야 함"

이라는 행정해석을 내리고 있으며, 아래의 산식에 따라 불입금액을 계산하도록 하고 있다.

> 휴업기간 중 지급된 임금을 제외한 연간 임금총액 ÷ (12 − 휴업기간)

이때 휴업기간을 월수로 환산하는 방법은 30일인 달에서 15일을 휴업하였다면 0.5월 (15일/30일)로 함

"무단결근과 같이 근로자의 귀책사유로 인한 휴업기간에는 그 기간이 유급인지 무급인지를 불문하고, 연간 지급된 임금총액의 12분의 1의 금액을 부담금으로 납부해야 할

것" 이라고 함으로써, 근로자의 귀책 사유로 인한 휴업으로 임금이 줄어드는 경우라면 그에 대해서는 DC형 퇴직연금 불입 금액이 줄어들더라도 무방한 것으로 해석하고 있다 (퇴직급여보장팀 - 1090, 2007.03.15.).

상여금(경영성과금)의 퇴직연금 불입방법

사전에 정해진 금액을 정기적으로 지급하는 상여금은 퇴직급여 산정의 기초가 되는 근로자 평균임금 및 임금총액에 포함되지만, 비정기적이고 금액이 정해지지 않은 경영성과금은 그렇지 않다. DC형 퇴직연금 가입자는 경영성과금을 퇴직연금 계좌에 넣을 수 있다.

정기적 급여 형태의 상여금은 퇴직금 제도나 DB형 퇴직연금제도에서 퇴직급여 산정의 기초가 되는 평균임금에 포함된다.

DC형 퇴직연금 가입 근로자라고 하더라도 정기적인 상여금은 퇴직금 산정에 영향을 미친다.

DC형 퇴직연금을 운영 중인 회사는 근로자의 퇴직연금 계좌에 연간 임금총액의 12분의 1 이상을 납입해야 하는데, 이때 정기적인 상여금은 연간 임금총액에 포함해 계산해야 한다.

정기적인 상여금과는 별도로 지급 시기나 금액 등이 사전에 정해져 있지 않은 비정기적 성과금도 있다. 그해 경영 실적에 따라 대표이사의 재량으로 지급하는 경영성과금이 대표적이다. 이러한 비정기적인 성과금은 퇴직금 제도나 DB형 퇴직연금 제도에서의 평균임금에 포함되지 않으며, DC형 퇴직연금 회사 납입 금액의 기초가 되는 연간임금총액에도 포함되지 않는다.

그러나 DC형 퇴직연금 가입자만 경영성과급을 퇴직연금에 적립할 수 있다. 퇴직연금에 가입하지 않았거나 DB형 퇴직연금에 가입한 근로자의 경우 자기 이름으로 된 퇴직연금 계좌가 없으므로 경영성과급을 이체하고 싶어도 할 수가 없다.

경영성과금도 DC형 퇴직연금 도입 사업장 근로자의 경우 원한다면 퇴직연금 계좌에 납입할 수 있다. 이 경우 나중에 이 금액을 수령할 때 근로소득세 대신 퇴직소득세 또는 연금소득세가 부과된다. 또한, 사업장 퇴직연금 규약에 경영성과금 납입을 노사 간 합의로 명시해야 하고, DC형 퇴직연금 가입자 모두에게 회사 규약에 정해진 비율대로 경영성과금을 적립해야 한다.

다만 퇴직연금 계좌에 경영성과금 납입을 원치 않는 근로자는 이 제도의 최초 적용 시 혹은 경영성과금 납입 비율 변경 시에 제도 적용을 거절할 수 있다.

퇴직급여제도 가입 대상이 되는 근로자 전원을 적립 대상으로 지정해야 한다. 물론 모든 근로자가 무조건 경영성과급을 퇴직연금으로 적립해야 하는 것은 아니며, 경영성과급을 퇴직급여로 적립하지 않고 즉시 수령하고 싶은 근로자가 있다면 최초로 제도를 시행한 날이나 규칙을 변경한 날에 적립하지 않겠다고 선택하면 된다.

임금 상승률이 높은 회사에서 경영성과급을 퇴직연금에 적립하려면 근로자가 DB형과 DC형 퇴직연금에 동시에 가입할 수 있는 혼합형 제도를 설정해 근로자가 매년 발생하는 퇴직급여를 DB형과 DC형에 나눠서 적립하도록 한다.

단, 혼합형 제도에서 DB형과 DC형의 혼합비율은 모든 근로자에게 동일한 비율로 설정해야 하며, 한 회사에서 혼합형 비율은 하나의 비율만 존재한다. 근로자가 개별적으로 적립 비율을 선택할 수 없다.

회사는 향후 혼합비율을 변경할 수 있는데, 이때는 DC형 적립 비율을 증대하는 방향으로만 가능하다. 따라서 임금 상승률이 높은 회사는 혼합형 제도를 설정하면서 DB형 적립 비율을 높게 설정하면 DB형이 갖는 장점은 살리면서 경영성과급 또한 DC형 퇴직연금 계좌에 적립할 수 있다.

⭐ 1년 미만 근로자 퇴직연금 납입액의 귀속

계속근로기간이 1년 미만인 근로자에 대한 퇴직연금 적립금은 사용자에게 귀속되는 것이 원칙이므로 입사자를 즉시 퇴직연금에 가입시키고 부담금을 불입해도 회사의 손해는 아니다.

반면, 1년 이상이 되어야 퇴직금이 발생하고 1년이 되기 전에 퇴사할 수도 있으므로 1년이 되지 않은 입사자에 대해서는 퇴직연금을 불입하지 않고, 1년 이상인 근로자에 대해서만 퇴직연금을 불입하는 회사도 있다.

임금협상으로 인상분 소급 적용 시 DC형 퇴직연금 부담금

임금협상 기간 중에 발생한 DC형 퇴직연금 부담금을 납입한 후 임금협상 타결로 소급하여 임금을 인상한다면 소급하여 부담금을 추가 납입해야 한다.

DC형 퇴직연금 제도는 사용자가 근로자의 가입기간에 대하여 연간 임금총액의 12분의 1 이상의 금액을 근로자별 DC형 퇴직연금 계정에 부담금으로 납입해야 하므로 연도 중 월납으로 일부를 납입했다고 하더라도 연간 임금총액을 기준으로 산정한 부담 금액에 미달해서는 안 된다.

따라서 임금협상 타결로 연도 중 임금을 소급하여 인상하기로 한 경우에는 인상된 연간 임금총액을 기준으로 부담금을 정산하여 추가 납입해야 할 것이다(근로복지과-3840, 2014.10.16.).

퇴직금(DB형 포함)과 DC형 퇴직연금 적립액의 계산 방식 차이

법정 퇴직금(DB형 포함)과 DC형 퇴직연금 적립액의 계산 방식에서 다음과 같은 차이가 있다.

1. 급여 변동 없이 3년간 매월 500만 원을 수령
2. 2025년 말과 2024년 말 미사용 연차휴가 수당으로 각 200만 원 수령
3. 2025년 경영성과가 좋아 비정기적 성과급으로 200만 원 수령
4. 2023년 1월 1일 입사, 2026년 1월 1일 퇴사(마지막 근로일은 2025년 12월 31일)

법정 퇴직금(DB형 포함)을 수령하는 경우와 DC형 퇴직연금을 수령하는 경우 계산 방식은 다음과 같다.

해설

평균임금 및 법정 퇴직금(DB형 퇴직연금)

1. 퇴사 직전 3개월의 일수 92일
2. [(500만 원 + 500만 원 + 500만 원) + (2024년 2003년도분 미사용 연차수당 200만 원 × 3 ÷ 12)] ÷ 92일 = 168,478.26원(1일당)
3. 퇴직금 = 168,478.26원 × 30일 × 1,095일/365일 = 15,163,044원

DC형 퇴직연금

1. 1년 차 : (5백만 원 × 12개월) ÷ 12 = 500만 원

2. 2년 차 : [(5백만 원 × 12개월) + (미사용 연차수당 200만 원)] ÷ 12 = 5,166,667원
3. 3년 차 : [(5백만 원 × 12개월) + (미사용 연차수당 200만 원) + 격려금 200만 원] ÷ 12 = 5,333,333원
4. 합계 = 15,500,000원

위의 예에서 보듯이 법정 퇴직금(DB형 포함)의 계산방식과는 달리 매년 원천징수부상의 임금 총액을 기준으로 산정하는 DC형 퇴직연금은 평균임금에 포함되지 않은 임금 또는 기타 금품까지 모두 퇴직금 적립액에 포함되어 실제 임금 변동성이 큰 사업장에서는 법정 퇴직금(DB형 포함)에 비해 퇴직연금 적립액이 더 클 수 있다.

연중 퇴사 시 DC형 퇴직연금 적립액 계산

DC형 퇴직연금은 근로자가 직접 퇴직금을 운용하는 방식이기 때문에 중도 퇴사 시 적립된 금액과 운용수익을 모두 찾아갈 수 있다.

▷ 적립금 : 회사가 매년 임금의 일정 비율을 근로자 명의로 퇴직연금 계좌에 납입한 금액

▷ 운용수익 : 적립된 금액이 투자를 통해 발생시킨 수익

즉, 중도 퇴사 시에는 적립금과 운용수익을 합한 총액이 근로자가 가져가는 돈이다.

적립 금액인 임금총액

DC형 퇴직연금(확정기여형 퇴직연금)에서 퇴직금을 산정할 때 포함되는 연간 임금총액은 사용자가 근로의 대가로 근로자에게 지급하는 일체의 금품 중 '명칭 불문', '근로의 대가', '사용자가 근로자에게 지급' 조건을 충족하는 경우를 말한다. 즉 근로의 대가로 지급되는 모든 금품이 포함된다.

↗ 통상임금

통상적으로 지급되는 기본급, 정기적인 수당, 직책수당, 직무수당 등이 포함한다. 주로 매월 일정하게 지급되는 임금이 포함되며, 근로기준법에 따라 최저임금도 통상임금 기준에 해당한다.

↗ 정기상여금

1개월을 초과하는 주기로 지급되더라도 정기적, 일률적으로 지급되는 상여금을 포함한다. 예를 들어, 분기별, 반기별로 지급되는 정기상여금은 임금총액에 포함된다.

↗ 각종 수당

주휴수당, 근로기준법상 의무적으로 지급되는 수당 등 법적 요건을 충족하는 수당도 임금총액에 포함될 수 있다. 다만, 일시적이거나 비정기적인 지급 항목(예 : 경조사비, 비정기적 보너스)은 퇴직금 산정에서 제외된다.

포함되는 항목	제외되는 항목
• 기본급, 직무·직책수당 등 정기적·일률적으로 지급하는 고정급 임금 • 시간외근무수당, 연차 유급휴가수당 등 실제 근로여부에 따라 지급액이 변동되는 수당	• 인센티브, 경영성과급 등 기업이윤에 따라 일시적·불확정적으로 지급되는 성과급 • 결혼축의금, 조의금 등 복리후생적으로 보조하거나 혜택으로 부여하는 금품

포함되는 항목	제외되는 항목
• 생산장려수당, 위험수당 등 근무 성적에 관계없이 매월 일정금액을 일률적으로 지급하는 수당 • 그 외 근로의 대가로 취업규칙 등에 사용자에게 지급의무가 있는 임금 항목	• 출장비, 업무추진비 등 실비변상으로 지급되는 금품 • 임시로 지급된 임금·수당과 통화 외의 것으로 지급된 임금

 DC형 퇴직연금 부담금 산정 방법

계속 근로시	퇴직 시
연간 임금총액의 1/12 일반적으로 회사는 근로자의 연간 임금총액의 1/12 이상을 DC형 퇴직연금 부담금으로 적립해야 한다.	근로자가 중도에 퇴직하는 경우는 퇴직 시점까지의 임금총액을 기준으로 부담금을 산정한다. 예를 들어 월 100만원을 받는 경우 8월 말에 퇴사하면 800만원을 받을 것이다. 이 800만원의 1/12(666,667원)이 부담금이 된다.

↗ 적립 기준

DC형 퇴직연금에서는 회사가 매년 근로자의 연간 임금총액의 12분의 1을 퇴직연금으로 적립한다. 이 금액이 적립되면 근로자가 퇴직하는 시점까지 그 적립액에 투자수익이 발생하며, 연중 퇴사 시에는 적립된 금액을 계산해 퇴직금으로 받는다.

↗ 퇴사 시점까지의 적립액 계산

퇴직연금 납입주기는 회사와 근로자가 퇴직연금규약을 통해 정하는 사항으로, 매년 1회 이상 정기적으로 납입해야 한다. 즉, 연 1회 납입은 물론, 월납, 분기납, 반기납 등 다양한 방식으로 납입이 가능하다.

1년에 1회 납입하는 회사를 기준으로 살펴보면 다음과 같다.

퇴사 시점을 기준으로 해당 연도의 근무 월수를 확인한다.

월평균 급여(기본급 + 상여금 + 연차수당 등) × 근무 월수를 기준으로 연간 급여액을 산정한다.

연간 임금 × 1/12 = 연간 적립액

퇴사 시까지의 적립액은 연간 적립액에 근무 월수를 반영해 계산한다.

간단하게 연중 받은 임금총액(연초에서 퇴직일까지 받은 임금총액)의 1/12을 적립하면 된다.

예를 들어 월 100만원의 임금을 받는 경우 12개월 임금은 1,200만 원이 되고 여기의 1/12은 100만원이 적립액이 된다.

반면 10월 말까지 근무 후 퇴사하는 경우는 10개월분 임금 1,000만 원의 1/12인 833,333원이 적립금이 된다.

그리고 만일 6월 말까지 근무하고 퇴사하는 경우는 6개월분 급여 600만 원의 1/12분인 50만 원이 적립금이 된다.

결과적으로는 퇴직 연도에 받은 총임금의 1/12이 추가로 적립해야 하는 금액이 된다.

> 월급 : 300만 원
> 근무 월수 : 8개월인 경우
> 8개월분 퇴직연금은

해설

300만 원 × 8개월 × 1/12 = 200만 원

> A씨가 월급 500만 원을 받고 있으며, DC형 퇴직연금으로 납입했고, 3년 중 8개월을 근무하고 퇴사했다.

해설

적립금 = 500만 원 × 8개월 × 1/12 = 약 333만원
3년분은 이미 정확히 적립한 것으로 가정한다.

> 근로자퇴직급여보장법 제13조(현행 20조)에 따라 확정기여형(DC) 퇴직연금제도를 설정한 사용자는 연간 1회 이상 가입자의 연간 임금총액의 12분의 1을 부담금으로 납부해야 하며, 가입자가 탈퇴한 때에 당해 가입자에 대한 부담금을 미납한 경우는 탈퇴일부터 14일 이내에 부담금을 납부해야 함.
> 또한, 법 제13조(현행 20조)의 연간 임금총액이라 함은 당해 사업연도 중에 근로자에게 지급된 임금의 총액이라는 점에서 근로자의 퇴직으로 인해 비로소 지급 사유가 발생한 연차유급휴가 미사용 수당도 근로의 대가로 발생한 임금에 해당함으로 DC형 퇴직연금 부담금 산정시 산입(부담)하여야 할 것으로 사료됨.
> (퇴직연금복지과-87, 2008.4.1.)

퇴직연도에 평균임금 산정 제외기간이 포함되어 있을 경우는 해당기간의 임금을 제외한 퇴직연도의 임금총액을 해당 기간을 제외한 기간으로 나눈 금액에 1년 중 퇴직연도의 근무기간에 비례한 금액을

부담금으로 납부하면 된다(퇴직연금복지과-3278, 2021.07.15.).

> 6개월 근무기간 중에 3개월이 육아휴직인 경우 = [3개월 임금총액 / (6 − 3)] × [6/12]

예를 들어 월 300만원을 받는 근로가가 6개월 근무기간 중 3개월의 육아휴직기간이 있는 경우

[300만 원 × 3개월 / (6 − 3)] × [6/12] = 150만 원

퇴직연금의 지급 절차와 첨부서류

해당 내용은 대체로 일치하나 회사가 가입한 금융기관마다 다를 수 있으므로 참고만 하기를 바란다(전체 금융기관을 다 경험해 보지 못해서).

 퇴직금과 퇴직연금의 지급 방법

IRP는 근로자가 퇴직하거나 직장을 옮길 때 받은 퇴직금을 보관하고 운용하기 위한 용도로 사용됐다.

지금까지는 확정급여형(DB) 또는 확정기여형(DC) 퇴직연금에 가입한 근로자만 IRP로 퇴직금을 수령해야 했지만, 2022년 4월 14일부터는 DB형 또는 DC형 퇴직연금에 가입하지 않은 근로자라도 반드시 IRP 계좌를 개설해 퇴직금을 수령해야 한다. 단 55세 이후에 퇴직하거나 퇴직급여가 300만 원을 초과하지 않는 경우는 급여계좌로 수령할 수 있다.

퇴직연금의 지급 절차

↗ 근로자가 퇴직 전 금융회사를 선택하여 IRP에 가입

순서	지급 절차
IRP 가입	근로자가 원하는 금융회사에 IRP 계좌를 신설한다(계약서 및 가입 서류 작성). IRP 퇴직연금 사업자는 가입자에게 가입확인서를 제공한다.
퇴직 신청 / IRP 통보	근로자가 회사에 퇴직 신청을 한다. 퇴직신청서 작성 시 가입한 IRP(계좌번호)를 기재한다.
퇴직 청구 / 지급 지시	회사는 퇴직을 확인하고 근로자가 가입된 퇴직연금 사업자에 퇴직금 청구를 한다.
적립금 이전	퇴직연금 사업자는 근로자가 개설한 IRP 계좌로 퇴직금을 이전한다(이때, DC 가입자의 경우 투자하던 상품 그대로 이전할 수도 있다. 단, DC 퇴직연금 사업자와 IRP 사업자가 동일한 경우에 한한다.).

↗ 근로자가 퇴직 시까지 IRP에 가입하지 않은 경우

순서	지급 절차
퇴직 신청	근로자가 회사에 퇴직 신청을 한다.
IRP 개설 요청	근로자가 퇴직 청구서에 IRP 계좌를 정하지 않은 경우 규약에 미리 정한 해당 퇴직연금사업자의 IRP 계좌로 이전되므로, 해당 사업자가 근로자에 IRP 개설을 요청한다.
퇴직 청구 / 지급 지시	회사는 퇴직을 확인하고 퇴직금 청구를 한다.

순서	지급 절차
적립금 이전	퇴직연금사업자가 근로자의 IRP 계좌로 퇴직금을 이전한다. IRP 퇴직연금사업자는 가입자에게 가입확인서를 제공한다.

퇴직연금의 지급신청 시 첨부서류

↗ DB형 퇴직연금 지급신청 시 구비서류

⊙ 퇴직연금 퇴직급여 지급신청서(DB)

⊙ 퇴직소득원천징수영수증(회사에서 발행) : 기장대리시 세무사 사무실에 요청

⊙ 근로자(개별) 개인형 IRP 통장 사본(타 금융기관 IRP인 경우)

⊙ 일괄지급(DB) 양식(필요시 제출)

다수 인원 퇴사 시 전산 일괄등록을 위해 필요한 양식이다(10인 이상 퇴사 시 필수서류).

일괄명부로 제출하는 경우에도 개인별 퇴직급여 지급신청서 제출이 필요하다.

[사망 퇴직 시 추가 제출 서류]

⊙ 대표자 수익자 지정합의서

⊙ 대표 수익자 퇴직급여수령계좌 통장 사본(요구불 계좌)

⊙ 피상속인 기본증명서, 가족관계증명서(상세), 사망확인서(필요시 제출)

◉ 상속인 전원의 실명확인증표 및 인감증명서
◉ 상속인이 미성년자인 경우 기본증명서(특정 또는 상세)

↗ DC형 퇴직연금 지급신청시 구비서류

1. 퇴직연금 퇴직급여 지급신청서(DC)
→ 회사에서 별도 지급분이 있고, 합산과세를 원하는 경우 지급 금액에 대한 퇴직소득원천징수영수증 추가 제출
2. 근로자(개별) 개인형 IRP 통장 사본(타 금융기관 IRP인 경우)

[사망 퇴직 시 추가 제출 서류]
◉ 대표자 수익자 지정합의서
◉ 대표 수익자 퇴직급여수령계좌 통장 사본(요구불 계좌)
◉ 피상속인 기본증명서, 가족관계증명서(상세), 사망확인서(필요시 징구)
◉ 상속인 전원의 실명확인증표 및 인감증명서
◉ 상속인이 미성년자인 경우 기본증명서(특정 또는 상세)

[퇴직금 지급 관련 추가 서류 : 필요시 제출]
◉ 퇴직연금 반환 신청서
◉ 부득이한 사유에 의한 해지(지급) 신청서(퇴직연금)
◉ 퇴직연금 임원 퇴직급여 한도금액 확인서
◉ 일괄지급 양식

⊚ 일괄 지급(DC형 : 중간정산 특례 적용)

* 일괄 지급 양식이란?

다수 인원 퇴사 시 전산 일괄등록을 위해 필요한 양식이다(10인 이상 퇴사 시 필수서류).

일괄 명부로 제출하는 경우에도 개인별 퇴직급여 지급신청서 제출이 필요하다.

[중도 인출 신청 서류]

⊚ 퇴직연금 중도 인출 신청서 : 사유별 증빙서류는 신청 서류는 일반적으로 퇴직연금 중도인출신청서에 안내 사항이 첨부되므로 이를 활용한다.

퇴직금과 퇴직연금의 지급일

DB형(퇴직금도 포함)의 경우, 퇴직연금사업자는 가입자의 퇴직 등 퇴직급여를 지급할 사유가 발생할 경우 14일 이내에 가입자가 지정한 개인형 퇴직연금제도(IRP)의 계정으로 이전해야 한다.

DC형의 경우, 사용자는 퇴직 등의 사유가 발생한 날로부터 14일 이내에 부담금과 지연이자를 해당 가입자의 확정기여형 퇴직연금 제도 계정에 납입해야 하고, 특별한 사정이 있는 경우에는 당사자 간의 합의에 따라 납입 기일을 연장할 수 있다.

퇴직소득세의 계산

 퇴직소득세 계산구조

과세체계	비 고
퇴직급여액 = 퇴직소득금액	비과세 퇴직소득 제외
퇴직소득세 과세표준 = 퇴직소득금액 - 퇴직소득공제	(퇴직소득공제) 근속연수별 공제
퇴직소득세 산출세액 ➜ 퇴직소득세 과세표준에 12배수를 하여 원천징수세율(기본세율)을 적용	연분연승법 적용 [(퇴직소득세 과세표준 × 1/근속연수 × 12(= 환산급여)) - 차등공제] × 기본세율 ÷ 12 × 근속연수(2012. 12. 31. 이전 근속연수 분에 대해서는 (퇴직소득 과세표준 × 1/근속연수) × 기본세율 × 근속연수)

↗ 퇴직소득 금액

퇴직소득 금액은 당해 연도 퇴직소득의 합계액(비과세 금액은 제외)으로 한다.

↗ 퇴직소득 산출세액

$$(\text{퇴직소득금액} - \text{근속연수공제}) \times \frac{1}{\text{전체근속연수}} \times 12 = \text{환산급여}$$

$$\text{환산급여} - \text{환산급여공제} = \text{과세표준}$$

$$\text{과세표준} \times \text{기본세율} \times \frac{1}{12} \times \text{근속연수} = \text{산출세액}$$

↗ 근속연수공제

근속연수	공제액
5년 이하	100만 원 × 근속연수
5년 초과 10년 이하	500만 원 + 200만 원 × (근속연수 - 5년)
10년 초과 20년 이하	1,500만 원 + 250만 원 × (근속연수 - 10년)
20년 초과	4,000만 원 + 300만 원 × (근속연수 - 20년)

※ 근속연수는 퇴직금 산정기준이 되는 기간을 말하며, 근속연수 계산 시 1년 미만은 1년으로 한다. 예를 들어 근속연수가 1년 1개월인 경우 2년으로 한다.
※ 당해 연도에 2회 이상 퇴직한 경우도 퇴직소득공제는 1회만 적용한다.

↗ 환산급여공제

환산급여	공제액
800만 원 이하	환산급여 × 100%
800만 원 ~ 7,000만 원	800만 원 + (환산급여 - 800만 원) × 60%
7,000만 원 ~ 1억 원	4,520만 원 + (환산급여 - 7,000만 원) × 55%
1억 원 ~ 3억 원	6,170만 원 + (환산급여 - 1억 원) × 45%
3억 원 ~	1억 5,170만 원 + (환산급여 - 3억 원) × 35%

- 입사일 : 2014년 1월 11일
- 퇴사일 : 2025년 10월 15일
- 퇴직금 : 41,441,080원인 경우

해설

$(41,441,080원 - 20,000,000원) \times \dfrac{1}{12} \times 12 = 21,441,080원$

$21,441,080원 - 16,064,648원 = 5,376,432원$

- 환산급여공제 = 8,000,000원 + (21,441,080원 − 8,000,000원) × 60%

$5,376,432원 \times 기본세율 \times \dfrac{1}{12} \times 12 = 322,585원$

퇴직소득세 산출근거

담당	대리	과장	부장	이사	사장

사 번 :	소 속 :
성 명 :	직 위 :
주민등록번호 :	연락처 :
주 소 :	

입 사 일 : 2014년 1월 1일		
퇴 사 일 : 2025년 10월 15일		
정산근속연수	141 월	12 년

항목		내역	결과
	근속년수	세액공제용 근속년수(1년 미만은 무조건 1년으로 본다.)	12
퇴직소득과세표준계산	퇴직소득금액		41,441,080
	1. 근속년수 공제	근속연수에 따른 공제액	20,000,000
	2. 환산급여	((퇴직소득금액-1)/정산근속연수 × 12배)	21,441,080
	3. 환산급여별공제		16,064,648
	4. 과세표준		5,376,432
퇴직소득세액계산	1. 환산산출세액(과세표준 ×)		322,585
	2. 산출세액	(1./12배 × 정산근속연수)	322,585
퇴직소득원천징수세액			322,580
지방소득세			32,250
		납부할 세액	354,830

위의 사실을 확인함   2025 년   10 월   15 일

근로자: 손원준   인   사용자: 홍길동   인

[과세이연을 안 한 경우 : 퇴직금을 일시금 지급하는 경우 지급 시점에 바로 퇴직소득세를 원천징수하며, 다음 달 10일까지 원천징수이행상황신고와 함께 납부처리 한다.]

■ 소득세법 시행규칙[별지 제24호서식(2)]

퇴직소득원천징수영수증/지급명세서
([ ] 소득자 보관용 [ ] 발행자 보관용 [ ] 발행자 보고용)

거주구분	거주자1 / 비거주자2
내외국인	내국인1/ 외국인9
종교관련종사자 여부	여 1/ 부 2
거주지국	거주지국코드
징수의무자구분	사업장

징수의무자	①사업자등록번호		②법인명(상호)		③대표자(성명)	
	④법인(주민)등록번호		⑤소재지(주소)			
소득자	⑥성 명		⑦주민등록번호			
	⑧주 소				(9) 임원여부	부
	(10) 확정급여형 퇴직연금 제도 가입일				(11) 2011.12.31.퇴직금	
	귀 속 연 도	2025-01-01 부터 2025-10-31 까지	(12) 퇴직사유	[ ]정년퇴직 [ ]정리해고 [●]자발적 퇴직 [ ]임원퇴직 [ ]중간정산 [ ]기 타		

근 무 처 구 분		중간지급 등	최종	정산
퇴직급여현황	(13) 근무처명			
	(14) 사업자등록번호			
	(15) 퇴직급여	-	41,441,080	41,441,080
	(16) 비과세 퇴직급여	-	-	-
	(17) 과세대상 퇴직급여(15-16)	-	41,441,080	41,441,080

근속연수	구 분	(18)입사일	(19)기산일	(20)퇴사일	(21)지급일	(22)근속월수	(23)제외월수	(24)가산월수	(25)중복월수	(26)근속연수
	중간지급 근속연수					-	-	-	-	-
	최종 근속연수	2014-01-01	2014-01-01	2025-10-31	2024-10-31	142	-	-	-	12
	정산 근속연수	2014-01-01	2014-01-01	2025-10-31		142	-	-	-	12

계 산 내 용		금 액
과세표준계산	(27)퇴직소득(17)	41,441,080
	(28)근속연수공제	20,000,000
	(29)환산급여 [(27-28) × 12배 /정산근속연수]	21,441,080
	(30)환산급여별공제	16,064,648
	(31)퇴직소득과세표준(29-30)	5,376,432

계 산 내 용		금 액
퇴직소득세액계산	(32)환산산출세액(31 × 세율)	322,585
	(33)퇴직소득 산출세액(32 × 정산근속연수 / 12배)	322,585
	(34)세액공제	-
	(35)기납부(또는 기과세이연) 세액	-
	(36)신고대상세액(33 - 34 - 35)	322,585

이연퇴직소득세액계산	(37)신고대상세액(36)	연금계좌 입금명세				(39) 퇴직급여(17)	(40) 이연 퇴직소득세 (37 × 38 / 39)
		연금계좌취급자	사업자등록번호	계좌번호	입금일	(38)계좌입금금액	
	-					-	-

납부명세	구 분	소득세	지방소득세	농어촌특별세	계
	(42) 신고대상세액(36)	322,585	32,258	-	354,843
	(43) 이연퇴직소득세(40)	-	-	-	-
	(44) 차감원천징수세액(42-43)	322,580	32,250	-	354,830

위의 원천징수세액(퇴직소득)을 정히 영수(지급)합니다.

년   월   일

징수(보고)의무자   (서명 또는 인)

세무서장 귀하

[과세이연을 한 경우 : 퇴직금을 개인형 IRP로 입금하는 경우 세액 이연이 되기 때문에 세금을 원천징수 하지 않고 세전 금액을 IRP 계좌에 입금한다. 그리고 다음 달 원천징수이행상황신고시에 과세이연으로 신고하고 세금납부는 하지 않는다.]

■ 소득세법 시행규칙[별지 제24호서식(2)]

퇴직소득원천징수영수증/지급명세서
([ ] 소득자 보관용 [ ] 발행자 보관용 [ ] 발행자 보고용)

거주구분	거주자1 / 비거주자2
내외국인	내국인1 / 외국인9
종교관련종사자 여부	여 1 / 부 2
거주지국	거주지국코드
징수의무자구분	사업장

징수의무자
- ①사업자등록번호
- ②법인명(상호)
- ③대표자(성명)
- ④법인(주민)등록번호
- ⑤소재지(주소)

소득자
- ⑥성 명
- ⑦주민등록번호
- ⑧주 소
- (9) 임원여부: 부
- (10) 확정급여형 퇴직연금 제도 가입일
- (11) 2011.12.31.퇴직금

귀속연도	2025-01-01 부터 2025-10-15 까지	(12) 퇴직사유	[ ]정년퇴직 [ ]정리해고 [●]자발적 퇴직 [ ]임원퇴직 [ ]중간정산 [ ]기 타

퇴직급여현황

근무처구분	중간지급 등	최종	정산
(13) 근무처명			
(14) 사업자등록번호			
(15) 퇴직급여	-	41,441,080	41,441,080
(16) 비과세 퇴직급여			
(17) 과세대상 퇴직급여(15-16)	-	41,441,080	41,441,080

근속연수

구 분	(18)입사일	(19)기산일	(20)퇴사일	(21)지급일	(22)근속월수	(23)제외월수	(24)가산월수	(25)중복월수	(26)근속연수
중간지급 근속연수					-	-	-	-	-
최종 근속연수	2014-01-01	2014-01-01	2025-10-15	2024-10-15	142				12
정산 근속연수		2014-01-01	2025-10-15		142				12

과세표준계산

계산 내용	금 액
(27) 퇴직소득(17)	41,441,080
(28) 근속연수공제	20,000,000
(29) 환산급여 [(27-28) × 12배 /정산근속연수]	21,441,080
(30) 환산급여별공제	16,064,648
(31) 퇴직소득과세표준(29-30)	5,376,432

퇴직소득세액계산

계산 내용	금 액
(32) 환산산출세액(31 × 세율)	322,585
(33) 퇴직소득 산출세액(32 × 정산근속연수 / 12배)	322,585
(34) 세액공제	-
(35) 기납부(또는 기과세이연) 세액	-
(36) 신고대상세액(33 - 34 - 35)	322,585

이연퇴직소득세액계산

(37) 신고대상세액(36)	연금계좌 입금명세				(39) 퇴직급여(17)	(40) 이연 퇴직소득세 (37 × 38 / 39)
	연금계좌취급자	사업자등록번호	계좌번호	입금일	(38)계좌입금액	
322,585	기업은행	100-81-11111	001-00-0000	2024-10-20	41,441,080	41,441,080	322,585
	(41) 합 계				41,441,080	

납부명세

구 분	소득세	지방소득세	농어촌특별세	계
(42) 신고대상세액(36)	322,585	32,258	-	354,843
(43) 이연퇴직소득세(40)	322,585	32,258	-	354,843
(44) 차감원천징수세액(42-43)	-	-	-	-

위의 원천징수세액(퇴직소득)을 정히 영수(지급)합니다.

년 월 일

징수(보고)의무자 (서명 또는 인)

세무서장 귀하

퇴직금을 개인형 IRP에 입금하는 경우와 일시금 지급하는 경우에 따라서 퇴직소득원천징수영수증의 기재 사항이 달라진다.

개인형 IRP에 퇴직금을 입금하는 경우는 반드시 "이연퇴직소득세액계산"란을 기재해야 한다.

[개인형 IRP에 입금 안 한 경우]

이연퇴직소득세액계산	(37) 신고대상세액(36)	연금계좌 입금명세				(39) 퇴직급여(17)	(40) 이연 퇴직소득세 (37 × 38 / 39)
		연금계좌취급자	사업자등록번호	계좌번호	입금일(38)계좌입금액		
	-				-	-	-
			(41) 합 계		-		

납부명세	구 분	소득세	지방소득세	농어촌특별세	계
	(42) 신고대상세액(36)	322,585	32,258		354,843
	(43) 이연퇴직소득세(40)	-	-		-
	(44) 차감원천징수세액(42-43)	322,580	32,250	-	354,830

[개인형 IRP에 입금하는 경우]

이연퇴직소득세액계산	(37) 신고대상세액(36)	연금계좌 입금명세				(39) 퇴직급여(17)	(40) 이연 퇴직소득세 (37 × 38 / 39)
		연금계좌취급자	사업자등록번호	계좌번호	입금일(38)계좌입금액		
	322,585	기업은행	100-81-11111	001-00-0000	2024-10-20 41,441,080	41,441,080	322,585
			(41) 합 계		41,441,080		

납부명세	구 분	소득세	지방소득세	농어촌특별세	계
	(42) 신고대상세액(36)	322,585	32,258		354,843
	(43) 이연퇴직소득세(40)	322,585	32,258		354,843
	(44) 차감원천징수세액(42-43)	-	-	-	

퇴직소득에 대한 원천징수

원천징수의무자가 퇴직소득을 지급할 때 원천징수 하는 소득세는 다음에 따라 계산한다.

구 분	징수세액
퇴직소득을 받는 거주자가 이미 지급받은 퇴직소득이 없는 경우	지급할 퇴직소득세 과세표준에 원천징수 세율을 적용해서 계산한 금액
퇴직소득을 받는 거주자가 이미 지급받은 퇴직소득이 있는 경우	이미 지급된 퇴직소득과 자기가 지급할 퇴직소득을 합계한 금액에 대하여 퇴직소득세액을 계산한 후 이미 지급된 퇴직소득에 대한 세액을 뺀 금액

 퇴직소득에 대한 지급시기의 의제

원천징수의무자가 퇴직소득을 지급할 때 해당 퇴직소득세액을 원천징수한다. 단, 퇴직소득을 지급해야 할 원천징수의무자가 일정 시점까지 퇴직소득을 지급하지 못한 경우에는 다음의 시기에 지급한 것으로 보아 퇴직소득세를 원천징수한다.

구 분	원천징수시기
1월~11월 사이에 발생한 퇴직소득을 해당연도의 12월 31일까지 미지급한 경우	해당연도의 12월 31일
12월에 발생한 퇴직소득을 다음 연도 2월 말까지 미지급한 경우	다음 연도 2월 말일

원천징수영수증 발급 및 지급명세서 제출

퇴직소득을 지급하는 자는 그 지급일이 속하는 달의 다음 달 말일까지 그 퇴직소득 금액과 그 밖에 필요한 사항을 적은 퇴직소득 원천징수영수증을 퇴직소득을 지급받는 사람에게 발급해야 하며, 퇴직소득에 대한 소득세를 원천징수 하지 않은 때에는 그 사유를 함께 적어 발급한다.

소득세 납세의무가 있는 개인에게 퇴직소득을 국내에서 지급하는 자는 지급명세서를 그 지급일이 속하는 과세기간의 다음 연도 3월 10일(휴업 또는 폐업한 경우 휴업일 또는 폐업일이 속하는 달의 다음다음 달 말일)까지 원천징수 관할 세무서장, 지방국세청장 또는 국세청장에게 제출해야 한다.

> 원천징수의무자가 12월에 퇴직한 자의 퇴직급여액을 다음 연도 2월 말일까지 지급하지 않는 때에는 2월 말일에 지급한 것으로 보아 앞서 설명한 절차를 진행한다.

 ## 퇴직소득에 대한 세액 정산 특례

퇴직자가 퇴직소득을 지급받을 때 이미 지급받은 다음의 퇴직소득에 대한 원천징수 영수증을 원천징수 의무자에게 제출하는 경우 원천징수의무자는 퇴직자에게 이미 지급된 퇴직소득과 자기가 지급할 퇴직소득을 합계한 금액에 대해서 정산한 소득세를 원천징수 해야 한다.

❶ 해당 과세기간에 이미 지급받은 퇴직소득
❷ 근로 제공을 위해서 사용자와 체결하는 계약으로서 사용자가 같은 하나의 계약(퇴직으로 보지 않을 수 있는 경우를 포함)에서 이미 지급받은 퇴직소득

세액정산(이미 지급된 퇴직소득과 자기가 지급할 퇴직소득을 합계한 금액에 대하여 퇴직소득세액을 계산한 후 이미 지급된 퇴직소득에 대한 세액을 뺀 금액을 납부하는 방법)은 퇴직자의 선택사항이나, 해당 과세기간에 이미 지급받은 퇴직소득은 반드시 합산해야 한다.

퇴직소득 과세표준 확정신고

해당 과세기간의 퇴직소득 금액이 있는 거주자는 그 퇴직소득세 과세표준을 그 과세기간의 다음 연도 5월 1일부터 5월 31일까지 납세지 관할 세무서장에게 신고해야 한다(해당 과세기간의 퇴직소득 과세표준이 없을 때도 적용됨).
다만, 퇴직소득에 대한 원천징수를 통해서 소득세를 납부한 자에 대해서는 그 퇴직소득세 과세표준을 신고하지 않을 수 있다.
2인 이상으로부터 받는 퇴직소득이 있는 자가 퇴직소득세를 냄으로써 확정신고·납부를 할 세액이 없는 경우가 아니면 반드시 퇴직소득 과세표준 확정신고를 해야 한다. 이때 제출할 서류는 다음과 같다.
❶ 퇴직소득 과세표준 확정신고 및 납부계산서
❷ 퇴직소득 원천징수영수증 또는 퇴직소득 지급명세서

Chapter 05
적격증빙과 부가가치세 신고

세금 아무것도 몰라도 증빙 관리는 필수

세법에서 증빙이라고 하면 세금계산서가 대표적이다. 이와 별도로 계산서, 신용카드매출전표. 지출증빙용 현금영수증, 세금계산서 대용 지로용지, 인건비에 대한 원천징수영수증이 세법에서 인정하는 증빙이다.

세금의 세자, 회계의 회자도 모르는 진짜 초보라면 어디를 가서든 창업을 해서든 당장 업무를 해야 한다면 돈이 나갈 때 증빙부터 챙기는 습관을 들여야 한다.

계정과목도 모르고 분개 어떻게 해야 하지요?

경리업무를 하는데, 회사에 필요한 서류가 무엇이 있나요?

걱정할 시간에 우선 증빙부터 확실히 챙겨야 한다.

회사의 사업자등록증을 봐서 우리 회사가

❶ 부가가치세법상 어디에 속하는지를 우선 알고,

❷ 세법상 인정받을 수 있는 증빙의 종류를 파악해 두어야 한다.

특히 기업업무추진비 관리는 중요하므로 신경을 써서 관리한다.

[지출증빙을 발행할 경우]

증빙 \ 발행자	법인 개인 일반과세자	개인 간이과세자 [주]	면세사업자
세금계산서	가능(과세대상 거래에 한해)	가능(과세대상 거래에 한해)	가능(과세대상 거래에 한해)
계산서	가능(면세대상 거래에 한해)	가능(면세대상 거래에 한해)	가능(면세대상 거래에 한해)
신용카드매출전표(법인카드)	가능	세금계산서 기능 [주]	가능	계산서 기능
신용카드매출전표(개인카드)	가능		가능	
현금영수증(지출증빙용)	가능		가능	가능
현금영수증(소득공제용)	가능	가능	가능
간이영수증	가능	가능	가능

[주] 개인 간이과세자의 경우 연 매출 4,800만원 미만 간이과세자는 세금계산서 발행이 불가능하고, 연 매출 4,800만원~1억 400만원 미만인 간이과세자는 발행할 수 있다.

[지출증빙을 발급받을 수 있는 경우]

수취증빙 \ 상대방	법인 개인 일반과세자	개인 간이과세자	면세사업자
세금계산서	가능(과세대상 거래에 한해)	가능(과세대상 거래에 한해)	가능(과세대상 거래에 한해)
계산서	가능(면세대상 거래에 한해)	가능(면세대상 거래에 한해)	가능(면세대상 거래에 한해)
신용카드매출전표(법인카드)	가능	세금계산서 기능	가능	계산서 기능
신용카드매출전표(개인카드)	가능(법인의 기업업무추진비는 불가능)		가능	

상대방 수취증빙	법인 개인 일반과세자	개인 간이과세자	면세사업자
현금영수증(지출증빙용)	가능	세금계산서 기능 가능	가능
현금영수증(소득공제용)	가능(홈택스에서 지출증빙용으로 전환)	가능(홈택스에서 지출증빙용으로 전환)	가능(홈택스에서 지출증빙용으로 전환)
간이영수증	가능(금액 제한이 있다)	가능(금액 제한이 있다)	가능(금액 제한이 있다)

위의 표에서 보면 우리 회사가 발행가능한 증빙과 반드시 수취해야 할 증빙을 구분할 수 있을 것이다.

그런데 세법상 증빙으로 인정하는 위의 증빙은 금액에 따라 적격증빙이 되기도 하고, 안 되기도 한다.

적격증빙이 되기 위한 비용지출 기준 금액은 다음과 같으니, 초보자는 꼭 암기하고 있어야 한다.

지출내용		금액 기준	적격증빙
경조사비		한 차례 20만 원 초과(20만 1원부터)	세금계산서, 계산서, 신용카드매출전표, 지출증빙용 현금영수증. <u>청첩장은 증빙이 되지 않음(축의금 + 화환 금액)</u>
		한 차례 20만 원까지(20만 원까지)	청첩장, 초대장 등 경조사를 증명할 수 있는 서류(축의금 + 화환 금액)

지출내용		금액 기준	적격증빙
기업업무추진비	경조사비를 제외한 기업업무추진비	한 차례 3만 원 초과(3만 1원부터)	세금계산서, 계산서, 신용카드매출전표, 지출증빙용 현금영수증, 필요적 기재사항이 기록되어 있는 지로영수증(영수증은 안 됨)
		한 차례 3만 원까지(3만 원까지)	세금계산서, 계산서, 신용카드매출전표, 지출증빙용 현금영수증, 필요적 기재사항이 기록되어 있는 지로영수증(영수증은 안 됨) 외 간이영수증도 가능
기업업무추진비를 제외한 일반비용		한 차례 3만 원 초과(3만 1원부터)	세금계산서, 계산서, 신용카드매출전표, 지출증빙용 현금영수증, 필요적 기재사항이 기록되어 있는 지로영수증(영수증은 안 됨)
		한 차례 3만 원까지(3만 1원까지)	세금계산서, 계산서, 신용카드매출전표, 지출증빙용 현금영수증, 필요적 기재사항이 기록되어 있는 지로영수증(영수증은 안 됨) 외 간이영수증도 가능
원천징수 하는 세금(인건비)		금액 기준 없음	원천징수영수증

일반과세 물품 ⇨ 세금계산서, 신용카드매출전표, 지출증빙용 현금영수증, 지로영수증, 원천징수영수증, 간이영수증은 기업업무추진비 및 일반비용 모두 3만원 까지만 적격증빙

면세물품 ⇨ 계산서, 신용카드매출전표, 지출증빙용 현금영수증, 지로영수증, 원천징수영수증, 간이영수증은 기업업무추진비 및 일반비용 모두 3만원 까지만 적격증빙

간이과세자 ⇨ 신용카드매출전표, 지출증빙용 현금영수증, 지로영수증, 원천징수영수증, 간이영수증은 기업업무추진비 및 일반비용 모두 3만원 까지만 적격증빙. 세금계산서 발행

일반개인 ⇨ 개인 주택임대업자에게 임대용역을 공급받는 경우는 은행에서 송금하고 송금영수증을 보관하면 되나, 상가를 임대하는 경우는 세금계산서 등 적격증빙을 받아야 함

증빙은 세금 신고 때 모두 제출하는 게 아님

세금 신고할 때 영수증을 전부 제출해야 하는 것은 아니다.

세금 신고할 때 그동안 사용한 모든 지출 영수증을 제출해야 한다고 알고 있는 사람이 있는데, 모든 증빙은 제출할 필요 없이 이 증빙을 근거로 신고만 잘하다가 나중에 문제가 생기면 소명자료로 활용한다. 보관은 5년간 하면 된다.

 ## 법인카드를 개인용도로 사용한 경우 처리 방법

카드는 경비지출의 투명성을 높이기 위해 사용되는 만큼 법인카드 사용 규정은 엄격하다.

법인카드 사용 시 업무와 직접적인 관련이 없이 보이는 지출에 대해서는 경비인정을 받기 위해서 회사가 업무와 관련이 있음을 증명해야 하는 경우가 있다.

법인카드는 반드시 지출내역이 업무와 관련이 있음을 입증할 수 있어야 한다. 업무와 무관하다고 판단되는 항목의 경우 법인세법상 비용으로 인정이 안 된다.

비용으로 인정되지 않는 경우 부가가치세 신고 시 매입세액공제가 되지 않아 부가가치세가 증가하는 것은 물론 입증자료가 없어 경비로 인정되지 않으므로 납부해야 하는 법인세(종합소득세)가 늘어나거나 가산세가 발생하게 된다.

법인카드를 개인이 사적으로 사용한 경우는 **개인통장에서 법인통장으로 사적 사용액을 입금해 주어야 한다.** 또한, 사적인 사용액에 대해서는 법인경비로 처리할 수 없다.

❶ 법인의 대표이사나 등기이사의 경우 법인카드를 굳이 사용하지 않아도 업무와 관련된 것에 한해 본인의 개인카드를 사용한 후 회사 경비로 처리할 수 있다. 단 기업업무추진비는 반드시 법인카드를 사용해야 한다.

❷ 개인카드 사용 시 개인 종합소득세 공제보다, 사업자 부가가치세 그리고 법인세 공제로 활용하는 것이 더 많은 세금 공제 혜택을 받을 수 있다.

❸ 회사 지출로 비용처리 한 사용내역의 경우 개인 세금에 포함되지 않기 때문에 연말정산 시 공제자료로 제출하면 안 된다.

적격증빙
이 정도는 알아야 한다.

사업자가 다른 사업자로부터 건당 거래금액이 3만 원을 초과하는 재화 또는 용역을 구매하면서 비용(기업업무추진비 포함)을 지급한 경우 적격증빙을 받아서 법정 신고기한으로부터 5년간 보관해야 한다.

지출 내용	금액 기준	적격증빙
경조사비 (현금 + 화환)	한 차례 20만 원 초과 (20만 1원부터)	(전자)세금계산서, (전자)계산서, 신용카드매출전표, 지출증빙용 현금영수증, 필요적 기재 사항이 기록되어 있는 지로영수증(간이영수증은 안 됨) [주] 청첩장, 초대장 등 경조사를 증명할 수 있는 서류는 적격증빙이 아니라, 소명용 증빙(20만 원까지만 인정)이다. 따라서 20만 원을 넘는 경조사비는 세금계산서 등 적격증빙을 받아야 비용인정이 된다.
경조사비를 제외한 비용(기업업무추진비 포함)	한 차례 3만 원 초과 (3만 1원부터) • 기업업무추진비는 반드시 법인카드 사용 • 일반비용은 개인신용카드 사용이 가능하나 법인카드 사용 권장	
원천징수하는 세금	금액 기준 없음	원천징수영수증

첫째, 적격증빙의 종류를 알아둔다.

적격증빙의 종류

- 세금계산서, 계산서, 3만 원 이하는 간이영수증도 가능
- 신용카드매출전표(기업업무추진비는 꼭 법인카드), 지출증빙용 현금영수증
- 인건비 : 원천징수영수증
- 공과금은 필요적 기재 사항이 기재된 지로용지 등

적격증빙의 종류
- 물건을 사고 용역을 거래할 때는 (전자)세금계산서, (전자)계산서, 신용카드매출전표, 지출증빙용 현금영수증이 적격증빙이다.
- 인적용역을 거래할 때는 위의 증빙을 받지 못하는 경우 원천징수 후 원천징수영수증(지급명세서)가 적격증빙이다.
- 전기요금이나 관리비 등 지로로 청구되는 청구서는 지로용지가 적격증빙 역할을 한다.

둘째, 3만 원을 넘는 지출인가 아닌가를 파악한다.

3만 원을 넘는 지출은 적격증빙을 받아야 하지만 3만 원까지는 간이영수증 등 지출 사실을 소명할 수 있는 증빙만 첨부하면 된다.

적격증빙의 기준금액
경조사비는 20만원, 이를 제외한 비용은 3만원이 기준금액이다.

반면 거래처에 대한 경조사비는 20만 원까지 청첩장 등으로 비용인정이 가능하고, 20만 원을 넘는 경우 세금계산서를 받아야 비용처리가 가능하다. 여기서 20만 원에는 축의금이나 조의금만을 의미하는

것이 아니며, 화환 금액도 합한 금액이다. 또한 같은 거래처에 2명이 각각 20만 원씩 해도 둘의 금액을 합한 금액이 20만 원이지 각각 20만 원이 아니다. 즉 건당 판단하며, 세법상 건당의 의미는 2건 이상의 지출내역이 다음에 해당하는 경우는 이를 1건으로 보아 금액을 합산해서 적용한다(건당의 의미).

- 동일한 날짜에 동일한 장소에서 동일한 거래처에 대하여 지출된 것으로서 거래의 실질로 보아 하나의 지출 행위로 인정되는 경우
- 동일한 장소에서 동일한 거래처에 대하여 날짜를 달리하여 지출한 것으로서 1건의 거래금액을 소액으로 나누어 결제한 것으로 인정되는 경우
- 기타 거래 실질상 1건의 거래임에도 지출증빙 기록·보관 대상에서 제외되기 위하여 소액으로 나누어 결제한 것으로 인정되는 경우

흔히 실무상 기업업무추진비와 관련해서나 비용의 지출시 일정 금액 초과 거래에 대해 지출증빙규정에 걸리지 않기 위해 간이영수증을 나누어 수취하는 경우 건당의 의미를 잘 파악해서 나중에 문제가 되지 않도록 해야 한다.

셋째, 해당 거래가 영리 행위에 대한 거래인지 비영리 거래인지를 파악한다. 적격증빙 규정은 영리행위에 대해서 적용되는 것이다. 따라서 법인 고유목적사업을 하는 비영리법인과의 거래에 있어서는 적격증빙을 증빙으로 첨부하지 않아도 된다. 즉 지출 사실을 소명할 수 있는 증빙만 있으면 된다.

그러나 여기서 주의할 점은 거래가 비영리여야 하는 것이지 회사가 비영리법인이라고 무조건 적격증빙을 받지 않아도 된다는 것은 아니다.

예를 들어 비영리법인이 영리사업으로 부동산임대사업을 하는 경우 해당 거래는 영리행위이므로 비록 비영리법인이라도 세금계산서 등 적격증빙을 발행해야 하며, 임차료를 지급하는 회사도 해당 법인으로부터 적격증빙을 받아야 한다.

넷째, 적격증빙을 송금명세서로 대체가능 한 거래 및 적격증빙을 발행하지 않아도 되는 예외 거래를 알아둔다.

 적격증빙이 없어도 비용인정 되는 경우

구 분	면제 대상 거래의 종류
적격증빙 수취 대상 제외 사업자	● 국가 및 지방자치단체, 비영리법인 ● 금융보험업 영위하는 법인(은행 등) ● 국내사업장이 없는 외국 법인과 비거주자 ● 읍면지역 연 매출 4,800만 원 미만 간이과세자(단, 읍면지역에 신용카드가맹점인 경우 신용카드매출전표를 받아야 한다.)
적격증빙 수취 대상 면제거래	● 농어민으로부터 재화 또는 용역을 직접 공급받은 경우 ● 원천징수한 사업소득 ● 사업의 포괄양도 ● 방송용역, 전기통신용역 ● 국외거래 ● 공매, 경매 또는 수용에 의하여 재화를 공급받은 경우 ● 토지 또는 주택을 구입하거나 주택임대용역을 공급받은 경우

구 분	면제 대상 거래의 종류
	● 택시운송용역을 제공받은 경우 ● 부동산의 구입(매매계약서 사본 제출) ● 금융·보험용역을 제공받은 경우 ● 입장권·승차권·승선권 등을 구입하여 용역을 제공받은 경우 ● 철도여객운송용역 또는 항공기의 항행용역을 제공받은 경우 ● 임차인이 간주임대료를 지급하는 경우 ● 연체이자를 지급하는 경우 ● 유료도로 통행료를 지급하는 경우
적격증빙 수취 대상 면제거래 (반드시 경비 등 송금명세서 제출)	● 연 4,800만원 미만 간이과세자로부터 부동산임대용역을 제공받은 경우 ● 임가공용역을 제공받은 경우(법인과의 거래를 제외함) ● 연 매출 4,800만원 미만 간이과세자로서 운송업을 영위하는 자가 제공하는 운송용역을 제공받는 경우(택시운송용역 제외) ● 재활용폐자원 등을 공급받은 경우 ● 항공법에 의한 상업서류 송달용역을 제공받는 경우 ● 부동산중개업법에 의한 중개업자에게 수수료를 지급하는 경우 ● 우편주문판매 ● 인터넷, TV홈쇼핑 등을 통하여 재화 또는 용역을 공급받은 경우

 증빙을 받지 않았을 때 세금 불이익

객관적인 자료에 의해 그 지출 사실이 확인되는 경우는 비용으로 인정되지만, 대신 증빙불비 가산세를 내야 한다. 단, 기업업무추진비는 적격증빙을 받지 못한 경우 객관적인 자료에 의해서도 아예 비용인정 자체가 안 되며, 증빙불비 가산세도 내지 않는다.

구 분	적격증빙 미수취	가산세 납부
기업업무추진비	비용인정이 안 된다.	가산세는 없다.
기업업무추진비를 제외한 비용	지출 사실을 소명하는 경우 비용인정은 된다.	가산세는 납부

적격증빙을 보관해야 하는 기간

소득세 또는 법인세를 계산할 때 비용으로 처리하는 경비는 그 비용의 지출에 대한 증빙서류를 받아 확정신고기한 종료일로부터 5년간 보관해야 한다.

타법인 신용카드 사용액의 적격증빙

법인이 사업과 관련하여 기업업무추진비를 제외한 비용을 지출하면서 해당 법인의 신용카드가 아닌 타법인의 신용카드로 결제할 때도 해당 지출비용이 객관적인 자료로서 법인의 사업과 관련되어 정당하게 지출된 비용임을 입증하는 경우는 법인의 손금으로 인정된다. 다만, 손금의 인정 여부와 관계없이 타법인의 신용카드로 결제하고 수취한 신용카드매출전표는 적격증빙인 신용카드매출전표의 수취로 보지 않기 때문에 증빙불비가산세가 부과된다.

> 법인의 비용을 신용카드로 결제하는 경우 당해 법인의 명의로 발급받은 신용카드를 사용하여야 하는 것이며, 타법인 명의의 신용카드 매출전표는 적격증빙에 해당하지 않는 것입니다(법인, 법인세과-1615, 2008.07.17.).

세금 절세를 위한 증빙 관리

아래의 서류는 세금 신고 시 반드시 준비해야 하는 서류로, 만일 직접 안 하고 신고 대행을 맡길 때는 홈택스 아이디와 비번을 가르쳐 주고, 꼭 챙겨야 한다.

- 세금계산서, 계산서는 홈택스를 활용해 전자로 발행하고, 전자로 받는다.
- 종이로 받은 세금계산서와 계산서는 반드시 회계프로그램이나 전자적 방법으로 저장해 둔다.
- 신용카드는 법인의 경우 법인카드를 사용하고, 개인의 경우 사업용 신용카드를 사용한다(신고대행 시에는 신용카드 거래내용을 엑셀로 내려받아 세무대리인에게 전달한다).
- 현금영수증을 받을 때는 잊어버리지 말고 반드시 지출증빙용으로 발행받는다.
- 전기요금, 전화요금 등 지로영수증을 보관한다. 별도로 지로 영수증을 받지 않고 통장에서 자동이체를 하는 경우 이를 신용카드로 자동이체를 해놓는 것이 좋다.
- 세무대행 시에는 본인 명의 계좌 출금 명세를 엑셀로 내려받아 세무대리인에게 제출한다.

◎ 세무대행 시에는 연말정산 간소화 pdf 파일(홈택스)을 세무대리인에게 제출한다.

◎ 세무대행 시에는 비품목록(핸드폰, 컴퓨터, 책상 등)을 엑셀로 정리해서 세무대리인에게 제출한다. 이는 감가상각을 통해 비용인정을 받을 수 있다.

◎ 인테리어비용, 권리금 등에 대한 세금계산서를 못 받았을 때 계약서와 계좌이체 내역을 보관해 둔다. 세무대행 시에는 세무대리인에게 제출한다.

◎ 기부금 지출이 있는 경우 종교단체 등에서 기부금영수증을 발급받아 보관한다. 세무대행 시에는 세무대리인에게 제출한다.

➜ 해당 단체의 사업자등록번호와 단체종류가 확인되는 자료

◎ 자동차보험료 등 납입내역서(리스의 경우 리스상환스케줄)를 보관한다. 세무대행 시에는 자동차등록증 사본과 함께 세무대리인에게 제출한다. ➜ 본인 명의 차량만 가능하다.

◎ 세무대행 시에는 주민등록등본, 가족관계증명서(가족 공제받을 사람에 대한 정보)를 세무대리인에게 제출한다. 제출 시 공제 안 받을 사람은 체크 후 제출한다. ➜ 증명서는 주민등록번호 뒷자리까지 주민등록번호 전체가 나오게 발급받아야 한다.

◎ 세무대행 시에는 화재보험이나 4대 보험 납부내역서를 세무대리인에게 제출한다. ➜ 저축성보험은 비용인정 안 됨, 단, 개인과 관련된 암보험, 실비보험은 개인사업자는 적용되지 않는다.

◎ 청첩장과 부고장을 보관한다. ➜ 1장당 최대 20만 원까지 비용인정

- ⓢ 사업 관련 차입금의 이자비용 납입증명서 ➜ 본인 주택 관련 대출이자 비용은 비용인정이 안 된다.
- ⓢ 사무실 임차료에 대한 세금계산서는 문제없으나 건물주가 발행을 안 해주는 경우 계약서와 계좌이체 내역을 보관해 둔다. 세무대행 시에는 세무대리인에게 제출한다.
➜ 증빙불비가산세를 부담하고 비용인정을 받는다.
- ⓢ 노란우산공제 납입증명서를 세무대행 시에는 세무대리인에게 제출한다.
- ⓢ 연금저축/퇴직연금저축 납입증명서를 세무대행 시에는 세무대리인에게 제출한다.
- ⓢ 인건비 지급내역을 원천징수 신고 내용과 상호 대사해 본다.

거래처 송금 전 꼭 확인할 사항

거래처 통장으로 현금을 송금할 때는 다음의 사항을 확인한 후 송금하는 것이 안전하다.
❶ 매입 상대방의 사업자등록증 사본을 받자
❷ 매입 상대방의 예금통장 사본을 받자
❸ 사업자등록증 사본과 예금계좌의 명의인이 일치하는지 확인하자
❹ 국세청(www.nts.go.kr)에서 사업자 유형을 확인하자
❺ 송금하고 일반과세자라면 세금계산서를, 면세사업자라면 계산서를 꼭 받자
❻ 수표나 어음 사본을 반드시 보관한다.

(전자)세금계산서 관련 가산세 사례

 전자세금계산서 발급 관련 가산세

구 분	업무내용
지연발급 가산세	전자세금계산서는 공급시기의 다음 달 10일까지 발급해야 하는 것으로, 발급시기가 지난 후 공급시기가 속하는 과세기간에 대한 확정신고기한 내 발급한 경우 지연발급 가산세 1%가 적용된다.
미발급 가산세	전자세금계산서를 발급시기가 지난 후 공급시기가 속하는 과세기간에 대한 확정신고기한 내 발급하지 못한 경우 이는 미발급에 해당하게 되고, 미발급가산세 2%가 적용된다.

 세금계산서를 공급시기에 발급하지 못하고, 지연발급한 경우

공급시기와 세금계산서 작성일자가 다른 경우에는 세금계산서 관련 가산세가 적용된다. 동일 과세기간내에 지연발급한 경우 공급자의 경우 공급가액의 1%를 가산세로 부담해야 하며, 공급받는자는 공급가액의 0.5%를 가산세로 부담해야 한다.

세금계산서 수취에 따른 가산세 및 매입세액공제

구 분	업무내용
지연수취 가산세	공급받는자가 전자세금계산서를 공급시기의 다음달 10일까지 발급받지 못하고, 발급기한 이후 공급시기가 속하는 과세기간의 확정신고기한 (1/25, 7/25)까지 수취한 경우 지연수취 가산세 0.5%가 적용되고, 매입세액공제는 가능하다.
매입세액공제 불가능	공급받는자가 전자세금계산서를 과세기간의 확정신고기한까지 수취하지 못한 경우 가산세는 없으며, 매입세액공제가 불가능하다.

작성일자 등 세금계산서의 필요적 기재 사항을 잘못 기재한 경우

작성일자를 잘못 기재하여 이를 수정발급하는 경우 가산세 적용은 없다. 다만, 당초 발급한 세금계산서의 작성일자가 공급시기가 속하는 달의 다음 달 10일이 지나 발급된 경우는 세금계산서 지연발급에 해당하여 공급자에게는 지연발급가산세(공급가액의 1%)가 공급받는자에게는 지연수취가산세(공급가액의 0.5%)가 각각 적용된다.

예를 들어 2025년 8월 거래에 대해 작성일자를 잘못하여 9월 3일로 하여 9월 9일 발급하였으나 이를 수정발급하고자 하는 경우 늦어도 9월 10일까지는 발급을 해야 가산세가 없는 것이며, 수정세금계산서 작성일자를 8월 30일로 하여 2025년 9월 11일에 발급하는 경우 세금계산서 지연발급(지연수취)에 해당하여 공급자에게는 지연발급가산세가 공급받는자에게는 지연수취가산세가 각각 부과된다.

한편, 가산세를 부담하고 공급시기가 속하는 달의 다음 달 10일이 지나 수정세금계산서를 발행하고자 하는 경우에도 수정세금계산서를 발행할 수 있는 기한은 수정세금계산서 발행 사유 발생일이 속하는 확정신고기한 다음 날부터 1년까지로 그 이후에는 수정세금계산서를 발행할 수 없다.

공급시기와 작성일자는 같아도 발급일자가 늦은 경우

공급시기가 속하는 다음 달 10일까지 세금계산서를 발급하지 않은 경우 즉, 작성일자는 정당하더라도 다음 달 10일이 지나서 발행했을 때는 동일 과세기간인 경우 발행 지연에 따른 가산세를 부담해야 할 뿐만 아니라, 과세기간의 확정신고 기한을 지나서 발행하면, 공급자는 세금계산서 미발급가산세(공급가액의 2%)가 적용되고, 매입자는 매입세액공제를 받을 수 없으므로 발행일자 또한 유의해야 한다.

거래처 간 자료를 맞추기 위한 수정 세금계산서 발행

거래처 간 자료를 맞추기 위해 재화 또는 용역의 공급시기와 다른 세금계산서 또는 수정 세금계산서의 발행을 요청하는 경우가 있는데, 이 경우 사실과 다른 세금계산서가 되어 매입세액불공제될 수 있다. 또한 공급시기 차이로 인해 부가가치세가 달라지게 되며, 이는 가산세 대상이 된다. 그리고 이는 세무조사 때 주로 보는 항목이다.

가공세금계산서

재화나 용역의 실제 공급이 없었음에도 허위로 매입세액공제 또는 매출실적 등을 위해서 발행한 세금계산서를 말한다.

사업자가 재화나 용역을 공급하고 당초 정당한 세금계산서를 발급한 것에 대해서는 수정세금계산서를 발급할 수 있는 것이다.

따라서 적법하지 않은 가공(또는 허위)세금계산서를 발급한 것에 대해서는 수정세금계산서 발급이 불가능하다.

가공세금계산서에 대해서는 매입경비가 불인정되어 법인세(종합소득세)가 추징되고, 대표이사 상여처분에 따른 소득세도 추징된다.

사업자가 재화 또는 용역의 공급 없이 가공으로 세금계산서를 교부한 경우, 가공으로 교부한 세금계산서에 대하여는 부가가치세법 시행령 제59조의 규정에 의한 수정세금계산서를 교부할 수 없는 것입니다(부가, 서면 인터넷 방문 상담 3팀-429, 2004.03.08.).

가공세금계산서를 발행한 사업자	가공세금계산서를 수취한 사업자
① 당초 거래가 없이 가공의 세금계산서를 발급한 것에 대해서는 수정세금계산서 발급 불가 ② 가공의 세금계산서를 발급한 것에 대해서는 세금계산서불성실가산세 부담 ③ 매출처별합계표불성실가산세는 중복 적용 하지 않음. ④ 자료상 행위가 아닌 일부 가공자료에 의한 가공 매출에 대하여 경정청구를 하여 당초 과다하게 납부한 세액에 대해서는 환급이 가능함(경정청구 가능). ⑤ 당초 납부해야 할 세액보다 과소납부한 것이 아닌 경우에는 신고불성실가산세를 부과하지 아니함.	① 부당하게 공제받아 과소납부한 세액에 대해서는 매입세액불공제(공제받은 매입 세액 추징) ② 신고불성실가산세(부당), 납부불성실가산세, 세금계산서불성실가산세(세금계산서합계표불성실 가산세) 등 부가가치세 관련 가산세 ③ 소득세와 법인세의 비용과다로 인한 부당과소신고가산세 및 납부불성실가산세 ④ 증빙불비가산세는 없다. ⑤ 소득증가로 인한 건강보험료 등 추징

사실과 다른 세금계산서

세금계산서의 '필요적 기재 사항'을 정확하게 기재하지 않은 세금계산서를 법에서는 '사실과 다른 세금계산서'라고 부른다.

필요적 기재 사항
① 공급하는 사업자의 등록번호와 성명 또는 명칭
② 공급받는 자의 등록번호
③ 공급가액과 부가가치세액
④ 작성연월일

◉ 공급하는 사업자의 등록번호와 성명 또는 명칭을 잘못 기재하는 경우가 대부분
◉ 공급자가 개인사업자의 경우 공급자의 성명이 다르면 원칙적으로 특별한 사정이 없으면 사실과 다른 세금계산서에 해당한다.
◉ 공급자가 법인사업자의 경우 공급거래를 하는 것은 개인이 아닌 법인이라는 별개의 법인격체가 하는 것이기 때문에 법인이 법인의 대표자 성명을 다른 사람의 것을 사용해 세금계산서를 발급한 것에 대해 사실과 다른 세금계산서가 아니라는 결정을 내린 바 있다.
◉ 공급받는 자의 정보는 세금계산서에 기재된 '공급받는 자의 등록번호'를 실제 공급받는 자의 등록번호로 볼 수 있다면 '공급받는 자의 성명 또는 명칭'이 실제 사업자의 것과 다르다고 하더라도 사실과 다른 세금계산서가 아니다.

발행한 사업자	수취한 사업자
① 세금계산서불성실가산세 가산세 부담 (공급가액 변동 없음)	① 부가가치세 매입세액불공제(공제받은 매입세액 추징), 신고불성실가산세, 납부

발행한 사업자	수취한 사업자
② 조세범처벌법에 의한 처벌 대상이다. ③ 당초 납부해야 할 세액보다 과소납부한 것이 아닌 경우에는 신고불성실가산세를 부과하지 아니함.	불성실가산세, 세금계산서불성실가산세 ② 소득세와 법인세의 비용과다로 인한 신고불성실가산세 및 납부불성실가산세 부담 ③ 증빙불비가산세는 있다.

공급받는 자가 실제 공급자와 세금계산서 상의 공급자가 다른 세금계산서라는 점을 알지 못했고, 알지 못한 것에 대해 과실이 없는 것으로 볼 수 있는 특별한 사정이 있다면, 매입세액공제 허용(이 경우 각종 불이익이 사라짐)

예를 들어 대법원 판례에서는 공급자의 사업자등록증, 명함, 계좌정보 등 자료를 확인·보관하고, 사업장방문을 하는 등 실사업자 여부를 철저히 확인하기 위해 최선을 다한 정황이 충분히 있는 경우에만 예외적으로 공급받는 자는 선의·무과실이라고 보고, 매입세액공제를 인정했다.

자료상 거래

일단 자료상으로 판단이 되면, 이들로부터 자료를 매입한 사업자도 파생 조사를 통해 자동으로 적발이 된다. 파생 조사 시 가짜 세금계산서 여부는

◎ 통장 거래가 아닌 거액의 현금거래
◎ 부가가치세 신고 기간 직전 거액의 세금계산서 매입의 경우
◎ 계약서상 거래일/ 품목/ 대금 지급일이 실제와 일치하는지 여부
◎ 자료 상과의 거래, 전적 여부 등 사항을 중점으로 두고 판단한다.

마이너스 세금계산서 작성과 가산세

일반적으로 마이너스 세금계산서는 최초 발행한 세금계산서가 적법하게 적법한 시기에 발급이 되었다면 세금계산서 관련 가산세가 발생하지 않는다.

마이너스 세금계산서는 반품이 들어온 경우에만 발급하는 것이며, 반품 없이 단순히 클레임에 대한 보상만 해준 것이라면 재화의 환입이 아니므로 마이너스 세금계산서를 발급하지 않는다.

마이너스 세금계산서 미발급(지연발급) 가산세

사업자가 세금계산서를 발급한 후 당초의 공급가액에 더하거나 빼는 금액이 발생한 경우 수정세금계산서를 발급하지 않거나 발급한 분에 대한 매출처별세금계산서합계표를 제출하지 않은 때는 법 제60조 제2항 및 제6항에 따른 가산세(전자세금계산서 미발급 또는 지연발급 가산세)를 적용한다(부가가치세법 기본통칙 60-108-2).

마이너스 세금계산서 발행 전 당초 세금계산서가 기한 후 발행이 되었다면, 이를 받은 매입자도 매입 세금계산서 공급가액의 0.5%를 가산세로 물어야 한다.

마이너스 세금계산서를 신고누락한 경우 가산세

매입처별세금계산서합계표의 기재 사항 중 공급가액을 사실과 다르게 과다하게 기재하여 신고한 것에 해당되어 매입처별세금계산서합계표불성실가산세가 적용되는 것이며, 과소신고가산세, 납부불성실가산세가 적용된다.

각각의 공급가액 합계액(음수의 경우 절대 값으로 합계)에 대하여 가산세를 적용한다(부가 460155-726, 1998.04.14.).

공급가액이 음수인 경우 절대 값인 양수로 변환하여 가산세를 적용하면 되겠다.

 ## 마이너스 세금계산서와 수정세금계산서의 차이

세금계산서는 재화와 공급시기에 발급하는 것으로 당초 작성한 세금계산서의 수정 사유가 발생하면 임의로 삭제나 취소될 수 없으며, 그에 따른 수정세금계산서를 발급해야 한다.

수정세금계산서를 발행하는 것이 원칙이나 수정세금계산서 대신 신규 마이너스로 세금계산서를 발행한다고 해서 크게 문제가 되진 않는다. 다만, 수정세금계산서를 발급하지 않고 별도의 (-)세금계산서를 작성하면 거래처별 합계 금액은 문제가 없으나, 수정세금계산서가 아닌 별도의 마이너스 세금계산서로 발급 시 당초의 거래와는 별개의 거래로 인식되어 거래에 대해 소명해야 할 상황이 발생할 수 있으며, 과세기간을 달리하는 때에는 가산세 대상이 될 수도 있다.

거래처 부도 시 마이너스 세금계산서 발행

거래처 부도 시 마이너스 세금계산서 발행은 일반적으로 불가능하다.

세금계산서는 재화 또는 용역의 공급 사실과 그 대가를 명시하는 증빙이다. 부도는 정상적인 거래가 이루어진 후 대가를 받지 못한 상태이므로, 부도를 이유로 마이너스 세금계산서를 발행할 근거가 없다.

반면 수정 세금계산서는 거래 과정에서 잘못 발행된 세금계산서를 정정하기 위해 발행하는 세금계산서다. 실무상 마이너스 세금계산서와 혼동하기 쉽지만, 목적이 다르다. 즉 실무에서는 수정 세금계산서와 마이너스 세금계산서를 혼용해서 사용하고 있지만, 엄밀히 말하면 서로 다른 목적과 용도를 가지고 있다.

거래처가 부도가 난 경우 다음과 같은 절차를 밟아야 한다.

1. 채권 신고 : 부도 절차에 따라 채권을 신고하고, 배당 절차에 참여해야 한다.
2. 대손 처리 : 회계 처리상으로는 대손 처리를 해야 한다. 대손금은 손실로 인정되어 법인세 계산 시 공제받을 수 있다.
3. 세금계산서 보관 : 부도가 난 거래처와 관련된 세금계산서는 향후 소득세 신고나 부가가치세 환급 시 증빙자료로 활용될 수 있으므로 잘 보관해야 한다.

판매자가 세금계산서를 발급해 주지 않는 경우

매입자발행세금계산서는 부가가치세법에 따라 매출자가 세금계산서를 발급하지 않는 경우, 매입자가 직접 세금계산서를 신청하고 발급받을 수 있는 제도다. 이 제도는 매출자가 자신의 매출을 국세청에 노출시키지 않기 위해 고의로 세금계산서를 발급하지 않는 경우, 매입자가 해당 거래에 대해 대금을 지급하고도 세금계산서를 받지 못한 경우를 방지하기 위해 도입 되었다

 매입자발행세금계산서 제도

세금계산서 발급 의무가 있는 사업자가 재화 또는 용역을 공급하고 그에 대한 세금계산서를 발급하지 않는 경우, 재화 또는 용역을 공급받은 사업자(매입자)가 관할 세무서장의 확인을 받아 세금계산서를 발급할 수 있는 제도다.

 매입자발행세금계산서를 발급할 수 있는 사업자

일반과세자(2021년 7월 1일 공급분부터 세금계산서 발급의무가 있는

간이과세자 포함)로부터 재화나 용역을 공급받는 자는 매입자발행세금계산서를 발행할 수 있다.

 매입자발행세금계산서 발급 절차

① 재화 또는 용역을 공급하는 일반과세자가 세금계산서를 발급하지 않는 경우(사업자의 부도·폐업 등으로 사업자가 수정세금계산서 또는 수정 전자세금계산서를 발급하지 아니한 경우 포함) 매입자(신청인)는 그 재화 또는 용역의 공급시기가 속하는 과세기간의 종료일로부터 1년 이내에 거래사실 확인 신청서에 대금결제 등 거래사실 입증자료를 첨부해 신청인의 관할 세무서장에게 거래사실의 확인을 신청해야 한다.

예를 들어 2025년 1월~6월에 이루어진 거래에 대해서는 과세기간 종료일인 2025년 6월 30일로부터 1년 이내에 매입자발행세금계산서 발행을 신청하면 된다.

거래 사실 입증책임은 매입자에게 있으므로 대금 결제 등 증빙자료(영수증, 거래명세표, 거래 사실 확인서 등)를 확보해야 한다.

② 신청인 관할 세무서장은 거래사실확인신청서가 제출된 날(보정을 요구하였을 때는 보정이 된 날)부터 7일 이내에 신청서와 제출된 증빙서류를 공급자 관할 세무서장에게 송부해야 한다.

③ 공급자 관할 세무서장은 신청일의 다음 달 말일까지 공급자의 거래 사실 여부를 확인하고 그 결과를 공급자와 신청인 관할 세무서장에게 통보한다.

④ 공급자 관할 세무서장으로부터 거래 사실 확인 통지를 받은 신청인 관할 세무서장은 즉시 신청인에게 그 결과를 통지하고, 그 통지를 받은 신청인은 매입자발행세금계산서를 발행해 공급자에게 발급해야 한다. 다만, 신청인 및 공급자가 관할 세무서장으로부터 거래사실확인통지를 받은 경우는 매입자발행세금계산서를 교부한 것으로 본다.
⑤ 신청인이 부가가치세 신고 또는 경정청구 시 매입자발행세금계산서합계표를 제출한 경우, 매입자발행세금계산서에 기재된 매입세액을 공제받을 수 있다.

 거래 사실확인 신청에 대한 금액 제한 유무

매입자가 세금계산서를 발급하기 위해 세무서장에게 거래 사실확인 신청하는 경우는 거래 건당 공급대가(부가가치세 포함 가격)가 5만 원 이상이어야 한다.

증빙이 없으면 비용인정을 받는 대신 증빙불비가산세를 낸다.

증빙불비가산세를 부담한다는 것은 가산세를 부담하고 비용으로 인정을 받는다는 것이고, 증빙불비가산세를 부담하지 않는다는 것은 비록 가산세는 부담하지 않지만 더불어 비용인정도 받지 못한다는 의미다.

 증빙불비가산세를 내는 경우

사업자에게 3만 원을 초과하는 재화나 용역을 공급받고 적격증빙을 받지 않았을 때는 증빙불비가산세를 내야 한다. 물론 적격증빙을 안 받아도 되는 지출증빙수취특례가 적용되는 거래나, 사업자가 아닌 자로부터 공급받는 경우는 증빙불비가산세를 내지 않고, 비용으로 인정받는다.

그러나 사업자(소규모사업자, 일정 요건의 추계과세자 제외)가 3만 원을 초과하는 비용에 대해 적격증빙(세금계산서, 계산서, 신용카드매출전표, 현금영수증 등)을 받지 않거나, 사실과 다른 증빙을 받은 경우 동 금액의 2%를 가산세로 내야 한다.

구 분		비용인정 및 가산세
일반비용	적격증빙을 받은 경우	비용인정도 되고 가산세도 없음
	적격증빙을 받지 못한 경우	적격증빙 외 소명자료가 있는 경우 비용인정은 되나 가산세는 있다(구입액의 2%).
기업업무추진비	적격증빙을 받은 경우	비용인정도 되고, 가산세도 없다.
	적격증빙을 받지 못한 경우	적격증빙 외 소명자료가 있는 경우에도 비용인정은 안 되나, 가산세도 없다.

증빙불비가산세를 내지 않는 경우

지출증빙특례규정에 의한 면제대상 금액과 손금(필요경비)불산입 대상 기업업무추진비 금액(3만원 초과 기업업무추진비 지출로 증빙을 받지 않은 경우)은 제외된다.

다음의 경우는 대표적으로 흔히 발생하는 사례이며, 더 있을 수 있다. 절대적인 사례는 아니다.

❶ 사업자가 아닌 자와 거래의 경우(개인으로부터 구입하는 경우)
❷ 증빙특례규정에 의해 증빙수취가 면제되는 경우(경비 등의 지출증빙 특례)

❶ 부가가치세법상 사업의 포괄양도 양수인 경우
❷ 방송용역, 통신용역, 국외 거래(해외출장비 등), 공매 경매 수용의 경우

❸ 각종 운송용역인 택시운송용역, 입장권, 승차권, 승선권, 항공기 항행용역
❹ 토지 건물을 구입한 경우로서 거래내용이 확인되는 매매계약서 사본을 확정신고 시 제출한 경우(그러나 이미 세금계산서 등을 발급받은 경우는 해당하지 않는다.)
❺ 간주임대료 부가가치세, 연체이자(연체료는 부가가치세 과세 대상이 아님)
❻ 경비 등의 송금명세서 제출 대상 거래
가. 연 매출 4,800만 원 미만 간이과세자에게 지급하는 부동산 임대용역
나. 임가공용역(법인을 제외함)
다. 연 매출 4,800만 원 미만 간이과세자인 운수업을 영위하는 자에게 지급하는 운송용역
라. 연 매출 4,800만 원 미만 간이과세자로부터 재활용 폐자원 등을 공급받는 경우
마. 홈쇼핑, 우편 주문 판매 등(인터넷, PC 통신, TV 홈쇼핑의 경우)

❸ 3만원 초과 일반기업업무추진비 지출로 적격증빙을 받지 않아 비용 자체를 인정받지 못하는 경우
❹ 20만원 초과 경조사비 지출로 적격증빙을 받지 않아 비용 자체를 인정받지 못하는 경우(주의 : 청첩장 등은 적격증빙이 아니며, 소명용 증빙이니 적격증빙으로 착각하면 안 된다.)
❺ 업무용 지출이 아니라 비용 자체를 인정받지 못하는 지출
❻ 인적용역에 대해 세금계산서 등을 대신해 원천징수 후 원천징수영수증(지급명세서)을 제출한 경우
❼ 실질적으로 폐업신고를 하고 폐업한 사업자로부터 과세된 폐업시 잔존 재화(사업용 고정자산 포함)를 구입한 경우(법인 46012-1774, 2000.08.16.) : 사업자로부터 구입한 것으로 보지 않기 때문

❽ 다음의 소규모사업자

가. 해당 과세기간 신규 사업 개시자 또는

나. 직전 과세기간 사업소득 수입금액 4,800만원 미만 사업자 또는

다. 연말정산 대상 사업소득만 있는 자

소규모사업자의 경우 증빙불비가산세 뿐만 아니라 영수증수취명세서 미제출가산세 및 무기장 가산세도 적용되지 않는다.

증빙불비 가산세를 내는 시점

자진신고·납부는 말 그대로 사업자가 결산 세무조정시 적격증빙 미수취분에 대하여 스스로 가산세를 법인세나 종합소득세에 합산하여 납부하는 것인데, 이를 세무조정 시 누락하여 추후 세무조사에서 적발될 경우는 가산세가 부과된다.

그러나 세무조사에서 적발되더라도 이중으로 가산금을 내야 하는 것은 아니다. 따라서 경리실무자들은 자진 신고한 뒤 내거나, 세무조사에서 적발된 후 가산세를 추징당하는 것이나 별반 차이가 없으므로 복잡하게 자진신고를 하지 않을 수도 있다.

그러나 실제 세무조사 시에는 증빙불비가산세 건뿐만 아니라 일반조사(법인세, 종합소득세, 부가세, 원천세 등), 특별조사, 추적조사 등을 추가로 시행할 수 있으므로 이러한 조사들을 통해 추가로 세무상 불이익을 당할 수 있다. 따라서 경리실무자들은 이러한 점을 유념하여 거래 시 반드시 적격증빙을 수취해야 한다.

또한, 창업 초기 회사에서 자산인 비품이나 기계장치 등 고정자산을 구입할 때 관리시스템이 제대로 정착되지 않거나 피치 못할 사정으로 세금계산서나 계산서, 신용카드매출전표처럼 적격증빙을 수취하지 못할 경우가 많은데, 창업주들은 증빙 수취만큼은 꼭 신경 써야 한다.

간이과세자 및 비사업자와 거래 시 증빙 관리

 간이과세자와 거래 시 적격증빙

연 매출 4,800만 원 미만 간이과세자는 세금계산서를 발행할 수 없는 사업자이다. 하지만 신용카드 매출이 발생했을 경우 신용카드 매출전표나 현금에 대한 현금영수증 발행은 가능하다.

세법상 이 두 가지 증빙은 적격증빙에 속한다.

하지만 문제는 매입자가 이 적격증빙을 받는다고 해도 부가가치세 매입세액공제는 불가능하다.

거래 상대방이 간이과세자이기 때문이다. 애초에 간이과세자는 세금계산서 발행이 불가능한 사업자이다. 따라서 세금계산서를 대체할 수 있는 신용카드매출전표나 현금영수증을 간이과세자로부터 받았다고 해도, 부가세 매입세액공제는 불가능하다.

하지만 소득세에 대한 비용처리는 가능하다. 혹 현금영수증이나 신용카드 매출전표 등 적격증빙을 수취하지 못했다면, 간이영수증 및 입금증, 계좌이체증, 계약서, 물품 수령증, 구매와 관련된 사진 등을 가지고 증빙에 쓰면 된다.

대금은 계좌이체를 통해 지급하는 것을 권한다.

반면 연 매출 4,800만 원~1억 400만 원 간이과세자(세금계산서 발급 사업자)는 일반과세자와 같이 세금계산서 등 증빙을 동일하게 발급할 수 있고 매입세액공제도 가능하다.

구 분	매입세액공제 및 비용처리
연 매출 4,800만 원 미만 간이과세자	• 세금계산서 발행 불가능 • 매입세액불공제 • 소명 증빙 수취시 비용인정
연 매출 4,800만 원~1억 400만 원 간이과세자	• 세금계산서 발행 가능 • 매입세액공제 • 세금계산서 등 적격증빙에 의해서 비용인정

 비사업자와의 거래

비사업자도 4,800만 원 미만 간이과세자와 마찬가지로 세금계산서를 발행할 수 없다. 더군다나 사업자가 아니기 때문에 신용카드매출전표도 발행할 수 없다.

4,800만 원 미만 간이과세자와 마찬가지로 적격증빙의 발행이 불가능하고 일반과세자도 아니므로 부가가치세 매입세액공제도 불가능하다. 하지만 소득세에 대한 비용처리는 가능하다. 계좌이체내역이나 계약서, 구매와 관련된 사진, 물품 수령증 등을 구비하여 비용처리하면 된다.

 **폐업자와의 거래**

폐업을 신청한 후라고 해도 폐업일이 기준이며, 폐업일 이전에는 동일하게 세금계산서 발행이 가능하다.

폐업일 이후에도 폐업일 이전의 공급분에 대해서는 세금계산서 발행이 가능하며, 폐업일 이후의 공급분에 대해서는 사업자가 아닌 상태에서의 공급이기 때문에 비사업자와의 거래에 준해서 처리한다.

그리고 폐업일 이후 발행된 세금계산서는 매입세액공제가 불가능하다. 사업자가 폐업하는 경우 폐업한 달의 1일부터 폐업일까지의 거래건에 대하여 다음 달 10일까지 전자세금계산서 발급이 가능하다. 단, 작성일자는 폐업일까지 가능하다.

예를 들어 10월 15일이 폐업일인 경우, 10월 15일 공급분은 11월 10일까지 발급할 수 있다. 10월 17일 공급분은 발행이 불가능하다.

폐업일 이후에는 전자세금계산서 수취가 불가능하므로 종이 세금계산서 발행 후 가산세를 납부하는 방법밖에는 없다. 즉, 전자세금계산서 발급을 위해서는 공급받는 자의 사업자등록번호가 유효한지 조회 후 발급 하도록 되어 있다. 따라서, 현실적으로 폐업한 사업자에게 전자세금계산서 발행은 불가능하다. 종이 세금계산서를 발행하고, 매출거래처의 입장에서는 전자세금계산서 미전송 가산세를 부담할 수밖에 없다. 참고로 거래처 폐업일 이전에 재화를 공급하고 세금계산서 발행을 했으나 환입, 일부 반품 등 수정세금계산서 발행 시점에 거래처가 폐업한 경우라면 안타깝지만, 수정세금계산서 발행이 불가능하다. 수정세금계산서 발급 없이, 부가가치세 신고 시에 매출세액에서 차감한 후 신고하면 된다.

매입세액공제가 가능한 지출과 증빙 관리

 매입세액공제의 시작은 증빙 관리

구 분	종 류
받아도 매입세액공제가 안 되는 증빙	○ 과세가액과 부가가치세만 구분되어 기재되어 있는 일반영수증 ○ 간이영수증 ○ 거래명세서 ○ 연 매출 4,800만원 미만 간이과세자로부터 받는 신용카드매출전표, 현금영수증 ○ 면세사업자로부터 받는 계산서, 신용카드매출전표, 현금영수증
받으면 매입세액공제가 되는 증빙	○ 세금계산서 ○ 일반과세자 및 세금계산서 발행 간이과세자(4,800~1억 400만원)로부터 받는 신용카드매출전표, 지출증빙용 현금영수증
세금계산서를 받아도 매입세액공제가 안 되는 경우	○ 업무와 관련 없는 비용의 지출 ➔ 가사 관련 비용의 지출 ○ 기업업무추진비 지출액 ○ 비영업용소형승용차의 취득과 유지 관련 비용 ➔ 제조업, 도·소매업 등 승용차의 취득과 유지비용 ○ 세금계산서의 필요적 기재 사항 부실기재

매입세액공제는 안 돼도, 비용처리는 가능하다.

앞서 설명한 표에서 매입세액공제가 안 된다고 비용인정이 안 되는 것은 아니다. 즉, 매입세액공제는 부가가치세 신고 때에만 적용되는 것이며, 매입세액공제가 안 돼도 비용으로는 인정되어 종합소득세나 법인세를 신고할 때 세금을 줄여주는 역할을 한다.

예를 들어 간이영수증의 경우 3만 원 미만을 지출할 때, 비용으로 인정받는 증빙이 되며, 3만 원을 초과하는 경우에도 업무용 지출의 경우 가산세를 부담하고 비용으로 인정받는 증빙(기업업무추진비 제외)이 된다. 또한 연 매출 4,800만원 미만 간이과세자의 신용카드매출전표와 면세 물품을 구입하면서 받은 계산서는 매입세액공제가 안 되지만 법에서 인정하는 증빙이 되므로 비용으로 인정받을 수 있다.

구 분			매입세액공제	비용처리
일반과세자	세금계산서 등 적격증빙	필요적 기재 사항 기재	O	O
		필요적 기재 사항 누락	X	O
	법에서 인정하지 않는 증빙 (간이영수증, 거래명세서)		X	O
간이과세자	연 매출 4,800만 원 미만		X	O
	연 매출 4,800~1억 400만 원 미만		O	O

주 업무용으로 지출한 경우 비록 매입세액공제는 받지 못하더라도, 종합소득세 신고나 법인세 신고 때에는 비용으로 인정받을 수 있다.

직원 식대는 매입세액공제

직원 식대를 보조해 주는 경우 월 20만원 이내의 금액은 비과세 된다. 그리고 이는 인건비에 해당하므로 매입세액공제 대상이 아니다. 반면, 식비를 지급하지 않고 구내식당에서 식사를 제공하거나, 외부 음식점에서 식사를 제공하고 법인카드 등으로 결제했을 때는 매입세액공제가 가능하다.

 개인사업자의 식대 매입세액공제

개인사업자의 식대는 매입세액공제도 안 되고, 비용으로도 인정되지 않는다.
따라서 개인사업자가 직원 2명과 사무실 앞의 식당에서 식사하고, 카드로 결제한 경우, 직원 2명의 식사비는 매입세액공제도 되면서, 비용으로도 인정된다.
그러나 사장의 식사비는 매입세액공제도 안 되고, 비용으로도 인정되지 않는 것이 원칙이나 직원의 식사비용에 포함해서 매입세액공제 및 비용처리를 하는 사업주도 있다.

 ## 인건비 및 복리후생비의 매입세액공제

인건비는 매입세액공제 대상에 해당하지 않는다.
종업원 회식비에 대해 법인카드를 사용하고 신용카드매출전표에 공급받는 자와 부가가치 세액이 별도로 기재되어 있는 경우, 매입세액으로 공제할 수 있다. 물론 복리후생 목적의 커피나, 음료, 문구 등을 구입하고, 법인카드로 결제한 경우에도 매입세액공제가 가능하다.

공과금의 매입세액공제

공과금은 전기요금, 수도요금, 가스료, 핸드폰 요금, 전화료, 인터넷 사용료 등이 대표적이다.

이중 수도요금은 면세이므로 세금계산서가 아닌 계산서를 받게 되며, 이는 매입세액불공제가 된다. 반면, 전기요금, 가스료, 핸드폰 요금, 전화료, 인터넷 사용료는 필요적 기재사항이 기재되어 있는 지로용지의 경우 매입세액공제가 가능하다.

 ### 인터넷 요금, 핸드폰 요금의 매입세액공제

인터넷이나 핸드폰 요금 등 공과금은 부가가치세 신고 때에 해당 통신사에 연락하여 세금계산서를 발급받으면 부가가치세 공제를 받을 수 있다. 이는 유선전화 역시 마찬가지다. 다만, 해당 요금을 법인카드로 자동 이체하는 경우 별도의 세금계산서를 요청하지 않더라도 홈택스에 자동 등록돼 부가가치세 공제를 받을 수 있다.

그러나 한 가지 주의할 점은 법인의 경우 가입자 명의가 모두 법인 명으로 되어 있어 문제가 없으나, 개인사업자의 경우 사업자 명의로 발급되지 않고, 비사업자인 개인으로 청구서가 발행될 수도 있으므로 사업자 명의로 변경해 줘야 한다.

 ### 임차 사무실의 납부통지서는 모두 임차인 명의로 변경

납부통지서에 명의자가 건물주로 되어 있거나 이전 임차인의 명의로 되어 있는 경우

요금 납부를 본인이 했더라도 매입세액공제를 받지 못한다. 이 경우 우선 한전을 통해 명의변경을 신청하여 본인 명의로 납부자를 변경해야 한다. 납부자 명의가 건물주로 되어 있는 상태에서 명의 변경이 불가능한 경우에는 건물주로부터 세금계산서를 발급받아 매입세액공제를 받으면 된다.

전기요금의 경우 전기 사용변경신청서, 임대차계약서 사본, 주민등록증 사본, 사업자등록증 사본 등이 필요하며, 해당 회사 고객센터에 절차를 문의해 보면 된다.

집이 사무실인 경우 매입세액공제

최초 창업을 하면서 창업비용을 아끼려고 집 주소에 사업자등록증을 내는 경우 인터넷 사용료나 전화요금 등 그 용도를 명확히 구분할 수 있는 것은 매입세액공제가 가능하다. 반면, 전기요금이나 가스료 등 업무용과 가정용의 구분이 명확하지 않은 비용은 매입세액공제가 불가능하다고 보면 된다.

국내외 출장에 사용한 여비교통비의 매입세액공제

업무 관련 항공, 철도, 고속버스 운임 등 국내외 출장 등을 위해 사용한 항공기 운임, KTX 등 철도운임, 고속버스, 택시 등의 여객 운임은 영수증 발행업종으로 매입세액이 불공제되는 항목이다. 단, 호텔 등 숙박의 경우는 업무 관련의 경우 매입세액공제가 가능하다.

매입세액불공제로
처리해야 할 지출

 매입세액불공제 항목도 경비로는 인정

매입세액불공제란 부가가치세 납부세액 또는 환급세액의 계산에 있어서 법이론상의 이유나 조세정책 상의 이유로 재화 또는 용역을 공급받은 사업자의 매입세액을 매출세액에서 공제하지 아니하는 것을 말한다.

현행 부가가치세법상 세금계산서 미수취·미제출·부실기재, 사업과 직접 관련이 없는 지출에 대한 매입세액, 비영업용소형승용자동차의 구입과 유지에 관한 매입세액, 기업업무추진비 및 이와 유사한 비용에 대한 매입세액, 면세사업과 관련한 매입세액, 토지 관련 매입세액, 등록 전의 매입세액에 대해서는 매입세액을 공제하지 않는다. 하지만 매입세액불공제 된다고 법인세 신고 때에도 경비인정 자체가 안 되는 것은 아니다.

일반적으로는 위에서 언급한 매입세액불공제 항목에 대해서 불공제 되지만 실무상으로는 출장 중 지출하는 비행기, 고속버스, 고속철도, 택시 이용료와 국외 지출 비용에 대해서도 매입세액불공제 한다.

법인세	매입세액불공제	법인세(소득세) 신고시 경비인정
손금 불산입	등록 전 매입세액	손금불산입
	사업과 관련 없는 매입세액	손금불산입
	세금계산서 미수취 · 미제출 부실기재분 매입세액	손금불산입
손금 산입	비영업용 소형승용자동차의 구입유지에 관련된 매입세액	❶ 구입관련 매입세액 : 자본적 지출 ❷ 유지관련 매입세액 : 차량유지비(손금)
	기업업무추진비 관련 매입세액	기업업무추진비로 보아 기업업무추진비 한도 시부인 계산
	토지조성을 위한 자본적 지출 관련 매입세액	토지에 대한 자본적 지출
	영수증(간이세금계산서) 분 매입세액	지출 내용에 따라 손금 또는 자본적 지출
	간주임대료 매입세액	임차인이나 임대인 중 부담한 자의 손금

 추가로 매입세액불공제 되는 항목

추가로 세금계산서(신용카드매출전표 동일)를 받아도 매입세액공제가 안 되는 업종과 지출이 있는데, 출장 중 지출하는 비행기, 고속버스, 고속철도, 택시 이용료와 국외 지출액이 대표적이다.
그리고 다음의 업종에 대한 지출에 대해서도 매입세액불공제 한다.
① 목욕 · 이발 · 미용업
② 여객운송업(국내외 출장 등을 위해 사용한 비행기, 고속버스, 고속

철도, 택시) 단, 전세버스운송사업 제외(출장 여비교통비 중)
호텔 등 숙박의 경우는 업무관련의 경우 매입세액공제가 된다.
③ 입장권을 발행하여 영위하는 사업(공연 · 놀이동산 입장권)
④ 부가가치세가 과세되는 진료용역을 공급하는 사업(성형수술 등)
⑤ 부가가치세가 과세되는 수의사가 제공하는 동물진료용역
⑥ 부가가치세가 과세되는 무도학원 · 자동차운전학원
⑦ 기타 노점, 행상을 하는 자
⑧ 국외 사용액(출장 여비교통비 중)
국내의 과세 사업자(연 매출 4,800만 원 미만 간이과세자 제외)로부터 세금계산서 또는 신용카드매출전표를 수취한 경우 매입세액공제가 가능한 것이므로, 국내 사업자가 아닌 자로부터 재화 등을 공급받는 해외 사용분에 대해서는 매입세액공제가 되지 않는다.
⑨ 개인회사 사장님 식비(편법 : 직원이 있는 경우 공제 처리함)

항 목	공제여부	주요 지출항목
비영업용 승용차의 취득비용	공제	배기량 1,000CC 미만의 국민차, 배기량 125CC 이하의 이륜자동차, 승합자동차(탑승 인원 9인승 이상), 화물승합차에 해당하는 라보, 다마스 등
	불공제	승용자동차(8인승 이하)로서 개별소비세가 과세 대상인 자동차
비영업용 승용차의 유지비용	공제	취득비용이 공제되는 자동차의 수선비, 소모품비, 유류비, 주차료, 렌트비용
	불공제	취득비용이 공제되지 않는 자동차의 수선비, 소모품비, 유류비, 주차료, 렌트비용

항 목	공제여부	주요 지출항목
기업업무추진비	공제	특정인이 아닌 일반 대중을 위한 광고선전비, 종업원을 위한 복리후생비 관련 매입세액은 공제
	불공제	기업업무추진비 및 이와 유사한 비용인 교제비, 기밀비, 사례금 등 관련 매입세액불공제
호텔 등 숙박비	공제	업무와 관련한 출장 중 일반과세 사업자인 숙박업소에서 신용카드 등을 사용한 매입세액은 공제
국외 사용액	불공제	국내의 일반과세 사업자로부터 세금계산서 또는 신용카드매출전표를 수취한 경우만 매입세액공제가 가능한 것이므로, 해외 사용분은 매입세액불공제
여객운송용역 업종	불공제	항공권 · KTX · 고속버스 · 택시 요금
	공제	전세버스
입장권을 발행하는 업종	불공제	공연 · 놀이동산 · 영화관 등

 간이과세자와 거래 시 매입세액불공제

판매하는 사업자가 연 매출 4,800만 원 미만 간이과세자인 경우 세금계산서를 발행하지 못함으로 해당 구입액은 매입세액공제가 안 되며, 구입하는 재화 또는 용역이 면세재화 또는 용역인 경우 매입세액공제가 안 된다. 다만, 연 매출 4,800만 원~1억 400만 원인 세금계산서 발급 가능 간이과세자가 발행한 세금계산서는 일반과세자와 동일하게 처리한다.

임대료를 받지 못한 경우 부가가치세 과세표준과 세금계산서 발행 및 간주임대료

부동산임대료(월세) 등에 대해서는 계약서상 받기로 한 날에 임대료를 실제 받았건 못 받았건 상관없이 이때를 공급시기로 하여 세금계산서를 발행하고 과세표준 계산을 한다.

계약기간이 남아있고 임차인이 계속 사용하는 경우는 임대보증금의 잔액에 상관없이 과세표준을 계산해야 한다.

월 임대료를 받지 못하여 임대보증금에서 차감하는 경우 매월 임대료와 보증금 중 매월 임대료를 순차적으로 차감하여 간주임대료도 계산한다(부가 46015-1021, 1998.5.15.).

보증금 50,000,000원 월세 2,500,000원(1월부터 차감한 경우)

1월분 : 보증금 47,500,000원, 월세 2,500,000

2월분 : 보증금 45,000,000원, 월세 2,500,000

3월분 : 보증금 42,500,000원, 월세 2,500,000

 부동산임대보증금에 대한 간주임대료 계산

부동산임대보증금에 대한 부가가치세 과세표준 계산시 적용하는 이 자율은 국세청에서 고시하다가 현재는 부가가치세법 시행규칙에 규정되어 있는데, 2024년에는 시중은행의 정기예금이자율은 3.5%이다. 이에 따라 2024년 부가가치세 신고 시에는 3.5%의 이자율을 반영하여 간주임대료에 대한 과세표준을 계산해야 한다.

간주임대료의 세무처리 방법

부동산(주택은 제외)을 임대하고 전세금 또는 임대보증금(임대보증금)을 받는 경우에도 부가가치세가 과세되는 바, 임대보증금이나 전세금 등에 국세청장이 정하는 이자율을 곱하여 계산한 금액을 임대료로 간주하여 부가가치세를 신고납부하면 된다.

간주임대료 과세표준 = 임대보증금 × 과세대상 기간일수/365(윤년의 경우 366) × 정기예금이자율(3.5%)
사무실을 보증금 3억원과 월세 3백만원(부가가치세 별도)에 임대하고 있는 경우
① 월임대료 : 3백만원 × 3개월 = 9,000,000원
② 임대보증금에 대한 간주임대료(2025년 7월 1일~2025년 9월 30일)
= 3억원 × 3.5% × (92일/365일) = 2,646,575원
③ 부가가치세 과세표준 금액 : 월임대료(①) + 간주임대료(②)
= 9,000,000원 + 2,646,575원 = 11,646,575원

하지만 임차인으로부터 임대료를 지급받지 못하여 임대료가 연체된 경우, 간주임대료 계산시 지급받지 못한 동 임대료를 임대보증금에서 차감하지 아니하는 것이나 (연체중인 경우) 약정에 의하여 임대보증금에서 차감하기로 한 경우에는 차감하여 간주임대료를 계산한다(부

가 46015-905, 1998.05.01.). 또한 간주임대료에 대한 부가가치세는 원칙적으로 임대인이 부담하는 것이지만 약정에 의해 임차인이 부담할 수 있으며, 간주임대료에 대한 부가가치세를 누가 부담하는지를 불문하고 세금계산서는 교부할 수 없다.

차량 매각 시
부가가치세 수입금액 제외

차량 등 고정자산을 매각하였는데 부가가치세 신고서 ⑤과세표준명세란에 수입금액 제외로 입력해야 하는지 헷갈린다.

① 복식부기 의무자(법인 포함)가 사업용 차량 등 사업용 유형자산을 매각한 경우 수입금액에 포함해야 하므로 수입금액 제외란에 입력하지 않는다.
단, 건물을 매각하고 세금계산서를 발급한 경우 건물양도는 양도소득세를 신고납부 하므로 수입금액 제외란에 기재한다.
② 복식부기 의무자가 아닌 개인사업자의 경우 부가가치세 과세표준에 포함한 차량 매각 대금은 부가가치세 과세표준신고서의 '⑤ 과세표준 명세 – (31) 수입금액 제외' 란에 기재한다.

부가가치세 신고서 작성시 '④ 과세표준 명세 > (31) 수입금액 제외' 란은 부가가치세 과세표준에 포함된 소득세 수입금액에서 제외되는 금액을 작성하는 것으로, 개인사업자의 고정자산매각, 직매장공급 등이 작성 대상이며, 법인사업자의 고정자산매각 등과 소득세법에 따른 복식부기 의무자의 사업용 유형자산 매각의 경우에도 수입금액 제외 대상에 해당하지 않는다.

법인사업자의 고정자산매각, 개인 복식부기의무자(간편장부대상자 제외)의 사업용 차량운반구, 공구기구 및 비품, 선박 및 항공기, 기계장치 등은 수입금액제외 란에 기록하지 않는다. 양도소득세 과세대상인 토지와 건물과 사업용 감가상각자산 중 건물 및 건축물은 포함하여 기재한다.

고정자산(토지, 건물 제외) 매각시(성실신고확인 및 복식부기 의무자)

개인사업자(복식부기의무자) 및 법인의 고정자산 매각금액(차량매각 등)은 부가가치세도 과세 되고, 소득세(법인세)도 과세 되는 것이므로 부가가치세 신고 시 수입금액 제외란 기재대상이 아니다.

- 복식부기의무자의 고장자산매각은 과세표준에 수입금액으로 신고(매출금액에 합산), 수입금액 제외란 기재대상이 아니다.
- 간편장부대상자의 고정자산매각은 과세표준에 수입금액에서 제외

간편장부대상자는 고정자산 처분손익은 소득금액에 포함시키지 않으므로 수입금액 제외란의 기재 대상이다.

1. 부가가치세 신고 시

수입금액에 산입한다. ④과세표준명세 란에 ㉛수입금액제외 란에 기록하지 않는다. 단, 간편장부 대상자는 ㉛수입금액제외 란에 기록한다.

2. 세무회계 처리 시

양도가액은 손익계산서상 매출로 계상한다. 매출계정에 (유형자산 매각 수입)
고정자산의 원가는 판관비로 계상한다. 판관비에 (유형자산 장부가액)

[참고] 개인사업자의 경우 토지와 건물과 다른 고정자산이 차이인 이유

법인세는 포괄주의로서, 법인의 순자산을 증가시키는 거래는 모두 익금에 산입한다. 따라서 고정자산 매각으로 인한 수익은 익금에 해당한다.
이에 반해, 개인사업자의 경우에는 복식부기의무자에 한해서 유형고정자산 처분 손

> 익에 대해서 총수입금액에 산입한다. 다만, 이 경우라 하더라도 토지와 건물로 인한 처분 손익은 총수입금액에 산입하지 않는다.

참고로 성실신고확인대상자, 외부세무조정대상자 및 복식부기의무자에 해당되는지? 여부를 판단하는 수입금액의 기준에서 사업용 유형자산을 양도하면서 발생하는 소득에 대한 수입금액은 2020년부터 제외하였다. 즉, 비경상적 성격의 사업용 유형자산 처분가액을 사업자의 기장의무 범위를 결정하는 수입금액 기준에서 제외하여 사업자의 기장신고 의무을 판단한다.

부가가치세 신고·납부 방법

 부가가치세를 신고·납부 해야 하는 사람

과세사업자는 모두 신고해야 한다. 영리목적의 유무에 불과하고 사업상 상품(재화)의 판매나 서비스(용역)를 제공하는 사업자는 모두 부가가치세를 신고·납부 할 의무가 있다. 다만, 재화 또는 용역을 공급하는 사업자라도 미가공식료품 등 생필품 판매, 의료·교육관련 용역 제공 등 법령에 따라서 부가가치세가 면제되는 사업만을 영위하는 경우는 부가가치세 신고·납부 의무가 없다.

간이과세자의 경우 신고 횟수가 연간 1회로 전년도 1월 1일부터 12월 31일까지(1년)의 사업실적을 다음 해 1월 25일까지 신고·납부하면 된다. 다만, 예정부과기간(1월 1일~6월 30일)에 세금계산서를 발행한 간이과세자는 1월 1일~6월 30일을 과세기간으로 하여 7월 25일까지 신고·납부해야 한다.

 언제의 실적을 신고해야 하는지?

부가가치세는 6개월(간이과세자는 1년)을 과세기간으로 해서 신고·

납부 하게 되며, 각 과세기간을 다시 3개월로 나누어 중간에 예정신고기간을 두고 있다.

↗ 일반과세자

과세기간	과세대상기간		신고납부기간	신고대상자
제1기 1월 1일~6월 30일	예정신고	1. 1.~3. 31.	4. 1.~4. 25.	법인사업자
	확정신고	1. 1.~6. 30.	7. 1.~7. 25.	법인 및 개인 일반과세자
제2기 7월 1일~12월 31일	예정신고	7. 1.~9. 30.	10. 1.~10. 25.	법인사업자
	확정신고	7. 1.~12. 31.	다음 해 1. 1.~1. 25.	법인 및 개인 과세과세자

주 개인 일반사업자와 직전 과세기간 공급가액의 합계액이 1억 5천만 원 미만인 법인사업자는 직전 과세기간(6개월) 납부세액의 50%를 예정 고지서(4월·10월)에 의해 납부(예정신고 의무 없음)해야 하고, 예정고지된 세액은 확정신고 시 기납부세액으로 차감된다.

주 다만, 징수해야 할 금액이 50만 원 미만이거나 과세기간 개시일 현재 일반과세자(간이→일반)로 과세유형 전환된 사업자는 예정고지 대상에서 제외된다.

주 예정고지 대상자라도 사업 부진 또는 조기환급 발생 사업자는 예정신고를 할 수 있으며 이 경우 예정 고지는 취소된다.

↗ 간이과세자

과세대상기간	신고 · 납부기간
1월 1일~12월 31일	다음 해 1월 1일~1월 25일

주 7월 1일 기준 과세유형전환 사업자(간이 → 일반)와 예정부과기간(1월 1일~6월 30

일)에 세금계산서를 발행한 간이과세자는 1월 1일~6월 30일을 과세기간으로 하여 7월 25일까지 신고·납부해야 한다.

주 연 매출 4,800만 원 미만 간이과세자는 납부의무가 면제된다.

법인사업자의 경우는 위의 각각 신고·납부기한 즉, 연 4회 신고·납부를 해야 한다. 반면, 개인 일반사업자(영세 법인 2021년부터 포함)의 경우 일반적으로 1월, 7월에 6개월분에 대해 확정신고를 하면 되고, 4월과 10월에는 세무서에서 직전 과세기간의 납부세액을 기준으로 1/2에 해당하는 세액을 고지(예정고지)한다.

간이과세자의 경우 1월에 1년분에 대해 확정신고를 하면 되고, 7월에는 세무서에서 직전 과세기간의 납부세액을 기준으로 1/2에 해당하는 세액을 부과(예정부과)한다.

- 신고대상 기간중에 월별 조기환급 신고를 한 경우에는 해당기간의 실적은 제외
- 예정신고를 하지 않은 경우, 확정신고 시 포함해서 6개월분을 신고해야 한다.
- 폐업자의 경우는 폐업일이 속하는 달의 말일부터 25일 이내에 신고·납부해야 한다.

✦ 세금계산서 발급 간이과세자는 7월에 부가가치세 신고

종전에는 간이과세자의 경우, 세금계산서 발급 의무가 없어서 영수증만 발급할 수 있었다. 이제 간이과세자 중 4,800만 원~1억 400만 원인 간이과세자의 경우는 일부 업종을 제외하고 세금계산서 발행 의무가 생겼다.

다만, 간이과세자 중에서도 신규사업자 및 직전연도 공급대가 합계가 4,800만 원 미만인 사업자의 경우에는 영수증만 발급하면 된다.

간이과세자는 직전과세기간에 결정된 세액의 반을 예정부과기간(1~6월)이 끝난 다음 달 25일까지 예정 부과하는 게 원칙이지만 예정부과기간에 세금계산서를 발급한 간이과세자는 일반과세자와 똑같이 예정신고를 해야 한다.

즉, 직전년도 매출액 4,800만원 이상인 세금계산서 발급 간이과세자는 일반과세자와 마찬가지로

① 세금계산서를 발급해야 하고
② 1년에 두 번, 1월과 7월에 부가가치세 신고를 해야 한다.

간이과세자여도 세금계산서 발급 사업자에 해당한다면 상반기(1월~6월)에 세금계산서를 발급했다면 7월 25일까지, 하반기(7월~12월)에 발급했다면 다음 해 1월 25일까지 신고·납부한다.

 납부하지 않은 경우 불이익은?

신고기한까지 신고하지 않으면 무신고 가산세와 세금계산서합계표미제출가산세 등을 부담해야 하므로 반드시 신고기한까지 신고하고 납부해야 한다. 납부하지 않은 경우는 납부하지 않은 세액이나 적게 납부한 세액에 대해서 1일 0.022%에 상당하는 금액의 납부불성실가산세를 추가로 부담해야 한다.

↗ 무신고가산세

- 무신고가산세 = 납부세액 × 20%(부당무신고의 경우 40%)
- 납부세액 = 일반과세자 : 매출세액 − 매입세액, 간이과세자 : 과세표준 × 부가율 × 10%

↗ 세금계산서합계표 제출불성실 가산세(일반과세자만 해당)

- 매출처별 세금계산서합계표 제출불성실 가산세 = 공급가액 × 0.5%
- 매입처별 세금계산서합계표 제출불성실 가산세(경정시만 적용) : 공급가액 × 0.5%

↗ 현금매출명세서 등 제출불성실 가산세

현금매출명세서 등 제출불성실 가산세 = 미제출 또는 제출한 현금매출과 실제 현금매출과의 차액 × 1%(전문직, 예식장, 부동산중개업, 병·의원 등 해당)

↗ 부동산임대공급가액명세서 제출불성실 가산세

부동산임대공급가액명세서 제출이 불성실한 경우에도 미제출 또는 제출한 수입금액과 실제 수입금액과의 차액 × 1%를 가산세 적용(일반과세자만 해당)

실적이 없는데도 신고해야 하는지?

사업 부진 등으로 실적이 없는 경우에도 반드시 신고해야 한다. 국세청 홈택스에 가입해서 전자신고를 이용하면 무실적 신고를 간편하게 할 수 있다.

부가가치세 신고는 어떻게 하는지?

부가가치세 신고는 국세청 홈택스(http://www.hometax.go.kr)에 가입해서 전자신고를 하거나, 본인이 서면 신고서를 작성해서 우편으로 송부 또는 직접 세무서를 방문해서 제출하면 된다. 신고서 작성 요령은 국세청 홈페이지 및 홈택스 화면에 게재되어 있으니 참고하면 된다.

↗ 서면 신고

국세청 홈페이지(http://www.nts.go.kr) ➡ 국세신고 안내 ➡ 부가가치세 ➡ 주요 서식 작성 요령(왼쪽)

↗ 전자신고

국세청 홈택스(http://www.hometax.go.kr) ➡ 국세납부 ➡ 세금신고 ➡ 부가가치세 신고 ➡ 부가가치세 과세 신고(일반 · 간이 · 대리납부)

 전자신고로 하는 경우 이점은?

부가가치세 전자신고 시 세무서를 방문할 필요 없이 간편하게 신고할 수 있으며, 1만 원의 전자신고세액공제도 받을 수 있다.
전자신고세액공제는 납세자가 직접 신고하는 경우 1만원을 공제받을 수 있다. 다만, 매출가액과 매입가액이 없는 일반과세자의 경우는 전자신고세액공제 적용이 배제되고, 간이과세자의 경우 납부세액에서 공제세액 등(세금계산서 등 수취 공제, 의제매입세액공제)을 차감한 금액을 한도로 적용된다.

신고 관련 서식 구하기

홈택스(http://www.hometax.go.kr)를 통한 전자신고를 하는 경우는 별도의 신고 서식이 필요 없으며, 바로 전자신고 화면에서 작성하면 된다. 신고서를 직접 서면으로 작성할 경우, 신고 서식은 국세청 홈페이지나 가까운 세무서에 방문하면 구할 수 있다.

국세청 홈페이지(http://www.nts.go.kr)에서 신고서 출력 방법은 홈페이지 상단 국세 신고 안내 ➜ 부가가치세 ➜ 주요 서식에서 출력한다.

 간이과세자의 부가가치세 신고

간이과세자는 과세기간이 1년(1월 1일~12월 31일)으로 변경됨에 따라 1년간의 사업실적을 다음 해 1월 1일~1월 25일까지 신고·납부하면 된다. 다만, 예정부과를 받은 간이과세자 중 휴업·사업부진 등으로 예정부과기간의 공급대가·납부세액이 직전 과세기간의 공급대가·납부세액의 3분의 1에 미달하는 경우 7월 25일까지 예정신고·납부를 할 수 있다(신고한 경우 예정부과는 결정 취소 됨).

간이과세자 예정신고의 경우 납부 의무 면제 규정이 적용되지 않음에 유의한다.

예정부과 한 간이과세자인 경우도 다음 해 확정신고 시 1월 1일~12월 31일까지의 사업실적 전체를 신고하는 것이며, 예정부과·납부한 세액을 공제하고 납부한다.

간이과세자 납부 의무 면제

신고대상 매출액이 4,800만원(사업기간이 12개월 미만의 경우는 12개월로 환산한 금액)미만인 때에는 차감 납부할 세액이 있더라도 납부의무가 면제된다.

 ## 간이과세자 예정 고지

간이과세자의 경우 직전 과세기간에 대한 납부세액의 2분의 1에 해당하는 금액을 세무서에서 결정·고지 하면, 납세자는 7월 25일까지 납부하면 된다. 해당 예정고지세액은 다음 해 1월 부가가치세를 신고·납부할 때 공제하고 나머지 금액을 납부하는 것이다.
예정고지세액이 50만 원 미만이거나, 당해 연도 1월 1일에 간이과세자로 유형 전환된 경우는 예정고지가 제외된다.

 ## 부가가치세 신고서에 첨부해야 하는 서류?

부가가치세 신고서에 첨부하는 서류는 해당 업종 및 공제 사항 등에 따라 차이가 있다.

서류 명	제출대상자
매출처별세금계산서합계표	모든 업종(일반, 간이)
매입처별세금계산서합계표	모든 업종(일반, 간이)
공제받지 못할 매입세액 명세서	모든 업종(일반)
부동산임대공급가액명세서	부동산임대업종(일반, 간이)
현금매출명세서	전문 직종, 예식장 등(일반)
의제매입세액공제신고서	모든 업종(일반)
신용카드매출전표 등 발행금액 집계표	모든 업종(일반(개인), 간이)
사업장현황명세서	음식, 숙박, 서비스(일반, 간이)
신용카드 매출전표 등 수령금액합계표	모든 업종(일반, 간이)
재활용폐자원 및 중고자동차 매입세액공제신고서	재활용, 중고자동차수집업(일반)
건물 등 감가상각자산 취득명세서	고정자산 취득자(일반)
수출실적명세서 등 영세율 첨부서류	영세율매출신고자(일반, 간이)

 부가가치세 신고 시 실무자가 준비해야 할 서류

◎ 사업자등록증 사본
◎ 대표자 신분증 사본
◎ 홈택스 수임동의 + 홈택스 아이디 및 패스워드(신고대행 시)
: 수임동의 방법 : 홈택스 로그인 〉 조회/발급 〉 세무대리정보의 나의세무대리수임동의 〉 동의 여부에 동의 체크
◎ 매출, 매입 관련 세금계산서(전자세금계산서 포함)
　홈택스 수입동의가 이루어지면 전자세금계산서 및 전자계산서는 조회가 가능하기 때문에 따로 준비하지 않아도 된다(신고대행 시).

- 수입세금계산서
- 신용카드매출전표/현금영수증(사업자 지출증빙용) 매출/매입 내역 (전표, 사용내역서).(신용카드 단말기 대리점 문의 또는 국세청 홈택스 조회)

  여신금융협회, 신용카드 매출자료 조회 사이트에 회원가입을 한 경우 아이디 패스워드를 알면 조회할 수 있다.
- 기타 수수료 매출, 현금매출 등 순수 현금매출집계내역

  현금영수증을 발행하지 않은 순수 현금매출집계내역을 알고 있어야 한다.
- 신용카드/직불카드/체크카드 영수증
- 수출(영세율)이 있다면 관련 증빙서류
- 매출/매입계산서(면세 관련 매출/매입, 전자세금계산서 포함)
- 무역업(수출입업) : 수출실적명세서 및 수출신고필증, 인보이스, 수출/입 계약서, 내국신용장, 소포수령증, 선하증권 등 영세율 관련 첨부서류와 수입신고필증 등
- 부동산임대업 : 부동산 임대현황 및 임대인 변경 시 임대차계약서 사본
- 전자상거래업 : 쇼핑몰 사이트 매출내역(PG사 매출내역, 오픈마켓 매출내역, 소셜커머스 매출내역)
- 구매대행업 : 구매대행 수수료 산출내역
- 음식점업 : 면세 농·축·임산물 매입계산서

기장대행을 맡긴 경우 서류제출

1. 사업자등록증 및 대표자 신분증

- 국세청 홈택스 사이트 세무대리 수임동의 필요

(법인의 경우) 법인등기부등본, 주주명부, 법인정관, 법인통장, 법인차량등록증
- 홈택스 가입시 생성한 회사 계정의 아이디와 비밀번호
- 국세청 홈택스 수임동의 : 홈택스 수임동의란 세무대리인이 수임 회사의 세무신고를 진행할 수 있도록 관련 정보제공을 동의하는 절차이다. 수임 회사로부터 전달받은 서류를 확인 후 세무대리인이 먼저 홈택스 수임동의 요청을 하며, 수임 회사는 이를 확인 후 수락하여 주면 된다.

2. 전자가 아닌 종이로 발급한 수기 세금계산서 및 계산서
- ⊙ 전자세금계산서 및 전자계산서는 세무대리인 조회 가능
- ⊙ 홈택스를 통해 전자로 발급되지 않고, 수기로 작성하거나 프린트하여 발행되는 세금계산서는 별도 제공
- ⊙ 사업자등록 전 매입세액 : 신설법인의 경우, 법인설립 전 사용한 비용에 대해 적격증빙을 구비한 경우 매입세액공제가 가능하다. 개인의 경우 주민등록번호로 발급받은 증빙 제출

3. 매출 내역
- ⊙ 소매 현금매출내역(신용카드, 현금영수증 매출 세무대리인 조회가능)
- ⊙ 세금계산서, 계산서, 현금영수증을 발급하지 않고 법인계좌(개인사업자의 경우 사업용 계좌)로 입금되는 현금매출내역을 현금매출이 입금되는 계좌의 금융기관 홈페이지에서 해당 부가가치세 기간의 거래내역을 조회 후 다운로드한 엑셀 파일에서 현금매출 입금 분만 정리해 제출한다.
- ⊙ 오픈마켓, 소셜커머스, 배달앱, 자사 쇼핑몰 등 기타 매출내역
- ⊙ 수출, 어플리케이션 매출, 광고 매출 등의 국외에서 발생된 매출내역

선적을 통한 물품 수출 : 수출신고필증
어플리케이션 매출 : 구글, 애플 앱스토어 정산서
광고 매출 등 기타 인보이스 발행을 통한 서비스매출 : 외환매입증명서(부가세 신고용) 입금된 은행 창구에서 발급가능하다.

4. 신용카드 매입내역
- ⊙ 홈택스에 카드번호를 등록한 경우 : 홈택스 아이디/암호
- ⊙ 홈택스에 카드번호를 등록하지 않은 경우 : 카드사 엑셀자료나 카드사 홈페이지 로그인용 아이디/암호
- ⊙ 개인신용카드 사용분 : 사업 관련 비용을 임직원의 개인카드로 대금을 지급한 경우 해당 내역

5. 기타 업종별 준비 서류
- ⊙ 수출입 업체의 경우 수출 및 영세율 관련 자료

- 부동산임대업의 경우 임대차계약서
- 전자상거래업의 경우 사이트 매출내역
- 구매대행업의 경우 구매대행 관련 수수료 내역 등

신고기한 내에 신고하지 못한 경우 신고방법

사업자가 신고기한 내에 신고하지 않은 경우, 세무서에서 무신고에 관한 결정·통지하기 전까지는 기한 후 신고를 할 수 있다(환급자도 가능).

기한 후 신고는 전자신고(신고기한 경과 후 1개월 내에만 가능)를 하거나, 신고서를 작성해서 우편 또는 관할 세무서에 방문해서 제출하면 된다.

신고기한 경과 후 1개월 이내에 신고·납부 하는 경우는 무신고가산세가 90%(3개월 75%, 6개월 50%, 1년 30%, 1년 6개월 20%, 2년 10%) 경감되니 가능한 한 조기에 신고한다.

부가가치세 납부는 어떻게 하는지?

납부할 세금은 인터넷을 통해 전자납부를 하거나 납부서에 기재해서 금융기관 또는 우체국에 직접 납부할 수 있다. 신고 및 고지세액의 1,000만 원까지 신용카드 납부가 가능하고, 1,000만 원 초과 시에도 1,000만 원까지만 신용카드 납부가 가능하다.

◉ 전자 납부는 홈택스(http://www.hometax.go.kr)를 통한 납부와 금융기관의 인터넷뱅킹, ARS, 자동입출금기(ATM)를 통하여 납부할 수 있다.
◉ 금융기관 또는 우체국에 직접 납부하는 경우에는 본인이 납부서에 세액 등을 기재해서 납부하면 된다.

부가가치세 환급금은 언제 나오는지?

조기환급의 경우에는 신고기한 경과 후 15일 이내에 환급이 되며, 일반환급의 경우에는 신고기한 경과 후 30일 이내에 환급이 된다.
환급세액이 2,000만 원 이상의 경우「계좌개설(변경)신고서(통장사본첨부)」를 제출해야 하며, 2,000만원 미만의 경우는 신고서상「국세환급금 계좌신고」란에 본인 명의 예금계좌를 기재한다.
모범납세자, 일정 요건을 충족하는 중소기업이 신고 월 20일까지 조기환급 신고한 경우 신고 당월 말일까지 지급한다.

납부기한 내에 납부할 수 없는 경우

납세자가 천재·지변 및 기타 재해 등으로 인해서 납부기한까지 납부하기 어려울 때는 기한연장승인신청서를 작성해서 관할세무서에 신청하면 적정 여부를 검토해서 기한연장을 승인해 준다.
◉ 납부기한 연장은 최장 9개월까지 가능

ⓢ 기한 만료일 3일 전까지 신청. 다만, 3일 전까지 신청할 수 없다고 세무서장이 인정하는 경우는 만료일까지 신청 가능

★ 세금 납부는 안 해도 신고는 반드시 해두어야 한다.

도소매업을 하는 홍길동씨는 경기가 안 좋아 부가가치세 신고기한이 되었는데도 세금 낼 돈을 준비하지 못해 귀찮다는 이유로 만사 포기하고 신고까지 포기했다.

그러나 홍길동씨는 가산세를 조금이라도 줄이기 위해서는 신고는 하고 납부만 안해야 최소한 신고불성실가산세는 줄일 수 있다. 즉 납부할 돈이 없어도 신고는 반드시 해주는 것이 좋다.

예를 들어 도소매업을 하는 일반과세자 홍길동의 2××1년 제1기 사업 현황이 아래와 같을 때 신고를 한 경우와 신고를 하지 않은 경우의 세금부담을 비교해보면 다음과 같다.

→ 매출액 1억 원, 매입액 7천만 원
→ 신고하고 납부하지 않은 세액은 50일 후에 고지서를 발부하고, 신고 · 납부하지 아니한 세액은 180일 후에 고지서를 발부한 것으로 한다.
→ 매입세액은 경정결정시 매입사실이 확인되어 공제함.

ⓢ 신고를 한 경우
- 납부세액 = (1억원 × 10%) − (7천만 원 × 10%) = 3백만 원
- 납부불성실가산세 = 3백만 원 × 50일 × 0.022% = 33,000원
- 총 부담세액 = 3,033,000원

ⓢ 신고를 하지 않은 경우(일반 무신고인 경우로 계산)
- 납부세액 = (1억원 × 10%) − (7천만 원 × 10%) = 3백만 원
- 매출처별세금계산서합계표 미제출가산세 = 50만원(1억 원 × 0.5%)
- 매입처별세금계산서합계표 미제출가산세 = 35만원(7천만 원 × 0.5%)

- 신고불성실가산세 = 3백만 원 × 20% = 60만원
- 납부불성실가산세 = 3백만 원 × 180일 × 0.022% = 118,800원
- 총부담세액 = 4,568,800원

이같이 신고를 하지 않으면 나중에 매입세액을 전액 공제받은 것으로 본다고 하더라도 신고한 경우에 비해서 훨씬 더 많은 세금을 납부해야 한다.

홈택스 부가가치세 전자신고

 부가가치세 정기 신고 화면으로 이동

1. 인터넷 홈택스(http://www.hometax.go.kr)에 접속하여 로그인 후 ① 국세납부 ② 세금신고 ③ 부가가치세 신고를 클릭하여

2. 아래 화면으로 이동합니다. 여기서 ③ 정기신고(확정/예정) 버튼을 클릭해 주세요.

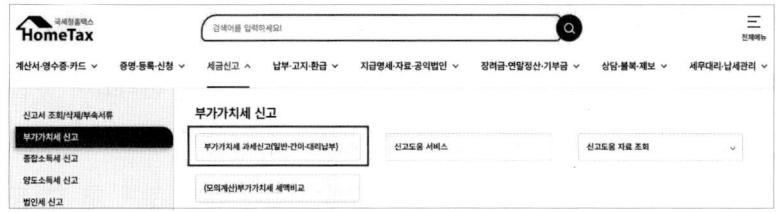

 기본정보 입력 및 입력 서식 선택

↗ 기본정보 입력

1. 신고구분(확정)·신고대상기간 확인 후 ① [확인] 버튼을 클릭하면 사업자 세부 사항이 자동 채움됩니다.

* 사업장이 다수일 경우에는 해당 사업자번호를 직접 입력합니다.

2. 세부 사항 확인 후 이상이 없으면 ② [저장 후 다음 이동] 버튼을 클릭합니다.

적격증빙과 부가가치세 신고 / 597

↗ 입력 서식 선택

1. 주업종 코드에 해당하는 입력할 서식이 기본적으로 선택되어 있습니다.

2. 추가로 필요한 서식은 체크, 불필요한 서식은 체크 해제 후 [저장 후 다음 이동] 버튼을 클릭합니다. 예시에서는 아래의 서식만 선택했습니다.

⊙ 매출처별세금계산서 합계표   ⊙ 매입처별세금계산서 합계표
⊙ 과세표준명세   ⊙ 신용카드매출전표등 수령명세서
⊙ 전자신고세액공제   ⊙ 예정고지세액

과세표준 및 매출세액 입력

↗ 매출처별세금계산서합계표-전자세금계산서를 발행한 경우

1. 다음은 매출세금계산서를 입력해야 하는데요.
2. 과세 세금계산서 발급분 ≫ ① [작성하기] 버튼을 클릭하여 매출처별세금계산서합계표를 입력하는 화면으로 이동합니다.

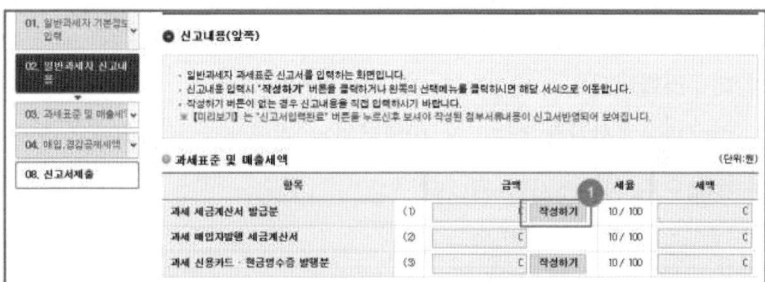

3. 전자세금계산서를 발행한 경우 ② [전자세금계산서 불러오기] 버튼을 클릭하면 발행한 내역이 자동 채움됩니다.
4. A유통에 발행한 10매, 공급가액 30,000,000원, 세액 3,000,000원이 자동으로 채워집니다.

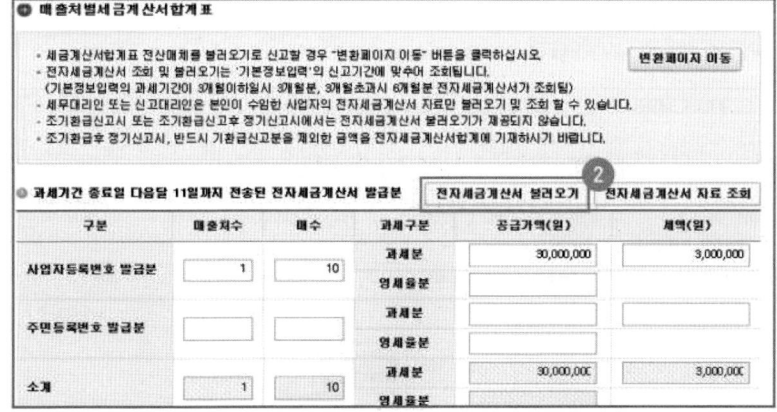

↗ 매출처별세금계산서합계표-종이세금계산서를 발행한 경우

B유통에 발행한 종이세금계산서는 아래와 같이 직접 입력하셔야 하는데요

1. ① B유통 사업자번호 입력 후 [확인] 버튼을 클릭 》 매수 5건, 공급가액 10,000,000원을 입력하면 세액이 자동 채움됩니다.

2. ② [입력내용 추가] 버튼을 클릭하면 ③과 같이 입력된 내용을 보여주므로 공급가액과 세액을 확인하고 ④ [입력완료] 버튼을 클릭하여 마무리합니다.

3. 종이세금계산서를 여러 건 발행하였을 경우에도 매출처별로 동일한 방법으로 입력하시면 됩니다.

↗ 과세표준 명세 작성

1. 이제까지 작성한 매출세금계산서 합계금액 40,000,000원은 과세표준명세에 반드시 다시 입력해 주어야 하는데요.
2. ① 과세표준명세 [작성하기] 버튼을 클릭한 후 ② 이미 작성한 매출금액합계를 금액란에 입력하고 ③ [저장 후 다음이동] 버튼을 클릭합니다.

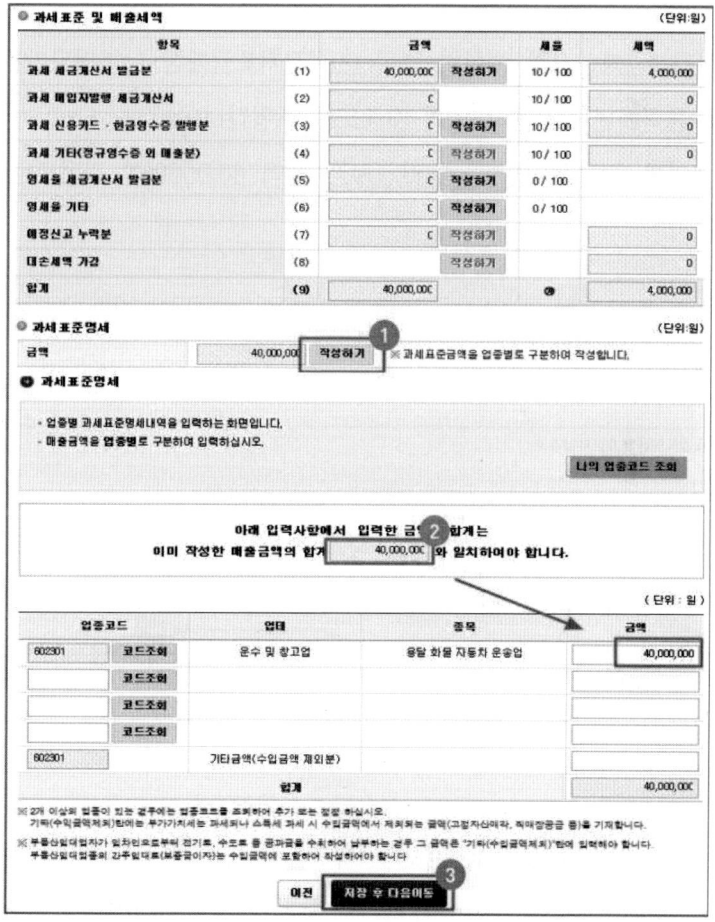

매입 · 경감 공제세액 입력

↗ 매입세금계산서합계표 작성-전자세금계산서를 수취한 경우

사업과 관련하여 수취한 매입세금계산서를 공제받기 위해서는 반드시 매입내역을 입력해주어야 하는데요.

1. 세금계산서 수취분 일반매입 ≫ ① [작성하기] 버튼을 클릭하여 매입처별세금계산서합계표를 입력하는 화면으로 이동합니다.

2 전자세금계산서를 수취한 경우 ② [전자세금계산서 불러오기] 버튼을 클릭하면 수취한 내역이 자동으로 채워집니다.

3. 매입분 20매, 공급가액 400,000원, 세액 40,000원이 자동으로 채워집니다.

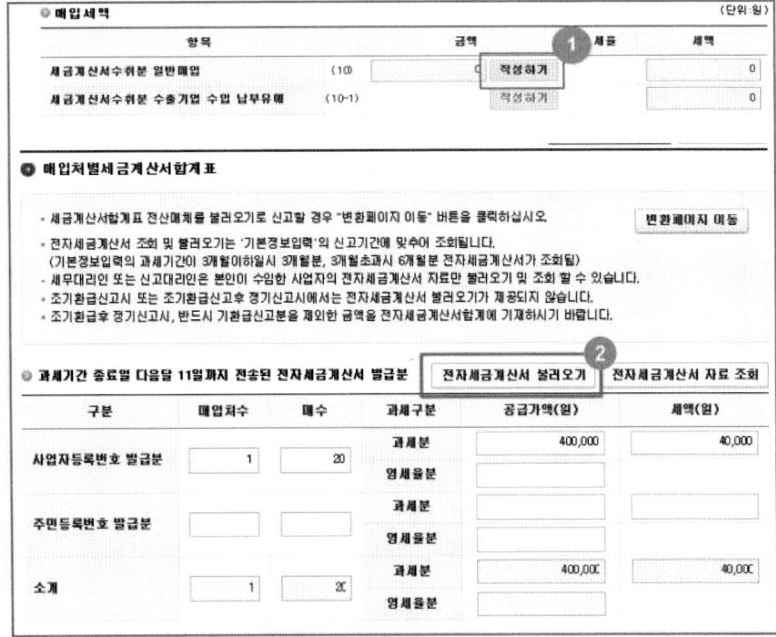

📌 매입세금계산서합계표 작성-종이세금계산서를 수취한 경우

1. 종이세금계산서 수취분(수리비)의 경우 ① 매입처 사업자번호 입력 후 [확인] 버튼을 클릭 》 매수 1매, 공급가액 1,000,000원을 입력하면 세액 100,000원이 자동 채움됩니다.

2. ② [입력내용 추가] 버튼을 클릭하면 ③과 같이 입력된 내용을 보여주므로 공급가액과 세액을 확인하고 ④ [입력완료] 버튼을 클릭하여 마무리합니다.

↗ 신용카드 매입내역 입력-화물운전자 복지카드

1. 다음은 화물 운전자 복지 카드로 매입(주유비)한 내역을 입력하여 보겠습니다.
2. ① 그 밖의 공제매입세액 [작성하기] ≫ ② 신용카드매출전표등 수령명세서 제출분 일반매입 [작성하기] ≫ ③ 화물운전자복지카드 [조회하기] 버튼을 차례로 클릭합니다.

매입세액					(단위:원)
항목		금액		세율	세액
세금계산서수취분 일반매입	(10)	1,400,000	작성하기		140,000
세금계산서수취분 수출기업 수입 납부유예	(10-1)		작성하기		0
세금계산서수취분 고정자산 매입	(11)	0	작성하기		0
예정신고 누락분	(12)	0	작성하기		0
매입자발행 세금계산서	(13)	0	작성하기		0
그 밖의 공제매입세액 (신용카드 매입, 의제매입세액공제 등)	(14)		작성하기 ①		0
합계 (10)-(10-1)+(11)+(12)+(13)+(14)	(15)	1,400,000			140,000

● 그 밖의 공제매입세액 명세

- 그 밖의 공제매입세액을 항목별로 구분하여 입력하는 화면입니다.

(단위:원)

구분		금액	세액
신용카드매출전표등 수령명세서 제출분 일반매입	작성하기 ②	0	0
신용카드매출전표등 수령명세서 제출분 고정자산매입	작성하기	0	0
의제매입세액	작성하기	0	0
재활용폐자원등 매입세액	작성하기	0	0

● 합계

(단위:원)

구분		거래건수	공급가액	세액
합계				
현금영수증	조회하기			
화물운전자복지카드	조회하기 ③			
사업용신용카드	조회하기			
그 밖의 신용카드 등				

3. 화물운전자복지카드 매입내역 누계 조회 팝업창에서 ④ [조회하기] 버튼을 클릭하면

4. ⑤와 같이 공제대상 건수 75건, 공제대상 금액 13,200,000원(공급가액 12,000,000원 + 부가세 1,200,000원)이 조회됩니다.

5. 조회된 금액은 참고용이므로 사업과 관계없는 매입이 포함되어있는 경우에는 제외하고 입력하여야 합니다.

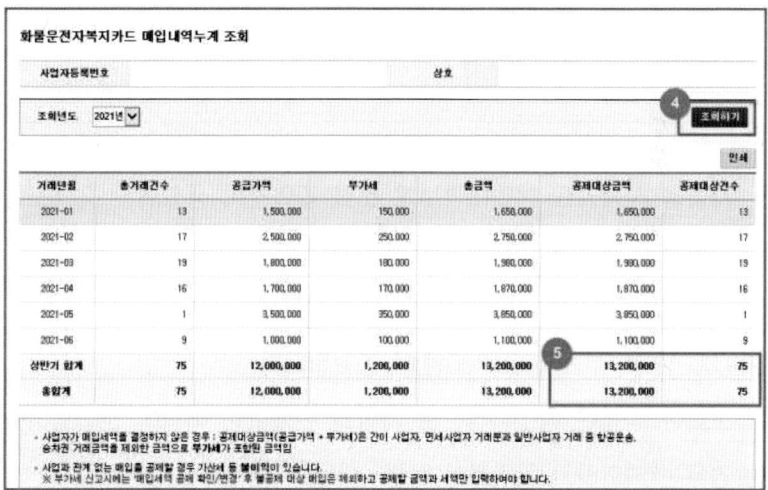

6. 화물운전자복지카드를 화물차 주유비 결제에만 사용하였으므로 ⑥ 공급가액에 12,000,000원 세액에 1,200,000원을 직접 입력하시면 됩니다.

↗ 신용카드 매입내역 입력-사업용 신용카드

1. 다음으로 사업용 신용카드 매입분(소모품비)을 입력하여 보겠습니다. 우선 ① 사업용 신용카드 [조회하기] 버튼을 클릭하여 주세요.

2. 사업용 신용카드 매입내역누계 조회 팝업창이 생성되면 ② [조회하기]버튼을 클릭합니다.

3. ③과 같이 공제대상 건수 1건, 공제대상금액 660,000원(공급가액 600,000원 + 부가세 60,000원)이 조회됩니다.

4. 조회된 금액은 참고용이므로 사업과 관계없는 매입이 포함되어있는 경우는 제외하고 입력하여야 합니다.

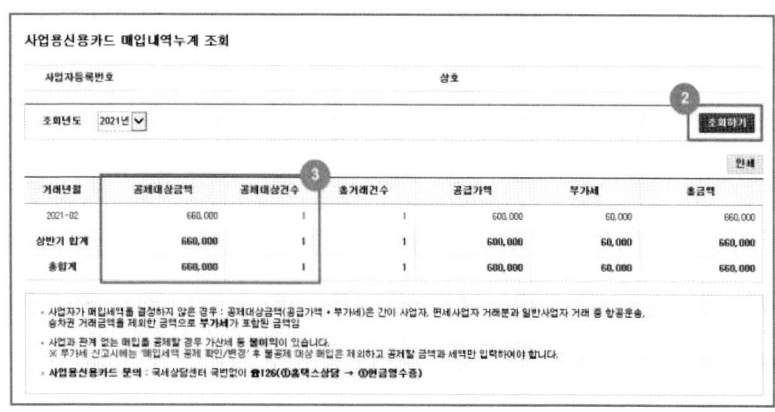

5. 모두 화물차 관련 소모품 비용이므로 ④ 공급가액에 600,000원 세액에 60,000원을 입력하시면 됩니다.

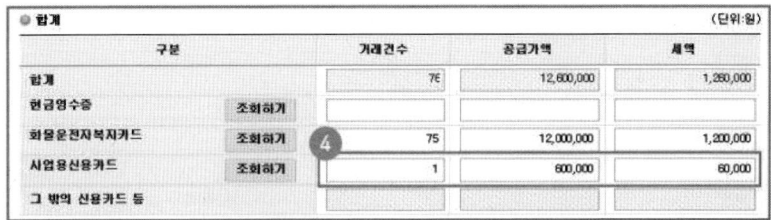

🗹 신용카드 매입내역 입력-그 밖의 신용카드

1. 개인신용카드로 결제한 타이어 교체비용은 그 밖의 신용카드 등에 입력해야 하는데요.

2. 가맹점정보에 ① 카드회원번호(16자리), 공급자(가맹점) 사업자등록번호, 거래건수 2건, 공급가액 1,500,000원을 입력한 후 ② [입력내용 추가]버튼을 클릭하면 ③ 과 같이 입력된 내용을 보여주고 ④ 합계-그 밖의 신용카드 등 란에 자동으로 채워집니다.

3. ① 신용카드 매입분 합계(화물운전자복지카드 + 사업용신용카드 + 그 밖의 신용카드)가 맞는지 확인 후 ② ③ [입력완료] 버튼을 클릭하여 마무리합니다.

↗ 전자세액공제 입력

1. 스스로 전자신고 하였을 경우 납부할 세액에서 1만원의 세액을 공제 받을 수 있습니다.

2. 경감 · 공제세액 ≫ ① 그 밖의 경감 · 공제세액 [작성하기] 버튼을 클릭합니다.

3. ② 전자신고 세액공제 란에 1만 원이 자동 입력되어 있는 것을 확인한 후 ③ [입력완료] 버튼을 클릭하면 전자신고 세액공제 입력이 완료됩니다.

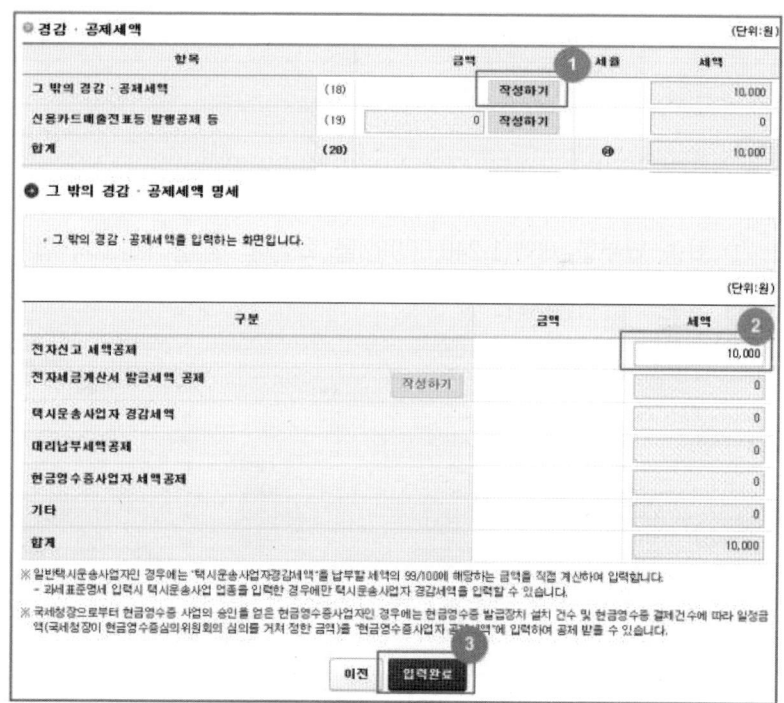

↗ 예정고지세액 입력

4월에 예정고지되었던 1,200,000원은 예정고지세액 란에 자동채움 되며, 이번 신고 시에 기납부세액으로 차감됩니다.

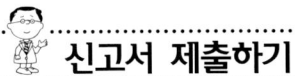

신고서 제출하기

1. ① 최종 납부할 세액(1,240,000원)을 확인한 후 ② [신고서 입력완료] 버튼을 클릭합니다.

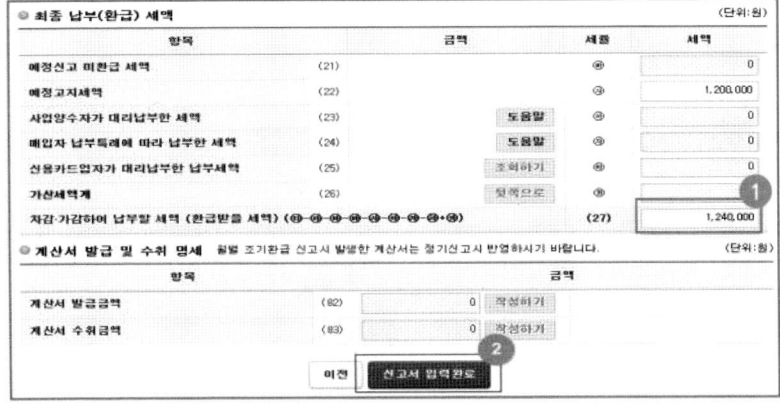

2. 신고서 제출 화면에서 최종 납부할 세액(1,240,000원)을 확인하고 [신고서 제출하기] 버튼을 클릭하면 신고서가 최종 접수됩니다.

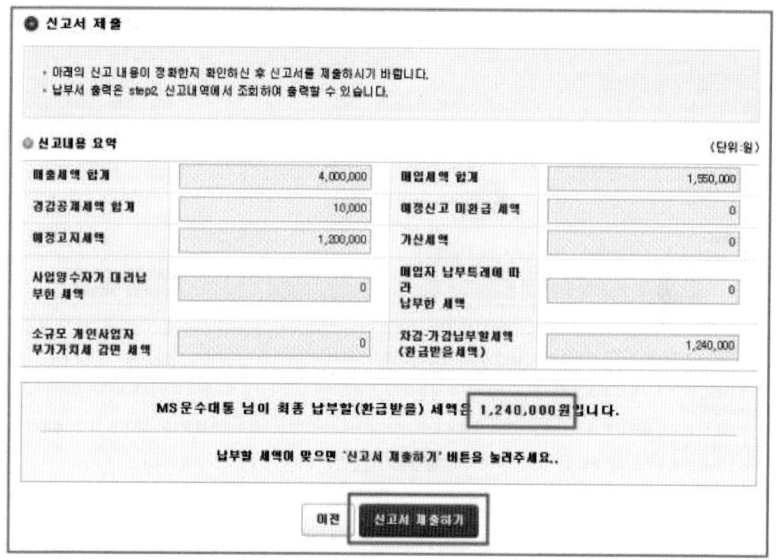

3. 이후 생성되는 접수증 팝업창에서 접수내용을 확인하고 접수증을 출력하려면 ① [인쇄하기] 버튼을,

4. 납부서를 출력하거나 가상계좌를 확인하려면 ② [납부서 조회(가상 계좌 확인)] 버튼을 클릭하시면 됩니다.

5. 접수증 팝업창은 ③ '접수 상세내용 확인하기' 체크박스를 체크하면 나타나는 상세 내역(중요, 주의, 확인, 안내 사항)을 확인하신 후

6. ④ '신고자 본인(세무대리인)이 직접 확인하였습니다.' 체크박스에 체크하고 ⑤ 닫기 버튼을 클릭하여 종료하시면 됩니다.

 제출한 신고서 조회 등

1. [step2. 신고내역]에서도 ① 작성한 신고서, ② 접수증, ③ 납부서를 확인할 수 있습니다.

2. 자 이제 부가가치 신고가 모두 끝났습니다. 여기까지 따라오셨다면 이제 사장님도 스스로 전자신고하실 수 있습니다.

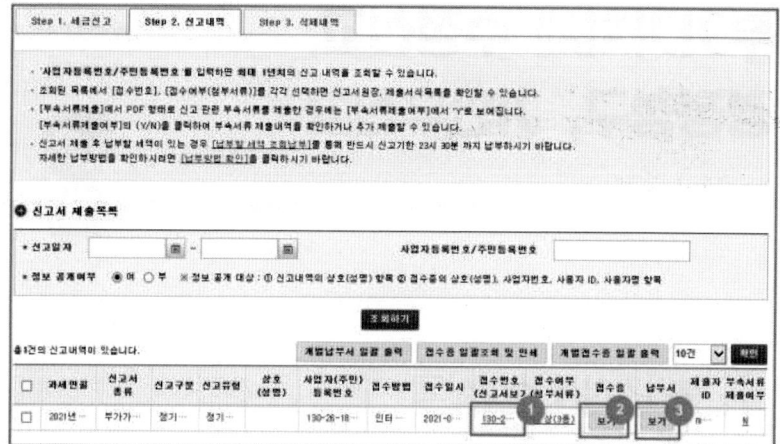

부가가치세 수정신고, 경정청구, 기한후신고

 부가가치세 수정신고

법정신고기한 내에 부가가치세 신고를 한 사업자가 신고내용에 누락 또는 오류가 있거나 법정신고기한 내에 신고하지 못한 사업장의 경우, 정정한 내용을 자진 신고하여 납부하거나 환급신청 및 기한후신고를 할 수 있다.

❶ 거래내역이 누락된 경우
❷ 과소 신고한 내용이 있는 경우
❸ 잘못 기록한 내용으로 신고한 경우

↗ 수정신고 가산세

구 분	사유		가산세
신고불성실 가산세	과소신고	일반 과소 신고	해당 세액 × 10% × 감면혜택
		부당 과소 신고	해당 세액 × 40%
	초과환급신고	일반 초과 환급	해당 세액 × 10% × 감면 혜택
		부당 초과 환급	해당 세액 × 40%

구 분	사 유	가산세
	[부당] ❶ 이중장부 작성 등 장부의 거짓 기록 ❷ 거짓 증명 또는 거짓 문서의 작성 및 수취 ❸ 장부와 기록 파기 ❹ 재산의 은닉, 소득, 수익의 조작 은폐 ❺ 그밖의 유사한 행위, 부정행위	
납부불성실 가산세	미달납부(초과환급 받은 세액)	미달납부(초과환급 받은 세액) × 0.022% × 미납 일수
합계표불성 실가산세	합계표 미제출, 부실기재로 경정 시 세금계산서 등에 의해 공제받 는 경우	공급가액 × 0.5%
	다만, 전자세금계산서의 경우 합계표 불성실 가산세를 적용받지 않기 때문에 종이 세금계산서가 있을 때만 반영하면 된다. 전자 세금계산서 + 종이 세금계산서의 경우 전자세금계산서 발급 후 발급 명세를 기한 이내에 전송한 경우라면 종이 세금계산서에 대해서만 합계표 가산세를 적용한다.	

↗ 수정신고 가산세 감면 규정

신고불성실가산세(과소신고) 감면 규정을 보면, 법정신고기간 경과 후

구 분	감면율	구 분	감면율
1개월 이내	90% 감면	1개월 이상 3개월 이내	75% 감면
3개월 이상 6개월 이내	50% 감면	6개월 이상 12개월 이내	30% 감면
12개월 이상 18개월 이내	20% 감면	18개월 이상 24개월 이내	10% 감면

⟨매출 누락⟩

2025년 1기 예정 부가가치세 신고 시 누락분 자료
- 미납 일수 91일(3개월) 가정
- 4월 25일 신고 누락 후 7월 25일 신고
- 전자세금계산서 매출 10,000,000(부가가치세 별도)원
- 전자세금계산서 발급 후 전송 누락은 없고, 부가가치세 신고 시 누락

해설
- 신고불성실가산세 : 1,000,000원 × 10% × 25%(75% 감면) = 25,000원
- 납부불성실가산세 : 1,000,000원 × 0.022% × 91일 = 20,020원(납부지연)

⟨전송 및 매출 누락⟩

2025년 1기 예정 부가가치세 신고 시 누락분 자료
- 미납일수 91일(3개월) 가정
- 4월 25일 신고 누락 후 7월 25일 신고
- 전자세금계산서 매출 10,000,000(부가가치세 별도)원
- 전자세금계산서 발급 후 전송 누락 및 부가가치세 신고 시 누락

해설
- 미전송 가산세 : 10,000,000원 × 0.5% = 50,000원
- 신고불성실가산세 : 1,000,000원 × 10% × 25%(75% 감면) = 25,000원
- 납부불성실가산세 : 1,000,000원 × 0.022% × 91일 = 20,020원(납부지연)

⟨매출 및 매출 누락⟩

2025년 1기 예정 부가가치세 신고 시 누락분 자료
- 미납일수 91일(3개월) 가정
- 4월 25일 신고 누락 후 7월 25일 신고
- 전자세금계산서 매출 10,000,000(부가가치세 별도)원

- 전자세금계산서 수취 5,000,000(부가가치세 별도)원
- 전자세금계산서 발급 후 전송 누락은 없고, 부가가치세 신고 시 누락

해설
- 신고불성실가산세 : (1,000,000원 − 500,000원) × 10% × 25% = 12,500원
- 납부불성실가산세 : (1,000,000원 − 500,000원) × 0.022% × 91일 = 10,010원

↗ 수정신고 방법

최초 신고서와 수정된 신고서를 비교할 수 있도록 신고서(청구서)를 작성하고 사유를 입증할 수 있는 서류를 제출해야 한다. 홈택스에서 부가가치세 신고하기에 들어가 수정신고서 작성 및 제출이 가능하다.

부가가치세 경정청구

수정신고와 반대로 신고기한 내 신고(수정신고 포함)를 했으나 매입자료 누락 등으로 세액을 많이 신고하였거나 결손금액 또는 환급을 적게 신고한 경우 환급을 요청하는 것을 말한다.

최초 신고서와 수정된 신고서를 비교할 수 있도록 청구서를 작성하고 사유를 입증할 수 있는 서류를 제출해야 한다. 홈택스에서 청구서 작성 및 제출이 가능하다.

매입누락분에 대해서는 경정청구 시 가산세가 없다. 하지만 매출 반품 세금계산서 신고 누락으로 경정청구를 한다면 세금계산서 합계표 제출불성실가산세가 부과된다. 또한 경정청구를 잘못한 경우 신고불성실 및 매입처별세금계산서합계표 제출 불성실 가산세가 부과되지 아니하

며, 환급받은 후 추징하는 경우 납부(환급)불성실가산세가 부과된다.

 부가가치세 기한 후 신고

법정신고 기한 내에 부가가치세를 신고하지 못한 사업장의 경우, 세무서에서 무신고에 관한 결정·통지하기 전까지는 부가가치세 기한 후 신고를 할 수 있다.

사업실적이 없는 경우에도 반드시 부가가치세 신고를 해야 하므로 무신고의 경우 아래의 가산세가 발생한다.

부가가치세 기한후신고를 하지 않으면 국세청 조사관이 세금계산서 등 전산 자료만으로 고지 결정하기 때문에 공제받을 수 있는 항목이 줄어들게 되므로 가산세 부담뿐만 아니라 공제받을 수 있는 세금도 줄어들게 되어 더 많은 부가가치세를 납부하게 된다.

↗ 기한후신고 가산세

구 분	사유		가산세
신고불성실 가산세	무신고	일반 부신고	해당 세액 × 20%
		부당 무신고	해당 세액 × 40%
	기한후신고의 경우 무신고(일반무신고)에 해당되어 해당 세액의 20%로 계산한다.		
납부불성실 가산세	미달납부 (초과환급 받은 세액)		미달납부(초과환급 받은 세액) × 0.022% × 미납일수

구 분	사유	가산세
합계표불성실가산세	합계표 미제출, 부실기재로 경정시 세금계산서 등에 의해 공제받는 경우	공급가액 × 0.5%
	다만, 전자세금계산서의 경우 합계표 불성실 가산세를 적용받지 않기 때문에 종이 세금계산서가 있을 때만 반영하면 된다. 전자 세금계산서 + 종이 세금계산서의 경우 전자세금계산서 발급 후 발급 명세를 기한 내에 전송한 경우라면 종이 세금계산서에 대해서만 합계표 가산세를 적용한다.	

↗ 기한후신고 가산세 감면 규정

신고불성실가산세(무신고) 감면 규정을 보면, 법정신고기간 경과 후 다음과 같이 감면율이 적용된다.

구 분	감면율
1개월 이내	50% 감면
1개월 이상 3개월 이내	30% 감면
3개월 이상 6개월 이내	20% 감면

↗ 기한 후 신고 방법

❶ 신고기한 경과 후 1개월 이내에는 홈택스 신고가 가능하다.
❷ 서면으로 신고서를 작성하여 방문 또는 우편 제출이 가능하다.

조기환급의 수정신고 및 경정청구

조기환급 신고 시에는 조기환급 대상 기간의 매출, 매입을 모두 신고해야 하며, 조기환급 신고 내용에 누락 된 부분은 예정신고 또는 확정신고 때 신고할 수 있다. 이 경우 신고불성실가산세, 납부불성실가산세는 적용되지 않는다.

↗ 조기환급 신고분에 대한 수정신고 또는 경정청구

부가가치세 신고에 대한 수정신고나 경정청구는 예정신고 또는 확정신고 분에 대하여 가능한 것으로, 조기환급 신고분에 대하여 매출이나 매입을 누락 했다면 이에 대해서는 수정신고나 경정청구가 불가능하다. 따라서 해당 과세기간이 속하는 예정신고나 확정신고를 진행할 때 누락 한 부분을 반영하여 신고를 진행해야 한다.

↗ 조기환급 신고분 매출, 매입 누락 시 가산세 적용

조기환급 신고 때 조기환급 과세기간에 대하여 매출이나 매입을 누락 했다면 이후 예정신고나 확정신고 때에 반영하여 신고할 수 있다. 이렇게 예정이나 확정신고 시 반영하여 신고할 때 매입누락분에 대해서는 가산세 등 불이익이 없으며, 매출누락분에 대해서도 합계표불성실가산세나 신고불성실가산세는 적용되지 않는다. 다만, 환급을 과다하게 받은 것에 대해서는 환급불성실가산세가 적용된다.

환급불성실가산세 = 초과환급 받은 세액 × 초과환급 일수 × 0.022%

Chapter **06**

법인세(소득세)를 줄이는 경비처리

세법상 비용인정의 기본원칙

사업자의 종업원 수, 건물 면적, 임차보증금, 차량 수 등 사업장 현황과 주요 매출·매입처, 주요 유형자산 명세, 차입금 및 지급이자 등 사업 내역 현황을 항상 관리 파악해 둔다.

 경비지출에 대한 적격성 확인

- 지출 비용(손익계산서 항목, 원가명세서 항목)에 대한 적격증빙 수취를 확인한다.
- 3만 원 초과 거래에 대해 적격증빙이 없는 비용의 명세 및 미수취 사유를 확인한다.
- 장부상 거래액과 적격증빙 금액의 일치 여부를 전수 조사해 적격증빙보다 과다 비용 계상한 항목 등 지출 비용에 대한 적격 여부도 확인한다.
- 배우자 및 직계 존비속에게 지급한 인건비가 있는 경우 실제 근무 여부를 확인한다.
- 유학·군 복무 중인 자 등에 대한 인건비 처리 여부를 확인한다.

- ⓥ 유령직원의 급여 처리(특히 아르바이트, 일용직 등의 가공 인건비) 여부를 확인한다.
- ⓥ 경조사비 지출 시 청첩장은 소명 증빙이지 법에서 인정하는 적격 증빙이 아니다. 따라서 조의금 + 화환 금액이 건당 20만 원 한도이며, 건당 20만 원을 초과하는 경우 적격증빙을 받은 화환 금액만 비용인정이 가능하다. : 건당 20만 원 한도를 피하고자 한 회사에서 2명이 나누어 지출하는 때도 1건으로 봐 총 20만 원 한도를 적용한다.
- ⓥ 소규모 법인의 경우 대표이사가 개인적 지출을 회사경비로 처리하는 경우가 많은데, 이는 세무조사 시 중점 검증 대상이다. 특히 골프비용 및 주말에 법인카드를 사용한 지출은 특히 유의해야 한다.
- ⓥ 최근 법인부동산에 대표이사가 주거하는 경우가 많은데, 이는 법인의 사택으로 인정받지 못한다. 따라서 대표이사가 얻는 경제적 이득은 대표이사의 상여로 처분돼 세금이 증가할 수 있다.

업무 무관 경비 확인

- ⓥ 업무와 관련 없는 사적 지출 비용은 경비인정이 안 된다는 것은 가장 기본이지만 실무에서 가장 안 지켜지는 부분이다.
- ⓥ 명칭만 복리후생비로 처리한다고 모두 복리후생비로 인정되고, 근로자는 비과세되는 것이 아니다. 명칭과 관계없이 실제 지출경비의 성격에 따라 판단되며, 근로자의 비과세는 소득세법에서 정해진 것만 비과세한다.

⊙ 업무용 차량 보유 현황, 용도 등을 검토해 가정용 차량 유지·관리비 등 업무무관경비의 변칙 비용처리 여부를 확인한다.

⊙ 가족이나 친척의 명의로 지급한 통신비 및 해외 통신비 내역 등을 확인해 개인적 경비의 변칙 비용처리 여부를 확인한다.

⊙ 접대성 경비 또는 가족이나 개인 지출경비 등을 복리후생비로 처리하는 등 개인적 경비의 변칙 비용처리 여부를 확인한다.

⊙ 차입금 현황, 차입처, 차입금 용도 등을 검토해 사업과 관련 없는 차입금 이자의 이자비용 처리 여부를 확인한다.

⊙ 유형자산의 취득목적 및 실물 등을 검토해 업무무관자산, 가공자산에 대한 감가상각비 처리 여부를 확인한다.

⊙ 사업용, 비사업용 건물 소유 현황 등을 검토해 개인적 경비의 변칙 비용처리 여부를 확인한다.

수입금액 매출 누락 점검

⊙ 총수입금액 내역 검토, 매출 증빙 발행 현황, 원천징수 대상 봉사료 신고 현황 및 지급명세서 제출 현황을 종합적으로 분석해 부가가치세, 개별소비세 과세표준을 비롯한 사업 현황(종업원 수, 사업용 자산)과 인건비, 원재료비와의 관계를 비교·분석한다.

⊙ 고액 현금거래에 대한 현금영수증 발급 여부를 확인한다.

⊙ 누락한 수입금액에 대한 장부 외 경비 존재 여부를 확인한다.

⊙ 친인척, 종업원 명의 계좌에 입금된 수입금액의 누락 여부를 확인한다.

⊙ 실제 재고와 장부상 재고의 일치 여부를 확인한다.

특히, 업종별 특성에 맞게 비보험 항목(의료업), 성공보수(전문자격사), 종업원 봉사료(유흥업), 친인척, 종업원 명의 계좌에 입금된 수입금액(현금수입 업종) 등 탈세가 빈번한 항목의 매출 누락을 집중적으로 점검한다.

합법적 비용처리를 위한 26가지 필수 체크포인트

경비 처리에 있어 개인사업자와 법인사업자의 차이가 좀 있다.
법인사업자는 1인 사업자라도 법인과 사주를 동일시하지 않기 때문에 어느 정도의 활동비를 인정하는 편이지만, 개인은 세금 절감을 위해 임의로 자유롭게 비용처리가 가능하다고 봐, 개인적인 지출과 업무적인 지출의 판단이 불명확하면 일반적으로 업무용으로 인정받지 못한다. 즉, 가사경비인지 회사의 필요경비인지가 '모호하면' 이를 자영업자가 명확히 소명하지 않으면 모두 필요경비로 인정하지 않는다.

업무와 관련된 비용만 비용인정

경비처리와 관련해 가장 중요한 것은 가사용 경비는 절대 비용인정이 안 되므로 지금 당장 걸리지 않는다고 비용처리 하면 안 된다. 나중에 걸리면 5년 치 가산세라는 고율의 이자를 내는 것과 같다.
참고로 1인 회사로 집을 사무실로 사용하는 경우 경비처리는 업무용과 가사용이 명확히 구분되는 비용은 경비처리가 가능하지만, 공통으로 그 구분이 명확하지 않은 비용은 경비처리에 다소 무리가 있다.

너무도 당연한 말이지만 누구나 세금을 적게 내고 싶은 마음에, 남은 모르겠지? 하는 마음으로 가사 관련 비용도 은근슬쩍 비용 처리하는 것이 너무 일상화돼 있다. 하지만, 비용처리는 사업하는 동안에 사업으로 발생한 지출에 관해서만 해야 한다.

간혹 질문에 사장님이 주시는 개인적 지출영수증은 어떻게 해야 하나요? 라는 질문이 올라온다.

개인적 지출은 비용처리 안 되고 사업으로 발생한 지출에 대해서만 비용처리 해야 한다. 절세를 위해 개인적인 지출을 가짜 서류를 만들어 편법으로 신고하는 경우가 있다. 이는 당장은 세금을 적게 낼 수 있지만 국세청의 감시 대상이 되거나 오히려 더 많은 세금을 국세청에 납부하게 되는 등 문제가 생길 수 있다. 즉, 국세청 세무조사에서는 일상화된 탈세유형부터 가장 먼저 본다는 점을 잊어서는 안 된다. 가사 관련 비용은 은근슬쩍 끼워놓는 것은 사업자 자신이 결정할 문제이지 넣어도 돼요? 안 돼요? 남이 결정해줄 문제는 아니다.

또한 회사 규모가 적다는 이유로 소명 자료요청이나 세무조사가 없겠지? 라는 생각으로 편법 처리를 하는 사업자가 많은데, 최근에는 규모가 작다고 봐주지 않는다.

 적격증빙은 아무리 강조해도 또 중요하다.

아무 영수증이지만 받는다고 비용처리가 되지 않는다. 비용을 지출했다는 것을 증명할 자료인 적격증빙이 되는 영수증이 필요하다. 이 경우에는 반드시 영수증에 판매자와 구매자의 사업자 정보가 있어야 하며 세금계산서, 계산서, 지출증빙용 현금영수증, 신용카드, 체크카드 영수증만 유효하다. 직원이나 프리랜서처럼 사업자 등록이 안 된 사람에게 지출할 경우는 원천징수영수증이 세금계산서를 대용한다.

실무자 중 거래명세서나 청첩장, 지출 결의서를 법에서 인정하는 적격증빙으로 오해하는 실무자가 있는데, 이는 법에서 인정하는 적격증빙이 아니다.

↗ 거래처 상대방 사업자등록 상태 확인

상대방과 처음 거래할 때는 국세청 홈택스 등에서 사업자 등록상태를 확인한다. 주의할 점은 상대방이 일반과세자라고 반드시 세금계산서를 발행해야만 하는 것이 아니며, 면세사업자라고 계산서를 발행해야 하는 것은 아니다. 즉 세금계산서와 계산서의 구분은 사업자 등록상태에 따라 결정되는 것이 아니라 파는 물품에 따라 결정된다.

예를 들어 상대방이 일반과세자여도 판매한 물품이 면세 물품이면 계산서를 발행할 수도 있다.

↗ 적격증빙 수취의 기준이 되는 금액

☑ 적격증빙이 없는 경우는
▷ 매입세액공제 불가능
▷ 세무상 비용인정이 안 돼 법인세(소득세) 부담이 증가한다.

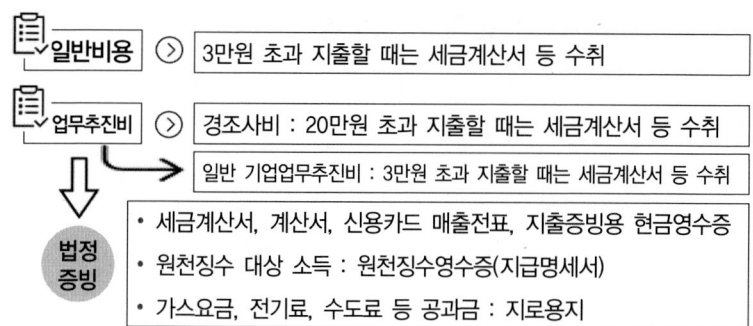

① 건당 3만 원 초과 적격증빙(일반 기업업무추진비 포함) : 세금계산서, 계산서, 신용카드 매출전표(선불·직불·체크카드 포함), 지출증빙용 현금영수증 → 매입세액공제 가능(기업업무추진비는 불가능)
② 건당 20만 원까지의 경조사비(청첩장 등) : 청첩장 등은 적격증빙이 아니다. 따라서 건당 20만 원을 초과한 지출은 적격증빙을 받아야 한다.

구 분	증빙 처리
임직원	복리후생비로 처리. 내부규정이랑 원천징수영수증으로 충분
거래처	• 건당 20만 원까지는 청첩장 등으로 증빙 가능. 단 청첩장은 적격증빙이 아닌 소명자료이다. • 거래처 건당 20만 원까지 기업업무추진비 처리. 단, 20만 원을 초과하면 적격증빙을 받아야 비용인정 • 건당 20만 원 한도에는 단순히 현금만을 의미하는 것이 아니라 화환 등 현물을 포함한 금액이다. 따라서 현물을 구입할 때는 반드시 적격증빙을 받아야 한다(화환의 경우 계산서 등).

↗ 금융거래를 통한 온라인 입출금

적격증빙이 없다면 은행거래를 통해 송금(성명, 주민등록번호, 주소, 상호 등 기재)하고 송금명세서를 관리한다.

→ 향후 누락된 매출액 추가 시 비용으로 인정 가능성이 크다.

특히 상대방이 증빙 발행을 꺼리는 경우는 반드시 계좌이체를 해 소명자료를 남겨야 한다.

↗ 적격증빙을 못받은 경우 경비처리

사업을 하다 보면 부득이하게 지출 증빙을 수취하지 못하는 경우가 발생하는데, 이때 거래명세서나 계약서, 통장 거래를 통해 지출 기록이라도 일자 별로 정리해 두는 것이 유리하다.

3만 원 이상 거래에 대해 지출 사실을 입증하는 다른 서류가 있다면 증빙불비가산세 2%를 부담하고, 비용으로는 인정받을 수 있다.

결국 2%의 증빙불비가산세를 부담하고 전액 비용인정을 받는 것이다. 단, 기업업무추진비는 3만 원을 초과해서 지출하고 적격증빙을 받지 않으면 아예 비용인정 자체를 받지 못한다. 따라서 증빙불비가산세도 안 낸다.

↗ 공과금은 세금계산서 신청

전기요금, 수도요금, 도시가스 요금, 전화, 인터넷, 통신비 등의 각종 공과금 및 공공시설 부담금은 법인카드로 자동이체를 신청하거나 사업자등록번호를 등록 후 세금계산서를 신청해서 받아야 한다.

그래야만 부가가치세 신고 시 매입세액을 공제받거나 종합소득세(법인세) 신고 시 비용으로 인정받을 수 있다.

↗ 월 임대료 세금계산서 받기

자기 건물이나 무상 임대는 임대료 세금계산서를 받을 수 없지만, 월 임대료를 내는 업체들은 임대료에 관한 세금계산서를 받고, 임대인이 개인이라 혹은 여타 사정으로 세금계산서 발행을 해주지 않는다면 꼭 법인(사업용) 통장에서 계좌이체를 한다.

이 경우 세금계산서가 없어 부가가치세 공제는 안 되더라도 법인세나 소득세 신고 시 이체된 통장 내역을 근거로 일반 비용처리는 할 수 있다.

↗ 허위, 위탁 사업자(자료상) 거래 금지

부가가치세 등 세금을 절약하기 위해서 자료 상을 통해 허위 증빙을 발생시키면 안 된다. 국세청 빅데이터 분석으로 대부분 적발된다.

→ 부가가치세, 법인세, 소득세 등 추징 + 관련 가산세 추가 등으로 거래액의 100%가 넘는 세금이 부과된다.

↗ 세금계산서 발행은 반드시 익월 10일까지 한다.

세금계산서 발행은 재화나 용역을 공급한 날이다.

예를 들어 12월 10일에 재화를 공급했다면 작성일자를 12월 10일로 하여 세금계산서를 발행(해당 월의 말일자로 해서 발행 가능)해야 하며, 발행은 1월 10일까지 해야 한다.

과세기간 이후에 발행하는 세금계산서는 미발급으로 보아 가산세가 있다.

 개인사업자는 사업용 카드를 국세청에 등록

개인사업자는 사업용 카드를 국세청에 등록한다. 카드가 기간이 만료되어 다시 받은 경우 카드번호가 바뀌므로 다시 홈택스에서 카드등록을 해주어야 사용 내역 확인이 가능하다.

참고로 법인은 법인카드를 홈택스에 등록할 필요가 없이 자동으로 등록되고, 사용내역이 국세청에 자동으로 전송되어 홈택스에서 조회할 수 있다. 따라서 실무자는 부가가치세 신고 때 해당 사용액의 매입세액공제 여부만 체크해 주면 된다.

 사업용 계좌를 이용하면 좋은 점

↗ 사업용 계좌를 사용해야 하는 거래

❶ 거래 대금을 금융회사 등을 통하여 결제하거나 결제받는 경우 금융기관의 중개 또는 금융기관에 위탁 등을 통한 아래의 방법에 따라서 그 대금의 결제가 이루어지는 경우를 포함한다.

⊙ 송금 및 계좌 간 자금 이체

⊙ 수표(발행인이 사업자인 것에 한함)로 이루어진 거래 대금의 지급 및 수취

- ⓘ 어음으로 이루어진 거래대금의 지급 및 수취
- ⓘ 신용카드, 직불카드, 기명식 선불카드, 직불전자지급수단, 기명식 선불전자지급수단, 기명식 전자화폐를 통하여 이루어진 거래대금의 지급 및 수취

❷ 인건비 및 임차료를 지급하거나 받는 경우

단, 인건비의 경우 거래 상대방이 다음에 해당해서 사업용 계좌를 사용하기 어려운 경우에는 제외한다.

- ⓘ 금융거래와 관련하여 채무불이행 등의 사유로 종합신용정보 집중기관에 그 사실이 집중관리 및 활용되는 자
- ⓘ 외국인 불법체류자

↗ 적격증빙을 못 받은 때 입증 편리

거래할 때는 법적으로 인정된 적격증빙 서류(적격증빙)를 받는 것이 중요한데, 사업을 하다 보면 부득이하게 그런 서류를 발급받지 못하는 상황에 벌어진다. 이때 적격한 서류를 발급받지 못한 것에 대해 가산세를 부담하는 대신 비용으로 인정받을 수 있다. 다만, 아무 증빙도 없이 '사업용 비용으로 사용한 것이 맞다'라고 주장하면 아예 인정받지 못하지만, 사업용 계좌를 이용하면 2%의 가산세를 물고 비용으로 인정받을 수 있다. 100% 비용인정 못 받는 것보다 98%라도 비용 인정받는 것이 유리하다.

법인은 법인통장에서 지출된 것만으로도 어느 정도 인정받을 수 있는데, 법인이 아닌 개인사업자나 프리랜서는 사업용 계좌를 이용하지 않으면 세무서로부터 비용을 부인당하기가 매우 쉽다.

그래서 사업용 계좌가 필요하다. 사업용 계좌로 지출한 내역이 있으면 입증이 더욱 쉽기 때문이다. 물론 사업용 계좌로 지출한 내역이라고 모두 비용으로 인정받을 수 있는 것은 아니다. 그렇지만 아무 증빙이 없는 상황에서 개인 계좌로 출금한 내역을 사업 비용으로 인정받기에는 상당한 무리가 있다. 따라서 사업과 관련된 입출금은 사업용 계좌를 통해 이루어지는 것이 좋다.

↗ 거래내역 파악이 쉽다.

사업에 필요한 입출금을 개인 계좌로 하면 사업상 거래와 개인 거래 내역이 섞이는 상황이 발생한다. 매일 통장 내역을 관리하면 구분할 수 있지만, 시간이 흐른 뒤에는 개인적인 내역과 사업용 내역을 구분하기가 어려울 수 있다. 즉, 어느 것이 개인적인 지출이고 어느 것이 사업용 거래인지 구분하는데, 많은 시간이 든다. 특히 소액거래가 자주 발생하는 경우는 더욱더 구분이 어렵다.

사업용 계좌를 사용해서 사업상 거래 내역만 따로 분리해야 실질적으로 매출은 얼마나 발생했고, 비용은 얼마나 지출되었는지 파악하기가 쉽다. 영세사업장일수록 거래 흐름을 잘 파악할 수 있어야 시간과 돈이 절약된다.

↗ 거래내역 누락 방지

본인이 직접 하지 않고 세무 대리인을 통해서 기장대리를 맡기는 경우 통장 사본을 제출하는데, 개인 계좌 내역까지 확인하는 세무 대리인은 많지 않다. 애초에 세무 대리인이 개인 계좌까지 꼼꼼히 확인하지 않기 때문에 개인 계좌로 입출금된 거래내역은 실제 발생한 매출과 비용임에도 세금 신고에서 누락될 가능성이 크다.

 사업용 카드 개인적인 사용 자제

병원비, 이발비, 자녀 학원비 등 개인적인 사용이 티가 나는 것들을 부가가치세 공제는 물론 비용으로 처리하는 것은 문제가 많다.
반면 마트 등에서 지출하는 비용은 그 금액이 많지 않은 경우는 소모품이나 복리후생비로 잡을 수 있지만, 그 금액이 많고 반복적인 경우는 문제가 발생할 수 있다.
사용 내역이 홈택스에서 다 확인이 가능하므로 추후 관할 세무서에서 연락이 올 수 있다.

 신용카드 사용액의 경비처리

신용카드 결제 건에 대해 매입세액공제를 받으려면 반드시 법인(사업자 명의 카드)만 써야 하는 것은 아니다.
종업원 또는 가족 명의 신용카드로 결제하더라도 사업 관련 지출임이 객관적으로 확인되면 매입세액을 공제받을 수 있다.
그러나 법인사업자의 경우 기업업무추진비는 반드시 법인카드로 결제해야 비용처리를 할 수 있다. 건당 3만 원을 초과하는 기업업무추진비는 법인카드를 사용한 경우에만 경비로 인정하고 있다.

그리고 신용카드로 매입세액공제와 관련해 가장 주의할 점은 이중공제이다.

직원 신용카드로 사업용 물품을 구입하고, 그 금액을 회사가 매입세액공제를 받았다면 연말정산 시 그 금액은 직원이 소득공제를 받을 수 없으므로 중복해서 공제받지 않도록 주의해야 한다.

또한 신용카드로 결제한 금액에 대해 세금계산서를 중복해서 발급받지 않도록 해야 한다.

신용카드매출전표나 지출증빙용 현금영수증 등을 발급받았다면 같은 거래에 대해 세금계산서를 교부받을 수 없다.

실수로 세금계산서를 발급받았다면 수정세금계산서를 발급하여 취소하거나 신고할 때 중복으로 공제받지 않도록 주의해야 한다.

회사 카드로 개인적 지출 시 유의 사항

가끔 모르고 회사 카드로 개인적 지출을 하는 경우가 있다.

이 경우는 해당 지출이 특정 개인에게 귀속되지 않는다는 증거자료로 개인 통장에서 회사통장으로 해당 지출을 입금해야 한다.

만일 해당 금액을 현금으로 직접 지급하는 경우 증거자료가 없어 개인에 대한 상여로 보아 근로소득세를 추가로 부담하는 사태가 발생할 수 있다.

경비인정 못 받은 법인카드의 세금 손실

1. 법인의 경우 불이익

- ☑ 부가가치세 신고 시 공제가 되지 않기 때문에 사용금액의 10%만큼 부가가치세가 증가한다.
- ☑ 법인세법상 경비인정도 부인되어 납부할 법인세가 증가하고 가산세가 추가 발생한다.
- ☑ 법인세의 부당신고에 대해서는 20%~40%까지의 가산세를 부담할 수도 있다.

2. 개인의 경우 불이익

- ☑ 업무상 사용을 인정받지 못한 금액은 법인카드 사용자의 소득(급여, 상여 등)으로 보기 때문에 소득세가 부과된다.
- ☑ 소득 증가에 따른 4대 보험이 부과된다.
- ☑ 업무에 사용한 법인카드로 인해 적립된 포인트나 마일리지의 경우 직원이 개인적으로 사용할 때는 직원의 급여로 봐 근로소득세가 과세된다.

단, 개인카드로 업무 관련 비용을 사용하고 난 뒤에 해당 영수증을 회사에 제출하고 정산을 받는 경우는 법인세법상 경비인정이 가능하다. 또한 기업업무추진비의 경우에는 법인카드로 결제해야만 세법상 비용으로 인정된다는 점은 꼭 알고 있어야 한다.

법인카드 사용내역은 세무조사 시 주의 깊게 살펴보는 항목 중 하나이다. 특히 대표이사는 이점을 잊지 말고 사적 사용에 관한 규정을 완비한 후 지출내역에 대해 검증하는 시스템을 꼭 마련해두기를 바란다.

기업업무추진비는 법인카드 또는 사업용 카드 사용

경조사비를 제외한 일반 기업업무추진비로써 건당 3만 원을 초과하는 경우 개인사업자의 경우에는 본인 카드나 종업원 카드로 사용하는 경우 기업업무추진비로 인정받을 수 있으나(사업주의 사업용 신용카드의 사용을 권함), 법인은 반드시 법인명의 카드로 사용해야 하고 종업원 명의로 사용한 기업업무추진비는 인정이 안 된다.

인건비는 반드시 직원 본인 계좌로 지급하세요

일반적으로 비용 중 가장 큰 비중을 차지하는 항목은 인건비이다.

개인사업자의 경우 4대 보험 관리나 원천세 급여 신고 등이 복잡하고 귀찮아 신고를 안 하고, 현금으로 주는 경우가 종종 있다. 또한 여러 가지 사정상 직원의 일부만 직원등록 후, 급여 신고를 하는 예도 있다.

그러나 신고를 안 한 비용은 비용으로 인정되지 않는다. 증빙이 근로소득세 신고 내역인데, 신고를 안 하면 증빙이 없기 때문이다. 결국 인건비 신고를 안 하면 인건비를 비용으로 인정받는 방법은 없다.

소규모 사업장의 경우 인건비를 통장이 아니라 현금으로 지급하는 경우(급여를 현금으로 지급하는 경우 현금수령증을 받는다.)가 있는데, 인건비는 현금 대신 계좌로 지급해서 근거를 남기는 것이 유리하다. 또한, 인건비에 대해 원천징수 후 신고를 해야 하는데, 안 하고 있다가 종합소득세가 많이 나오니 그때 서야 허둥지둥 인건비를 신고하는 방법을 찾는 사업자가 많은데, 평소에 매달 신고를 잘해두어야 한다.

특히 일용근로자의 경우 인건비 지급 시 관리에 유의해야 한다.

자영업자 본인 급여와 가족 급여

개인사업자의 사장님은 급여가 없다. 그냥 회삿돈이 사장님 돈이다.
개인사업자는 사장님 = 회사다.
사장님은 1년 동안 회사에서 번 총수익에서 사업에 필요한 비용을 뺀 이익에 대해 다음 해 5월에 세금을 내는 것이다.
그러므로 회삿돈을 마구 가져가도 세법상에는 아무 문제가 없다.
하지만 개인사업자들은 개인 돈과 회삿돈을 잘 구분해서 정리하는 것이 좋다. 반면 법인의 대표이사는 급여가 있고 매달 근로소득세를 신고 및 납부해야 한다.
법인 대표이사 = 회사가 아니다.
그러므로 대표이사가 회삿돈을 마구 가져가면 세법상 가지급금 문제가 생긴다.
개인사업자와 법인의 가장 큰 차이점이다.
개인회사 사장님이 급여뿐만 아니라 개인적으로 사용하려고 가져가는 돈은 인출금이라는 계정과목으로 정리해 두면 된다. 즉 자본금(본인 돈)을 가져가는 것이다.
인출금은 별도 증빙자료가 없어도 되지만, 기록하지 않으면 현금, 예금, 카드 시제를 맞출 수 없으므로 인출금이라는 계정으로 기록한다.
가족 급여는 국세청의 중점 관리 대상이다. 실제로 소득세 부담을 줄이려고, 일하지 않는 가족에게 급여를 주는 예도 있기 때문이다.
가족 인건비도 비용으로 인정받기 위해서는 실제 지출내역이 입증돼야 한다. 4대 보험 가입뿐만 아니라, 소득세를 원천징수하고 신고해야 한다. 지급명세서도 국세청에 제출해야 한다.

개인사업자 본인의 급여는 비용 처리가 불가능하지만, 건강보험료는 세금 신고 때 공제가 가능하다. 신고 때 가끔 누락 하는 경우가 있으니 주의해야 한다.

반면, 법인 대표이사의 국민연금, 건강보험 회사부담분은 경비인정이 된다.

[가족의 고용보험 적용]

구 분	동거 여부	고용·산재보험 적용
배우자	무관	비적용
배우자 외 (형제·자매, 자녀 등)	동거	비적용
	비동거	적용

[근로관계 확인 자료(입증자료) 예시]

① 근로관계 : 근로계약서, 인사기록카드 등
② 급여내역 : 급여대장, 근로소득 원천징수영수증, 급여 계좌이체 내역
③ 근로실태 : 출근부, 휴가원, 출장부 등 복무·인사 규정 적용자료, 출퇴근 교통카드 이력 등 복무 상황에 대한 자료, 업무분장표, 업무일지, 업무 보고 내역 등 담당업무 관련 자료 등
④ 기타 : 타 사회보험 가입내역(보험료 납부내역), 조직도, 근로자명부 등

동거 친족 본인이 근로자성 여부에 대해 이의가 있을 경우는 '피보험자격확인청구' 절차를 통해 근로자성을 판단한다.

사장님(대표이사) 건강보험료와 국민연금

직원(근로자)이 없는 개인사업자는 건강보험과 국민연금은 지역가입자로 소득과 재산에 따라 보험료가 책정된다. 따라서 직장가입자보다 불리하다.

그러나 근로자가 1명이라도 있다면 대표자도 건강보험과 국민연금 직장가입자로 적용된다.

개인사업자는 급여가 없으므로 최초 가입시 보수월액은 가장 높은 보수를 받는 근로자와 같거나 높게 책정되며, 종합소득세 신고 후 보수총액이 결정되면 보험료가 다시 책정된다. 따라서 급여를 일부러 축소 신고해도 나중에 종합소득세 신고 후에는 모두 정산해서 냄으로 편법이 통하지 않는다. 즉, 자영업자의 건강보험은 5월에 종합소득세 신고를 하고 나면 그 금액을 기준으로 부과할 건강보험료를 책정하게 된다. 따라서 매년 종합소득세 신고가 끝난 후 6월이 되면 이미 낸 보험료를 정산하는 절차를 거쳐 앞서 적게 낸 보험료를 몰아서 한 번에 부과받게 된다. 6월에 정산한 보험료는 7월이나 8월에 부과된다. 이때 사업자들이 보험료 폭탄을 맞게 되는 것이다.

물론 건강보험료는 10개월 분할납부도 가능하지만, 종합소득세를 신고할 때부터 전년도 대비 소득증가분에 따른 건강보험료 정산에 대해서도 대비해 두는 것이 좋다.

개인사업자의 가족(배우자 포함)을 근로자로 하여 건강보험, 국민연금을 직장가입자로 취득 신고를 할 수 있다. 이 경우 보험료는 대표자와 근로자(가족)가 각각 부담하게 된다.

따라서 가족을 근로자로 하여 보험 가입 시에는 지역가입자로 내는 보험료와 가족을 근로자로 하여 직장가입자로 가족이 내는 총보험료를 비교해 보고 판단하는 지혜가 필요하다.

개인사업자가 부담하는 4대 보험료는 직원에 대한 1/2 부담분과 본인 4대 보험료가 있는데, 직원의 4대 보험료 중 사업주 부담금은 종합소득세 신고 시 경비로 인정된다.

그러나 개인사업자는 사장 본인의 4대 보험료 중 건강보험료만 경비로 인정된다.

그리고 사업주 본인의 국민연금은 경비로 인정되지 않고, 종합소득세 신고 시 소득공제를 받을 수 있다. 따라서 국민연금 보험료는 회계장부에 기록하지 않아도 된다. 굳이 기록한다면 인출금으로 처리한다.

참고로 직원이 없거나 직원 전체가 퇴사하는 경우 개인회사 사장님은 건강보험이 지역가입자로 자동 전환돼 많은 건강보험료를 납부할 수 있다. 또한 법인의 대표이사라도 무보수로 신고하는 경우 지역가입자로 전환될 수 있으니 유의한다.

구분		4대 보험
개인회사 사장님	직원이 있는 경우	직장가입자
	직원이 없는 경우	지역가입자
법인회사 대표이사	보수를 받는 경우	다른 근로자가 없어도 직장가입자가 된다.
	무보수인 경우	다른 근로자가 없는 경우 사업장가입자에서 상실 처리 후 지역가입자가 된다.

📝 사업소득자의 중식대

개인사업자는 사장 본인의 중식대를 필요경비로 처리할 수 없다.

그러나 종업원에게 식사를 제공하는 경우 종업원 중식대에 포함해서 경비처리하는 사업장도 있다. 원칙은 안 된다.

반면 법인의 대표이사는 세법상 근로소득자로 취급이 되므로 20만 원 비과세 규정도 적용이 되고, 20만 원 비과세 혜택을 안 보는 대신 중식대를 법인카드로 결제한 경우 비용으로 인정된다.

복리후생비라는 계정과목은 직원들의 복지를 위해 지출하는 돈이다. 개인회사 사장님은 직원이 아니므로 복리후생비 처리가 안 된다.

즉 개인회사 사장 = 직원이 아니다.

하지만 법인 대표이사 = 직원이다.

따라서 개인회사 사장님의 식대는 복리후생비로 비용인정이 안 되지만, 법인 대표이사의 식대는 복리후생비로 비용인정이 된다.

물론 직원과 함께 먹고 식대로 처리한 금액은 사장님도 먹었는지 아닌지 어떻게 알겠습니까?

그래서 개인회사 사장님의 식대도 복리후생비로 처리하는 회사가 많다. 하지만 이는 원칙은 복리후생비가 아니라 인출금이다.

물론 직원 수가 많은 경우 묻어가면 안 걸리겠지만, 직원 수가 1명인데 복리후생비가 과다하면 당연히 쉽게 문제가 발생한다.

특히 1인 개인사업자인 경우는 복리후생비라는 계정과목을 사용하면 안 된다. 그래서 보통 기업업무추진비로 처리한다. 단 기업업무추진비로 처리할 경우 반드시 사업자 카드로 결제해야 한다.

[법인 대표와 개인회사 사장님의 식비 경비 처리]

구 분			경비인정	매입세액공제
법인대표	업무관련	식비 이론상	원칙 : 경비인정 가능	공제
		식비 실무상	예외 : 사회 통념상 개인적인 지출로 볼 수 있는 측면이 강하므로 세무서에서 시비를 걸면 어쩔 수 없는 것이 현실이다. 실무적으로는 잘 넣지 않는 세무 대리인도 있다.	공제 또는 불공제
		거래처	기업업무추진비 처리 후 한도 내에서 경비인정	불공제
	업무 관련 없음		경비인정 안 함	불공제
개인회사사장	업무관련	식비 이론상	원칙 : 경비인정 안 함	불공제
		식비 실무상	원칙 : 경비인정 안 함 예외 : 직원이 있는 경우 사장 식비도 복리후생비 처리하는 세무 대리인도 있다.	공제 또는 불공제
		거래처	기업업무추진비 처리 후 한도 내에서 경비인정	불공제
	업무 관련 없음		경비인정 안 함	불공제

주 직원을 고용하고 있는 사업장이라고 해도 매월 해야 하는 인건비 신고와 직원 입·퇴사 시 해야 하는 4대 보험 신고, 4대 보험료 납부를 제대로 하지 않으면 해당 인건비에 대한 비용처리는 물론이고, 직원들을 위해 지출된 식비와 복리후생비에 대해 비용처리 및 매입세액공제가 불가능할 수 있으니, 꼭 세금신고와 4대 보험 신고를 정확히 해주어야 한다.

[회사 지출 식비의 계정과목과 부가가치세]

구분		계정과목	경비	부가가치세
개인사업자	대표자 식대	인출금	처리 불가	공제 불가
	직원 식대	복리후생비	처리 가능	공제 가능
	거래처 등 식대	업무추진비	처리 가능	공제 불가
법인사업자	대표자 식대	복리후생비	처리 가능	공제 가능
	직원 식대	복리후생비	처리 가능	공제 가능
	거래처 등 식대	업무추진비	처리 가능	공제 불가

거래처 축의금, 부조금 등 경조사비는 20만 원까지 현금 사용이 가능하다. 따라서 청첩장, 부고장 등을 증빙으로 보관하고 종이가 아닌 카톡 문자 등으로 온 것은 출력해 보관해 둔다.

개인사업자는 소득공제가 없다.

급여를 받는 직원(근로소득자)은 연말정산 때 의료비, 교육비, 보험료, 신용카드 공제 등을 받지만, 사장님은 성실신고 사업자에 해당하면 의료비, 교육비만 받을 수 있고, 아니면 공제 자체가 안 된다.
반면 법인의 대표이사는 법인에서 급여를 받는 근로소득자에 해당하므로 직원들과 마찬가지로 연말정산을 통해 소득공제를 받게 된다.
개인사업자의 사장님은 억울할 수 있으나 사업에 필요한 지출은 필요경비라는 명목으로 인정되므로 오히려 더 유리하다.

예를 들어 직원들은 자동차를 구매해도 소득공제를 안 해준다. 그러나 개인사업자인 사장님은 이것도 사업에 필요한 경비로 처리할 수 있다.

그리고 신용카드 소득공제를 못 받는 대신 업무와 관련된 신용카드 사용액은 필요경비로 인정받을 수 있다. 또한 성실신고 사업자에 해당하면 의료비, 교육비도 세액공제가 가능하니 손해보는 장사는 아니다.

그리고 부모님 등 기본공제 대상자에 대한 공제는 형제자매 중 1명만 공제받을 수 있다.

본인은 사업소득자, 동생은 근로소득자인 경우 동생이 직장에서 연말정산 할 때 부모님에 대한 공제를 받으면 본인은 종합소득세 신고할 때 소득공제를 받으면 안 된다. 즉 동생이 연말정산 때 공제를 받든 본인이 종합소득세 신고 때 공제를 받든 1명만 선택해서 공제받아야 하므로 사전에 이에 대한 결정이 필요하다.

근로소득자가 먼저 연말정산을 하므로 별도의 말 없이 관련 서류를 회사에 제출하면 먼저 공제해 버리는 사태가 발생한다.

그 후 5월에 본인도 공제받으면 이중 공제가 되어 둘 중에 1명이 가산세를 더해 세금을 토해내야 한다.

부가가치세 10% 아끼다 더 큰 세금 낸다.

신용카드 결제를 하거나 세금계산서를 요구할 시 10%의 부가가치세를 낸다.

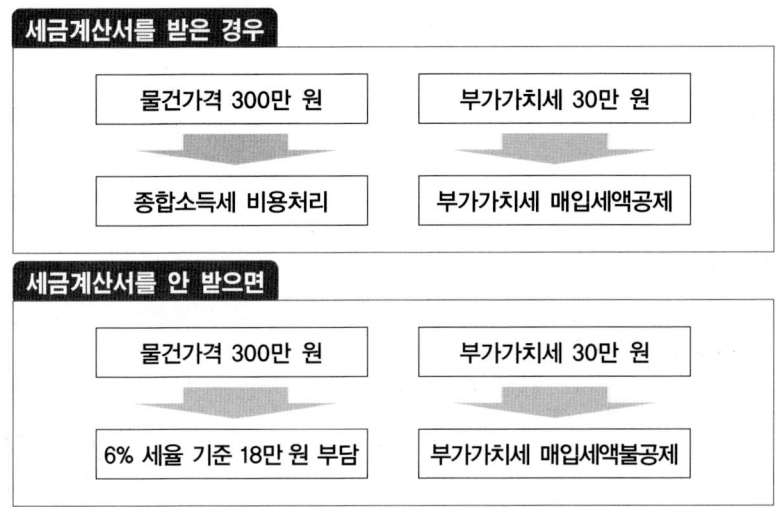

부가가치세가 아까워서 세금계산서를 안 받고 현금결제를 하는 사업자분들이 있으나 이는 피하는 것이 좋다.

세금계산서는 증빙이 되기 때문에 부가가치세는 다 돌려받을 수 있을 뿐 아니라 법인세(종합소득세)까지 줄여주기 때문이다. 현금으로 결제하는 것보다 부가가치세를 주고 세금계산서를 받는 것이 훨씬 유리하다.

예를 들어 110만 원을 주고 물품을 구입하는 경우 100만 원은 법인세(종합소득세) 신고 시 비용으로 인정받고 10만 원은 부가가치세 신고 때 매입세액공제를 받으면 된다. 즉 세금계산서를 받기 위해 더 낸 부가가치세 10만 원은 결국은 세금납부 시 돌려받는 효과를 낸다. 그런데 부가가치세 10만 원을 안 내는 조건으로 100만 원을 지불하는 경우 지금 당장은 이익이지만 100만 원을 법인세(종합소득세) 신고 시 비용으로 인정받지 못해 세금을 더 내는 사태가 발생한다.

일반적으로 종합소득세율은 15%에서 24%를 적용받으므로 최소 15만 원(100만 원 × 15%)은 손해를 보는 것이다.

업종별 평균 부가율 살펴보기

부가율은 과세당국이 추후 세무조사 업체 선정 시 활용한다.

부가가치세를 줄이기 위해 매입자료를 과다하게 받아 부가율이 낮아지면 문제가 된다.

물론, 실제 매입이라면 상관없지만 가사 관련 비용을 부가가치세 매입세액공제에 넣는 다거나 직원 카드를 부가가치세 매입세액공제에 과다하게 넣거나 현금매출 부분을 과도하게 줄이거나 하는 것들은 부가율이 낮아져 문제가 된다.

간혹 회사 업종 부가율에 과도하게 신경을 쓰는 경우가 많은데, 적격증빙에 따라 성실신고를 하는 경우 부가율에 신경 쓸 필요가 없다.

유류가 아닌 차량 종류에 따라 매입세액공제

차량을 사업에 사용하면서 지출하는 주유비, 수리비 등의 각종 유지비용은 업무용으로 사용했을 때는 법인세나 소득세 신고 때 비용으로 인정된다. 반면 부가가치세 매입세액공제는 경차나 트럭, 9인승 이상 승합차는 공제되는 반면, 일반 승용차는 공제가 안 된다. 즉, 연료의 종류가 휘발유, 경유 또는 LPG, 전기, 수소 차량 여부가 매입세액공제의 판단기준이 아니라 차종이 공제 여부의 판단기준이다.

또한 복식부기의무가 있는 개인사업자가 업무와 관련하여 개별소비세가 부과되는 승용차(경차, 승합차, 화물차는 제외)를 운행할 경우, 2대부터는 업무전용자동차 보험에 가입하고, 차량운행일지를 작성해야 업무 사용 비율만큼 경비 처리가 가능하다. 물론 1대의 경우 업무전용자동차 보험에 가입하지 않더라도 차량운행일지는 꼭 작성해 둬야 완벽한 세무관리가 된다.

오토바이, 경차나, 트럭, 9인승 이상의 승합차를 제외한 세단이나 SUV 차량은 전부 차량운행일지의 작성 대상이다. 또한 휘발유, 경유, 수소, 전기 등 유종과 관계가 없다.

차량운행일지를 작성하지 않은 경우는 1대당 1,500만 원(감가상각비 포함)까지 경비로 인정된다.

음식점은 의제매입세액공제

음식점업을 운영한다면 농수산물 의제매입세액공제도 잘 챙겨야 한다. 이는 원래 부가가치세가 면세인 농수산물을 음식점에서 매입했을 때, 마치 매입세액이 있는 것으로 간주하여 일정액을 공제해 주는 제도다.

신고할 때 영수증을 전부 제출하는 것은 아니다.

세금 신고를 할 때 그동안 사용한 모든 지출영수증을 제출해야 한다고 알고 있는 사업자가 의외로 많다.

그러나 모든 영수증을 제출할 필요 없이 5년 동안 잘 보관하고 있다가 세무조사를 받으면 소명자료로 보여주고, 평소에는 이 영수증을 근거로 신고만 잘하면 된다.

물론 제출 안 한다고 해서 편법으로 비용처리를 하면 안 된다.

세무조사는 안 받아도 언제 세무서로부터 소명자료 요청을 받을지 모른다.

우리 회사는 매출이 얼마 안 되는데, 세무서에서 소명자료 요청이 왔어요. 라고 하는 실무자를 심심치 않게 볼 수 있다.

휴대폰은 꼭 사업자 명의로

사업을 하는 사장님들이라면 꼭 통신요금 청구를 개인 명의가 아닌 사업자 명의로 변경하여 부가가치세 신고시 매입세액공제를 받아야 한다.

대부분 사업자가 놓치는 부분이 휴대전화 요금과 관련된 것인데, 일반적으로 개인사업자는 본인 명의 휴대전화를 사업자 명의로 등록한 후 세금계산서를 발급받을 수 있다. 따라서 반드시 확인하고 통신사에 요청해야 한다.

사업자가 휴대폰을 업무와 관련하여 사용하고 지급하는 휴대폰 사용료는 필요경비에 산입한다. 반면 업무와 관련 없는 경우는 필요경비로 인정되지 않는다. 따라서 업무와 관련 없이 사용하는 종업원의 개인 휴대폰 사용료를 사용자가 부담하는 경우는 종업원의 근로소득에 해당한다.

통신비나 전기요금에 붙는 부가가치세에 대해서는 매입세액공제를 받을 수 있다. 단, 명의는 개인이 아닌 사업자로 되어있어야 하고, 고지서는 부가가치세가 따로 기재된 세금계산서용으로 받아야 한다.

 공동사업자의 출자와 관련된 차입금이자

공동사업 출자와 관련된 차입금 이자는 필요경비 불산입하지만, 운영자금에 대한 차입금 이자는 필요경비로 인정된다.

 대출받아 부동산 취득 시 대출이자

사업을 하면서 고정자산을 구입하는 등 목돈이 들어갈 때면 대출을 받는 경우가 있다. 이때 대출이자에 대해서는 필요경비가 인정된다. 주의할 점은 부동산과 무관한 사업인데 갑자기 큰 부동산을 구매했다든가 하면 필요경비로 인정받지 못하게 된다. 또 사업과 관련이 있다고 하더라도 구입한 자산보다 대출, 즉 부채가 훨씬 많다면 해당 부채비율만큼은 비용으로 인정이 안 된다. 빌려서 사업이 아닌 다른 곳에 썼다고 판단한다는 것이다. 대출금 이자 경비처리의 경우 자산과 부채비율을 꼭 고려해야 한다.

차량을 중고로 팔 때도 주의

어느 정도 사업 규모가 있는 경우에는 갖고 있던 차량을 중고로 판매할 때도 주의를 해야 한다. 고가의 차량을 판매하면 판매가격이 수입금액에 포함되는데, 이 때문에 일시적으로 수입금액이 늘어서 성실신고 확인 대상자에 편입돼 깐깐한 세무 관리를 받아야 할 수도 있다.

 원상 복구 비용 필요경비 산입

폐업할 때 사업장 원상 복구 비용 등에 대한 경비는 필요경비로 인정된다.

 자영업자도 폐업하면 실업급여 받는다.

고용보험에 가입한 직장인들은 본인이 원해서 퇴직한 것이 아니라면 새로운 일자리를 찾는 동안 실업급여를 받을 수 있다. 하지만 실업급여가 직장인만의 전유물은 아니다. 자영업자도 본인이 희망하면 고용보험에 가입해 실업급여를 받을 수 있다. 홀로 사업을 하는 자영업자나 50인 미만의 근로자를 고용한 사업주는 개업일로부터 5년 이내 고용보험에 가입할 수 있다.

업무용 승용차 매입세액공제와 운행기록부 작성

업무용으로 승용차를 사용하면 부가가치세 신고를 할 때 매입세액공제를 받지 못하지만, 경차나 트럭 등 화물차를 구입해서 사용하는 경우 구입 및 유지비용을 공제받을 수 있다.

구 분	매입세액공제 여부
가능한 경우	9인승 이상의 승합차 등(운반용), 트럭, 1,000cc 이하의 경차 등
불가능한 경우	일반 소형·중형·대형 승용차, 전기 승용차

위의 비영업용소형승용차는 부가가치세 매입세액공제는 받지 못해도 소득세(법인세) 신고 때 비용으로 인정받을 수 있으므로 증빙은 잘 챙겨두어야 한다. 다만, 복식부기의무자인 개인사업자는 위의 매입세액불공제 차량을 종합소득세 신고 때 비용으로 인정받기 위해서는 차량별로 관련 비용이 연간 1,500만 원(감가상각비 포함)을 넘는 경우는 반드시 일자별로 운행기록부를 작성해야 한다.

[복식부기의무자 적용 규정]

구 분		비용인정 여부
임직원 전용 자동차보험에 미가입		필요경비(비용) 불인정
임직원 전용보험에 가입	운행일지 미작성	연간 1대당 1,500만 원까지만 비용인정
	운행일지 작성	업무 사용 비율만큼 비용인정

그리고 개인사업자라도 모든 복식부기의무자는 2대 이상부터는 업무 전용 자동차보험에 반드시 가입해야 한다.

세무사에게 맡겨도 최종책임은 사업자 본인에게 있다.

그럼! 왜 세무사에게 맡기냐 생각하는 사장님도 있겠지만 내가 모르는 분야에 대해 도와주는 개념으로 생각해야 한다. 즉, 세무사가 계산한 결과도 무조건 믿지 말고 내 계산과 비슷한지는 점검해 보아야 한다는 것이다.

결론은 결국 내가 알아야 한다는 것이다.

많은 회사가 세무사에게 맡기고 있다면서 장부를 아예 쓰지 않고 있는 것이 현실이다.

장부는 이론상은 세무사사무실에서 대신 작성하고 있는 것이지만, 세무대리인이 우리 회사에 출장 나와 함께 근무하는 것도 아니므로, 우리가 자료를 넘겨주기 전까지는 아무것도 알지 못하고, 할 수조차 없다. 즉 장부를 작성하지 않고 세무사에게만 맡기면 회사의 정확한 현금시재 또는 거래처에서 받을 돈, 줄 돈 같은 실시간 경영환경을 세무대리인은 알 수가 없고, 알 수가 없다는 것은 그만큼 오류가 날 가능성이 크다는 의미이다.

또한 회사는 최소한 필요한 자료를 주기적으로 정리해서 세무사 사무실로 넘겨주어야 하므로 진짜 최소한

⊙ 현금출납부

ⓞ 통장
ⓞ 신용카드 사용영수증 또는 월별 청구서
ⓞ 매출장, 매입장 또는 거래처별 원장
ⓞ 거래 때 주고받은 거래명세표, 세금계산서

이 정도는 준비를 해서 세무사에게 제출해야 제대로 기장을 해줄 수 있다. 물론 홈택스를 통해서 세무 대리인이 조회할 수 있는 자료는 상대적으로 덜 신경을 써도 되지만, 그렇지 않은 자료 즉 종이 세금계산서나 개인신용카드 사용분 등 회사 관계자가 아니면 알 수 없는 자료는 중요한 사항을 적어서 넘겨줘야 한다.

특히 통장의 돈이 자주 오가는 경우나 가사용과 섞어서 사용하는 개인사업자 통장은 특이한 거래의 경우 반드시 통장에 메모해서 세무 대리인에게 복사본을 넘겨주는 것이 좋다.

결국 제대로 관리를 하기 위해서는 기장을 맡기고 있어도 꼭 필요한 장부들은 내부적으로 기록해야 한다는 것이다.

의외로 많은 사업자가 현금출납장조차 없이, 그동안 모아 두었던 영수증만 상자에 모아서 분기별로 던져 주고 마는 경우도 많다. 이런 경우는 아무리 실력 좋은 세무 대리인에게 의뢰해도 제대로 된 기장이 될 것으로 기대하지 말아야 한다. 또한 기장료가 비싸다고, 투덜거리지도 말아야 한다.

이런 경우는 세무사가 작성한 장부와 신고 내용이 틀려도 검증할 방법이 없다.

관리를 잘하는 기업들은 회사의 자체 기장으로 결산한 내용과 세무사가 작성한 결산 내용을 비교해서 상호 체크를 하며, 때로는 세무사가 잘못 기록한 내용을 회사에서 가르쳐 주는 일도 많다.

왜냐하면 내 회사 일은 내가 더 잘 알고 모든 책임은 내가 져야 하기 때문이다.

참고로 홈택스를 활용해 신고하는 경우 홈택스와 내 자료가 틀린 경우가 있는데, 홈택스도 책임져주지 않으므로 본인 판단에 따라 본인 자료로 신고해야 한다. 결국 최종책임은 본인에게 있다는 점을 잊어서는 안 된다.

개인카드 사용과
법인카드 사용의 경비 처리

 직원 개인신용카드로 경비 처리할 때 유의 사항

사업을 하다 보면 부득이하게 임직원 개인 명의 카드를 사용하게 되는 경우가 발생한다(법인 기업업무추진비는 반드시 법인카드를 사용한다.). 다행히도 사업을 위한 지출이었음을 증명할 수만 있다면 개인카드로 지출한 내역도 매입세액공제를 받을 수 있지만, 개인카드가 아닌 법인카드(개인사업자일 경우 사업용 카드)를 사용해야 한다. 그 이유는 다음과 같다.

↗ 직원 개인카드를 사용했을 때 수반되는 업무

개인카드 영수증 수취 및 필수 기재 사항 확인 업무

직원 개인 명의 카드 사용내역은 회사가 수집하는 것이 불가능하므로 직원으로부터 꼭 영수증을 받아야 한다.

그리고 수취한 영수증의 세무 처리를 위해 판매처의 사업자등록번호와 영수 일시, 영수 금액 정보가 꼭 확인되어야 하고, 관리 방법에 따라 카드번호 정보도 필요할 수 있으므로 영수증 상에 해당 정보가 정확히 기록되어 있는지? 확인하는 업무가 필요하다.

혹시라도 직원으로부터 받은 영수증에 필수 정보들이 불분명하게 기록되어있다면 영수증을 재요청하여 다시 받아야 한다.

비용 정산

회사를 위해 지출한 개인카드 결제금액은 회사통장에서 직원 개인통장으로 환급해 주어야 한다. 환급해야 할 금액이 발생할 때마다 입금하거나, 일정 기간을 정해서 그 기간 동안 사용한 금액을 합산해서 입금하거나 혹은 급여에 포함해서 입금하는 등 여러 방법 중 하나의 방법을 정해서 꼭 직원에게 그 금액을 돌려주어야 한다. 이 과정에서 직원 개인카드 사용 내역을 엑셀 등으로 정리하는 작업 등이 필요할 수 있다. 따라서 업무가 늘어나게 된다.

수기 전표 입력

법인사업자가 법인 명의로 발급받은 카드, 개인사업자가 사업자 명의로 발급받고 홈택스에 등록한 카드의 사용내역은 홈택스에서 제공하는 시기에 맞춰 사용내역을 전산으로 조회할 수 있고, 그 기능을 활용하여 전표 입력도 더욱 편하게 진행할 수 있지만, 직원 개인카드 사용내역은 그 내역 하나하나를 수기로 전표 처리해야 하므로 상대적으로 더 많은 작업이 필요하다. 또한, 수기로 전표를 입력하다 보면 오류가 발생할 수 있다.

기장료가 올라갈 수 있다.

세무대행 서비스 요금의 인상 가능성이다.

법인카드나 사업용 카드 사용내역만 존재하는 사업장보다 직원 개인 카드 사용내역이 많은 사업장의 업무량을 비교했을 때, 세무대리인의 입장에서는 개인카드 사용내역이 많은 사업장에게 상대적으로 더 비싼 서비스 요금을 요구할 수도 있다. 한정된 시간을 두고 고객사별로 소요되는 업무량이 달라지기 때문이다. 물론 이 점은 자체 기장을 하는 회사는 고려 대상이 아니지만, 경리직원의 일이 많아진다.

↗ 직원 개인카드 사용 시, 연말정산에서 유의할 점

사업을 위해 부득이하게 지출한 직원 개인 명의 카드 사용내역은 그 직원의 연말정산에도 영향을 미친다.

연말정산 시 직원은 카드 사용 금액도 공제하게 되는데, 직원이 본인 개인 명의 카드로 회사 비용을 지출한 내용은 직원 본인의 소비로 볼 수 없으므로 연말정산에서 제외되어야 한다.

따라서 회사에 국세청 간소화 자료를 제출할 때 신용카드 등 사용내역에서 회사 비용 목적으로 지출한 내용은 제외하고 제출해야 한다. 직원 처지에서 그 내역을 하나하나 살펴서 전달하는 것도 번거로운 업무겠지만, 연말정산 작업을 실제로 진행하는 실무자 처지에서도 전달받은 내용에 유의하여 신고를 진행해야 하는 수고로움이 발생한다.

법인카드(사업자 카드) 사용을 권장하는 이유

↗ 개인카드 사용 관리업무에 투입되는 비용 감소

앞에서 살펴본 바와 같이 직원이 회사를 위해 개인카드를 사용하는 경우 여러 가지 업무가 파생된다. 법인카드(사업자 카드)로 비용을 지출한다면 그 파생 업무를 진행하지 않아도 된다는 장점이 있다.

↗ 사업 지출 내용 파악 용이

법인카드(사업용 카드)로 비용을 지출한다면 한눈에 회사의 모든 지출내용을 파악할 수 있으므로 보다 편리한 비용 관리가 가능하다.

위와 같은 이유로 법인카드(사업용 카드)의 사용이 권장되는 것인데, 직원이 많을 때는 하나의 카드로 모든 지출을 진행하는 것이 불가능하므로 부득이하게 직원의 개인카드를 사용해야 하는 상황이 계속 발생할 수 있다.

법인카드(사업용 카드)만으로 비용 집행이 어려운 사업주는 직원별로 직원 이름의 법인 개별카드를 발급해서 회사 비용지출 시 그 카드를 사용하도록 하는 방법도 고려해 봐야 한다.

이 카드는 직원 이름의 카드일지라도 사업자 명의의 카드이기 때문에 회사계좌에서 비용이 지출된다. 이와 관련해서 혹시 직원이 카드를 남용하지 않을까 우려되는 경우는 카드별 한도를 조정하는 등의 대책을 세우는 것도 좋은 방법이 될 수 있다.

구 분			비 고
개인신용카드	일반경비		다른 증빙에 의해 업무용으로 사용한 것이 확인되는 경우 전액 비용인정이 된다. 특히 개인사업자는 가사비용(개인용도) 지출액을 업무용 지출로 처리하는 편법을 사용하면 안 된다.
	기업업무추진비	3만 원까지 (경조사비는 20만 원)	청첩장, 영수증 등 증빙 수취 시 비용인정
		3만 1원부터 (경조사비는 20만 원)	반드시 법인카드를 사용해야 비용이 인정된다. 개인카드 사용 시 비용은 인정 안 되고, 가산세는 없다. 단, 개인사업자의 경우 원천적으로 법인카드가 없으므로 개인카드를 사용해도 비용인정은 되나 될 수 있으면 사업용 카드를 사용해야 한다.
	비용 인정받은 개인카드 사용분 연말정산 시 처리		비용으로 인정받은 개인카드 사용분은 연말정산 시 신용카드 소득공제 대상에서 스스로 차감한다.
법인신용카드	업무관련 지출비용	기업업무추진비 (경조사비는 20만 원 포함)	증빙을 받아도 세법상 기업업무추진비 손금 인정 범위 내의 금액만 비용인정을 받을 수 있다.
		일반비용	전액 비용인정
	법인카드 개인 사용분		비용인정이 안 된다. 비용으로 인정받기 위해서는 사용한 임직원의 급여로 보아 근로소득세를 신고·납부 해야 한다. 법인카드를 개인적으로 사용했을 때, 세무상 불이익을 받지 않기 위해서는 나중에 소명을 위해 사용 금액을 현금으로 주고받지 말고 반드시 사용자 개인계좌에서 법인계좌로 입금해야 안전하다.

법인카드 영수증 실물을 모아야 하나요?

세법상 적격증빙은 5년간 보존해야 한다. 다만, 법인카드 사용내역은 카드사 홈페이지에서 확인이 가능하며, 국세청에도 전송되는 자료이다. 따라서 종이 영수증을 모으지 않더라도 비용으로 처리하는데, 큰 문제는 없다.

결론은 국세청이나 카드사 홈페이지에서 조회가 가능한 카드 전표의 경우 별도로 보관할 필요가 없으나 조회가 안 되는 경우는 별도로 보관해야 한다. 대표적인 것은 직원 개인카드 사용분이다.

참고로 말일자 카드 전표의 경우 홈택스 등에서 늦게 조회되므로 부가가치세 신고 시 어려움을 보는 경우가 많으므로 이는 별도로 관리할 필요가 있다.

참고로 지출 내역에 대한 상세한 정보를 알기 위해 국세청 자동등록과 별도로 신용카드 매출전표 원본은 별도로 관리하는 회사도 있다.

 ### 법인 체크카드의 적격증빙 관리

체크카드나 신용카드의 차이는 없다.

모두 사업상 경비와 부가가치세 공제가 가능한 것으로 실제 지출내용에 따라 장부기장을 하면 된다. 카드사 홈페이지를 통해 영수증을 조회할 수 있으므로 실물 영수증 증빙은 굳이 보관할 필요가 없다. 다만, 법인 명의로 된 통장을 정리할 때 필요하므로 구비해 둘 필요는 있다.

 ### 간이과세자에게 신용카드매출전표를 받은 때 매입세액공제

세금계산서 발행이 가능한 간이과세자로부터 수취한 세금계산서, 지출증빙용 현금영수증, 신용카드 매출전표 등의 매입은 부가가치세 공제가 가능하다.

지출하면 세법에서 손금으로 인정되는 주요 경비 사례

구 분	비용처리
사업자 관련 대출 경비처리	원금은 안되고 이자비용은 경비처리가 가능하다. 이자비용에 대해 경비처리를 하는 경우 부채증명원과 이자상환내역증명원을 발급받으면 된다. 다만, 주택 관련 대출에 대해서는 경비처리가 불가능하다.
자동차 관련 비용의 경비처리	자동차등록증상 자동차 명의가 대표자 본인(부부공동 가능) 명의인 보험료, 자동차세, 주유비 등은 경비처리가 가능하다.
차량유지비	업무용 차량의 유지비용은 경비처리가 가능하다. 단, 업무용 승용차 전용 보험에 가입하고 차량운행일지를 작성해야 한다. 참고로 출퇴근 차량유지비도 차량운행일지(승용차 작성, 트럭은 제외)를 작성하면 업무용으로 인정해 준다. 그리고 대리운전비용도 업무용 지출인 경우 인정된다.
트럭이나 다마스, 경차비용	매입세액불공제 및 운행일지 작성 의무 차량은 흔히 말하는 승용차를 말하며, 업무용으로 사용하는 트럭이나 다마스, 경차, 배달 오토바이 비용은 운행일지 작성 대상이 아니며, 작성을 안 해도 경비로 인정된다.
사업용 고정자산 매입비용	업무와 관련한 컴퓨터, 노트북, 프로그램 구입비, 책상 등 가구 구입비는 비용인정이 된다.
사업장 임차료	사업장 임차료는 비용인정 된다. 본인 집은 인정받기 힘들다.

구분	비용처리
통신비	본인 핸드폰 비용, 인터넷, 전화, 팩스비용 모두 가능하다. TV 설치비용은 업종 특성상 꼭 필요하지 않은 업종의 경우 비용처리가 힘들다.
개인소유 핸드폰 사용료	사업자가 핸드폰을 업무와 관련하여 사용하고 지급하는 핸드폰 사용료는 경비인정 된다. 그러나 종업원이 업무와 관련 없이 종업원의 개인 휴대폰 사용료를 회사가 부담하는 경우 근로소득세를 원천징수하고, 경비인정을 받는다. 또한 핸드폰 기기 구입비용도 업무와 관련된 것은 경비처리가 가능하다.
인건비	세금 신고를 한 인건비만 경비처리가 가능하다. 그리고 급여를 통장으로 지급하지 않고 현금으로 지급할 경우는 꼭 급여대장을 작성해 두어야 한다.
배우자 인건비	배우자 인건비는 근로소득으로 봐 경비처리가 가능하다. 단, 실제로 근로를 제공한 증거자료(출퇴근 기록 및 업무일지, 급여 이체와 4대 보험 및 근로소득세 신고자료 등)를 확보해 두어야 한다. 이 경우 배우자도 4대 보험 납부를 한 경우 비용으로 인정된다.
4대 보험료	4대 보험 중 회사(법인 대표이사 포함)부담 분은 경비처리가 가능하다. 하지만 개인회사 사장 개인 4대 보험료 중 건강보험료는 경비처리가 가능하나 국민연금은 인출금처리 후 종합소득세 신고 시 경비처리가 아닌 연금소득공제를 받는다.
식대 지출액	종업원(법인 대표이사 포함)의 20만 원 식대 비과세 대신 식사를 제공하는 경우 경비로 인정된다. 구내식당 비용도 경비인정이 된다. 그러나 개인회사 사장 본인의 식대는 경비처리가 안 되는 것이 원칙이다. 하지만 1인 회사를 제외한 사장의 식사비를 직원 식비에 끼어 경비 처리하는 세무 대리인도 있으니 참고한다.

구 분	비용처리
사업장 공과금	수도료, 전기료, 가스료, 관리비 등 사업과 관련된 공과금은 경비처리가 가능하다. 공동사용으로 공동 부과되는 경우 본사 사용부담분만 인정된다.
기업업무추진비	3만 원 초과 기업업무추진비는 적격증빙을 갖춰야 경비로 인정된다. 단, 법인은 반드시 법인카드를 사용해야 한다. 반면, 경조사비(청첩장, 부고장)는 20만 원이 경비 처리된다. 매출보다 상대적으로 많은 양의 경조사비를 비용 처리하는 경우가 있는데, 이 경우 소규모 회사라도 소명요구가 올 수 있다.
기부금	법에서 인정한 특례기부금, 일반기부금만 인정된다. 개인의 동창회 기부금, 이익단체 기부금은 인정되지 않는다.
부가가치세, 종합소득세 납부액	부가가치세 및 종합소득세 납부액은 경비인정이 되지 않는다. 다만, 부가가치세가 면제되는 사업자가 부담하는 매입세액, 비업무용승용차 유지에 관한 매입세액은 경비 처리가 가능하다.
공동사업자의 출자와 관련된 차입금이자	공동사업자가 출자를 위해 차입한 차입금의 이자는 경비처리가 불가능하다. 하지만 회사설립 후 회사 운영 자금으로 차입한 이자비용은 경비 처리가 가능하다.
경품으로 제공한 상품 등	사업자가 판매촉진을 위하여 경품부 판매를 하는 경우 경품으로 제공하는 상품 등은 경비로 인정된다. 그리고 불특정다수인을 대상으로 견본 등 무상으로 제공되는 것도 경비인정이 된다.
시설의 개체나 원상 복구 비용	폐업할 때 사업장 원상 복구 비용 등에 대한 경비는 비용인정된다.
감가상각 안 하고, 수선비로 즉시비용처리	600만 원 미만의 수선비, 자산 가액 5% 미만 수선비, 3년 미만 주기의 수선비는 자산 계상 후 감가상각하지 않고 지출 즉시 비용처리가 가능하다.

구 분	비용처리
사장 개인 사적비용	사장의 개인적인 골프비용, 동창회 회비, 콘도 이용 요금 등은 사적비용으로 경비 처리하면 안 된다.
자산등록 없이 즉시 비용처리가 가능한 경우	거래 단위별 취득가액 100만 원 이하의 지출 금액 전화기(휴대용 전화기 포함), 개인용 컴퓨터(그 주변기기 포함)는 금액의 제한이 없이 자산등록을 안 하고 즉시 비용처리가 가능하다.
기타 영수증	회비, 조합비, 기타 수수료 등

개인사업자 개인 급여는 비용처리가 안 된다. 특히 1인 기업이나 프리랜서의 경우 식사비용은 본인의 식사비용이므로 비용처리가 어렵다. 단, 법인 대표이사는 가능

약국 사업자의 구매카드 결제금액에 대해 지급하는 캐쉬백 또는 마일리지	약국을 경영하는 사업자가 자기 사업과 관련하여 구입한 의약품 구매대금을 구매카드로 결제하고 카드회사로부터 그 결제금액의 일정 비율을 포인트로 받아 이를 캐쉬백 또는 마일리지 적립금 등으로 사용하는 경우, 해당 캐쉬백 상당액 등은 해당 사업소득의 총수입금액에 산입한다.
신용카드 단말기 장려금	신용카드가맹점인 음식점을 경영하는 거주자가 용역의 공급에 대한 대가를 신용카드로 받으면서 특정 부가통신사업자(예 : 벤사)의 신용카드 단말기를 이용해 주고, 부가통신사업자의 대리점으로부터 받는 장려금은 사업소득의 총수입금액에 산입한다.
장애인고용장려금	개인사업자가 한국장애인고용촉진공단으로부터 지급받는 장애인 고용장려금의 수입시기는 당해 공단으로부터 그 장려금의 지급통지를 받은 날이 속하는 사업연도에 사업소득의 총수입금액에 산입한다.
고용촉진장려금	거주자가 신규직원을 채용하고 고용노동부 장관으로부터 지원받은 신규고용촉진장려금은 사업소득의 총수입금액에 산입한다.

구 분	비용처리
제조회사로부터 대리점 직원이 받는 판매장려금	대리점과 가전제품 제조사 간에 사전 합의에 따라 제품 모델별 판매실적에 따른 장려금을 대리점 소속 직원에게 직접 상품권으로 지급하는 경우 동 상품권은 대리점의 사업소득금액 계산에 있어 총수입금액에 산입하며, 직원이 받은 상품권은 근로소득세를 원천징수 한다.
재난지원금, 지자체 재난 기본소득, 긴급생계비 지원사업	해당 소득은 개인에게 지급하는 것으로 사업주와는 관계가 없으며, 근로자는 소득세법상 열거된 소득이 아니므로 소득세가 과세되지 않는다.
휴업이나 휴직수당의 일정액을 지원받는 고용유지지원금과 특수고용직 등 사업자가 받는 고용안정지원금	국가나 지자체로부터 휴업이나 휴직 수당의 일정액을 지원받는 고용유지지원금과 특수고용직 등 사업자가 받는 고용안정지원금은 고용 등 사업과 관련해서 받은 것이므로 사업소득세(법인세)가 과세 된다. 그러므로 개인과 법인이 받는 고용안정지원금이나 고용유지지원금은 사업 관련 소득으로 결산과 세무조정 시 영업외수익으로 계상하거나 세무조정 시 개인사업자는 총수입금액에 산입하고, 법인은 익금산입하는 등 과세소득에 전액 포함해야 한다. 1. 개인사업자 : 사업소득으로 종합소득세 과세 2. 법인사업자 : 법인소득으로 법인세 과세 반면 사업자로부터 지원금을 급여로 받는 근로자의 경우도 다른 근로소득과 합하여 과세대상이 된다.
정부보조금 (국고보조금)	세법상 정부보조금은 익금 및 총수입금액산입 항목이다. 그러나 자산 관련 보조금을 익금 및 총수입금액산입 항목으로 보면 일시에 과세되어, 자산 취득 자금이 세금으로 유출되어 자산 취득에 어려움이 발생할 수 있다. 이에 따라 세법은 자산 관련 보조금에 대해 일시상각충당금(압축기장충당금)으로 과세이연하는 제도를 두고 있다.

사무실 임차료와 관리비의 증빙 관리와 경비 처리

사업장을 임차했을 때는 임차료를 매월 지급하게 되는데, 그 임차료는 필요경비로 인정된다. 다만, 실제 지급하는 임차료와 세금계산서에 기재된 임차료 금액이 다를 때는(이중으로 계약서를 쓴 경우), 세무용으로 작성된 계약서에 기재된 금액을 기준으로 임차료로 처리한다. 이 경우 실제 지급하는 임차료와의 차액은 경비로 인정이 안 된다. 따라서 임대차계약서를 작성할 때는 실제로 지급하는 금액으로 작성해야 세금을 적게 낸다.

임대인은 부동산임대업으로 사업자등록이 안 되어있을 때도 부가가치세 신고 때 부동산임대공급가액명세서를 제출해야 한다.

즉, 부동산 임대수익이 발생하는 사업자 또는 부동산 임대수익이 발생하지 않더라도 임대보증금이 있는 상황이라면(간주임대료 발생) 부가가치세 신고 시 부동산임대공급가액명세서를 제출해야 한다.

부동산임대공급가액명세서 작성시 제출 내역이 누락되는 경우 가산세(가산세=미제출 또는 부실기재된 금액 × 1%) 대상이 되기 때문에 제출시 주의해야 한다.

⊙ 실질적으로 부동산임대업을 영위하면서도 사업자등록증 상 업종을 추가하지 아니한 경우에도 실제 부동산임대업자이므로 부동산

임대공급가액명세서 제출 의무는 있다.
ⓥ 전대하는 사업장에 대해서도 부동산임대공급가액명세서 작성시 포함해야 한다.
ⓥ 주택을 임대하는 면세사업자에 해당하는 경우는 부동산임대공급가액명세서 작성 대상이 아니다.
ⓥ 부동산임대 매출이 없다면 부동산임대공급가액명세서를 작성하지 않아도 무방하다(가산세 적용 없음).

구분	적격증빙
임차보증금	임차보증금은 나중에 돌려받을 수 있는 돈이므로 자산 중 보증금 계정으로 전표 처리 하면 되며, 별도로 비용처리 할 사항은 없다. 보증금에 대해서는 세금계산서 발행도 안 되며, 계약서를 증빙으로 보관하면 된다.
금융리스	영수증 수취(지로 입금)
운용리스	계산서 수취
주택 임차	주택 임대용역은 면세 용역이다. 따라서 계산서를 받으면 된다. 거래상대방이 사업자등록이 안 된 개인 임대업자라면 적격증빙을 받을 수 없다. 이 경우 입금내역 등 거래 사실이 확인되는 경우는 비용인정이 가능하다(송금 후 송금명세서 제출).
사무실 등 주택 외 임대	1. 과세사업자인 경우 세금계산서, 계산서, 신용카드매출전표, 현금영수증 등의 적격증빙을 반드시 수취해야 한다. 미수취한 경우, 입금내역 등 거래 사실이 확인되는 경우는 비용인정이 가능하나 지출증빙불성실 가산세(2%)가 부과된다.

구분	적격증빙
	2. 임대인이 비사업자의 경우 거래 상대방이 사업자 등록이 안 된 개인 임대업자라면 적격증빙을 받을 수 없다. 이 경우 입금내역 등 거래 사실이 확인되는 경우는 비용인정이 가능하다(송금 후 송금명세서 제출). 정기적인 임차가 아닌, 행사 등 일시적으로 임차하는 경우 임차료에 대해서는 기타소득으로 원천징수 한 후 증빙처리할 수 있다. | 구분	적격증빙 | |---|---| | 임차료 | 세금계산서 수취 | | 수도료 | 계산서 수취 | | 전기료·가스료·주차료 등 | 본사 부담분에 대해서 세금계산서 수취 | 전기료·가스료·주차료·수도료 등을 명세서에 구분 징수하지 않고, 임차료에 포함해서 징수하는 경우는 전체 금액에 대해서 세금계산서 수취
관리비 공공요금	별도로 납부하는 경우 발행받은 세금계산서, 계산서를 비용처리 하면 된다. 전기료, 가스료 등 임대인 명의로 세금계산서를 교부받는 경우(건물 전체에 대해서 임대인 명의로 통합 고지)에는 임대인은 임차인의 금액만큼 세금계산서를 발행해 주어야 한다. ① 전기요금이나 가스료(부가가치세 과세 대상) : 임차인 부담분에 대하여 세금계산서를 적격증빙으로 받는다. ② 수도요금(부가가치세 면세 대상) : 계산서나 영수증을 적격증빙으로 받는다. 기숙사 및 사택에 해당하는 관리비를 회사가 대납해 주는 경우

구분	적격증빙
	동 비용은 해당 근로자의 급여로 보아 처리해야 한다. 반면 프리랜서일 때는 기업업무추진비로 처리한다.
중개수수료	세금계산서 수취 또는 송금명세서 제출

구분	적격증빙
일반과세자	세금계산서나 신용카드 매출전표
간이과세자	송금명세서
비사업자	비용인정을 받을 수 없음

	전기료·가스료·주차료·수도료 등을 명세서에 구분 징수하지 않고 임차료에 포함해서 징수하는 경우는 전체 금액에 대해서 세금계산서 수취
세무 대리를 맡기는 경우	① 전자세금계산서, 계산서, 법인카드, 현금영수증 등은 자동 취합되므로, 종이 세금계산서, 입금확인서 등인 경우에만 별도로 제출한다. ② 입금할 때 메모란에 '임차 관련 비용'으로 입금 시 메모해 주면 기장할 때 편리하다.

 사업소득 원천징수 대상인 프리랜서에게 제공하는 기숙사 임차료

직원의 기숙사 임차료를 회사가 부담하는 경우 세금계산서 등 증빙을 받아서 경비 처리하면 된다(수도료, 전기료, 가스료 등 개인적 지출액은 제외).

사업소득으로 원천징수하고 있는 프리랜서(3.3% 계약 근로자 포함)에 대하여 당초 용역계약을 체결하면서 계약조건에 해당 프리랜서에게 기숙사를 제공하고 월세를 해당 사업자가 직접 부담하는 경우는 사업자의 기업업무추진비에 해당한다.

기업업무추진비로서 한도 이내의 금액에 대하여 필요경비로 산입하는 것이다.

사용하는 직원들이 부담해야 할 비용을 사업자가 대신 부담하는 경우는 그 금액을 포함한 금액을 원천징수 대상 사업소득의 수입금액이다.

그리고 해당 사업자의 지출경비를 필요경비로 산입한다. 다만, 기업업무추진비에 해당하는 금액을 지출하는 경우는 계산서, 세금계산서, 신용카드매출전표 또는 현금영수증을 지출증빙서류로 수취·보관해야 하며, 거래상대방이 사업자에 해당하지 않아 적격증빙을 수취하지 못하는 경우는 기업업무추진비로 필요경비에 산입할 수 없다.

참고로 기숙사 등으로 주택을 임대하는 경우는 해당 주택임대는 부가가치세 과세 사업자로 거래상대방은 부가가치세 과세 사업자등록을 해야 한다.

사내 헬스장, 어린이집, 기숙사

사내 헬스장, 어린이집, 기숙사를 설치하고 각각에 필요한 시설로서 공구, 기구나 비품 등을 구입한 경우 취득가액을 자산별로 감가상각함이 타당하다. 단, 즉시상각 의제 규정에 따라 그 취득가액이 거래단위별로 100만 원 이하인 감가상각자산에 대해서는 이를 그 사업에 사용한 날이 속하는 사업연도의 필요경비로 계상할 때는 이를 당기 경비처리가 가능하다.

회사의 업무용 자산의 유지, 관리비, 사용료 등은 복리후생비로 경비처리가 가능하다.

- 법인이 사내 체육시설을 설치하고 시설의 관리와 유지 등을 위해 지출한 금액이 있다면 이는 사업용자산에 대한 비용으로 경비처리가 가능할 것으로 판단된다.
- 또한「영유아보육법」에 의하여 설치된 직장어린이집을 운영함에 따라 발생하는 경비라면 복리후생비로 경비처리 할 수 있을 것이다.
- 기숙사의 경우 출자자(소액주주 제외)가 아닌 임직원에게 사택을 무상제공함에 있어서 기숙사의 유지 관리에 관한 경비는 비용처리할 수 있을 것으로 판단되나, 개별 임직원이 부담해야 할 사적 경비(전기·수도요금, 전화요금 등)는 업무와 관련 없는 비용이므로 경비처리가 안 되며, 해당 근로자의 근로소득으로 봐 원천징수한다.

출장비, 여비교통비의 증빙 관리와 경비 처리

여비교통비는 시내출장과 시외출장 그리고 국외출장으로 인하여 지급하는 경비를 말한다.

버스나 지하철, 택시 등 교통수단뿐만 아니라 기타 출장 중 지출하는 비용도 법인카드, 교통카드를 사용하거나 다른 지출에 대해서도 적격증빙을 받기가 쉬우므로 증빙을 첨부해야 한다.

- 지하철, 버스, 택시 등 대중교통 이용을 위해 회사에서 별도로 카드를 만들어 시내출장시 해당 카드를 사용하는 방법을 생각해 본다.
- 식대 20만 원을 비과세 처리하는 근로자가 시내출장 중 중식대를 법인카드로 결제했을 때는 식대 20만 원은 과세처리한다.
- 해외 출장의 경우 해외에서 사용할 수 있는 신용카드로 사용하거나, 회사 내부 결의서나 보고서 등에 따라 객관적으로 그 지출이 입증되어야 비용인정이 가능하다.
- 해외에서 신용카드로 결제한 내역은 부가가치세 신고 시 매입세액공제는 되지 않으니 이 부분은 주의한다. 다만, 해당 외국에 대한민국 조세특례제한법상의 외국 사업자 간접세 환급 특례 규정이 존재한다면 해외 지출 경비 등에 대한 부가가치세 환급을 청구할 수는 있으니 해당 내용을 확인한다.

시외출장의 경우 숙박비와 기차 요금, 항공요금이 지급되는데 이 경우 모두 영수증이 있어야만 경비로 인정받을 수 있다. 국외출장비 또한 외국에서 지출하고 받은 영수증이 있어야만 경비로 인정받을 수 있다. 회사에서 갖춘 출장여비규정에 의하여 지급한 경우 증빙이 없어도 되는 것으로 이해하는 예도 있는데 국세청에서는 줄곧 증빙이 있어야 경비로 인정한다는 것이 기본 입장이다.

특히 사장님이나 임원의 경우 세법에서 일정 금액을 증빙 없이 인정해주는 것처럼 생각해 영업비 또는 일비라는 명목으로 증빙 없이 일정 금액을 지출하는 경우가 있는데, 이것은 잘못된 지출 습관이다.

회사에서 사용하는 명칭이 어떤 것이든 세법상 3만 원 초과의 비용(경조사비는 20만 원)은 무조건 적격증빙을 첨부해야 한다.

그래도 이왕이면 여비지급규정이 있으면 할 말이 있으므로, 규정을 갖추어 두는 것이 좋다. 국외 출장의 경우 대행사를 통해 일괄 지급하는 경우가 있는데 이 경우에는 수수료에 대해서 반드시 세금계산서를 받아야 세금 측면에서 유리하다. 그렇지 않았을 때는 거래금액의 2%를 가산세로 내야 하기 때문이다.

출장일비의 경비처리 기준

근로자가 업무와 관련하여 받는 여비로서 회사가 여비지급규정에 따라 출장목적·출장지·출장 기간에 실제 드는 비용을 사회통념상 인정되는 범위 안에서 합리적인 기준에 따라 지급하는 경우 실비변상적인 성질의 급여로 보아 비과세한다.

⊙ **여비지급규정에 따른 출장비 지급 기준에 따라 지급한다.**
⊙ **사회통념상 타당한 금액이어야 한다.**

출장내역을 별도로 관리하면서 실지 드는 비용을 충당할 정도의 범위 내로 시내출장 및 시외출장을 구분하여 여비지급규정에 정하여 지급하는 경우 실비변상적 급여로 보아 근로소득세 비과세 대상에 해당한다.

일비에 대해 어느 정도가 적당한지는 명확한 금액이 없으므로 사회통념상 타당한 금액의 판단은 주관적인 판단이 될 수밖에 없다. 따라서 가장 좋은 방법은 일비 지출에 대한 증빙을 첨부하는 것을 권하며, 과하다 싶으면 급여 처리하는 것이 깔끔하다.

> 여비지급규정에 따라 지급받는 현장 체재 여비는 출장목적 등을 감안하여 실지 소요되는 비용을 충당할 정도의 범위 내에서는 비과세하는 것으로 이에 해당되는지 여부는 실질 내용에 따라 사실판단할 사항임(소득, 원천세과-596, 2011.09.30)

반면 여비·체재비로써 회사의 출장비 지급기준에 따라 실지 드는 비용을 정산하여 지급받지 않고 여비출장비 등의 명목으로 일정 금액을 정기적으로 지급받는 경우는 과세대상 근로소득에 해당한다.

구 분	과세방법
일비를 받으면서 여비교통비에 대해 증빙으로 실비정산도 받는 경우	일비는 원칙적으로 출장여비를 대신해서 일정액을 주는 것이므로 출장여비에 대해서 적격증빙에 의해 실비정산하고, 출장여비 실비정산액과 별도로 일비를 주는 경우 해당 일비는 근로소득으로 보아 근로소득세를 신고·납부 해야 한다.

구 분	과세방법
여비지급규정에 따른 출장비 지급기준에 따라 지급하는 경우	일비에 대한 적격증빙을 첨부하는 경우 해당 근로자의 근로소득으로 보지 않으며, 비용인정이 가능하다. 즉, 사용처별로 거래증빙과 객관적인 자료에 의하여 지급 사실을 입증하는 경우 회사의 경비로 처리한다(실비변상적인 비용은 여비교통비로 처리하든 비과세 급여로 처리하든 세무상 같음). 개인적으로는 일반비용의 적격증빙 한도인 3만 원 이하의 경우 적격증빙 없이 비용처리가 가능할 것으로 판단되나 너무 자주 별도의 영수증 없이 비과세 소득으로 처리하면 세무조사 등의 실사를 받을 경우 쟁점이 될 수 있다.
영업일비로 1일 2만 원 등으로 한 달간 정기적으로 지급하는 경우	일비를 지급하면서 적격증빙에 의한 실비를 지원하는 경우 해당 일비는 비과세 대상 급여로 보나, 실제 지출 여부와 상관없이 매일 일정액을 지급하는 경우는 과세대상 근로소득으로 본다. 즉, 근로자가 업무수행을 위한 출장으로 인하여 실제 드는 비용으로 받는 금액은 비과세 소득에 해당하나, 실제 든 비용과 관계없이 여비출장비 등의 명목으로 일정 금액을 정기적으로 지급받는 금액은 근로소득에 해당한다. 따라서 해당 근로자의 급여에 포함해 원천징수를 하지 않을 경우 반드시 적격증빙을 첨부해야 한다(소득 46011-3478, 1997. 2. 30.).

물론 사용인에게 지급하는 여비 중 일비 등은 지출증빙서류 수취 대상이 아니라는 국세청 예규는 다음과 같이 있다.

> 지출증빙서류 수취에 관한 규정은 사업자로부터 재화 또는 용역을 공급받고 그 대가를 지급하는 경우 적용하는 것으로 법인이 사업자로부터 재화 또는 용역을 공급받고

> 그 대가를 지급하는 경우가 아닌 사용인에게 지급하는 경조사비·여비 중 일비·자
> 가운전보조금 및 일용근로자에 대한 급여, 건물파손보상금 등의 경우에는 지출증빙
> 서류 수취대상이 아님(법인, 법인 46012-296, 1999.01.23.)

그러나 이 예규는 회사와 임직원 간의 관계에서 지출증빙서류 수취 대상이 아니라는 것이지 회사의 비용처리를 위해서는 증빙이 필요하므로 회삿돈을 사용한 임직원은 타인으로부터 적격증빙을 대신 받아서 회사에 제출해야 한다.

차량유지비와 자가운전보조금의 경비처리 관계

종업원의 소유 차량(종업원 명의 임차차량 포함)을 종업원이 직접 운전하여 업무수행에 이용하고 출장 여비 등을 받는 대신에 정해진 지급기준에 따라 받는 금액은 월 20만 원까지 비과세한다.

구 분	과세방법
일반적인 경우	매월 20만 원 이내의 자가운전보조금은 근로소득세 과세 안 됨(불포함) : 그러나 자가운전보조비에 추가해서 받는 차량 운행 실비는 과세 된다.
실비변상적 여비교통비는 과세 안 됨	업무상 출장 시 지급하는 대중교통비는 업무 관련성을 입증하면 증빙 첨부 시 실비대로 비용인정, 근로소득 비과세(입증 증빙 : 택시비, 버스, 철도, 항공비 등 카드 결제 내역).
자기 차량 소유자	① 월 20만 원은 소득세 비과세 원칙,

구 분	과세방법
	② 영업활동 등으로 월 20만 원을 초과하는 경우는 실제 차량운행일지를 작성하면서 대응하는 유류비 영수증과 통과료 등의 증빙으로 입증함(내부 처리 기준 필요).
차량 운행 관련 내부기준 필요	자가운전보조금 월 20만 원 이외의 각종 여비교통비 지출에 대한 내부 기준은 필요
대리운전 비용의 인정 가능성	원칙적으로 자가 운전의 대리이므로 자가운전보조금 20만 원에 포함되어야 한다. 그러나 접대나 회식이 업무 연관성이 인정되고, 적격증빙을 구비하면 별도의 비용으로 인정될 필요가 있음(접대, 회식 등의 업무 관련성 여부와 주행 거리별 금액 등 관련 내부 운영 규정이 필요하지만, 아직 명백한 세법상 규정·해석은 없음).

해외출장비 증빙과 세무처리

국외에서 제공받는 재화와 용역에 대해서는 그 나라가 우리나라와 같은 부가가치세법이 적용되는 것이 아니므로, 세금계산서 등 적격증빙을 수취할 수 없으므로 경비지출에 대해서 정규영수증 수취 대상 거래는 아니다. 하지만 지출 사실을 소명할 수 있게 현지에서 영수증을 발급받은 후 보관하는 게 원칙이다.

현지에서 증빙 수취가 어려운 경우가 많으므로 가능하면 법인카드를 사용하는 것이 편하다.

해외 출장비는 원화로 지급하든 외화로 지급하든 관계없이 실제 해외에서 출장과 관련한 비용을 사용한 것이 증빙서류에 의해 확인되면 출장비 정산시 해외 출장비로 처리할 수 있다.
하지만 해외 출장과 관련하여 일정 금액을 영수증 없이 포괄적으로 지급하는 경우 그 지급 근거를 전혀 찾을 수 없는 경우에는 그 귀속자를 밝혀 상여로 소득처분 후 급여에 포함해 원천징수한다.
그리고 다음의 경우는 업무와 관련 없는 경비로 봐 손금에 산입하지 않는다.
① 관광여행의 허가를 얻어 행하는 여행. 다만, 그 해외여행 기간 중 여행지, 수행한 일의 내용 등으로 보아 법인의 업무와 직접 관련이 있는 것이 있다고 인정될 때는 법인이 지급하는 그 해외여행에 드는 여비 가운데 법인의 업무에 직접 관련이 있는 부분에 직접 소요된 비용(왕복 교통비는 제외)은 여비로서 손금에 산입할 수 있다.
② 여행알선업자 등이 행하는 단체여행에 응모하여 행하는 여행
③ 동업자단체, 기타 이에 준하는 단체가 주최하여 행하는 단체여행으로서 주로 관광목적이라고 인정되는 것
여행사를 통한 해외 출장을 가는 경우 법인이 항공권, 숙박, 렌트카 등을 여행사에 위임하고 그 전체 금액을 여행사에 송금하는 경우도 지출증빙의 수취는 동일하다.
국내여행사는 여행 알선 수수료만 세금계산서를 발행해준다.
국외여행사는 인보이스, 바우처, 송금영수증 등 영수증을 발행해준다.
항공료 등의 여행경비는 부가가치세 과세표준에 포함되지 않아 세금계산서를 발행할 수 없다. 따라서 일자, 시간, 출발지, 도착지를 증명할 수 있는 항공 탑승권을 증빙으로 첨부하면 된다.
호텔 바우처는 금액, 기간, 룸 정보 등 증명할 수 있는 영수증을 첨

부하면 된다.

호텔 바우처와 결제금액이 다를 수가 있는데, 이것은 여행사와 호텔이 계약하여 낮은 금액으로 결제하기 때문에 차이가 발생할 수 있다. 대중교통, 티켓 등은 해당 티켓을 보관하거나 여행사에 보내준 입금증과 입금표 등을 받아서 보관하면 된다.

해외 출장 비용의 환율적용과 회계처리

환전할 때의 환전 당시의 환율을 기록해 놓은 후, 영수증을 줄 때 환전 당시의 환율과 외화 사용 금액을 곱하여 비용처리 한다.

해외 여비를 법인 신용카드로 결제하는 경우 실제 결제된 금액을 여비교통비로 처리하는 실무자와 사용일과 결제일을 따로 구분해서 사용일에는 사용 금액에 기준환율 또는 재정환율을 곱한 금액을 여비교통비로 처리한 다음, 결제일에 환율변동으로 인한 차액은 외환차손익으로 처리하는 방법을 사용하는 실무자도 있다.

외화로 지출한 해외경비의 원화 환산 시에 적용하는 환율은 당해 외화를 거래 은행에서 매입할 때 실제로 적용한 환율로 환산하는 것이다.

해외출장 경비 정산시 일반적인 방법은 영수증 합계에 기준환율을 적용해 비용을 정산하는 것이다. 법인카드는 지출 당시 환율로 자동으로 원화로 청구되기 때문에 청구금액으로 회계처리 한다.

해외 카드 사용내역은 홈택스에 조회되지 않는다. 또한 해외 지출금액은 매입세액공제가 되지 않는다.

그리고 임직원 해외출장 시 출장여비를 외화로 환전하지 않고 현금으로 지급하였지만, 출장 종료 후 출장여비 미사용금액을 외화로 반납했을 때는 반납한 당시의 기준환율을 적용해서 입금처리 후, 금융기관에서 원화로 환산할 때, 반납시점과 환산시점의 환율 차이에 대한 금액은 외환차손익으로 처리한다.

참고로 필요에 따라서 거래처 직원과 같이 가면서 거래처의 해외 출장비를 대신 지급한 경우는 기업업무추진비로 처리한다. 다만 출장자가 신체적 장애가 있거나 외국어 능력이 부족해 외국어 능력이 가능한 직원이 없어 임시로 가능한 자를 동반하는 때는 기업업무추진비가 아닌 회사 경비(지급수수료)로 처리할 수 있다.

외환차손익의 세무조정

법인이 상환받거나 상환하는 외화채권·채무의 원화 금액과 원화 기장액과의 차익 또는 차손은 당해 사업연도에 익금 또는 손금에 산입한다.

외부감사법인의 경우 회계기준에 외화통장은 기말의 환율로 평가하도록 하고 있다. 법인세 신고 시에는 외화평가 방법을 신고한 경우는 외화평가를 해주어야 한다.

1. 회계상 외화환산손익 분개 O ➡ 세무상 외화평가신고서 제출(신고) O ➡ 세무조정 없음
2. 회계상 외화환산손익 분개 O ➡ 세무상 외화평가신고서 제출(신고) × ➡ 세무조정 있음

3. 회계상 외화환산손익 분개 × ➜ 세무상 외화평가신고서 제출(신고) ○ ➜ 세무조정 있음

4. 회계상 외화환산손익 분개 × ➜ 세무상 외화평가신고서 제출(신고) × ➜ 세무조정 없음

 ## 해외 출장 및 연수비용 경비처리

해외 현지에서 지출할 때는 적격증빙(예 : 세금계산서, 현금영수증)을 받는 것이 불가능하므로 거래 사실을 확인할 수 있는 서류(예 : 항공권, 영수증 등)로 대신하여 처리할 수 있다.

출장·연수 등을 목적으로 출국한 기간동안의 급여 상당액은 비과세 되는 국외 근로소득으로 보지 않는다.

업무와 관련 있는 해외 시찰 및 교육훈련의 목적으로 지출된 여비교통비, 교육훈련비 등은 경비처리가 가능하다. 다만, 업무와 관련 없이 이루어질 수 있는 개연성이 높은 지출이므로 업무 수행상 반드시 필요한 것이라는 것을 입증해야 할 것이다.

증빙서류는 여행사에서 보내온 입금표와 인보이스 외에도 당초 연수 목적, 연수기간, 연수를 갈 임·직원, 연수의 내용 등이 나타나는 품의서와 업무 관련성을 입증할 수 있는 실제의 연수 활동 내용에 대한 서류 등이 필요하다.

⭐ 출장비의 합리적인 세무회계

가장 정확한 관리 방법은 금액과 관계없이 3만 원 이하의 출장비라고 하더라도 적격증빙을 수취하는 것이다. 그리고 가장 안전한 지출명세는 법인 신용카드 매출전표이다. 신용카드는 따로 영수증을 모으지 않아도 자동으로 증빙이 수취 되며, 신용카드 매출전표는 법정증빙에 해당하므로 출장비를 허위를 쓴 것이 아닌지 명확하게 나타나기 때문이다.

 3만 원까지의 지출(~30,000원)
교통비나 숙박비, 식대 등과 같은 여비교통비는 회사의 지급 규정에 그 내용이 있고, 그에 따라 정당하게 지급된 경우는 적격증빙을 따로 갖추지 않아도 비용으로 인정하고 있다(국세청 예규).

 3만 원 초과 지출(30,001원~)
세금계산서나, 계산서, 신용카드매출전표 등의 적격증빙을 반드시 받아야만 비용으로 인정받을 수 있다.

내부적 관리와 관련해서는 직원의 출장목적과 그 활동 사실 등이 회사의 내부 출장비 지급규정에 해당해야 한다.

품의서나 출장명령서, 출장여비정산서 등 내규에 의해 해당 출장이 합리적으로 이루어졌음을 입증할 수 있는 서류를 구비 해두어야 한다. 하지만 이 서류들만으로는 실제 지출이 발생했는지 입증하기 어려울 수도 있으므로 대중교통 승차권이나 간이영수증 등 추가적인 입증 서류를 함께 구비 해놓으면 더 확실하다.

회사 내부적으로 조작할 수 있는 증빙만 있으면 국세청은 출장비를 악용하여 가공경비(가상의 비용) 처리를 통해 이익을 축소했다고 의심할 수 있다.

▷ 해외 현지 지출할 때는 법정증빙(세금계산서, 현금영수증 등)을 수취하는 것이 불가능하므로, 거래 사실을 확인할 수 있는 서류(항공권, 영수증 등)로 대신하여 처리할 수 있다.
▷ 국외에서 사용한 신용카드 사용액은 부가가치세 신고시 매입세액불공제를 받는다.
▷ 국내외 출장 등을 위해 사용한 비행기, 고속버스, 고속철도, 택시 요금은 부가가치세 신고 때 매입세액불공제 된다.

항 목		부가가치세 매입세액공제 여부
비영업용 승용차의 취득비용	공 제	배기량 1,000CC 미만의 경차, 배기량 125CC 이하의 이륜자동차, 승합자동차(탑승 인원 9인승 이상), 화물승합차에 해당하는 라보, 다마스 등
	불공제	승용자동차(8인승 이하)로서 개별소비세가 과세 대상인 경우의 자동차
비영업용 승용차의 유지비용	공 제	취득비용이 공제되는 자동차의 수선비, 소모품비, 유류비, 주차료. 렌트 비용
	불공제	취득비용이 공제되지 않는 자동차의 수선비, 소모품비, 유류비, 주차료. 렌트 비용
기업업무추진비	공 제	특정인이 아닌 일반 대중을 위한 광고선전비, 종업원을 위한 복리후생비 관련 매입세액은 공제
	불공제	기업업무추진비 및 이와 유사한 비용인 교제비, 기밀비, 사례금 등의 관련 매입세액불공제
호텔 등 숙박비	공 제	업무와 관련한 출장 중 일반과세 사업자인 숙박업소에서 신용카드 등을 사용한 경우 매입세액 공제
국외 사용액	불공제	국내의 일반과세 사업자로부터 세금계산서 또는 신용카드매출전표를 수취한 경우 매입세액공제가 가능하며, 해외 사용분은 매입세액불공제
여객운송용역 업종	공 제	전세버스
	불공제	항공권 · KTX · 고속버스 · 택시 요금
입장권을 발행하는 업종	불공제	공연 · 놀이동산 · 영화관 등

◎ 세무대리를 맡기는 경우 환전 등으로 현금인출이 필요한 경우, 통장내역 메모에 '출장비용'으로 기록해 둔다.
◎ 직원 또는 사용인의 해외여행과 관련하여 지급하는 여비는 그 해외여행이 회사의 업무수행상 통상 필요하다고 인정되는 부분의 금액에 한한다. 따라서 회사의 업무수행상 필요하다고 인정되지 않는 해외여행의 여비와 회사의 업무수행 상 필요하다고 인정되는 금액을 초과하는 부분의 금액은 원칙적으로 당해 직원에 대한 급여(개인회사 사장의 경우 인출금)로 한다. 다만, 그 해외여행이 여행기간의 거의 전기간을 통하여 분명히 회사의 업무수행상 필요하다고 인정되는 것인 경우는 그 해외여행을 위해 지급하는 여비는 사회통념상 합리적인 기준에 의하여 계산하고 있는 등 부당하게 다액이 아니라고 인정되는 한 전액 경비인정 된다.

다음에 해당하는 여행은 원칙적으로 업무수행 상 필요한 해외여행으로 보지 않는다.
1. 관광여행의 허가를 받아 행하는 여행
2. 여행알선업자 등이 행하는 단체여행에 응모하여 행하는 여행
3. 동업자단체, 기타 이에 준하는 단체가 주최하여 행하는 단체여행으로서 주로 관광목적이라고 인정되는 것

강사료 원천징수와 교육훈련비의 증빙 관리와 경비 처리

 자격증 취득비용 등 교육훈련비 경비처리

일반적으로 회사에서 업무와 관련하여 임직원에게 사내외에서 교육하는데, 드는 학원비, 교재비 등은 교육훈련비로 비용처리할 수 있다. 이에는 교육장 임차료, 초빙 강사료, 연수비, 교육용 책자 구입비, 세미나 참가비, 학원 수강료 등이 해당한다.

경리실무자들은 업무 관련성과 관련해 직원의 자격증 취득비용이나 학원비 등 직원에게 지원되는 비용이 근로소득으로 세금을 부과해야 하는지, 아니면 동 비용이 업무 관련 비용으로 근로소득세 원천징수 없이 비용으로 인정받을 수 있는지 헷갈릴 수 있다.

직원이 회사업무와 관련하여 자격증 취득비용인 학원비, 시험응시료, 교재비 등 자격증 취득 보조금이 회사의 경영 정책상 필수적이라 할지라도 회사업무와 관련하여 업무능력을 향상시키는 결과를 초래한다는 객관적인 입증이 가능해야 교육훈련비로 비용처리를 할 수 있다.

따라서 업무와 관련이 없는 자격증 취득이나 직원 개개인의 자기 계발비의 경우는 해당 직원의 근로소득에 포함하여 원천징수를 해야 한다. 또한 회사에서 학원비나 자격증 취득비용을 자기개발비 명목으로 월 10만 원씩 지원하는 것은 실제 이용액을 회사에서 보전해주는 형식이다.

이용 항목 또한 학원비, 자격증 취득비 등 자기개발에 관련한 항목으로 제한되어 있고, 이는 통상적으로 특정 개인에게 이용권이 있는 자기개발비에 해당하므로 근로소득에 포함해서 원천징수해야 한다.

교육훈련비 비과세 요건

회사에서 임직원에게 복리후생 성격으로 지원할 수 있는 세법상 비과세 근로소득에 해당하는 학자금은 초중등교육법 및 고등교육법에 의한 학교와 근로자직업훈련촉진법에 의한 직업능력개발훈련시설의 입학금, 수업료, 수강료 기타 공납금 중 일정 요건을 갖춘 학자금만을 일컫는 것으로 비과세 학자금 요건은 다음과 같다.

학자금 비과세 요건

- 당해 근로자가 종사하는 사업체의 업무와 관련 있는 교육훈련을 위해 지급받는 것
- 당해 근로자가 종사하는 사업체의 사규 등에 의하여 정해진 지급기준에 따라 받는 것
- 교육·훈련기간이 6개월 이상인 경우 교육·훈련 후 당해 교육기간을 초과하여 근무하지 않을 때는 받은 금액을 반납할 것을 조건으로 하여 받는 것

이처럼 회사에서 고용관계에 있는 자에게 지급한 교육비(학원비 등 포함)가 소득세법에서 규정하는 학자금에 해당하지 않는다면 과세 대상 근로소득에 해당하는 것으로 교육비를 비과세로 인정받기 위해서는 '회사업무와 관련 있는 교육훈련을 위해 지급받는 것'이라는 점에 중점을 두어야 한다. 즉, 소득세법상 과세대상 근로소득의 판단은 급여의 명칭 여하에 불과하고 근로의 제공으로 인해 받는 모든 급여에서 앞서 설명한 비과세 요건을 충족한 교육훈련비만 비과세한다. 이는 비과세를 규정하고 있는 소득세법이 열거주의를 채택하고 있어서 소득세법에 열거되지 않는 소득은 비과세를 안 해주기 때문이다.

직원 교육의 업무 관련성 입증

직원 교육이 회사 업무와 관련이 있다는 것을 입증하는 방법은 다음과 같다.

회사에서 직원에게 자기개발 차원의 복리후생적인 성격의 영어학원비를 지원한 경우라면 당연히 직원 개인의 비용이기 때문에 근로소득으로 보아야 하지만, 직원에게 영어교육을 하는 목적이 해외시장에 진출하기 위하여 외국어가 능통한 인력을 미리 확보하기 위한 경우 등 회사의 사업목적을 영위하는 데 필요한 경우라면 실제 회사업무와 관련이 있다고 볼 수 있다.

반면 개인이 꽃꽂이 실습학원에 다닌 후 회사의 근무 환경을 쾌적하게 하기 위함이었다고 주장하더라도 업무와 직접적인 관련성이 있다고 보기는 어렵다.

물론 세무 조사관에게 쾌적한 사무실을 유지하기 위한 환경미화 차원의 교육이라거나 심지어는 거래처 화환 등 기업업무추진비가 많이 발생하는 회사에서 그 비용을 줄이고자 화환이나 화분을 직접 만들어서 보내기 위한 비용이라고 주장한다고 하더라도 이를 회사의 사업목적을 영위하는 데 꼭 필요한 비용이라고 주장하기는 무리가 있다.

많은 회사에서 실무적으로는 그 금액이 소액인 경우, 요건을 충족하지 않는 교육훈련비를 교육훈련비에 포함하여 처리하기도 하나 이는 원칙에 어긋나는 것이라는 사실을 알아야 한다.

교육훈련비의 합리적인 세무회계

일반적으로 회사에서 업무와 관련하여 임직원에게 사내외에서 교육을 하는데 소요되는 학원비, 교재비 등은 소득세 등 원천징수 없이 교육훈련비 또는 복리후생비로 비용처리가 가능하다. 이에는 워크숍 비용, 연수원 임차료(교육장 임차료), 사내외 강사 초빙료, 연수비, 교육용 도서 구입비, 세미나 참가비, 학원 수강료, 식대, 숙박비, 교통비, 사원채용 모집공고료 등을 포함한다.

 업무 관련 교육훈련비의 비용처리(업무 차원 교육훈련비 증빙)
기업업무 관련 교육의 지출 비용이 3만 원을 초과하는 금액은 계산서 등 적격증빙을 갖추어야 원칙적으로 비용으로 인정된다.

 업무와 관련 없는 사적인 학원 수강료 보조액(개인 급여를 구성)
업무와 관련 없는 사적인 학원 수강료 등을 보조해 주는 경우 회사에서 복리후생비나 교육훈련비로 회계처리 해도 세법상 해당 직원의 급여로 보며, 소득세 및 지방소득세를 각각 원천징수 후 원천징수영수증을 증빙으로 보관해야 한다. 다만, 직무 관련 학원비는 연말정산 시 교육비 공제를 받을 수 있다.

◌ 직원이 회사업무와 관련해서 자격증 취득비용인 학원비, 시험응시료, 교재비 등 자격증 취득 보조금이 회사의 경영 정책상 필수적이라 할지라도 회사업무와 관련해서 업무능력을 향상하는 결과를 객관적으로 입증이 가능해야, 교육훈련비 또는 복리후생비로 비용처리가 가능하다.

◌ 업무와 관련이 없는 자격증 취득이나 직원 개개인의 자기개발비. 영어학원비나 체력단련비의 경우는 직원의 근로소득에 해당되어 반드시 원천징수를 한다. 즉, 회사에서 학원비나 자격증 취득비용을 자기개발비 명목으로 지원하는 경우 또는 실제 사용액을 회사에서 보전하는 경우는 근로소득에 포함해서 원천징수를 한다.

◌ 신입직원에게 회사의 업무와 관련해서 연수시키고 지출하는 비용은 근로소득에 해당하지 않고 교육훈련비로 비용처리가 가능하다.

◌ 종업원의 복리후생 측면에서 종업원이 부담한 어학원 수강료 등의 일부를 지원하는 경우 이는 급여 성격으로 해당 직원으로부터 소득세 등을 원천징수한 후 납부해야 회사의 비용처리가 가능하며, 법인이 어학원과 별도 계약을 맺어 종업원들을 수강하게 하고, 그 수강료를 직접 학원에 지급하였다면, 회사가 용역을 공급받은 자에 해당되어 해당 직원의 급여로 처리하지 않고 교육훈련비로 회계처리 후 계산서 등 적격증빙을 받아서 비용처리 한다.

◌ 신경영 습득을 위하여 각종 단체에서 주최하는 세미나에 참석하고, 세미나 일반경비에 충당되는 사회통념상의 참석 비용을 지출하는 경우 그 비용은 경비로 인정된다.

1. 사원 채용 경비 및 강사료 지급과 원천징수

사원 채용에 따른 연수비, 사내교육 행사 및 매뉴얼 인쇄비용 등의 지출과 관련해서 지출 상대방이 사업자인 경우는 반드시 적격증빙을 받아야 한다.

이 경우 교육훈련기관은 부가가치세가 면세되는 사업자이므로 계산서나 신용카드 매출전표를 받으면 된다. 참고로 가끔 면세가 아닌 과세 교육기관이 있는데, 이 경우는 세금계산서를 받아야 한다.

2. 외국인 개인에게 외국어 교습을 받는 경우

외국인 강사의 지위가 국내사업장이 없는 비거주자에 해당하는 경우는 적격증빙을 받지 않더라도 증빙불비가산세(2%)를 부담하지 않고 비용처리가 가능하다. 단, 금액, 강사 이름, 국적, 여권번호 등을 기재한 지출결의서를 작성 후 해당 여권 사본 등을 첨부해 증빙으로 보관하면 된다.

3. 특정 시험응시료를 회사가 대납하는 경우

자격증 등 특정 시험응시료를 회사가 대납해주는 경우 이는 해당 직원의 근로소득으로 보아 원천징수를 해야 비용인정이 된다.

대표이사 대학원 등록금과 원우회비

↗ 대표이사 대학원 등록금

법인의 주주이면서 대표이사나 임원인 자가 국내 대학 등에서 6개월 이상의 장기 교육이 필요한 최고경영자과정을 수업하는 경우, 당해 수업내용이 법인의 업무와 직접적으로 관련이 없거나, 정관에 회사의 업무와 관련된 학업 시 학자금 지원 규정이 없는 경우 및 임원 상여금 지급규정에서 정한 한도를 초과하여 지급한 금액은 업무무관비용으로 보아 손금불산입하고 대표이사의 근로소득으로 원천징수 해야 한다.

대표이사의 대학원 최고 경영자과정 등록금을 손금 인정 받기 위해서는 사규에 특정 임원 등이 아닌 모든 임직원이 차별 없이 수업할 수 있는 학자금 지원 규정이 있어야 하며, 해당 대학원 최고경영자과정이 교육 관련 법령에서 규정하는 학교의 정규 학사과정이라면 비과세 소득으로 손금 인정이 가능하다.

↗ 대표이사 원우회비

법인의 대표이사나 임원이 최고 경영자 과정 수료 후 함께 수료한 원우들끼리 원우회를 조직하고, 원우회비를 납부한 경우와 최고 경영자 과정 교육과 관련한 해외 산업체 시찰 및 현장 관광 등의 비용 보조에 대해서는 대표이사 개인이 부담해야 하는 경비다. 따라서 회사가 대신 부담했을 때는 손금불산입하고, 대표이사의 근로소득으로 원천징수 해야 한다.

강사료의 원천징수

일시적으로 강의를 하고 지급받는 강사료는 기타소득으로 분류한다. 계속적, 반복적으로 강의를 하고 받는 강사료는 사업소득에 해당한다. 이는 강사 개인 기준이다.

그러나 실무적으로 회사에서는 강사가 일시적인지 반복적인지 알기가 어려우므로 고민하는 경우가 많다.

실무적으로는 강사를 기준으로 강사의 직업, 강의 시간, 강의 횟수, 강의내용 등에 비추어 사업 활동으로 볼 수 있을 정도로 계속·반복적으로 강사 활동을 하면 사업소득, 그렇지 않으면 기타소득으로 분류한다.

강사의 직업적 특성상 계속·반복성이 있다고 보기는 힘들므로 일반적으로 기타소득으로 분류하는 것이다. 단, 강사가 교육기관이나 기업체 등의 요청에 의하여 강의용역을 간헐적으로 제공하였더라도 상당기간 동안 상당 횟수에 걸쳐 강의 서비스를 제공한 경우 또는 강의 계약에 따라 일정 기간 지속해서 강의를 제공하고 모집인원에 따라 다시 추가 강좌가 만들어지는 등 계속적, 반복적으로 강의 서비스가 제공되는 경우라면, 일시적인 강의용역이라고 간주할 특정한 상황이 있는 경우를 제외하고는 사업소득으로 판단한다.

최근 국세청의 판단을 보면 대학교수, 회계사, 세무사, 노무사 등 전문가들이 종합소득세 신고 시 기타소득으로 신고한 경우 사업소득으로 합산 과세하여 소득세를 추징하는 사례를 자주 볼 수 있다. 이는 기타소득보다는 사업소득으로 신고하기를 권장하는 추세인 것 같다. 그 원인은 기타소득의 경우 60%의 필요경비가 인정되지만, 사업소득의 경우 장부를 기장한 경우 그 장부상의 손익에 따라, 추계과세 시에는 업종별로 정해진 경비율에 따라 계산하기 때문에 과세표준이 더 높아져, 세금이 더 늘어나기 때문이다.

사업소득이 아닌 기타소득으로 신고할 경우 원천징수 등 지연납부가산세가 원천징수 의무자에게 부과될 수 있으므로 명확히 구분해서 원천징수 해야 한다.

구 분	원천징수
사내 강사	회사 임직원을 강사로 사용하는 경우 근로소득으로 보아 근로소득세 신고·납부
사외 강사	외부에서 강사를 초빙하였을 때 기타소득 또는 사업소득으로 처리할 수 있으나 최근 추세는 사업소득으로 보아 지급액의 3.3%를 원천징수한 후 사업소득세 신고·납부

개인차량을 업무용 고정자산으로 등록하는 방법

 사업 개시 전 취득한 차량을 사업용으로 이용

사업 개시 전에 구입한 차량이 비용처리가 안 된다는 것은 잘못된 상식이다.

세법은 기본적으로 형식이 아닌 실질을 우선하고 있다.

형식적으로 언제 구매했느냐 보단 그 자산을(차량을) 사업에 쓰고 있느냐가 중요하다. 따라서 사업 개시 전에 구입한 차량이라도 사업에 쓰는 것이 분명하다면 사업용자산으로 등록하여 감가상각하고, 관련 유지비용을 경비 처리할 수 있다.

물론 사업 개시 후 구입한 차량에 비해 일정기간동안 가사용으로 사용한 차량이기 때문에 운행일지 작성 등 추후 소명자료를 좀더 철저히 할 필요는 있다. 다만, 한 가지 유의할 사항이 있다.

차량을 사업 용도로 사용하고 세무상 비용처리를 한 경우엔 추후 해당 차량을 판매할 때 차량 판매에 따른 부가가치세를 부담해야 한다. 일반 가사용 차량이 아닌 사업용 차량이기 때문에 매매가격의 10%에 해당하는 부가가치세를 납부해야 한다.

그런데도 차량 유지비용의 경비처리 부분을 고려하면 일반적으로 경비처리를 하는 것이 유리하다.

 개인차량 자산등록 방법

↗ 가사용으로 사용하던 차량을 고정자산으로 등록할 때 기초가액

개인사업자의 사업과 관련해서 사업자등록 전에 차량을 구입하여 당해 차량을 사업목적에 직접적으로 사용하는 경우 동 차량의 감가상각비는 필요경비로 산입할 수 있으며, 이 경우 취득가액은 취득 당시의 최초 매입 가액에 취득세·등록세와 부대비용을 가산한 금액을 감가상각자산의 기초가액으로 반영하면 된다(감가상각을 통해 비용처리). 다만, 관련 증빙에 의하여 해당 구입 차량에 대한 실제 취득가액을 확인할 수 없는 경우에는 취득 시 기준시가에 지방세법에 의한 취득세·등록세 상당액을 가산한 금액으로 할 수 있다.

자영업자의 경우 소득세법시행령 부칙 제7조 제3항에 의거하여 성실신고 확대 대상 사업자는 2016년 2월 17일 이후 취득분부터 감가상각방법은 정액법, 내용연수 5년을 적용하며, 그 밖의 복식부기의무자는 2017년 1월 1일 이후 취득분부터 적용한다.

↗ 승용차 가액조회

홈택스 > 국세납부 > 장려금·연말정산·기부금 > 승용차 가액조회 메뉴를 이용하면 승용차 가액을 조회할 수 있다.

↗ 중고 자산을 취득하는 경우 내용연수 적용

법인세법에서는 자산의 종류별로 기준내용연수를 규정하고 있으나, 해당 자산이 사용하지 않은 새로운 자산인지 또는 사용한 중고자산인지? 여부를 구분하여 기준내용연수를 규정하고 있지는 않다.

따라서 중고자산을 취득했다고 해서 내용연수를 임의로 줄일 수 없으며, 해당 자산의 기준내용연수를 일률적으로 적용해야 한다.

그러나 법인이 중고자산을 취득하거나 합병 등으로 인하여 자산을 취득하는 경우 이를 신규 자산과 동일하게 내용연수 및 상각률을 적용하게 되면 감가상각기간이 장기화하여 자산의 원가 배분이 적절히 이루어졌다고 볼 수 없는바, 법인세법에서도 이러한 점을 고려하여 기준내용연수의 50% 이상이 경과된 중고자산에 대해서는 선택에 따라 내용연수를 수정하여 적용할 수 있도록 하고 있다. 즉, 기준내용연수의 50% 이상이 경과된 중고자산에 한해서만, 수정내용연수를 적용할 수 있는 선택권이 주어지게 되며, 이때 중고자산인지? 여부는 자산을 취득하는 법인의 기준내용연수를 기준으로 하여 중고자산 여부를 판단한다.

또한 수정내용연수를 적용할 수 있는 중고자산에는 법인이 현물출자 또는 사업양수에 의하여 취득한 중고자산이 포함되며, 유형자산 또는 무형자산을 불문한다.

기준내용연수의 50% 이상이 경과된 중고자산을 취득한 경우로 수정내용연수를 적용하려는 경우, 수정내용연수는 해당 자산의 기준내용연수의 50%에 상당하는 연수와 기준내용연수의 중고자산 등에 대한 수정내용연수 범위 내에서 선택하여 적용할 수 있다.

이때 수정내용연수를 적용함에 있어서 1년 미만은 없는 것으로 하며, 수정내용연수도 내용연수 적용 단위인 자산별·업종별로 구분하여 동일한 단위에 속하는 것은 모두 같은 내용연수를 선택해야 한다.

수정내용연수를 적용받기 위해서는 납세지 관할 세무서장에게 내용연수 변경 신고서를 제출해야 하는데, 중고자산의 경우에는 그 취득일이 속하는 사업연도의 법인세 과세표준 신고기한내에 내용연수변경신고서를 제출한 경우에 한하여 수정내용연수를 적용할 수 있다.

중고자산 취득에 따른 수정내용연수의 적용 관련 사례는 다음과 같다.

> [사례]
> 기준내용연수가 20년인 자산을 경과연수 12년에 취득한 경우의 수정내용연수는?
> ① 기준내용연수 : 20년
> ② 수정내용연수 : 기준내용연수의 50%(20 - 20 × 50%)인 10년에서 기준내용연수인 20년의 범위에서 선택하여 신고하고 적용함. 그러나 수정내용연수의 신고가 없는 중고자산에 대하여는 기존 자산의 내용연수(20년)를 적용함.
> 수정내용연수의 계산에 있어 5월 이하는 없는 것으로 하고 6월을 초과하는 경우는 1년으로 한다.

↗ 배우자 명의 차량 사업용 자산등록

사정에 따라 차량 명의가 배우자(혹은 다른 사람)의 명의로 되어 있을 경우 그 등기 또는 등록명의에 불과하고 사실상 해당 사업자가 취득하여 사업에 사용하였다는 것이 확인되는 경우 그 자산은 사업용자산으로 등록(구입 당시의 차량 금액을 고정자산 기초가액으로 반영하면 되며, 등록일은 등록 시점으로 반영한다.)해서 비용처리 할 수 있다.

쉽게 말해 형식적인 명의보단 실질적으로 사업에 사용되었는지가 중요하다는 것이다.

따라서 배우자 명의로 샀더라도 사업용으로 사용할 때 구입시 세금계산서를 발급받고 자산화하여 감가상각을 할 수 있다.

> 차량등록부상 타인의 명의로 되어있더라도 사실상 당해 사업자가 취득하여 사업에 공하였음이 확인되는 경우는 이를 당해 사업자의 사업용자산으로 보고 감가상각할 수 있는 것임(국기, 소득 46011-78, 2000.01.17.).

배우자 명의 차량이라도 업무용 승용차 관련 비용(보험료, 수리비, 유류대 등)에 대해서 차량운행일지 등에 근거하여 업무 사용 비율에 따라 관련 비용들을 경비로 처리할 수 있다. 다만, 배우자 등 타인명의로 인해 사업용으로 사용하는지에 대한 입증책임이 더 엄격할 수 있으므로 반드시 이에 대한 입증자료를 확실히 준비해 두는 것이 좋다. 업무 관련성 입증과 관련해서는 구체적으로 사업과의 연관성, 사용실태 등 업무와 직접 관련하여 지출한 사실이 입증되어야 하는데, 출발지 및 도착지 정보, 거래처와 구매 물품에 관한 거래명세서, 차량운행일지 등에 의해 업무관련 내용 등이 명백히 확인되는 경우는 필요경비에 산입할 수 있다.

만일 사업용으로 사용하지 않거나 사업용으로 사용하는지? 여부가 불분명할 경우 해당 비용을 비용으로 인정받지 못할 가능성이 크다. 사업자가 자기의 사업과 관련하여 타인명의의 비영업용 소형승용자동차(트럭 등)에 해당하지 않는 차량을 자신의 과세사업에 사용하고 이에 대한 유류대 등 차량유지비를 지출하였다면 이는 매입세액공제가 가능하다.

↗ 부부 공동명의 차량 사업용 자산등록

개인사업자인 부인이 비사업자인 남편과 공동으로 차량을 구입하고 해당 차량을 사업소득자로 세금계산서를 발급받은 경우 실제로 사업자 명의로 취득한 차량가액 즉, 사업자 지분 해당분에 대하여 장부상 차량 취득가액으로 하고 감가상각비를 계산하여 필요경비산입을 할 수 있다. 사업과 관련하여 실제로 지출되는 유류대 등 차량유지비에 대하여 장부에 의하여 사업소득 금액을 계산하는 경우 필요경비에 산입할 수 있다.

매입세액공제 대상인 화물차 또는 9인승 이상 차량(경차 포함)을 구입하여 사업용으로 사용하는 경우 공제가 가능하나, 비사업자인 배우자와 공동명의로 구입, 등록하면서 사업자등록번호로 세금계산서를 수취한 경우 사업자 지분 해당분만 매입세액공제가 가능하다.

다만, 부가가치세법상 매입세액공제 대상인 차량운반구를 사업자와 비사업자가 공동으로 매입하면서 사업자등록번호와 성명 및 비고란에 비사업자의 인적 사항이 기재된 매입세금계산서를 수취하고 자동차등록원부에는 비사업자의 명의로 등록하는 경우 동 매입세금계산서의 매입세액은 사업자의 매출세액에서 공제할 수 없다(서삼 46015-11542, 2003.10.01.).

 자산등록 안 한 차량의 경비처리

실무상 처리는 고정자산 관리대장에 반영 후 장부에 자산 계상한 후 비용 반영하고, 업무용승용차관련비용명세를 작성하면 된다(등록한다는 것은 업무용으로 이용하고 해당 차량을 매각시 부가가치세 등 세금을 정확히 내겠다는 의지의 표현임).

물론 실제 사업에 사용한 자동차에 관한 유지비 등이라면 고정자산에 입력되어 있지 않더라도 경비처리를 해도 문제가 될 사항은 아니다.

그러나 개인사업자의 경우 가사용과 업무용의 구분이 명확하지 않은 경우가 많으므로 차량 관련 비용을 전액 무조건 경비 처리하는 것은 문제의 발생 가능성이 크며, 가사용 사용이 의심되는 경우 세무서의 소명요구가 있을 가능성이 크므로 이에 대비해 개인사업자 명의로 등록한 차량을 사용하고 업무용승용차관련비용명세를 작성하며 운행일지 등을 철저히 작성하는 것이 좋을 것으로 판단된다.

사업용인지 비사업용인지? 여부는 자동차의 차량등록 원부나 운행내역, 사업자의 장부 내용 및 신고유형 등에 따라 사실 판단할 사항이다.

업무용 차량 매입세액공제와 비용처리를 위한 조건

차량유지비는 업무와 관련하여 회사가 보유하고 있는 차량을 운행하고 유지하는데 드는 제반 비용을 말한다. 따라서 당연히 경비로서 인정이 된다. 일반적으로 차를 고치거나 주유하는 경우 항상 부가가치세가 붙는다. 이 경우 부가가치세를 경비로 처리하는 것보다 부가가치세 매입세액공제를 받는 것이 절세 상 절대적으로 유리하다.

그러나 모두 그 대상이 되는 것은 아니고 트럭, 승합차, 밴, 봉고, 경차, 오토바이만 해당한다. 일반적으로 승용차는 매입세액공제가 되지 않는다. 개인소유 차량을 업무용으로 운행할 수도 있는데, 이에 대한 유지비를 지원하는 것은 경비로 처리할 수 있다.

그러나 차량 보조금을 별도로 지원하는 경우는 중복이 되므로 불가능하다.

 부가가치세 매입세액공제

↗ 비영업용 소형승용차는 안 되고, 트럭은 된다.

부가가치세법상 비영업용 소형승용차의 구입과 유지 관련 비용은 매입세액공제가 안 된다.

많이들 헷갈리는데, 업무용과 영업용은 엄연히 다르다. 즉, 부가가치세 매입세액공제가 되는 영업용과 흔히 회사업무를 하면서 사용하는 영업용 또는 업무용과는 엄연히 다른 의미로 사용된다.

"회사에서 차량을 운행하면 모두 영업용 차량 아닌가요? 따라서 영업용 차량이므로 공제받을 수 있는 거 아닌가요?" 라고, 물어보는 경우가 있는데, 회사에서 운영하는 차량은 세법상 말하는 영업용이 아닌 업무용이다.

부가가치세법에서 말하는 영업용 차량이란 운수업(택시, 버스), 자동차판매업, 자동차임대업(리스, 렌트카업), 운전학원업, 경비업법 등 노란색 번호판, 장례식장 및 장의 관련업을 영위하는 법인차량과 운구용 승용차 등 업종을 영위하는 법인이나 사업자가 자동차를 영업에 직접적으로 이용하는 것을 의미하므로 업무용과는 다르다. 차량으로 노란색 번호판을 달고 있다.

따라서 도소매, 제조업 등 일반법인이나 개인사업자의 경우 영업용 차량에 해당하지 않아 매입세액공제를 받을 수 없다.

그리고 관련 비용도 차와 묶어서 같은 규정이 적용되는데, 관련 비용은 수리비, 주차비, 주유비, 리스비, 렌트비 등 명칭과 관계없이 모두 승용차 관련 비용을 포함한다.

앞서 설명한 업종이 아닌 법인이나 개인사업자의 경우 개별소비세 과세대상 차량의 구입, 유지, 임차에 관한 비용은 매입세액공제를 받지 못한다.

이는 자가 소유, 리스, 렌트 차량 구별 없이 동일하게 적용된다.

구 분	공제 가능 차량
공제가능 차량	○ 화물차 : 화물칸이 따로 구별되어 짐을 실을 수 있는 차량 ○ 밴 승용차 : 운전석과 조수석 외에는 좌석이 없는 차량으로 운전석 뒤 칸에 물건을 실을 수 있게 좌석 시트 대신 공간으로 구성된 차량 ○ 경차 : 1,000cc 미만 차량으로 모닝, 스파크, 레이 등 ○ 125cc 이하의 이륜자동차(스쿠터) ○ 정원 9인승 이상의 승용차 : 카니발 9인승 등
차량유지비용	하이패스 단말기 구입비용, 네비게이션, 세차, 수리 비용, 주유비, 주차 비용 등

↗ 경유차는 되고, 휘발유차는 안 된다?

주유할 때 경유는 공제가 되고, 휘발유는 공제가 안 된다고 생각하는 실무자들이 많다.

그러나 매입세액공제는 주유하는 기름의 종류에 따라 공제 여부가 결정되는 것이 아니라, 법적으로 앞서 설명한 업종과 차종에 따라 공제 가능 여부가 결정된다. 다만, 주유를 휘발유로 하는 차종의 대다수는 매입세액공제가 안 되는 일반승용차(경차를 제외한 모든 승용차라고 보면 됨.)가 많고, 매입세액공제가 되는 차종이 상대적으로 경유를 주유하는 차종(다마스, 트럭, 9인승 승합차 및 운수업 사용 차종)이 많다 보니, 이런 오해를 가질 수 있다.

↗ 매입세액공제는 안 되고, 경비 처리는 된다.

회사업무를 위하여 사용하였으나 부가가치세 공제 차량에 해당하지 않는다면 매입세액공제는 받지 못하나, 경비로는 처리할 수 있다. 다만, 임직원 전용 보험 가입과 운행기록부 작성 여부에 따라 비용인정 조건이 달라진다.

① 임직원 전용 자동차보험에 가입하지 않은 경우 전액 비용인정을 받지 못한다(취득가액 8천만 원이상 차량은 연두색 번호판 부착).

② 임직원 전용 자동차보험에 가입하고 운행기록부를 작성하지 아니한 경우, 연 1,500만 원 한도로 비용으로 인정된다.

◎ 1,500만 원 이하인 경우는 운행기록을 작성, 비치하지 않아도 업무 사용 비율을 100%로 인정받는다. 하지만 운행기록을 작성하지 않으면 연간 1,500만 원까지만 비용으로 인정된다.

③ 임직원 전용 보험에 가입하고 운행기록부를 작성한 경우, 차량 업무 사용 비율만큼 비용인정이 된다. 여기서 업무 사용 비율이란 총 주행거리에서 업무용 사용 거리가 차지하는 비율을 의미한다.

운행기록부 작성 여부		비용인정 범위
작성		승용차별 운행기록 등에 의한 업무용 사용 거리 ÷ 승용차별 총 주행거리
미작성	1,500만 원까지	100% 비용인정
	1,500만 원 초과	1,500만 원 ÷ 승용차별 업무용 승용차 관련 비율

[주] 계산은 월할 계산한다.

업무용승용차의 비용처리와 관리 방법

차량에 드는 비용을 차량별로 관리해야 하는지? 통합관리 해도 되는지 질문하는 사람들이 의외로 많다. 결론부터 말하면 차량별로 차량유지비 계정에 통합하여 회계 처리하는 것이 세무 관리 목적상 유용하다. 예를 들어 차량유지비 계정에서 거래처를 승용차 번호별로 구분하여 모든 비용을 입력하면 된다(운행일지도 차량별로 작성).

↗ 업무용 승용차 손금불산입 특례 적용 규정

법인의 임직원 개인 명의의 차량(개인소유 또는 개인이 리스·렌트한 차량을 의미한다)을 업무용으로 이용하는 경우는 법인세법 제27조의2의 규정(업무용승용차 손금불산입 특례)을 적용하지 아니한다(법인세-손금, 2016.06.29.).

↗ 임직원 개인 명의 차량에 대한 비용처리

임직원 개인 명의 차량을 법인의 업무용으로 이용하는 경우 다음의 세 가지 방법으로 비용 처리한다. 다만, 다음 세 가지의 경우 모두 법인의 사규 등으로 관련 규정의 제정이 선행되어야 한다.

① 매월 정액으로 지원금을 지급하는 경우

법인이 해당 임직원에게 정액으로 차량 지원금을 지급하는 경우 손금으로 인정하며, 해당 임직원의 근로소득에 해당한다. 다만, 종업원의 소유 차량을 종업원이 직접 운전하여 법인의 업무수행에 이용하고 시내 출장에 든 실제 여비를 받는 대신에 그 소요경비를 당해 사업체의 규칙 등에 의하여 정해진 지급 기준에 따라 받는 금액 중 월 20만 원 이내의 금액(자가운전보조금)은 비과세 소득에 해당한다.

② 실비 정산하는 경우

임직원 소유 차량을 법인의 업무수행에 이용하고 소요된 실제 여비를 정산하는 경우 해당 정산 금액은 전액 손금에 산입한다.

③ 위 ①과 ②를 모두 지원하는 경우

종업원이 시내 출장 등에 따른 여비를 별도로 받으면서 연액 또는 월액의 자기 차량 운전보조금을 지급받는 경우 시내출장 등에 따라 소요된 실제 여비는 실비변상적인 급여로 비과세하나, 자기 차량 운전보조금은 근로소득에 포함되어 과세한다(소통 12-12…1).

↗ 업무용 승용차 관련 비용의 범위

업무용 승용차 손금불산입 특례가 적용되는 관련 비용은 내국법인이 업무용 승용차를 취득하거나 임차하여 해당 사업연도에 손금에 산입하거나 지출한 감가상각비, 임차료, 유류비, 보험료, 수선비, 자동차세, 통행료 및 금융리스 부채에 대한 이자비용 등 업무용 승용차의 취득·유지를 위하여 지출한 비용을 말한다.

업무용 승용차 관련 비용의 범위를 살펴보면 다음과 같다.

구 분	관련 비용의 범위
운전기사 용역대가의 포함 여부	내국법인이 업무용 승용차의 운전기사를 제공받고 지급하는 용역대가는 법인세법 시행령 제50조의2 제2항에 따른 업무용승용차 관련 비용에 포함되지 않는다(사전법령법인-539, 2016.11.21.).
차량운행 위탁용역의 경우	차량운행과 관련해서 위탁계약을 체결한 위탁법인이 수탁법인에 지급하는 차량 운행 업무위탁 대가는 업무용 승용차 손금불산입 특례 규정이 적용되는 것이며, 수탁법인이 차량 운행 위탁계약과 관련하여 지출하는 비용(차량 리스료, 유류대, 통행료 등)은 업무용 승용차 손금불산입 특례 규정이 적용되지 않는다(법인세제과-320, 2017.03.06.).
운전기사의 인건비, 대리운전 수수료, 벌과금 등의 처리	회사소속 운전기사의 인건비는 급료와 임금에 해당하며, 용역운전기사의 인건비는 용역회사로부터 세금계산서를 발급받아 지급수수료로 회계처리하면 된다. 한편, 대리운전 기사 수수료와 교통 법규 위반벌과금 등은 업무용 승용차 손금불산입 특례가 적용되는 관련 비용에 포함되지 않는다.
주차비, 세차비 등의 포함 여부	법인의 업무용 승용차와 관련된 주차비와 세차비도 손금불산입 특례가 적용되는 관련 비용에 포함된다고 보아야 할 것이다(국세청 홈텍스 인터넷 상담사례도 동일한 의견임).

업무용 승용차의 경비 처리를 위한 세무 관리

임직원전용자동차보험 의무가입, 차량운행일지 의무 작성은 법인과 개인사업자 중 복식부기의무자가 적용되는 사항으로 간편장부대상자는 적용 대상이 되지 않는다.

업무용의 범위

주말 나들이나 골프 등 사적인 취미활동에 회사 차를 이용할 때는 개인 비용으로 주유하고 이를 기록해 놓아야 불이익을 막을 수 있다. 차량은 운행일지를 작성하고 '업무용'으로 사용한 부분에 대해서만 원칙적으로 경비 처리할 수 있다. 어디까지를 '업무'로 볼 것이냐가 문제인데, 거래처 방문, 판촉 활동, 회의 참석 외에 출퇴근도 업무의 범위에 포함된다. 출퇴근용도 업무용으로 인정하는 이유는 산재보험 등에서 출퇴근까지 업무로 인정하는 점을 고려했다.

① 거래처/대리점 방문
② 회의 참석
③ 판촉 활동
④ 출/퇴근(원격지 출/퇴근을 포함)

⑤ 교육훈련
⑥ 직원야유회 관련 운행
⑦ 거래처 접대 및 판촉 활동
⑨ 기타 업무 사용

 업무용 승용차 불이익 미적용 대상

↗ 차량과 관련해서 세법상 불이익 대상이 아닌 차량

다음의 차량(유종과는 관계없이 길이 3.6m 이하, 폭 1.6m 이하에 배기량 1,000cc 이하)은 유종(휘발유, 경유, 전기, 수소 등)과 관계없이 부가가치세 매입세액공제가 가능하고, 업무용 승용차 특례 규정도 적용되지 않으므로 임직원전용자동차보험에 가입하지 않아도 되고, 차량운행일지도 작성하지 않아도 된다.

⊙ 이륜자동차에 해당하는 오토바이(스쿠터 등 배달용 오토바이)
⊙ 승합자동차(카니발)
⊙ 트럭 등 화물자동차(스타렉스, 카니발, 포터, 봉고 등), 밴(VAN)형 자동차
⊙ 경차(모닝, 레이, 스파크, 캐스퍼)

위의 차량과 다음의 승용차 관련 비용은 손금불산입 등 특례 규정을 적용받지 않는다.

⊙ 운용리스 계약을 통하여 리스한 승용차를 렌터카로 등록하고 렌터카 회사의 수익을 얻기 위하여 직접 사용하는 승용자동차

- ⓧ 법인이 국외 사업장에서 보유·운영하는 승용자동차
- ⓧ 법인이 국내에 파견된 외국법인의 소속 직원들이 사용하기 위한 승용자동차를 알선 또는 주선하는 경우 해당 승용자동차
- ⓧ 자동차 박물관에서 전시용으로 사용하는 승용자동차
- ⓧ 비영리법인이 비수익사업을 경영하고 수익사업과 비수익사업 부문을 구분 경리하는 경우 비수익사업의 개별손금에 해당하는 업무용 승용차 관련 비용
- ⓧ 차량정비업을 경영하는 법인이 차량수리 고객에게 수리기간 동안 빌려주는 승용자동차는 『업무용승용차 관련비용의 손금불산입등 특례』 규정이 적용되므로 업무전용자동차 보험 미가입 시 업무용 승용차 관련 비용은 전액 손금불산입 된다.
- ⓧ 완성차에 탑재되는 네비게이션 소프트웨어 등을 개발·납품하는 내국법인이 기업부설연구소에서 사용하는 네비게이션 소프트웨어 테스트용 승용자동차는 『업무용승용차 관련 비용의 손금불산입 등 특례』 규정이 적용된다.

차량과 관련해서 세법상 불이익 대상이 아닌 업종

세법에서는 일반승용차는 영업용으로 사용해도 업무용 승용차 특례 규정에 따라 임직원전용자동차보험에 가입한 후 차량운행일지를 작성해야 하며, 부가가치세 매입세액도 불공제된다.

다만, 운수업, 자동차판매업, 자동차임대업, 운전학원업, 경비업법(출동차량) 등 노란색 번호판,「여신전문금융업법」상 시설대여업, 장례

식장 및 장의 관련업(운구차량)을 영위하는 법인차량은 사업상 수익 창출을 위해 직접적으로 사용하는 차량으로 업무용 승용차 관련 비용의 손금불산입 등 특례규정을 적용받지 않는다. 별도로 운행일지를 작성하지 않아도 된다. 또한 부가가치세 매입세액공제도 가능하다.

구분	임직원전용자동차보험 가입×, 차량운행일지 작성×, 매입세액공제○
차종	오토바이(스쿠터 등 배달용 오토바이), 경차(모닝, 레이, 스파크, 캐스퍼), 트럭 등 화물차(스타렉스, 카니발, 포터, 봉고 등), 밴(VAN)형 자동차, 9인승 이상의 승합차(카니발)
업종	운수업, 자동차판매업, 자동차임대업, 운전학원업, 경비업법 등 노란색 번호판, 장례 식장 및 장의 관련업을 영위하는 법인차량과 운구용 승용차

업무용 승용차 지출 비용의 범위

◎ 임차(리스)료, 유류비, 보험료, 수선비, 자동차세, 통행료, 금융리스 부채에 대한 이자 비용, 그 밖의 차량 관련 비용을 말한다.
◎ 감가상각비[감가상각비(정액법) = 취득원가 × 0.2(5년 정액법) × 해당 사업연도 사업 월수 /12

운행일지를 작성 안 해도 경비로 인정되는 경우

업무전용자동차보험 가입 의무가 있는 개인사업자(2023년 : 성실신고확인 대상자와 전문직 업종사업자, 2024년부터 모든 복식부기의무자, 간편장부대상자는 적용 대상이 아님)가 보험에 들지 않으면 업무용승용차 관련 비용 전액을 필요경비로 인정받지 못한다.
법인도 업무전용자동차보험에 미가입시 전액 비용인정을 안 해준다.

↗ 무조건 인정되는 차량과 업종

구분	임직원전용자동차보험 가입×, 차량운행일지 작성×, 매입세액공제○
차종	오토바이(스쿠터 등 배달용 오토바이), 경차(모닝, 레이, 스파크, 캐스퍼), 트럭 등 화물차(스타렉스, 카니발, 포터, 봉고 등), 밴(VAN)형 자동차, 9인승 이상의 승합차(카니발)
업종	운수업, 자동차판매업, 자동차임대업, 운전학원업, 경비업법 등 노란색 번호판, 장례 식장 및 장의 관련업을 영위하는 법인차량과 운구용 승용차

↗ 임직원전용자동차보험에 가입하고 운행일지를 작성

[법인]

구 분		비용인정 여부
임직원 전용 자동차보험에 미가입		전액 불인정
취득가액 8천만 원 이상 차량에 대해서 연두색 번호판을 안 단 경우		전액 불인정
임직원 전용보험에 가입	운행일지 미작성	연간 1대당 1,500만 원까지만 비용인정
	운행일지 작성	업무 사용 비율만큼 비용인정

[개인사업자]
- ⓥ 2023년 : 복식부기의무자 중 성신신고확인대상 사업자와 전문직 종사자
- ⓥ 2024년 : 모든 복식부기의무자
- ⓥ 간편장부대상자는 미적용

구 분		비용인정 여부
임직원 전용 자동차보험에 미가입		필요경비(비용) 불인정
임직원 전용보험에 가입	운행일지 미작성	연간 1대당 1,500만 원까지만 비용인정
	운행일지 작성	업무 사용 비율만큼 비용인정

차량 운행일지에 기록되어야 할 내용

구 분	내 용
일반사항	차량번호, 회사명, 사업자, 부서, 성명 등
운행기록	계기판 거리, 총 주행거리, 업무용 사용 거리, 업무 목적 등

개인 업무용 승용차 처분에 따른 과세

차량을 중고 매매상 또는 지인 거래로 매각하는 경우를 포함해 차량을 양도하는 경우는 사업자 여부에 따라 부가가치세가 발생할 수 있

으므로 유의해야 한다. 비사업자 및 면세사업자는 부가가치세 문제가 없지만, 개인·법인 과세사업자의 경우 경차, 승용차, 화물차를 불문하고 차량을 사업용으로 사용해 종합소득세 또는 법인세 신고시, 차량을 감가상각으로써 비용처리를 한 경우 매도가액의 10%를 부가가치세로 납부해야 한다.

특히 개인사업자의 경우에는 개인차량 매도시 세금계산서 발급 및 부가가치세 과세 사실을 모르고 있다가 과세당국의 고지서를 받는 경우가 많으므로 소득세 신고시 차량 감가상각비로 계상됐는지 실제 업무용으로 사용한 사실이 있는지 확인 후 차량매도 계획을 세워야 한다.

↗ 개인사업자가 사업에 사용하던 차량의 매각

부가가치세 과세사업자가 자기의 과세사업과 관련하여 취득한 자동차를 매각하는 때는 구입시 부가가치세 환급 여부와 상관없이 부가가치세가 과세되어 거래 상대방에게 세금계산서를 발급해야 한다(서면3팀-406, 2006.03.06.).

사업소득과 관련해서는 개인사업자도 업무용 승용차를 처분하게 되면 그에 따른 손익이 과세된다. 단, 복식부기의무자를 대상으로 한다. 개인사업자가 업무에 사용하던 사업용 고정자산을 처분할 경우 사업소득 수입금액에 산입된다. 처분 차익이 아닌 전체 금액이 수입금액에 산입되고 장부가액은 필요경비로 인정된다.

구 분	내 용
적용 대상	복식부기의무자인 개인사업자
손익 인식 방법	• 매각 가액을 매각일이 속하는 과세기간의 사업소득 금액을 계산할 때 총수입금액산입 • 매각 당시의 장부가액을 필요경비산입
차량 처분 손실 한도	업무용 차량 처분 손실을 800만 원(해당 사업연도가 1년 미만의 경우 월할 계산한 금액)까지만 비용으로 인정 ➜ 초과 금액은 이월하여 손금산입

↗ 개인사업자가 사업과 관련 없는 차량의 판매

당해 과세사업과 관련 없이 개인적으로 사용한 자동차를 매각하는 때에는 부가가치세 과세대상에서 제외되어 세금계산서 발급대상이 아니다. 즉, 승용차가 자기의 과세사업과 관련 없이 개인적으로 사용한 차량에 해당하는 경우는 세금계산서 발급대상에 해당하지 않는다.

구 분		판매시 세무처리
업무용으로 사용	부가가치세	과세. 세금계산서 발급
	종합소득세	과세. 판매 전체 금액이 수입금액에 포함되고, 장부가액은 필요경비로 인정된다.
업무용으로 사용하지 않음	부가가치세	비과세. 세금계산서 미발급
	종합소득세	비과세

↗ 기장 대리를 맡기는 경우 매각 차량 통보

감가상각자산(차량, 기계장치 등)을 취득하거나 매각한 것이 있는 경우 항상 세무 대리인에게 알려주어야 한다.

장부에 등록된 자산이 있는 경우 감가상각을 하므로 매각 시에는 세금계산서를 발행해야 한다. 예를 들어 차량 매각 시 취득 당시 매입세액공제 여부와는 무관하게 세금계산서 발행 의무가 있다.

단, 사업용이 아닌 순수하게 개인용으로 사용한 차량은 세금계산서 발행 대상이 아니다.

사업용과 비사업용의 판단기준은 차량 구입 당시 차량등록원부 및 운행 사항, 해당 사업자의 세무신고 시 장부 내용 등을 종합적으로 파악하여 판단할 사항이다.

직원 차량을 업무용으로 이용할 때 경비 처리

직원 차량을 업무용으로 이용할 때는 자가운전보조금 비과세와 증빙에 의한 실비 지급을 고려해야 한다.

 차량 유지비를 실비 정산하는 경우

직원 개인 명의의 차량을 업무용으로 이용할 경우 자가운전보조금 미지급 시 관련 비용처리는 업무용 사용 지출 증빙에 따라 처리하면 된다.

개인용 차량은 임직원전용자동차보험 가입 및 차량운행일지 작성의무는 적용되지 않는다. 다만 해당 차량에 따라 앞서 설명한 매입세액 공제 여부가 결정된다. 즉 해당 차량이 비영업용소형승용차인 경우 매입세액이 불공제된다.

그러나 임직원 등 개인 명의 소유 차량을 회사업무에 사용하게 된 경우, 지출 사실이 실제 업무에 사용한 사실이 확인되면 법인세나 소득세 신고 때 비용으로 인정받을 수 있다. 관할 세무서에서는 업무상 사용 여부, 차량명의, 해당 직원의 출장 기안서나 차량 운행 영수증 등을 요청할 수 있다. 따라서 해당 차량에 대해서 차량운행일지를 작성하는 것이 업무 관련성을 입증하기 편하다.

그리고 업무 관련성 확인이 어려운 자동차세, 소모품, 부품 교환 등의 비용은 경비 처리가 어려울 수 있다.

개인차량을 운행하면서 법인카드를 사용하는 경우는 해당 신용카드 매출전표를 증빙으로 보관하고, 개인카드를 사용한 경우 대금 지급은 해당 금액을 법인통장에서 직원 계좌로 이체한다.

세무 대리를 맡기는 회사는 계좌이체 시는 '회사경비 개인카드 사용분' 이라고 메모를 남겨두는 것이 좋다.

회사가 직원 개인의 현금사용분에 대해 업무용 비용으로 처리하는 때는 해당 금액을 법인통장에서 직원 계좌로 이체한 후 통장에 '개인 비용 사용분'이라고 메모를 남겨두는 것이 좋다.

종업원의 개인소유 차량을 회사의 업무수행에 이용하고 실제로 소요된 유류대, 도로비, 주차비, 자동차보험료, 자동차세, 수리비 등을 개별항목별로 회사 규정에 따라 지급하는 경우 전체 금액을 자가운전보조금으로 보아, 월 20만 원 이내의 금액을 비과세하는 것이다. 즉 소득세법에 따른 자가운전보조금 규정을 적용해서 처리한다.

 자가운전보조금을 지급하는 경우

직원 차량을 영업용으로 이용하면서 자가운전보조금을 받는 경우 월 20만 원을 비과세 처리한다. 20만 원은 일반적으로 시내출장비 지출에 한정한다. 따라서 시외출장비에 대해서는 별도로 실비를 지급해도 된다.

구 분	경비처리
일반적인 경우	• 매월 20만 원 이내의 자가운전보조금은 근로소득세 과세 안 됨 (불포함) • 자가운전보조금을 받지 않고, 적격증빙에 따라 비용처리가 가능하다. • 자가운전보조금과 별도로 받는 차량 운행 실비는 과세 포함 • 자가운전보조금은 시내출장비 지출에 한정한다. 따라서 시외출장비에 대해서는 별도로 실비를 지급해도 된다.
실비변상적 여비교통비는 과세 안 됨	• 업무상 이동 시 지급하는 대중 교통비는 업무관련성을 입증하면 비용 인정된다. • 대중교통 이용 증빙을 수취하면 실비대로 비용인정(입증 증빙 : 택시비, 버스, 철도, 항공비 등). • 근로소득세 과세 안 됨
자기 차량(배우자 공동명의 포함) 소유자	• 월 20만 원은 소득세 비과세 원칙 • 영업활동 등으로 월 20만 원이 초과하는 경우는 실제 차량운행일지를 작성하면서 대응하는 유류비 영수증 등의 증빙으로 입증함(내부처리기준 필요).
대리운전비용의 비용인정 가능성	• 원칙적으로 자가운전의 대리이므로 자가운전보조금 20만 원에 포함되어야 함. • 그러나 접대나 회식이 업무 연관성이 인정되면 대리운전비는 법정증빙 수취시 별도 비용으로 인정될 필요가 있음(접대, 회식 등의 업무 관련성 여부와 주행 거리별 금액 등 관련 내부 운영 규정이 필요하지만, 아직 명백한 세법상 규정·해석은 없음)
차량 운행 관련 내부 기준 필요	자가운전보조금 월 20만 원 이외의 각종 여비교통비 지출에 대한 내부 기준은 필요

구 분		비용처리
자기소유차량운행	자가운전보조금 지급	월 20만 원까지는 소득세 비과세(차량유지비로 처리함) 된다. 20만 원 초과 금액은 해당 직원의 근로소득으로 처리한다.
	실비의 현금 지급	지출증빙과 내부 지출결의서 구비 시 여비교통비로 처리한다.
	자가운전보조금 + 별도 실비의 교통비 지급	별도 업무상 실비(시내교통비) 지급 시 자가운전보조금은 근로소득으로 합산한다. 다만, 업무상 시외출장비는 지출증빙 시 여비교통비로서 비용처리가 인정된다.
배우자 공동 명의 소유 차량 운행	실비 지급	지출증빙과 내부 지출결의서 구비 시 여비교통비 등으로 비용인정 된다.
	자가운전보조금 지급	월 20만 원까지 소득세 비과세가 가능하다(완전 타인 명의는 과세).
회사차량운행	실비 지급	지출증빙과 내부 지출결의서 구비 시 차량유지비로 비용인정 된다.
	자가운전보조금 지급	해당 직원의 근로소득에 해당한다.

 회사 차량으로 사고를 낸 경우 피해액 급여에서 공제

임금은 근로기준법에 따라 전액 지급되는 것이 원칙이다. 다만, 예외적으로 법령(4대 사회보험료 근로자 부담분과 근로소득세) 또는 단체협약에 특별한 규정이 있는 경우에 임금 일부를 공제하거나 통화 이외의 것으로 지급할 수 있다.

그러면, 회사 차량을 운전하다가 직원의 부주의로 사고가 난 경우, 임금 전액 지급의 원칙에 따라 차량 수리비를 직원의 급여에서 공제하면 안 될까?

임금채권과 손해배상액은 채권의 종류가 다르고, 임금 전액 지급의 원칙에 따라 회사가 일방적으로 임금에서 차량 수리비를 공제할 수는 없지만, 직원의 동의를 얻는 경우는 임금에서 공제할 수 있다.

즉 직원이 먼저 본인의 과실로 인해 발생한 비용을 임금에서 공제할 것을 요청하거나, 직원의 동의를 받고 상계 처리하는 것은 법적으로 문제가 없다.

결국 "직원의 동의 여부"가 가장 핵심이 되는 것이므로, 실무적으로는 손해배상액 임금공제 동의서 양식을 통해

1. 손해배상액이 얼마인지
2. 그 금액을 몇 월 급여에서 공제하는 지
3. 직원이 해당 내용을 확인하고 자유로운 의사에 따라 동의함을 서면으로 남겨두는 것이 바람직하다.

회사 차량으로 사고시 부가가치세만 회사가 부담하는 경우

차량의 사고 시 보험 수리비는 보험회사에서 납부하고, 부가가치세는 회사에서 직접 부담하며, 세금계산서는 회사 명의로 발급이 된다.

이 경우 자차 부담금 등 보험회사 보험처리 비용과 별도로 회사 부담 비용이 있는 경우에는 동 비용만 수선비로 비용처리를 하면 되며, 회사 부담금이 없이 전액 보험처리 후 부가가치세만 회사가 부담하는 경우 차량에 따라 부가가치세 전표처리만 하고 부가가치세 신고 시 매입세액공제를 받으면 된다.

흔히 보험금 수령액도 계정과목을 정해 전표 처리한 후 비용 처리해야 하지 않나 생각하기 쉬우나 보험금 납부 시 보험료로 비용처리 후 보험금 수령액 마저 비용처리를 하면 같은 건에 대해 두 번에 걸쳐 비용처리를 하는 것과 같다.

주·정차 등 주차위반 과태료는 비용인정 안 된다.

무단 주·정차로 인한 견인, 보관료 및 주차위반 과태료, 차량 관련 범칙금이나 과태료는 비용인정을 안 해주는 비용이다. 계정과목은 "잡손실" 또는 "세금과공과" 계정을 사용하면 된다. 즉, 직원이 영업활동 중에 발생한 주차위반, 신호 위반 등 교통 관련 과태료

를 회사가 대신 내준 경우 회사의 업무수행과 관련이 있는 경우에도 비용불인정해야 한다. 참고로 회사의 업무수행과 관련이 없는 경우 및 법인의 업무수행과 관련이 있더라도 회사의 내부규정에 따라 원인유발자에게 변상 조치하기로 되어있어, 당해 원인유발자에 대한 급여로 처리 후 근로소득세를 원천징수·납부한 경우에는 급여로써 비용인정을 받을 수 있다.

업무용승용차 사적사용 추징사례

사례 1 업무전용자동차보험 미가입차량 관련비용 추징

✓ 법인이 보유하고 있는 다수의 고가 차량에 대한 유지비용 등을 전액 손금산입 하였으나, 업무전용자동차보험 미가입 사실이 확인되어 법인제세 추징

사례 2 업무용승용차 운행기록부 미작성 및 사적사용금액 추징

✓ 법인이 보유하고 있는 외제차량 관련비용 전액을 손금산입 하였으나 지출증빙 등을 검토한바 해당차량은 운행기록부를 작성하지 않고 대표자와 자녀 등이 사적으로 사용한 사실이 확인되어 법인제세 추징

사례 3 임차한 리스승용차에 대해 감가상각비 상당액 한도 미적용

✓ 법인이 고가의 승용차를 임차(리스)하여 관련비용 전액을 손금산입 하였으나 감가상각비 상당액에 대해 한도 미적용한 사실이 확인되어 한도 초과금액을 비용부인하고 법인세 추징

사례 4 운행기록부 허위 작성 사실을 확인하여 사적사용금액 추징

✓ 법인 대표자가 사용하는 고급승용차에 대해 업무사용비율을 100%로 신고하였으나 해당 차량의 운행기록부와 출장관리부 등을 검토한바 업무사용비율이 18%에 불과한 것으로 확인되어 법인제세 추징

사례 5 근무하지 않는 대표자 배우자가 사용한 업무용승용차 관련비용 추징

✓ 개인사업자가 사업장 규모에 비해 업무용승용차를 과다보유하고 관련비용 전액을 필요경비로 계상하였으나 운행기록부 등을 검토한바 대표자의 배우자(전업주부)가 운행한 것으로 확인되어 소득세 추징

사례 6 주로 골프장, 여행 등에 사용한 승용차 관련비용 소득세 추징

✓ 의료업자가 사용하고 있는 업무용승용차에 대해 관련비용 전액을 필요경비로 계상하였으나 대표자의 골프장 방문·여행 등 주로 개인적 용도로 사용한 사실이 확인되어 사적사용금액에 대해 소득세 추징

자동차보험, 상해 보험료 경비 처리를 위한 계약조건

사업과 관련하여 지급하는 화재보험료, 자동차보험료 등 각종 보험료는 업무와 관련한 것이므로 모두 경비로 인정이 된다.

국민연금과 건강보험료는 보험료보다는 세금과공과와 복리후생비로 처리하는 것이 더 합리적이다. 이유는 직원의 복리후생을 위해 지출하는 비용이기 때문이다.

사업자가 종업원을 피보험자·수익자로 하여 보험료를 납부하는 경우 사업자는 이를 필요경비로 인정받을 수 있지만, 종업원은 보험료가 근로소득에 포함되어 추가적인 세금을 내야 한다. 다만, 단체순수보장성보험과 단체환급부보장성보험의 경우 연간 70만원 이하 금액은 근로소득으로 보지 않는다.

종업원을 피보험자로, 종업원의 사망·상해·질병 등을 지급 사유로 하고 계약자는 사용자로 하여 사용자가 부담하는 보험료의 필요경비 산입 범위는 수익자에 따라 다음과 같이 구분된다.

단체환급부보장성보험으로서 계약기간 만료 전 또는 만기에 종업원에게 귀속되는 환급금은 종업원의 근로소득에 해당한다.

피보험자	수익자	보험내용(지급사유)	필요경비 해당 여부
종업원	종업원	종업원의 사망·상해·질병을 지급사유로 하는 다음의 보험 ① 만기에 납입보험료를 환급하지 않는 단체순수보장성보험 ② 만기에 환급보험료가 납입보험료를 초과하지 않는 단체환급부보장성보험 ③ 선원보험료, 상해보험료, 신원보증보험료, 선원보증보험료, 퇴직보험료, 단체퇴직보험에 부가된 특약보험 등	보험료 : 필요경비산입(해당 종업원의 근로소득) 다만, ① 단체순수보장성보험과 ② 단체환급부보장성보험의 경우 해당 보험료 중 연간 70만원 이하 금액은 근로소득으로 보지 않음
종업원	회사	종업원의 사망·상해·질병을 지급사유로 하는 보험	• 보험료 납입시 : 필요경비 불산입(자산처리) • 보험금 수령시 : 총수입금액 산입 • 보험금 종업원에 지급시 : 필요경비산입(근로소득) • 보험계약자 및 수익자를 종업원으로 변경시 : 필요경비 산입(근로소득)

감가상각을 통한 경비 처리
(꼭 감가상각을 해야 하나?)

감가상각비란 고정자산에 대해서는 취득가액(취득과 관련하여 지출하는 비용, 세금을 포함한다)을 취득한 연도에 전액 비용으로 떨지 않고 그 자산이 사용되는 기간동안 비용으로 처리하는 것을 말한다. 취득한 연도에 모두 비용으로 처리하지 않는 것은 취득한 자산을 취득연도에만 사용하는 것이 아니고 사용하지 못할 때까지 계속해서 사용하기 때문에 사용하는 기간동안 취득가액을 나누어 비용으로 처리하는 것이다. 이러한 고정자산에는 건물, 집기비품, 인테리어, 차량운반구, 권리금, 상표권 등이 있다.

중고 자산을 취득한 경우에도 신규 자산을 취득한 경우와 동일하게 비용처리를 한다. 취득가액이 100만 원 이하인 경우 고정자산으로 계상하기보다는 취득한 연도에 전액 비용으로 처리하는 것이 좋다. 다만, 업무의 성질상 대량으로 보유하는 것은 안 된다.

그리고 감가상각비는 비용으로 계상해도 되고 안 해도 된다.

그러나 세금 감면을 받을 때 감가상각비를 계상하지 않으면 계상하지 않은 감가상각비는 나중에 경비로 인정받을 수 없다. 따라서 이익이 발생하면 거의 모두 세금 감면의 혜택을 받으므로 반드시 감가상각비를 계상하는 것이 절세하는 길이다.

개업 초기에는 영업실적이 저조하여 결손이 많이 발생한다.

적자가 발생하면 은행과의 거래가 원활하지 못할 수 있어 결손을 줄이거나 이익을 늘릴 필요가 있는데 이때 감가상각비를 계상하지 않으면 도움이 된다. 일반적으로 감가상각비 금액이 크기 때문이다. 반면, 외부감사 법인은 반드시 감가상각비를 계상해야 한다.

결과적으로 감가상각비 계상이 강제되지 않는 기업의 경우는 감가상각비의 계상을 본인 회사의 실정에 많게 계상하기도 하고 안 하기도 하는 고무줄이다.

구 분		처리 방법
기업회계		내용연수와 잔존가액을 추정해서 계속적으로 감가상각비를 계상한다. 단, 외부감사대상 기업의 경우 외부감사를 위해 반드시 매년 감가상각비를 계상하지만, 중소기업의 경우 손익에 따라 감가상각비를 장부에 계상하지 않는 경우도 있다. 이는 감가상각이 결산조정 사항이므로 장부에 감가상각비의 계상 여부가 회사의 결정 사항이기 때문이다.
세법	원칙	매기 감가상각 범위액 내에서 회사의 선택사항(임의상각) 따라서 장부에 감가상각비를 계상한 경우는 감가상각 범위액 내에서 회계상 비용처리를 인정하고, 감가상각 범위를 초과하는 금액은 비용으로 인정하지 않아 손금불산입한다.
	예외	다음의 경우는 조세 정책적 목적으로 신고조정 허용 또는 강제상각을 한다. 1. 강제상각 ❶ 2016년 1월 1일 이후 개시하는 사업연도에 취득하는 업무용 승용차의 감가상각비

구 분	처리 방법
	❷ 세액감면을 받는 경우의 감가상각의제 ❸ 특수관계인으로부터 자산 양수를 하면서 기업회계기준에 따라 장부에 계상한 자산의 가액이 시가에 미달하는 경우 감가상각비 손금산입 특례 2. 임의 신고조정 ❶ 한국채택국제회계기준 도입법인의 경우 유형자산과 법에 정한 무형자산의 감가상각비 ❷ 조세특례제한법에 따라 2021년 12월 31일까지 취득한 설비투자자산의 감가상각비

특징: 감가상각비는 회사 실정에 맞게 장부에 잡고 싶으면 잡고, 잡기 싫으면 안 잡을 수 있다. 단, 다음의 경우는 주의해야 한다.

주의 사항:
- 세금 감면의 혜택을 받으면 반드시 감가상각비를 계상하는 것이 절세하는 길이다. 계상하지 않아도 감가상각한 것으로 본다(감가상각의 의제).
- 외부감사를 받는 법인은 반드시 감가상각비를 계상해야 한다.
- 적자가 발생하면 은행과의 거래가 원활하지 못할 수 있어 결손을 줄이거나 이익을 늘릴 필요가 있는데 이때 감가상각비를 계상하지 않으면 도움이 된다.
- 취득가액이 100만 원 이하의 경우 고정자산으로 계상하기보다는 취득한 연도에 전액 비용으로 처리하는 것이 좋다.

감가상각의 마술(비용을 자산으로 반영하는 경우 재무 건전성)

수선비를 지출하고 해당 수선비를 자산 처리할지 해당 자산의 가액에 가산해서 감가상각할지? 여부를 판단하기 어렵다면 600만 원을 기준으로 이상은 자산, 미만은 비용으로 적용하면 된다.

자산으로 처리하게 되면, 매해 감가상각을 적용하여 손익계산서에 반영해야 하는 어려움이 있다. 반면, 사업 초기 법인이 적자인 상황에서는 자산 계상을 하면 비용을 유예시켜 재무구조를 건전하게 보일 수 있다(감가상각기간 동안 1/n만 비용처리 되기 때문에). 즉, 자산별로 다르지만, 감가상각은 기간을 나누어 비용으로 처리하기 때문에 비용을 분산시키는 효과가 있다.

자산으로 처리하는 게 비용으로 처리하는 경우보다 재무구조가 건전해진다.

예로, 자본금 600만 원인 회사의 경우

1. 비용 600만 원을 한 번에 비용처리 하면 자본잠식이지만,
2. 자산 600만 원을 5년간(기간 설정에 따라) 나누어 비용처리 하면 600만 원 − (600만 원 ÷ 5년) = 480만 원의 자본이 남게 된다.

5년 전체의 기간으로 보면 600만 원으로 동일하나 매년 재무구조가 달라지게 된다. 재무구조가 건전해지면, 사업 초기 투자유치나 정부 과제 선정 등에 유리할 수 있다. 반면 세금적인 측면에서는 감가상각을 많이 하는 것이 수익을 줄여 절세 측면에서 좋을 수 있으므로 기업의 환경에 따라 판단해서 결정한다.

자산취득 시 감가상각 안 하고 즉시 경비 처리가 가능한 경우

다음의 자산은 취득 시 감가상각을 통해 비용처리를 하거나 즉시 비용으로 처리하는 방법 중 선택해서 적용할 수 있다(즉시상각의 의제). 즉, 자산으로 처리하지 않고 특별히 지출 즉시 소모품비나 수선비 등으로 전액 비용처리가 가능하다는 것이다.

즉시상각의제 대상 자산에 대해 당해 사업연도에 손금계상을 안 했거나 다음 사업연도 이후에 손금계상한 경우에는 즉시상각의제를 적용하지 않는다.

구 분		즉시 비용처리 가능 자산
취득시	금액적으로 소액인 자산	거래 단위별 취득가액 100만 원 이하의 지출금액. 단, 고유업무의 성질상 대량으로 보유하는 자산과 그 사업의 개시 또는 확장을 위해서 취득한 자산은 제외
	대여사업용 비디오테이프 등	대여사업용 비디오테이프와 음악용 콤팩트디스크로서 개별자산의 취득가액이 30만 원 미만인 자산
	단기사용자산	시험기기 · 영화필름 · 공구 · 가구 · 전기기구 · 가스기기 · 가정용 기구 및 비품 · 시계 · 측정기기 및 간판이는 금액의 제한이 없다.

구 분		즉시 비용처리 가능 자산
보유시	어업의 어구	어업에 사용하는 어구(어선용구 포함)는 금액의 제한이 없다.
	전화기, 개인용 컴퓨터	전화기(휴대용 전화기 포함), 개인용 컴퓨터(그 주변기기 포함). 이는 금액의 제한이 없다.
	소액수선비	개별자산별 수선비(자본적 지출과 수익적 지출) 합계액이 소액수선비 판단기준에 미달하는 경우 [주] 소액수선비 판단기준 = Max(600만 원 미만, 전기말 B/S상 장부가액의 5%)
	주기적 수선비	3년 미만의 기간마다 지출하는 주기적 수선비
폐기시	시설개체와 시설낙후로 인한 폐기자산	시설을 개체 또는 기술의 낙후 등으로 생산설비 일부를 폐기한 경우는 장부에 비망가액 1,000원만 남기고 나머지는 폐기한 사업연도의 손금에 산입할 수 있다.

 취득 단계 적용

거래 단위별로 100만원 이하인 경우

취득가액이 거래 단위별로 100만 원 이하인 소액자산은 결산시 비용으로 계상한 경우 감가상각시부인 대상에 포함되지 않고 즉시 경비처리가 가능하다. 다만 다음의 경우에는 제외된다(법인세법시행령 제31조 제4항). 여기서 "거래단위"란 이를 취득한 법인이 그 취득한 자산을 독립적으로 사업에 직접 사용할 수 있는 것을 말한다.
① 그 고유업무의 성질상 대량으로 보유하는 자산
② 그 사업의 개시 또는 확장을 위하여 취득한 자산

↗ 금액과 상관없이 경비처리 가능한 경우

다음의 자산은 거래 단위별 취득가액 100만 원 초과 여부(④는 금액 제한 있음)나, 업무 성질상 대량 보유 또는 사업 개시 확장 여부와 관계없이 동 자산을 사업에 사용한 날이 속하는 사업연도에 손금으로 결산서 상 계상할 경우 손금으로 인정받을 수 있다.

① 어업에 사용되는 어구(어선용구를 포함한다)

② 영화필름, 공구, 가구, 전기기구, 가스기기, 가정용 기구·비품, 시계, 시험기기, 측정기기 및 간판

③ 전화기(휴대용 전화기를 포함한다) 및 개인용 컴퓨터(그 주변기기를 포함한다)

④ 대여사업용 비디오테이프 및 음악용 콤팩트디스크로서 개별자산의 취득가액이 30만원 미만인 것

위 규정 중 실무상 가장 문제가 되는 것이 ②의 공구, 가구 및 비품이 거래 단위별로 100만 원 이하인 소액자산과 실무자들이 헷갈린다는 점이다.

그리고 공구, 가구 및 비품의 범위에 대해서는 현행법상 그 범위를 규정하고 있지 않으므로 구 법인세법 시행규칙 [별표1]에 규정한 공구, 가구 및 비품의 범위가 이와 유사한 바 이를 예시로 들어보면 다음과 같다.

구 분		종 류
공구		활자
		주로 금속제인 것
		금형
기구 및 비품	가구 · 전기기구 · 까스기기 및 가정용품(타 항에 게기하는 것을 제외한다)	사무용 탁자 · 의자 및 캐비닛
		주로 금속제인 것
		응접세트
		침대
		진열장 및 진열 케이스
		주로 금속제인 것
		라디오 · 텔레비전 · 테이프 리코더 · 기타의 음향기기
		냉방용 또는 난방용 기기
		전기냉장고 · 전기세탁기 기타 이와 유사한 전기 또는 가스기기
		냉장고 및 냉장소독카(전기식인 것을 제외한다)
		자동판매기(수동의 것을 포함한다)
		커텐 · 방석 · 침구 기타 이에 유사한 섬유제품
		융단 기타의 상용 물
		접객업용 방송용 레코드 취입 또는 극장용
		실내장식품
		주로 금속재인 것
		식사 또는 주방용품
		도자기 또는 유리재의 것
		주로 금속재인 것
	사무기기 및 통신기기	사무용기기 및 컴퓨터
		신용카드 프린터
		개인용컴퓨터
		소프트웨어
		전화 설비 기타의 통신기기
		팩시밀리 및 데이터 단말장치
		전화기기 및 전화 교환 설비

보유 단계 적용

1. 개별자산별로 수선비(자본적 지출액 + 수익적 지출액의 연 합계액)가 ❶ 600만원과 ❷ 전기말 재무제표상 장부가액 × 5% 중 큰 금액에 미달하는 경우 이러한 금액은 당해 연도 비용으로 계상해도 상각범위액 계산 대상이 아니며 자본적 지출의 범위로도 분류되지 않는다.

가. 개별자산의 수선비 합계액 = 자본적 지출액 + 수익적 지출액

나. ❶ 600만원과 ❷ 전기말 재무제표상 장부가액 × 5% 미만인지? 여부 검토

다. ❶ 가 < 나인 경우
회사가 비용으로 계상한 수선비지출액을 전액 당기의 손금으로 인정하므로 수선비 합계액(가)을 시부인 계산 대상에 포함하지 않는다.
❷ 가 ≥ 나인 경우
원칙에 따라 처리한다. 즉, 자본적 지출액의 비용 계상액은 시부인 계산 대상에 포함하고, 수익적 지출의 비용 계상액은 전액 당기의 손금으로 인정하므로 시부인 계산 대상에 포함하지 않는다.

2. 3년 미만의 기간마다 주기적인 수선을 위하여 지출하는 경우 즉시 경비처리가 가능하다.

폐기 단계 적용

다음 중 어느 하나에 해당하는 경우는 장부가액에서 1,000원을 뺀 금액을 폐기일이 속하는 사업연도의 손금에 산입할 수 있다(결산조정 사항). 1,000원을 남긴 것은 감가상각 종료 혹은 폐기했으나 아직 사용하고 있으면 향후 매각이나 회사자산 기록 유지 목적의 비망기록을 위한 것이다.

① 시설의 개체·기술의 낙후로 인하여 생산설비의 일부를 폐기한 경우

② 사업의 폐지 또는 사업자의 이전으로 임대차계약에 따라 임차한 사업장의 원상회복을 위해서 시설물을 철거하는 경우

일반적으로 시설의 개체란 시설이 낡거나 마모 또는 잦은 고장 등으로 가동에 지장이 있거나 사용하기에 적당치 않아서 새로운 시설로 바꾸는 것으로 볼 수 있고, 기술의 낙후란 설비의 가동에는 지장이 없으나 시설의 기능이 뒤떨어지거나 그 생산 제품의 품질이 뒤떨어지거나 시장성이 없는 경우 등으로 볼 수 있다.

그러나 반드시 위에서처럼 제한적 의미로 이해하기보다는 사업을 기계장치로 쓸 수 없거나, 쓸 수는 있지만, 활용 가치가 없는 자산은 폐기하는 것으로 보아야 한다.

↗ 생산설비의 의미

생산설비란 생산에 직접 소요되는 기계장치 등을 말한다. 비품이나

공구 등은 적용대상이 되지 아니한다. 또한 설비를 폐기한다는 것은 일정기간동안 생산에 사용하지 않는 유휴의 개념과는 다르며 또 외부에 처분하거나 버리는 것을 의미하지 않는다. 처분은 종결되므로 비망기록도 남길 필요가 없다.

↗ 평가손실·차손의 즉시상각 여부

법인이 폐기한 유형자산 중 일부를 재사용할 수 있음을 감안하여 이를 평가하여 저장품 등 재고자산으로 처리한 경우는 동 폐기자산의 장부가액과 저장품으로 대체한 가액과의 차액만을 손금에 산입할 수 있다.

폐기자산에 대한 즉시상각의제와는 달리 법인이 임의로 유형자산을 평가하여 유형자산평가손실로 계상한 경우가 있는데 이러한 임의평가손은 세무상 손금으로 인정되지 않으므로 세무조정시 유형자산평가손실을 손금불산입하고 유보처분해야 한다.

↗ 시장가치 급락으로 손상차손을 계상한 경우

감가상각자산이 진부화되어 유행에 뒤지거나 물리적인 손상 등에 따라 시장의 가치가 급격히 하락하여 법인이 기업회계기준에 따라 손상차손을 계상한 경우는 해당 금액을 감가상각비 항목으로 손금으로 계상한 것으로 본다.

차량 자가 구매가 유리한가? 리스가 유리한가?

리스란 기업이 필요로 하는 시설 장비를 일정 기간 임차하고 사용료인 리스료(일종의 임차료라 생각하면 틀림이 없다)를 지급하는 것을 말하는데, 빌린 물건을 빌린 사람이 주인인 것처럼 회계처리를 하는 금융리스와 물건을 빌려준 사람이 소유권을 갖는 것으로 회계처리를 하는 운용리스가 있다. 양자의 차이점은 금융리스는 물건을 빌린 사람이 감가상각비를 계상하여 비용 처리하는 반면, 운용리스는 물건을 빌린 사람은 매월 지급하는 리스료를 비용으로 처리하는 점에서 그 처리가 다르다.

그러나 현재 리스는 대부분 금융리스이며, 리스 회계처리의 개정으로 회계상으로는 금융리스와 운용리스의 구분이 없어졌다. 다만, 차량의 경우 절세효과 그리고 차량 소유자를 숨기기 위하여 금융리스로 이용되고 있다.

물건을 리스로 취득하는 것과 자신의 명의로 직접 구입하는 것 중 어느 것이 유리할까?

결론부터 말하면 리스로 취득하는 것보다 자신의 명의로 직접 취득하는 것이 유리하다. 이유는 리스의 경우 절세효과가 크다고 하고 있지만, 리스로 취득하고 지출하는 리스료의 총합계는 자기명의로 취득하는 것보다 언제나 비싸다. 따라서 주머니에서 나가는 금액은 절대적으로 리스의 경우가 크다. 따라서 공제되는 금액이 많을 수밖에 없는데 이를 절세되는 금액이 많다고 하는 것이다.

그리고 절세효과 또한 리스료는 지급한 해에 반드시 경비로 처리해야 하지만 자기명의로 취득한 경우는 감가상각이라는 과정을 통하여 경비로 처리하는 만큼 언제든지 경비로 계상할 수 있다는 장점이 있다.

따라서 OO캐피탈을 통해서 차량을 구입하는 것보다는 직접 차량을 구입하는 것이 경비 절약효과가 더 크다. 근본적으로 리스는 물건을 취득할 자금이 부족한 사람을 위해서 만들었다고 생각하면 이해가 더 빠르지 않을까 싶다.

구 분	자가 구매	리스(운용리스), 렌터카
초기 구입 비용과 비용 처리	회계장부에 고정자산으로 기록된다. 그리고 자동차를 취득하면서 낸 취득세 등의 제세공과금은 차량액으로 합산되었다가 나중에 감가상각 절차를 통해 비용처리가 되고, 보험료나 수리비 등 자동차를 유지·관리하는 비용도 세무상 비용으로 처리된다. ➔ 초기 투자비용 발생 ➔ 감가상각을 통해 서서히 비용 처리	리스(운용리스)하거나 렌트하는 경우, 그 자체로 전액 비용처리가 되어 과세소득을 줄일 수 있다. 문제는 지출되는 비용이 늘어나면 늘어난 금액에 상당하는 세금이 줄어드는 것이 아니라, 그 비용으로 인해 줄어든 소득에 대한 세율에 해당하는 만큼의 세금만 줄어든다는 것이다. ➔ 초기 투자비용이 발생하지 않고 리스료를 통한 비용처리 금액이 감가상각보다 많이 발생

구 분	자가구매	리스(운용리스), 렌터카
비용 인정 기준	업무용으로 사용하고 운행일지를 작성해야 한다.	업무용으로 사용하고 운행일지를 작성해야 한다. 리스회사나 렌터카 회사들은 자가 구매와 달리 무조건 비용처리가 될 것처럼 광고하는데, 그 말을 곧이곧대로 믿었다가는 나중에 세금을 추징당할 수 있으니 주의해야 한다.
전체 지출 측면	여유자금이 있어서 자기 돈으로 자동차를 구입하면 말할 것도 없고, 할부로라도 구입하면 소유권이 바로 구매한 사람에게 주어지기 때문에 할부금을 모두 상환한 뒤에는 자동차를 소유할 수 있다. 그러나 리스하거나 렌트하는 경우는 계약기간이 끝나면 다시 리스나 렌트 계약을 해야 하므로 또다시 많은 비용이 들어간다. 따라서 자동차를 빌려 타면 리스료나 렌트비에 대한 비용처리가 되어서 얼핏 세금이 줄어드는 것처럼 보이지만, 실제로는 자동차를 취득했을 때보다 더 많은 돈이 들어간다. 결론은 자가구매는 차량구매가만 나가는 돈이지만 리스나 렌트는 차량 할부 구매가 + 할부 이자가 나간다고 생각하면 된다.	

기업업무추진비 얼마까지 비용인정을 받을 수 있나?

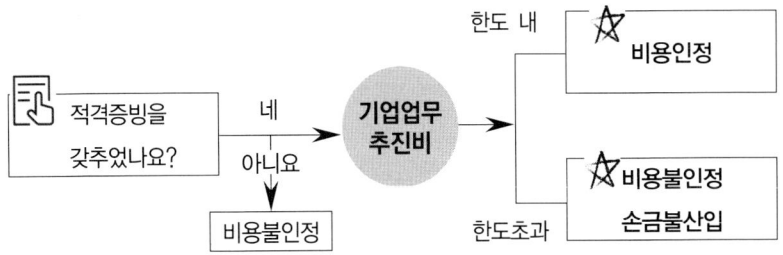

업무와 관련하여 거래처에 접대, 향응, 선물 등을 위해 지출하는 비용을 말한다.

기업업무추진비는

첫째, 해당 지출이 기업업무추진비에 포함이 되는지를 판단해야 한다. 3만 원 초과 지출에 대해 적격증빙을 받은 경우 해당 비용은 기업업무추진비에 포함이 되나, 적격증빙을 안 받은 경우는 회계상 기업업무추진비로 전표 처리해도 세법상으로는 기업업무추진비로 봐주지 않는다.

둘째, 기업업무추진비에 포함되었다고 모두 비용인정을 해주는 것은 아니다.

일정한 한도가 있어 동 한도 내에 들어가는 비용만 비용인정을 해주고, 나머지 금액은 비용인정을 안 해준다.

그리고 한도 내 기업업무추진비라도 3만 원을 초과하는 지출에 대해서는 반드시 법인카드를 사용해야 기업업무추진비로 인정이 되고 그렇지 않은 경우는 경비로 인정받을 수 없다.

 기업업무추진비 해당하는 주요 사례

- 회의비 중 통상 개최 장소 이외에서 지출된 비용이나 유흥주점 등에서 사용된 것
- 사용권 지정 또는 알선, 대리에 따라 지급된 사례금은 기업업무추진비 또는 기부금 (업무관련성이 있으면 기업업무추진비, 없으면 기부금)
- 특수관계자 외의 거래자에 대해 거래 채권 포기시 정당한 사유가 없으나 업무와 관련한 채권의 경우
- 법인이 대리점에 무상으로 제공한 견본품은 기업업무추진비. 단, 동 견본품을 불특정 다수 인에서 무상으로 배포 시에는 광고선전비
- 학습지 구독자를 위한 음악회 등 행사비의 경우 구독자라는 특정인에 해당하는 그룹에 지출한 비용
- 특정 병원에 사회 통념상 단순한 견본품으로 보기 어려운 수량의 의료용 소모품을 무상으로 제공한 경우
- 법인이 특정 거래처에 할인액 및 약정을 초과하여 할인할 경우 해당 금액은 기업업무추진비, 단, 모든 거래처에 동일 기준 적용 시 매출할인
- 건설업 법인이 재개발조합의 운영비 명목으로 지출한 금액은 기업업무추진비
- 새로운 모델을 판매함에 따라 동종의 구모델 제품을 일정한 금액으로 보상 구입하기로 하고 이를 사전에 광고한 경우 당해 보상교환 판매에 따라 입은 손실은 판매부대비용으로 비용인정(법인 46012-1043, 2000.4.27) 단, 특정인을 대상으로 하여 시행한 경우 기업업무추진비

반드시 적격증빙을 갖추어야 한다.

구 분			처리방법
기밀비나 증빙이 없는 기업업무추진비 등			비용불인정
3만원 초과 기업업무추진비로서 법정증빙을 받지 않은 경우			비용불인정
일반 기업업무추진비 한도 계산	한도초과액		비용불인정
	한도 내 금액	법정증빙 미수취액	비용불인정
		법정증빙 수취액	한도범위 내에서 비용인정
비 고	기업업무추진비로 인정받기 위한 비용지출은 다음의 세 가지로 볼 수 있다. ❶ 법정증빙을 사용한 기업업무추진비(세금계산서, 계산서, 신용카드, 현금영수증) ❷ 건당 3만 원 이하의 기업업무추진비로서 영수증 등을 받은 금액 ❸ 현물기업업무추진비(자사 제품을 거래처에 증정하는 경우 등)		

세법상 기업업무추진비는 일정 한도 내에서만 기업업무추진비를 인정하는 한도를 정하고 있는데, 한도 계산에 포함되는 기준금액이 되기 위해서는 우선 건당 3만 원을 초과해서 지출 시 반드시 세금계산서, 계산서, 신용카드매출전표, 현금영수증 중 하나를 증빙으로 받아야 한다. 여기서 말하는 신용카드(직불카드와 외국에서 발행한 신용카드 포함)는 해당 법인카드(개인사업자는 사업용 신용카드)를 말한

다. 따라서 종업원의 개인신용카드로 결제한 금액은 그 금액이 건당 3만 원을 초과하는 경우 이는 전액 비용으로 인정받지 못할 수 있다. 또한 매출전표 등에 기재된 상호 및 사업장 소재지가 물품 또는 서비스를 공급하는 신용카드 등의 가맹점 상호 및 사업장 소재지와 다른 경우 당해 기업업무추진비 지출액은 신용카드사용 기업업무추진비에 포함하지 않는다.

3만 원 이하 기업업무추진비
간이영수증 등 지출한 사실이 객관적으로 인정되는 금액이 나와 있는 형태의 증빙이면 가능하다.

3만 원 초과 기업업무추진비
사업용 신용카드 매출전표, 지출증빙용 현금영수증, 전자세금계산서, 종이세금계산서, 계산서 등의 형태가 된다.

예를 들어 5만 원의 기업업무추진비를 지출하고 간이영수증을 받은 경우 3만 원은 인정, 2만 원은 불인정 되는 것이 아니라 5만 원 전체가 기업업무추진비로 불인정 된다.

개인사업자가 기업업무추진비 지출시 사용해야 하는 신용카드

기업업무추진비 지출시 신용카드는 반드시 홈택스에 등록해 둔 사업용 신용카드를 쓰는 게 좋다. 물론 개인사업자는 사업용 신용카드 말고 대표자의 개인카드, 대표자 가족의 카드, 직원의 카드도 기업업무추진비 처리가 가능하나, 기업업무추진비는 세무서에서 엄격하게 관리하는 항목이기 때문에 사업용 카드나 대표자 개인카드가 아니면 증명하기가 번거로울 수 있다.

기업업무추진비 한도 범위 내에서만 비용인정

적격증빙 요건을 통과하였다고 해서 모두 비용으로 인정되는 것이 아니며, 세법에서 정한 일정한 한도 내에서만 비용으로 인정된다. 따라서 한도를 초과하는 경우는 모두 손금불산입 즉, 비용불인정 된다. 그러나 계정과목 상으로는 전액 기업업무추진비로 처리할 수 있다. 세무에서 기업업무추진비는 다음의 금액을 한도로 해서 비용으로 인정된다.

- 기업업무추진비 한도액 = ❶ + ❷[특수법인 (❶ + ❷) × 50%]
- ❶ 1,200만 원(중소기업의 경우에는 3,600만 원) × 당해 사업연도의 월수/12
- ❷ (수입금액 × 적용률) + (특정 수입금액(특수관계자 거래) × 적용률 × 10%)

> 월수는 역에 따라 계산하며 1월 미만은 1월로 본다. 예를 들어 6월 14일에 신설한 법인으로서 첫 사업연도가 6월 14일부터 12월 31일이라면 사업연도 개시일인 6월이 포함되므로 사업연도 월수는 7개월이다.

구 분	적용률
100억원 이하	0.3%
100억원 ~ 500억원	3,000만 원 + (수입금액 - 100억 원) × 0.2%
500억원 초과분	1억 1천만 원 + (수입금액 - 500억 원) × 0.03%

- 문화기업업무추진비 한도액 = Min(❶ + ❷)
- ❶ 문화기업업무추진비
- ❷ 일반 기업업무추진비 한도액 × 20%

세법상 기업업무추진비 한도 금액

= 기본 금액 × 당해 사업연도 월수/12개월 + 수입금액 기준 금액
= 1,200만 원 × 당해 사업연도 월수/12개월 + 매출금액 × 0.3% (매출액 100억 이하 경우)

예를 들어 2025년 7월 10일에 개업해 2025년도 매출액이 3억이면 2025년도 회사 운영 기간은 5개월 22일이다. 이런 경우 6개월로 보고(1개월 미만은 1개월로 간주) 기본 금액을 산출하며 기업업무추진비 한도액을 계산해 보면 다음과 같다.

기업업무추진비 한도 금액
= (12,000,000 × 6/12) + 300,000,000 × 0.3%
= 6,900,000원

 기업업무추진비로 보지 않는 경우

기업업무추진비와 지출의 성격이 유사한 광고선전비와 기업업무추진비의 구분 기준은 그 상대방의 특정 여부에 따른다. 이 경우 광고선전비는 제품 등의 판매촉진이나 광고를 위해서 불특정 다수 인을 상대로 지출하는 비용을 말한다. 즉 특정 상대방을 위해 지출하는 기업업무추진비와는 달리 광고선전비는 불특정다수인을 상대로 지출하는 것이다. 또한 광고선전비는 기업업무추진비와는 달리 원칙적으로 특별한 한도 제한 없이 지출하는 금액 전액에 대해서 비용으로 인정받을 수 있다.

그런데 불특정다수인이 아닌 특정인에게 기증하는 물품이라고 하더라도 연간 5만 원 이내의 금액에 대해서는 광고선전비로서 특별한 제한 없이 세무상 비용으로 인정받을 수 있다. 한편 개당 3만 원 이하의 물품의 경우에는 특정인에게 주었다 하더라도 횟수나 연간 한도 제한 없이 세무상 비용으로 인정된다.

한 사람에게 연간 총합계 금액 5만 원 이상의 물품을 주면 광고선전비로 보지 않고 기업업무추진비로 보겠다는 의미이고, 3만 원 이하의 물품은 총합계금액 계산에서 제외한다는 의미이다.

예를 들면 10,000원짜리 10개를 주는 경우 3만 원 이하의 물품이므로 총합계금액 계산에서 제외된다. 따라서 비록 총액은 10만 원이지만 합계금액 계산에서 제외되므로 광고선전비로 인정된다. 반면, 5만 원짜리 2개를 주면 개당 3만 원을 초과하므로 총합계금액계산에 포함되고 2개가 10만 원으로 5만 원 기준을 초과하므로 광고선전비가 아닌 세무상으로는 기업업무추진비로 보겠다는 의미다.

결과적으로 판단기준은 다음과 같다.

- 개당 3만 원 이하는 무조건 광고선전비로 처리한다.
- 개당 3만 원을 초과하는 물품만 합산해 특정인 대상 연간 5만 원 이하는 광고선전비, 5만 원 초과는 기업업무추진비 처리한다.

구 분	적용방법
개당 3만 원 이하 물품 제공	전액 광고선전비로 인정(연간 5만 원 한도를 적용하지 않고 무조건 광고선전비로 인정)된다.
특정인 1인당 연간 5만 원 이하인 경우	광고선전비로 인정된다.

구 분	적용방법
특정인 1인당 연간 5만원 초과인 경우	전액 기업업무추진비로 인정(초과분만 기업업무추진비로 보는 것이 아니고 전액을 기업업무추진비로 보는 것임)

☆ 기업업무추진비 경비 처리 시 꼭 주의할 사항

⊙ 신용카드 사용내역 중 주말 및 공휴일 사용 금액과 주소지 근처에서 사용한 금액, 심야에 결재가 된 자료에 대해 업무와의 관련성 여부를 입증하라는 국세청의 소명안내문 고지 가능성 큼
⊙ 사업자가 한 푼이라도 더 공제받기 위해 기업업무추진비 성격의 비용 또는 업무와 관련 없는 개인 지출을 복리후생비 등으로 타계정 대체하고 부가가치세 매입세액공제 및 필요경비 공제를 받는 경우 → 관할 세무서에서 업무무관경비 필요경비산입으로 법인세(종합소득세)를 추징한다.
⊙ 술집, 노래방 등에서 지출한 비용도 실질 내용에 따라 기업업무추진비인지 복리후생비인지 판단이 달라진다. → 입증가능해야 한다.
⊙ 업무 관련 지출시 지출증빙 영수증에 누구와 무슨 목적으로 지출하였는지 기록하고, 접대성 경비는 가급적 반드시 기업업무추진비로 회계처리 하여 부가가치세 매입세액공제는 받지 못할지라도 필요경비로 인정받을 수 있도록 한다. 참고로 법인의 경우 기업업무추진비 한도금액을 초과하여 사용한 금액은 필요경비 부인을 받을지라도 최소한 업무무관경비로 상여처분을 받게 되는 상황은 피하는 것이 좋다.
⊙ 경영활동에 필요한 기업업무추진비가 비자금 조성 등에 악용되는가 하면 기업주나 임직원들이 사적으로 지출한 비용을 회사의 비용으로 처리하는 사례가 적지 않으므로 건당 일정 금액을 초과하여 지출하는 기업업무추진비에 대해서는 신용카드 매출전표 등 정규영수증을 첨부한 용지의 여백이나 별도의 기업업무추진비 지출 내역서에 다음의 내용을 기재해서 보관하면 된다.
① 접대목적
② 접대자의 부서명 및 성명
③ 접대상대방의 상호, 사업자등록번호, 부서명 및 성명(접대상대방이 비사업자인 경우에는 성명 및 주민등록번호)

거래처 축의금, 조의금 등 경조사비의 증빙 관리와 경비처리

업무와 관련한 거래처에 대한 경조사비는 기업업무추진비에 속하고, 친구나 가족 등 개인적 경조사비는 비용으로 인정되지 않는다.

한 거래처당 경조사비(기업업무추진비)의 경우 청첩장, 부고장 등으로 받을 수 있는 비용인정 한도는 20만 원이다. 즉, 법 취지상 세금계산서 등 적격증빙이 있으면 20만 원 초과액도, 청첩장, 부고장만 있으면 20만 원까지만 기업업무추진비로 인정해준다. 현실적으로 결혼식장이나 상가 집 가서 세금계산서 달라고 할 수 없으니 결국 20만 원까지만 인정받을 수 있는 것이다.

거래처 경조사비 지출 시 유의 사항

- 모바일 등 해당 지출 사실을 증명할 수 있는 증빙만 있으면 인정해 준다.
- 한 거래처에 2명이 참석해 각각 20만 원씩 한 경우는 모두 합쳐 한도 20만 원을 보므로, 결국 40만 원으로 20만 원 한도 초과가 되어 전액 인정받지 못한다. 즉, 1명당 20만 원이 아니라 한 회사의 참석인원 모두를 합친 금액이 20만 원이어야 한다. 물론 회사경비로 처리를 안 하고 개인 차원에서 내는 경조사비는 한도에 포함하지 않는다.

- ⊙ 결혼 축의금 20만 원을 내고 화환 10만 원짜리를 보내며, 화환 대금은 인터넷 신용카드 결제를 한 경우 총합계 30만 원으로 20만 원 한도를 초과했으므로 세금계산서 등 적격증빙을 받지 않은 경우 경비인정 안 된다. 단, 화환 대금 10만 원은 신용카드 매출전표가 있으므로 경비인정 된다.
- ⊙ 가끔 청첩장을 판매하는 사람도 있는데, 이는 구입해도 업무와 무관한 지출이므로 경비를 인정받을 수 없다.
- ⊙ 경조사비는 축의금뿐만 아니라 조의금도 동일하게 적용되며, 회사 규모보다 과도한 경조사비 지출은 나중에 소명자료 요구 등이 올 수 있으니 유난히 경조사비 지출이 많은 회사는 소명자료를 철저히 챙겨둬야겠다. 이는 규모와 무관하니 작은 우리 회사는 문제없겠지! 생각하면 안 된다. 1년 매출 2,000만 원 신고하는 회사도 소명자료를 요구하는 것 봤다.

3만 원 초과 지출 시 증빙은 세금계산서 등 적격증빙을 받는 것이 원칙인 데, 경조사의 특성상 3만 원으로는 부족하고 거래처에서 세금계산서를 받는 것이 거의 불가능하니, 20만 원까지는 청첩장, 부고장 등으로 지출 사실을 소명하면 예외적으로 증빙으로 인정해 주겠다는 것이다. 이는 모바일 청첩장이나 문자 등으로도 지출 소명자료로 인정해 준다.

이론상으로는 세금계산서 등 적격증빙이 있으면 금액에 상관없이 인정되고, 적격증빙이 없으면 예외적으로 청첩장을 소명증빙으로 인정해 20만 원까지 기업업무추진비로 인정해 준다.

거래처 경조사비 비용인정 한도
한 거래처당 원칙적으로 20만 원까지는 청첩장으로 비용인정

20만 원 초과 경조사비
20만 원을 초과하는 경우 청첩장, 부고장 등만 있는 경우 전액 비용으로 인정 안 해주는 것이 원칙이지만, 세금계산서 등 적격증빙이 있으면 적격증빙 수취액만큼은 비용으로 인정해 준다.

구 분		비용인정 여부
20만원 이내의 금액	원칙	세금계산서, 계산서, 신용카드매출전표, 지출증빙용 현금영수증 등 적격증빙
	예외	청첩장, 부고장 등(소명용 증빙)
20만원 초과 금액		청첩장, 부고장(소명용 증빙) 등의 금액은 비용인정을 안 해 줌. 즉, 청첩장, 부고장 등의 금액은 원칙적으로 적격증빙이 아니므로 전액 비용불인정 세금계산서, 계산서, 신용카드매출전표 지출증빙용 현금영수증 등 적격증빙이 있는 경우 적격증빙 금액만 비용인정

기업업무추진비의 경우 일반기업업무추진비는 3만 원 초과. 단, 경조사비는 20만 원 초과 지출 시 적격증빙을 받아야 비용인정 해준다. 즉, 20만 원 초과 지출 시에는 반드시 적격증빙을 받아야 한다. 그런데 청첩장, 부고장을 적격증빙으로 착각하는 경향이 있다. 이는 경조사라는 특성을 고려한 소명용 증빙이지 적격증빙이 아니다.

예를 들어 경조사비 30만 원을 지출한 경우 20만 원 초과로 세금계산서 등 적격증빙을 받은 경우 기업업무추진비로 인정받을 수 있으나, 청첩장, 부고장 등은 적격증빙이 아니므로 기업업무추진비로 인정받을 수 없다.

지인(친구나 선후배, 친인척)의 개업식 및 축의금 지출비용 10만 원은?

세법상 거래처나 임직원이 아닌 곳에 지출하는 경우는 업무무관비용으로 경비로 인정받지 못한다. 하지만 가까운 지인(친구나 선후배, 친인척의 경조사비 등 사실상 회사와 무관한 개인적 경조사비는 훗날 세무조사를 받을 때 경비 처리한 내용이 인정되지 않을 확률이 높다.)에 대한 경보사비도 현실적으로는 기업업무추진비로 산정하여 회사경비로 처리하는 경우가 많다.

 ### 거래처 경조사비 지출시 효율적인 증빙관리 방법

경조사비 지출시 지출결의서를 작성해서 내부 결재를 받은 후 청첩장 등의 증빙을 첨부한 후 보관하면 비용으로 인정된다.

지출결의서에 상대방, 장소, 일시, 금액 등을 기재해서 보관하면 되며, 가장 좋은 방법은 거래처 사장님의 통장번호로 계좌이체를 하는 것이 가장 효과적이다.

하지만 주의해야 할 부분이 있는데, 20만 원을 초과할 경우 세금계산서 등 적격증빙이 없는 경우 20만 원을 넘는 금액만 인정을 못 받는 것이 아니라 전체금액에 대해서 비용을 인정받지 못한다. 그러니 세무적으로는 20만 원까지만 경조사비로 내는 것을 권한다.

 ### 거래처 경조사비와 화환을 보낸 경우 비용처리

거래처 자녀 결혼 축의금 20만 원을 내고 화환 10만 원짜리를 보내며, 화환대금은 인터넷 신용카드 결제를 한 경우 총합계 30만 원으로 20만 원 한도를 초과했으므로 세금계산서 등 적격증빙을 받지 않은 경우 경비인정 안 된다. 단, 화환대금 10만 원은 신용카드매출전표가 있으므로 경비인정 된다.

직원 결혼 축의금, 출산, 생일 경조사비의 증빙 관리와 경비 처리

회사 임직원의 경조사비와 관련해서는 세법에서 일정한 금액을 지정해 두고 있지 않으며, 복리후생적 차원에서 사회통념상 타당하다고 인정되는 범위라고만 규정하고 있다.

- 경조사비 지급규정 등 내부규정에 의해 지급한다.
- 사회통념상 타당하다고 인정되는 범위 내의 금액이어야 한다.

법인세법 시행령 제45조 【복리후생비의 손금불산입】
① 법인이 그 임원 또는 사용인을 위하여 지출한 복리후생비 중 다음 각 호의 어느 하나에 해당하는 비용 외의 비용은 손금에 산입하지 아니한다.
8. 기타 임원 또는 사용인에게 사회통념상 타당하다고 인정되는 범위 안에서 지급하는 경조사비 등 제1호 내지 제7호의 비용과 유사한 비용

이 경우 "사회통념상 타당하다고 인정되는 범위"는 경조사비 지급규정, 경조사 내용, 법인의 지급능력, 종업원의 직위·연봉 등을 종합적으로 감안하여 사실 판단할 사항으로 별도의 한도가 있지는 않다.
라고 법을 해석하고 있다.

여기서 사회통념상 타당하다고 인정되는 범위란 참 애매하다. 그냥

객관적으로 봐서 과하지도 덜하지도 않은 금액으로 생각하면 된다. 우선 기업업무추진비 기준이 20만원이니 20만원까지는 무리가 없어 보인다.

결국은 규모가 좀 되는 체계적인 회사는 경조사비 규정((사규, 기안문 등 내부 통제문서, 대금 지급 사실 입증서류 등)을 만들어 해당 규정대로 지급하면 큰 무리가 없을 것 같고, 소규모 회사의 경우 20만 원까지는 문제가 없으며, 이를 넘을 때는 회사의 규모, 주변 비슷한 회사의 지급규모 등을 반영해서 판단하면 될 것으로 보인다.

예를 들어 경조사비 지급규정에 50만 원이 규정되어 있음에도 경조사비로 100만 원을 지급하였다면, 50만 원을 초과하는 50만 원에 대해서는 급여 또는 상여로 보아 원천세를 징수하여 신고·납부해야 문제가 없다. 아니면 규정을 초과해서 지급한 이유에 대해 소명해야 하는 문제가 발생할 수 있다.

구 분	비용인정 여부
청탁금지법상 경조사의 범위	청탁금지법상 경조사는 결혼식, 장례식만 해당하고 생일, 돌, 회갑, 집들이, 승진, 전보, 퇴직 등은 경조사에 해당하지 않고 선물에 해당한다.
출산지원금	1. 적용 대상 근로자 본인 또는 배우자의 출산과 관련하여 지급받는 출산지원금 출생일 이후 2년 이내에 지급받은 금액 2. 비과세 한도 지급받은 전액에 대해 비과세 적용 최대 2회까지 비과세 혜택 부여

구 분	비용인정 여부
	3. 제외 대상 사업자와 친족관계에 있는 자 법인인 지배주주와 경영지배관계 등에 있는 자
특별격려금 등	종업원이 회사에서 근로제공의 대가로 수령하는 급여 성격의 특별격려금, 무사고 포상금, 선물대는 과세되는 근로소득에 포함된다.
생일축하금과 선물대	종업원이 지급받은 생일축하금과 설날, 생일, 결혼기념일 등 특정한 날에 받는 선물대는 과세대상 근로소득에 해당한다. 하지만 회사에서 생일 케이크를 사서 축하해주고 나누어 먹는 경우 케이크 비용은 어느 특정인에게 귀속되는 것이 아니므로 간식비 정도로 해서 복리후생비 처리가 가능하다.

 회사 직원의 돌잔치 경조사비로 30만 원을 지출하면?

회사 직원에게 지출한 경조사는 사회통념상 타당한 금액의 한도가 별도로 없다. 이 경우 돌잔치의 초대장을, 결혼의 경우는 청첩장 등 증빙서류를 첨부하면 된다. 만약 초대장이나 청첩장을 받지 못했다면 내부품의서를 작성해서 지출내역을 기록해 보관해야 한다.

 직원 장례 행사를 위해 상조회사의 상조 상품에 가입하여 부담한 대금

내국법인이 직원의 장례행사에 제공하기 위하여 상조회사의 상조 상품에 가입함에 있어 사회통념상 타당하다고 인정되는 범위 안에서 법인이 부담한 대금은 해당 상품이 직원의 장례 행사에 제공된 날이 속하는 사업연도에 비용처리 한다(법인세과-509, 2011.7.25.).

급여에서 공제하는 직원 경조사비의 법적 효력과 대비 방법

4대 보험이나 소득세 등과 달리 경조사비는 단체협약이나 취업규칙 등을 통해 근로자의 동의를 구하지 않았다면 월급에서 공제해서는 안 된다. 임의로 공제하는 경우 임금체불로 볼 수 있다.

근로기준법 제43조 2항에 따르면 임금은 통화로 직접 근로자에게 전액을 지급해야 하고 제대로 주지 않았을 경우 임금체불에 해당한다. 법령 또는 단체협약에 특별한 규정이 있는 경우에만 임금의 일부 공제가 가능하게 돼 있다.

그러면 입사 전 이미 노사간 단체협약 등을 통해 경조사비 공제를 협의했다면 근로자 개인이 서면이나 구두를 통해 경조사비도 안 받고 공제도 원치 않는다고 사측에 정식으로 요청해야 한다. 개인이 나서기 힘들다면 노사협의회에서 정식 안건으로 상정해 이에 대한 대안을 모색해 보는 것이 방법이다.

광고선전비와 기부금, 회식비의 증빙 관리와 경비 처리

 기부금

기부금은 업무와 관련 없이 지출한 비용으로 경비로 인정받을 수 없지만, 회사를 유지 또는 발전시키기 위해서는 기부행위가 불가피한 것이기 때문에 경비로 인정을 해주고 있다.

기부금은 세법상 특례기부금과 일반기부금, 우리사주조합기부금, 비지정기부금으로 나누어진다.

사업자의 동창회비나 기부금 단체로 인정되지 않는 단체에 기부한 금품은 비용으로 인정받기 힘들다.

구 분	한도액
특례기부금 (50% 한도 기부금)	1. 한도초과 이월액에 대한 세무조정 ❶ 전기 이전 한도초과 이월액 ❷ 한도액 = (기준소득금액 − 이월결손금 공제액)의 50% ❸ 한도초과 이월액 중 손금산입액 = MIN(❶, ❷) : 손금산입(기타) 2. 당기 지출액에 대한 세무조정

구 분	한도액
	❶ 당기 지출액 ❷ 한도 잔액 = 한도액 − 한도초과 이월액 중 손금산입액 ❸ 한도초과액 = ❶ − ❷ = (+) 손금불산입(기타사외유출)
우리사주조합기부금 (30% 한도 기부금)	❶ 당기 지출액 ❷ 한도액 = (기준소득금액 − 이월결손금 공제액 − 특례기부금 손금산입액)의 30% ❸ 한도초과액 = ❶ − ❷ = (+) 손금불산입(기타사외유출)
일반기부금 (10% 한도 기부금)	1. 한도초과 이월액에 대한 세무조정 ❶ 전기 이전 한도초과 이월액 ❷ 한도액 = (기준소득금액 − 이월결손금 공제액 − 특례기부금 손금산입액 − 우리사주조합기부금 손금산입액)의 10% ❸ 한도초과 이월액 중 손금산입액 = MIN(❶, ❷) : 손금산입(기타) 2. 당기 지출액에 대한 세무조정 ❶ 당기 지출액 ❷ 한도 잔액 = 한도액 − 한도초과 이월액 중 손금산입액 ❸ 한도초과액 = ❶ − ❷ = (+) 손금불산입(기타사외유출)
비지정기부금	비지정기부금은 전액 손금불산입한다.

㈜ 차가감 소득금액 = 당기순이익 + 익금산입·손금불산입 − 손금산입·익금불산입
(기부금을 제외한 세무조정)
㈜ 기준소득금액 = 차가감 소득금액 + 특례기부금 + 우리사주조합기부금 + 일반기부금
㈜ 이월결손금 공제액

구 분	이월결손금 공제액
일반기업	MIN(❶ 공제 대상 이월결손금 ❷ 기준소득금액 × 80%)

구 분	이월결손금 공제액
	공제 대상 이월결손금 = 각 사업연도 개시일 전 10년 이내 (2020년 1월 1일 이후 개시하는 사업연도에서 발생하는 결손금은 15년 이내)
중소기업 회생계획을 이행 중인 기업 등	MIN(❶ 공제 대상 이월결손금 ❷ 기준소득금액 × 100%)

주: 각 사업연도 소득금액 = 차가감 소득금액 - 기부금 한도초과 이월손금산입 + 기부금 한도초과액

기부금에 대한 세무조정 사항은 소득금액조정합계표에 기재되지 않고, 법인세 과세표준 및 세액조정계산서 서식에 직접 기재한다.

광고선전비

불특정다수인을 상대로 업무와 관련하여 지출하는 부채, 책받침 등 판촉품, 인쇄비 등을 말하는데, 전액 경비로 인정된다.

그리고 특정 사업과 관계있는 자들에게 거래관계의 원활한 진행을 도모하고자 업무상 무상으로 지출된 비용은 기업업무추진비에 해당하는 것이다. 다만, 광고선전 목적으로 특정인에게 기증하기 위해 지출한 물품의 구입비용이 특정인 1인당 연간 5만원 이내의 금액이라면 기업업무추진비로 간주하지 않고 광고선전비로 보아 비용인정을 해준다.

구 분		세무 처리
광고선전 목적의 물품을 불특정 다수인에게 지급한 경우		불특정다수인에게 지급하는 광고선전 목적의 물품구입비는 사실상 물품 판매촉진을 위한 것이므로 금액과 무관하게 전액 비용으로 인정된다.
광고선전 목적의 물품을 특정인에게 지급한 경우 : 원칙은 기업업무추진비이나 예외 규정을 둠	개당 3만원 이하 물품 제공	전액 광고선전비로 인정(연간 5만 원 한도를 적용하지 않고 무조건 광고선전비로 인정)된다.
	특정인 1인당 연간 5만원 이하인 경우	광고선전비로 인정된다.
	특정인 1인당 연간 5만원 초과인 경우	전액 기업업무추진비로 인정(초과분만 기업업무추진비로 보는 것이 아니라 전액을 기업업무추진비로 보는 것임)

 부서별로 진행하는 회식비

법인이 영업사원 등의 복리후생 및 판매 활성화를 위하여 영업 전략 회의 후 사기진작을 위한 송년 회식을 하는 경우 부서별로 일정 금액을 정하여 소속 직원의 회식비로 사용하기 위해 지출하는 경우 그 금액이 사회통념상 적정하다고 인정되는 경우는 법인의 각 사업연도 소득금액 계산상 비용으로 인정한다.

↗ 직원 개인카드로 결제한 회식비

직원의 개인카드 사용에 대하여 모호하고, 헷갈리는 경우가 상당수 있는 것 같다. 기업업무추진비를 제외한 비용의 지출은 경비처리가 가능하다. 다만, 주의할 점은 회사경비로 처리한 카드내역을 연말정산 때 본인의 개인 소득공제용으로 사용하면 안 되고, 반드시 회사경비 처리 부분을 차감하고 공제를 받아야 한다.

↗ 주의해야 하는 회식비

❶ 일반유흥주점 : 접객 요원을 두고 술을 판매하는 유흥주점(룸싸롱, 단란주점, 가라오케, 가요주점, 요정, 비어홀, 맥주 홀, 카페, 바, 스넥 칵테일 등)

❷ 무도 유흥주점 : 무도시설을 갖추고 술을 판매하는 유흥주점(클럽, 극장식 주점, 나이트클럽, 카페, 스텐드바, 유흥주점 등)

❸ 위생업종 : 사우나, 안마 시술소, 발 마사지, 네일아트 등 대인 서비스

❹ 레저업종 : 실내외 골프장, 골프연습장

❺ 사행업종 : 카지노

업무 중 직원 사고 병원비의 증빙 관리와 경비 처리

실무상에서는 전표 처리는 이 비용을 복리후생비로 처리한다. 그러나 세법에 따르면 직원의 병원비를 복리후생비로 열거하고 있지 않기 때문에 복리후생비 항목에 포함하는 것은 무리가 있다. 물론, 세법상 비용인정과 관련해서는 계정과목이 결과적으로 중요한 것은 아니다.

업무와 관련 없는 병원비 지출

직원이 부담해야 할 병원비를 회사가 지급한 경우 직원에 대한 급여로 처리한 후 원천징수를 해야 한다. 반면, 개인회사 사장의 병원비를 회사가 내는 경우 이는 인출금으로 비용인정을 받기 힘들다.

업무와 관련한 병원비 지출

근로의 제공으로 인한 상해·부상·질병·사망과 관련하여 받는 위자의 성질이 있는 보상·배상·급여는 소득세법의 규정에 의해 비과세

소득에 해당한다. 따라서 해당 직원의 비과세 급여로 처리하면 되며, 비과세 소득이므로 원천징수하지 않는다.

또한, 근로자 본인의 질병이나 사망 등에 의해 근로자 또는 그 유족에게 지급하는 배상·보상 등의 급여도 비과세되는 것이나, 직계가족의 부상에 따른 치료비 지원 등은 해당 근로자의 근로소득에 포함하여 원천징수를 해야 한다.

그러나 회사에서 지원하는 근로자 본인 및 직계가족의 의료비를 근로자 본인의 근로소득으로 합산처리하면서 근로소득세를 신고·납부한 경우 근로자 본인이 연말정산시 의료비 공제를 적용받을 수 있다.

어려운 임직원 가족 병원비를 지원해 주는 경우

직원을 위해서 가족 병원비를 지급하고 추가로 회사의 비용으로 처리한다면 복리후생비 성격의 비용이 되면서 해당 직원의 급여성격으로 보아 원천징수를 해야 한다. 즉 계정과목은 복리후생비 또는 급여로 처리할 수 있으나 세무상으로는 회사의 비용으로 인정받기 위해서 해당 직원의 급여에 포함해서 근로소득세를 신고·납부해야 한다. 참고로 법인의 주주임원에 대한 지출인 경우 해당 직원의 상여에 해당하여 비용으로 인정받지 못할 수 있으나 종업원에 대한 내부규정을 정하여 지출한다면 복리후생비로 처리된다.

구 분		세무 처리
업무상 직원 본인 병원비		비과세
업무 무관 직원 본인 병원비		근로소득세 신고·납부
직원 가족 병원비		근로소득세 신고·납부
병원의 임직원 가족 병원비 경감액		근로소득세 신고·납부
건강검진비	임직원 차별	임원과 직원과의 차이 금액은 과세 될 수 있다.
	임직원 무차별	비과세
사내복지기금 지원 의료비		비과세

병원비 지급시 지출증빙

종업원이 업무를 수행 중에 사고 발생으로 치료를 받는 경우 해당 치료비는 비용에 해당하는 것으로 종업원의 근로소득에 해당하지 않는다. 따라서 정상적인 비용처리를 위해서는 비용처리 하는 병원에 사업자등록증을 제시하고 계산서를 교부받아 처리해야 한다.

병원에서는 회사에 계산서를 발급하지 않으려고 하는 경향이 있으나 위와 같이 사업자등록증을 제시하고 계산서 교부를 요구하는 경우 병원은 이에 응해야 할 책임이 있다.

참고로 계산서를 수취하기가 곤란한 경우 법인카드(사업용 카드)로 결제하고 신용카드 매출전표(지출증빙용 현금영수증 포함)를 증빙으로 수취하는 것도 하나의 요령이다.

공상 처리 후 공단에서 받는 보상비 경비 처리는?

임원을 포함한 근로자가 업무로 인한 부상 또는 질병으로 인해 발생한 병원비를 회사에서 지급하는 경우 회사경비로 인정받을 수 있다.

그리고 근로자는 비과세 급여에 해당한다. 다만, 해당 부상 또는 질병이 업무로 인하여 발생한 것을 회사 또는 근로자가 증명해야 할 의무가 있다.

지급한 병원비가 사회통념을 초과한다면 초과하는 부분은 과세급여에 해당하므로 급여에 포함해 원천징수를 하면 원천징수영수증이 증빙이다.

참고로 공상처리 후 종업원 사고에 의한 보상비 중 산업재해보험법에 의하여 보상받을 수 있는 금액은 경비처리할 수 없다.

 ## 업무와 무관한 사장의 병원비(본인 부담 병원비를 회사가 대납한 경우)

개인회사 사장인 경우는 자기 돈을 자기가 갖다 쓴 것으로 봐 전표상 인출금처리 후 경비불인정(소득세에서는 필요경비불산입) 하면 된다. 반면, 법인의 대표이사가 지급해야 할 의료비를 법인이 부담한 경우는 법인의 업무와 관련해서 발생한 지출이 아니므로 경비(법인세에서는 손금이라 함)에 해당하지 않는다. 따라서 경비불인정(법인세에서는 손금불산입) 하고 대표이사의 급여에 포함해 원천징수해야 한다. 다만, 대표이사가 업무와 관련해 몸이 안 좋아 병원에 다니는 비용 등이 사회통념상 타당하다고 인정되는 범위 안에서 지급하는 경조사비에 해당하는 경우 복리후생비로 경비처리가 가능하다. 이 경우 "사회통념상 타당하다고 인정되는 범위"는 경조사비 지급규정, 경조사 내용, 법인의 지급능력, 종업원의 직위·연봉 등을 종합적으로 감안하여 사실 판단할 사항으로 별도의 한도가 있지는 않다.

즉, 법인의 주주임원이 부담해야 할 성질의 치료비를 당해 법인이 부담한 때에는 각 사업연도 소득금액 계산상 경비처리가 불가능하다는 것이며, 경비처리를 위해서는 대표이사의 급여로 잡은 후 원천징수를 해야 한다.

법인카드 공휴일 사용 등 부정 사용과 경비 처리

 법인카드는 사용 규정을 만들어 사용하라

법인카드 사용 규정은 법인카드를 사용하는 이에게 중요한 부분이기 때문에 법인카드 사용 규정에 대해 정확히 숙지하고 있는 것이 중요하다. 법인카드 사용 규정에 법인카드로 지출이 가능한 것은 사내 소모품, 사무기기, 각종 비품 등 구매대금, 광고비, 기업업무추진비, 회의비, 차량 및 보험 관련 비용, 복리후생비, 직무교육비 등 특정 비용으로 제한해야 한다.

> **법인카드 사용을 제한해야 하는 업종 예시**
>
> 1. 일반유흥주점 : 접객 요원을 두고 술을 판매하는 유흥주점(룸살롱, 단란주점, 가라오케, 가요주점, 요정, 비어홀, 맥주 홀, 카페, 바, 스낵 칵테일 등)
> 룸살롱 등은 접대목적으로 사용할 경우가 많으므로 반드시 법인카드로 결제하는 것이 좋으나, 너무 잦은 사용과 거액의 사용은 문제가 될 소지가 많이 있다.
> 2. 무도 유흥주점 : 무도시설을 갖추고 술을 판매하는 유흥주점(클럽, 극장식 주점, 나이트클럽, 카페, 스탠드바, 유흥주점 등)
> 3. 위생업종 : 야미용실, 피부미용실, 사우나, 안마 시술소, 발 마사지, 네일 아트 등 대인 서비스

4. 레저업종 : 실내외 골프장, 노래방, 노래연습장, 사교춤교습소, 전화방, 비디오방, 골프연습장, 헬스클럽, PC방

국세청은 골프장에서의 임직원 체력 단련은 복리후생비로 인정해 주지 않고 있다. 따라서 골프장에서 사용한 법인카드는 복리후생비보다는 기업업무추진비로 처리하는 것이 좋다.

5. 사행업종 : 카지노, 복권방, 오락실

카지노에서는 법인카드를 사용하지 않는 것이 좋다.

6. 기타 업종 : 성인용품점, 총포류 판매

7. 기타 주점 : 대포 집, 선술집, 와인바, 포장마차, 간이주점, 맥주 전문점, 생맥주집

위 내용은 직원 복리후생비 처리상의 법인카드 사용 제한 업종이고, 기업업무추진비 지출 시에는 예외일 수 있다.

법인카드 사용을 제한해야 하는 구매 물품 예시

1. 금, 은, 보석 등 귀금속류
2. 양주 등 고가의 주류
3. 골프채, 골프가방, 골프화, 골프공 등 골프용품
4. 영양제, 비타민제 등 건강보조식품
5. 향수, 선글라스 등 고급 화장품이나 액세서리류

법인카드는 공식 행사 등 특별한 경우를 제외하고는 주류 구매에 사용을 제한해야 한다.

법인카드라고 무조건 인정해 주지 않는다.

경비의 투명성을 높이기 위해 지급되는 카드인 만큼 법인카드 사용 규정은 엄격해야 한다.

법인카드 사용 시 업무와 직접적인 관련이 없는 경우에는 업무와 관련이 있음을 증명해야 하는 자료가 필요하다.

법인카드 사용 관련 입증자료가 필요한 경우

다음의 지출에 대해서는 경비에서 부인될 소지가 크므로 사용내역 및 이유를 자세히 기록해 두는 것이 좋다.
① 근무일이 아닌 공휴일 또는 주말 사용 시
② 평소 업무 장소에서 멀리 벗어난 곳이거나 업무 장소 외에서 사용 시
③ 정상적인 업무시간 외, 심야 혹은 새벽에 사용 시
④ 본인이 아닌 친인척이 사용하거나 친인척을 동반한 출장, 기타 장소에서 사용한 경우
⑤ 특정 장소에서 여러 차례 걸쳐서 집중적으로 사용된 경우
⑥ 현금화하기 쉬운 품목 또는 사치성 물품 구입 시(상품권, 금, 골프용품, 고가의 주류 등)
⑦ 병원, 미용실 등 업무와 관련성이 없어 보이는 곳에서 사용한 경우
복리후생비 차원으로 병원비를 결제하는 경우 개인카드로 결제한 후 복리후생비로 처리하는 것이 좋다.
⑧ 한 거래처에서 같은 날 여러 번 분할 해서 사용한 경우
⑨ 마트 사용액
대부분 가사 경비인 경우가 많아 경비가 부인되기 쉬우나, 직원 부식비, 사무용품 관련 경비는 비용인정이 가능하다. 다만, 업무 관련성을 입증할 만한 사용내역 영수증 등을 별도로 모아 보관해 두는 것이 좋다.
⑩ 미용실, 사우나, 스포츠센터
일부 업종을 제외하고는 법인사업과의 연관성을 찾기 어렵다. 대부분 개인적인 지출에 해당해 경비가 부인되므로, 업무와 관련성이 있다면 반드시 입증할 만한 서류를 준비해 두어야 한다.

법인카드는 반드시 지출 내역이 업무와 관련이 있음을 입증할 수 있어야 한다. 업무와 무관하다고 판단되는 항목의 경우 법인세법상 비용인정이 안 된다.

비용으로 인정되지 않는 경우 부가가치세 신고 시 매입세액공제가 되지 않아 사용한 금액에 따라 당연히 부가가치세가 증가하는 것은 물론 입증자료가 없어 경비가 인정되지 않으므로 납부해야 하는 법인세가 늘어나거나 가산세가 발생하게 된다.

부당한 신고에 대해서는 약 20~40%까지의 가산세가 발생할 수 있으니 꼭 주의하길 바란다.

법인카드 사용 내역은 세무조사 시 주의 깊게 살펴보는 항목 중 하나이다.

법인카드를 업무 목적으로 사용하지 않고 사적인 용도로 사용하면 회사와 사용자 모두에게 세금 부담이 증가함을 잊지 말아야 한다. 특히 회사대표는 이점을 잊지 말고 사적 사용에 관한 규정을 완비하고 지출내역을 꼭 검증하는 시스템을 마련해야 한다.

[법인카드 사용 후 경비인정을 못 받는다면]

법 인	개 인
• 부가가치세 신고 시 공제되지 않기 때문에 사용 금액의 10%만큼 부가가치세가 증가한다. • 법인세법상 경비인정도 부인되어 납부할 법인세 증가, 가산세가 발생한다. • 법인세의 부당신고에 대해서는 20%~40%까지의 가산세를 부담할 수도 있다.	• 업무상 사용을 인정받지 못한 금액은 법인카드 사용자의 소득(급여, 상여 등)으로 보기 때문에 소득세가 부과된다. • 소득 증가에 따른 4대 보험도 증가한다.

법인카드 사적 지출액은 비용처리 하면 안 된다.

법인카드를 사적으로 사용한 경우는 개인 통장에서 법인통장으로 사적 사용액을 입금해 주어야 한다. 또한, 사적인 사용액에 대해서는 법인의 경비로 처리하면 안 된다.

❶ 법인사업자의 대표이사나 등기이사의 경우 법인카드를 굳이 사용하지 않아도 업무와 관련된 것에 한해 본인의 개인카드를 사용한 후 회사경비로 증빙 처리할 수 있다.

❷ 개인카드 사용 시 개인 종합소득세 공제보다, 사업자 부가가치세 그리고 법인세 공제로 활용하는 것이 더 많은 세금 공제 혜택을 받을 수 있다.

❸ 회사 지출로 비용처리 한 사용내역의 경우 개인 세금에 포함되지 않기 때문에 연말정산 시 공제자료로 제출하면 안 된다.

 법인카드 부정 사용에 주의하라

↗ 법인카드의 부정 사용유형으로 인한 해고

영업활동비, 기업업무추진비, 선물비 등에 대한 법인카드 부정 사용이 가장 흔한 법인카드 부정 사용유형인데, 노동위원회 등에서는 법률적 판단 시 대략 아래와 같은 사항들을 쟁점으로 본다.

◉ 회사의 지침이나 규정에 제시된 방법대로 사용했는지
◉ 정해진 금액, 용도로 사용했는지

- ⊙ 활동비 지출에 대해 주기적으로 결재나 승인을 받았는지
- ⊙ 부정청탁법 위반 여지는 없는지
- ⊙ 사적 사용으로 의심되는 사정들이 얼마나 있는지(휴일·휴가 시 사용, 자택 인근에서 사용 등)
- ⊙ 상대 고객 등에 대한 사용 소명 정도
- ⊙ 위반 금액이나 횟수, 기간 등

🗗 식대, 교통비, 주유비 등에 대한 법인카드 부정 사용

- ⊙ 회사의 지침이나 규정에 제시된 방법대로 사용했는지
- ⊙ 정해진 금액, 용도로 사용했는지
- ⊙ 식대 한도나 용도를 넘어서 사용했는지(회의비, 회식비 등)
- ⊙ 교통비나 주유비의 경우, 용도나 범위를 넘어서 사용했는지

(실제 업무와 직결되지 않는 사용, 사적·공적 사용 범위가 혼재된 사용 등)

- ⊙ 주기적 승인이나 결재 여부
- ⊙ 위반 금액이나 횟수, 기간 등

🗗 유흥업소 등 제한 업소에 대한 법인카드 부정 사용

- ⊙ 클린카드 등 규정이나 지침에 설정된 제한 여부
- ⊙ 제한 업소 해당 여부나 확인 가능성
- ⊙ 사용의 불가피성
- ⊙ 위반 금액, 횟수 및 기간 등

↗ 법인카드 상품권 부정 구매 및 카드깡 의심 등 부정 사용

법인카드로 상품권을 과다하게 구매하여 사용하는 경우가 증가함에 따라 국세청은 법인카드로 거액의 상품권을 구매하는 경우도 체크한다.

- ⊙ 규정, 지침상 상기 제한 설정 여부
- ⊙ 부정 구매의 구체적 경위나 불가피성 정도
- ⊙ 카드깡 또는 현금화 의심 사정의 정도
- ⊙ 위반 금액, 횟수 및 기간 등

↗ 법인 개별카드 부정 사용

- ⊙ 개별 법인카드 사용 관련 규정이나 지침 및 사용 관행 세부적 내용에 대한 부합 여부
- ⊙ 상기 규정, 지침 위반에 대한 구체적 경위나 불가피성
- ⊙ 위반 금액 반환, 정산 요구에 대한 근로자 측의 구체적 반응

↗ 해외사용

해외의 경우 건당 3만 원 이상 사용 시 적격증빙을 수취해야 하는 제한이 없어 신용카드를 사용할 수 없는 곳이라면 일반영수증을 수취해도 무방하다.

↗ 신용카드매출전표 상호와 실제 사용한 상호 일치

간혹 세금탈루 등의 목적으로 위장 상호로 등록된 가맹점으로 카드를 결제시키는 경우가 있는데 위장 상호로 등록된 가맹점이 세금 상의 문제가 있을 경우 경비가 인정되지 않을 수 있다.

법인카드 공휴일(비근무일) 사용사유서		
부 서 명		
사 업 명		
사용카드번호		
사 용 금 액		
일시 및 장소		
참석자	회사 내	
	회사 밖	(소속 및 성명)
	사유	

법인카드 관리 및 사용지침에 의거하여 사유서를 제출합니다.

202 . . .

사용자 :　　　　　　(인)

관리책임자 :　　　　(인)

구 분	세무 처리
근무일이 아닌 공휴일 또는 주말, 휴무일에 사용	공휴일 또는 주말, 휴무일에 근무가 있는 경우 사용이 가능하지만, 국세청은 의심할 수 있으므로 객관적인 증빙 구비가 필수다.
사업장 주소가 멀리 떨어진 곳에서 사용	출장, 외근이 있는 경우 사용이 가능하다.
업무외 시간 심야, 새벽 시간 사용	야근, 3교대 작업 등 특수한 근무의 경우 사용이 가능하다.
고가의 물품 구입(운동용품, 가방, 시계 등등)	대표이사나 가족이 구입하는 사치품은 사적 비용으로 판단될 가능성이 높으며, 거래처 기업업무추진비 차원에서는 사용이 가능하다.
과도한 상품권 구입	거래처 기업업무추진비, 직원 복지 차원의 지급은 사용이 가능하다. 다만 상품권 사용 내역을 관리하는 장부를 별도로 만들어 작성해 두는 것이 좋다.
업무와 관련성이 떨어지는 지출 (미용실, 병원비, 학원비, 사우나)	업종에 따라 미용, 의료비가 사업과 밀접한 관련이 있다면 사용이 가능하다(연예인, 운동선수, 인플로언서 등).
골프연습장, 테니스 연습장 운동비용	거래처 기업업무추진비 차원에서 사용이 가능하다.

세금과 공과금의
증빙 관리와 경비 처리

사업과 관련해서 부담하는 세금과 공과금은 기본적으로 비용으로 인정된다.

전화요금, 팩스료, 전력비, 수도광열비 등도 업무를 하는 데 있어 필수 불가결하게 발생하는 비용이므로 당연히 경비로 인정된다.

그러나 취득세와 등록세는 경비로 처리하는 것이 아니라 고정자산의 취득가액에 포함하여 감가상각의 대상이 되는 것이지, 지출한 즉시 경비로 처리되지 않는다. 또한, 부가가치세나 법인세, 소득세 등 일반적으로 국세의 납부액은 비용처리를 해주지 않는다.

사업을 하다 보면 회비를 지출하기도 하는데, 영업자가 조직한 단체로서 법인 또는 주무관청에 등록된 조합 또는 협회에 정기적으로 납부하는 회비는 필요경비로 인정되나, 부정기적인 특별회비와 위의 단체에 대한 회비가 아닌 경우에는 일반기부금에 해당하여, 일정한 한도 내에서만 필요경비로 인정된다.

그리고 동창회비, 향우회비 등 개인적인 모임에 대한 회비는 경비로 인정되지 않는다. 또한 법령위반으로 부과되는 벌금, 과료, 과태료, 가산금 등은 업무와 관련하여 발생한 것이라도 경비로 인정받지 못한다. 대표적인 것이 출장 중 교통 법규 위반벌과금이다.

비용인정 되는 공과금과 안 되는 공과금

경비인정 되는 공과금	경비인정 안 되는 공과금
• 상공회의소 회비, 대한적십자사 회비 • 영업자가 조직한 단체로서 법인 또는 주무관청에 등록된 조합·협회비 • 교통유발부담금, 폐기물 부담금, 국민연금 사용자 부담금, 개발부담금 등	• 법령에 의하여 의무적으로 납부하는 것이 아닌 공과금 • 법령에 의한 의무의 불이행 또는 금지·제한 등의 위반에 대한 제재로서 부과되는 공과금 • 수질환경보전법에 의한 폐수배출부담금

주 토지에 대한 개발부담금은 즉시 경비로 인정하지 않고 토지의 취득원가를 구성한 후 처분과정을 거치며 경비 처리한다.

 비용인정 되는 벌과금과 안 되는 벌과금

벌금, 과료(통고처분에 의한 벌금 또는 과료에 상당하는 금액을 포함), 과태료(과료와 과태금을 포함)는 부과·징수권자가 국가 또는 지방자치단체이어야 하며, 법률이나 명령 위반에 관해서 법령에 따라 부과된 것일 때는 비용으로 인정되지 않는다.

개인과 개인 또는 개인과 회사, 회사와 회사 등 사계약의 위반으로 인해 부과되는 벌과금이나 손해배상금, 피해보상 합의금 등은 비용으로 인정된다.

그 내용을 살펴보면 다음과 같다.

비용불인정 항목	비용인정 항목
❶ 법인의 임원 또는 종업원이 관세법을 위반하고 지급한 벌과금 ❷ 업무와 관련해서 발생한 교통사고 벌과금 ❸ 산업재해보상법의 규정에 의해 징수하는 산업재해보상보험료의 가산금 ❹ 금융기관의 최저예금지불준비금부족에 대해서 한국은행법의 규정에 의해 금융기관이 한국은행에 납부하는 과태료 ❺ 국민건강보험법의 규정에 의해 징수하는 가산금 ❻ 외국의 법률에 의해 국외에서 납부하는 벌금	❶ 사계약 상의 의무불이행으로 인해서 부과하는 지체상금(정부와 납품 계약으로 인한 지체상금은 포함하며, 구상권 행사가 가능한 지체상금은 제외함) ❷ 보세구역에 장치되어 있는 수출용 원자재가 관세법상의 장치기간 경과로 국고귀속이 확정된 자산의 가액 ❸ 연체이자 등 가. 철도화차사용료의 미납액에 대해서 가산되는 연체이자 나. 산업재해보상보험법의 규정에 의한 산업재해보상보험료의 연체료 다. 국유지 사용료의 납부지연으로 인한 연체료 라. 전기요금의 납부지연으로 인한 연체가산금

조합비·협회비

구 분	내 용
임의단체에 대한 회비 : 임의로 조직한 조합·협회에 지급한 회비	모든 회비 : 일반기부금 (한도 내 비용)
법정단체에 대한 회비 : 영업자가 조직한 단체로서 법인이거나 주무관청에 등록된 조합·협회에 지급한 회비	일반 회비 : 전액 비용 특별 회비 : 일반기부금 (한도 내 비용)

전기요금이나 전화요금, 도시가스 요금 비용처리

사업자가 사업장에서 사용하고 납부한 전기요금이나 도시가스 요금 등은 부가가치세 과세대상으로 세금계산서(지로용지가 세금계산서 기능을 함)를 받으면 부가가치세 신고 때 매입세액공제는 물론 종합소득세(법인세) 신고 시 비용처리도 가능하다.

그러기 위해서는 해당 공단에 사업자등록증을 제시하여 사업자등록번호로 발급받아야 한다. 전화요금이나 휴대폰 요금도 마찬가지로 이 같은 과정을 거치면 매입세액공제 및 비용처리가 가능하다.

직원에게 부과된 벌과금의 대납 시 처리방법

현행 법인세법에서는 법인이 납부 또는 대납한 벌과금을 비용으로 불인정하고 있다. 이 경우 법인이 대납한 벌과금이 법인의 업무수행과 관련이 있는 경우에는 사용인에게 부과되었더라도 법인에게 귀속된 금액으로 보아 비용불인정하고 기타사외유출로 소득처분 해야 한다. 참고로 법인의 업무수행과 관련이 없는 경우 및 법인의 업무수행과 관련이 있더라도 회사의 내부 규정에 의해서 원인유발자에게 변상조치하기로 되어 있는 경우에는 비용 불인정하고, 당해 원인유발자에 대한 상여로 소득처분(근로소득세 납부)해야 한다.

구 분	업무처리
대납한 벌과금이 법인의 업무수행과 관련이 있는 경우	법인에 귀속된 금액으로 보아 비용불인정하고, 기타사외유출로 소득처분
대납한 벌과금이 업무수행과 관련이 없는 경우 및 법인의 업무수행과 관련이 있더라도 회사의 내부규정에 따라서 원인유발자에게 변상 조치하기로 되어있는 경우	회사는 비용으로 불인정하고 당해 원인유발자에 대한 상여로 소득처분 후, 상여에 대한 근로소득세를 원천징수 · 납부한다.

4대 보험의 가산금 및 연체료 등의 세무처리

1. 사회보험금의 의무 불이행에 따른 과태료 등

국민연금, 고용보험, 산재보험 및 건강보험 등 사회보험료에 대해서 신고를 하지 않거나 거짓으로 신고한 경우, 통지하지 않은 경우 등의 사유로 관련 법령에 따라 과태료가 부과되어 납부한 금액은 손금에 산입하지 않는다.

2. 사회보험금의 연체금 및 사계약 상 지체상금 등

국민연금법 제80조의 규정에 의하여 납부한 연체료와 「고용보험 및 산업재해보상보험의 보험료 징수 등에 관한 법률」 제25조에 따른 산업재해보상보험료의 연체금은 손금산입 되며, 그 외 사계약상의 의무 불이행으로 인하여 부담하는 지체상금, 보세구역에 보관되어있는 수출용 원자재가 관세법상의 보관기간 경과로 국고에 귀속이 확정된 자산의 가액, 전기요금의 납부 지연으로 인한 연체가산금 등 지연에 따른 연체료 등은 손금에 산입할 수 있다.

 ## 회사 대출한도 초과로 대표이사 명의로 은행에서 대출받은 경우

회사 대출한도 초과로 인해서 회사 명의로 대출을 받지 못하고, 대표이사가 대표이사 명의로 대출을 받아 회사의 운영자금으로 사용하면서, 이자는 회삿돈으로 무는 경우 두 가지 경우를 생각해 볼 수 있으며, 국세청 등의 답변내용을 참조해도 두 가지로 의견이 나누어지는 것을 볼 수 있다.

첫째, 회사의 차입거래는 회사와 은행 간의 거래가 아닌, 회사와 대표이사 간의 거래로 보는 경우이다. 회사에서 직접 은행에 이자를 납부하지 않고, 회사가 대표이사에게 대표이사가 은행에 각각 이자를 납부하는 것으로 본다.

법인은 대표이사에게 가중평균이자율 또는 당좌대출이자율 이상을 지급하면 안 되며, 이자 지급 시 법인이 이자소득세를 원천징수 해서 신고·납부 한다.

둘째, 비록 대표이사의 명의를 빌려 자금을 차입한 경우라도 실질적으로는 회사 자금

운용을 위해서 회사가 은행에서 빌린 거나 같다고 보아, 이자비용을 회사 비용으로 처리해도 세무상 문제가 없는 경우

위의 두 가지 경우 정상적인 거래에서는 두 번째 처리 방법이 타당하리라고 본다. 그러나 두 번째 방법이 인정받기 위해서는 은행에서 회사통장으로 자금이 입금되고 이자비용을 은행에 직접 입금하는 등 객관적인 증빙자료를 갖춰두어야 할 것으로 보인다. 반면, 국세청에 의해서 탈세가 조금이라도 의심되는 경우, 첫째 방법으로 처리될 가능성이 크므로, 실질적으로 회사 자금운영을 목적으로 대표이사 명의로 빌린 경우에는 투명성 있는 회계처리가 꼭 필요하다.

손해배상금이나 위약금의 세금계산서 발행과 부가가치세 및 원천징수

부가가치세는 재화나 용역을 공급한 경우 과세되는 것으로, 재화가 공급되지 않고, 거래상대방으로부터 위약금 또는 손해배상금 성격으로 지급받는 금액의 경우에는 부가가치세가 과세되지 않는다.

따라서 위약금은 부가가치세 과세 대상거래가 아니므로, 신고대상에도 해당하지 않는다. 또한 세금계산서의 발급 대상에서 제외된다. 즉, 부가가치세는 과세대상이 되는 재화나 용역의 공급거래에 부과되는 것인데 다음의 경우는 부가가치세 과세대상에서 제외된다.

① 기업이 소유하고 있는 재화의 파손이나 훼손 등의 사유로 가해자로부터 지급받는 손해배상금(택배 분실 시 부가가치세를 제외한 상품가격만 물어 주는 이유)
② 재화나 용역의 공급계약 해지로 공급자가 받는 위약금
③ 공급기일 등의 지연으로 인해 공급받는 자가 받는 지체상금
④ 대여한 재화의 망실에 대한 변상금

이러한 손해배상금이나 위약금 등은 재화나 용역의 공급에 대한 대가라기보다는 계약의 파기 또는 재화 등의 파손에 따른 배상의 성격으로 수수되는 금액으로 인정되므로 부가가치세가 과세되지 않는다.

따라서 이들 거래에 대해서는 세금계산서 발행 의무가 없으며, 입금표나 영수증 등으로 거래 사실을 입증하면 된다.

1. 계약의 해지에 따른 위약금의 처리

구 분		세무 처리	
재화 또는 용역의 공급 없이 수취 하는 위약금, 배상금	세금계산서 발행	위약금은 재화와 용역의 공급대가가 아니므로 세금계산서 발급대상이 되지 않아 지출증빙서류 수취 및 보관 대상도 아니므로 청구서 및 영수증, 계좌이체 증빙으로 증빙을 대신한다.	
	손익인식 시기	계약불이행으로 위약금이 발생하는 경우 해약이 확정되는 날을 그 수입시기로 한다. 과세소득에 포함하여 신고한다.	
	원천징수 의무	법인에게 지급 하는 경우	원천징수의무 없음
		개인에게 지급 하는 경우	기타소득으로 보아 원천징수함(22%). 다만, 계약금이 위약금, 배상금으로 대체되는 경우는 제외(계약이 존재하는 경우)
예외		당해 위약금이 임차인 퇴거시 임차인이 직접 시설물을 원상복구하지 않고 원상복구에 필요한 대가를 임대인에게 별도로 지급하는 것은 부가가치세 과세대상임(부가46015-1779, 1994.9.1.).	

2. 법원의 판결 등에 따른 손해배상금의 처리

구 분		세무 처리
손해배상금, 변상금	세금계산서 발행	위약금은 재화와 용역의 공급대가가 아니므로 세금계산서 발급 대상이 되지 않아 지출증빙서류 수취 및 보관 대상도 아니므로, 청구서 및 영수증, 계좌이체 증빙으로 증빙을 대신한다.
	과세소득 여부	법인이 수취하는 손해배상금은 법인의 익금으로 보아야 하며, 개인의 경우 손해배상금이 계약의 위약 또는

구 분		세무처리	
		해약에 의한 위약 배상금(기타소득)이나 사례금(기타소득)에 해당하는 경우는 과세 된다. 손해배상금 및 변상금 등이 기타소득에 해당하는지? 여부는 구체적인 손해배상금의 지급 사유, 손해배상금의 성격 및 지급금액, 상대방과의 관계 등을 종합적으로 검토하여 사실판단할 사항이다.	
	손익인식 시기	법원의 판결에 의하여 지급하거나 지급받는 손해배상금 등은 법원의 판결이 확정되는 날에 익금 또는 손금에 산입한다. 대법원판결 일자 또는 당해 판결에 대하여 상소를 제기하지 아니한 때에는 상소 제기의 기한의 종료한 날의 다음 날을 확정일로 본다.	
	원천징수 의무	법인에게 지급하는 경우	원천징수 의무 없음
		개인에게 지급하는 경우	기타소득으로 보는 경우 원천징수 함(22%)
예외	거주자가 사업과 관련하여 타인의 재산이나 권리를 침해하고 지급하는 손해배상금은 필요경비에 산입하는 것이나, 고의 또는 중대한 과실이 있는 경우에는 필요경비에 산입하지 아니함(소득 46011-734, 1995. 3. 15). 임대인이 임차기간 만료 후 명도소송을 통하여 임차인으로부터 실질적인 임대용역의 대가로 받는 손해배상금 또는 부당이득금은 부가가치세 과세 대상으로 판단됨.		

법인세, 종합소득세 경비인정

 비용인정 되는 세금과 안 되는 세금

소득과 관련해서 발생하는 법인세(종합소득세)의 경우에는 결과적으로는 비용이 아니다. 법인세(종합소득세)에 부과되는 지방소득세도 마찬가지로 비용으로 인정되지 않는다. 다만, 회계적으로 손익계산서 상 맨 아래쪽에 별도로 표기돼 당기순이익에서 차감돼 표시된다.

부가가치세도 기업입장에서는 분기 또는 반기에 한 번씩 내는 금액이다. 하지만 부가가치세는 기본적으로 매출이 발생할 때 거래 상대방에게 대신 받아서 내는 예수금의 성격이기 때문에 비용이 아니다. 다만, 매입비용 중에서 기업업무추진비, 비영업용 소형승용차 유지 관리 비용, 면세 관련 매입세액 등 부가가치세 공제를 받지 못하는 경우는 매입 시 부담한 부가가치세가 결과적으로 비용에 포함되기는 하지만, 분기별로 납부하는 부가가치세 금액은 비용이 아니다.

직원들의 소득에 부과되는 원천세도 역시 비용이 아니다. 원천세는 직원들에게서 세금을 미리 떼놓고(원천징수) 납부만 기업에서 하는 것이기 때문에 실제로 돈은 나가지만 기업의 비용은 아니다.

사업과 관련해서 사옥이나 사업장을 보유하고 있다면, 해당 부동산에 대해 부과되는 재산세나 종합부동산세는 비용으로 인정된다. 또한, 사업소가 있는 개인이나 법인은 매년 균등분 주민세가 부과되는데, 이 또한 비용으로 인정된다. 하지만 개인 균등분 주민세는 주소지가 있는 개인에게 일괄적으로 부과되는 세금이어서 사업과 관련이 없으므로 비용인정이 되지 않는다. 또한, 가산세는 제때 세금을 납부하지 않거나 신고를 하지 않는 등 의무 위반의 성격으로 부과되는 것이기 때문에 비용인정이 되지 않는다.

구 분	종 류
경비 인정되는 세금	관세, 취득세, 인지세, 증권거래세, 종합부동산세, 등록면허세, 주민세(균등 분, 재산분, 개인 균등 분 제외), 재산세, 자동차세, 지방소득세 종업원분, 지역자원시설세
경비인정 안 되는 세금	❶ 법인세(종합소득세) 및 그에 관한 지방소득세 · 농어촌특별세 ❷ 부가가치세 매입세액(단, 면세사업 관련분 등 제외) ❸ 반출했으나 판매하지 아니한 제품에 대한 개별소비세 · 교통 · 에너지 · 환경세, 주세의 미납액. 다만, 제품가격에 그 세액을 가산한 경우는 제외) ❹ 증자 관련 등록면허세(신주발행비 등) ❺ 가산금 · 체납처분비 · 가산세 · 각 세법상 의무 불이행으로 인한 세액
부가세 : 농어촌특별세, 교육세, 지방교육세는 본세와 동일하게 처리	

㈜ 취득 단계의 세금(취득세) : 즉시 비용으로 인정되지 않고 자산의 취득원가에 가산한 후 감가상각이나 처분 과정을 거치며 손금에 산입한다.
㈜ 보유 단계의 세금(재산세 · 자동차세 · 종합부동산세) : 경비로 인정하는 것이 원칙이나 업무와 관련 없는 자산에 대한 것은 업무무관비용에 해당하므로 경비불인정 한다.

매입세액불공제 항목의 경비인정

구 분	손금 여부
❶ 본래부터 공제되지 않는 매입세액 가. 영수증을 발급받은 거래분의 매입세액 나. 부가가치세 면세사업 관련 매입세액 다. 토지 관련 매입세액 라. 비업무용 소형 승용자동차의 구입·유지에 관한 매입세액 마. 기업업무추진비 및 유사 비용의 지출에 관련된 매입세액 바. 간주임대료에 대한 부가가치세	손금(필요경비)산입 자산의 취득원가나 자본적 지출 해당 분은 일단 자산으로 계상한 후 추후 손금(필요경비)인정
❷ 의무불이행 또는 업무무관으로 인한 불공제 매입세액 가. 세금계산서의 미수취·불분명 매입세액 나. 매입처별 세금계산서합계표의 미제출·불분명 매입세액 다. 사업자등록 전 매입세액 라. 사업과 관련 없는 매입세액	손금(필요경비)불산입, 자산으로 계상할 수 없음

 ## 관세와 관세 환급금의 경비처리

구 분	세무처리
관세	• 물품을 수입할 때 부담한 관세는 매입부대비용이므로 자산의 취득원가로 처리함 • 회사가 비용처리 한 경우 손금불산입(유보 처분)
관세환급금	• 외국에서 수입한 원자재로 생산한 제품을 수출하는 경우 수입할 때 부담한 관세를 환급받음 • 환급되는 관세는 익금산입

• 관세 환급금의 손익귀속시기
❶ 수출과 동시에 환급받을 관세가 확정되는 경우 : 수출완료일
❷ 수출과 동시에 환급받을 관세가 확정되지 않은 경우 : 환급금 결정통지일과 환급일 중 빠른 날

경비 세무조사 이건 꼭 걸린다.

국세청에 가장 많이 적발되는 사례를 살펴보면 다음과 같다.
⊙ 접대성 경비를 복리후생비 등으로 분산처리
⊙ 근로를 제공하지 않은 기업주 가족(친인척)에게 인건비를 지급하고 비용처리

세무조사관이 세무조사를 나오기 전에 가장 먼저 파악하는 것이 그 사업주와 관련된 가족이다. 사업주의 가족, 친인척의 실제 근무여부를 가장 우선으로 파악한다.

물론 실제 근무여부는 세무조사를 해봐야 알 수 있지만 해당 사업장에서 매달 신고한 급여 원천징수 신고자료를 바탕으로 그 가족의 명단과 지급내역 등 인건비를 파악한 후 리스트를 만든다.

① 법인계좌에서 가족에게 실제로 나간 급여내역
② 출퇴근 기록 카드
③ 업무상 결제내역을 파악한다.

하물며, 지문인식까지 검증한다.
⊙ 개인적으로 사용한 신용카드매출전표

사용내역이 대표 또는 대표의 가족, 임직원의 사적경비로 볼 것인지 실질적인 업무용 지출인지를 검증한다.

특히 골프, 마사지, 피부과, 성형외과, 음주, 명품 구입과 관련해서는 주의해야 한다.

⊚ 재고자산 계상 누락 등을 통해서 원가를 조절하는 경우

⊚ 세무조사 후 신고소득률 하락 등

국세청은 기업소득 유출, 수입금액 누락, 소득 조절, 조세 부당감면 등으로 세금을 탈루할 우려가 있는 자영업 법인, 취약·호황 업종의 신고내용을 개별 정밀 분석한 자료로 성실신고를 별도 안내한다.

⊚ 소비지출 수준을 통해 소득 추정분석

소득신고에 비해 해외여행 등 소비지출이 상대적으로 많은 경우 세무조사 대상이 될 수 있다.

⊚ 원가를 과대계상 한 경우

상호 증빙이 없이 세무조사만 안 받으면 걸리지 않을 거라는 생각에 임의로 원가를 과대계상 해 세금을 탈루하는 행위는 세무조사를 받을 확률이 높다.

⊚ 일요일에 마트에 가서 장을 보고 법인카드로 결제한 경우(음식점 등은 예외일 수 있음)

⊚ 적격증빙 사용내역을 확인하고 나온다.

사업자 명의 데이터를 분석해 세금계산서, 신용카드매출전표, 현금영수증, 계산서 등이 적절하게 수취 되었는지? 확인한다.

또한, 해당 적격증빙을 바탕으로 소득세나 법인세 및 부가가치세가 적절하게 신고가 되었는지까지 검증하고 나온다. 금융 증빙까지도 파악한다.

결국, 증빙과 신고내역을 자세히 들여다보면 원칙에 어긋난 비용처리 사항이 파악되고 세무조사 과정을 통해 세금을 추징당하게 된다.

ⓥ 특수관계자 간 거래내역을 파악한다.

개인사업자의 경우 친인척 또는 가족 간에 물품을 사고판 거래내역이 있는지 우선 파악한다.

법인의 경우 주주의 구성을 파악한 후 해당 주주와 다른 특수관계법인과의 거래를 더욱 면밀하게 검증한다. 즉, 해당 명단과 거래내역을 다 확정 지어서 나온다.

거래금액과 시기 및 실질적으로 대금이 오고 간 내역까지 검증한다.

각종 보상금의 경비처리

합의금은 그 성격에 따라 근로소득, 퇴직소득, 기타소득으로 구분된다.

 임금체불 진정 취하 합의금

해당 체불임금은 근로소득에 대한 체불인 경우 근로소득, 퇴직소득에 대한 체불인 경우 퇴직소득에 해당하며, 이와 별도로 지급하는 당해 합의금은 사례금 성격으로 기타소득에 해당하므로 지급액의 22%를 원천징수 해야 한다.

 부당해고에 대한 합의금

당해 합의금이 부당해고기간을 대상으로 실질적으로 부당해고인 것은 인정되나 복직이 되지 아니하는 상태로 당해 해고기간의 급여를 법원의 조정에 따른 합의인 조정조서에 의하여 받는 것이라면 근로소득 및 퇴직소득(퇴직급여지급기준에 해당하는 금액인 경우)으로 볼 수 있으며, 거주자가 부당해고 판결에 따라 회사로부터 밀린 임금과 퇴직금 외에 받은 위로금의 지급 사유가 부당해고 등으로 인한 정신적 또는 신분상의 명예훼손 등에 대한 보상으로 지급하는 금액이라면 과세대상에서 제외되겠으나, 소송을 취하하는 조건으로 합의금을 지급하는 경우 당해 합의금은 사례금 성격으로 기타소득에 해당하므로 지급액의 22%를 원천징수해야 한다. 이때 필요경비는 없으며 지급액의 22%를 원천징수한다.

산재로 인한 보상금 및 사망합의금

근로의 제공으로 인한 부상과 관련하여 근로자가 받은 배상, 보상 또는 위자의 성질이 있는 급여는 비과세한다.

임직원의 사망 시 지급하는 사망합의금은 비용으로 처리할 수 있다. 종업원의 산재로 인한 피해에 대하여 보상을 해주었다면 해당 비용은 지출한 사업연도의 비용으로 처리하며, 보상금을 받는 자는 비과세 근로소득으로 본다. 즉, 회사는 비용처리를 하고 수령한 직원은 근로소득이지만 비과세로 규정하고 있으므로 세금은 내지 않는다.

보상 또는 배상금과 관련한 증빙처리

보상금 등의 지급 책임이 회사에 있고 사회통념상 적정하다고 인정되는 금액은 관련 합의서, 판결문, 영수증 등 관련 사실을 확인할 수 있는 증빙을 구비하고 사업자의 필요경비로 처리할 수 있다.

비용자료가 부족한 경우 발생하는 소명요구

국세청은 법인의 법인세 신고 및 개인사업자의 종합소득세 신고 내용에 대하여 손금 또는 필요경비로 계상한 금액과 적격증빙으로 제출한 금액을 분석하여 손금 또는 필요경비 대비 적격증빙 제출 비율이 상대적으로 낮은 사업자에 대하여 허위로 법인세 또는 소득세를 신고한 혐의가 있는 것으로 보고, 그 사유를 사업자에게 소명요구를 하거나 수정신고를 하도록 하고 있다.

그리고 관할 세무서는 사업자가 지출에 대한 소명증빙을 제출하지 못하는 경우 사업자가 소득을 누락한 것으로 보고 법인세 또는 소득세를 추징하며, 국세청은 이를 검증가능한 시스템을 구축해 두고 있다.

한편, 종전에는 소규모사업자의 경우 어려운 현실을 고려해서 소득세 신고 시 비용처리한 금액과 적격증빙 제출 내용에 대하여 해명요구를 유보해 왔지만, 최근 국세청은 소상공인에 대해서도 종합소득세 신고내용을 분석하여 사업자가 비용처리 한 금액과 적격증빙 제출금액 대비 적격증빙 제출 비율이 상대적으로 낮은 업체에는 적극 해명자료를 요구하고 있다.

따라서 소규모사업자는 이같이 적격증빙 없이 경비처리한 금액에 대한 해명자료를 받은 경우 정말 어려운 문제가 발생할 수 있다.

사업자는 소명할 수 있는 지출증빙이 없다고 이미 간편장부 또는 복식부기기장에 의하여 신고한 내용에 대하여 추계(사업과 관련한 수입금액에 국세청이 정한 소득률을 곱하여 소득금액을 계산하는 방법)에 의한 종합소득세 신고도 할 수 없어, 소명요구를 받은 사업자가 겪어야 하는 어려움은 매우 크다.

뿐만 아니라 소상공인은 거래처가 소득세 또는 법인세를 줄이기 위하여 소상공인에게 실제 거래금액보다 세금계산서를 더 발행해 달라고 요구하거나 압박하는 경우 소상공인은 거래처와의 거래에 생존권이 달려 있다 보니 부득이 실제 거래 없이 세금계산서를 발행하는 경우도 있다. 이 경우 거래처는 소득을 줄여 세금을 줄일 수 있으나 소상공인 자신은 법인세(종합소득세) 신고를 할 때 가공 매출로 인하여 가공 매출분에 대한 증빙이 부족하여 적격증빙 없이 실제 지출하지 않은 것을 지출한 것처럼 장부에 계상하여 소득세 신고를 하게 되는 경우도 발생한다.

그런데 국세청은 이제 소상공인의 경우에도 법인세(소득세) 신고서의 경비 금액과 적격증빙 제출 비율을 분석하여 그 금액이 중요한 경우 해명자료를 요구함으로써 소상공인은 세금 문제로 치명적인 어려움을 겪게 되는 것이다. 이러한 국세청의 압박은 향후에도 계속될 것이므로 소규모사업자라 하더라도 지출에 대한 증빙 없이 손금(필요경비)로 계상하는 일은 없도록 법인세(종합소득세) 신고시 유의해야 한다. 적격증빙이 부족한 개인사업자는 종합소득세를 추계로 신고하는 것을 고려해 봐야 한다.

과세자료 해명 요구에 대한 조치

이와 같은 사유 등에 의하여 관할 세무서로부터 과세자료 해명 요구를 받은 경우로서 정당한 거래를 하였거나 세금을 탈루한 사실이 없는 경우 이를 입증하는 서류를 제출해야 한다. 납세자가 관할 세무서의 과세자료 해명 요구에 대하여 이를 입증하지 못하는 경우 세무서가 직권으로 세금탈루 금액을 결정할 수 있으며, 관할 세무서로부터 수정 신고할 것을 요구받은 경우 수정신고를 해야 한다. 납세자가 수정신고를 하지 않는 경우 관할 세무서는 세금을 탈루한 내용에 대하여 고지 결정을 하거나 필요한 경우 세무조사를 실시할 수 있다.

 과세자료 해명 요구를 받은 경우 수정신고

납세자가 소득을 과소 신고한 내용에 대하여 스스로 수정신고를 하는 경우 과소신고가산세에 대한 감면(해당 세목의 신고기한일 다음날부터 2년 이내에 수정 신고하는 경우)을 받을 수도 있고, 산출세액이 증가한 금액에 대하여 '중소기업특별세액 감면' 및 '창업중소기업등에 대한 세액감면'을 추가로 받을 수 있다.

그러나 관할 세무서의 과세자료 해명 요구를 받고, 수정신고를 하는 경우 과소신고가산세 감면을 받을 수 없으며, 또한 산출세액이 증가한 금액에 대하여 '중소기업특별세액 감면' 및 '창업중소기업등에 대한 세액감면'을 추가로 받을 수 없다.

Chapter 07
4대 보험 실무

4대 보험 적용대상자

구 분	가입 대상자	기타 사항	사장
국민연금	18세 이상 ~ 60세 미만인 자로서 ◉ 1개월 이상 근로하면서 월 8일 이상 또는 월 60시간 이상 근로 ◉ 월 소득이 220만 원 이상인 근로자	근로계약 여부 또는 근로계약 내용과 관계없이 적용	포함
건강보험	◉ 1개월 이상 근로하면서 월 8일 이상인 일용근로자 ◉ 1개월 이상 근로하면서 근로시간이 월 60시간 이상인 단시간 근로자	근로계약 여부 또는 근로계약 내용과 관계없이 적용	포함
	〈건설 현장〉 계약 내용이 1월 이상인 근로자(기간의 정함이 없는 경우 포함)	근로계약서가 있는 경우	포함
	동일한 건설 현장에서 1월 이상 근무 & 1월간 8일 이상 근로를 제공한 근로자	근로계약서가 없는 경우(근로계약서상 고용기간이 1월 미만의 경우 포함)	

[주] 1개월 미만의 (일용)근로자는 국민연금과 건강보험 적용 대상에서 제외된다.

구 분	가입 대상자	기타사항	사장
고용보험	원칙 : 1일을 근무하더라도 적용 제외 : ⊙ 65세 이상인 자(65세 이전부터 계속 고용자는 적용) ⊙ 1개월 미만자로서 월간 근로 시간이 60시간 미만인 근로자 ⊙ 1개월 미만자로서 4주간 평균 근로 시간이 15시간 미만인 근로자(단시간 근로자) ⊙ 건설업, 전기공사업 등 업자가 아닌 자가 시공하는 2천만 원 미만의 공사, 연면적 100제곱 미터 이하의 건축, 연면적 200제곱 미터 이하의 건축물 대수선에 관한 공사(❹)	제외자라도 3개월 이상 계속하여 근로를 제공하는 사람과 일용근로자는 가입대상이다.	제외
산재보험	⊙ 원칙 : 1일을 근무하더라도 적용 ⊙ 제외 : 위 고용보험의 제외 대상 중 ❹번만 해당		제외

4대 보험 가입대상을 판단하는 전제는 건강보험과 국민연금은 소득이 있으면 가입대상이라고 보면 된다. 즉 소득이 판단기준이다.

반면 고용보험과 산재보험은 근로자만 가입대상이라고 보면 된다. 즉 근로자성이 판단기준으로 사용자는 미가입, 근로자는 가입대상이다.

따라서 소득이 있으면서 근로자인 경우 4대 보험 모두가 가입대상이고, 소득은 있으나 근로자가 아닌 사용자인 경우는 건강보험과 국민연금만 가입대상이다.

소정근로시간과
4대 보험 보수총액(월액) 신고

 4대 보험 소정근로시간

법정근로시간(법에서 정한 근로시간)은 주 40시간이다.

그리고 소정근로시간은 법정근로시간의 범위 내에서 노사가 근로하기로 정한 근로시간을 말한다.

따라서 소정근로시간은 최대 주 40시간을 초과하지 못한다. 즉 주 40시간이 한도다.

그러면 주 40시간 더하기 주휴시간 8시간을 해서 주 48시간은 어떤 시간일까?

이는 통상임금 계산의 기준이 되는 시간으로 유급을 계산하는 기준시간 즉 통상임금 산정 기준시간이다.

주휴수당의 지급 기준이 되는 주휴시간은 소정근로시간에 포함되지 않는다.

고용보험 가입 시 소정근로시간은 일 8시간, 주 40시간을 근무하는 근로자는 40시간(8시간×5일)을 기록하고, 일 5시간 주 5일을 근무하기로 근로계약을 했다면 25시간(5시간×5일)이 소정근로시간이 된다.

건강보험 보수월액(총액) 신고

4대 보험의 보수월액은 보험료가 부과되는 기준이 되는 월 소득을 의미한다. 건강보험에서는 보수월액으로, 국민연금에서는 기준소득월액으로 불리며, 고용 및 산재보험에서는 보수총액으로 표현된다. 각 보험의 보수월액은 급여총액에서 비과세소득을 제외한 금액을 기준으로 하며, 보험료 산정에 사용된다.

> 보수월액(보험료 부과 기준 금액) = 총급여 − 비과세 급여(= 비과세소득)

↗ 보수월액 변경 신고

보수월액은 보험 가입 시 신고되며, 보수 인상, 인하, 착오 정정 등의 변경 사유 발생 시에는 보수월액 변경신청서를 통해 변경 신고를 할 수 있다.

보수월액 변경 신고를 안 한다고, 별도의 과태료는 없으며, 보수총액 신고를 통해 국민연금을 제외한 건강보험, 고용보험은 정산된다. 이는 근로소득 연말정산과 같은 원리라고 생각하면 된다.

↗ 건강보험 보수총액 신고(원칙)와 면제(예외)

사회보험 EDI로 받은 직장가입자 보수총액 통보서의 대부분은 공단 전산을 통해 미리 채워져 나온다.

건강보험 보수총액 통보서에서 작성해야 할 것은 '전년도 보수총액'과 '근무월수' 딱 두 가지다.

①~⑥ : 미리 채워진 상태로 조회되므로, 정보의 정확성만 확인하면 된다.

⑦ 전년도 보수총액 : 세법상 과세급여와 대다수 동일하지만, 일부 조정 항목이 있다.

⑧ 근무개월수

근무개월수는 달력을 기준으로 하여, 하루라도 근무했으면 한 달로 본다.

◎ 8월 1일 입사 후~12월 말 현재 계속 근무 : ⑧ 근무개월수 = 5개월
◎ 8월 2일 입사 후~12월 말 현재 계속 근무 : ⑧ 근무개월수 = 5개월
◎ 8월 2일 입사 후~12월 2일 퇴사 시 : ⑧ 근무개월수 = 5개월
◎ 8월 2일 입사 후~12월 15일 퇴사 시 : ⑧ 근무개월수 = 5개월

기재되어 있는 부과 보험료 총액은 작년 보수총액 신고를 통해 책정된 월 보험료를 납부한 것이므로 올해 보수총액 신고를 통해 연봉이 올랐으면 추가납부, 연봉이 낮아졌으면 환급을 받게 된다.

그런데 회사 직원 개개인이 1년 동안 얼마의 급여를 받았고 그 급여 안에 비과세 급여는 또 얼마나 포함되어 있는지 어떻게 알 수 있을까? 바로 근로소득세 연말정산 자료인 전년도 귀속 근로소득 원천징수영수증을 참고하면 된다.

근로소득세를 부과하기 위한 연말정산은 건강보험과 마찬가지로 비과세를 제외한 과세소득으로만 신고되므로 근로소득원천징수영수증 소득금액과 건강보험 보수총액 금액이 거의 일치한다. 즉, 다음의 ❶~❹에 해당하는 사례가 없다면 원천징수영수증을 보고 그대로 적

으면 된다.

만일 아래 ❶~❹에 해당하는 경우가 있으면 ❶과 ❷는 보수에 포함하고, ❸과 ❹는 보수에서 제외하는 조정 후 보수총액으로 기재한다.

> 보수총액 = 근로자가 받는 근로소득 - 비과세소득 + ❶ + ❷ - ❸ - ❹
> ❶ 우리사주조합, 주식매수선택권 등 소득세법이 아닌 조세특례제한법에서 지정하고 있는 비과세 항목은 보수에 포함
> ❷ 소득세법상 국외근로소득에 대한 비과세 항목은 보수에 포함
> ❸ 법인세 신고 시 발생하는 대표자 인정상여는 보수에서 제외
> ❹ 임원 퇴직금 한도 초과액은 보수에서 제외

전년도 건강보험 보수총액 신고를 하는 것이니 똑같이 전년도 귀속 원천징수영수증 자료를 참고해서 ❶~❹에 해당하는 내역이 없으면 원천징수영수증의 ⑪번 근무기간과 ⑯번 계 금액만 확인하면 된다.

즉 직장가입자 보수총액 통보서의 전년도 보수총액란에 원천징수영수증 ⑯번 계에 나와 있는 금액을 그대로 입력, 근무월수란에는 ⑪번 근무기간을 기재하면 된다.

예를 들어 1월부터 계속 근무자의 근무월수는 12개월, 보수총액은 원천징수영수증 ⑯번 계의 내용대로 적으면 된다.

참고로 중도 퇴사자의 경우엔 퇴사 신고 시점에 이미 4대 보험료 정산을 했으므로 보수총액 신고 명단에서 제외한다.

건강보험 보수총액신고에서 가장 빈번하게 발생하는 실수가 소득세법상 비과세(식대, 차량유지비, 출산과 보육 육아휴직급여 등)를 제외하지 않은 총급여액으로 작성해서 신고하는 것이니 주의가 필요하다.

구 분	내 용
정산대상자	매년 12월 말일 현재 직장가입자 자격 유지자
정산제외자	• 퇴직자 • 해당연도 12월 2일 이후 입사자(12월 보험료 면제자) • 해당연도 전체 기간, 아래의 사유로 보험료 부과가 되지 않은 자 (연도 중 사유 발생자는 정산 대상자임) ① 고지유예자 ② 시설 수용자 ③ 군입대자 ④ 의료급여 및 국가유공자 • 해당연도 전체 기간, 고시 적용자(보수자료가 불분명한 선원, 자동차매매 종사원, 관광안내원) • 건설일용직 현장 사업장 가입자(사업장 특성 코드 AA인 경우)
정산 신고 의무자	• 일반사업장 사용자 • 공무원이 소속되어 있는 기관의 장 또는 사립학교를 설립·운영하는 자

원칙은 사용자로부터 보수총액통보서를 접수받아 연말정산을 해야 하나 근로소득 간이지급명세서를 매달 제출한 경우 보수총액 신고를 안 해도 된다. 다만, 국세청에 간이지급명세서를 제출하지 않은 경우, 간이지급명세서상 기재 사항의 누락·오류 등으로 인해 연계가 불가한 경우, 또는 국세청 신고 금액과 공단 보수총액이 달라서 사용자가 기존 방식을 희망할 경우 등은 보수총액통보서로 신고한다.

• 보수총액신고 면제 적용 대상 : 국세청에 간이지급명세서를 제출하는 모든 사업장의 근로자(근로자만 해당, 사용자 X)
• 보수총액신고 면제 제외 대상 : 공무원·교직원 사업장의 공무원 및 교직원 근무처 변동이 수시로 발생하는 등 연계 효용성 높지 않아 기존 신고 방식 유지

신고한 정산금은 일시납으로 고지되며, 연말정산 보험료 산정일 다음 날부터 사용자의 신청에 의해 12회 이내로 분할 신청이 가능하다.

구 분		일 정
보수총액신고	직장가입자 보수총액통보서 사업장 발송	매년 1월 31일까지
	직장가입자 보수총액통보서 접수 및 입력	매년 3월 10일까지
간이지급명세서 연계	근로소득 간이지급명세서 연계 정산	매년 3월 초~ 3월 중
산출내역 통보	직장가입자 보험료 연말정산 산출내역서 통보(공단 → 사업장)	매년 3월 31일까지
보수총액 신고 재안내	직장가입자 보수총액통보서 사업장 재안내 [주] 간이지급명세서 오류·누락, 또는 보수총액통보서 미제출 사업장 대상	매년 3월 31일까지
착오자 변경 신청	직장가입자 보험료 정산내역 착오자 변경 신청서 접수 처리	매년 4월 15일까지
보수월액 결정	보수월액 결정	매년 4월 15일 기준
고지 반영	근로자 : 매년 4월분 보험료 고지에 반영 개인사업장 사용자 : 매년 6월분 보험료 고지에 반영 성실사업장 사용자 : 매년 7월분 보험료 고지에 반영	매년 4월 15일 기준
분할납부 신청	연말정산 정산보험료 고지 반영 납부마감일까지	매년 5월 10일까지

↗ 고용·산재보험 보수총액 신고

고용 및 산재보험 보수총액신고의 경우 3월 15일까지 해야 한다.

보수총액 신고는 말 그대로 전년도 사업장 소속 직원에게 지급한 보수총액을 신고하는 것이다. 즉 사업주를 제외한 모든 근로자이며, 단기 아르바이트생, 일용근로자, 단시간 근로자 모두 포함해 신고해야 한다.

보험 가입자는 전년도 납부한 보험료를 정산하고, 금년도 납부할 월 보험료 산정을 위해 근로자가 없어도 보수총액신고서를 꼭 제출해야 한다.

해마다 보수총액 신고를 해야 하므로 사업장에 신고서가 우편으로 오기도 하고, 팩스로도 물론 처리할 수 있지만, 고용·산재보험 토털 서비스 (http://total.kcomwel.or.kr)를 통해서도 가능하다.

보수총액신고를 할 때는 임시 아이디가 아닌 사업주 또는 법인 공인인증서로 로그인해야 한다. 정산보험료는 납부 전에 예상 금액을 확인할 수 있다. 고용·산재보험 토털서비스 홈페이지 내 보험료 정보 조회 메뉴를 이용하면 된다.

❶ 상용근로자의 주민등록번호와 성명, 고용보험과 산재보험을 구분하여 취득일과 상실일, 연간보수총액 및 월평균 보수를 입력해야 한다. 또한

❷ 일용근로자의 고용·산재보험 각각의 연간보수총액과

❸ 외국인 근로자의 보수총액(고용·산재 정보 미신고인 자),

❹ 매월 말일 현재 일용근로자와 그 밖의 근로자 수 등을 입력하면

된다.

특히 휴직한 근로자의 경우, 연간보수총액을 기재할 때 휴직기간동안에 발생한 보수가 있다면 산재보험에서는 제외하되, 고용보험에는 포함해야 한다. 고용보험은 휴직기간이라도 고용보험의 혜택을 받을 수 있기 때문이다.

또한, 근로자가 없는 사업장이라도 '근로자 사용 및 보수지급액 없음'으로 반드시 신고해야 한다. 즉, ❶ 법인으로써 근로자 없이 대표자 1인만 있는 사업장, ❷ 이미 퇴사했어도, ❸ 전년도와 보수가 같아도 보수총액신고서는 반드시 제출(신고)해야 한다. 다만, 퇴직정산으로 정산을 한 경우에는 제외된다.

보수총액신고서 양식을 근로복지공단으로부터 받았는데, 혹시 각 근로자의 보험료 부과 구분 부호가 잘못되어있거나, 65세 이후 새로 고용된 일용근로자가 있었으나 근로내용확인신고서를 제출하지 않아 별도 서식을 받지 못한 경우에는 <근로자고용정보정정신청서> <근로내용확인신고서> 등을 제출하여 해당 내용을 정정한 후, 보수총액신고서를 재요청하여 작성해야 한다.

4대 보험의
부과기준일과 고지기준일

4대 보험 부과 기준일은 마지막 근무일이 1일인지 여부이다. 즉 매월 1일에 근무를 하고 있으면 해당 월의 4대 보험료를 납부해야 한다.

4대 보험 고지 기준일은 매월 15일이다. 매월 15일까지 모든 신고가 끝나면 해당 4대 보험료가 해당 월에 부과되고, 15일을 넘으면 해당월의 보험료는 다음 달로 넘어간다. 즉 신고 완료일에 따라 해당 월에 보험료가 부과되지 않고, 다음 달에 합산되어 부과될 수도 있다. 예를 들어 2월 1일 입사자를 15일 이후에 가입신고하면 3월에 2월 분과 3월분이 같이 고지된다.

 4대 보험의 부과기준일

4대 보험은 매월 1일 현재 어디에 속해 있느냐에 따라 보험료를 부담한다. 여기서 1일은 마지막 근무일을 말하며, 퇴직일을 의미하지는 않는다.

예를 들어 1일 현재 직장을 다니고 있으면 직장가입자이고 회사에 다니고 있지 않으면 지역가입자이다.

4대 보험료는 1일 현재 근무한 회사에서 납부한다. 갑에서 4월 30일까지 근무하고, 을에 5월 1일부터 출근하는 경우 4월분은 갑회사에서 5월분을 을회사에서 납부한다. 반면 갑회사에서 5월 1일까지 근무하고, 을회사에 5월 2일부터 출근한 경우 5월분은 갑회사에서, 6월분부터 을회사에서 4대 보험료를 납부한다.

4대 보험의 고지기준일

4대 보험은 15일을 기준으로 고지서를 발송한다. 따라서 고지서 발송일까지 4대 보험 취득 신고가 되어 있지 않거나 상실 신고가 되어 있지 않은 경우는 다음 달 고지로 넘어간다. 이 경우 2달분이 한꺼번에 고지될 수도 있다.

퇴직자 정산 때도 15일 기준이 적용되므로 이날을 가능한 지켜야 퇴직자와 정산 문제로 꼬이지 않는다.

결론은 4대 보험을 납부해야 하는 기준일은 1일이고 고지서에 반영되는 기준일은 15일이라는 점을 기억하고 있어야 한다.

4대 보험 적용 대상 판단기준인 1개월의 계산

 1개월 이상 근로 및 월 8일 이상 근로의 판단

구 분	내 용
1개월 이상 근로의 의미	최초 근로(고용)일부터 1개월이 되는 날까지 근로하거나, 그날 이후까지 근로한 경우 [예] 10월 27일 입사자의 경우 10월 27일~11월 26일 또는 그 이후
월 8일 이상 근로의 계산 방법	최초 근로(고용)일부터 1개월이 되는 날까지 8일 이상 근로하거나, 익월 초일부터 말일까지 근로일수가 8일 이상인 경우 [예] 10월 27일 입사자의 경우 10월 27일~11월 26일까지 8일 이상(자격 취득일은 최초 근무일 : 10월 27일)이거나 11월 1일부터 11월 30일까지 근로일수가 8일 이상(자격 취득일은 해당 월 초일 : 11월 1일)인 경우 가입대상

 자격취득일과 상실일

구 분	내 용
자격취득일	❶ 최초 근로일부터 1개월간 8일 이상 근로한 경우 : 최초 근로일

구분	내 용
자격상실일	❷ 전월 근로일이 8일 미만이고, 해당 월 초일부터 말일까지 8일 이상 근로한 경우 : 해당 월 초일 ❶ 자격취득일이 속한 달의 다음 달 이후 최종 근로일이 속한 달에 월 8일 미만 근로한 경우 : 최종 근로일의 다음 날 ❷ 자격취득 후 계속적으로 가입 후 최종 근로 월 초일부터 말일까지 월 8일 미만으로 근로한 경우 : 해당 최종 월 초일(1일)(※ 사용자 및 근로자가 희망하면 최종 근로일의 다음 날로 상실 가능)

사례1 당월입사 당월퇴사로 인한 4대 보험 미가입

첫 입사 후 1달 미만 근로시 근로일수와 관계없이 건강보험과 연금보험은 미가입한다. 즉, 입사일로부터 다음 달 이후 한 달까지 근로 사실이 없는 경우
최초 근로일을 기준으로 1개월 미만의 기간만 근로하는 경우는 그동안의 근로일수나 근로시간에 상관없이 국민연금과 건강보험이 적용되지 않는다.
예를 들면 8월 5일부터 9월 3일까지만 근로하고 이후 근로내역이 없는 경우다.

해설

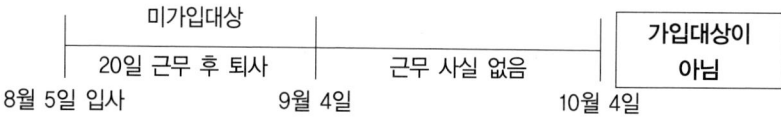

사례2

입사일로부터 다음 달 이후 한 달 내에 근로사실이 있는 경우 한 달 이상의 기간 근로로 보아 8일 이상 근로시 건강보험과 국민연금은 의무가입대상이다.

사례 2-1 입사 월 8일 이상 근무 후 다음 달에도 근무시 4대 보험

1개월 이상 계속근로 내역이 있는 경우, 최초 1개월의 기간 근로일수가 8일 이상이거나 근로시간이 60시간 이상이면 최초 근로일부터 사업장가입자로 취득된다.

해설

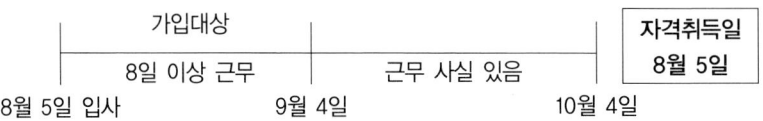

사례 2-2 입사 월 8일 미만 근무 후 다음 달 8일 이상 근무시 4대 보험

만약 최초 1개월의 기간에 8일 이상과 60시간 이상의 기준을 모두 충족하지 않았다면, 입사한 달의 다음 달 초일부터 말일까지의 기간동안 근로일수가 8일 이상이거나 근로시간이 60시간 이상인지 판단해, 두 가지 중 하나를 충족하는 경우 해당 월의 1일부터 사업장가입자로 가입된다.

해설

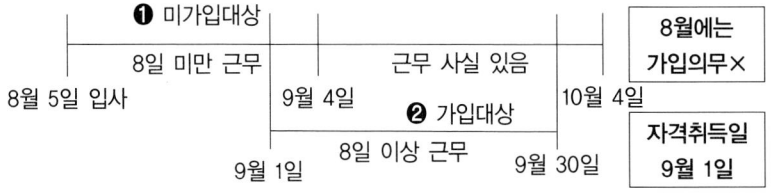

당월 입사 당월 퇴사 4대 보험

당월 입사 당월 퇴사를 하는 경우라면 4대 보험과 관련해서는 고용보험 0.9%만 공제한다(건강보험료와 국민연금은 미공제, 산재보험료는 사업주만 부담).

공제되지 않는다고 해서, 애초에 취득 신고를 안 해도 된다는 뜻은 아니다. 즉 연금, 건강, 고용, 산재를 모두 취득 신고를 하긴 해야 한다. 다만 공제액을 계산할 때 고용보험료만 공제하면 된다. 따라서 실무자들은 업무 편의를 위해 일용근로자로 다음 달 15일 신고하는 경우가 많다(원칙은 일용직 근로자가 아님(모집 때 상용근로자)에도 단순히 해당 근로자가 짧은 기간 내에 그만두었다고 해서 상용근로자로 고용된 자를 4대 보험의 적용 자체를 하지 않는다는 것은 위법이다.)

건강보험이나 국민연금은 해당 월의 1일 취득이 아니면 보험료는 납부하지 않는다.

◎ 입사일이 해당 월 1일의 경우 해당 월 4대 보험료가 모두 부과된다.

◎ 입사일이 해당 월 2일~31일의 경우, 4대 보험 부과일은 다음과 같다.

   원칙 : 국민연금 / 건강보험 / 고용보험 : 다음 달 1일부터 부과

예외 : 당월 입사 당일 퇴사를 하는 경우 1일 입사(취득)가 아니면 고용보험료만 납부. 1일 입사일 경우 전체 납부

구 분	급여 공제
국민연금	당월 입사 당월 퇴사 시 부과되지 않으므로 공제 불필요. 단, 1일 입사자는 납부
건강보험	당월 입사 당월 퇴사 시 부과되지 않으므로 공제 불필요. 단, 1일 입사자는 납부
고용보험	당월입사 당월퇴사의 경우에도 무조건 납부

주 당월입사 당월퇴사 할 때는 국민연금과 건강보험은 부과하지 않고 고용보험과 산재보험만 부과한다. 단 1일 입사자는 국민연금, 건강보험 모두 당월 입사 당월 퇴사인 경우라도 부과된다.

주 국민연금은 1일 입사자가 아니더라도 본인이 희망하는 경우 입사 월부터 적용이 가능하다(취득 월 납부 희망 제도). 단, 같은 달 타 사업장에서 상실 신고를 한 경우 타 사업장에서 이미 납부하고 왔으므로 취득 월 납부가 안 된다(이중 납부가 되므로).

주 공제되지 않는다고 해서 처음부터 취득 신고를 안 해도 된다는 뜻은 아니다. 그러니 연금, 건강, 고용, 산재를 모두 취득 신고 후 상실 신고를 해야 한다. 다만, 공제액을 계산할 때 고용보험료만 계산하면 된다(1일 입사자는 건강, 국민, 고용 모두 공제).

주 실무상으로는 취득 후 상실 신고의 불편함 등 업무 편의를 위해 비록 상용근로자로 입사했더라도, 일용근로자로 신고하는 경우가 많다.

구 분	입사	퇴사
4월 1일 입사일 4월 중 퇴사일	4월분 국민연금, 건강보험, 고용보험, 산재보험료 모두 납부 당월 입사 당월 퇴사지만 1일 기준에 따라 모두 납부	
4월 2일 입사일 4월 중 퇴사일	당월 입사 당월 퇴사 고용보험, 산재보험료만 납부 국민연금, 건강보험료 미납부	

구 분	입사	퇴사
4월 1일 입사일 5월 1일 퇴사일 (마지막 근무일 4월 30일)	4월분 국민연금, 건강보험, 고용보험, 산재보험료 모두 납부(당월 입사 당월 퇴사지만 1일 기준 적용)	마지막 근무일이 4월 30일이므로 5월분 국민연금, 건강보험, 고용보험, 산재보험료 납부하지 않는다.
4월 1일 입사일 5월 2일 퇴사일 (마지막 근무일 5월 1일)	4월분 국민연금, 건강보험, 고용보험, 산재보험료 모두 납부(1일 기준 적용)	5월분 국민연금, 건강보험, 산재보험료 모두 납부(1일 기준 적용) 5월의 경우 퇴사일이 5월 2일일 경우 마지막 근무일이 5월 1일이므로 1일 기준에 따라 5월분도 납부한다.
4월 2일 입사일 5월 2일 퇴사일 (마지막 근무일 5월 1일)	국민연금, 건강보험료, 고용보험료 미납부	5월분 국민연금, 건강보험, 고용보험, 산재보험료 모두 납부(1일 기준 적용) 5월의 경우 퇴사일이 5월 2일의 경우 마지막 근무일이 5월 1일이므로 1일 기준에 따라 5월분도 납부한다.

1일 출근 5일 근무 후 퇴사 4대 보험

근로계약 시 정규직 상용근로자로 계약한 후 5일 정도 다니던 직원이 갑자기 퇴사하는 경우 원칙은 상용근로자로 취득신고와 상실신고를 해야 한다.
그리고 1일 입사할 때는 건강보험, 국민연금도 가입 대상으로 근로계약상 정상 월급을 기준으로 공제한다. 고용보험은 실제 지급된 금액을 기준으로 공제한다.
하지만 실무자 대다수는 일용근로자로 간주해 4대 보험 중 고용보험과 산재보험만 신고한 후 일할계산한 급여를 기준으로 고용보험료만 공제한다.
참고로 5일 근무하고 퇴사했는데 4대 보험 전체를 다 차감하고 받았다고 억울해하는 근로자도 있는데, 이는 1일을 입사일로 신고한 후 원칙에 따라 처리했기 때문이다.

4대 보험 주요 업무 요약표

구분	국민	건강	고용	산재
입사	피보험자 취득신고 및 근로자고용 신고 ➡ 입사 월의 다음 달 15일까지(단, 건강보험은 입사일로부터 14일 이내)			
퇴사	피보험자격 상실신고 및 근로자고용종료신고 ➡ 퇴사 월의 다음 달 15일까지(단, 건강보험은 퇴사일로부터 14일 이내)			
연말정산	해당 없음	직장가입자 보수총액신고 ➡ 매년 다음 연도 3월 10일까지. 간이지급명세서 제출 시 면제	고용·산재 보수총액신고 ➡ 매년 다음 연도 3월 15일까지	
수정신고	-	직장가입자 보험료 정산내역 착오자 변경신청서 ➡ 착오내역을 변경 신청하고자 하는 때	고용·산재 보수총액수정신고서 ➡ 공단의 조사계획 통지 전까지	
근로자의 성명 또는 주민번호 등이 변경된 경우	사업장가입자내용 변경신고 ➡ 발생 월의 다음 달 15일까지	직장가입자내역 변경신고 ➡ 발생일로부터 14일 이내	피보험자 내역변경신고	근로자 정보변경신고
			➡ 변동일로부터 14일 이내	
		(통합 서식임)		
보수월액변경(임금변동)	-	직장가입자 보수월액 변경신청서 ➡ 해당 사유가 발생하는 때	월평균 보수변경신고서 ➡ 해당 사유가 발생하는 때	

구분	국민	건강	고용	산재
외국인 근로자	사회보장협정에 의한 국민연금 가입면제 신청 ➜ 해당 사유가 발생하는 때	재외국민 및 외국인 근로자 건강보험 가입 제외 신청서 ➜ 해당 사유가 발생하는 때	외국인 고용보험 가입(탈퇴) 신청서 ➜ 해당 사유가 발생하는 때	
일용 근로자	-	-	근로내용확인신고 ➜ 사유 발생일의 다음 달 15일까지	
해외 파견자	사회보장협정에 의한 국민연금 가입증명 발급신청서, 연금보험료 납부예외(재개)신고서 ➜ 해당 사유가 발생하는 때	직장가입자 근무내역변동신고서 ➜ 해당 사유가 발생하는 때	-	
휴직자	연금보험료 납부예외 신청·납부재개신고서 ➜ 발생 월의 다음 달 15일까지	직장가입자 근무내역변경신고서, 휴직자 등 직장가입자 보험료 납입고지 유예신청서 ➜ 발생일로부터 14일 이내	근로자 휴직 등 신고 ➜ 사유발생일로부터 14일 이내	
전출자	사업장가입자 자격상실 신고 ➜ 다음 달 15일까지	직장가입자 자격상실신고, 직장가입재(근무처·근무내역)변동신고서 ➜ 발생일로부터 14일 이내	고용보험 피보험자 전근 신고 및 산재보험 근로자 전보 신고 ➜ 사유발생일로부터 14일 이내	

입사 및 퇴사자 4대 보험 신고

구분	국민	건강	고용	산재
입사	피보험자 취득신고 및 근로자고용 신고 ➔ 입사 월의 다음 달 15일까지(단, 건강보험은 입사일로부터 14일 이내)			
퇴사	피보험자격 상실신고 및 근로자고용종료신고 ➔ 퇴사 월의 다음 달 15일까지(단, 건강보험은 퇴사일로부터 14일 이내)			

 입사일과 퇴사일에 따른 4대 보험 업무처리

구분	입사자	퇴사자퇴사일(최종 근무 일 다음 날)	
	연금 · 건강 · 고용	연금 · 건강	고용
1일	해당 월 4대 보험료 모두 부과	그달의 보험료 미부과 국민연금 : 퇴직 정산제도 없음 건강보험 : 퇴직 정산제도(퇴사한달 보험료 없음)로 환급이나 환수	퇴직정산으로 보험료 환급 또는 환수
2일~말일	다음 달부터 부과(국민연금은 희망시 입사 월 부과)	한 달분 보험료 부과 국민연금 : 퇴직 정산제도 없음 건강보험 : 퇴사 한 달 보험료 + 정산보험료 부과로 인한 환급이나 환수 결국, 퇴직하는 달의 보험료까지 포함	당월입사 당월퇴사시 당월부터 부과

매월 15일까지 신고가 되면 그달에 정산 금액이 고지되고 매월 15일 이후 신고를 하면 그다음 달에 정산 금액으로 고지된다.

구분	업무처리 내용
입사자	2~31일 사이 입사할 경우 보험료는 다음 달(다음 달 1일이 기준이므로)부터 부과된다. 단, 입사일 당일에 4대 보험 취득신고가 완료되는 경우는 거의 없으므로 (신고접수 후 처리까지 통상 3~7일 정도 소요), 입사일이 1일이더라도 신고 완료일에 따라 해당 월에 보험료가 부과되지 않고, 다음 달에 합산되어 부과될 수도 있다. 국민연금은 입사 월부터 납부를 원하는 경우 취득 시 체크해 신고하면 취득 월부터 납부한다. 다만, 퇴사한 달에 입사한 경우 퇴사 월의 보험료는 종전 근무지에서 납부한다.
퇴사자	7월 1일 퇴사일로 7월 16일에 퇴사 신고를 했다면 7월 보험료가 부과된다. 각각의 공단은 매월 15일로 마감을 한다. 7월 16일에 퇴사 신고를 했으니, 마감이 지났기 때문에 퇴사 여부를 알 수 없는 공단에서는 7월 한 달분 보험료가 다 부과된다. 그러나 걱정할 필요는 없다. 8월 고지에 7월분이 반영되어 나온다. 이를 고려해서 실무자는 퇴직자 정산을 해야 한다.
고용보험 일할계산	퇴직자 상실 사유와 구분 코드를 정확히 해야 한다(퇴직자가 지원금을 받게 될 경우 필요함). 월 중간에 퇴사할 경우 고용보험과 산재보험은 그 달의 근무일수에 따라 일할계산을 하여 공단에서 퇴직정산 보험료가 부과된다. [고용보험 일할계산] 4월 15일 입사자의 기본급여가 300만 원인 경우 고용보험은 300만원 ÷ 30일 × 16(근무한 일수) × 0.9%(원단위 절사)

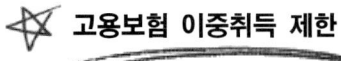
고용보험 이중취득 제한

4대 보험 중 고용보험만 유일하게 이중 취득을 제한하고 있다.

1. 피보험 자격관리 기준

고용보험의 경우 피보험자격의 이중취득을 제한하기 때문에 근로자가 보험관계가 성립되어 있는 둘 이상의 사업에 동시에 고용된 경우는 다음과 같은 순서에 따라 피보험자격을 취득한다.

- 월평균 보수가 많은 사업(보수가 많은 쪽이 취득, 적은 쪽은 상실)
- 월 소정근로시간이 많은 사업
- 근로자가 선택한 사업의 순서에 따라 우선으로 피보험자격을 취득하며 일용근로자와 상용근로자로 동시에 고용된 경우는 상용근로자로 고용된 사업에서 우선적으로 피보험자격을 취득한다.

2. 고용보험료 원천징수

둘 이상의 사업장에 동시에 고용된 자의 경우 피보험자격 관리 기준에 의하여 피보험자격취득 신고가 되어 있는 사업장에서만 보험료(실업급여, 고용안정 직업 능력 개발사업)를 원천징수한다.

취득(입사) 신고

4대 보험 취득신고는 건강보험은 입사일로부터 14일 이내에, 국민연금, 고용보험, 산재보험은 입사일이 속한 월의 다음 달 15일까지 신고해야 한다. 신고는 건강보험 공단 EDI나 고용·산재보험 토탈서비스를 통해 진행할 수 있다.

4대 보험의 사업장 관리번호가 동일한 경우에는 하나의 공통서식으로 작성하여 신고할 수 있으나, 사업장 관리번호가 각각 다른 경우에는 각각 사업장 관리 번호별로 작성하여 신고해야 한다.
고용보험의 계약직 여부 및 계약종료연월은 향후 당해 근로자가 퇴직 시 실업급여 수급자격과 관련이 있으므로 정확히 기재해야 한다.

↗ 신고서 작성 요령

- 사업장 정보 : 사업장 관리 번호, 명칭, 소재지, 전화번호 등을 정확히 기재
- 근로자 정보 : 성명, 주민등록번호, 월 소득액, 자격취득일 등을 입력
- 서명 : 개인 사업장의 경우 대표자 서명, 법인사업장의 경우 회사 이름이 적힌 인감이 필요

↗ 신고 완료 여부 확인

- 사업장 확인 : 4대 보험 가입자명부 확인
- 근로자 확인 : 국민건강보험 홈페이지나 고객센터(1577-1000)에서 확인 가능

상실(퇴사) 신고

4대 보험 상실신고는 퇴사 월의 다음 달 15일까지이며, 건강보험 공단 EDI나 고용·산재보험 토탈서비스를 통해 온라인으로 신고할 수 있다. 상실신고 완료 여부는 사업장이나 근로자가 직접 확인해야 한다.

🔼 이직일, 퇴사일(퇴직일), 자격상실일의 구분

이직일	퇴사일(퇴직일)	자격상실일
피보험자와 사업주 간의 고용관계가 사실상 종료한 날 근로 제공 마지막 날 ① 사업주가 사직서를 수리한 날 ② 계약기간 만료일에 해당하는 날 ③ 정년으로 정해진 날 ④ 사업주가 해고한 날	근로 제공 마지막 날의 다음 날	근로 제공 마지막 날의 다음 날
고용보험 이직확인서	퇴직금 계산 시 기산일	4대 보험 상실신고서(공통) 보수총액신고서

이직일, 퇴사일, 자격상실일의 관계

이직일 + 1일 = 퇴사일, 퇴직일, 자격상실일

2025년 7월 31일까지 근무했을 경우 이직일, 퇴사일, 자격상실일

① 이직일 : 2025년 7월 31일

② 퇴사일 : 2025년 8월 1일

③ 자격상실일 : 2025년 8월 1일

🔼 퇴사자 신고서 작성과 신고 여부 확인

상실신고서를 작성할 때 "상실연월일"은 마지막 근로를 제공한 날(즉 이직일)의 다음 날을 기재한다.

⊙ 사업장 정보 : 사업장 관리 번호, 명칭, 소재지, 전화번호 등을 기재

⊙ 근로자 정보 : 성명, 주민등록번호, 상실연월일 등을 입력

⊙ 상실 사유 : 퇴사 사유를 구체적으로 기재(예 : 사용 관계 종료)

⊙ 사업장 확인 : 4대 보험 가입자명부 확인

◉ 근로자 확인 : 국민건강보험 홈페이지나 고객센터(1577-1000)에서 확인 가능

↗ 국민연금 유의 사항

그달의 초일에 취득하고, 당월에 상실한 경우는 연금보험료를 납부하지 않아도 된다. 따라서 신고서 작성시 "초일취득·당월상실자 납부여부"에는 초일에 가입자 자격을 취득하고 같은 달에 자격을 상실하는 경우, 연금보험료의 납부를 희망하는 경우 희망 [ ]에 ∨표시한다. 즉 1일 입사자가 입사한 당월에 퇴사하는 경우 ∨표시를 하지 않으면 입사한 달 국민연금 보험료가 고지되지 않으나, ∨표시를 하면 월 국민연금 보험료가 일할계산되지 않고 한 달분 전액이 고지된다.

↗ 건강보험 유의 사항

☑ 건강보험 "보수총액"은 해당 사업장에서 발생한 보수의 합계액을 기재한다. 연도 중 근로자가 퇴사할 경우 소득세법에 따라 퇴사한 연도 근로소득에 대한 연말정산(중도정산, 퇴직정산)을 실시하며, 근로소득원천징수영수증을 작성하여 근로자에게 발급한다.

"보수총액"에는 근로소득원천징수영수증 의 ㉑총급여(=⑯)와 ⑱국외근로의 합계액을 기재한다.

☑ "산정월수"는 퇴직 해당연도의 연간보수총액이 해당하는 개월수를 기재한다. "산정월수"는 1일 이상이면 한 달로 간주한다. 즉 해당 월에 1일이라도 있으면 포함한다.

예를 들어 근로자가 2025년 3월 15일에 입사하여 2025년 12월 31일에 퇴사한 경우 "산정월수"는 모두 10월이다.

☑ "초일취득 당월상실자 납부여부"는 1일 입사자가 입사한 당월 퇴사한 경우 국민연금 납부를 희망하는 경우에만 체크한다.

☑ 건강보험 "연간 보수총액" 중에서 "전년도" 보수총액과 산정월수는 전년도 보험료 연말정산을 실시하지 않은 경우에만 기재한다. 즉 전년도 건강보험료 연말정산은 다음 연도 3월 10일까지 직장가입자 보수총액통보서 서식을 통해 실시하고, 4월분 건강보험료 고지할 때 정산 차액을 고지함으로써 정산이 완료되는데, 당해 정산이 완료되기 전에 퇴사한 근로자(4월 1일 이전에 퇴사한 근로자)만 기재한다.

↗ **고용보험, 산재보험 유의 사항**

☑ 고용보험과 산재보험에서는 상실 사유가 가장 중요하다.

피보험자자격상실신고서 신고 사항을 허위로 신고한 경우(신고 후 정정 포함)는 300만 원 이하의 과태료가 부과될 수 있으며, 이에 따라 이직 근로자가 실업급여를 부정하게 받은 경우 사업주도 연대하여 책임진다.

☑ 고용보험 사업장 관리번호와 산재보험 사업장 관리번호가 같은 경우는 한 장에 작성하되, 다른 경우 다른 장에 기재해야 한다.

☑ 고용보험·산재보험 해당연도 보수총액에는 근로자 고용종료일이 속한 연도 초일부터 고용종료일 전일까지 발생한 보수를 기재한다.

☑ 근로자 고용종료 시 월별 보험료는 고용종료일 전일까지 일할계산하며, 퇴직시 퇴직정산하고, 계속근로자의 보험료 정산은 다음 연도 3월 15일(소멸사업장은 소멸일로부터 14일 이내) 보수총액신고 시에 정산한다.

퇴직정산은 4대 보험 공통서식인 "고용보험 피보험 자격상실 신고서 및 산재보험 근로자 고용종료 신고서"에 근로자의 상실일, 상실 사유 및 지급한 보수총액을 작성하여 신고한다.

☑ 해당연도 및 전년도 보수총액

고용보험·산재보험 해당연도 보수총액에는 근로자 고용종료일이 속한 연도 초일부터 고용종료일 전일까지 발생한 보수를 기재한다.

근로자 고용종료 시 월별보험료는 고용종료일 전일까지 일할 계산되며, 자격상실(고용종료) 시 신고한 해당연도 및 전년도 보수총액으로 보험료를 정산한다. 따라서 "해당연도 보수총액"을 반드시 기재해야 한다.

• "전년도"란의 보수총액은 보수총액신고를 하지 않은 경우에만 기재한다.

• 전보 또는 휴직 등의 사유로 해당 근로자의 고용보험과 산재보험의 보수총액에 차이가 있는 경우는 각각의 보수총액을 달리하여 작성한다.

상용근로자의 4대 보험 적용

같은 사업장에서 1개월 이상 근로하게 되면 4대 보험 적용에 있어 상용근로자가 되기 때문에 국민연금과 건강보험에 가입해야 한다.

- 근로계약서상 1개월 이상의 근로기간이 명시돼 있는 경우에는 실제 계속근로기간과 상관없이 최초 근로일을 기준으로 국민연금과 건강보험에 가입해야 한다.
- 만약 근로계약서상 근로기간이 1개월 미만이거나 근로계약서가 없는 경우라면 1개월간 근로일수 또는 근로시간을 기준으로 판단된다.

구 분	적용되는 경우
국민연금	1개월간 근로일수가 8일 이상이거나 1개월 근로시간이 60시간 이상이면 적용된다(국민연금법 시행령 제2조). 따라서 1개월 이상 근로하면서 근로일수가 8일 미만이라 하더라도 1개월간 근로시간이 60시간 이상인 때는 사업장가입자로 적용된다. - 1개월 이상 근로하면서 월 8일 이상 또는 월 60시간 이상 근로 - 월 소득이 220만원 이상인 근로자
건강보험	근로시간과 상관없이 고용기간이 1개월 동안 월 8일 이상 근로를 제공하는 경우 직장가입자로 적용된다.

국민연금 가입 대상

최초 근로일을 기준으로 1개월 미만의 기간만 근로하는 경우는 그동안의 근로일수나 근로시간에 상관없이 국민연금이 적용되지 않는다. 예를 들면 7월 10일부터 7월 30일까지만 근로하고 이후 근로내역이 없는 경우다.

그러나 1개월 이상 계속근로 내역이 있는 경우, 최초 1개월의 기간 근로일수가 8일 이상이거나 근로시간이 60시간 이상이면 최초 근로일부터 사업장 가입자로 취득된다. 만약 최초 1개월의 기간(7월 10일 입사자의 경우 7월 10일~8월 9일까지)에 8일 이상과 60시간 이상의 기준을 모두 충족하지 않았다면, 입사한 달의 다음 달 초일부터 말일까지의 기간(8월 1일~8월 30일) 동안 근로일수가 8일 이상이거나 근로시간이 60시간 이상인지 판단해, 두 가지 중 하나를 충족하는 경우 해당 월의 1일부터 사업장 가입자로 가입된다.

또한 1개월 동안 소득금액이 220만 원 이상인 경우 적용 대상이다.

 건강보험 가입 대상

건강보험은 근로시간과 상관없이 고용기간이 1개월 동안 월 8일 이상 근로를 제공하는 경우 직장가입자로 적용된다. 따라서 같은 사업장에서 일한 지 1개월이 되는 날(7월 10일 입사자의 경우 7월 10일~8월 9일까지)까지 근로일이 8일 이상이면 최초 근로일부터 적용되고, 전월에 8일 미만 당월(8월 1일~8월 30일)에 8일 이상 근로한 경우는 해당 월의 1일부터 적용된다.

따라서 1달 미만 일하기로 한 일용근로자와 초단시간 근로자(주 15시간 미만)는 건강보험에 가입하지 않아도 된다.

예를 들어 3주간 일하기로 한 아르바이트생은 한 달 미만이라서, 1주일에 14시간 일하는 직원이라면 주 15시간 미만 근로라서 건강보험에 가입하지 않아도 된다.

구 분	의미	예시	자격 취득일
1개월 이상 근로	최초 근로(고용)일부터 1개월이 되는 날까지 근로하거나, 그날 이후까지 근로한 경우		
월 8일 이상 근로	최초 근로(고용)일부터 1개월이 되는 날까지 8일 이상 근로한 경우	예를 들어 7월 10일~8월 9일까지 8일 이상 근로한 경우	최초 근로일
	다음 달 초일부터 말일까지 근로일수가 8일 이상인 경우	예를 들어 8월 1일~8월 30일까지 8일 이상 근로한 경우	전월 근로일(8일 미만)이 있고 해당 월 초일부터 말일까지 8일 이상 근로한 경우 : 해당 월 초일

[주] 월 초일부터 말일까지 8일 이상 근로해서 해당 월 초일에 건강보험 및 국민연금을 취득한 후 다음 달 초일부터 말일까지 근로일수가 8일 미만인 경우 해당 최종월 초일(1일)이 상실일이 된다. 반면 계속 8일 이상으로 최종 근무일이 속하는 달까지 8일 이상 근무한 경우 상실일은 최종 근로일의 다음 날이 된다.

고용보험 가입 대상

1개월 이상 상용근로자는 고용보험 가입대상이다.
고용보험은 월간 소정근로시간이 60시간 미만인 근로자(1주가 15시간 미만인 자 포함)는 제외된다. 다만, 3개월 이상 계속하여 근로를 제공하는 자와 1개월 미만 동안 고용되는 일용근로자는 적용 대상이다.
정직원, 일용근로자, 단시간 근로자는 근로기간과 관계없이 고용보험 가입 대상자이다. 단, 1주일에 15시간 미만 일하는 초단시간 근로자는 3개월 이상 근무할 경우만 가입대상이다. 따라서 초단시간 근로자가 2개월 일을 할 경우 가입하지 않아도 된다.
1개월 미만 동안 고용된 일용근로자라도 고용보험에 가입해야 한다.

 ## 산재보험 가입 대상

산재보험은 근로유형에 상관없이 누구나 가입해야 한다.

구 분	가입 제외 대상
1개월 미만 고용된 근로	• 고용 및 산재보험의 가입 대상 • 국민연금과 건강보험 가입 제외 대상 • 최초 근로일을 기준으로 1개월 미만의 기간만 근로하는 경우 그 동안의 근로일수나 근로시간에 상관없이 국민연금과 건강보험이 적용되지 않는다.

구 분	가입 제외 대상
1개월 이상 고용된 근로	• 사회보험법상의 일용근로자가 아니고 상용근로자이다. • 근로계약서상 1개월 이상의 근로기간이 명시돼 있는 경우는 원칙은 고용 및 산재보험 및 국민연금과 건강보험 가입 대상이다. **1. 국민연금** • 1개월 미만 계약이라도 1개월 이상 계속근로 내역이 있는 경우 가입대상이다. • 1개월 미만은 원칙은 가입 대상이 아니나, 1개월간 근로일수가 8일 이상이거나 근로시간이 60시간 이상이면 최초 근로일부터 사업장가입자로 취득된다. • 최초 1개월의 기간에 8일 이상과 60시간 이상의 기준을 모두 충족하지 않았다면, 입사한 달의 다음 달(2달에 걸쳐 근무) 초일부터 말일까지의 기간 동안 근로일수가 8일 이상이거나 근로시간이 60시간 이상인지 판단해, 두 경우 중 하나를 충족할 때는 해당 월의 1일부터 사업장가입자로 가입된다. **2. 건강보험** • 근로시간과 상관없이 고용기간이 1개월 이상인 경우 가입대상이다. • 1개월 미만은 원칙은 가입대상이 아니나, 1개월간 월 8일 이상 근로를 제공하는 경우 직장가입자로 적용된다. • 사업장에서 일한 지 1개월이 되는 날까지 근로일이 8일 이상이면 최초 근로일부터 적용되고, 전월에 8일 미만 당월에 8일 이상 근로한 경우는 해당 월의 1일부터 적용된다.

1개월 미만인지 이상인지의 판단 방법
1. 근로계약서상 1개월 이상의 근로기간이 명시돼 있는 경우에는 실제 계속근로기간과 상관없이 최초 근로일을 기준으로 국민연금과 건강보험에 가입해야 한다.
2. 만약 근로계약서상 근로기간이 1개월 미만이거나 근로계약서가 없는 경우라면 1개월간 근로일수(8일) 또는 근로시간(60시간)을 기준으로 판단한다.

근로자별 4대 보험 적용 여부 판단기준

구 분	국민연금	건강보험	고용보험	산재보험
개인사업자 사장	근로자 1인 이상 고용한 경우 사업장 가입		가입 제외. 단, 조건 충족 시 임의 가입 가능	
60세(65세) 이상	가입 제외 단, 조건 충족 시 임의 가입 가능	가입	가입. 단, 65세 이후 고용된 경우 실업급여 적용 제외 (급여에서 미공제)	가입
일용직 근로자 및 1개월 미만 기한부 근로자	가입 제외 단, 일부 예외 있음		가입	
월 60시간 미만 근로자	가입 제외. 단, 고용보험은 3개월 이상 근무한 경우 가입 대상			
외국인	가입		가입 제외. 단, 일부 예외 있음	
공무원, 사립학교 교직원, 별정우체국 직원	가입 제외	가입		가입 제외

 ## 상용직에서 일용직으로 전환 시 4대 보험 처리

상용직에서 일용직으로 전환하는 경우, 기존에 4대 보험이 가입되어 있으므로 전환 시점으로 상실신고 및 취득신고를 하지 않는 사업장이 종종 있다. 이렇게 되면 다음 해에 보수총액 신고를 할 때 해당 근로자의 보수총액 신고 시 문제가 발생할 수 있으므로 일용직으로 전환하는 시점으로 상용직 상실 신고를 하고 연금·건강은 근로한 일수 기준에 따라 취득시키고 고용·산재는 근로내용확인신고로 대체하면 된다.

일용근로자, 단시간근로자(파트타임), 알바생(아르바이트생)의 4대 보험

4대 보험별로 단시간 근로자와 일용근로자는 근거 법령(세법, 사회보장보험법 등)마다 판단기준이 다르다.

일용근로자

일용근로자는 고용기간의 보장 없이 1일 단위로 고용되어 그날로 고용계약이 종료되는 자(다음 날의 고용이 확정되지 아니한 상태로 근무하는 근로자)를 말한다.

국민연금, 건강보험은 1개월 이상 근로하면서 월 8일 이상의 근로자만 가입 대상이다.

국민연금과 건강보험은 모든 일용직 근로자가 가입대상이 아니며, 1개월 이상 근로하면서 월 8일 이상 근로한 일용근로자만 가입 대상이 된다.

국민연금의 경우, 1개월 이상 근로하면서 월 소득이 보건복지부 장관 고시 금액 이상(220만 원)인 사람도 가입할 수 있다. 해당 조건은 건강보험에는 적용되지 않는다.

> 고용·산재보험에서의 '일용근로자'란
> 1개월 미만 고용되어 일급 형식으로 보수를 지급받는 자를 말하며 근로계약기간이 1일 단위 또는 1월 미만의 경우 해당한다.
> (예) 식당에서 일당을 지급받으며, 10일간 주방 보조업무를 하는 근로자)
> 일용근로자는 근로시간과 관계없이 고용·산재보험 적용 대상이며, 매월 15일까지 근로복지공단으로 '근로내용확인신고서'를 제출해야 한다.

단시간 근로자

단시간 근로자는 1주 동안의 소정근로시간이 그 사업장에서 같은 종류의 업무에 종사하는 통상근로자의 1주 동안의 소정근로시간(주 40시간)에 비하여 짧은 근로자. 즉, 주 소정근로시간이 40시간 미만이고 고용계약기간이 1개월 이상인 근로자를 말한다.

(예) 편의점에서 1일 2시간씩 단시간으로 1개월 이상 아르바이트하는 학생)

1개월 이상 근로하면서 월 60시간(= 주평균 15시간) 근로자의 경우 4대 보험 가입 대상이다.

월 60시간 미만 근로자의 경우 4대 보험 가입 의무대상에 해당하지 않기 때문에 보험에 가입하지 않아도 된다. 다만, 월 60시간 미만 근무한다고 하더라도 3개월 이상 근무하는 경우는 보험가입 대상에 해당하기 때문에 4대 보험에 의무가입 대상이다.

고용보험과 산재보험은 1개월 미만 근무자라 하더라도 원칙적으로 의무가입 대상에 해당한다. 따라서 월 60시간 이상, 1개월 미만 근무자의 경우 고용보험과 산재보험만 적용 대상이다.

국민연금 적용 여부 판단

구 분	가입 제외 대상
일용직 근로자	① 건설업 : 1개월 이상 8일 미만 근로 ② 건설업 외 업종 : 1개월 이상 8일 미만 또는 1개월 이상 근로시간이 60시간 미만인 사람
단시간 근로자	1개월 소정근로시간 60시간 미만

1개월 미만의 기한부 근로자는 국민연금 가입 대상이 아니다.
단 3개월 이상 근로를 제공한 사람은 근로자의 동의가 있을 경우 가입 대상이다.
즉 근로자의 동의가 요건이다.
1개월 소정근로시간 60시간 미만 근로자는 근로자의 동의가 없으면 몇 달을 연속으로 일해도 가입 대상이 아니다.

국민연금공단에서 세무서에 신고한 일용직 지급명세서를 보고 국민연금을 소급 적용해 가입시키려고 할 때 1개월 소정근로시간 60시간 미만 근로자에 해당하면 근로자의 동의 없이는 가입할 수 없으므로 이 논리를 펼 수가 있다(국민연금법시행령 제2조(근로자에서 제외되는 사람)).

그리고 이론상 건설업 현장 일용직에 60시간 미만 단시간 근로자가 있다면 국민연금 가입대상에서 제외되지만, 현실적으로 건설업 현장 일용직의 경우 60시간 미만이라도 단시간 근로자로 보지 않는다. 이는 근로계약서 작성 문제도 있고 근로계약서상에 날짜를 특정하기도 건설 공정상 쉽지 않기 때문이다.

건강보험 적용 여부 판단

1개월 이상 8일 이상 일하는 일용근로자는 건강보험 가입 대상이다. 따라서 1개월 미만 근로나 1개월 이상 근로해도 8일 미만 근로시에는 가입 대상이 아니다.

그리고 1개월 소정근로시간 60시간 미만 단시간근로자도 건강보험 가입 제외 대상이다.

또한 건강보험은 3개월 이상 근로 시 가입 조건이 없다. 즉 월간 60시간 미만 단시간 근로자가 되면 3개월 이상 일하더라도 건강보험 가입대상이 아니다(국민건강보험법 시행령 제9조(직장가입자에서 제외되는 사람)).

 고용보험 적용 여부 판단

구 분	가입 제외 대상
일용직 근로자	하루 일해도 고용보험 가입 대상이 됨
단시간 근로자	1개월 소정근로시간이 60시간 미만인 경우 가입 제외 대상이다. 단, 3개월 이상 일하는 경우 고용보험 가입 대상이다. 즉, 60시간 미만 근로자가 3개월 이상만 일하면 무조건 고용보험 가입대상이다. 반대로 3개월 미만 일하면 고용보험 가입 대상이 아니다(고용보험법 시행령 제3조(적용 제외 근로자)).

산재보험 적용 여부 판단

구 분	가입 제외대상
일용직 근로자	하루 일해도 산재보험 가입 대상임
단시간 근로자	무조건 가입 대상(하루 1시간 일해도 가입대상임)이다(산업재해보상보험법 시행령 제2조(법의 적용 제외 사업)).

 1개월 미만의 기한부 근로자의 4대 보험

1개월 미만의 기한부 근로자에 대해서는 고용 및 산재보험의 가입이 가능하며, 국민연금과 건강보험의 직장가입자로의 적용은 제외된다. 이 경우 1개월 미만의 기한부 근로자란 근로계약서에 근로계약기간이 1개월 미만인 자 또는 근로계약서를 작성하지 않았으나 실제 1개월 이상 근로를 제공한 자 중 1개월에 8일 미만의 근로를 제공한 자를 말한다.

 1개월 소정근로시간이 60시간 미만인 단시간 근로자 4대 보험

1개월 소정근로시간이 60시간 미만의 경우는 산재보험 외 나머지 고용보험, 국민연금, 건강보험 적용이 제외된다. 단시간근로자는 상용직으로 고용돼 월 소정근로시간이 60시간 미만인 자를 의미하며, 일용직은 해당하지 않는다. 여기서 60시간의 의미는 실제 근로시간이 아닌 '소정근로시간'이므로 근로계약서에 소정근로시간이 월 60시간 이상, 1개월 이상의 근로계약을 체결하면 가입 대상이 된다.

다만 3개월 이상 계속 근로를 제공하는 자는 고용보험 가입 대상이 되며, 3개월 이상 계속근로를 제공하는 자가 희망하는 경우와 둘 이상의 사업장에서 1개월 소정근로시간의 합이 월 60시간 이상인 자로 가입을 희망하는 경우 국민연금 가입 대상이 된다.

알바 4대 보험 가입 판단기준

월 60시간 이상 근로한다면 알바도 4대 보험 의무가입 대상이다. 즉 주 15시간 이상 근로자는 주휴수당 지급과 4대 보험 가입 대상이다. 반면 국민연금, 건강보험은 근로일수와 근로기간에 관계없이 1개월 미만 근무자는 가입 대상에서 제외(고용 및 산재는 가입 대상)된다. 즉 당월에 시작해 당월에 그만두는 경우는 취득 신고를 안 한다. 다만, 월 근로시간이 60시간 미만이더라도, 3개월 이상 근무하면 가입 대상에 포함한다.

산재보험은 근로시간과 관계없이 반드시 가입해야 한다.

가입 대상인데, 미가입했을 때는 4대 보험 각 공단에서는 근로자 부담분까지도 일단 모두 사업주에게 청구한다. 사업주는 근로자 부담분까지 대납하고 근로자에게 못 받는 사태가 발생할 가능성이 크다.

 근무시간 및 근무기간에 따른 4대 보험 적용 여부

◉ 상용 근로자(월 60시간 이상 근무) : 4대 보험 의무가입 대상

◉ 단시간 근로자(월 60시간 미만 / 3개월 이상 근무) : 4대 보험 의무가입 대상. 단 건강보험은 3개월 이상 근무 규정이 없다.

◉ 일용근로자(월 60시간 미만 / 1개월 미만 근무) : 고용보험, 산재보험 의무가입 대상

구분	월 60시간 이상 단시간근로자	일용근로자
국민연금	1개월간 근로 시간이 60시간 이상 또는 1개월 이상 근로한 월 소득이 보건복지부 장관 고시 금액(월 220만원) 이상인 자 단, ❶ 1개월간 근로 시간이 60시간 미만이더라도 3개월 이상 계속하여 근로하는 고등교육법 제14조 제2항에 따른 강사 ❷ 1개월간 근로 시간이 60시간 미만이더라도 3개월 이상 계속하여 근로하는 사용자의 동의를 받아 근로자로 적용되기를 희망하는 자는 가입 대상. 둘 이상의 사업장에서 근로를 제공하면서 ❸ 1개월 소정근로시간의 합이 60시간 이상인 경우, 60시간 미만 사업장에서 근로자로 적용되기를 희망하는 자는 가입 대상	1개월 이상 근로 + 1개월 간 근로일수가 8일 이상 또는 월 60시간 이상 근로 또는 근로 1개월 동안 소득금액이 220만 원 이상인 경우 직장 가입 대상
건강보험	1개월 이상 근로 + 1개월간 근로 시간이 60시간 이상 자	1개월 이상 근로 + 1개월 간 근로일수가 8일 이상인 경우 직장가입 대상 * 입사한 날짜부터 한 달 * 2달 이상 연속 근로
고용보험	월 소정근로시간이 60시간 이상이면 가입 대상. 단, 근로 시간이 60시간 미만이더라도 3개월 이상 계속하여 근로하는 경우 가입 대상	1개월 미만 동안 고용되는 자(현실적으로 1개월 미만으로 고용되는 경우를 말하는 것이 아니며, 근로계약 기간이 일일 단위, 1개월 미만인 경우)
산재보험	근무시간 무관	

구분	월 60시간 이상 단시간근로자	일용근로자
		1일을 근무하더라도 적용. 1개월간 60시간 미만 근무자도 신고 대상 근로내용확인신고서를 제출함으로써 고용/산재보험 가입이 함께 진행된다(고용한 달의 다음 달 15일까지).

↗ 단시간 근로자

구분	가입 여부	예외 상황(=가입기준)
국민연금	O	근로기간이 1개월 이상 + 월 소정근로시간이 60시간 이상이거나, 3개월 이상 근로제공자이거나, 월 220만원 이상 소득이 발생하는 경우 가입 대상
건강보험	O	1개월간 월 소정근로시간이 60시간인 경우 건강보험 가입 대상
산재보험	O	일용, 단시간 근로자 예외 없이 모든 근로자가 가입 대상
고용보험	O	월 소정근로시간이 60시간 이상이거나, 3개월 이상 근로제공자의 경우 고용보험 가입 대상

↗ 일용근로자

근로기간	고용보험	산재보험	건강보험	국민연금
1개월 미만 근로	O	O	X	X
1개월 이상 근로	O	O	O	O

만 65세 이상 4대 보험

 4대 보험 처리

구 분		4대 보험 처리
건강보험		건강보험의 경우에는 연령제한이 없다. 연령에 상관없이 소득을 기준으로 보험료가 동일하게 부과된다.
60세 이상 근로자의 국민연금		국민연금의 경우에는 만 18세 이상 만 60세 미만의 소득이 있는 국민은 의무적으로 가입해야 한다. 따라서 만 60세 이상 근로자의 경우는 자동으로 직장가입자의 자격을 잃게 된다. 다만 본인이 원하는 경우는 임의계속가입자로 가입할 수 있다. 이 경우에는 회사에서 50%를 부담하는 것이 아니고, 본인이 100% 부담해야 한다.
	만 60세 이전부터 근무중인 근로자	만 60세가 된 생일의 달에 자동으로 직권 해제됨
	만 60세 이후 입사한 근로자	취득신고가 불가능(EDI 같은 경우 아예 불가능 팝업창 뜸)
65세 이상 근로자의 고용보험		고용보험 부과 항목은 실업급여(근로자 부담 및 사용자 부담)와 고용안정 직업능력개발비가 있다.
	만 65세 이전부터 근무중인 근로자	만 65세가 되기 전 상태 그대로 지속. 즉 3가지 전부 부과

구 분	4대 보험 처리
만 65세 이후 입사한 근로자	• 무조건 고용보험 취득신고를 해야 하고, 안 한다면 과태료가 부과될 수도 있다. • 실업급여 수급이 불가능하여 실업급여는 부과가 안 되지만, 고용안정직업능력개발비는 부과가 되니 회사는 납부해야 한다. • 취득신고를 하면 고용보험 공단이 전산으로 조회를 해서 실업급여 부분은 자동으로 부과를 안 한다.

Q. 전직장에서 고용보험에 가입했던 만 65세 이상 근로자가 입사 시 가입대상인가요?
A. 하루라도 단절이 없을 경우 고용보험 대상 근로자이다.
동일 사업장에서 고용을 유지하지 않고 전직한 경우라도 토요일, 일요일(법정 공휴일), 법정 휴일을 제외하고 하루라도 단절이 없어야 계속하여 고용되는 것으로 간주된다. 예를 들어 5월 30일(금요일) 전 직장 퇴사, 6월 2일(월요일) 입사의 경우 실업급여, 고용안정/직업능력개발 보험료를 납부해야 한다.

1. 계속하여 고용된 경우의 의미(단절이 없을 경우 의미)
반드시 동일한 사업장에서 고용을 유지해야 하는 것이 아니라, 하루의 근로 단절도 없는 경우를 의미하며, 65세 전에 고용보험 자격을 유지하다가 퇴사하여 다른 회사에 하루의 근로 단절도 없이 바로 입사한 경우도 '계속하여 고용된 경우'로 보기 때문에 65세 이후에도 고용보험의 실업급여 보험료를 부과·징수하며, 실업급여 수급자격을 갖게 된다.

2. 이직 기간 사이에 토요일, 일요일과 같은 휴일이 있다면?
원칙은 하루의 근로 단절도 있어서는 안 되지만, 사회통념상 토요일이나 일요일과 같이 취득이 불가능한 휴일이나 교대제의 휴무일 이후에 전직한 경우도 계속 근로로 인정된다. (상용 → 65세 이후 일용) 상용근로자로서 이직한 날과 일용으로 근로를 처음 시작한 날 사이의 단절이 없어야 한다.

(일용 → 65세 이후 상용) 일용으로 근로를 한 마지막 날과 상용근로자로서 시작한 날 사이의 단절이 없어야 한다.

(일용 → 65세 이후 일용) 65세 이전 일용으로 근로를 한 마지막 날과 65세 이후 근로를 시작한 날 사이에 근로 공백이 10일 미만이어야 한다.

Q. 전직장에서 고용보험에 가입했던 만 65세 이상 근로자가 퇴사시 실업급여는?

65세 이전에 취업(고용보험 피보험자 자격 취득)하여 65세 이후에 비자발적으로 퇴직하는 경우 수급자격을 인정된다. 퇴직일이 비록 65세 이후인 경우라도 65세 이전에 고용보험 피보험자 자격을 취득했고, 65세 이후 직장에서의 퇴직 사유가 비자발적인 퇴직인 경우는 통상의 근로자와 동일하게 실업급여 수급자격 인정여부를 판단 받아 실업급여를 받을 수 있다.

다음으로 65세 이전에 취업하여 근무하던 중 회사(사업주)가 변경된 경우 수급자격을 인정받게 된다. 65세 이전부터 계속하여 동일 사업주에게 고용된 경우에도 고용보험 피보험자 자격이 계속 유지된다. 따라서 이런 경우 65세 이후 퇴직 사유가 비자발적인 퇴직인 경우는 실업급여를 지급받을 수 있다.

Q. 만 65세 이후 신규 채용 근로자의 고용보험 가입 대상 여부 및 보험료 납부

A. 고용보험 가입의무가 없으므로 실업급여 납부의무도 없다.

65세 이후에 신규 채용 근로자는 고용보험법상 실업급여와 육아휴직급여가 적용되지 않음으로 이에 따라 65세 이후에 입사한 자에게는 고용보험료에서 실업급여 분을 공제하지 않는다.

즉, 근로자의 경우 실업급여 보험료는 면제되어도 사업주는 고용안정/직업능력개발 보험료는 부담해야 한다.

실업급여 수령 가능 조건

ⓞ 65세 이전에 취업(고용보험 피보험자 자격 취득)하여 65세 이후에 비자발적으로 퇴직하는 경우 수급 자격을 인정받게 된다. 퇴직일이 비록 65세 이후인 경우라도 65세 이전에 고용보험 피보험자 자격을 취득했고, 65세 이후 직장에서의 퇴직 사유가 비자발적인 퇴직인 경우는 통상의 근로자와 동일하게 실업급여 수급자격 인정 여부를 판단 받아 실업급여를 받을 수 있다.

ⓞ 65세 이전에 취업하여 근무하던 중 회사(사업주)가 변경된 경우 수급자격을 인정받게 된다. 경비나 청소같이 용역·위탁 사업의 경우에는 65세 이전부터 계속 근무했더라도 사업주가 변경되어도 실업급여를 받을 수 있다.

 사업자등록 전 직원 4대 보험 가입 가능 여부

사업자등록증의 개시일보다 직원을 먼저 채용해서 운영하는 경우 건강보험은 사업자등록증 상의 개시일보다 직원의 실제 근로 시작일이 빨라 소급하여 적용 신고를 하고자 할 경우 객관적인 자료(사업자등록증, 근로소득원천징수신고서 등)를 추가로 제출하여 공단에서 확인할 수 있어야 한다. 또한 소급하려는 날짜가 1개월 이내일 경우에 한하여 근로계약서 및 임금대장 등을 제출하면 가능하다.

국민연금, 고용·산재보험의 업무처리는 각 기관의 지사로 문의해 본다.

법인사업장에 대표자만 있거나 대표자가 무보수인 경우 4대 보험

법인사업장은 다른 근로자 없이 대표자 1명만 있어도 사업장 가입대상이며, 국민연금·건강보험 취득 신고를 해야 한다.

법인사업장에서 보수를 받지 않는다면 국민연금공단·건강보험공단에 무보수 대표자 신고를 해야 한다.

직원을 고용하거나, 대표이사가 급여를 받기 전까지는 가입제외확인서와 무보수확인서, 무보수 대표자 증빙자료(정관, 이사회 회의록, 규정 등)를 건강보험·국민연금 관할 지사에 제출한다.

법인사업장에서 직장가입자로 가입 중 중도에 보수가 지급되지 않게 되었다면 사업장 가입자 상실신고와 함께 무보수 여부 및 기간을 증빙할 수 있는 자료(정관, 이사회 회의록, 규정 등)를 제출하면 된다. 이 경우 국민연금과 건강보험에 자격 신고한 내용은 동일해야 하며, 추후 국세청 소득신고 내역 발생 시에는 소급하여 보험료가 부과될 수 있다.

※ (건강보험) 6개월 미만으로 소급하여 신청할 경우는 '법인대표자 무보수확인서(서식)' 제출이 가능하다.

사업장 가입 전 무보수 대표자 신고는 사업장 성립신고서 + 사업장 가입자 취득신고서(근로자가 있을 경우) + 무보수 증빙자료(대표자)

(정관, 이사회 회의록, 규정 등)를 공단 관할 지사에 제출하면 된다.

법인 대표자 무보수확인서

사업장	사업장명		사업자등록번호 (고유번호)	
	전화번호		사업장 관리번호	
대표자	성 명		생년월일	
	전화번호		휴대전화번호	

※ 대표자 보수 미지급 기간 : 20 . . . ~ 20 . . . (□ 기한 없음)

1. 본 법인(업체, 단체)의 대표자는 보수를 지급받지 않는 무보수 대표자로 이에 해당 확인서를 제출합니다.
2. 추후 국세청, 지도점검 등을 통하여 보수지급 사실이 확인될 경우, 상기 사업장의 직장가입자 자격취득 사유발생일로 소급 취득하며 그로 인해 발생된 건강(장기요양)보험료를 납부할 것을 확인합니다.
3. 6개월 이상 소급하여 신고할 경우 해당 확인서가 아닌 대표자의 무보수 및 해당 기간을 확인할 수 있는 정관, 규정, 이사회회의록, 조례 중 하나를 제출하셔야 합니다.

20 . . .

법 인 :   (인)

국민건강보험공단 이사장 귀하

건강보험 사업장 가입 제외 확인서

사업장	명 칭 (상 호)			
	주 소			
	대표자성명			
	법 인 번 호 (생 년 월 일)		사 업 자 등록번호	
	전 화 번 호		휴대폰번호	

○ 제외사유 (해당하는 □내에 ∨표시)
  □ 근로자가 없고 개인 대표자만 있는 사업장
  □ 근로자가 없고 무보수대표자만 있는 법인사업장
  - 보수 없는 기간: 년   월   일 ~   년   월   일 (□ 기한 없음)
  - 추후 국세청, 지도점검 등을 통해 보수지급 사실이 확인될 경우, 상기 사업장의 적용 사유발생일로 소급 취득하며 그로 인해 발생된 건강(장기요양)보험료를 납부할 것을 확인합니다.
  - 6개월 이상 소급 신고 시 정관, 이사회 회의록 등 무보수 사실 확인 가능 서류 첨부
  □ 부도·도산사업장
   - 금융기관의 금융거래사실확인서, 파산선고판결문 등 관련서류 첨부
  □ 기타사유(상세히 기재 :   )
   - 해당 사실 증명 서류 첨부
  ※ 이미 가입 중인 사업장은 (사업장관리번호 :   ) 기재 바랍니다.

○ 첨부서류 :

  우리 사업장은 위의 사유로 「국민건강보험법」 제7조에 의한 건강보험 가입대상 사업장이 아님을 확인하며, 추후 근로자 고용 등으로 건강보험 가입대상일 경우 14일 이내에 『건강보험 사업장(기관)적용신고서』를 제출하겠음을 확인합니다.

  만일 위 신고 사실이 허위일 때는 「국민건강보험법」 제115조(벌칙) 및 제119조(과태료)에 의한 벌금, 과태료 부과, 사업장 직권가입으로 불이익을 받을 수 있음을 확인하였습니다.

20 .   .   .

사용자(대표자) :   (인)

국민건강보험공단   지사장 귀하

이사회 의사록

일   시 : 20○○년 11월 17일 오전 10:00시
장   소 : 당 회사 본점 회의실에서 다음과 같이 이사회를 개최하다.

이사 총수	3명,	출석 이사 수	3명
감사 총수	1명,	출석 감사 수	0명

대표이사 ○○○은 법 정원수에 달하게 출석하였음을 확인하고 본 총회 개회를 선언하다.
이어 다음 의안을 부의 하고 심의를 구하다.

1. 제1호 의안   무보수 대표이사 xxx 선임의 건

의장은 본 회사의 형편에 따라 공동대표이사 ○○○의 보수를 무보수로 정하고 이사들의 협의를 통하여 가부를 물은 즉, 전원 이의 없이 만장일치로 승인가결하다.
이상 금일의 의안이 전부 심의 종료되었음을 고하고 의장은 폐회를 선언하다.
(시간은 11시 00분)
위 결의를 명확히 하기 위하여 의사록을 작성하고 출석한 이사는 다음에 기명날인 하다.

서기 20○○년 11월 17일

○○○ 주식회사

대표이사   xxx   (인)
이   사   xxx   (인)

개인 사업장 대표자가 단독 대표에서 공동대표로 변경된 경우

개인 사업장 대표자가 단독 대표에서 공동대표로 변경된 경우는 사업장 내용변경신고를 통해 대표자를 추가 등록한 후 추가된 공동대표자를 취득 신고하면 된다.

 개인 사업장 대표와 법인사업장 대표이사의 4대 보험

1. 개인 사업장

근로자가 1명 이상 있는 경우 해당 사업장은 가입대상이며, 사업장 성립신고 시 대표자는 국민연금·건강보험 의무가입 대상이다. 사업장 성립 전에 대표자가 지역가입자였다면 사업장(직장)가입자로 전환되며 취득신고 시 신고한 소득월액(보수월액)에 따라 보험료가 부과된다.

근로자가 없는 경우에는 사업장 가입대상이 아니므로 개인사업장 대표자는 지역가입자로 납부하면 된다.

2. 법인사업장

대표자는 대표자 1인만 있는 경우에도 사업장 가입대상이며, 해당 사업장에서 소득이 발생하면 국민연금·건강보험 자격취득 신고를 해야 한다. 다른 근로자가 없고 대표자도 소득이 없는 경우에는 사업장 가입대상이 아니며 국민연금·건강보험에 무보수 대표자로 신고한다.

1인 개인사업자와
법인 대표이사 4대 보험

1인 개인사업자의 경우 지역가입자로 국민연금과 건강보험료를 납부한다. 만약 직원이 1명 이상 생긴다면 지역가입자가 아닌, 국민연금과 건강보험을 직장가입자로 가입한다.
그리고 있던 직원 1명이 퇴사를 하면 자동으로 지역가입자가 된다.
직원 없는 1인 개인사업자라면 매년 5월에 신고하는 종합소득세 신고가 소득에 반영돼 국민연금과 건강보험납부 금액을 결정한다.
법인사업장은 다른 근로자 없이 대표자 1명만 있어도 사업장 가입대상이며, 국민연금과 건강보험 취득신고를 해야 한다. 단, 사업장에서 보수를 받지 않을 경우는 가입대상이 아니므로 '무보수 대표자 증빙자료'를 건강보험과 국민연금 관할 지사에 제출하면 1인 법인도 사업장 가입 대상자가 아니다. 즉 1인 법인의 경우 원칙은 사업장 가입 대상이나 무보수 대표이사 1인인 법인은 가입 대상에서 제외된다.
법인사업장에서 직장가입자로 가입 중 중도에 보수가 지급되지 않게 되었다면 '사업장가입자 상실신고'와 함께 무보수 여부 및 기간을 증빙할 수 있는 자료(정관, 이사회 회의록, 규정 등)를 제출하면 된다. 이 경우 국민연금과 건강보험에 자격 신고한 내용은 동일해야 하며, 추후 국세청 소득신고 내역 발생 시에는 소급하여 보험료가 부과될 수 있다.

건강보험 6개월 미만으로 소급하여 신청할 경우는 '법인 대표자 무보수확인서' 제출이 가능하다.

사업장 가입 전 무보수 대표자 신고는 '사업장 성립신고서 + 사업장 가입자 취득신고서(근로자가 있을 경우) + 무보수 증빙자료(대표자)'를 공단 관할 지사에 제출하면 된다.

(비)등기임원, 사외이사 등 임원(이사, 감사)의 4대 보험

등기임원

임원으로 등기가 되어 있었다면 특별한 사정이 없으면 근로자로 보기 어렵고 사업경영담당자로서 사용자에 해당하므로 근로기준법상의 사용자에 해당한다.

구분	국민연금	건강보험	고용보험	산재보험
근로자로 인정되지 않는 경우	적용	적용	제외	제외
근로자로 인정되는 경우	적용	적용	적용	적용

비등기임원

등기된 임원이 아닌 직책상의 임원인 경우는 근로기준법상 사용자의 지위와 근로자의 이중적 지위를 갖게 되므로, 일반 근로자와 동일하다.

국민연금	건강보험	고용보험	산재보험
적용	적용	적용	적용

 사외이사 등 비상근 임원(이사, 감사)

사외이사 등 비상근 이사 및 감사는 근로자에 해당하지 않는다.

국민연금	건강보험	고용보험	산재보험
적용	적용	제외	제외

[국민건강보험공단 내부 지침]
법령·정관 등에 비상근으로 명시되었거나 이사회·주주총회 등의 결정에 따라 비상근으로 된 법인의 대표자나 임원 또는 대주주라도 보수를 지급하고 있다면 당연히 직장가입자 자격을 취득해야 한다.

[고용·산재보험 내부 지침]
근로자 여부로 적용 여부를 결정하는 것으로 비상근 사외이사는 근로자가 아니므로 적용 제외 및 보험료 산출시 임금에서 제외한다.

해외파견 근로자의 4대 보험

해외의 현지법인과 파견근로자가 고용관계를 맺게 되는 경우는 국내에서의 4대 보험은 종료되고, 현지법인 소재지의 법률에 따라 4대 보험을 처리한다. 다만, 국내 법인과 고용관계를 유지하면서 파견되는 경우는 4대 보험별로 다르게 처리된다.

 국민연금

국내 근로자와 동일하게 국민연금 적용 대상이 된다. 해외에서 급여를 받을 경우는 해외에서도 국민연금을 납부해야 하는데, 파견되는 국가와 우리나라가 '사회보장협정'을 체결한 나라라면 국민연금공단에서 사회보장협정 가입증명서를 발급받아 파견되는 국가에 제출하여 파견국 연금제도 가입을 면제받을 수 있다.

 건강보험

해외에 1개월 이상 체류할 경우 건강보험 정지신청을 할 수 있고, 국내에 피부양자가 있는 경우 50%, 피부양자가 없는 경우 100%의 보험료를 감면받게 된다.

◎ 직장가입자 근무처(근무내역) 변동 신고 : 해외 파견 시 건강보험료 면제(단, 건강보험 피부양자가 국내 거주 시, 보험료 50% 면제)

◎ 일정기간 이상 입국하는 경우 건강보험료 부과

  1일 입국~월중 출국 : 1개월 보험료

  월중 입국~월중 출국 : 일할 보험료

해외 근무로 보험료를 면제받은 근로자가 입국하면서 출입국 신고 시 공단에 바로 정보가 전송된다.

고용보험

기존의 회사와 근로관계가 유지되면서 근무지만 변동되는 것이므로 종전과 같이 유지된다.

파견근로자의 국내법인 근로자의 지위가 유지되는 경우, 고용보험도 계속 가입대상이다.

◎ 국내 법인에서 급여 지급이 없는 경우 : 월평균보수변경신고 '0원'으로 기재 후 신고

◎ 국내 법인에서 급여 지급이 있는 경우 : 실제 발생한 소득에 따라 가입자격 유지

산재보험

해외 현지법인, 해외 건설현장으로 파견되는 해외파견자는 국내 산재보험법의 보호를 받지 못하는 근로자이나, 국내에서 채용되고, 임금을 국내 본사에서 지급(일부 지급 포함)받으면서 해외사업에 파견되어 근로하는 경우, 회사에서 근로복지공단에 해외파견자 보험가입신청을 하여 승인을 받으면 산재보험 적용을 받을 수 있다.

◎ 해외사업에 파견된 근로자는 보험 적용에서 제외되는 것이 원칙. 단, 사업주가 근로복지공단에 사전 신청하여 승인받는 경우 국내 사업으로 간주되어 산재보험 적용이 가능하다.

◎ '해외파견자산재보험가입신청서' 제출 : 가입신청서를 근로복지공단에 접수한 다음 날부터 산재보험을 적용. 단순 해외출장의 경우에는 별도의 절차 없이 국내 근로자와 동일하게 산재보험이 적용). 즉 업무의 지휘명령 주체가 국내 회사인 경우는 출장으로 보며, 출장자의 4대 보험은 국내 근로자와 동일하다.

근로자 + 근로자, 근로자 + 사업자, 사업자 + 사업자의 4대 보험

근로자 + 근로자의 4대 보험

국민연금·건강보험·산재보험은 각 사업장에서 소득발생 시 취득신고를 해야 하며 고용보험은 한 개의 사업장에서만 취득 신고를 한다. 사업장을 두 군데 이상 다니면서 각 사업장에서 소득이 발생할 경우 취득 신고를 별도로 해주어야 한다. 이 경우 각 사업장에서 보험료가 부과되며 조정되면 보험료는 다음과 같다.

↗ 국민연금

두 곳에서 받은 소득이 617만 원 미만인 경우

2개 이상 사업장의 소득을 합쳐도 기준소득월액 상한액 미만의 경우는 각각의 소득으로 적용되어 연금보험료가 부과된다.

	기준소득월액	총 납부해야 할 국민연금	근로자부담분
A회사	200만 원	200만원 X 9%	18만원 X 50% = 9만원
B회사	100만 원	100만원 X 9%	9만원 X 50% = 4만 5천원

두 곳에서 받은 소득이 617만 원 이상인 경우

2개 이상 사업장의 소득을 합쳐도 기준소득월액 상한액 이상의 경우는 연금보험료를 안분계산한다.

구분	기준소득 월액	총 납부해야 할 국민연금	근로자 부담분
A회사	500만 원	3,856,000원 X 9%	347,040원 X 50% = 153,520원
B회사	300만 원	2,313,000원 X 9%	208,160원 X 50% = 104,080원

[안분계산]
국민연금의 보험료 및 급여 산정을 위하여 가입자가 신고한 소득월액에서 천 원 미만을 절사한 금액을 말한다.
A 회사 : 617만 원 X 500만 원/800만 원 = 3,856,250원(3,856,000원)
B 회사 : 617만 원 X 300만 원/800만 원 = 2,313,750원(2,313,000원)

↗ 건강보험

건강보험료

건강보험료 = 보수월액 × 건강보험료율(7.09%) × 보험료 부담률(50%)(원 단위 절사)

구분	기준소득 월액	총 납부해야 할 건강보험	근로자부담분
A회사	200만 원	200만원 X 7.09% = 141,800원	141,800원 X 50% = 70,900원
B회사	100만 원	100만원 X 7.09% = 70,900원	70,900원 X 50% = 35,450원

장기요양보험료

건강보험료 × (장기요양보험료율(0.9182%))/(건강보험료율(7.09%))
(원 단위 절사)

구분	기준소득 월액	총 납부해야 할 장기요양보험료	근로자부담분
A회사	200만 원	141,800원 X 0.9182% / 7.09%	18,360원 X 50% = 9,180원
B회사	100만 원	35,450원 X 0.9182% / 7.09%	9,180원 X 50% = 4,590원

↗ 고용보험

고용보험의 경우 이중 취득이 제한되어 있으므로 둘 이상의 사업에 동시에 고용되어 있는 경우 고용보험이 적용되는 사업장 중 우선순위에 따라 근로자에게 유리한 한 곳에서만 취득이 된다.

[이중고용 피보험자 처리 방법]

▷ (상용과 일용이 동시 고용된 경우) → 상용 취득
▷ (상용과 임의가입 자영업자 동시 고용된 경우) → 상용 취득
▷ (일용과 임의가입 자영업자 동시 고용된 경우) → 둘 중에 선택
▷ (상용과 상용/ 일용과 일용이 동시 고용된 경우) → 아래 순으로 취득
① 「고용보험 및 산업재해보상보험의 보험료징수 등에 관한 법률」 제16조의3 제2항에 따른 월평균 보수가 많은 사업
② 월 소정근로시간이 많은 사업
③ 근로자가 선택한 사업

↗ 산재보험

이중으로 취업한 경우라도 각각의 사업장에서 산재보험을 적용받으므로 사업장 가입자 자격취득 신고 시 모두 신고해야 한다.

 근로자 + 사업자, 사업자 + 사업자의 4대 보험

직원이 1명 이상인 개인 사업장이 여러 개일 경우 각각 국민연금, 건강보험 가입해야 한다.

근로소득자이면서 동시에 개인회사의 대표인 경우, 근로자로서 기존 회사에서 가입된 4대 보험은 계속 유지가 된다.

사업자로서 직원이 없다면 지역가입자로서 국민연금과 건강보험료를 추가로 내야 하고, 직원이 1명 이상 존재한다면 직장가입자로서 국민연금과 건강보험료를 추가로 내야 한다.

사업자가 2개면 각 사업장에 대표자 외 근로자가 1명 이상 있으면 사업장 가입대상이다(법인은 대표자 1명만 있어도 가입 대상).

개인사업자와 법인사업자를 함께 보유하고 있는 경우 법인사업장에서도 보수가 지급되고 있다면 각각 가입해야 한다.

※ 건강보험은 보수를 제외한 소득이 연 2,000만 원을 초과하는 경우 '소득월액보험료'라고 하여 별도 부과된다.

직원이 1명 이상인 개인 사업장이 여러 개라면 각각 국민연금, 건강보험 가입해야 한다. 단 여러 사업장이더라도 상한액 범위 내에서 부과된다.

구분	근로자 + 근로자	근로자 + 개인사업자 개인사업자 + 개인사업자	근로자 + 법인사업자 개인사업자 + 법인사업자
국민 연금	소득이 있는 경우 각 사업장에서 취득신고를 해야 함	개인 사업장에 직원이 1명 이상 있는 경우에는 별도로 사업장적용(성립)신고 및 취득신고를 하고 보험료 납부 개인 사업장에 직원이 없는 경우에는 사업장 성립 신고 대상이 아니므로 가입된 사업장에서만 납부	법인사업장에서 별도로 소득이 발생하는 경우 대표자만 있어도 사업장 가입 대상이며, 사업장 적용(성립) 신고 및 취득 신고 후 납부
건강 보험			법인사업장에서 무보수대표자라면 국민연금·건강보험에 무보수대표 신고
산재 보험		대표자는 근로기준법상 근로자가 아니므로 가입된 사업장에서만 납부	
고용 보험	한 사업장에서 가입·납부		

대표이사면서 다른 사업장에 재직 중인 근로자 4대 보험

 법인 대표이사

↗ 법인 대표이사로서 급여가 발생하는 경우

복수 사업장에 재직하더라도 4대 보험은 각각의 사업장에서 가입해야 하므로 법인 대표자로서 건강보험과 국민연금을 별도로 가입하고 납부해야 한다. 다만, 대표자는 근로자가 아니므로 고용보험 및 산재보험은 가입 대상이 아니다.

◉ 건강보험 : 각각의 사업장에서 부과

◉ 국민연금 : 각각의 사업장에서 부과

◉ 고용보험 : 이중 취득이 안 된다. 두 사업장 모두 사용자의 경우 가입대상이 아니며, 하나의 사업장은 사용자, 하나의 사업장은 근로자인 경우 근로자인 사업장에서 취득 신고를 한다.

◉ 산재보험 : 각각의 사업장에서 부과. 두 사업장 모두 사용자인 경우 가입 대상이 아니며, 하나의 사업장은 사용자, 하나의 사업장은 근로자인 경우 근로자인 사업장에서 취득 신고를 한다.

국민연금은 한 사업장에서 받는 소득금액이 월 617만 원 이상이면

한 곳에서만 부과된다.

단, 한 사업장에서 받는 소득금액이 월 617만 원(2025년 7월부터 637만 원)은 초과하지 않지만, 각 복수 사업장에서 받는 소득금액의 총합계가 월 617만 원 이상의 경우는 617만 원 기준의 국민연금 보험료가 각 사업장의 소득 비율로 안분되어 부과된다.

↗ 법인 대표이사로서 급여가 발생하지 않는 경우

대표자의 급여는 없지만 4대 보험 취득 신고가 필요한 일반근로자가 입사할 경우, 직원의 4대 보험 취득 신고와 4대 보험 사업장 성립신고를 진행하며, 대표자 무보수 신청을 함께 진행해야 한다.

무보수 신청을 진행하기 때문에 법인 대표자로서 4대 보험료는 발생하지 않으며, 근로자로서 다른 사업장에서 가입된 4대 보험은 그대로 유지된다.

 개인사업자 대표

개입사업자 대표는 급여가 발생할 수 없으며, 직원 유무에 따라 4대 보험 가입이 달라진다.

↗ 직원이 없는 경우

지역가입자로 국민연금, 건강보험료를 납부하게 되며, 근로자로서 다른 사업장에서 가입된 4대 보험은 그대로 유지된다.

↗ 직원이 1명 이상인 경우

직장가입자로 국민연금, 건강보험에 가입해야 한다.

이때 실질적으로 받는 급여는 없으나 직원 중 급여가 가장 높은 직원의 급여와 동일하거나 그 이상의 금액으로 가입해야 하며, 일반적으로 동일한 금액으로 취득 신고를 진행한다.

근로자로서 다른 사업장에서 가입된 4대 보험은 그대로 유지된다.

☆ 직장을 다니면서 개인사업자 등록을 한 경우 4대 보험

개인사업자의 경우 사용자 외에 근로자가 1명 이상 있으면 사업장 가입 대상이므로 사업장 성립 신고 + 대표자 및 근로자 취득 신고를 해야 하며 이 경우 해당 사업장에서 별도로 보험료가 고지된다.

반면 개인 사업장에 직원이 없이 혼자 하는 경우 별도로 사업장 성립 신고 + 대표자 및 근로자 취득 신고를 안 해도 된다.

개인 사업장을 운영하다가 취직하는 때도 직원이 없는 경우 문제가 되지 않지만 1명이라도 있는 경우 사업장 성립 신고 + 대표자 및 근로자 취득 신고를 해야 한다.

가족회사 가족(친족)의 4대 보험

동일세대원 가족을 직원으로 채용할 경우는 최저임금 적용 대상에서 제외되며, 고용보험이나 산재보험도 원칙은 가입하지 않아도 된다. 즉, 건강보험과 국민연금만 가입하면 된다.

결론적으로 사용자(법인의 대표이사, 개인사업체의 대표)의 친족은 근로자인지와 무관하게 국민연금과 건강보험만 사업장 가입 대상자이다.

반면, 고용보험에 가입하고자 하는 경우 근로자성 여부(해당 사업장에 근로하고 있는 사용자의 친족이 근로기준법상 근로자에 해당하는지)에 따라 고용보험, 산재보험 적용대상자 여부가 결정된다. 여기서 친족은 민법상 친족(8촌 이내의 혈족, 4촌 이내의 인척 및 배우자)을 말하며, 동거 여부 및 친족 여부는 주민등록표나 가족관계증명서 등의 증빙서류를 통해 판단한다. 친족인지 또는 동거하는지? 여부는 가족관계증명서나 주민등록표 등으로 판단한다.

공단에서는 가족을 직원으로 채용하고 종업원 인건비 신고가 제대로 되지 않을 경우는 그 가족 직원을 비 채용한 것으로 간주하여 직장가입자에서 지역가입자로 전환한 후 정산해서 고지를 하게 된다. 따라서 가족 직원을 고용하더라도 모든 세무 업무를 정확하게 이행하고 급여를 지급할 경우 현금이 아닌 계좌이체로 지급해야 한다.

친족인 경우도 근로자성을 인정받고, 고용·산재보험 가입이 가능하다면 두루누리 지원을 받을 수 있다.

 가족(친족)의 근로자성 판단

해당 사업장에서 근로하고 있는 사용자(개인사업체의 대표, 법인의 대표이사)의 친족이 근로자인지 아닌지와 무관하게 모든 친족이 건강보험, 국민연금 사업장(직장) 가입 대상자가 된다.

해당 사업장에 근로하고 있는 사용자(개인사업체의 대표, 법인의 대표이사)의 친족이 근로기준법상 근로자일 수도 있고 아닐 수도 있다. 근로기준법상 근로자가 된다면 고용보험, 산재보험 적용 대상이 된다. 근로자가 아니라면 고용보험, 산재보험 적용 제외 대상이 된다.

구 분	동거 여부	적용 여부
배우자	무관	비적용
배우자 외(형제·자매, 자녀 등)	동거	비적용
	비동거	적용

↗ 고용보험, 산재보험 친족의 근로자성 판단

친족이 사업주와 동거하지 않는 경우는 통상의 근로자 판단기준을 적용한다. 따라서 비동거 친족이 무조건 당연적용 대상이 되는 것은 아니다. 사업주와 동거하지 않으면 통상적으로 근로자성이 인정되고 원칙적으로 고용보험, 산재보험이 적용된다.

그러나 친족이 사업주의 지휘, 감독을 받으며 상시 근로를 제공하고 그 대가로 임금형태의 금품을 지급받는 자가 아닌 것으로 판단된 경우 근로자로 보지 않는다. 따라서 고용보험, 산재보험을 적용하지 않는다.

친족이 사업주와 동거하는 경우는 임금이나 고용형태의 판단이 어렵고 사회통념상 사업주와 생계를 같이 하거나 동업관계에 있다고 볼 수 있어 원칙적으로 근로자로 보기 어렵다. 따라서 고용보험, 산재보험을 적용하지 않는다.

그러나 친족이 같은 사업장의 다른 근로자와 동일하게 사업주의 지휘, 감독을 받으며 상시 근로를 제공하고 그 대가로 임금형태의 금품을 지급받는 자임이 명확히 판단된 경우 예외적으로 고용보험, 산재보험을 적용한다.

배우자의 경우는 근로자성을 판단할 때 사업주와의 동거여부는 판단하지 않으며 원칙적으로 근로자로 보지 않는다. 따라서 고용보험, 산재보험을 비적용한다.

↗ 법인의 대표이사와 동거하는 친족의 근로자성 여부

동거 친족이 같은 사업장에 근무하는 다른 근로자와 동일한 근로조건 하에 임금을 목적으로 근로를 제공하여 보수를 지급받는다면, 근로자로 인정된다. 다만 대표이사의 친족이 일반근로자와 달리 출퇴근 시간이나 소정근로시간이 일정하게 책정되어 있지 않고, 대표이사로부터 지휘, 감독을 받지 않음은 물론 전반적인 회사 업무를 총괄한다면 고용보험, 산재보험의 적용을 받는 근로자로 볼 수 없다.

↗ 근로관계 확인 자료(입증자료) 예시

해당 사업(장)에 근로하고 있는 사용자(법인의 대표이사, 개인사업체의 대표)의 친족은 근로기준법상 근로자에 해당할 수도 있고, 해당하지 않을 수도 있다. 근로기준법상 근로자에 해당하면 고용보험, 산재보험 적용대상이며, 근로자에 해당하지 않는다면 고용보험, 산재보험 적용 제외대상이다. 근로자성의 입증은 다음을 참고한다.

① 근로관계 : 근로계약서, 인사기록카드 등
② 급여내역 : 급여대장, 근로소득원천징수영수증, 급여계좌이체내역
③ 근로실태 : 출근부, 휴가원, 출장부 등 복무·인사 규정 적용자료, 출퇴근 교통카드 이력 등 복무 상황에 대한 자료, 업무분장표, 업무일지, 업무보고 내역 등 담당업무 관련 자료 등
④ 기   타 : 타 사회보험 가입내역(보험료 납부 내역), 조직도, 근로자 명부 등

동거 친족 본인이 근로자성 여부에 대해 이의가 있을 경우는 '피보험자격확인청구' 절차를 통해 근로자성을 판단한다.

국민연금·건강보험

가족이더라도 근로관계가 인정되면 직장가입자로 신고할 수 있다.

근로기준법에 따라 일반 근로자와 마찬가지로 사업주의 지휘·감독 하에서 상시 근로를 제공하고 그 대가로 임금이 지급되는 경우 가입할 수 있다.

 고용·산재보험

사업주의 동거 친족(보통 사업주와 함께 거주하는 배우자·자녀 등 직계 가족)은 원칙적으로 근로자로 보기 어려워 가입대상에서 제외된다.

그러나 일반 근로자와 마찬가지로 사용종속 관계가 명확히 입증된 경우는 직장가입자로 신고할 수 있다.

친족이 일용직이고 근로자성이 인정되면 익월 15일까지 근로내역확인신고를 해야 한다. 하지만 근로자성이 인정되지 않으면 근로내역확인신고를 할 필요가 없다.

본점과 지점의 4대 보험 신고

 지점의 4대 보험 성립 신고

(각 보험별 명칭 차이)
국민연금 분리 적용 사업장(본점 사업장)
건강보험 본점 사업장
고용·산재보험 주된 사업장

본사(본점)와 지사(지점)가 있을 때 사업장 성립신고서에서 분리적용사업장 여부, 주된 사업장 여부 선택 부분에 본사 사업장관리번호를 입력하면 되며, 동일 법인 내 사업장 간 '근무처 변동 신고'가 가능하다.

예를 들어 법인사업장의 본점(123-87-12345)이 4대 보험에 이미 가입 중인 상태에서 지점 사업장(123-85-56789)이 새로 가입하는 경우 국민연금 신고서란에 '분리적용사업장 해당 여부'에 "해당"으로 체크 후, 본점의 사업장 관리번호를 입력한다(건강보험의 경우에도 '본점 사업장 관리번호'에 입력). 고용·산재보험란에는 주된 사업장이 같은 의미로 본점의 사업장 관리번호 등 정보를 입력하면 된다.

 ### 지점의 직원을 본점에서 관리

지점의 직원을 본점에서 관리하고자 본점 4대 보험에 가입시키고자 한다면

구 분	처리 방법
국민연금 · 건강보험 · 고용보험	가입 가능
산재보험	가입 불가능(사업장별 가입 / 지점마다 관리번호를 부여받아 별도로 관리)
원천징수 세액	본점일괄납부 신고서 제출(적용받으려는 달의 말일로 1개월 전까지 신청)
부가가치세법	사업자단위과세사업자로 등록(적용받으려는 과세기간의 개시일로 20일 전까지 신청)
지방소득세	본점과 종된 사업장의 관할 구청이 다르다면 각 관할 구청별로 납부

재해발생 시 각각의 산재보험으로 처리해야 한다. 따라서 지사의 직원이 업무상 재해를 당한 경우 지사의 산재보험을 적용하여 처리하는 것이지, 본사의 산재보험으로 처리하는 것은 아니다. 즉 본사의 산재보험을 적용받을 수 없다.

산재보험의 경우 당연 일괄 적용을 받을 수 없으므로 당연 일괄적용을 받는 사업이 아닌 사업 중 사업주가 동일인인 사업(산재보험의 경우에는 고용노동부 장관이 정하는 사업 종류가 같은 경우만 해당함)의 전부를 하나의 사업으로 보아「고용보험 및 산업재해보상보험의 보험료징수 등에 관한 법률」의 적용을 받으려면 사업주가 일괄적용 승인신청서를 근로복지공단에 제출하여 근로복지공단의 승인을 받아야 한다. 즉, 사업주가 장소로 분리되어 있는 지점, 영업소, 출장소, 현장 등에 대하여 각각 별개의 산재보험을 적용함으로써 발생하는 비효율을 제거하기 위해서, 장소로 분리되어 있다고 하더라도 궁극적으로 사업주가 동일하고 산재보험 사업 종류가 동일한 경우에는 공단에 임의 일괄적용신청을 하여 그 승인을 얻은 경우는 하나의 사업으로 분류하여 산재보험을 적용할 수 있다. 예를 들어 피자 판매를 하는 1인의 사업주가 각각 장소를 달리하는 지역에 점포를 여러 개 운영하는 경우 각 점포별로 별도의 산재보험에 가입해야 하는 것이 원칙이나 공단에 동종사업 임의일괄적용신청을 하여 승인을 얻은 경우는 하나의 사업으로 분류하여 산재보험에 가입 및 적용할 수 있다.

현장 일용근로자를 본사에서 신고

현장 직원을 본사로 일용근로 신고한 경우 크게 문제가 되지 않는다. 고용·산재보험의 경우 근로내용확인신고를 본사로 했더라도 나중에 보수총액에 대한 보험료 신고시 현장으로 신고하면 된다. 즉 보험료 신고시 보수총액을 본사가 아닌 현장으로 산정해 신고 하면 된다.

그리고 건강보험과 국민연금의 경우 신고 장소보다는 이를 신고 했는지? 여부가 중요하다. 단 문제는 건강보험과 국민연금의 경우 현장으로 신고하지 않은 경우 나중에 현장으로 사후정산이 불가능하다.

본사가 부과고지 사업장인 경우 일용직 본사 신고시 고용보험료가 매달 본사로 고지서가 발송되어 추후에 이중납부 문제가 발생할 수 있다. 즉 사업장에서 현장은 자진 신고하되, 본사는 부과고지될 경우는 3월 15일까지 신고하는 고용보험 및 산재보험의 보수총액신고에서도 신고하고, 3월 31일까지 신고해야 하는 개산(확정)보험료도 신고·납부할 때 특정 근로자에 대하여 이중으로 신고가 들어갈 수 있으니 주의해야 한다.

상여금이 있는 달의 4대 보험 공제 방법

4대 보험료 중 실시간으로 정산이 가능한 것은 고용보험료와 건강보험료뿐이다.

국민연금은 임금이 20%이상 변동된 경우가 아니면 매월 같은 금액을 납부한다. 즉, 전년도의 평균소득을 기준으로 매년 4월에 고지되는 등급이 바뀌어 다음 해 3월까지는 임금이 20% 이상 감소 또는 증가하는 경우가 아니면 동일한 금액으로 매월 납부를 하게 된다고 보면 된다.

사업장에서 급여를 지급할 때 매월 급여가 바뀌는 사업장일 경우 대게 2가지의 방법으로 4대 보험료를 공제하게 되는데,

위에 설명한 바와 같이 급여가 바뀌는 달에 따라 같이 변동되어 고용보험료와 건강보험료를 공제하게 되거나, 아니면 처음 공제한 금액을 그대로 적용하고, 연말정산 시 고용보험료와 건강보험료의 차액을 정산하는 방식을 적용한다.

매년 4월경 건강보험료를 많이 공제하였다는 내용을 보는 이유는 바로 후자에 속하는 사업장이라고 생각하면 될 것이다.

결론적으로 차액분이 있을 때 추가로 납부하거나 반환을 하게 되는 경우는 고용보험료와 건강보험료뿐이라는 것이다(산재보험은 전액 사

업장에서 부담하는 것이므로, 근로자는 신경 쓰지 않아도 됨)

구 분	공제액
국민연금	상여금 지급 시에도 오르기 전과 동일하게 공제
건강보험	상여금 지급 시 변동된 급여에 따라 공제하거나 연말정산
고용보험	상여금 지급 시 변동된 급여에 따라 공제하거나 정산을 하나, 변동된 급여를 기준으로 공제를 해두는 것이 좋다.
산재보험	사업주만 부담하므로 신경 쓸 내용이 없다.

일시적 또는 매달 급여가 변동하는 사업장의 4대 보험 관리

상여 등으로 일시적으로 급여가 인상된 경우, 급여의 과세수당에 합산하여 지급한다. 과세수당에 합산되기에 요율로 공제하는 사업장은 인상 금액만큼의 4대 보험 및 소득세가 추가로 공제된다. 다만 고지서에 따라 공제하는 사업장은 인상분에 대해서도 변경신고를 안 하고 우선은 고지 금액으로 계속 공제 및 납부 후 퇴직이나 연말정산(퇴직정산) 시 정산하는 방법도 하나의 방법이다.

보수월액변경 신고는 안 해도 큰 손해가 없지만, 고지서에 따라 공제하는 사업장은 급여가 급격히 변화해 나중에 연말정산 시 폭탄으로 다가올 것 같으면 욕을 안 먹기 위해 하는 것이 좋다.

그리고 고지서에 따라 공제하는 사업장 중 간혹 매달 급여가 변동되어 고민하는 실무자가 있는데, 이 경우는 매달 보수월액변경 신고를 할 수 없으므로 최초 신고에 따라 고지되는 금액으로 계속 납부 후 나중에 퇴직이나 연말정산으로 정산하는 방법이 업무 편리성을 키우는 방법이다.

퇴직자 발생 시 4대 보험 퇴직자 정산

퇴사자가 발생하면 14일 이내에 퇴직 신고와 퇴직정산금을 지급해야 한다.
참고로 4대 보험상의 퇴직 일자는 마지막 근무일 다음 날을 말한다 (2월 말일까지 근무시 퇴직일은 3월 1일).

 국민연금 퇴직자 정산

근로자 퇴직 시 퇴직일이 속하는 달의 다음 달 15일까지 자격상실신고를 해야 한다.
건강보험과 같이 신고를 하므로 그때까지 미루지는 않는다.
국민연금의 경우 퇴직 정산제도가 없으므로 퇴사할 때 보험료 정산을 따로 하지 않아도 되며, 연말정산을 할 필요가 없다. 즉 부과된 금액을 내기만 하면 정산이 마무리된다. 만약에 퇴사일이 1일이면 그 달은 보험료를 부과하지 않아도 된다.
그러나 매월 2일이 속해 있는 달은 한 달 치 보험료를 부과해야 한다. 예를 들어 퇴사일이 4월 1일일 경우 최종근무일이 3월 31일이기 때문에 3월분까지만 내면 된다.

그러나 퇴사일이 4월 2일일 경우 마지막 근무일이 4월 1일 이기 때문에 4월분까지 내야한다.

구 분	보험료 부과
퇴사일(마지막 근무일의 다음 날)이 1일	마지막 근무일이 속한 달까지 보험료를 내면 된다.
매월 2일~31일이 속해 있는 달	해당 월 보험료를 내야 한다.

[사례]

1. 퇴사일 6월 1일

최종근무일이 5월 31일 이기 때문에 5월분까지만 낸다.

2. 퇴사일 6월 2일

최종근무일이 6월 1일 이기 때문에 퇴사일이 속한 6월분 보험료까지 내야 한다.

건강보험 퇴직자 정산

근로자 퇴직시 퇴직일로부터 14일 이내에 자격상실신고를 해야 한다.

건강보험은 퇴직 정산제도가 있으므로 퇴사할 때 신고된 것보다 소득이 높거나 적으면 연말정산을 해서 추가납부를 하거나, 환급받아야 한다. 만약 퇴사일이 1일이면 전달 보험료까지만 내면 되고 전달 보험료까지 퇴직정산 후 환급이나 환수가 이루어지게 된다. 반면, 퇴사일이 2일~31일이면 해당 월의 보험료까지 합산해 퇴직정산을 한다. 예를 들어보면. 만약 퇴사일이 6월 1일이라면 국민연금과 똑같이 6

월분 보험료는 부과되지 않는다. 그러나 국민연금과는 달리 신고 금액보다 많거나 적게 벌어가는 경우 퇴직 정산으로 인한 환급이나 환수가 발생할 수 있다. 퇴사일이 6월 2일일 경우 6월분 한 달 치 보험료가 부과되며, 마찬가지로 신고금액보다 많거나 적게 벌어가는 경우 퇴직정산으로 인한 환급이나 환수가 발생할 수 있다(6월 보험료 부과 + 퇴직정산금 합산신고).

그러나 퇴사일 하루 차이로 보험료를 냈다고 억울해할 필요는 없다. 바로 다른 직장에 입사하는 경우 신규 직장에서는 다음 달부터 직장 건강보험료를 내면 되고, 지역으로 돌아가는 경우 지역 건강보험료를 다음 달부터 내면 된다. 즉 이중으로 내지는 않는다.

<u>건강보험의 연말정산은 본인이 계산하지 않더라도 건강보험 EDI를 통해 신고하면 몇 시간, 길게는 하루가 지나면 정산금을 확인할 수 있다.</u> 또한, 공단에 전화하면 퇴직 정산을 해주니 참고하기를 바란다.

[건강보험료 퇴직(연말)정산 보험료 예상 조회 자동 계산]
인터넷 주소창에
https://www.nhis.or.kr/nhis/minwon/retrieveWkplcHltCtrbCalcuView.do를 입력한 후 접속 후 하단에 보면 자동으로 계산해 볼 수 있는 화면이 나온다.

이렇게 건강보험 정산이 발생하는 이유는 건강보험은 과세급여를 신고하고 그 신고된 급여에 대해서 보험료를 부과하는데 연봉인상, 상여금, 수습기간, 입사일 일할 계산 등의 이유로 기준이 되는 과세급여가 다를 수 있기 때문이다.

구 분	보험료 부과
퇴사일(최종 근무일의 다음 날)이 1일	마지막 근무일이 속한 달까지 보험료를 내면 된다. 신고 금액보다 많거나 적게 벌어 갈 경우 퇴직정산으로 인한 환급이나 납부 발생
매월 2일이 속해 있는 달	해당 월 보험료를 내야 한다. 신고 금액보다 많거나 적게 벌어 갈 경우 퇴직정산으로 인한 환급이나 납부 발생(퇴사 달 한 달 치 보험료 + 정산보험료 부과)

 고용보험 퇴직자 정산

부과고지 사업장에서 2020년 1월 16일 이후 고용관계가 종료된 상용근로자(상실일은 2020년 1월 17일 이후인 상용근로자)는 퇴직 정산을 하도록 하고 있다.

고용보험 피보험 자격상실 신고서 및 산재보험 근로자 고용종료 신고서에 근로자의 상실일, 상실 사유 및 지급한 보수총액을 작성하여 신고한 후 고용·산재보험 토탈서비스 http://total.kcomwel.or.kr에서 정산보험료를 확인할 수 있다.

퇴직한 근로자가 보험료 퇴직 정산 대상일 경우 자격상실신고서에 기재한 "해당연도 보수총액"으로 보험료를 정산하므로 "해당연도 보수총액"을 반드시 신고해야 한다.

산재보험 퇴직자 정산

산재보험은 전액이 사업자 부담으로 근로자의 퇴직으로 인한 퇴직정산이 필요하지 않다.

근로자 퇴직 시 퇴직일이 속하는 달의 다음 달 15일까지 자격상실신고를 해야 한다.

 이직확인서 제출과 실업급여

퇴사자가 이직확인서 제출을 요구하는 경우 이직확인서를 고용노동부 고용센터에 제출한다.

참고로 실업급여의 요건인 180일은 유급휴일 수를 말한다. 따라서 무급휴일이 있는 경우에는 180일에 포함되지 않는다.

월급제, 일급제 여부와 관계없이 1주간의 소정근로일이 5일인지 6일인지가 중요하다. 주휴일(일요일)은 법률상 유급휴일이므로 따질 필요는 없으며, 6일 근무(월~토) 사업장이라면 1주 소정근로일이 6일이므로 1일의 유급주휴일을 합산하면 1주 7일 전부를 유급 일로 인정받는다.

다만, 5일 근무(월~금) 사업장이라면 토요일을 회사에서 유급 휴무일로 정하고 있는지 무급 휴무일로 정하고 있는지에 따라 다르다. 만약 유급 휴무일로 정하고 있다면 1주 5일 근로일(유급) + 유급 휴무일 1일(토요일) + 유급휴일 1일(일요일) = 7일 전부를 유급일로 인정받으므로 180일 요건에 부합된다.

그러나 토요일을 무급 휴무일로 정하고 있다면 1주간의 유급 일은 1주 5일 근로일(유급) + 유급휴일 1일(일요일)) = 6일만 인정받으므로 180일 요건에 해당하지 않을 수 있다.

따라서 근로계약서, 회사의 사규에서 구체적으로 토요일의 성격에 대해 어떻게 정하고 있는지 확인해 보기를 바란다. 아니면 공단에 문의를 해봐도 된다.

참고로 대다수 회사는 토요일을 무급 휴무일로 정하고 있다.

구 분	180일에 포함 여부
토요일 근무사업장(유급)	포함
주 5일 근무 사업장	토요일 유급 휴무일의 경우 포함
토요일 무급휴무일인 경우	불포함

토요일이 유급휴일의 경우 일주일 7일이 모두 180일에 포함되지만, 토요일 무급휴일이어서 180일에 불포함되는 경우 일주일에 6일만 180일에 포함된다. 따라서 6개월을 개근해도 180일 요건을 충족하지 못할 가능성이 있다. 30일인 달에 토요일이 평균 4번 낀 경우 26일 × 6개월 = 156일로 180일이 안 된다. 이 경우 종전회사의 기간도 포함할 수 있으므로 종전회사에 이직확인서 제출을 요청한다.

4대 보험 연간 일정표

구 분		처리내용
1월	건강보험	변경된 건강보험료 및 장기요양보험료 반영(∵ 요율변경)
3월	건강보험	건강보험 연말정산 보수총액 신고(10일) 직장가입자 보험료 연말정산 산출내역서 통보(공단 → 사업장)(31일) 직장가입자 보수총액통보서 사업장 재안내(31일) ※ 간이지급명세서 오류·누락, 또는 보수총액통보서 미제출 사업장 대상
	고용보험	고용보험 연말정산 보수총액 신고(15일)
4월	건강보험	직장가입자 보험료 정산내역 착오자 변경신청서 접수 처리(15일) 변경된 건강보험료 및 장기요양보험료 적용(∵ 변경된 보수월액)(15일) 근로자 : 매년 4월분 보험료 고지에 반영(15일)
5월	국민연금	소득총액 신고(개인사업자 및 소득자료 없는 근로소득자)(말일)
5월	건강보험	분할납부 신청(10일)
7월	국민연금	변경된 소득에 따라 연금보험료 반영(∵ 기준소득월액 변경)
7월	건강보험	성실 사업장 사용자 보험료 고지에 반영

퇴사자 건강보험료 퇴직(연말)정산

건강보험, 고용보험, 산재보험은 연말정산 제도를 두고 있으나 국민연금은 정산제도가 없다.

4대 보험을 정산하는 이유는 작년도 소득 기준으로 책정되어 올해 근로자에게 부과된 보험료와 올해의 실제 소득을 바탕으로 결정된 보험료의 차이를 조정하기 위함이다. 이에 따라, 차이가 나는 보험료를 추가 징수하거나 환급하는 절차를 거치게 되고, 작년보다 소득이 증가하였을 때 추가 징수된다고 보면 된다.

구 분	내 용
국민연금	정산제도 없음 : 소득총액 신고 국민연금은 정산하지 않는다. 공단에서는 근로소득 지급명세서를 신고로 간주한다. 이를 가입 기간 중 기준소득월액의 결정이라고 한다. • 기간 : 당해 연도 7월~다음 연도 6월까지 1년간 적용할 보험료를 산정 • 소득총액 신고 대상자 : ❶ 지급명세서 미제출자 ❷ 과세자료 제출자 중 20% 이상 상·하향자 ❸ 개인 사업장 사용자

구 분	내 용
	• 신고 대상 소득 : 당해 사업장 과세소득(전 근무지 소득 합산하지 않음) • 신고기한 : 5월 31일
건강보험	정산제도 있음 : 보수총액 신고 기보험료 − 정확한 보험료 = 차액을 정산 • 수시정산, 퇴직정산, 연말정산이 있다. • 정산시기 ❶ 근로자는 3월 10일 정산 차액을 4월 말 보험료에서 추가징수 또는 반환 ❷ 개인사업자 사용자는 5월
고용보험 산재보험	기보험료 − 정확한 보험료 = 차액을 정산 • 고용보험은 퇴직 정산, 연말정산이 있다. • 정산 시기 ❶ 계속 사업장은 3월 15일까지 ❷ 소멸사업장은 소멸일로부터 14일 이내 정산 차액을 4월 말 보험료에서 추가징수 또는 반환

국민연금

국민연금 가입사업장은 오는 5월 31일까지 국민연금 사업장가입자의 연금보험료를 납부하는 기준이 되는 소득월액 결정을 위한 소득총액 신고를 해야 한다. 즉, 신고 대상자는 개인 사업장 사용자 및 국세청에 근로소득 지급명세서를 제출하지 않거나, 과세자료 보유자 중 전년도와 비교하여 기준소득월액이 20% 이상 상·하향되는 가입자, 휴직 일수 상이자 등은 신고기한 내 소득총액 신고를 해야 한다.

신고하게 되는 소득총액은 전년도 1개월 이상 근로한 사업장가입자의 전년도 1월 1일부터 12월 31일까지 기간 중 해당 사업장에서 받은 소득총액이다(연도 중간에 입사한 경우는 현 사업장에서 근무 기간동안 받은 소득총액).

그러나 국세청에 근로소득 지급명세서를 제출한 경우 국민연금공단이 국세청 자료를 활용하여 소득 결정을 하고 공단에 소득신고를 생략할 수 있으며, 사업장에서는 6월에 국민연금공단으로부터 발송되는 기준소득월액 정기결정 통지서를 확인한 후에 이상이 있을 경우 정정 신고를 하면 된다.

소득총액 신고를 하게 되면 2024년 7월부터 2025년 6월까지 결정된 기준소득월액에 따라 가입자별 기준소득월액의 9%가 부과되게 되며, 기준소득월액이 달라지면 가입자의 평균소득월액이 변경되므로 매년 7월을 기준으로 예상 연금액이 달라진다.

소득총액 신고는 공단에서 송부한 소득총액 신고서에 신고 대상자의 신고사항을 작성하여 관할 지사에 직접 신고하거나, 우편 또는 FAX로 제출하면 된다. 또한, 국민연금 웹 EDI(http://edi.nps.or.kr) 및 사회보험 EDI 서비스, 4대 사회보험 포털 사이트(www.4insure.or.kr)를 이용하여 신고할 수 있다(상담 및 문의 : 국번 없이 1355).

건강보험

올해 연봉은 12월 31일이 되어서야 정확히 파악할 수 있으므로, 건강보험료 또한 정확한 금액을 납부할 수가 없다. 따라서 공단에서는 개개인의 건강보험료를 임의로 계산하여 원천징수 했다가 나중에 1년 치를 한꺼번에 모아서 정확히 재정산(3월 10일 건강보험 보수총액 신고)한다. 정산할 때 연봉에 비해 보험료를 많이 냈던 사람들은 차액분을 돌려받게 되고, 적게 냈던 사람들은 추가징수를 하는 것이다.

그리고 연봉은 보통 매년 상승하기 때문에 돌려받는 경우보다는 추가로 내야 하는 경우가 더 많다.

[건강보험료 산정기준]
- 보험료 산정 기간 : 1월 1일 ~ 12월 31일
- 연간보험료 : 보수총액 × 보험료율
- 월 보험료 : 보수월액(연간 보수총액 ÷ 연간 근무 개월 수) × 보험료율

[건강보험료 부과 기준]
- 1월~3월 : 전전년도 보수월액 × 보험료율
- 4월~12월 : 전년도 보수월액 × 보험료율

[건강보험료 연말정산]
- 정산보험료 = 전년도 확정 건강보험료(전년도 보수총액 × 보험료율) - 기납부 건강보험료
- 신고기한 : 매년 3월 10일
- 납입 시점 : 다음 연도 4월분 보험료에 추가 부과

건강보험료 정산은 전년도에 월급에서 떼 가던 건강보험료를 다시 정산하는 것이다. 따라서 전년도 때 기납부했던 건강보험료를 확인해야 한다.

① 갑의 2025년 정산보험료

ⓐ 건강보험료 = 5,050만 원 × 3.545% = 1,790,220원

ⓑ 장기요양보험료 = 1,790,220원 × 12.95% = 231,830원

ⓒ 정산보험료 총액 = 1,790,220원 + 231,830원 = 2,022,050원

② 갑의 기납부 건강보험료

ⓐ 건강보험료 = 5,050만 원 × 3.545% = 1,790,220원

ⓑ 장기요양보험료 = 1,790,220원 × 12.81% = 226,090원

ⓒ 기납부보험료 합계 = 1,790,220원 + 226,090원 = 2,016,310원

③ 건강보험료 정산 결과

갑은 2025년 4월에 건강보험료 5,740원 추가납부를 한다.

위의 금액은 추정치로 실제 금액과 요율로 인해 약간 차이가 날 수 있으므로 계산 흐름만 참고하기를 바란다. 참고로, 추가로 납부 금액이 많을 경우, 1회~10회까지 분할납부가 가능하니, 한 번에 내기 부담스러우면 회사에 분할납부를 신청할 수 있다.

직장가입자 보수 총액 통보서

※ 작성방법은 뒤쪽을 참고하시기 바라며, 바탕색이 어두운 난은 통보인이 적지 않습니다.

접수번호		접수일			처리기간	
사업장	단위사업장명			회계		
	사업장 관리번호			명칭		
	전화번호			팩스번호	작성자 성명	

① 일련번호	② 건강보험증 번호	③ 성명	④ 주민등록번호 (외국인등록번호)	⑤ 자격 취득일 (변동일) 년 월 일 YYYY.MM.DD	⑥ 전년도 보험료 부과 총액	⑦ 전년도 보수 총액	⑧ 근무 개월 수
1							
2							
3							
4							
5							
6							
7							
8							
9							
10							

연도	건강보험	3.545%
2025	장기요양보험	12.95%

연말정산 보험료

성명	당해연도 보수총액 (직접입력)	근무개월수 (직접입력)	정산연도 보수월액	월보험료		산정개월수 (정산연도 근무월수)	당해연도 확정보험료		기납부보험료		정산보험료	
				건강	장기요양		건강	장기요양	건강(직접입력)	장기요양 (직접입력)	건강	장기요양
	48,000,000	12	4,000,000	141,800	18,360	12	1,701,600	220,320	1,701,600	219,720	0	600

기납부 보험료

	1월	2월	3월	4월	5월	6월	7월	8월	9월	10월	11월	12월
건강보험	141,800	141,800	141,800	141,800	141,800	141,800	141,800	141,800	141,800	141,800	141,800	141,800
장기요양	18,160	18,160	18,160	18,360	18,360	18,360	18,360	18,360	18,360	18,360	18,360	18,360

합계	건강보험	1,701,600
	장기요양	219,720

❶ 전년도 보수총액

12월 31일 현재 속해 있는 사업장의 총급여를 적는다. 총급여에 해당하는 금액은 '소득세법상 비과세급여'를 제외한 금액이다.

보수총액 포함	보수총액 불포함
모든 형태의 급여 및 상여, 과세 수당이 보수총액에 포함된다.	식대(월 20만원 이내), 자가운전보조금(월 20만원 이내), 생산직 근로자의 초과수당 등이 있다.

❷ 근무 월수

연도 중에 '급여를 받은 기간 전체'를 의미한다. 한 달 중 단 하루라도 근무한 경우, 근무월수 산정에 포함된다.

예를 들면, 1월 20일에 입사해서 4월 11일까지 근무한 경우, 근무월수는 '4개월'이 된다.

고용보험

고용 및 산재보험 보수총액신고의 경우 3월 15일까지 해야 한다.

보수총액 신고는 말 그대로 전년도 사업장 소속 직원에게 지급한 보수총액을 신고하는 것이다. 즉 사업주를 제외한 모든 근로자이며, 단기 아르바이트생, 일용근로자, 단시간 근로자 모두 포함해 신고해야 한다.

보험 가입자는 전년도 납부한 보험료를 정산하고, 금년도 납부할 월 보험료 산정을 위해 근로자가 없어도 보수총액신고서를 꼭 제출해야 한다.

해마다 보수총액 신고를 해야 하므로 사업장에 신고서가 우편으로 오기도 하고, 팩스로도 물론 처리할 수 있지만, 근로복지공단 고용·산재보험 토털 서비스(http://total.kcomwel.or.kr)를 통해서도 가능하다.

보수총액 신고를 할 때는 임시 아이디가 아닌 사업주 또는 법인 공인인증서로 로그인을 해야 한다. 정산보험료는 납부 전에 예상 금액을 확인할 수 있다. 고용·산재보험 토털 서비스 홈페이지 내 보험료 정보조회 메뉴를 이용하면 된다.

[고용보험료 정산]

납부월	보수월액 (급여 - 비과세)	종업원수	납부해야 할 금액		실제 납부 한 금액		퇴직정산액	
			근로자 납부액	사업주 납부액	근로자 납부액	사업주 납부액	근로자 정산	사업주 정산
1월	3,000,000	150인 미만	27,000	34,500	27,000	34,500		
2월	3,000,000	150인 미만	27,000	34,500	27,000	34,500		
3월	3,000,000	150인 미만	27,000	34,500	27,000	34,500		
4월	3,000,000	150인 미만	27,000	34,500	27,000	34,500		
5월	3,000,000	150인 미만	27,000	34,500	27,000	34,500		
6월	3,000,000	150인 미만	27,000	34,500	27,000	34,500	0.9%	1.15%
7월	3,000,000	150인 미만	27,000	34,500	27,000	34,500		
8월	3,000,000	150인 미만	27,000	34,500	27,000	34,500		
9월	3,000,000	150인 미만	27,000	34,500	27,000	34,500		
10월	3,000,000	150인 미만	27,000	34,500	27,000	34,500		
11월	3,000,000	150인 미만	27,000	34,500	27,000	34,500		
12월	3,000,000	150인 미만	27,000	34,500	27,000	34,500		
계			324,000	414,000	324,000	414,000	0	0

[ ]산재보험 [ ]고용보험 ( )년도 보수총액신고서

※ 신고는 고용·산재보험 토탈서비스(total.kcomwel.or.kr)를 이용하거나 전자적 매체(CD 등)를 제출하는 방식으로 합니다(10명 미만 사업장은 서면으로도 신고할 수 있습니다).
※ [ ]에는 해당되는 곳에 "√" 표시를 하기 바라며, 색상이 어두운 난은 신고인이 적지 않습니다.

접수번호	접수일자	처리기간

관리번호		사업장명		대표자		산재업종	
사업장 소재지				전화번호		팩스번호	

성 명	주민(외국인)등록번호	①보험료 부과구분	산재보험 취득일	산재보험 전보일	②연간 보수총액(원)	③월평균보수(원)	고용보험 취득일	고용보험 전보일	④종사자 코드

		산재보험		고용보험
⑦일용근로자 등 보수총액 (※뒤쪽 작성방법 5번 참조)	근로자 종사 사업			
	예술인 종사 사업			
	노무제공자 종사 사업			
⑧그 밖의 근로자 보수총액(※뒤쪽 작성방법 6번 참조)				⑦_1 고용허가외국인 중 실업급여 보수총액 (※ 뒤쪽 작성방법 5번 참조)
⑨합계	②+⑦+⑧+⑭			근로자 종사 사업(⑤+⑦+⑯)
				예술인 종사 사업(⑤)
				노무제공자 종사 사업(⑤)

※ 「산업재해보상보험법」 제126조에 따라 「국민기초생활 보장법」 제15조에 따른 자활급여 수급자 중 고용노동부장관이 정하여 고시하는 사업에 종사하는 자(이하 "자활근로종사자"라 합니다) 및 노동조합 등으로부터 금품을 지급받는 "노조전임자"가 있는 경우에는 해당 근로자의 보수총액 등은 뒤쪽의 ⑬란에 적습니다.

⑩연도 중 산재보험 업종변경 사업장의 기간별 보수총액 (※ 연도 중 산재보험 업종변경이 있는 경우에만 적습니다)

구분	업종변경 전 (. . .~ . . .)	업종변경 후 (. . .~ . . .)
사업장의 보수총액(원)		

⑪ 매월 말일 현재 일용근로자 및 그 밖의 근로자 수 (※ ⑦번 또는 ⑧번 해당 근로자가 있는 경우에만 적습니다)

구분	1월	2월	3월	4월	5월	6월
일용근로자 및 그 밖의 근로자 수(명)						

「고용보험 및 산업재해보상보험의 보험료징수 등에 관한 법률」 제16조의10제1항·제2항, 같은 법 시행령 제19조의7제1항·제2항·제5항 및 같은 법 시행규칙 제16조의6에 따라 사업장 근로자·예술인·노무제공자의 보수총액 등을 위와 같이 신고합니다.

년 월 일

신고인(사업주) (서명 또는 인) / [ ] 보험사무대행기관 (서명 또는 인)

근로복지공단 OO지역본부(지사)장 귀하

⑬자활근로종사자 및 노동조합 등으로부터 금품을 지급받는 "노조전임자"의 보수총액(※ 해당 근로자가 있는 경우에만 적습니다)

관리번호		사업장명		사업장 소재지	

성명	주민(외국인) 등록번호	①보험료부과 구분	산재보험 취득일	산재보험 전보일	⑭연간보수총액(원)	⑮월평균보수(원)	고용보험 취득일	고용보험 전보일	④근무지 코드

※ 위 ⑮란의 "고용보험 연간보수총액"은 "실업급여"와 "고용안정·직업능력개발" 중 어느 한 부문만 적용될 수 있으므로 해당 부문을 구분하여 적습니다.
※ 노조전임자가 연도 중 일정 기간만을 노동조합에 전임한 경우에는 비전임기간의 보수총액도 ⑬란에 같이 적습니다.

작성방법

1. ①란의 "보험료 부과구분" 부호의 내용

부과구분 부호	부과범위 산재보험: 산재보험	산재보험: 임금채권 부담금	고용보험: 실업급여	고용보험: 고용안정직업능력개발	대상 종사자
51	O	O	x	x	09.고용보험미가입 외국인근로자 10.월60시간 미만 근로자 11.항운노조원(임금채권부담금 부과대상)
52	O	x	x	x	03.현장실습생(「산업재해보상보험법」 제123조제1항에 따른 "고용노동부장관이 정하는 현장실습생") 13.항운노조원(임금채권부담금 소송승소)
54	O	x	O	O	22.자활근로종사자(「국민기초생활보장법」 제14조의2에 따른 급여의 특례에 해당하는 자, 차상위계층, 주거·의료·교육급여 수급자)
55	x	x	O	O	05.국가기관에서 근무하는 청원경찰 06.「선원법」 및 「어선원 및 어선 재해보상보험법」 적용자 07.해외파견자(「산업재해보상보험법」의 적용을 받지 않는 자)
56	x	x	O	x	01.별정직·임기제(일반, 전문, 시간선택제, 한시)공무원 16.노조전임자(노동조합 등 금품 지급) 25. 예술인, 26. 노무제공자 28. 고용허가외국인(당연적용대상 중 실급 임의가입자)
58	O	x	x	O	21. 자활근로종사자(생계급여 수급자)
60	O	O	x	O	27. 고용허가외국인(당연적용대상)

2. ②란, ⑤란, ⑭란 및 ⑮란의 "연간보수총액"은 해당 연도에 발생된 보수총액을 적습니다.
 - 근로자의 연간보수총액: 「소득세법」 제20조에 따른 근로소득에서 같은 법 제12조제3호에 따른 비과세 근로소득을 뺀 금액(연말정산에 따른 갑근세 원천징수 대상 근로소득과 동일합니다)
 - 예술인·노무제공자의 연간보수총액: 「소득세법」 제19조에 따른 사업소득과 같은 법 제21조에 따른 기타소득을 더한 금액에서 같은 법 제12조제2호·제5호에 따른 비과세소득과 고용노동부장관이 정하여 고시하는 방법에 따라 산정한 필요경비를 뺀 금액
 - 휴업·휴직 및 「근로기준법」 제74조에 따른 보호휴가(출산전후휴가 또는 유산·사산 휴가를 말합니다) 중의 보수는 고용보험 보수총액에는 포함시키고, 산재보험 보수총액에서는 제외합니다.
3. ③, ⑥란의 "월평균보수"는 아래 계산식에 따라 산정하여 적습니다(이미 고용·노무제공 관계가 종료되어 피보험자격이 상실된 근로자·예술인·노무제공자는 적지 않습니다).
 - 전년도에 근로등을 개시한 종사자: 전년도 보수총액 ÷ 전년도 종사개월수
 - 해당 보험연도에 근로등을 개시한 종사자: 취득(고용)일부터 1년간(1년 이내의 근로계약기간·문화예술용역 관련 계약기간·노무제공 관련 계약기간을 정한 경우에는 그 기간을 말합니다) 지급하기로 정한 보수총액 ÷ 해당 종사개월수
4. ④란의 "종사지코드"는 신고연도 마지막 날(보험관계가 소멸된 사업장의 경우에는 소멸일을 말합니다)에 근로자·예술인·노무제공자가 실제로 종사하고 있는 사업장의 우편번호를 적습니다.
 - 다만, 기간이 정하여져 있는 사업을 영위하는 사업장의 근로자·예술인·노무제공자는 본사 주소지의 우편번호를 적습니다.
 - 사업주별 사업장 리스트는 고용·산재보험 토탈서비스(total.kcomwel.or.kr) 또는 고용보험(www.ei.go.kr)에서 조회할 수 있습니다.
5. ⑦란의 "일용근로자 보수총액"은 일용근로자(1개월 미만 동안 고용되는 근로자), 단기예술인 또는 단기노무제공자들의 연간 보수총액 합계액을 적고 ⑦_1란의 "고용허가외국인 중 실업급여 보수총액"은 고안직능 당연적용인 고용허가외국인 중 실업급여 임의적용자에 대한 보수총액 합계액을 적습니다.
6. ⑧란의 "그 밖의 근로자 보수총액"은 월 60시간 미만 근로자 및 고용보험에 가입하지 않은 외국인근로자 중 산재보험 고용정보를 신고하지 않은 근로자들의 연간 보수총액 합계액을 적습니다.
7. ⑩란의 "연도 중 산재보험 업종변경 사업장의 기간별 보수총액"은 ⑨번의 합계금액을 업종변경 전과 후를 구분하여 적습니다(연도 중 산재보험 업종변경이 없는 경우에는 적지 않습니다).
8. ⑪란의 "매월 말일 현재 일용근로자 및 그 밖의 근로자수"는 매월 말일 현재 근무하는 일용근로자 및 그 밖의 근로자의 수를 적습니다(해당자가 없는 경우에는 적지 않습니다).
9. 사업장 정보가 틀린 경우 "보험관계 변경신고서", 근로자·예술인·노무제공자/특수형태근로종사자의 고용정보가 틀린 경우 "피보험자·고용정보 내역 정정 신청서" 또는 "특수형태근로종사자 입·이직 등 정보 정정신청서", 신고가 누락된 근로자·예술인·노무제공자를 추가 신고하는 경우 "피보험자격취득 신고서", 특수형태근로종사자의 경우 산재보험 입직신고서를 별도 제출합니다.

※ 변경 및 정정에 필요한 각종 서식은 근로복지공단 홈페이지(www.kcomwel.or.kr)에서 다운로드하고, 고용·산재보험 토탈서비스(total.kcomwel.or.kr)에서 전자신고가 가능합니다.

과납 보험료 선납 충당 또는 반환 신청서

과납된 [ ]산재보험료, [ ]고용보험료가 있을 경우 내야 할 보험료와 그 밖의 징수금에 충당하여 주시기 바랍니다.

반환금 입금 계좌	( )은행	계좌번호:	예금주:

「고용보험 및 산업재해보상보험의 보험료징수 등에 관한 법률 시행령」 제31조제2항·제56조의5제6항제3호·제56조의6제6항제3호 및 「임금채권보장법 시행령」 제21조에 따라 아래와 같이 과납보험료를 [ ]선납 충당 [ ] 반환 신청합니다.

년 월 일 신고인(사업주) (서명 또는 인)/ [ ]보험사무대행기관 (서명 또는 인)

근로복지공단 OO지역본부(지사)장 귀하

국민연금 소득총액신고

국민연금 소득총액신고는 당연적용사업장 가입자 및 임의계속 사업장에 대해서 당해 연도 7월부터 다음 연도 6월까지 적용할 기준소득월액을 결정하기 위해 가입자별 전년도의 소득총액을 공단에 신고하는 일련의 과정을 말한다. 신고하게 되는 소득총액은 전년도 1개월 이상 근로한 사업장가입자의 전년도 1월 1일부터 12월 31일까지 기간 중 해당 사업장에서 받은 소득총액이다(연도 중간에 입사한 경우는 현 사업장에서 근무기간 동안 받은 소득총액을 말한다.). 다만, 국세청에 근로소득 지급명세서를 제출한 경우는 국민연금 소득총액 신고를 안 해도 된다. 그 외의 경우에는 매년 5월 말까지 전년도 소득총액을 우편, 팩스, EDI, 인터넷 등으로 신고하면 된다.

국민연금 소득총액 신고는 비과세소득을 제외한 금액을 기준소득월액으로 신고해야 한다.

 신고 사항

- 근무기간 : 해당연도 중 해당 사업장의 실제 근무(사업)기간

개인 사업장 사용자 중 해당연도 신규사업 개시자는 사업 시작 일부터 산정

해당연도 중도 입사자는 1월 1일이 아닌 실제 근무시작 일부터 산정
- 휴직일수 : 해당연도 중 해당 사업장의 실제 휴직 일수 기재
- 소득총액 : 위 근무기간동안 해당 사업장에서 지급한 총급여(소득)

개인 사업장 사용자 : 사업소득명세서상의 ⑪번 소득금액

근로자(외국인 포함) : 근로소득원천징수영수증 상의 ⑯번 금액 + 소득세법상 비과세소득 이외의 비과세소득

신고 대상	신고 제외
• 1유형 : 개인 사업장 사용자 • 2유형 : 근로소득 자료 미보유자 및 상이자(법인 사업자등록번호가 일치하지 않은 가입자) • 3유형 : 종전 소득 대비 20% 이상 상향자 (단, 취득일과 과세 시작일이 다른 가입자에 한함) • 4유형 : 종전 소득 대비 20% 이상 하향자 • 5유형 : 휴직 일수 상이자	• 12월 2일 이후 사업장 자격 취득자 및 상실자 • 해당연도 정기 결정일 이전 만 60세 도달 상실자 • 현재 납부예외 중인 자 및 12월 2일 이후 납부재개자 • 건설 일용사업장 가입자 • 당해 연도 1월 1일 이후 기준소득월액 특례 적용자

신고 의무자, 기간 및 방법

- 신고 의무자 : 사용자
- 신고 기간 : 매년 5월 31일까지(개인사업자 사용자 중 성실신고 확인 대상자는 6월 30일까지 신고 가능)
- 신고 방법 : 서면 신고, 전산매체신고, EDI 신고, 4대 사회보험 포털 사이트 신고

사례 | **자주 물어보는 사례**

- 스캔한 증빙의 세법상 인정 여부 / 51
- 계정과목별 증빙의 종류를 알려주세요 / 64
- 결산 시 회계처리 사례 / 91
- 재무제표의 상호 연관성 / 134
- K-IFRS 재무제표를 볼 때 유의할 사항 / 135
- (포괄)손익계산서를 보면 알 수 있는 것 / 147
- 단기계획 작성 관리 절차 / 176
- 자금 예측 절차 / 176
- 경리실무자가 해야 하는 급여업무의 종류 / 228
- 통상임금을 계산할 때 기준이 되는 시간은? / 232
- 통상임금에 포함되는 상여금과 수당의 구분 / 233
- 통상시급의 계산 사례 / 236
- 최저임금의 계산 사례 / 240
- 수습기간 중 급여의 80% 또는 90%를 지급해도 되나? / 241
- 한 달을 채우지 않은 근로자의 급여를 일할계산하는 방법 / 242
- 주휴수당 계산 사례의 모든 것 / 247
- 매주 근로시간이 다른 경우 주휴수당의 계산 방법 / 249
- 연장근로 + 야간근로, 휴일근로 + 야간근로 시 수당 계산 사례 / 254
- 월 단위 연차휴가의 계산 속산표 / 257
- 1년간 80% 미만 출근시 연차휴가의 계산 사례 / 258
- 연 단위 연차휴가의 계산 속산표 / 260
- 회계연도 기준 연차휴가의 계산 속산표 / 261
- 퇴사시 입사일기준, 회계연도 기준 연차휴가 정산방법 / 262
- 연차휴가 퇴직 정산 계산 공식 / 263
- 연차수당의 지급 기준이 되는 통상임금 시기 / 268
- 포괄임금과 고정 OT를 나누는 계산 사례 / 269
- 급여지급 시 급여에서 공제하는 각종 세금과 공과금 / 272
- 한눈에 보는 급여 세금의 계산과 신고 시기 / 274
- 노동법에서 말하는 임금과 일상에서 사용하는 급여의 차이점 / 275

실무사례목차

- 원천징수영수증과 지급명세서의 차이 / 277
- 일용근로자가 세금을 안 내도 되는 금액 한도 / 285
- 일용근로자 소액부징수 판단 / 285
- 일용근로자, 아르바이트, 3.3% 사업소득 근로자 개인카드 사용액 / 286
- 근로내용확인신고서 제출 / 290
- 고용보험 보험료 부과 구분 기호 / 295
- 근로내용확인신고서 제출 시 국세청 일용근로소득 신고란 작성방법 / 296
- 세법상 일용근로자 기준인 3개월의 판단 사례 / 299
- 일용근로자의 원천징수 세액계산 사례 / 299
- 12월 31일까지 지급하지 않은 일용근로자 급여의 지급명세서 제출시기 / 300
- 소득자를 근로소득자로 전환할 경우 득과 실 / 302
- 간이세액표 적용 방법 / 303
- 상여금이 있는 달의 원천징수 사례 / 308
- 1일 출근 5일 근무 후 퇴사 4대 보험 / 321
- 인정상여와 건강보험료 / 329
- 외국인 사택 제공 이익 19% 단일세율 적용 문제 / 335
- 건강보험 보수총액 / 356
- 당월입사 당월퇴사 시 근로소득세 연말정산 방법 / 340
- 해외주재원의 4대 보험 처리 / 346
- 급여를 월급에서 공제하는 2가지 방법 / 358
- 국민연금 보험료율 / 361
- 건강보험 보험료율 / 362
- 고용보험 보험료율 / 363
- 4대 보험 자동 계산 / 364
- 4대 공제 시 적용하는 비과세의 종류 / 365
- 급여가 인상 또는 인하되는 경우 보수월액 변경 신고 / 365
- 중도 퇴사자 연말정산 결과 환급세액이 발생하면? / 370
- 연말정산 환급세액 및 납부세액 급여대장 반영 방법 / 371
- 복리후생비로 처리하면 무조건 비과세 되나? / 374
- 명절, 생일, 창립기념일의 선물비용 부가가치세, 원천징수 처리 / 377
- 기타소득의 필요경비 공제율 / 407
- 기타 소득세를 안 내도 되는 금액 기준(과세최저한) / 409
- 인적용역 소득이 기타소득으로 분류되면 유리 / 411

- 인적용역 소득이 사업소득으로 분류될 경우 꼭 챙겨야 할 것 / 414
- 강사료는 사업소득? 기타소득? 의 구분 / 415
- 사업소득을 기타소득으로 소득 구분을 잘못해 신고한 경우 / 416
- 캐디피를 주는 경우 적격증빙 수취나 사업소득 원천징수 / 417
- 원천징수 지연납부가산세 계산 사례 / 422
- 특수관계자의 범위 / 429
- 원천징수 납부세액이 없는 경우 원천세 신고 여부 / 432
- 귀속월(지급월)이 다른 소득을 같은 월에 함께 지급하는 경우 원천징수이행상황신고서 작성 방법 / 434, 446
- 반기납 포기를 하는 경우 원천징수이행상황신고서 작성방법 / 434
- 귀속연월, 지급연월을 잘못 기재하여 신고서를 제출한 경우 / 434
- 제출 비과세와 미제출 비과세의 구분 / 435
- 원천징수이행상황신고서의 총지급액과 지급명세서 총급여액이 차이나는 원인 / 436
- 퇴사자 발생시 원천징수이행상황신고서의 작성방법 / 442
- 매월 또는 연말의 급여 회계처리 차이 / 447
- 미지급급여를 일시에 지급시 원천징수이행상황 신고 / 447
- 12월분 급여를 2월 말일까지 지급하지 않은 경우 원천징수이행상황신고서 작성사례/448
- 일용근로자 지급명세서 가산세 / 459
- 12월 말 퇴직자의 퇴직금 및 연초에 받는 성과급의 지급명세서 제출 시기 / 459
- 원천징수이행상황신고서 수정 제출 방법 / 450, 455
- 간이지급명세서와 지급명세서 제출 / 457
- 12월 말에 퇴직한 직원의 퇴직금 지급명세서 제출 시기 / 459
- 12월분 근로소득의 간이지급명세서 제출시기 / 460
- 퇴직연금 도입 절차에 대해 가르쳐 주세요? / 465
- 퇴직연금 도입 시 종전 퇴직금은 어떻게 되나요? / 466
- 확정기여형(DC)과 확정급여형(DB) 퇴직연금은 상호 전환할 수 있나? / 468
- 퇴직자에 대해 상여금(성과급)을 비례해서 줘야 하나? / 489
- 임금 및 퇴직금은 언제까지 줘야 하나? / 489
- (육아, 출산, 병가, 수습기간) 휴직 후 바로 퇴사 시 퇴직금 / 490
- 확정기여형(DC) 퇴직연금 제도에서 미사용 연차수당의 납입 / 498
- 육아휴직 기간에 호봉이 인상된 경우 확정기여형(DC) 퇴직연금 납입 / 500
- 퇴직연금을 적게 또는 많이 납부한 경우 / 501
- 출산휴가 및 육아휴직기간 중 DC형 퇴직연금 납입 / 501

자주 물어보는 사례 / 891

실무사례목차

- 상여금(경영성과금)의 퇴직연금 불입방법 / 504
- 1년 미만 근로자 퇴직연금 납입액의 귀속 / 505
- 1년 미만인 근로자에 대한 퇴직연금 납입액의 귀속 / 505
- 임금협상으로 인상분 소급 적용 시 DC형 퇴직연금 부담금 / 506
- 개인형 IRP에 입금 안 한 경우와 한 경우 원천징수이행상황신고서 작성 / 525
- 퇴직금을 지급하지 않아도 퇴직소득세는 납부한다(지급시기의 의제). / 526
- 개인카드를 업무용으로 사용한 경우 업무처리 방법 / 535
- 적격증빙을 수취할 때 기준 금액을 판단하는 방법(건당의 의미) / 538
- 적격증빙 수취 대상 제외 사업자 / 539
- 적격증빙 수취 대상 면제거래 (반드시 경비 등 송금명세서 제출) / 540
- 타법인 신용카드 사용액의 적격증빙 / 541
- 기장을 맡겨도 회사에서 반드시 챙겨야 할 서류 / 542
- 거래처 송금 전 꼭 확인할 사항 / 544
- 전자세금계산서는 공급시기의 다음 달 10일까지 발급하지 않은 경우 가산세 / 545
- 전자세금계산서를 공급시기가 속하는 확정신고기한 내 발급하지 못한 경우 가산세 / 545
- 가공세금계산서 발행에 따른 세금과 가산세 / 549
- 세금계산서 기능을 위해 필수적으로 기재되어야 하는 사항(필요적 기재 사항) / 550
- 사실과 다른 세금계산서에 대한 가산세 / 550
- 자료상 거래로 보는 판단기준 / 551
- 거래처 부도 시 마이너스 세금계산서 발행 / 554
- 비사업자(개인)와 거래할 때 증빙관리 / 564
- 폐업 사업자의 (수정)세금계산서 발행과 부가가치세 신고 / 565
- 받아도 매입세액공제가 안 되는 증빙 / 566
- 받으면 매입세액공제가 되는 증빙 / 566
- 세금계산서를 받아도 매입세액공제가 안 되는 경우 / 566
- 개인사업자의 식대 매입세액공제 / 568
- 인터넷 요금, 핸드폰 요금의 매입세액공제 / 569
- 임차 사무실의 납부통지서는 모두 임차인 명의로 변경 / 569
- 집이 사무실인 경우 매입세액공제 / 570
- 임대료를 받지 못하여 임대보증금에서 차감하는 경우 임대료와 간주임대료 계산 / 575
- 고정자산(토지, 건물 제외) 매각시(성실신고확인 및 복식부기 의무자) / 579
- 법인사업자의 고정자산매각, 개인 복식부기의무자(간편장부대상자 제외)의 사업용 차량운반구, 공구기구 및 비품, 선박 및 항공기, 기계장치 등은 수입금액 제외란 기재 / 579

- 세금계산서 발급 간이과세자는 7월에 부가가치세 신고 / 583
- 부가가치세 신고 시 실무자가 준비해야 할 서류 / 589
- 기장대행을 맡긴 경우 서류제출 / 590
- 세금 납부는 안 해도 신고는 반드시 해두어야 한다. / 594
- 매출 누락 시 가산세 / 616
- 전송 및 매출 누락 시 가산세 / 616
- 기한후신고 가산세 시 가산세 / 618
- 경조사비 20만 원 기준은 화환을 포함한 금액 / 629
- 가족 근로관계 확인 자료(입증자료) 예시 / 640
- 법인 대표와 개인회사 사장님의 식비 경비 처리 / 644
- 회사 지출 식비의 계정과목과 부가가치세 / 645
- 직원 개인카드 사용 시, 연말정산에서 유의할 점 / 659
- 개인 신용카드, 법인카드 사용 시 금액인정 한도 / 661
- 법인카드 영수증 실물을 모아야 하나요? / 662
- 법인 체크카드의 적격증빙 관리 / 662
- 간이과세자에게 신용카드매출전표를 받은 때 매입세액공제 / 662
- 출장비의 합리적인 세무회계 / 683
- 사업자등록증 상 업종에 부동산임대업이 없는 경우 부동산임대공급가액명세서 제출 / 668
- 사업소득 원천징수 대상인 프리랜서에게 제공하는 기숙사 임차료 / 671
- 사내 헬스장, 어린이집, 기숙사 / 672
- 해외 출장 비용의 환율적용 계산 방법 / 680
- 거래처의 해외 출장비를 대신 지급한 경우 / 681
- 학자금 비과세 요건 / 689
- 직원의 자격증 취득비용 보조금 교육훈련비 비과세 / 690
- 사원 채용 경비 및 강사료 지급과 원천징수 / 690
- 외국인 개인에게 외국어 교습을 받는 경우 경비인정 / 690
- 자격증 시험응시료를 회사가 대납하는 경우 / 691
- 부가가치세법에서 말하는 영업용 차량 / 703
- 임직원 개인 명의 차량을 법인의 업무용으로 이용하는 경우 비용처리 방법 / 706
- 업무용 승용차 관련 비용의 손금불산입 등 특례 규정을 적용받지 않는 업종 / 711
- 차량을 중고 매매상 또는 지인 거래로 매각하는 경우 부가가치세 / 715
- 직원 차량을 업무용으로 이용할 때 경비 처리 방법 요약 / 720
- 회사 차량으로 사고를 낸 경우 피해액 급여에서 공제 / 721

자주 물어보는 사례 / 893

실무사례목차

- 회사 차량으로 사고 시 부가가치세만 회사가 부담하는 경우 / 722
- 주·정차 등 주차위반 과태료는 비용인정 안 된다. / 722
- 업무용 승용차 사적 사용 추징사례 / 723
- 감가상각의 마술(비용을 자산으로 반영하는 경우 재무 건전성) / 729
- 차량 자가 구매와 리스 유블리 비교 / 738
- 기업업무추진비 해당하는 주요 사례 / 741
- 개인사업자가 기업업무추진비 지출시 사용해야 하는 신용카드 / 743
- 기업업무추진비 경비 처리 시 꼭 주의할 사항 / 747
- 거래처 경조사비 지출 시 유의 사항 / 748
- 기업업무추진비 한도액 계산 / 750
- 지인(친구나 선후배, 친인척)의 개업식 및 축의금 지출비용 10만 원은? / 751
- 거래처 경조사비 지출시 효율적인 증빙관리 방법 / 751
- 거래처 경조사비와 화환을 보낸 경우 비용처리 / 751
- 기업업무추진비와 광고선전비를 구분하는 금액 판단기준 / 752
- 회사 직원의 돌잔치 경조사비로 30만 원을 지출하면? / 754
- 직원 장례 행사를 위해 상조회사의 상조 상품에 가입하여 부담한 대금 / 754
- 급여에서 공제하는 직원 경조사비의 법적 효력과 대비 방법 / 755
- 공상 처리 후 공단에서 받는 보상비 경비 처리는? / 764
- 업무와 무관한 사장의 병원비(본인 부담 병원비를 회사가 대납한 경우) / 764
- 법인카드 사용을 제한해야 하는 업종 예시 / 765
- 법인카드 사용을 제한해야 하는 구매 물품 예시 / 766
- 법인카드 사용 관련 입증자료가 필요한 경우 / 767
- 법인카드 사용 후 경비인정을 못 받는 경우 발생하는 손해 / 768
- 주의해야 할 법인카드 사용 사례 / 773
- 전기요금이나 전화요금, 도시가스 요금 비용처리 / 777
- 직원에게 부과된 벌과금의 대납 시 처리방법 / 777
- 4대 보험의 가산금 및 연체료 등의 세무처리 / 778
- 회사 대출한도 초과로 대표이사 명의로 은행에서 대출받은 경우 / 778
- 손해배상금이나 위약금의 세금계산서 발행과 부가가치세 및 원천징수 / 779
- 계약의 해지에 따른 위약금의 세무 처리 / 780
- 법원의 판결 등에 따른 손해배상금의 세무 처리 / 780
- 경비 인정되는 세금과 경비인정 안 되는 세금 / 783
- 관세와 관세 환급금의 경비처리 / 784

- 국세청에 가장 많이 적발되는 사례 / 785
- 관할 세무서의 과세자료 해명 요구를 받고, 수정신고하는 경우 불이익 / 792
- 4대 보험 보수총액 신고 때 소정근로시간 계산 / 796
- 건강보험 보수총액 신고가 면제되는 경우 / 800
- 건강보험 보수총액 신고 일정 / 801
- 4대 보험료를 신고했는데, 다음 달에 2달분이 고지되는 경우(고지 기준일) / 805
- 4대 보험 가입자 판단기준인 1개월의 의미와 계산방법 / 807
- 당월입사 당월퇴사할 때 공제해야 하는 4대 보험의 종류 / 810
- 며칠 근무하고 퇴사한 직원을 일용근로자로 4대 보험 신고하는 경우 / 811
- 1일 출근 5일 근무 후 퇴사 4대 보험 / 811
- 입사일과 퇴사일에 따른 4대 보험료 공제액의 차이 / 814
- 고용보험 이중 취득 제한 / 816
- 이직일과 퇴사일, 자격상실일의 날짜 계산 / 818
- 근로자별 4대 보험 적용 여부 판단기준 / 827
- 상용직에서 일용직으로 전환 시 4대 보험 처리 / 827
- 알바생의 4대 보험 적용 / 829
- 1개월 미만의 기한부 근로자의 4대 보험 / 832
- 1개월 소정근로시간이 60시간 미만인 단시간 근로자 4대 보험 / 832
- 연령에 따른 4대 보험 적용 여부 판단 / 836
- 사업자등록 전 직원 4대 보험 가입 가능 여부 / 839
- 무보수 대표자 4대 보험 신고 서식 / 840
- 개인 사업장 대표자가 단독 대표에서 공동대표로 변경된 경우 / 844
- 개인 사업장 대표와 법인사업장 대표이사의 4대 보험 / 844
- 무보수 대표이사 1인인 법인 대표이사 4대 보험 가입 / 845
- 투잡을 하는 경우 4대 보험 적용 / 852
- 고용보험 이중 취득 시 우선 적용되는 사업장 / 854
- 직장을 다니면서 개인사업자 등록을 한 경우 4대 보험 / 859
- 친족의 근로자성 입증자료 / 861
- 일시적 또는 매달 급여가 변동하는 사업장의 4대 보험 관리 / 870
- 4대 보험 연간 일정표 / 877
- 입·퇴사에 따른 4대 보험료 공제 방법 / 874

자주 물어보는 사례 / 895

법인경리 회계세무 4대 보험 인사급여

지은이 : 손원준
펴낸이 : 김희경
펴낸곳 : 지식만들기
인쇄 : 해외정판 (02)2267~0363
신고번호 : 제251002003000015호
제1판 1쇄 인쇄 2025년 04월 10일
제1판 1쇄 발행 2025년 04월 17일

값 : 33,000원

ISBN 979-11-90819-47-3 13320

Korea Good Books

본도서 구입 독자분들께는 비즈니스 포털
경리쉼터(https://cafe.naver.com/aclove)
이지경리(https://cafe.naver.com/kyunglistudy)
에 가입 후 구입인증을 받으시기 바랍니다.

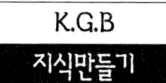

K.G.B
지식만들기

이론과 실무가 만나 새로운 지식을 창조하는 곳

서울 성동구 금호동 3가 839 Tel : 02)2234~0760(대표) Fax : 02)2234~0805